AUTOR: ATIL

EL FIDEICOMISO, FIDUCIA O TRUST EN AMÉRICA

SEGUNDA EDICIÓN
(Actualizada y Aumentada)
AÑO 2017

UN ENFOQUE:
CONCEPTUAL,
FILOSÓFICO,
JURÍDICO,
HISTÓRICO
FINANCIERO,
CONTABLE,
TRIBUTARIO,
NIIF (IFRS),
MULTIMONEDA
LABORAL,
FUNCIONAL
COMPARATIVO
Y CRÍTICO.

EL FIDEICOMISO, FIDUCIA O TRUST EN AMÉRICA
2017
(SEGUNDA EDICIÓN)

TABLA DE CONTENIDO

PRESENTACIÓN

RECONOCIMIENTO

INTRODUCCIÓN

CAPITULO I
NATURALEZA JURÍDICA DEL FIDEICOMISO

CAPITULO VIII

CARACTERÍSTICAS RESALTANTES DEL FIDEICOMISO

CAPÍTULO XII
INVERSION O APLICACIÓN DE LOS FONDOS FIDUCIARIOS

CAPITULO XIII
LA CONTABILIDAD DEL FIDEICOMISO, FIDUCIA O TRUST

PRESENTACIÓN

Siempre he pensado que las presentaciones, deben tener por objeto la introducción a la obra, y no otra obra. De manera que no puede pasar de ser un simple exordio. Por lo tanto, me limitaré en esta obra de Atilio de los Santos Rojas, a realizar solamente la presentación y no introducirme en la forma sencilla de su exposición, pero profunda en de su contenido. La concesión del honor para presentar este libro, representa para mí un privilegio exorbitante, el cual no podré olvidar jamás, mientras tenga discernimiento sobre las cosas bellas que la vida le depara a las personas.

La obra de Atilio Rojas, resulta un digno ejemplo del buen hacer científico, tal como podrán apreciar aquellas personas que tengan la oportunidad de leerlo. El autor se adentra en descifrar y poner al alcance del lector aquellos profundos temas, que han cultivado escuelas y tratadistas diversos, afrontando de manera crítica, pero constructiva, tratando de despejar con lenguaje y técnica sencilla, las complejas teorías que sustentan la figura y nos pone ante situaciones que demuestran la profundidad del estudio, a lo cual se suma el análisis de las situaciones concretas y singulares que se presentan en la rutina diaria, en el manejo de esta moderna fuente de financiamiento. Es decir, plasma de manera sencilla a lo largo de su contenido, esos temas de apariencia menor y de significación práctica mayor, tal como las modalidades de estos fideicomisos, lo que se traduce en su mérito, por cuanto en su recorrido se observa de manera meticulosa, clara y precisa, todos los pasos, situaciones, causas y efectos propios de esta figura.

Específicamente este trabajo está referido al fideicomiso, fiducia o trust, no obstante lo diverso del régimen jurídico que los rige, los cuales inmejorablemente ha venido alcanzando una importancia capital en los últimos años, de manera que su estudio resulta de actualidad y de obligatoria necesidad. Es así como Atilio Rojas, consciente de esta situación, pone nuevamente al alcance de aquellas personas que tengan la necesidad de relacionarse de alguna forma con la figura, con esta nueva obra que les ayudará a entender muy fácilmente, la forma más eficiente y eficaz de administrarlo, así como la forma más sencilla pero no menos convincente de utilizar esta modalidad contractual como una fuente de financiamiento. Pretende el autor, dada la vigencia del tema tratado, contribuir al mejoramiento de las técnicas de los usuarios y demás profesionales que apelan a este instrumento, logrando así una gran aportación para la mayor comprensión del mismo.

Resulta encomiable esta obra de Atilio Rojas, la cual con toda seguridad, contribuirá con la comprensión, manejo y administración de este delicado tema, con un sin número de exigencias especiales desde el punto de vista legal, administrativo y contable.

El autor de manera muy acertada, nos habla en su dilatado estudio, sobre la naturaleza jurídica de esta especializada materia, la cual ha resultado muy compleja y en consecuencia bastante discutida a través de las distintas teorías que la sustentan, lo que requirió profundizar su estudio, pasando por el ámbito jurídico y las distintas formas de manifestarse, así como las especiales características que lo identifican, revisando la legislación del continente, la cual comenta, sosteniendo la tesis sobre la naturaleza jurídica basada en la persona del fiduciario y planteando el concepto de separado del patrimonio del fideicomiso, como institución del derecho.

Define claramente lo que debe entenderse como negocio fiduciario en la administración de capitales, operaciones propias del ente que actúa como fiduciario, así como las operaciones del fideicomiso. El contrato, sus principales cláusulas como modelos, dando también las razones por las cuales se le considera operaciones de confianza, finalidad del contrato, bienes objeto del mismo, características propias, protección legal y el control de riesgo en estas operaciones

De igual modo, trata de manera profunda pero con bastante sencillez, las particularidades y muy especiales modalidades que requiere el registro contable de las transacciones propias que se materializan mediante el uso de esta figura, en la gestión diaria de estas operaciones.

Debo por último resaltar el mérito que habría de apreciarse con la lectura y consulta de la obra, pero particularmente con su utilidad, que sin atisbo es obsequiada por el Autor al sistema bancario y financiero del continente. Cierro finalmente, con una frase del libertador Simón Bolívar:

"El objeto más importante que puede ocupar al hombre, es el de ilustrar a sus semejantes".

Una vez más, gracias amigo Atilio, felicitaciones y éxitos por tener la disposición, comprensión, sencillez de lenguaje y la capacidad para brindarnos esta invalorable Obra.

Lic. Freddy Orlando Sancler Guevara
Presidente del Colegio de Contadores de Venezuela.
Director, Ejecutivo Bancario y Funcionario de la SUDEBAN
Consultor Jurídico del SENIAT
Contador Público y Abogado

RECONOCIMIENTOS

A los patrocinadores, empresas venezolanas, por su contribución para la publicación de esta obra:

- Fiducia Sistems 2000, C.A.
- Corporación Trust Sistems 21, C.A.

A los amigos, que tuvieron la gentileza de revisar estas notas: Lic. María Lourdes Fuertes, Dra. Elena Acosta, Dr. William Camposano, Consultor Jurídico en la Banca; Lic. Manuel González, Estadístico y Asesor de Seguros; al Profesor de Tributario Lic. Oswaldo Rangel; así como a las siguientes empresas e instituciones financieras que dieron información para incorporar a la obra: Al Sistema de Fideicomiso Fiducia 2000, por la información contable, impositiva y financiera que aportaron (email: corptrust21@outlook.com); y a la Superintendencia de las Instituciones del Sector Bancario de Venezuela (SUDEBAN), por el Código de Cuentas de la Banca y de las Operaciones de Fideicomiso.

Asimismo, quiero expresarle mi gratitud a mi familia, por la paciencia tenida, especialmente a mis hijos: Dennis José Rojas Maurera (drojas@ymail.com), por diagramar, preparar y editar la obra, a Desirée, Adriana, Christian y a mis nietos Natasha y Neil por facilitarme las cosas, con amor hijos. A mi esposa, María del Rosario, con mucho amor.

A los que se desempeñan en esta delicada actividad del fideicomiso, fiducia o trust en el continente y en otras latitudes, bien como usuarios, administradores, directores, asesores, proveedores de tecnología, a investigadores y profesores; a todos mi mayor consideración.

EL AUTOR (BIOGRAFÍA)

Atilio de los Santos, Rojas, nació el 19 de abril 1.946, en Araya, Estado Sucre, Venezuela.
Dirección email: atiliorojas2000@gmail.com

Estudios: Primaria en el Colegio Cruz Salmerón Acosta de Araya; Secundaria en el Modesto Silva de Cumaná y Universitaria: Central de Venezuela UCV, Administración y Estudios de Derecho, Universidad Santa María.

Especialista en Banca y Finanzas. Cargos Desempeñados: Jefe de Inspección Superintendencia de Bancos, Directivo, Asesor, Vicepresidente Ejecutivo, Secretario de Junta Directiva, Comisario y Vicepresidente de Negocios, Mercadeo, Operaciones, Fideicomiso en la Banca. Directivo: Casas de Bolsa; Arrendadoras, Casas de Cambio y Cajas o Fondos de Ahorro. Proyectos para constituir Bancos, Seguros, Casas de Bolsa, Cajas de Ahorro, Cooperativas y Empresas Financieras; así como Evaluaciones de proyectos bancarios y financieros.

Estudios económicos financieros para solicitudes de financiamientos

Proyectos organizativos para bancos, seguros, casas de bolsa, en mercado internacional, corresponsalía, cartas de créditos y multimoneda

Consultor Financiero en proyectos en banca doméstica e internacional

Investigador del sistema financiero de América Latina

Investigador y desarrollar de la figura del fideicomiso y otras operaciones de confianza, en sus diversos aspectos, iniciador de estos mecanismos operativos y tecnológicos, desde los años setenta

Proyectos legales, organizativos y contables para la banca, mercado de capitales, cajas de ahorro y fideicomiso.

Autoría de los Software: Fideicomiso (FIDUCIA 2000); Cajas y Fondos de Ahorros (Caja Web) y Cooperativas Web; Contabilidad Bancaria, Seguro, Mercado de Capitales y Cajas de Ahorro. (Sistemas operativos en línea)

Autor de los Libros: El Fideicomiso 1981; La Organización Fiduciaria 1983; Los Fondos del Mercado Monetario 1986; Coparticipe en la Enciclopedia Jurídica OPUS; El Fideicomiso, Fiducia o Trust en América 2008 y esta segunda edición actualizada y aumentada 2017.

Autor del Poemario, denominado Evocación 2.017, entre otras publicaciones y cuentos.

EL FIDEICOMISO, FIDUCIA O TRUST EN AMÉRICA

INTRODUCCIÓN.-

"La historia es la émula del tiempo, depósito de las
acciones, testigo de lo pasado, ejemplo y aviso
de lo presente, advertencia del Porvenir".

Cervantes

En esta segunda edición de la obra **"El Fideicomiso, Fiducia o Trust en América"**, dado la aceptación que tuvo la primera edición, he decidido actualizar y aumentar algunos temas de la obra; así como he incorporado aspectos interesantes de actualidad, relacionados con el fideicomiso, fiducia o trust, a nivel continental y mundial, como: Comentar las obligaciones de medios y resultados, un nuevo capítulo; las Normas Internacionales de Información Financiera; el manejo de multimoneda y su impacto por diferencial cambiario en la contabilidad y el régimen impositivo; así como la actualización del régimen jurídico en países, como: Argentina, Puerto Rico y República Dominicana, entre otros y ampliación de algunas consideraciones especiales sobre el tema. Esta obra cubre la institución del Fideicomiso, Fiducia o Trust, en toda su extensión, tanto en lo jurídico, contable, administrativo, financiero e impositivo; allí pongo a disposición del público las reflexiones que he venido haciendo en este dilatado transitar de ser actor y espectador de la figura del fideicomiso y otras operaciones de confianza, donde he podido conjugar teoría y praxis ([1]). En la obra trato lo que constituye la naturaleza jurídica del fideicomiso, el régimen jurídico imputable a estas operaciones, sus fundamentos y fines; comento el léxico o expresiones más usadas y algunas variantes surgidas con esta figura y sus elementos estructurales y funcionales y abordo algunos temas relacionados con las otras operaciones de confianza. Es punto obligado a efecto de análisis, comentar el tema del patrimonio, su naturaleza jurídica y sus teorías. En el libro incorporo aspectos de actualidad, recogidos en las leyes de carácter financiero, contable, laboral e impositivo en nuestro continente y en otras latitudes, relacionadas con las disposiciones legales y prudenciales

---

[1]) Proyectos del autor: Software de Fideicomisos Multimoneda (Fiducia 2000); Software de Caja de Ahorro (Caja web) y de Software Cooperativa, entre otros", Software paramétricos; Web (internet e intranet) y adaptable a cualquier plataforma tecnológica, régimen jurídico -económico, solo requiere incorporar el código contable del país, sus asientos y registros son automáticos y en línea, con conexión web (internet o intranet). Dirección: e-mail: atiliorojas2000@gmail.com y atiliorojas2017@gmail.com.

sobre las operaciones de fideicomiso. Expongo las modalidades de fideicomiso, y analizo el manejo y colocación de los fondos de los fideicomisos en inversiones, sean en portafolios o dirigidas, o préstamos; así como comento los diversos instrumentos financieros del mercado bancario y de capitales, que soportan las inversiones con recursos fiduciarios y los efectos de manejar múltiples monedas. Hago referencia, a las formas que se establecen en los contratos, para el cobro de los honorarios (comisiones) del fiduciario y las retenciones que se les hacen a los fondos fiduciarios, por diversos conceptos.

En la obra también hago un análisis comparativo y crítico de la figura del fideicomiso en nuestro continente, a la vez que incorporo y desarrollo elementos que enriquecen el tema y que pueden ser de ayuda, a las personas que se desempeñan en este medio, como inversores, operadores, investigadores y estudiantes; así como a los que tramitan permisos para actuar como fiduciario. En renglón aparte comento los fideicomisos, según su finalidad, especialmente los fideicomisos relacionados con las prestaciones laborales de los trabajadores, las titularizaciones o fideicomisos financieros en América y los fideicomisos manejados por entes públicos, por ser los más connotados. Así mismo, comento la contabilidad de las operaciones de fideicomiso que realiza el fiduciario, dentro de los registros y controles particulares que debe llevar de estas operaciones, que exigen el cumplimiento de las mismas normas que cumple cuando ejecuta sus propias operaciones, con la variante de estar gerenciando fondos para terceros. En este Capítulo, incorporo el tema de las Normas Internacionales de Contabilidad (^{2}) y las normas internas contables y fiscales, de los países, que se ven impactados por el fenómeno de la inflación; así como expongo el manejo de las operaciones fiduciarias en multimoneda y el impacto del diferencial cambiario en la contabilidad fiduciaria.

Las asociaciones bancarias a través de sus comités, especialmente el jurídico y el fiduciario, deben continuar en su prédica para lograr influir en una legislación

---

^{2}) Las NIC cambian su denominación por International Financial Reporting Standards (IFRS), en castellano se denominan Normas internacionales de Información Financiera (NIIF).

fiduciaria, lo más uniforme posible, no sólo a los fines de integrar la parte jurídica y documental de los contratos de fideicomiso, la gestión de negocios y sus controles, sino también para facilitar el intercambio internacional, donde al fideicomiso, fiducia y al trust ([3]) los rijan disposiciones similares, dado que reúnen las mismas características, con las variantes propias de cada régimen jurídico, sobre esto se ha venido trabajado desde hace tiempo en nuestro continente ([4]) y todavía no se logra la integración de estas figuras, no obstante los avances que en este sentido, se aprecian en la mayoría de los países del mundo, tanto de América, como de Europa, Asia y Oceanía ([5]). El análisis que se hace en la obra abarca la figura del fideicomiso o fiducia como la del trust, salvo aquellos análisis, que abordan a un régimen jurídico determinado.

Esta figura del fideicomiso, fiducia o el trust permitió y permite en parte, salvar limitaciones de orden legal que tienen algunas personas e instituciones, esto son sus antecedentes, desde sus inicios hasta la actualidad; lo cual no excluye, que se aprovechen sus bondades para acometer diversidad de negocios. El principio de la autonomía de la voluntad, permite a las partes interesadas, conseguir a través de esta figura determinados objetivos, que de otra manera, por sí mismas, podrían no lograrlo en la forma, oportunidad y con la seguridad deseada. Así vemos, como algunas Instituciones y particulares que no pueden operar con agilidad y confiabilidad o su régimen legal les impide acometer ciertos proyectos de manera directa, apelan a esta figura para lograr sus propósitos. Tal es el caso de los entes públicos y particulares que materializan sus objetivos, a través de la versatilidad del fideicomiso o trust, o apoyándose en las otras operaciones de

---

[3]) Cita Jean Paúl Beraudo, Estudio Comparado del Fideicomiso y el Trust Inglés. La convención de la Haya indica sobre este punto, la característica siguiente: "Los bienes del trust constituyen una masa distinta y no forman parte del patrimonio del trustee".

[4]) Misión Kemmerer 1920. La Organización Fiduciaria. Pág. 41. Obra del Autor

[5]) DDC Directorio de Códigos Civiles. Código Civil .Net Actual Febrero 2006 señala que "Algunos países de tradición Romano-Germánica llegan a un resultado equivalente en la práctica al trust, mediante la fiducia, figura consagrada ya por la jurisprudencia, o por la ley. Así Escocia, Liechtenstein, Sudáfrica, Etiopía, Israel, Japón, o también Rusia, han introducido un equivalente al trust, así como - desde ya algunos años - también varios países sudamericanos. Luxemburgo, por una ley publicada el 3 de septiembre de 2003, amplió el ámbito de aplicación de su legislación sobre la fiducia. Del otro lado del Atlántico, la provincia canadiense de Quebec, por su parte, ya adoptó un régimen general y completo de fiducia en la reforma de su código civil, que entró en vigor el 1 de enero de 1994. El 28 de abril de 2001, la República Popular de China adoptó una ley relativa al trust que entró en vigor el 1 de octubre de 2001. Uruguay, a finales de 2003, adoptó también una ley que tenía por objeto regular las relaciones fiduciarias"

confianza, dependiendo de su régimen jurídico, del fin que persigan o el dominio que tengan de sus instrumentos.

Entre los tratadistas, hay diversas posiciones en cuanto a la naturaleza jurídica del fideicomiso, fiducia o del trust, lo cual se puede apreciar, tanto en los conceptos de la figura, como en la confusión que genera la misma, como institución del derecho, con el documento que le sirve de soporte o basamento jurídico; en el cual se recogen las disposiciones que se reserva el fideicomitente o fiduciante al instruir al fiduciario en la ejecución del encargo. Asimismo, entre diferentes escuelas del pensamiento, con este concepto y los de patrimonio y bienes o derechos, patrimonios separados y patrimonios autónomos, y entre lo que constituye la naturaleza jurídica de la figura del fideicomiso y la actuación en cadena que ejerce el fiduciario como titular de los bienes o derechos objeto del fideicomiso; así como entre la finalidad del fideicomiso y el objeto del mismo, con el objeto del contrato, como uno de sus atributos.

La teorías y praxis de esta figura a lo largo del tiempo, hasta la actualidad, ha sido objeto de tantas interpretaciones y controversias, apreciable en su conceptualidad y deontología; a lo cual no escapa su accionar, al asociar la figura a las actividades propias del fiduciario y a su objeto (bienes y derechos) señalándolos como patrimonio ([6]) autónomo ([7])... tautología. El fideicomiso es una institución del derecho, que se apoya en la personalidad del fiduciario para actuar, asumiendo derechos y contrayendo obligaciones, actos solo reservados a las personas naturales o jurídicas, eso ha sido su origen y todavía persiste, pero con mucha formalidad. En Ecuador, al configurar el fideicomiso con personalidad jurídica, despojan al fiduciario del aporte que hace de su personalidad a esta figura, pero lo comprometen para poder materializar sus propósitos.

Las clasificaciones de los fideicomisos que se conocen, derivan de la expresión de la voluntad del fideicomitente; la cual constituye la finalidad del fideicomiso, cuya materialización la realiza el fiduciario, al estampar su

---

[6]) Denominan patrimonio a los bienes o derechos del fideicomiso, por asociación al patrimonio que poseen todas las personas en el campo del derecho.
[7]) Autonomía, propia de la voluntad, eso solo lo tienen los sujetos, no los objetos

personalidad en la figura con la aceptación y con la tradición de los bienes o derechos que hace el fideicomitente al fiduciario, el cual pasa a ser titular de los mismos, salvo las previsiones recogidas en la Ley de Mercado de Capitales de la República de Ecuador, que introducen la ficción jurídica de la persona en la figura del fideicomiso ([8]).

En la obra también comento aspectos de la administración integral de riesgo y la prevención contra la legitimación de capitales de las operaciones de fideicomiso, dentro de sus propias actuaciones y dentro del contexto de los riesgos en que se ve inmerso el fiduciario en sus operaciones y actuaciones.

El fideicomiso como figura jurídica, es un medio idóneo para acometer o ejecutar encargos diversos ([9]) y sirve para plasmar iniciativas que directamente no queremos o no podemos llevar a cabo, cuya actuación sea estrictamente lícita. Dentro del marco de la Ley, la imaginación es el límite de esta Institución del derecho, a los fines de acometer determinados encargos, que las formalidades y mal entendidos controles, muchas veces entraban sus procesos o ejecución. Muchos controles en cualquier organización, es síntoma de una inadecuada distribución de su estructura organizativa; salvo que se trate de imposiciones públicas, que derivan de otras cosas, donde los burócratas son expertos en crearlas, imponerlas y formalizarlas; inclusive, estas se ven corroboradas por el personal de las mismas instituciones, que muchas veces ingresan para que atiendan esas disposiciones.

---

[8])Artículo 109 de la Ley de Mercado de Capitales de Ecuador señala que "Por el contrato de fideicomiso mercantil una o más personas llamadas constituyentes o fideicomitentes transfieren, de manera temporal e irrevocable, la propiedad de bienes muebles o inmuebles corporales o incorporales, que existen o se espera que existan, a un patrimonio autónomo, dotado de personalidad jurídica para que la sociedad administradora de fondos y fideicomisos, que es su fiduciaria y en tal calidad su representante legal, cumpla con las finalidades específicas instituidas en el contrato de constitución, bien en favor del propio constituyente o de un tercero llamado beneficiario.
El patrimonio autónomo, esto es el conjunto de derechos y obligaciones afectados a una finalidad y que se constituye como efecto jurídico del contrato, también se denomina fideicomiso mercantil; así, cada fideicomiso mercantil tendrá una denominación peculiar señalada por el constituyente en el contrato a efectos de distinguirlo de otros que mantenga el fiduciario con ocasión de su actividad.
Cada patrimonio autónomo (fideicomiso mercantil), está dotado de personalidad jurídica, siendo el fiduciario su representante legal, quien ejercerá tales funciones
de conformidad con las instrucciones señaladas por el constituyente en el correspondiente contrato.
El patrimonio autónomo (fideicomiso mercantil), no es, ni podrá ser considerado como una sociedad civil o mercantil, sino únicamente como una ficción jurídica capaz de ejercer derechos y contraer obligaciones a través del fiduciario, en atención a las instrucciones señaladas en el contrato".

[9]) En Luxemburgo se constituyó un Fideicomiso, a través del cual se recaudan contribuciones de los países miembros de O.I.T., destinados a financiar en Namibia una nueva prestación de seguridad social para los supérstites, los cuales hubieran perdido a familiares a causa del SIDA.

Entramos al tercer milenio de los orígenes del fideicomiso o fiducia y su practicidad jurídica y financiera, no deja de causar sorpresas, en parte por la asociación que hacen las personas que se apoyan en esta figura y quienes ejecutan sus diversas operaciones, con el entorno en el cual se han desempeñado, a lo cual se suma las divagaciones sobre sus fundamentos jurídicos y filosóficos. Hay que ver la figura sola en su contexto, sin comparaciones con otras figuras jurídicas del entorno donde se desenvuelve, salvo con las que tienen o buscan propósitos similares

EL FIDEICOMISO, FIDUCIA O TRUST EN AMÉRICA

EL FIDEICOMISO, FIDUCIA O TRUST EN AMÉRICA
CAPITULO I
NATURALEZA JURÍDICA DEL FIDEICOMISO

"El lenguaje jurídico (entiéndase del Derecho objetivo) no es descriptivo, enunciativo u óntico, sino prescriptivo, imperativo o deóntico" **Jesús Bogarín Díaz**

Contenido: NATURALEZA JURÍDICA DEL FIDEICOMISO.1. Teoría del negocio fiduciario. 1.1. Fundamentación de la Teoría del Negocio Fiduciario. 1.2. Comentarios a la Teoría del Negocio Fiduciario. 2. Teoría del acto unilateral en el fideicomiso. 2.1. Fundamentación de la Tesis del Acto Unilateral. 2.2. Comentarios a la Tesis del Acto Unilateral 3. **Teoría del negocio bancario del fideicomiso. 3.1.** Fundamentación de la Tesis del Negocio Bancario. 3.2. Comentarios a la Tesis del Negocio Bancario. 3.2.1. Las Instituciones Bancarias como Fiduciario.3.2.2. La Instituciones Bancarias como Fideicomitente 4. **Teoría de la naturaleza contractual del fideicomiso. 4.1.** Fundamentación de la Tesis de la Naturaleza Contractual. 4.2. Comentarios a la Tesis de la Naturaleza Contractual. 5 **Teoría del mandato irrevocable en el fideicomiso. 5.1.** Fundamentación de la Tesis del Mandato Irrevocable. 5.2. Comentarios a la Tesis del Mandato Irrevocable. 6. **Teoría del patrimonio de afectación en el fideicomiso. 6.1.** Fundamentación de la Tesis del Patrimonio de Afectación. 6.2. Comentarios a la Tesis del Patrimonio de Afectación 7. **Teoría de doble titularidad en el fideicomiso** 7.1. Fundamentación de tesis de la doble titularidad 7.2. Comentarios a la tesis de la doble titularidad 8. **Teoría de la titularidad del fiduciario en el fideicomiso** 8.1. Fundamentación de la tesis de la titularidad del fiduciario 8.2. Comentarios a la tesis de la titularidad del fiduciario 9. **Teoría de la Institucionalidad del Fideicomiso** 9.1. Fundamentación de la Tesis de Institucionalidad 9.2. Comentarios a la tesis de la institucionalidad 10. **Teoría del Negocio Indirecto del fideicomiso** 10.1. Fundamentación de la Tesis del Negocio Indirecto 10.2. Comentarios a la Tesis del Negocio Indirecto 11. **Teoría ecléctica del fideicomiso** 11.1. Fundamentación de la tesis ecléctica **11.2. Comentarios a la tesis ecléctica** 12. **La Naturaleza Jurídica de la Fiducia Testamentaria 13. Reflexiones sobre las teorías que sustentan la naturaleza jurídica del fideicomiso.**

A la luz de las posiciones doctrinales sobre el fideicomiso, analicemos lo que han venido sosteniendo los tratadistas sobre la naturaleza jurídica del fideicomiso, donde se encuentran posiciones tan variadas, en el concierto de nuestras naciones. Veamos, pues, un recuento de estas posiciones doctrinales sobre la naturaleza jurídica del fideicomiso y comentémosla:

Los tratadistas han venido sosteniendo que la naturaleza jurídica del fideicomiso se sustenta en el contrato, en la finalidad que se persigue con su constitución, en los actos unilaterales, en los negocios bancarios, en los negocios fiduciarios, en los negocios jurídicos, en los negocios indirectos; en la doble titularidad, en la titularidad del fiduciario y en otras consideraciones. Sobre este particular, **Vegas Rolando,** nos señala que "el fideicomiso, que es una institución del derecho que no tiene semejanza con ninguna de las Instituciones Jurídicas de derecho que se conocen, y que al tratar de asimilarlo con otras, lleva a errores capaces de crear confusión sobre sus verdaderos fines". La evaluación de las distintas posiciones sobre la naturaleza jurídica del fideicomiso, nos lleva a la conclusión, que de ellas debe arribarse necesariamente a una posición ecléctica, como lo expongo en este capítulo de la obra. Para evaluar las variantes que presenta esta figura, como institución del derecho y como medio e instrumento de acometimiento de actividades en el sector financiero, apreciemos lo que sostiene **Kohler**, "el resultado que las partes buscan al realizar un negocio puede no corresponder con su estructura jurídica",... advierte también que el fin propio de un contrato se puede alcanzar a través de la combinación con otros negocios... concluyendo que se trata de un negocio encubierto al que hay que encuadrar dentro del concepto genérico de "negocios en fraude de la Ley", pero admite la existencia de ciertos negocios, en los cuales se desea efectivamente alcanzar de forma plena la finalidad que el negocio expresa, pero además se quiere alcanzar ulteriormente un resultado que ya es extraño al medio que se ha empleado". Estas expresiones, nos ponen en antecedentes confusos y complejos de la temática sobre la naturaleza del fideicomiso y otros encargos de confianza, donde espero que las reflexiones, que hagamos puedan verter luces sobre tan complejo tema.

Cuando se analiza el fideicomiso, fiducia, trust y otros encargos de confianza, cabe preguntarse, si estamos en presencia de una obligación de medios (de diligencia) o de resultados o una combinación de ambas posiciones. Sobre este particular **Gitrana** afirma ([10]) "que es evidente cómo la escisión entre ambos tipos encarna el paradigma de la moderna distinción entre obligaciones de medios o de diligencia y obligaciones de resultado. En ésta, el deudor se compromete a cumplir, a todo evento, una determinada prestación, con la subsecuente aceptación de todos los riesgos de la empresa y con el deber, si es el caso, de conservar primero para reintegrar después. Por el contrario, en las obligaciones de medios, toda la actividad del deudor está dirigida a conseguir una finalidad superior y exterior al contrato que lo vincula" Estas consideraciones se amplían en el capítulo XIX Obligaciones de Medios y de Resultados de la Obra.

En los países de América y de Europa de tradición romanística ([11]), el fideicomiso o fiducia constituye una institución jurídica que requiere de formalidad, no sólo para el registro del documento ([12]) de fideicomiso o del testamento, donde se exprese también la manifestación de voluntad de constituirlo, sino que es imprescindible, para permitir el traslado de la propiedad de los bienes objeto del fideicomiso, la cual siempre estará enderezada al cumplimiento de las formalidades que reviste y al fin para el cual se constituye el fideicomiso, sin poder ser atacado por actos externos a esta figura, lo que la hace una institución del derecho independiente y propia, a la cual la legislación de

---

[10]) Gitrama González, M., Configuración Jurídica de los Servicios Médicos, página 353, obra citada
[11]) Cabanellas, nos apunta que el origen del fideicomiso se encuentra en un recurso ingenioso para burlar una prohibición del Derecho Romano primitivo, excesivamente dominado por el formalismo, y sobre ese particular Petit nos indica, que es al deseo que tenían los testadores de imponer su voluntad más allá de su muerte, en lo concerniente al destino de su patrimonio.
[12]) Ley reformada de Fideicomiso de Panamá señala que instrumento del fideicomiso deberá contener: ... Declaración expresa de que el fideicomiso se constituye de acuerdo con las leyes de la República de Panamá datos...
Instrumento de fideicomiso podrá contener además las cláusulas que el fideicomitente o el fiduciario tengan a bien incluir que no sean contrarias a la moral, las leyes, o al orden público.
Cuando el fideicomiso se constituya por documento privado, las firmas del fideicomitente y del fiduciario o sus apoderados para su constitución, deberán ser autenticadas por notario.

Ecuador, de manera excepcional (¹³), le confiere personalidad jurídica, sin equipararla a una persona jurídica ni mercantil ni civil, con lo cual se refuerza esta tesis de la institucionalidad. Con el fideicomiso se puede lograr alcanzar encargos, para terceros o para el mismo que pretende el encargo (El fideicomitente, fiduciante o constituyente), amparados en el uso de la personalidad de quien lo titulariza o ejecuta (El fiduciario), como titular especial en la figura, tesis que también abordamos en la obra.

Para ubicar la naturaleza jurídica del fideicomiso, deben evaluarse diferentes aspectos que van desde su evolución histórica (¹⁴) hasta su conceptual institucionalidad, la tradicional en la persona del fiduciario (¹⁵) o en la prevista en la Ley (¹⁶), debiendo desentrañarse las concepciones de las diferentes escuelas del pensamiento y teorías sobre su naturaleza jurídica; así

---

¹³) Artículo 109 de la Ley de Mercado de Capitales de Ecuador, citado
¹⁴) Guillermo Alegre Alonso, La naturaleza jurídica de la fiducia sucesoria, título v capítulo 1y 2, año 1998, señala que "Uno de los principios más antiguos del derecho sucesorio es el carácter personalísimo del testamento·el cual tiene su origen en el Derecho Romano... Este principio suponía una prohibición general de dejar la elaboración del testamento y la designación de los herederos o legatarios, al arbitrio de un tercero, y aparecía en muchos textos del Corpus, siendo el principal el Digesto. Este principio pasó a los ordenamientos jurídicos donde se produjo la recepción del Derecho Romano, tal como las Partidas: «el establecimiento de heredero é de las mandas non debe ser puesto en albedrío de otro». Tal prohibición, persiste hoy en el artículo 670 del Código Civil Español: "Art. 670: El testamento es un acto personalísimo: no podrá dejarse su formación, en todo ni en parte, al arbitrio de un tercero, ni hacerse por medio de comisario o mandatario. Tampoco podrá dejarse al arbitrio de un tercero la subsistencia del nombramiento de herederos o legatarios, ni la designación de las porciones en que hayan de suceder cuando sean instituidos nominalmente. No obstante, ya desde el Derecho Romano hallamos excepciones a este principio de personalidad, en las que aparece un tercero interviniendo en la sucesión del causante. Así encontramos el fideicommissum, que es un encargo remitido a la fides para realizar toda suerte de disposiciones mortis causa, y entre estos fideicomisos hay que destacar el tacitum fideicommissum, medio empleado para eludir las prohibiciones de disponer mortis causa en favor de personas declaradas incapaces para suceder; la mancipatio familiae, que era una enajenación mortis causa por efecto de la cual, el familiae emptor era designado como fiduciario y debía cumplimentar las instrucciones que le había dado el testador; otros precedentes romanos que habría que estudiar son los ejecutores testamentarios y las disposiciones per relationem... También hallamos precedentes germánicos de la fiducia en el Salmann... Estas prácticas pasaron al Derecho Medieval, aunque la tendencia principal es convertir al tercero interviniente en la sucesión en un mero ejecutor testamentario con mayores o menores facultades. La mayoría de los autores encuentran un precedente directo de la fiducia testamentaria en el Derecho Canónico, exactamente en una constitución del Papa Inocencio III, del año 1202 incluida en las Decretales de Gregorio IX, el capítulo Cum tibi, X, 3, 26 en el que se regulaba la posibilidad de disponer por otra persona, diciendo: «qui extremam voluntatem in alterius dispositionem committit non videtur decedere intestatus».
¹⁵) Figura prevista en los diversos regímenes jurídicos del continente y otras latitudes y en las posiciones doctrinales sobre la naturaleza jurídica del fideicomiso, como podrán apreciar en el capítulo I, que dedicamos en la obra a la naturaleza jurídica de esta figura.
¹⁶) Artículo 109 de la Ley de mercado de Capitales de Ecuador, que crea una ficción jurídica, representada por el fiduciario (Cita supra y legislación de Ecuador sobre fideicomiso en el título XX)

como las teorías del patrimonio ([17]) y sus características., aunado al uso o incorporación para su ejecución de otras figuras jurídicas y la praxis de este instrumento como forma de gestión y de encomienda. Evaluar el espectro que encierra la figura del fideicomiso, con sus implicaciones jurídicas y económicas, así como su aspecto social, profiláctico e histórico ([18]), es parte del propósito de la obra.

La naturaleza jurídica del fideicomiso, de tradición romanística, y la de su similar el trust, en los regímenes jurídico de origen anglosajón, han sido objeto de controversias doctrinales de las más variadas. El fideicomiso o fiducia al igual que el trust, constituyen un medio o instrumento que sirve para llevar a cabo encargos, que son inherentes o subyacentes a la finalidad deseada, que para lograr tal propósito debe apoyar su instrumentación, como figura del derecho en figuras típicas o atípicas, siempre dentro de un concepto de licitud. En el caso particular del fideicomiso, los tratadistas han tomado posición en unas y otras teorías, las cuales reseñamos y comentamos, con la finalidad de exponer algunas consideraciones sobre el enfoque que, a nuestro entender, encierran estas teorías, dentro de las cuales desarrollaremos de manera particular, además de las más comentadas, la tesis de la titularidad, la institucionalidad y la ecléctica del fideicomiso. Analicemos sucintamente cada una de estas teorías, dentro del contexto que le sirve de fundamentación. El orden en que se presentan, no tiene ninguna importancia para el análisis, es casuístico:

---

[17]) Cita de Mirzia Bianca El Principio de la Responsabilidad Patrimonial y sus Limitaciones: El principio de la responsabilidad patrimonial está contenido, formalmente, en el primer párrafo del artículo 2740 del Código Civil italiano, en el que se prevé de manera expresa que «el deudor responde del cumplimiento de la obligación con todos sus bienes presentes y futuros». En el segundo párrafo del mismo artículo, se dispone que «las limitaciones de la responsabilidad no se admiten sino en los casos establecidos por ley, con lo cual se establece un impedimento a la creación de excepciones a tal principio por parte de los particulares.

[18]) En el Derecho Romano existían dos clases de fideicomisos según los bienes objeto del fideicomiso: Los de herencia y los particulares. El primero tenía por objeto la totalidad o una cuota parte de la sucesión, donde el heredero solo es instituido, quedando la persona del testador, y los segundos sólo tenían por objeto cosas consideradas a título particular, dejando el testador lo que hubiese podido dejar per damnationen, por ejemplo, los legados. La forma es la misma para ambos tipos de fideicomisos (La Organización Fiduciaria, obra del autor)

1.- TEORÍA DEL NEGOCIO FIDUCIARIO.-

1.1. FUNDAMENTACIÓN DE LA TEORÍA DEL NEGOCIO FIDUCIARIO

Antes de entrar a considerar la teoría del negocio fiduciario, la cual surge en Alemania ([19]), veamos las definiciones de negocio fiduciario que dan los siguientes tratadistas:

- **Regelsberger**: Nos da esta definición del negocio fiduciario: "negocio seriamente querido, cuya característica consiste en la incongruencia o heterogeneidad entre el fin contemplado por las partes y el medio jurídico empleado para lograrlo"

---

[19]) Derecho Civil Español. Elementos del acto jurídico. Declaración de voluntad. Negocio fiduciario. Documentos públicos y privados. Universidad de Murcia. 2006: La doctrina del negocio fiduciario surgió en Alemania a finales del XIX sobre la base de ciertos textos romanos y de ahí paso a Italia y posteriormente a España, si bien no está regulado en el CC. Existen diversas teorías de la naturaleza y efectos del negocio fiduciario. La concepción clásica es la teoría del doble efecto: El negocio fiduciario es un negocio jurídico de naturaleza compleja. En el confluyen dos contratos independientes: a) Uno real de transmisión plena del dominio. b) Otro obligacional, por el que el adquirente formal se comprometía a transmitir la cosa al fiduciante cuando se hubiera cumplido la finalidad fiduciaria. Las consecuencias de esta teoría es que la titularidad del adquirente fiduciario es completa y perfecta, de manera que si trasmitía la cosa a un tercero de mala fe, la transmisión era válida y eficaz y el fiduciante solo podía dirigirse contra él exigiendo una indemnización por daños y perjuicios. Además los acreedores del fiduciario podían ejecutar el bien trasmitido (embargar). Esta teoría que llegó a ser mayoritaria en la doctrina española y admitida también en la jurisprudencia está prácticamente abandonada tras la crítica que a la misma realizo De Castro.   Frente a la teoría del doble efecto De Castro propuso otra manera de explicar el negocio fiduciario, que supone la atribución al fiduciario de la llamada "titularidad fiduciaria". Para De Castro el negocio fiduciario sería un negocio simulado relativamente, de esta manera la transmisión de la propiedad sería también una transmisión simulada, pero que oculta un negocio que sí se quiere. Como no hay transmisión de la propiedad, la propiedad del bien continúa en el fiduciante; sin embargo lo que caracteriza el negocio fiduciario es el hecho de que el fiduciario se presenta frente al exterior, como titular dominical de la cosa (dueño de la cosa). Esta titularidad se denomina titularidad fiduciaria, porque tiene su origen en el pacto fiduciario. Conforme a ella, si el fiduciario dispone de la cosa a favor de un tercero de buena fe y a título oneroso la transmisión será válida y eficaz, pero no puede ser considerado propietario en los demás casos.

- **Grassetti:** Nos señala que el negocio fiduciario: "una manifestación de la voluntad con la cual se atribuye a otro una titularidad de derecho en nombre propio pero en interés, o también en interés, del transferente o de un tercero. La atribución al adquirente es plena, pero éste asume un vínculo obligatorio en orden al destino o empleo de los bienes de la entidad patrimonial. El fin de la atribución es un fin atípico, esto es, no previsto en forma específica por el ordenamiento jurídico, y en este sentido, pero sólo en este sentido, es exacto decir que las partes persiguen un fin fuera de la ley"

Además de las definiciones anteriores sobre el negocio fiduciario, veamos estas que recoge la doctrina:

- Doctrina del Tribunal Económico Administrativo Central de España ([20]), señala que "El negocio fiduciario se define como aquel negocio en virtud del cual una persona (fiduciante) transmite en plena propiedad un determinado bien o derecho a otra distinta (fiduciario). La esencia de la fiducia consiste en la atribución patrimonial que uno de los contratantes, el fiduciante, hace a favor del otro, el fiduciario, para que éste utilice la cosa o el derecho adquirido, mediante la referida asignación, para la finalidad que ambos pactaron, con la obligación de retransmitirlo al fiduciante o a un tercero cuando se hubiera cumplido la finalidad prevista."

- En la doctrina recogemos la siguiente definición de negocio fiduciario, que "Es aquel en que las partes utilizan un negocio jurídico para resultados distintos de los que ordinariamente se derivan por él. Este se caracteriza por la desproporción entre el negocio celebrado y la finalidad perseguida por las partes; se llama fiduciario porque se basa en la fiducia o confianza ([21]) que una persona pone en la otra".

---

[20]) Nº Resolución: 00/116/2005 Unidad resolutoria: Vocalía 1ª Fecha de resolución: 23/11/2006. España.
[21]) cita Derecho Civil Español. Elementos del acto jurídico. Declaración de voluntad. Negocio Fiduciario. Documentos públicos y privados. Universidad de Murcia. La doctrina distingue dos tipos: Fiducia cum creditore: Se da en aquellos casos en los que el negocio tiene por objeto asegurar al acreedor el cumplimiento de una obligación. Ej. Para garantizar una deuda, el deudor (fiduciante) transfiere la propiedad al acreedor (fiduciario) hasta que se pague la deuda y una vez pagada, el acreedor deberá trasmitir el bien al deudor. Esto se llama venta en garantía. A pesar de celebrarse una compra - venta las partes no quieren que el acreedor adquiera definitivamente la propiedad sino, solo con fines de garantía. Fiducia cum amico: El negocio se contrae, preferentemente, en provecho del fiduciante y no del fiduciario y se da en supuestos en que se trasfiere un bien o un derecho con finalidad de administración, cobro… Ej.

Roca Sastre ([22]), es uno de los que difundió la teoría de los aspectos, externo e interno, en la posición de fiduciario, al comentar la naturaleza jurídica de la Fiducia Testamentaria, como negocio fiduciario, sosteniendo que tiene:

- Un aspecto externo: frente a los terceros el fiduciario es un titular de pleno derecho del patrimonio del causante, tiene un poder jurídico pleno e ilimitado, una titularidad definitiva ([23])

- Un aspecto interno: el fiduciario es un mandatario del testador, un mero depositario o ejecutor.

El fiduciario externamente será verdadero titular de los bienes del causante, pero internamente sólo un mandatario; por su primera cualidad podría transmitir a terceros el derecho a él asignado, pero estaría obligado, como mandatario, a seguir las instrucciones del fiduciante y rendirle cuentas del uso del poder jurídico creado a su favor ([24])

Para justificar esta teoría se ha acudido a un desdoblamiento de la propiedad: habría una propiedad formal o aparente, que ostenta el fiduciario; y una propiedad material o económica, que correspondería al fiduciante. Pero en el tema de la fiducia sucesoria ([25]) aparece el problema de a quién le corresponde la propiedad material, puesto que el fiduciante está difunto. Podría decirse que dicha propiedad es ostentada por los que serán herederos, pero difícil sostenerlo durante todo el tiempo en el que no están determinados.

Transmisión de bienes de la iglesia a particulares durante la guerra civil, para evitar que el estado los absorbiera.
[22]) Roca Sastre, Estudios de Derecho Privado. II. Sucesiones, Madrid, 1948, p. 100 y ss.
[23]) Cita de Guillermo Alegre Alonso, Naturaleza Jurídica de la Fiducia Sucesoria, que "de acuerdo a la teoría de la fiducia germánica, esa titularidad plena del fiduciario se encontraría condicionada resolutoriamente, de forma que sería ineficaz ipso iure todo uso contrario al fin perseguido por el negocio fiduciario.
[24]) Dernburg, citado por CÁMARA LAPUENTE, op. cit., p. 540.
[25]) fiducia sucesoria

El negocio fiduciario estará integrado por dos negocios, uno real y otro obligacional: el primero será un contrato de transmisión real abstracto (por el que el causante transmite la herencia al fiduciario), que tiene su causa en otro contrato obligatorio, causal (el mandato por el que el fiduciario se compromete a transmitir la herencia de acuerdo a las instrucciones del *de cujus*), en el que se expresa la causa de los tres, (los dos simples y el complejo) que es única y denominada causa *fiduciae* ([26])

La tesis del negocio fiduciario del fideicomiso en nuestro continente, ha sido sostenida entre otros, por **Rodríguez Rodríguez ([27])**, que expresa ([28]) "debe considerarse un negocio fiduciario, dado que en los negocios fiduciarios existe un aspecto real, traslativo de dominio, que opera frente a terceros, y un aspecto interno, de naturaleza obligatoria, que restringe los alcances de la transmisión anterior pero sólo con efectos inter-partes"   Esta tesis, también la comparte el profesor **Rodríguez Azuero,** y sobre el particular expresa ([29]) "... A través de la relación obligatoria consagrada en la Ley, se explica sin dificultades que el fiduciario tenga un derecho de propiedad restringido y enderezado en forma exclusiva a cumplir la finalidad prevista en el contrato. Se trata, pues, de una transmisión de propiedad para la consecución de un fin determinado que explica por ello el que las facultades normales del propietario se subordinen a los términos obligatorios previstos en el contrato todo lo cual constituye una especie de negocio fiduciario impuro"

La doctrina señala que Negocio Fiduciario es aquel negocio, por medio del cual una persona transfiere a otra, bienes con el objeto de cumplir una finalidad, dando al nuevo titular un poder que excedería la finalidad específica que se está buscando.

---

[26]) Navarro Martorell, M., La propiedad fiduciaria. La fiducia histórica. Los modernos negocios fiduciarios. La propiedad fiduciaria, Bosch, Barcelona, 1950, p. 119.

[27]) D. Joaquín Rodríguez Rodríguez, catedrático español, residenciado en México, donde produjo grandes obras, sobre el derecho mercantil y bancario; así como su obra: " El Fideicomiso" México 1.946.

[28]) Rodolfo Batiza. El Fideicomiso. Pág.131. Obra citada

[29]) Rodríguez Azuero. Contratos Bancarios. Pág. 620. Obra citada

1.2. COMENTARIOS A LA TEORÍA DEL NEGOCIO FIDUCIARIO.-

Comentemos la tesis del negocio fiduciario sostenida por los tratadistas **Rodríguez Rodríguez** y **Rodríguez Azuero**, entre otros, de ubicar la naturaleza jurídica del fideicomiso en el negocio fiduciario impuro, la cual se fundamenta en que el traslado de la propiedad en el fideicomiso al fiduciario se hace sólo para lograr el encargo que debe ejecutar este singular propietario, a favor de la persona que el mismo fideicomitente designa beneficiario del fideicomiso que se constituye. Esta tesis la contradice, el traslado de la propiedad que se hace en la legislación de Ecuador ([30]), donde se crea una ficción jurídica para la constitución del fideicomiso con personalidad jurídica propia, donde el fiduciario es sólo representante legal y la tesis de la institucionalidad de la figura, como institución capaz de crear derechos y obligaciones

La doctrina clasifica al negocio fiduciario, en puro e impuro. El primero, se fundamenta en la confianza entre las partes, y el segundo, permite a las partes por regulación legal, ejercitar acciones concretas para titularizar sus derechos, donde la confianza también es determinante. De esta tesis surge la desproporción entre el fin buscado y el medio empleado, basado en la confianza entre las partes, aunada a la protección legal, por el apego que debe tener el fiduciario a las instrucciones previstas en el contrato, además de las previsiones que la misma Ley establece a las partes, a terceros y a los jueces, que deban conocer sobre estas operaciones por casos especiales; así como la discrecionalidad que la Ley le da a las autoridades de control en nuestros países ([31]).

Arrechea Álvarez ([32]), refiriéndose a las diferencias entre fideicomiso y negocio fiduciario, expresa:"1ª El

---

[30]) Artículo 109 de la Ley de Mercado de Capitales de Ecuador, citado
[31]) Las Superintendencias de Bancos y de Seguros; así como los Fondos de Garantía de Depósitos, Banco Central, Comisión Nacional de Valores y Autoridades de las Finanzas Públicas tienen facultades especiales, inclusive de intervención y liquidación de las instituciones del medio bancario, de seguros y del mercado de capitales, como lo dispone la normativa que rige a estas instituciones.(Legislación del continente sobre estas instituciones)
[32]) Rodolfo Batiza, El Fideicomiso, Obra citada, página 153.

fideicomiso es un negocio nominado, esto es reglamentado, tipificado; el negocio fiduciario no es típico, es un contrato innominado ([33]). Las relaciones entre fiduciante y fiduciario se rigen por la estricta buena fé; las relaciones entre las partes del fideicomiso están reguladas por la Ley y por el acto constitutivo del negocio... El fideicomiso, como negocio, existe independientemente de que haya un contrato con una fiduciaria; es efecto de la voluntad unilateral del fideicomitente. En cambio la fuente del negocio fiduciario está en el doble contrato entre fiduciante y fiduciario. La Fiducia es el resultado de un acto bilateral; el fideicomiso lo es de un acto unilateral".

De esta tesis del negocio fiduciario del fideicomiso, podemos acompañar a **Arrechea Álvarez**, en que el fideicomiso por la sujeción a la normativa legal y por la protección que el ordenamiento jurídico le da a los actos que ejecuta el fiduciario, en cumplimiento del fin que de su constitución deriva, ubica al fideicomiso dentro de los contratos nominados, sin descartar a los que sostienen la tesis, que la naturaleza jurídica del fideicomiso está dentro de la tipología del negocio fiduciario. Es bueno señalar que además de estos criterios, hay otros elementos que deben evaluarse para tener una tesis más acabada sobre la naturaleza jurídica del fideicomiso, como lo veremos en las exposiciones subsiguientes de las otras teorías, que comentamos en esta obra, particularmente en este capítulo, en las que tiene cabida la tesis ecléctica; así como se rebaten algunas posiciones, como las comentadas, supra, del mandato en la relación testamentaria en el negocio fiduciario, ya que éste, solo puede sostenerse por actos inter vivos

---

[33]) Carlos Iván García Pérez Contratos Nominados e Innominados 23/04/2013, señala que "En cuanto de estos contratos atípicos digamos que los mismos son plenamente legítimos y permitidos en tanto y en cuando sea lícito y por tanto no afecten la moral y las buenas costumbres.   La licitud debe verificarse en cada caso particular, trátese del contrato típico o atípico, para comprobar si se respetan los principios generales de buena fe y causa licita. En otros términos hay que fijarse en cada caso concreto que los límites que impone el ordenamiento jurídico a la libre voluntad no sean excedidos o sobrepasados.

Como dice **Cámara Lapuente** ([34]) en referencia a la Fiducia Sucesoria Secreta Navarra, aunque hay notables coincidencias entre la fiducia testamentaria y los negocios fiduciarios, "como la existencia de la confianza con función medular de ambos negocios, el riesgo para el fiduciante y la potestad de abuso del fiduciario, o la desproporción entre el medio jurídico y el fin perseguido», hay algunos obstáculos para considerarlos de idéntica naturaleza:

- No se puede hablar de que el fiduciario tenga una titularidad real sobre la herencia, si no tiene ninguna propiedad. El caudal hereditario queda totalmente separado de su propio patrimonio, y así no podrán ser embargados por sus acreedores. Y también hemos dicho anteriormente que el desdoblamiento de propiedad tiene el problema de que no explica en la fiducia sucesoria quién ostenta la propiedad material o económica.

- A su vez tampoco podemos aceptar que el aspecto interno del negocio fiduciario se dé en la fiducia sucesoria. No existe ningún nexo obligacional entre el fiduciario y el causante, más allá del deber moral que aquél sienta por verse depositario de la confianza de éste.

- El negocio fiduciario es un negocio *inter vivos*, bilateral y contractual, mientras que la fiducia sucesoria es *mortis causa* y unilateral, careciendo de carácter contractual al no haber acuerdo de voluntades entre el fiduciante y el fiduciario.

- En el ámbito subjetivo pueden establecerse dos diferencias. La primera consiste en que en el negocio fiduciario están implicadas *generalmente* dos personas, el fiduciante y el fiduciario, mientras que en la fiducia sucesoria *siempre* se ven implicadas tres personas: el causante, el fiduciario y el designado por éste como heredero. La segunda diferencia radica en que el negocio fiduciario se realiza en provecho del fiduciante y del fiduciario o sólo en provecho del fiduciante, mientras que la fiducia sucesoria no se constituye en beneficio de ninguno de los dos, sino del destinatario de los bienes."

Por todos estos argumentos no podemos considerar la fiducia sucesoria como un negocio fiduciario tal como hemos definido...".

---
[34]) Cámara La Puente, op. Cit. P 544 y 545, Citado por Guillermo Alegre Alonso, obra citada

2.- TEORÍA DEL ACTO UNILATERAL EN EL FIDEICOMISO.-

2.1. FUNDAMENTACIÓN DE LA TESIS DEL ACTO UNILATERAL.

La teoría del acto unilateral de voluntad es sostenida por **Cervantes Ahumada y Arrechea Álvarez**, entre otros, el primero de ellos sostiene que "A pesar de intervenir otras personas en su formulación es una manifestación unilateral de voluntad del fideicomitente siempre que esté enmarcada en los requisitos de capacidad y licitud" ([35]) Este mismo autor sostiene que es un acto jurídico, que tiene validez y eficacia entre las partes y frente a terceros. Pero, a su vez, **Arrechea Álvarez**, sostiene que "el fideicomiso es un acto unilateral del fideicomitente y que como negocio, existe independientemente que haya contrato". Esta afirmación de este autor, la podemos apreciar en los fideicomisos llamados testamentarios, donde el testador, manifiesta en su testamento que constituirá un fideicomiso, con los bienes o derechos que deja en el testamento; como lo que señalan algunas disposiciones del continente.. Esta disposición unilateral del testador, como acto de última voluntad con respecto a su patrimonio, a favor de sus herederos o de aquellas personas a quienes beneficie en el testamento, sin perjuicio de lo que dispongan las leyes sobre la legítima, es parte del fundamento de esta tesis del acto unilateral del fideicomitente.

De la decisión del testador (fideicomitente) depende la constitución del fideicomiso, con la disposición de sus bienes o derechos para traspasarlos al fiduciario en el fideicomiso; así como la designación del beneficiario y fiduciario en el mismo acto y la determinación de la finalidad que pretende al manifestar su voluntad de constituir el fideicomiso, con las instrucciones que establece al fiduciario para ejecutar el encargo.

---

[35]) Citado por Batiza. El Fideicomiso. Pág. 131

2.2. COMENTARIOS A LA TESIS DEL ACTO UNILATERAL.-

Al analizar esta teoría, apreciamos en la normativa jurídica y contractual de la figura del fideicomiso y del testamento, abusos incomprensibles de la parte gramatical del verbo constituir, que pudieran haber tenido alguna incidencia en los que sostienen esta tesis, al no percatarse de los tiempos de este verbo.

La tesis del acto unilateral del fideicomiso enmarcada en requisitos de capacidad y licitud, como lo sostiene **Cervantes Ahumada y Arrechea Álvarez,** como acto unilateral es válida en cuanto a la decisión de constituir el fideicomiso, pero está decisión o acto unilateral de constitución, queda en suspenso, hasta tanto el fiduciario acepte su designación, prestando su personalidad para titularizar este patrimonio. Esto se evidencia, cuando el fideicomitente deja en testamento la posibilidad de constituir el fideicomiso, donde queda en suspenso sus efectos jurídicos, hasta tanto el fiduciario acepte su designación, prestando su personalidad para titularizar este patrimonio como se señaló antes. Esta consideración es válida para cualquier fideicomiso que se constituya, aún en la legislación de Ecuador, donde el fideicomiso adquiere personalidad por una ficción jurídica, pero requiere la aceptación del fiduciario, como su representante legal. En el fideicomiso como institución jurídica, se determina su constitución, desde el momento en que una persona legalmente capaz (fideicomitente), decide constituirlo, con parte de los bienes o derechos que integran su patrimonio, cumpliendo las formalidades de ley, pero requiere para darle formalidad jurídica a sus actos y actuaciones en la figura, la aceptación del fiduciario, el cual le presta su personalidad, de manera independiente y separada para titularizar los bienes o derechos cedidos en el fideicomiso y transferidos en el acto de aceptación o en acto posterior. Esta situación es igual, bien porque lo suscriba con una institución financiera, de las autorizadas para actuar como fiduciario o con un particular, persona natural o jurídica también de las autorizadas por Ley o decida dejar su constitución en un testamento. En los casos de derechos de autor o regímenes alimentarios de menores (caso venezolano), o que el testador (fideicomitente) manifieste su disposición en un testamento, (caso venezolano, argentino y costarricense, entre otros países), para que se materialice después de su muerte, previa las formalidades de ley. Independientemente que participen otras personas en la constitución del fideicomiso, siempre se realizará porque así lo dispone el fideicomitente, voluntariamente, con lo cual fundamentan esta tesis del acto unilateral, pero siempre se requiere la aceptación del fiduciario, para darle forma jurídica y funcional a los actos de constitución del fidecomiso, incluyendo la tradición de los bienes, y poder así cumplir el encargo encomendado, salvo la personería jurídica que le confiere la Ley del Mercado de Capitales de Ecuador (36) al Fideicomiso, pero la cual designa al Fiduciario representante legal, a los fines del logro de los propósitos de su constitución. Normativa esta que refuerza esta tesis del acto unilateral.

El acto unilateral es sólo la determinación y afirmación por parte del fideicomitente del medio que utilizará para acometer el encargo que pretende con la constitución del fideicomiso, pero se requiere además la aceptación del fiduciario designado u otro que pueda ser designado sustituto, de no aceptar el primer designado o que el Juez de Fideicomiso pueda designarlo, de no estar previsto en el testamento y que no renuncie el beneficiario o beneficiarios; así como el cumplimiento de las otras formalidades de ley, que son necesarias para que pueda cumplirse la finalidad del fideicomiso dentro del marco legal.

Al analizar las leyes del continente sobre el fideicomiso testamentario, señalan que el fideicomiso testamentario es un acto de última voluntad". Aquí se están refiriendo al acto o última voluntad que deja expresado el fideicomitente (testador) de constituir el fideicomiso. De llegar a constituirse éste, procedería su constitución por la manifestación expresada en el testamento. Que es un acto de última voluntad, expresado en el mismo, que recoge la intención de constituir el fideicomiso, pero de allí a constituir el fideicomiso como tal, faltan muchos eventos para lograr su materialización, como: aceptación del fiduciario; sin su concurso no hay fideicomiso, porque él es el que le da vida jurídica a los actos emanados del

---

36) Artículo 109 de la Ley de Mercado de Capitales de Ecuador, citado

fideicomiso y acompañado de la tradición de los bienes o derechos, con sus formalidades; así como el cumplimiento de las formalidades del testamento y de la tradición de los bienes objeto del fideicomiso.

El artículo 4 de Ley vigente de abril 2017 de Panamá ([37]) señala que "el contrato o acto jurídico de fideicomiso debe constar siempre por escrito. En consecuencia, serán nulos de pleno derecho los fideicomisos verbales, presuntos o implícitos". Esta misma reforma señala en su artículo 10 que ([38]) el fideicomiso entre vivos puede ser constituido en documento público o privado y aquellos que hayan de producir efectos después de la muerte del fideicomitente deben ser constituidos en testamento, pero en caso que el fiduciario sea persona autorizada para realizar el negocio fiduciario, podrá constituirse en documento privado, sin las formalidades del testamento. Esta misma Ley establece que cuando se trate de documento privado las firmas del fideicomitente, fiduciario o sus apoderados deberán ser autenticadas por notario.

Sobre el fideicomiso testamentario, señala **Juan Suayfeta Ozaeta,** al comentar la reforma del año 2002 de algunos artículos de la materia fiduciaria en México, ([39]), especialmente el artículo 387, que dice que el fideicomiso puede ser "Constituido" por acto entre vivos o por "testamento"... Señala el autor, muy acertadamente, sobre las afirmaciones contenidas en este artículo, "que la primera es una perogrullada, por obvia, y la segunda es un desacierto, pues no es jurídicamente posible dejar constituido un fideicomiso en un testamento. En este último aspecto el legislador original hizo un uso inadecuado del término "constituir", en lugar del cual, lo indicado hubiera sido utilizar el vocablo "Prever". En tal error se ha incurrido en otras legislaciones... La ambigüedad o equivocidad del vocablo ha permitido que

---

[37]) Artículo 4 modificado (Ley 1 del 5 de enero del año 1984) Artículo 99 de la reforma 2017.

[38]) Artículo 10 modificado (Ley 1 de 1984 de Panamá) artículo 101 reforma 2017. " El fideicomiso entre vivos puede ser constituido en documento público o privado El fideicomiso que haya de producir efecto después de la muerte del fideicomitente debe ser constituido por medio de un testamento. Podrá, además constituirse por medio de un instrumento privado, sin las formalidades del testamento, en el caso en que el fiduciario sea una persona autorizada para ejercer el negocio de fideicomiso.

[39]) Revista de derecho Privado, nueva época, año II, num 6, páginas 85 y 106, Dudas sobre la Reforma del 29-10-2002 a la Ley General de Títulos y Operaciones de Créditos. México. Juan Suoyfeta Ozaeta

haya quienes le atribuyan una connotación o alcance que no puede tener y que ha contribuido a que haya quien sostenga que el fideicomiso es un acto unilateral de voluntad ([40]) por considerar que basta que una persona prevea en un testamento −Acto unilateral por excelencia− que a su muerte se establezca un fideicomiso para que por ese sólo hecho se tenga por constituido o perfeccionado, lo que desde luego está fuera de toda lógica"

Los comentarios hechos, sobre las citadas disposiciones en materia fiduciaria, de buena parte del continente, debe llamar la atención, para revisar estos conceptos y adecuarlos, a la técnica jurídica y gramatical, ya que no se puede generar confusión en la interpretación de las normas, por casos tan particulares como los señalados.

Es bueno comentar, que la naturaleza jurídica del fideicomiso, sea que se crea que nace de la voluntad expresa del fideicomitente o que derive de la aceptación del fiduciario o de la aceptación de las partes o por otras consideraciones, siempre va a estar sujeta a la manifestación de voluntad del fideicomitente, como punto de arranque y de la aceptación del fiduciario para materializar el fideicomiso, ya que la expresión de dejarlo en un testamento o cualquier documento privado, es solo una oferta a la otra parte para su constitución, por lo cual siempre será necesario el concurso de las partes para llevar a cabo la materialización del negocio fiduciario. Esto último, tampoco hace que su naturaleza sea el contrato, ya que su formalización, da vida jurídica a una institución del derecho, cuyas facultades, derechos y obligaciones, así como sus responsabilidades exceden las actuaciones de cualquier figura que se formalice a través de un contrato; solo comparable con los actos creadores de las personas jurídicas (creación de la Ley, por acuerdo de voluntades), aunque en esta figura se tome prestada la personalidad del fiduciario para su materialización de hecho y de derecho, de cuya aceptación surge el compromiso de cumplir las instrucciones de su

___

[40]) El Fideicomiso. Rodolfo Batiza, Página 135. y 134 de la obra citada. "La pretendida naturaleza de acto unilateral que se quiere dar al fideicomiso, carece de base jurídica y la declaración correspondiente no pasa de ser una simple oferta o policitación, que puede tener carácter irrevocable, modalidad que no altera en forma radical los principios del derecho común en la materia"

constituyente (pacto fiduciae), que es lo que hace que se tenga la confusión de asociarlo a la firma de un contrato. La voluntad del fideicomitente, aunque la exprese en un testamento u otro documento público o privado, inclusive en la legislación de Ecuador, siempre va a estar sujeta a la aceptación del fiduciario, que es el que formaliza y ejecuta la finalidad del fideicomiso. Aunado a esto, debe formalizarse la entrega o cesión de los bienes o derechos que constituyen el objeto del fideicomiso, que de no suceder o de ser esto imposible, hace nulo el acto de constitución del fideicomiso.

Para visualizar lo antes expresado, comparemos esto con la constitución de una compañía anónima, donde los acuerdos de asociación de sus socios (acta de asamblea), permite por voluntad unilateral de ellos, crear un ente jurídico (ficción legal), pero para que este ente tenga vida jurídica debe cumplirse la formalidad de consignar el aporte de capital (activo social); así como el registro y publicación de la compañía ante el ente público correspondiente. Veamos estos actos en el fideicomiso, la manifestación unilateral del fideicomitente, puede ser expresada en testamento o por acto entre vivos, pero esto solo es una manifestación de voluntad, dado que el fideicomiso no tiene personalidad, por lo cual requiere para materializarse, a semejanza del registro de la compañía anónima, la aceptación del fiduciario, que es quien le da vida jurídica al fideicomiso, a través de la persona del fiduciario, con la tradición de los bienes o derechos objeto del fideicomiso y con el cumplimiento de su formalidad. Sin el cumplimiento de estos presupuestos no hay fideicomiso, solo habrá la manifestación unilateral del fideicomitente de constituirlo, como cuando es manifestada su disposición de que se constituya en testamento o que se estatuya, como lo establece la legislación de Ecuador, creando el fideicomiso con una ficción jurídica muy particular, condicionándolo a la representación legal del fiduciario

3.- TEORÍA DEL NEGOCIO BANCARIO DEL FIDEICOMISO.-

3.1. FUNDAMENTACIÓN DE LA TESIS DEL NEGOCIO BANCARIO

Esta tesis del negocio bancario ha sido sostenida en principio por **Luis Muñoz**, el cual señala que "el fideicomiso dejó de ser un negocio fiduciario para convertirse en negocio legal típico; y subraya que el negocio fiduciario, como *pactum fiduciae*, puede ser celebrado por particulares y entre ellos surtirá, sus efectos" Este autor sostiene que "el fideicomiso mexicano, es un negocio jurídico bancario. Su tesis la sustenta que este es un negocio propio de las Instituciones de Crédito" ([41])

Esta tesis la sustentan, sus tratadistas en que estos actos u operaciones, emanan de las facultades conferidas, en forma exclusiva, a los bancos y otras instituciones similares, con algunas pequeñas variantes pero complementadas, como es el caso, por citar algunos de Argentina, Costa Rica, Panamá y Venezuela. En este último país, cada día se van incorporando más disposiciones sobre el fideicomiso y las otras operaciones de confianza en la Ley de Instituciones del Sector Bancario, derogando parcialmente la Ley de Fideicomiso, ([42]) y en la Ley de la Actividad Aseguradora ([43]).

3.2. COMENTARIOS A LA TESIS DEL NEGOCIO BANCARIO

Esta tesis del negocio bancario se fundamenta en que el fideicomiso, como negocio es realizado a través de las instituciones financieras bancarias o de seguros, y como tal es un negocio típico de estas instituciones. Esta tesis es particular, dado que el fideicomiso no es en esencia un negocio de la banca; estas instituciones tienen sus

---

[41]) Citado por Vegas Rolando. Pág. 44 a 46

[42]) Ley parcialmente derogada y vigente desde el año 1956, modificada por la Ley de Instituciones del Sector Bancario de Venezuela del año 2010, reformada varias veces, la última el 2014.

[43]) Ley de la Actividad Aseguradora Decreto N° 6.211 del 30/12/2015 y reimpreso, en la Gaceta Oficial Extraordinaria N° 6.220, de fecha 15 de marzo de 2016, fue republicado por "fallas en los originales" el Decreto N° 2.178 mediante la cual se dicta la Ley de La Actividad Aseguradora

propios negocios que afectan su patrimonio, lo que no excluye que al operar este servicio puedan ver afectado su patrimonio, pero esto último sería por otras circunstancias derivadas de su actuación como operador del negocio de un tercero. La banca al prestar el servicio fiduciario se apoya en su propia personalidad e infraestructura organizacional, pero estas actividades las realizan estas instituciones para terceros. La banca puede realizar y de hecho realiza, operaciones similares o iguales a las que ejecutan para sí, usando los mismos títulos con los cuales documentan estas operaciones que efectúan con los fondos fiduciarios, lo cual es muy diferente de llegar a sostener que es un negocio de la banca; la cual tiene sus propios negocios, materializados en sus propias operaciones o actividades.

En razón de lo expuesto, dejo descartado que el fideicomiso sea una operación típica de estas instituciones bancarias; sus operaciones típicas son de depósitos y créditos. El fideicomiso es para la banca un servicio que presta a terceros. El fiduciario para lograr el cumplimiento del encargo debe realizar innumerables operaciones, muchas similares a las que ejecutan estas instituciones en el logro de su objeto social. Las operaciones que realiza el fiduciario en el fideicomiso, son conexas con las bancarias, sus resultados afectan independientemente a cada una de estas masas patrimoniales, las cuales son totalmente separadas, aunque titularizadas por el mismo sujeto, el fiduciario.

El patrimonio de la banca está directamente relacionado, sólo con el cobro que realizan de los honorarios por el servicio prestado, sin entrar a considerar otras particularidades que se derivan del manejo de estos patrimonios, como riesgos o algunas ventajas particulares.

Esta tesis del negocio bancario se cae por su propio peso, dado que no podría ser un negocio para las instituciones bancarias, si estas cuando actúan como fiduciarios, no pueden beneficiarse directamente de su ejecución, en vista que de estas operaciones, solo reciben una comisión por sus servicios, porque no pueden ser beneficiarios, por prohibición expresa de las leyes y de la naturaleza de la figura. De no ser posible por Ley, ser beneficiarios, cuando se actúa como fiduciario, no puede ser una operación típica de las instituciones bancarias, lo cual evidencia el absurdo de esta tesis. De ser el fiduciario, beneficiario en el fideicomiso, operaría la figura jurídica denominada la confusión, lo cual también es un contrasentido o absurdo jurídico. De materializarse en la persona del fiduciario la del fideicomitente, como es la tesis de algunos fideicomisos financieros, esto es confundir fondos ([44]) (activos de una persona) con la figura del fideicomiso.

Veamos las instituciones bancarias como fideicomitentes, que es otra cosa distinta de ser fiduciario, dado que no se puede ser las dos cosas en un mismo acto de constitución de un fideicomiso, en su propia institución o personalidad, por imperativo legal y porque se estarían disponiendo de su propio patrimonio y representándolo, lo cual generaría confusión; por lo cual debe buscar un fiduciario, que vendría a ser un tercero y podría designar un beneficiario, de no designarse el mismo como tal. De realizar esta actuación como fideicomitente, debe desprenderse de sus activos para poder constituir el fideicomiso y aquí entran las limitaciones patrimoniales de Ley, sobre reposición de capital en caso de pérdida de estos fondos, según el % que establezca la normativa en cuestión ([45]), no solo para los bancos, sino también para las compañías anónimas u otros entes que tengan limitaciones de esta índole en leyes o estatutos.

Para las instituciones financieras que sirven de fiduciarios, estas actividades, sólo representan la prestación de un servicio a la clientela, por lo cual su participación en este negocio, aunque directo en su ejecución y posicionamiento legal sobre este patrimonio, es indirecto en su cometido, propósitos y resultados, que benefician a terceros o al fideicomitente. Revisemos lo que señalan algunas disposiciones en nuestro

---

[44]) El fondo, es un activo de la persona o conjunto de Bienes de una persona o entidad cuando tiene finalidad y cuenta especial. Esto es una segregación en su propio patrimonio o constitución legal de algunos bienes separados, como el hogar, por citar algunos o el que se constituye para responder a terceros (fondo fiduciario), a través de mandatario. Los Fondos del Mercado Monetario 1986, Obra del autor.
[45]) Artículos 181y 182 de la Ley de Instituciones del Sector Bancario de Venezuela sobre reposición de capital

continente, sobre las instituciones bancarias como fiduciarias y como fideicomitentes:

3.2.1. Las Instituciones Bancarias como Fiduciario.-

En la legislación de Venezuela, Argentina, Panamá y Costa Rica, por citar algunos países, esta teoría tiene inconveniente en sustentarse, dado que pueden los particulares también actuar como fiduciarios.

Analicemos las leyes de estos países, que permiten que particulares puedan actuar como fiduciarios: a) En Venezuela, no obstante lo que establece la Ley de Bancos y de Seguros, particulares pueden actuar como fiduciarios, a tenor de lo que establece la Ley de Derecho de Autor y de Protección Familiar; b) En Costa Rica, pueden los particulares actuar como fiduciario, a tenor de lo que establece su Código de Comercio ([46]); c) En Argentina, pueden los particulares actuar como fiduciarios a tenor de lo que establece el Código Civil y Comercial ([47]), pero la especialización o profesionalización solo la pueden ejercer las instituciones financieras del sistema bancario, de seguro y de valores, y d) Ley del año 2017, que reforma la ley de fideicomiso de Panamá, autoriza a particulares también a realizar estas operaciones ([48]).

En nuestro continente, el régimen legal de cada país, le da facultad a la banca para realizar operaciones de fideicomiso; pero además de la banca, destacan en algunos países instituciones financieras que también pueden realizar operaciones de fideicomiso, como es el caso que se da en los siguientes países: a) Colombia, donde un ente especializado bancario, denominado Sociedad Fiduciaria es autorizada para realizar estas operaciones ([49]); b) México, donde además de la banca,

---

[46]) Artículo 637 del Código de Comercio de Costa Rica, señala que "Puede ser fiduciario cualquier persona física o jurídica, capaz de adquirir derechos y contraer obligaciones. En el caso de personas jurídicas, su escritura constitutiva debe expresamente capacitarlas para recibir por contrato o por testamento la propiedad fiduciaria"

[47]) Artículo 1673 Código Civil y comercial de Argentina

[48]) Artículo 12 reforma año 2017 Ley fideicomiso Panamá (Ley 1 del año 1984), señala que "Podrán ser fiduciarias las personas naturales o jurídicas. Las personas de Derecho Público podrán transferir o retener bienes en fideicomiso, mediante declaración hecha con las formalidades de esta Ley.

[49]) Artículo 1226 del Código de Comercio de Colombia, señala que "La fiducia mercantil es un negocio jurídico en virtud del cual una persona, llamada fiduciante o fideicomitente, transfiere uno o más bienes

las instituciones de créditos, de seguros, de fianzas, casas de bolsas, las sociedades financieras de objeto limitado y los almacenes generales de depósito pueden actuar como fiduciario ([50]). Estas dos últimas instituciones, solo pueden actuar para fideicomisos de garantía; y c) Panamá, donde las personas naturales o jurídicas y las personas de derecho público pueden realizar estas actividades u operaciones ([51])

3.2.2. Las Instituciones Bancarias como Fideicomitentes.-

En lo que respecta a la actuación de los entes bancarios como fideicomitentes, estimamos que sólo podrían actuar los entes bancarios en forma limitada, hasta por montos que no los coloquen por debajo del monto que legalmente deben mantener como capital mínimo según la Ley de cada país (código de comercio o leyes especiales del sector), para cada uno de los institutos, individualmente considerados, de acuerdo a las limitaciones o prohibiciones que les establezcan estas disposiciones. Este comentario se fundamenta en que el fideicomitente para constituir un fideicomiso, debe desprenderse de parte de sus activos con cargo a su patrimonio para entregarlo al fiduciario, dado que no podría hacerlo emitiendo obligaciones (contrayendo pasivo), porque esto afectaría la posición de sus acreedores y podría ser atacado de nulidad, por ser contrario a la naturaleza de la figura y a las disposiciones que rigen la materia bancaria y fiduciaria.

Las instituciones financieras cuando actúan como fideicomitente y beneficiario, a la vez, deben mantener los bienes o derechos objeto del fideicomiso, registrados en

---

especificados a otra, llamada fiduciario, quien se obliga a administrarlos o enajenarlos para cumplir una finalidad determinada por el constituyente, en provecho de éste o de un tercero llamado beneficiario o fideicomisario.
Una persona puede ser al mismo tiempo fiduciante y beneficiario.
Solo los establecimientos de crédito y las sociedades fiduciarias, especialmente autorizados por la Superintendencia Bancaria, podrán tener la calidad de fiduciarios"
[50]) Artículos 395 y 396 de la Ley General de Títulos y Operaciones de Créditos de México
[51]) Artículo 12 Reforma de la Ley Fideicomiso año 2017 (Ley 1 del 5 de enero de año 1984) de Panamá señala las "1. Entidades con Capacidad Jurídica para Realizar Fiducia: Podrán ser fiduciarios las personas naturales o jurídicas. Las personas de derecho público podrán transferir o retener bienes en fideicomiso, mediante declaración hecha con las formalidades de esta ley., citado

su contabilidad, indicando que estos bienes están sujetos a esta condición especial, durante el lapso que dure el contrato de fideicomiso. En este caso, contablemente pareciera que no debiera considerarse que afecte el patrimonio del fideicomitente, la constitución de este tipo de fideicomiso, porque ellos volverían al patrimonio del fideicomitente al terminar el fideicomiso, pero como legalmente está afectado el patrimonio, si debe indicarse que está sujeto al régimen del fideicomiso en su balance de publicación. Ejemplo: Fideicomisos de inversión o especiales para cancelar obligaciones a sus acreedores privilegiados. Desde el punto de vista legal, procede la transferencia de los bienes objeto del fideicomiso, con todas sus formalidades, dado que de lo contrario podría entenderse que se trata de actos simulados.

4.- TEORÍA DE LA NATURALEZA CONTRACTUAL DEL FIDEICOMISO.-

4.1. FUNDAMENTACIÓN DE LA TESIS DE LA NATURALEZA CONTRACTUAL

Esta tesis de la naturaleza contractual del fideicomiso, se basa en que para que pueda haber fideicomiso, es necesario que las partes firmen un contrato ([52]), de donde surge la existencia jurídica del fideicomiso, sin el cual no podría haber ninguna actuación del fiduciario. Acogiéndose a esta tesis el Código Civil y Comercial de Argentina establece ([53]) "que hay contrato de fideicomiso cuando una persona (fiduciante) transmite o se obliga a transmitir la propiedad fiduciaria de bienes determinados o determinables a otra (fiduciario), quién se obliga a ejercerla en beneficio de quién se designe en el contrato (beneficiario) y a transmitirlo al cumplimiento de un plazo o condición, al fideicomisario" Está disposición señala de manera expresa que el fideicomiso es un contrato, con lo cual se refuerza la tesis, de algunos autores, entre ellos el profesor **Batiza, Alfaro y Lizardi Albarrán**, entre otros, los cuales sostienen que la naturaleza jurídica del fideicomiso viene dada por el contrato, ya que su existencia jurídica está condicionada a la celebración del

---

[52]) El artículo 1.133 del Código Civil Venezolano, señala que "El contrato es una convención entre dos o más personas para constituir, reglar, transmitir, modificar o extinguir entre ellas un vínculo jurídico.
[53]) Artículo 1666 Código Civil y Comercial de Argentina

contrato de fideicomiso. **Jean Paúl Beraudo** comenta "que en los países de América Latina, el Fideicomiso o Fiducia Mercantil es calificada de contrato. Es decir, que nace de un acuerdo de voluntades entre un constituyente y un profesional de la gestión de bienes... La transferencia de la propiedad está igualmente mencionada como condición de validez de la operación" ([54]) Como puede apreciarse de las exposiciones anteriores, esta tesis de la naturaleza contractual del fideicomiso, es opuesta a la del acto unilateral.

Alfaro sostenía, ([55]) al precisar la naturaleza jurídica de la institución por él construida,... que el fideicomiso según el espíritu del proyecto, es ni más ni menos, un contrato tripartito cuya consumación depende del consentimiento que a su debido tiempo debe dar cada una de las partes... reconocía que era un convenio sui generis ([56]) que tiene diferencias notables con la mayoría de los contratos sinalagmáticos ([57])..."

4.2. COMENTARIOS A LA TESIS DE LA NATURALEZA CONTRACTUAL.-

Al revisar las disposiciones legales en materia de fideicomiso en América Latina, encontramos que estas leyes señalan que el fideicomiso es un negocio fiduciario o un negocio jurídico o una relación jurídica, que requiere la aceptación del fiduciario para su formalización, bien porque indiquen estas disposiciones, que se recoja en un

---

[54]) Estudio Comparado del Fideicomiso y el Trust Inglés, París.

[55]) El Fideicomiso. Rodolfo Batiza, Página 134 de la obra citada.

[56]) Contratos de Servicios Médicos: Precisamente el hecho de considerar este contrato como una especie en su género de contrato innominado, ha provocado que algunos autores lo ubiquen como un contrato sui generis, con ciertas peculiaridades, y aprecien que los actos relativos al ejercicio de la profesión médica no pueden incluirse en el parámetro de un contrato determinado, sino que constituyen una nueva figura contractual con sustantividad propia e independiente de los modelos contractuales establecidos en la modernas legislaciones de impronta jusromanista y, por consecuencia, que deben regirse por las reglas del derecho común en materia de obligaciones... Sin embargo, hay doctrinarios que juzgan la expresión contrato sui generis como más o menos equivalente a la de contrato atípico, por ser éste un vocablo más preciso. Obra citada

[57]) El contrato bilateral o sinalagmático, es aquella convención que genera obligaciones recíprocas para ambas partes contratantes, según reza el artículo 1102 del Código Civil Francés. El contrato sinalagmático, es un tipo de contrato que se contrapone al contrato unilateral en el cual sólo nacen obligaciones para una de las partes (donación). La excepción de inejecución o excepción Non Adimpleti Contractus" sanciona la regla según la cual: " en toda relación sinalagmática obligatoria, cada parte no puede reclamar de la otra la ejecución de sus obligaciones, si de su lado ella no ejecuta o no ofrece la ejecución de sus propias obligaciones"

contrato que firmen las partes o se deje en un testamento, para su posterior aceptación o excusa del que se haya designado en el testamento como fiduciario.

Sobre esta tesis de la naturaleza contractual del fideicomiso, el tratadista mexicano **Rodríguez Rodríguez**, citado por **Vegas Rolando** ([58]) señala que ..."ve en el fideicomiso un negocio jurídico; y que en las aceptaciones del fiduciario y del fideicomisario no existen manifestaciones de voluntades, esenciales para la celebración del fideicomiso; no puede, en ningún caso, ser contrato porque le falta la autonomía plena de la voluntad de las partes, y que por el contrario es un negocio fiduciario que se celebra con "asentimiento" y no solo por consentimiento y está sujeto además a la conditio iuris".

De lo señalado por **Rodríguez Rodríguez**, que la naturaleza jurídica del fideicomiso no puede estar fundamentada en un contrato, porque las aceptaciones del fiduciario y del fideicomisario les falta manifestación suficiente de voluntad, dado que el negocio fiduciario se celebra con asentimiento y no solo por consentimiento, además que está sujeto a la *conditio iuris*. Podemos concluir con este autor, que en la figura del fideicomiso no existe el presupuesto necesario de la manifestación de voluntad, que se requiere para que haya contrato, dado que el Fideicomitente da su consentimiento, expresando su voluntad de manera unilateral, caso de fideicomisos testamentarios; pero las otras partes que participan en la figura, caso el fiduciario, tiene la potestad de aceptar o excusarse (fideicomisos testamentarios) y el fideicomisario o beneficiario, tiene la potestad de asentimiento o de renuncia. Estos presupuestos, no configuran los fundamentos de los actos contractuales, donde se expresa la manifestación inequívoca de voluntad de las partes.

El consentimiento es uno de los elemento de existencia del contrato y se expresa por medio de propuestas u ofertas de una de las partes y la aceptación de la otra, la cual no presenta inconveniente cuando ambas están presentes, pero si cuando una de ellas está ausente. Las posiciones de mayor importancia en la doctrina sobre el

---

[58]) Cita, El Fideicomiso en Venezuela, Vegas Rolando, página 45

perfeccionamiento del contrato entre ausentes son las de la declaración o manifestación y la del conocimiento. Veamos lo que nos señalan estas dos (2) teorías: a) La teoría de la declaración (expedición), sostiene, que el contrato concluye, cuando la persona a quien se le dirigió la oferta la acepta, con lo cual basta que haya declarado la voluntad de aceptar, bien sea exteriorizándola o remitiéndola, y b) la teoría del conocimiento (recepción), sostiene que el contrato se perfecciona, cuando dicha aceptación llega a conocimiento del oferente, lo cual tendría lugar al imponerse de su contenido.

Pollock, ([59]) señala sobre los contratos en general que, "en cuanto a su fuente, sobre todo si el resultado de un acto entre las partes, el trust es una especie de contrato, pero no obstante sostenía que las complejas relaciones incorporadas en el trust son irreducibles a los elementos normales del contrato, y que aunque puede decirse que todo trust encierra un contrato, presupone sin embargo tantos otros elementos adicionales y la naturaleza de sus objetivos es de tal modo diferente, que por ello se distingue con claridad, no sólo de cualquier especie de contrato, sino de los contratos considerados como un género distinto. De ahí que a su juicio se justificará el enfoque adoptado por los tratadistas ingleses de estudiar al trust como rama jurídica aparte."

En las disposiciones legales de América que tratan la materia fiduciaria, se establece que el fideicomiso puede constituirse o dejar en testamento. En la Ley de Fideicomiso Venezolana se establece que "El fideicomiso podrá constituirse también por testamento para que tenga efecto después de la muerte del fideicomitente. En este caso, el fiduciario manifestará su aceptación o excusa ante el juez del fideicomiso" ([60]) El Código Civil y Comercial de Argentina también se refuerza esta tesis que señala que el fideicomiso es un contrato ([61]).

---

[59]) Cita Rodolfo Batiza, el fideicomiso, página 66, obra citada.

[60]) Artículo 4 de Ley de Fideicomiso Venezolana señala textualmente que "El fideicomiso podrá constituirse también por testamento para que tenga efecto después de la muerte del fideicomitente. En este caso, el fiduciario manifestará su aceptación o excusa ante el Juez del fideicomiso. El fiduciario que hubiere aceptado la transferencia testamentaria de bienes a título universal, sólo responderá de las deudas hereditarias con dichos bienes y los que los sustituyan cuando al aceptar el fideicomiso, hubiere presentado un inventario de los bienes transferidos"

[61]) Artículo 1666 Código Civil y Comercial de Argentina "que hay contrato de fideicomiso cuando una persona (fiduciante) transmite o se obliga a transmitir la propiedad fiduciaria de bienes determinados o

Nos señala Carlos Iván García Pérez sobre los Contratos Nominados e innominados "que los diferencia o categoriza en nominados e innominados según tengan un tratamiento específico o especial en dicho cuerpo legal, es decir, que dicho código los regule de modo concreto o no. Existen otras legislaciones que mantienen dichas acepciones, pero lo cierto es que en la actualidad se ha abierto paso el llamarlos típicos y atípicos... Hay veces que determinadas contrataciones semejantes se tornan muy frecuentes, por lo que si bien en principio son contratos atípicos, con el tiempo el uso y la costumbre se van tornando típicos, de modo que van adquiriendo un tratamiento más o menos uniforme o **semejante** por la doctrina y jurisprudencia. A este fenómeno, algunos lo llaman tipicidad social, por ser aceptados sin mayores tapujos por la sociedad, tal ejemplo el contrato de distribución de agencia, de concesión etc., que en muchos casos son utilizados por las grandes empresas a fin de facilitar su comercialización" ([62]). Las dudas que se generan en los supuestos de los contratos atípicos que encierran elementos de dos o más esquemas contractuales típicos, donde se interpreta que surgen los llamados contratos mixtos o complejos, que normativa aplicar; al respecto hay varias teorías ([63])

Estas disposiciones, que señalan que el fideicomiso podrá dejarse en testamento, refuerzan la tesis del acto unilateral del fideicomiso, dado la disposición del fideicomitente de constituir el fideicomiso, pero esto es solo la manifestación de su voluntad expresada en un testamento. Con esto también se refuerza la tesis de la institucionalidad de la figura del fideicomiso, como institución jurídica, valga la redundancia y por supuesto se trata de desvirtuar la tesis de la naturaleza contractual de esta figura.

---

determinables a otra (fiduciario), quién se obliga a ejercerla en beneficio de quién se designe en el contrato (beneficiario) y a transmitirlo al cumplimiento de un plazo o condición, al fideicomisario"
[62]) Cita Carlos Iván García Pérez: Código Contratos Nominados e Innominados 23/04/2013.
[63])- Teoría de la absorción: busca el elemento preponderante, y si se corresponde con el preponderante de un contrato típico, se aplica su normativa. Teoría de la combinación: construye una propia normativa combinando la correspondiente a cada uno de los contratos típicos, teniendo en cuenta el fin perseguido por los contratantes. Teoría de la aplicación analógica: el contrato atípico debe someterse a la regulación que, para el supuesto concreto ante el que se esté, se obtenga de los principios generales del derecho. Ello se traduce en la práctica en la aplicación de la normativa de la figura típica más afin.

En la Reforma de la Ley de fideicomiso Panameña de 2017, se establece ([64]) "que los fideicomisos constituidos, antes de la vigencia de esta Ley se regirán por las normas vigentes al tiempo de su constitución, pero podrán acogerse a las modificaciones de que trata esta ley en cualquier tiempo, mediante declaración escrita del fideicomitente y el fiduciario. En todos los casos le serán aplicables aquellas normas de orden público".

Los fideicomisos se regirán de acuerdo con las leyes de la República de Panamá, pero sin embargo, podrán sujetarse en su ejecución a una ley extranjera, si así lo dispone el instrumento de fideicomiso. El fideicomiso; así como los bienes del mismo, podrán trasladarse o someterse a las leyes o jurisdicción de otro país, según lo dispuesto en el instrumento de fideicomiso."

El Código Civil de la Provincia canadiense de Quebec también se anota en las disposiciones que señalan que el fideicomiso (trust) se puede dejar en un contrato a título oneroso o gratuito, en testamento o disposición legal, tal como lo señala el artículo 1.262 del mencionado código ([65])

La ley Francesa, se encuadra en esta tesis de la naturaleza contractual del fideicomiso Esta tesis también fue sostenida por **Alfaro**, al señalar que es un contrato tripartito que siempre deberán aceptar las partes, so pena de extinguirse el mismo y no lograr sus propósitos, de no ser aceptado.

La Ley de Mercado de Capitales de Ecuador ([66]) también sostiene la tesis de ubicar el fideicomiso mercantil en los contratos, con la particularidad que sostiene que es un

---

[64]) Artículo 44 de la Ley Reformada de 2017 fideicomisos constituidos (Articulo 38 Ley 1 de 1984 Panamá) señala que "Los fideicomisos constituidos de acuerdo con las leyes de la República de Panana, se regirán por la Ley panameña. Sin embargo, podrán sujetarse en su ejecución a una Ley extranjera si así lo dispone el instrumento de fideicomiso.

El fideicomiso, así como los bienes del mismo, podrán trasladarse o someterse a las leyes o jurisdicción de otro país, según lo dispuesto en el instrumento de fideicomiso"

[65]) Artículo 1262 del Código Civil de Quebec: "A trust is established by contract, whether by onerous title or gratuitously, by will, or, in certain cases, by operation of law. Where authorized by law, it may also be established by judgment." Y Artículo 1264 del mencionado Código: 1264. "A trust is constituted upon the acceptance of the trustee or of one of the trustees if there are several.

In the case of a testamentary trust, the effects of the trustee's acceptance are retroactive to the day of death."

[66]) Artículo 109 de ley de Mercado de Capitales de Ecuador. citado

patrimonio autónomo con personalidad jurídica (ficción jurídica, no sociedad civil ni mercantil), capaz de adquirir derechos y contraer obligaciones, a través del fiduciario como representante legal, aspecto aunque aislado refuerza la tesis del acto unilateral y de la institucionalidad de la figura del fideicomiso mercantil.

El contrato en el fideicomiso es el documento que firma el fideicomitente y el fiduciario; en el cual el fideicomitente configura al fiduciario como titular de los bienes objeto del fideicomiso y donde le establece las directrices que debe cumplir y designa al beneficiario, el cual de ser un tercero, puede no estar interesado por la designación, debiendo al momento de enterarse, aceptar o no la designación. En este último caso, de no aceptar la designación o que renuncie el beneficiario se extingue el fideicomiso. Igual sucede de no aceptar el fiduciario y no haber posibilidad de nombrar un fiduciario sustituto, se genera el supuesto que hace que se extinga el fideicomiso, por falta de fiduciario.

El fideicomiso es constituido formalmente, con la firma y aceptación de las partes, la formalidad del contrato y con el traspaso de la propiedad sobre los bienes o derechos objeto del fideicomiso al fiduciario o constituirse en la figura, con su propia personalidad que la Ley le otorga, caso fideicomiso mercantil de Ecuador, siempre con las respectivas formalidades de ley. Esto es, que si es un inmueble con sus registros respectivos, y si es materia mobiliaria o valores, con las formalidades que exija su entrega, en documento registrado o notariado, o por traspaso o entrega formal o endoso, que es independiente de las formalidades, que a su vez requiere o exige el contrato de fideicomiso, como figura jurídica, que tiene sus propias formalidades. Adicional a estas consideraciones, hay elementos de orden jurídico indispensables a la formalidad del contrato, que deben cumplirse, de modo que la falta de alguno de ellos impide la formación de éste, lo cual lo haría inexistente, como es el caso del consentimiento, el objeto y la causa ([67]), como fue expresado supra. Pero además de los elementos

---

[67]) El Artículo 1.141 del Código Civil Venezolano señala que " Las condiciones requeridas para la existencia del contrato son: 1º Consentimiento de las partes; 2º Objeto que pueda ser materia de contrato; y 3º Causa lícita "

señalados, "la tradición" ([68]) configura un elemento esencial del contrato real, que requiere la entrega de la cosa objeto del contrato, dentro de los cuales podemos ubicar al fideicomiso, dado que de no haber la tradición de la cosa objeto del fideicomiso, éste sería reputado como inexistente o nulo. **Bueres** ([69]) agrega, además de los anteriores la formalidad cuando ésta es requerida como solemnidad. **Gamarra** ([70]) nos señala que "El contrato puede perfeccionarse antes de la entrega porque, para que se forme el contrato, la entrega no es necesaria. Lo que no puede formarse sin la entrega es la obligación de restituir. Y por consiguiente, a lo sumo puede decirse que no hay obligación de restituir sin previa entrega de la cosa". En este contexto, ubicamos al fideicomiso como un tipo de contrato real, que debe recibir la cosa para poder restituirla.

En materia de fideicomiso, los Estados a través de sus órganos más representativos, han venido creando limitaciones a la autonomía de la voluntad ([71]) y estableciendo requerimientos formales para estas operaciones ([72]) Aquí cabe aquella expresión del profesor **Cimino**, que "La legalidad sacrifica la eficiencia" En el caso Venezolano las Normas Prudenciales impuestas por la Superintendencia de Bancos desde el año 2000 y modificadas el 2012, donde se limitan las facultades del fideicomitente ([73]). Algunos aspectos que trata esta normativa, se refieren a supuestos, que como normas no tienen cabida en los contratos de fideicomisos, dado que ellas por sí mismas, aunque estuvieran expresados en el contrato, no tendrían ninguna eficacia, por ser nulas, ya que desnaturalizan a este tipo de

---

[68]) El Artículo 1141 del Código Civil Argentino señala que "Los contratos reales, para producir sus efectos propios, quedan concluidos desde que una de las partes haya hecho a la otra tradición de la cosa sobre que versare el contrato". No obstante, que el artículo 1142 solo señala que "Forman la clase de los contratos reales, el mutuo, el comodato, el contrato de depósito, y la constitución de prenda y de anticresis.

[69]) Bueres Alberto J. La entrega de la cosa en los contratos reales. Ed. Abaco pág. 77 y sig.

[70]) Jorge Gamarra, Tratado de Derecho Civil Uruguayo, t. IX, p. 12 y ss.

[71]) Artículo 74 de la Ley de Instituciones del Sector Bancario de Venezuela del año 2010, establece textualmente que "Las instituciones financieras autorizadas para actuar como fiduciario, mandatario, comisionista o para realizar otros encargos de confianza deberán dar estricto cumplimiento a la normativa contenida en el presente Decreto Ley y en las normas de carácter prudencial que dicte al efecto la Superintendencia de Bancos y otras Instituciones Financieras, no pudiendo eludirlas basándose en el cumplimiento de las instrucciones dadas por el cliente"

[72]) En Venezuela en las últimas reformas de la Ley de Instituciones del Sector Bancario de Venezuela, se estableció que "todos los contratos de fideicomiso" deben ser inscritos en el "Registro de Comercio", aspecto que le resta comercialización a esta figura y la encierra en una formalidad nada práctica.

[73]) Artículo 8 de las Normas que regulan las Operaciones de Fideicomiso de Venezuela, citadas supra

institución del derecho; como sería el caso de aquellos contratos, en cuyas normas el fiduciario garantiza una tasa fija de rendimiento u otro tipo de consideración similar. El hecho de que haya contratos firmados bajo estas condiciones y ellas se cumplan, no materializa ni legaliza su contenido, lo cual vendrá a quedar en evidencia su cumplimiento, ante hechos administrativos adversos y por reclamos legales.

El fiduciario está en la obligación de corroborar que las cláusulas que establezcan los contratos de fideicomiso, no contengan normas que desnaturalicen a este tipo de institución del derecho, porque ellas serían ineficaces y nulas, y mucho más si lo prohíbe expresamente las normas que regulan estas operaciones ([74]). Esto no descarta, que el fideicomitente en sus instrucciones establezca que los recursos del fondo se inviertan en títulos valores, que pueda que tengan determinadas tasas, o que se coloquen en créditos, a tasas determinadas, siempre dentro del marco de lo que establezca la normativa de cada país. En cualquiera de las dos (2) situaciones, pueden presentarse eventualidades que impidan en las colocaciones de los fondos, conseguir esas tasas y peor aún conseguir un determinado rendimiento, porque pudiera haber hasta pérdida, que es parte del riesgo de quien toma una decisión de esa naturaleza

5.- TEORÍA DEL MANDATO IRREVOCABLE EN EL FIDEICOMISO.-

5.1. FUNDAMENTACIÓN DE LA TESIS DEL MANDATO IRREVOCABLE.

La teoría del mandato irrevocable fue sostenida por el jurista panameño **Alfaro**, quien luego la modifica al compartir las críticas que sobre la irrevocabilidad de las facultades conferidas al mandatario, le hicieran los estudiosos de esta disciplina, dado la revocabilidad del mandato. Esta tesis quedó plasmada en varias

---

[74]) Resolución N° 083.12 del 31/05/2012, publicada en Gaceta Oficial N° 39.941 del 11/06/ 2012 las Normas que regulan las Operaciones de Fideicomiso en Venezuela.

disposiciones de nuestro continente que luego las modificaron ([75]).

El fideicomiso y el mandato ([76]) son figuras jurídicas distintas, que pueden cumplir propósitos similares; de donde surge la confusión entre estas dos figuras, por la asociación que se hace, del encargo que se encomienda. La irrevocabilidad del fideicomiso ha quedado consagrado en nuestras disposiciones, pero se ha dejado que el fideicomitente manifieste su revocabilidad en el contrato ([77])

5.2. COMENTARIOS A LA TESIS DEL MANDATO IRREVOCABLE

En el fideicomiso, quien recibe el encargo, se convierte en propietario fiduciario, donde los bienes o derechos salen del patrimonio del fideicomitente y quedan afectados en fideicomiso a nombre del fiduciario, el cual debe establecer controles separados en su contabilidad, que como propietario fiduciario de estos bienes debe llevar. En el mandato, quien recibe el encargo, actúa en nombre del mandante y legalmente nunca salen los bienes o derechos del patrimonio de éste, dado que quien cumple el encargo es un mandatario, lo cual marca una diferencia sustancial entre estas dos figuras, además del carácter con que se actúa en cada una de ellas.

Como se puede apreciar en el comentario, no solo por el carácter irrevocable del mandato queda descartada esta tesis, sino porque son figuras jurídicas muy diferentes, que pudieran ser usadas una u otra para cumplir o llevar a cabo fines idénticos, es otra cosa. Ante terceros, es que se evidencia la desproporción de tal aseveración, dado que en el fideicomiso ninguna persona podrá actuar jurídicamente contra estos bienes que da en

---

[75]) Ricardo Alfaro, 1920, recogida en las leyes de México de 1924 y 1926, y el Código de Comercio de Panamá de 1941 y en la vigente Ley de Fideicomiso del año 1984.(Reformadas en el año 2017)

[76]) Código Civil Español: Es el contrato por el que una persona, llamada mandatario o gestor, se obliga onerosa o gratuitamente a actuar frente a terceros por cuenta de otra persona llamada mandante o principal. Cuando el mandatario obra por cuenta del mandante, pero en nombre propio estamos en el llamado mandato simple, que se corresponde con la representación indirecta o mandato sin poder de representación. Si el mandatario actúa por cuenta y también en nombre del mandante, estamos en el llamado mandato ostensible o mandato representativo, que se corresponde con la representación directa y se instrumenta mediante el otorgamiento de poderes (mandato con poder de representación o gestión de negocios con mandato).

[77]) Ley reformada año 2017 (Ley 1 del año 1984) de Panamá expresa que .El fideicomiso será irrevocable a menos que se establezca expresamente lo contrario en el instrumento de fideicomiso.

fideicomiso el fideicomitente, si está ajustado a derecho su traslado, donde el fiduciario pasa a ser su propietario, cosa que no sucede con el mandato, sea revocable o irrevocable, siempre terceros podrán ir contra estos bienes del mandante, dado que él es su propietario.

Que se use la figura del fideicomiso para acometer un encargo sencillo o complejo, podría catalogarse como una desproporción de medios empleados en la ejecución de ese encargo; que bien podría ser suficiente el mandato, porque no se requiere a lo mejor tanta formalidad, esto es muy distinto a confundir estas figuras.

Usar la expresión mandato en la figura del fideicomiso, como lo usan algunas personas, indica confusión, tratar de integrar dos figuras jurídicas distintas, independientes y con formalidades de ley diferentes. Que a través de ellas se pueden lograr idénticos propósitos, es otra una cosa.

6.- TEORÍA DEL PATRIMONIO DE AFECTACIÓN EN EL FIDEICOMISO.-

6.1. FUNDAMENTACIÓN DE LA TESIS DEL PATRIMONIO DE AFECTACIÓN

La teoría del patrimonio de afectación en el fideicomiso, es una tesis sostenida, entre otros, por **Pierre Lepaulle**, los cuales sostienen que el Fideicomiso "es una Institución Jurídica que consiste en un patrimonio independiente de todo sujeto de derecho y en el que la unidad está constituida por una afectación que es libre dentro de los límites de las leyes en vigor y del orden público" ([78]). Esta teoría fue acogida en el Código Civil de Québec (Canadá), el cual señala que "El patrimonio fiduciario, formado por los bienes transferidos en fideicomiso, constituyen un patrimonio de afectación autónomo y distinto del patrimonio del constituyente, del fiduciario o del beneficiario, sobre el cual ninguno de ellos tiene un derecho real" ([79]).

---

[78]) Citado por Rodríguez Azuero. Pág. 619.
[79]) Artículo 1261 del Código Civil de Quebec (Canada) señala que "The trust patrimony, consisting of the property transferred in trust, constitutes a patrimony by appropriation, autonomous and distinct from that of the settlor, trustee or beneficiary and in which none of them has any real right."

La teoría del patrimonio de afectación, ha sido sostenida por la escuela Germánica, cuyos principales expositores son **Brinz y Bekker**, y surge como una respuesta a la teoría patrimonio personalidad, sostenidas en sus postulados por la escuela clásica. Dentro de estos conceptos, encontramos la Teoría Alemana del Débito y la Responsabilidad, la cual centra la atención en la responsabilidad patrimonial, con lo que se superaba la concepción romanista de la obligación como vínculo personal que liga a la persona del deudor con la del acreedor. Y no hay que olvidar que también se le ha atribuido el mérito de haber logrado, poco a poco, una significativa expansión de los regímenes de excepción al principio de la responsabilidad patrimonial ilimitada [80]

6.2. COMENTARIOS A LA TESIS DEL PATRIMONIO DE AFECTACIÓN

La tesis del patrimonio de afectación en el fideicomiso, está explícita en todas las disposiciones legales y es recogido así en los contratos; ya que al constituir el fideicomiso se indica la finalidad que éste persigue, tesis de la afectación. Constituir un fideicomiso sin darle una finalidad o destino particular, en cabeza de un fiduciario, sería una mera donación de estos bienes. Al aceptar el encargo el fiduciario, debe proceder a registrar y mantener separado este patrimonio que titulariza en el fideicomiso; estos bienes o derechos es parte del patrimonio fiduciario; al cual se suman los otros bienes de los fideicomisos suscritos por el fiduciario. Esta afectación patrimonial es un elemento más en la figura, que requiere el concurso primero de la manifestación de voluntad del fideicomitente, con la aceptación en el mismo acto o en acto posterior del fiduciario y después o en mismo acto la transmisión de los bienes o derechos que constituyen el patrimonio de afectación. Como se desprende de la exposición, hay actos que preceden a la afectación del patrimonio en el fideicomiso, como son la disposición unilateral del fideicomitente y el consentimiento del fiduciario, para personalizar la figura,

---

[80]) Cita de Mirzia Bianca El Principio de la Responsabilidad Patrimonial y sus Limitaciones Es menester subrayar, de igual forma, que la conexión entre débito y responsabilidad responde a las más recientes tendencias del sistema de las garantías reales y de la responsabilidad patrimonial, encaminadas a dar más y más relevancia a la causa del crédito, sea por medio de la creación de privilegios especiales, sea por medio del reconocimiento legislativo de patrimonios destinados a un fin, los cuales comportan una desviación respecto de los principios generales de la responsabilidad patrimonial, atendiendo, justamente, al fin, y, por lo tanto, a la fuente del crédito.

y poder recibir los bienes en fideicomiso y afectarlos a los fines que establezca el fideicomitente, lo cual constituye su afectación, que es el elemento sostén de esta tesis, en provecho del beneficiario o fideicomisario, el cual, solo puede dar su asentimiento o rechazo a su designación. Este tesis queda reforzada, aún en el esquema de la personalidad jurídica que le otorga al patrimonio fiduciario la legislación de Ecuador ([81])

Sobre esta teoría de la afectación, nos comenta **Rafael Rojina Villegas** que ([82])"El patrimonio se define tomando en cuenta el destino que, en un momento determinado, tenga un núcleo de derechos, bienes u obligaciones con relación a un fin jurídico, gracias al cual se organizan en forma autónoma".

El profesor **Gert Kummerow**, señala sobre esta teoría ([83]) "Destacando la noción de patrimonio de la idea de personalidad, la teoría analiza el patrimonio en forma objetiva: es un conjunto de bienes y obligaciones que constituyen un todo jurídico, o como lo expresan **Planiol y Picard,** el patrimonio es una universalidad que reposa sobre la común destinación de sus elementos constitutivos, y más exactamente, un conjunto de bienes y de débitos que se encuentran inseparablemente afectados a un fin económico-jurídico y que en tanto no se haga efectiva su liquidación no aparecerá en su valor activo neto". Sobre este mismo particular señala que "Para que el patrimonio adquiera autonomía en función del vínculo jurídico-económico a que se destinan los bienes, se requiere:

a) Que exista un conjunto de bienes, derechos y obligaciones;
b) Que este conjunto de bienes, derechos y obligaciones esté destinado a la realización de un fin;
c) Que el derecho organice con fisonomía propia y, por tanto, con autonomía todas las relaciones jurídicas (activas y pasivas) que vinculan a acreedores y deudores en función de la masa independiente de bienes, derechos y obligaciones"

---

[81]) Artículo 109 de la Ley del Mercado de Capitales de Ecuador, citado
[82]) Rafael Rojina Villegas, Derecho Civil Mexicano, III, Vol. I, Pág.23
[83]) Compendio de Bienes y Derechos Reales, página 16 y siguientes, obra citada de Kummerow

Frederic Speth señala, a su vez, ([84]) que "La fuente de cohesión del patrimonio se halla en el fin común en virtud del cual se encuentran afectados sus diversos elementos, permaneciendo unidos precisamente por esa afectación común." Y sostiene que "El patrimonio de afectación será siempre un valor económico en tanto se halla integrado por bienes, derechos y obligaciones realmente existentes. El patrimonio no es, por tanto, una mera posibilidad de adquirir esos derechos y obligaciones".

(3) **Enneccerus**, expresa ([85]) que "los autores que sostienen que el patrimonio no forma una *universitas juris*, sino un conjunto de derechos económicamente apreciables, consideran, simultáneamente, que el patrimonio es tan sólo la suma del activo y que el pasivo no es más que cargas o detracciones del mismo".

En el derecho positivo se localizan dos tipos de *universitas*, las *juris* y las *facti*, las cuales son definidas, así: 1) Las *universitas juris* (universalidades jurídicas) son definidas por **Speth**, como " El conjunto de elementos de naturaleza diversa cuya cohesión reside en el hecho de que todos están orientados a un mismo fin y sirven de garantía a un pasivo común, claramente especificado", y 2) Las *universitas facti* (universalidades de hecho), son definidas por **De Serpa López y Barbero, como** "Homogeneidad de cosas singulares, por lo regular muebles, con una destinación común, independiente unas de otras y con un nombre común comprensivo de ese conjunto" ([86])

El profesor **kummerow**, observaba que "el Concepto de Patrimonio-Afectación, por oposición al de Patrimonio Personalidad, no ha sido recogido por todos los ordenamientos positivos actualmente vigentes. Los que derivan del derecho romano ligan al patrimonio a la personalidad y sólo admiten figuras excepcionales de separación patrimonial. Pero en las legislaciones vinculadas al grupo germánico, y en el derecho inglés, la noción de patrimonio se desvincula de la noción personalidad."

---

[84]) Frederic Speth, obra La divisibilité du patrimoine, cita. Pág.19
[85]) Citado por Diego Espín Cánovas, Manual de Derecho Civil Español. Vol. I. Pág.212
[86]) Citado por Kummerow, Compendio de Bienes y Derechos Reales, páginas 15 y .6

Sobre estos postulados, es que en parte se sostiene la "teoría del patrimonio de afectación", que como muy bien lo señalan sus expositores, la afectación de los bienes en el fideicomiso es la base de su constitución, porque sin ello esto sería una simple donación. En lo que respecta, a los que señalan que es una masa de bienes sin un propietario (dueño), se observa que la figura del fideicomiso, se apoya en la personalidad del fiduciario, que es el propietario singular de estos bienes; los cuales se afectan a lo que haya dispuesto el constituyente (fideicomitente) del fideicomiso, ya que a través del fiduciario se materializa la ejecución del encargo fiduciario, amparado en la condición de propietario del patrimonio fiduciario, que la ley le confiere y lo conmina a darles el destino previsto por el fideicomitente.

7. TEORÍA DE LA DOBLE TITULARIDAD EN EL FIDEICOMISO:

7.1. FUNDAMENTACIÓN DE LA TESIS DE LA DOBLE TITULARIDAD.

Esta teoría fue apoyada por el Italiano **Remo Franceschelli,** la cual deriva del régimen propio del "trust" anglo-americano, donde la titularidad jurídica (legal) en la figura la tendría el Fiduciario, y la titularidad económica, el Beneficiario.

Esta teoría de la doble titularidad se fundamenta en el régimen jurídico de los países anglosajones, donde en el trust la titularidad jurídica (legal) recae en el Fiduciario (*trustee*), y la titularidad económica, en el Beneficiario o Fideicomisario (*Cestui Que Trust*).

7.2. COMENTARIOS A LA TESIS DE LA DOBLE TITULARIDAD

Esta tesis, como se expresó antes, tiene cabida para el régimen del *Common Law*, donde el fiduciario (*trustee*) tiene la titularidad legal y el beneficiario (*cestui que trust*) la económica.

En nuestros países, donde el derecho positivo está amparado en los principios del derecho romano, esta teoría no tendría mucho asidero, dado que es contraria al carácter del dominio (perfecto o imperfecto) de ser "exclusivo" de la propiedad en cabeza de su titular ([87]); dado que el titular del patrimonio (fiduciario) reúne en sí mismo, la titularidad legal y la económica. El beneficiario en nuestro régimen jurídico, lo que tiene es una potencialidad de derecho, a semejanza de la que puedan tener los herederos, con la variante que el beneficiario la tiene determinada o condicionada en la figura del fideicomiso, no tiene ninguna titularidad económica, solo una expectativa de derecho determinada en el contrato de fideicomiso o en el testamento, si todavía no se ha constituido el fideicomiso. De esto deriva la protección tutelar que la ley le da a los bienes o derechos del fideicomiso, por actos externos a la figura en sí misma. En el fideicomiso el beneficiario es un ente pasivo, sólo recibe del fiduciario la parte del patrimonio del fideicomiso que haya indicado el fideicomitente, para que lo disponga después de ser liquidado (fuera de la figura), dado que dentro de ella sólo puede actuar el fiduciario, en su propia persona institucionalizada en el fidecomiso, como figura jurídica, inclusive como representante legal en el fideicomiso mercantil del Ecuador ([88]) y como fiduciario y fideicomisario, como señala la Ley mexicana para los fideicomisos de garantía([89]), el nuevo código civil y comercial de Argentina y reciente reforma de la Ley de fideicomiso de Panamá.

8. TEORÍA DE LA TITULARIDAD DEL FIDUCIARIO EN EL FIDEICOMISO

---

[87]) Artículo 2508 del Código Civil Argentino señala que "El dominio es exclusivo. Dos personas no pueden tener cada una en el todo el dominio de una cosa; más pueden ser propietarias en común de la misma cosa, por la parte que cada una pueda tener"

[88]) Artículo 109 de la Ley de Mercado de Capitales de Ecuador, citado

[89]) Artículo 382 de la Ley General de Títulos y Operaciones de Créditos de México, señala que "Pueden ser fideicomisarios las personas que tengan la capacidad necesaria para recibir el provecho que el fideicomiso implica.

El fideicomisario podrá ser designado por el fideicomitente en el acto constitutivo del fideicomiso o en un acto posterior.

El fideicomiso será válido aunque se constituya sin señalar fideicomisario, siempre que su fin sea lícito y determinado, y conste la aceptación del encargo por parte del fiduciario.

Es nulo el fideicomiso que se constituye a favor del fiduciario, salvo lo dispuesto en el párrafo siguiente, y en las demás disposiciones legales aplicables.

La institución fiduciaria podrá ser fideicomisaria en los fideicomisos que tengan por fin servir como instrumentos de pago de obligaciones incumplidas, en el caso de créditos otorgados por la propia institución para la realización de actividades empresariales. En este supuesto, las partes deberán convenir los términos y condiciones para dirimir posibles conflictos de intereses".

8.1.- FUNDAMENTACIÓN DE LA TESIS DE LA TITULARIDAD DEL FIDUCIARIO.

Como contraposición a la tesis de la doble titularidad sostenida por **Franceschelli**, pero fundamentada en parte en sus mismas consideraciones, soy del criterio que en nuestros regímenes jurídicos, inspirados en los preceptos romanísticos, la titularidad legal y económica en el fideicomiso recaen en el mismo sujeto (el fiduciario), que es su propietario fiduciario, el cual debe ejercitar sus derechos de titular, para cumplir los fines que le encomiende el fideicomitente en la figura, independientemente de los derechos y obligaciones que derivan del manejo de su propio patrimonio, y de las expectativas de derecho que concurran o vayan a generarse para el beneficiario o fideicomisario del fideicomiso; lo cual será siempre fuera de la figura o de actos externos, aunque emanen de la figura del fideicomiso.

Dentro de la institucionalidad del fideicomiso, todo gira alrededor del fiduciario, a las otras partes, beneficiarios o fideicomisarios, fideicomitente o herederos de éstos, de darse el caso, solo podrán tener capacidad de disposición de la masa patrimonial del fideicomiso como titulares, cuando concurran o sucedan eventos o actos propios o derivados del fideicomiso, pero siempre será fuera de esta figura, inclusive, en el caso del fideicomiso mercantil de Ecuador ([90]), que la Ley le confiere personalidad jurídica como patrimonio autónomo, pero que no es, ni podrá ser considerado como una sociedad civil o mercantil, sino únicamente como una ficción jurídica capaz de ejercer derechos

---

[90]) Artículo 109 de la Ley de Mercado de Capitales de Ecuador señala que "Por el contrato de fideicomiso mercantil una o más personas llamadas constituyentes o fideicomitentes transfieren, de manera temporal e irrevocable, la propiedad de bienes muebles o inmuebles corporales o incorporales, que existen o se espera que existan, a un patrimonio autónomo, dotado de personalidad jurídica para que la sociedad administradora de fondos y fideicomisos, que es su fiduciaria y en tal calidad su representante legal, cumpla con las finalidades específicas instituidas en el contrato de constitución, bien en favor del propio constituyente o de un tercero llamado beneficiario.
El patrimonio autónomo, esto es el conjunto de derechos y obligaciones afectados a una finalidad y que se constituye como efecto jurídico del contrato, también se denomina fideicomiso mercantil; así, cada fideicomiso mercantil tendrá una denominación peculiar señalada por el constituyente en el contrato a efectos de distinguirlo de otros que mantenga el fiduciario con ocasión de su actividad.
Cada patrimonio autónomo (fideicomiso mercantil), está dotado de personalidad jurídica, siendo el fiduciario su representante legal, quien ejercerá tales funciones
de conformidad con las instrucciones señaladas por el constituyente en el correspondiente contrato.
El patrimonio autónomo (fideicomiso mercantil), no es, ni podrá ser considerado como una sociedad civil o mercantil, sino únicamente como una ficción jurídica capaz de ejercer derechos y contraer obligaciones a través del fiduciario, en atención a las instrucciones señaladas en el contrato".

y contraer obligaciones a través del fiduciario (como representante legal), en atención a las instrucciones señaladas en el contrato. Para que se aprecie que solo el fiduciario actúa en el fideicomiso, obsérvese que en los actos que implican entrega, los recibe el fiduciario (fideicomiso) y en la liquidación parcial o total o finiquito de estos bienes o derechos (fideicomiso), salen o dejan de pertenecer estos bienes al fiduciario (fideicomiso) y los recibe otra persona (beneficiario o fideicomisario) pero fuera del fideicomiso. Como se observa, siempre es hacia fuera, nada hacía o dentro de la figura; lo cual no excluye, que el fideicomitente al constituir el fideicomiso haya dejado algunas decisiones que afectan el fideicomiso, como designar delegados o comités que operen o colaboren con el fiduciario en la ejecución del encargo o que se hagan aportes después de constituido el fideicomiso, como sucede con muchos fideicomisos, particularmente los relacionados con proyectos oficiales, pero eso es otra, el hecho que se designe un apoderado, no limita las facultades del propietario.

En el derecho positivo de los países de América y Europa, existen muchos supuestos, en que una persona es titular de dos (2) masas patrimoniales, la propia que constituye su patrimonio en ese momento (de carácter general), y otras de carácter especial, como son los patrimonios derivados de "La aceptación de la herencia en beneficio de inventario, por parte del heredero", donde el heredero por la aceptación de la herencia en beneficio de inventario, no pierde el derecho de propiedad sobre la masa de bienes, siendo titular de estos dos patrimonios hasta que sea liquidada legalmente la herencia que recibe en inventario; "en la presunción de muerte del ausente", donde declarada la presunción de muerte del ausente, los herederos o legatarios a la fecha fijada como presunta del fallecimiento, reciben los bienes o derechos del ausente hasta el lapso fijado en la legislación para disponer de ellos, periodo en el cual el heredero mantiene la titularidad sobre este patrimonio, concurriendo allí la titularidad sobre dos patrimonios. La actuación que siguen los herederos o legatarios, en los casos citados son a su favor, lo cual es una gran diferencia, con las situaciones que se generan en el fideicomiso con el fiduciario, donde éste teniendo la titularidad sobre dos o más patrimonios en fideicomiso, éstos últimos deberá ponerlos en cabeza, de quien haya señalado el fideicomitente al constituir el fideicomiso (beneficiarios) o a los que deriven de la Ley (herederos), en caso que el fideicomiso termine o se extinga por cualquier causa, inclusive por rescindirse el contrato, que los bienes podrían volver al fideicomitente, de existir para ese momento ([91]).

La tesis de la titularidad se fundamenta en que el fiduciario es titular además de los bienes o derechos que conforman su propio patrimonio, de todos aquellos que les sean conferidos en fideicomiso, representando a cada uno de ellos de manera independiente, como patrimonios separados que son. La Ley permite al fiduciario, usando su personalidad titularizar múltiples fideicomisos y es está facultad legal, la que instituye al fideicomiso amparado en la personalidad del sujeto que actúa como fiduciario, para poder ejercitar sobre esta masa patrimonial, los fines que haya trazado su constituyente (fideicomitente), como manifestación propia de su voluntad, y a favor de sí mismo o de otro sujeto determinado, el beneficiario, quien podría renunciar a ser beneficiario, pero eso sería después de constituido el fideicomiso, el cual debe constituirse con las formalidades, en el traspaso de los bienes, y dentro del marco licitud de estas operaciones.

La tesis que la naturaleza jurídica del fideicomiso se sustenta en la titularidad del fiduciario, tanto para los que sostienen la tesis de la doble titularidad como la que sostengo de la titularidad, se basan en que el fideicomiso se materializa y tiene fuerza de ley, sólo cuando es aceptado ([92]) por el Fiduciario, quien como sujeto activo, le aporta su personalidad, para poder actuar y ejecutar la finalidad del fideicomiso, adquiriendo la propiedad de los bienes o derechos que conforman la masa patrimonial, con las formalidades de ley, independientemente que la manifestación de voluntad del fideicomitente (tesis del acto unilateral), sea la que decide constituir el fideicomiso, bien lo deje en un testamento o lo determine en la suscripción de un contrato, que debe ser aceptado por el fiduciario (tesis de la naturaleza contractual),

---

[91]) Nuevo Código Civil y Comercial de Argentina 2015
[92]) El Artículo 1260 del Código Civil de la Provincia Canadiense de Quebec al conceptualizar la fiducia señala sobre la "aceptación" lo siguiente: "la fiducia es el resultado de un acto por el cual una persona, el fideicomitente, transfiere la propiedad de su patrimonio a otro patrimonio constituido por lo que se apropia para un propósito en particular y que un fiduciario se compromete, por su aceptación, para celebrar y administrar".

porque si no se extingue o no se formaliza ([93]), o que tenga personalidad jurídica ([94]) (tesis de la institucionalidad), que bienes aporta y que finalidad pretende (tesis del patrimonio de afectación); así como a quien designa fiduciario y beneficiario o fideicomisario.

8.2.- COMENTARIOS A LA TESIS DE LA TITULARIDAD DEL FIDUCIARIO.-

En nuestros sistemas jurídicos inspirados en el derecho romano, el fideicomiso se soporta y fundamenta en la personalidad que presta el fiduciario, para titularizar los bienes o derechos que constituyen su objeto; por lo cual el fiduciario, es el único titular que existe en la figura, con lo cual se diferencia del trust anglo-americano, donde la titularidad jurídica (legal) en la figura la tendría el Fiduciario, y la titularidad económica, el Beneficiario. El fiduciario tiene en esta figura romanística, la titularidad jurídica y la económica, la cual adquiere después de haber aceptado el fideicomiso.   La aceptación, es la declaración de voluntad formulada por la persona a quien va dirigida la oferta, expresando su adhesión.

En las legislaciones de los países de América Latina, cuyos sistemas jurídicos son inspirados en los preceptos del Derecho Romano, se recoge en el fideicomiso, lo que ha dado en llamarse la Propiedad Fiduciaria; así lo vemos recientemente en Argentina ([95]), donde se atribuye la titularidad de los bienes fideicometidos al Fiduciario, como "Propiedad Fiduciaria", constituyendo un "patrimonio separado" del propio patrimonio del Fiduciario; así como en Uruguay, Colombia ([96]), Venezuela, México, Chile, entre

---

[93]) Artículo 247 de la Ley de Bancos de Perú, señala que "El Fideicomiso Testamentario No Requiere Aceptación. No es requisito para la validez del fideicomiso testamentario la aceptación de la empresa fiduciaria designada ni la de los fideicomisarios. Si aquella declinare la designación, debe proponer a quien la reemplace y si ninguna otra empresa aceptare el encargo, el fideicomiso se extingue.

[94]) Artículo 109 de la Ley de Mercado de Capitales de Ecuador. Citado

[95]) Código Civil y Comercial de Argentina del año 2015.
Artículo 2662: Dominio fiduciario es el que se adquiere con razón de un fideicomiso constituido por contrato o por testamento, y está sometido a durar solamente hasta la extinción del fideicomiso, para el efecto de entregar la cosa a quien corresponda según el contrato, el testamento o la ley"

[96]) El Código Civil de Colombia señala en su Artículo 794 "La Propiedad Fiduciaria", así: Se llama propiedad fiduciaria la que está sujeta al gravamen de pasar a otra persona por el hecho de verificarse una condición.
La constitución de la propiedad fiduciaria se llama fideicomiso. Este nombre se da también a la cosa constituida en propiedad fiduciaria. La traslación de la propiedad a la persona en cuyo favor se ha constituido el fideicomiso, se llama restitución.

otros. La mención de Propiedad Fiduciaria, se usa en la Legislación Civil y en la mercantil. A fines de diferenciarlos, lo que llaman fideicomiso civil, esa figura es un Fondo, donde el fideicomitente sigue teniendo la propiedad hasta que se dé la condición, si llega a darse ([97]). En el fideicomiso mercantil los bienes están en propiedad del fiduciario, lo cual hace la diferencia notable, de estas dos instituciones, aunque usen las mismas denominaciones o menciones. A través de la personalidad que presta el fiduciario, es que se fundamenta la titularidad sobre los bienes o derechos que constituyen el objeto del fideicomiso

En esta tesis de la titularidad del fiduciario en el fideicomiso, es que se justifica y fundamenta la actuación del fiduciario, con esta masa patrimonial y sus actuaciones de Ley, frente al fideicomitente y terceros, ya que el fiduciario prestando su personalidad titulariza este patrimonio de manera independiente y separada de su patrimonio, como sujeto de derecho; así como de los otros sujetos que participan en la figura, como es su constituyente (fideicomitente) y el beneficiario. Esto explica y justifica las múltiples confusiones y posiciones que genera esta figura del fideicomiso.

(cuadro visualización de la figura del fideicomiso)		
	DENTRO DEL FIDEICOMISO	
FUERA DEL FIDEICOMISO	ACEPTACIÓN	FUERA DEL FIDEICOMISO
FIDEICOMITENTE	FIDEICOMISO	RECEPCIÓN
DECISIÓN	FIDUCIARIO	BENEFICIARIO O
(APORTA)	ACTUACIÓN	FIDEICOMISARIO
BIENES O DERECHOS	(PROPIETARIO FIDUCIARIO)	(RECIBE)
	BIENES O DERECHOS	BIENES O DERECHOS

En el cuadro precedente se puede visualizar, lo comentado sobre la figura jurídica del fideicomiso, donde solo el Fiduciario actúa en esa institución del derecho con su personalidad; las otras personas, incluyendo al que decide constituirlo (Fideicomitente), de hecho y de derecho participa en su constitución; así como las otras

---

[97]) El fondo, que se ha dado en llamar fideicomiso también, es un bien (activo) que tiene separado un sujeto, dentro de su patrimonio (masa patrimonial) para una finalidad determinada o especial. (Ver obra del autor "Los Fondos del Mercado Monetario" y en la Obra la propiedad Fiduciaria.

personas (beneficiario o fideicomisario) que se les entregará los bienes del fideicomiso, están fuera de la figura, aunque ellos, el fideicomitente con el aporte de los bienes o derechos, y el beneficiario o fideicomisario con la recepción de los bienes del fideicomiso, ayudan a formarlo y finiquitarlo, nunca ninguno de ellos actúa dentro del fideicomiso, solo fuera de esta figura, ni que se hayan nombrado apoderado o asesor, que son otros roles que tendrían en el fideicomiso.

9.- TEORÍA DE LA INSTITUCIONALIDAD DEL FIDEICOMISO.-

9.1. FUNDAMENTACIÓN DE LA TESIS DE LA INSTITUCIONALIDAD

Otra teoría sobre la naturaleza jurídica del fideicomiso, la encontramos en los que sostienen la tesis de su institucionalidad, entre ellos Lepaulle. A la luz de las interpretaciones de las distintas posiciones sobre la naturaleza jurídica del fideicomiso, no podemos menos que sumarnos a los que sostienen que el fideicomiso por sí mismo es una institución de derecho, que se ampara en otras figuras jurídicas para lograr sus propósitos, tal como lo hacen otras figuras del derecho que logran propósitos similares.

El fideicomiso como figura jurídica, no tiene personalidad propia, salvo la ficción jurídica que establece la legislación de Ecuador ([98]), pero el fiduciario personaliza sus actos y de allí deriva que la ley le consagre que puede ser sujeto y objeto de derechos y obligaciones de manera independiente y propia, como cualquier persona jurídica, lo cual lo hace una institución del derecho con sus fueros, facultades o limitaciones de ley.

9.2. COMENTARIOS A LA TESIS DE LA INSTITUCIONALIDAD

Los distintos tratadistas y estudiosos del fideicomiso, en sus distintos enfoques sobre la figura, tratan de asociarla o compararla con otras figuras jurídicas u otras operaciones de las que realizan las instituciones financieras, por lo cual no evalúan que esta figura es una

---

[98]) Artículo 109 de la Ley de Mercado de Capitales de Ecuador, citado

institución del derecho, que tiene su propia autonomía e independencia en sus actuaciones y los requerimientos que debe tener para cumplir sus fines, que son los mismos que pudiera usar, cualquier persona natural o jurídica en el cumplimiento de sus fines sociales o constitutivos, amparándose en la personalidad del fiduciario, al titularizar su masa patrimonial. El fideicomiso como institución jurídica tiene plena capacidad jurídica para adquirir derechos y contraer obligaciones, las cuales se expresan en la ley y en el documento que le da origen, tiene patrimonio propio e independiente y goza de independencia para el desempeño de sus fines y propósitos, que se materializan a través de la personalidad del fiduciario.

10.- TEORÍA DEL NEGOCIO INDIRECTO DEL FIDEICOMISO

10.1. FUNDAMENTACIÓN DE LA TESIS DEL NEGOCIO INDIRECTO.

La teoría que ubica la naturaleza jurídica del fideicomiso en los negocios indirectos, es aquella que señala que las partes para lograr los fines de los negocios que pretenden, recurren a figuras determinadas, que le permiten lograr por esas vías los propósitos de los negocios que pretenden.

La doctrina señala que negocio indirecto es aquel recurso que utilizan las partes para conseguir no el fin práctico de ese negocio, sino un fin diferente. Sobre este particular, nos señalan los tratadistas argentinos al exponer la naturaleza jurídica del fideicomiso, que "es un negocio complejo, donde coexisten las formas jurídicas que la visten, con la realidad económica que la motiva y donde no hay correlación entre el fin perseguido y el medio jurídico empleado, lo cual los ubica en los negocios indirectos, que son aquellos que, para obtener un determinado efecto jurídico, emplean una vía transversal u oblicua". ([99]).   **Ascarelli**, nos ubica en lo que son los negocios indirectos, cuando señala que "cuando las partes recurren en el caso concreto a un negocio determinado,   para   alcanzar   consciente   y

---

[99]) El Fideicomiso, página 1, Osvaldo H soler y Asociados, Argentina, 2000, cita en la Web.

consensualmente por su medio, fines diversos de aquellos típicos de la estructura del negocio mismo. ([100])

10.2. COMENTARIOS A LA TESIS DEL NEGOCIO INDIRECTO

Esta tesis de los negocios indirectos es contraria a la tesis de la institucionalidad de la figura del fideicomiso y de la titularización a través del fiduciario, dado que ella se centra en los fines del negocio, que se pretende llevar a cabo a través del fideicomiso, con lo cual se apega más a la tesis del patrimonio de afectación comentada. Si nos centramos en lo que señala **Ascarelli,** lo que son los negocios indirectos, podemos señalar que en el fideicomiso, las partes por regulación legal institucionalizan la figura, a través de la personalidad del fiduciario, quien actúa de manera directa en el logro de los fines de ese fideicomiso, lo cual desvirtúa esta tesis de los negocios indirectos.

Sobre la naturaleza jurídica del fideicomiso ha habido innumerables posiciones, algunas de las cuales han sido expresadas antes y otras tienen muy poca o ninguna fundamentación, que sería ocioso hasta mencionarlas. No obstante esto y en base a las tesis antes expuestas, expongo una teoría ecléctica sobre el fideicomiso, la cual tiene bastante fundamentación, además que es una forma de darle cabida a la diversidad de criterios sobre la naturaleza jurídica de esta figura.

11.- TEORÍA ECLÉCTICA DEL FIDEICOMISO.-

Los diversos fundamentos en que se soportan las teorías sobre la naturaleza jurídica del fideicomiso, no puede menos que llevarnos a ubicar la naturaleza jurídica de esta figura en una teoría ecléctica, basándonos en lo sostiene la escuela filosófica del eclecticismo ([101]), la cual procura conciliar las doctrinas que parecen mejores o más verosímiles de diversos sistemas. Apoyándonos en los fundamentos de esta escuela, se puede ubicar la naturaleza jurídica del fideicomiso en una teoría ecléctica, dado la diversidad y complejidad de las distintas

---

[100]) Cita de Juan Roca Guillamón, en su obra Contrato de factoring y su regulación por el derecho privado español, página 27.
[101]) Diccionario Jurídico Universal, Aula, Edición 1977. España.

posiciones que han venido sosteniendo los tratadistas sobre la naturaleza jurídica de esta figura.

11.1. FUNDAMENTACIÓN DE LA TESIS ECLÉCTICA

La naturaleza jurídica del fideicomiso, como institución del derecho, la podemos conjugar dentro de una tesis ecléctica, dado que esta institución del derecho, para que pueda constituirse y formalizarse jurídicamente requiere, además de la manifestación unilateral del fideicomitente (Teoría del acto unilateral), que puede dejarse en un testamento o expresarla en un contrato, donde determina la finalidad que persigue con su constitución y el destino que desea se le dé al patrimonio objeto del mismo (Teoría del Patrimonio de Afectación), así como que para su traspaso se exija el cumplimiento de las formalidades de Ley. A su vez, para que se materialice está manifestación de voluntad del fideicomitente; es necesario, que el fiduciario acepte el encargo (tesis de la naturaleza contractual), para que pueda formalizarse el fideicomiso, como institución del derecho, y puedan así cumplirse sus postulados, en la persona del fiduciario (Teoría de la titularidad), dentro de las formalidades de Ley.

En el fideicomiso, el fideicomitente decide unilateralmente constituir el fideicomiso, pero para poder materializarlo, bien deje sus instrucciones en un testamento o las plasme en un documento o contrato, requiere que el fiduciario le preste su personalidad suscribiendo el documento de fideicomiso; inclusive en la legislación de Ecuador que crea la ficción jurídica de la personalidad, se tiene que aceptar la designación de representante legal del fideicomiso. La aceptación del documento del fideicomiso vienen porque en ese instrumento, es donde se recogen los postulados del mismo; así como la aceptación, tácita o expresa, del beneficiario, de ser un tercero, dado que de renunciar el beneficiario, provocaría que termine el fideicomiso y vuelvan los bienes a su titular, el fideicomitente, o de no existir éste para el momento de la renuncia, corresponderá a sus herederos ([102])

---

[102]) Artículo 27 de la Ley de Fideicomiso Venezolana señala que "Terminado el fideicomiso y satisfechas las obligaciones pendientes, el fiduciario queda obligado a transferir los bienes fideicometidos a la persona a quien corresponda conforme al acto constitutivo o a la Ley y a rendirle cuentas de su gestión.

Si el fiduciario no cumpliere con la obligación de transferir los bienes fideicometidos, la otra parte puede demandar la transferencia y reclamar los datos y perjuicios que la omisión del fiduciario le hubiere causado. La sentencia que declare con lugar la acción, tendrá efectos traslativos de propiedad"

11.2.- COMENTARIOS A LA TESIS ECLÉCTICA

Como lo señalamos al comentar la teoría del acto unilateral del fideicomiso ([103]) supra, no es suficiente que una disposición señale que el nacimiento del fideicomiso sea un acto unilateral o contractual; se hace necesario para que se formalice la aceptación voluntaria o coercitiva del fiduciario, para que pueda titularizar el patrimonio objeto del fideicomiso y lo pueda destinar a lo que haya dispuesto el fideicomitente, donde evidentemente si es su voluntad unilateral lo que lo determina esta decisión, siempre que esta sea lícita, posible y determinada. La disposición del fideicomitente, inclusive dejada en un testamento o de alguna norma jurídica que señale la creación de un determinado tipo de fideicomiso, es solo una manifestación de voluntad o una disposición legal, que requiere para su formalización la aceptación del fiduciario, porque sin la aceptación de éste y la transferencia del patrimonio objeto del mismo, no hay fideicomiso, solo habrá un documento redactado o una Ley aprobada, que para materializarse debe darse cumplimiento a los fundamentos jurídicos básicos y estratégicos de la figura, que es una institución del derecho capaz de crear derechos y obligaciones, sustentada en la personalidad del fiduciario; quien a partir del cumplimiento de las formalidades de constitución, le da vida jurídica y económico social al fideicomiso, sin que dentro de su actuación puedan participar, solo tienen actuaciones beneficiarios y fideicomisarios con actos fuera de la figura, recibir fruto (entrega de producto) o tomar el capital (finiquito o entrega parcial); lo cual operaciones que salieron del fideicomiso.

12.- LA NATURALEZA JURÍDICA DE LA FIDUCIA TESTAMENTARIA

---

[103]) Cita El fideicomiso Batiza página 134 que "La pretendida naturaleza de acto unilateral que se quiere dar al fideicomiso, carece de base jurídica y la declaración correspondiente no pasa de ser una simple oferta o policitación, que puede tener carácter irrevocable, modalidad que no altera en forma radical los principios del derecho común en la materia ..." Alfaro: "señala al precisar la naturaleza jurídica de la institución por él construida,... que el fideicomiso según el espíritu del proyecto, es ni más ni menos, un contrato tripartito cuya consumación depende del consentimiento que a su debido tiempo debe dar cada una de las partes... reconocía que era un convenio sui generis que tiene diferencias notables con la mayoría de los contratos sinalagmáticos..."

La naturaleza jurídica de la fiducia testamentaria, la recoge **Guillermo Alegre Alonso** al comentar que ([104]) "al nombrar fiduciario se otorga a éste una facultad de disposición *mortis causa* en patrimonio ajeno, el del causante. Esto es lo que **Roca Sastre** llamara «titularidad de disposición limitada a poder efectuar una designación de heredero entre personas determinadas; **Adrián Celaya**, considera que el fiduciario es un delegado para testar, siendo titular fiduciario de disposición; **Palá Mediano**, lo llamara potestad en derecho ajeno o un derecho de alta disposición; y **Puig Ferriol,** dirá que el elector tiene una titularidad de disposición en patrimonio ajeno, titularidad cuya misión es integrar parcialmente la disposición de última voluntad del causante."

Hagamos una síntesis apretada de las siguientes posturas sobre la naturaleza jurídica de la fiducia sucesoria, que comenta **Alegre Alonso:**

a) Fiducia como mandato post-mortem

Esta tesis la sustentan sobre la base de ruego que hace el de *cujus* al fiduciario para que entregue los bienes o derechos a la persona que haya designado.

Esta tesis muestra contradicciones evidentes, dado las diferencias entre fiducia y mandato, como la prohibición clásica del mandato *post morten*, porque sería irrevocable y el principal argumento sería que el fiduciario deriva su encargo de un acto *mortis causa* de naturaleza unilateral, mientras que el mandatario lo recibe por un acuerdo de voluntades entre personas vivas, en el que el de cujus participa ([105])

b) Fiducia como poder post-mortem

Esta tesis se basaba en que la fiducia era una autorización o poder dado por el de *cujus* al fiduciario, para que actuando en su nombre ordenara lo concerniente a su sucesión. Así, decía **Manresa:** «los testamentos llamados por "comisario"... eran los otorgados por persona distinta del testador, en virtud de poder conferido al mismo con dicho objeto» ([106]). De la misma opinión es **Latorre Martínez de Baroja** ([107])

Esta tesis tropieza con el problema que en la representación, deben coexistir simultáneamente el representante y el representado, aunado algunos aspectos de formalidad y personalidad de la herencia para ser representada.

---

[104]) Guillermo Alegre Alonso, la naturaleza jurídica de la fiducia testamentaria, obra citada

[105]) Giampicolo, citado por Guillermo Alegre Alonso "sostenía esta idea al afirmar que este mandato sería un acto jurídico unilateral en virtud del cual el sujeto confería a otro un poder de obrar por un tiempo sucesivo a la propia muerte" Obra citada.

[106]) Manresa y Navarro, J. M., Comentarios al Código civil español, t. V., Edit. Reus, 1972, p. 553.

[107] Latorre Martínez de Baroja, E., Comentarios a los arts. 110 a 118 (fiducia sucesoria) de la Compilación

c) Teoría del desglose subjetivo del dominio

Para **Asúa González** ([108]), esta tesis se sustenta en que con la fiducia se produce un desglose subjetivo del dominio, al permitir que una de sus facultades principales, el poder de disposición, pueda ser ejercido por una persona distinta del propietario. Un ejemplo de este desglose subjetivo lo encontramos en el artículo 102 de la Compilación aragonesa, cuando en la institución contractual de heredero, los instituyentes pueden reservarse la facultad de disposición de los bienes objeto de la institución·

Esta teoría, también llamada de la titularidad de disposición, señala que el dominio se desglosa, teniendo el fiduciario la titularidad de disposición, sin señalar que sucede con las otras facultades características del dominio.

d) La fiducia como negocio de fijación o verificación (negozio d'accertamento)

Esta tesis del "Negocio de fijación o verificación" lo presentan **Irti y Ascarelli**, como *negozio d'accertamento* ([109]), basados en que el causante mediante disposición mortis *causa realiza un negocio jurídico válido, remitiendo la decisión sobre la sucesión a un tercero, que dotaría de certeza la decisión del de cujus. (*[110]*)*

e) Teoría de la subrogación personal o subjetiva

Esta tesis de la subrogación personal o subjetiva, en opinión de **Merino y Hernández,** se basa en "que el negocio sucesorio está compuesto de dos declaraciones de voluntad distintas, la del causante y la del fiduciario, en plano de igualdad. Habrá dos voluntades principales que se suceden en el tiempo para conformar entre ambas una sola y única voluntad. Esto sólo se puede explicar a través de la «subrogación subjetiva» o «subrogación personal», en virtud de la cual el fiduciario se coloca o subroga en la posición jurídica del causante para actuar sucesoriamente" ([111])

---

[108]) Merino Hernández, op cita. P 82 y 83

[109]) Citados por Zubiri Salinas, op cit. P. 369

[110]) Guillermo Alegre Alonso, la naturaleza jurídica de la fiducia testamentaria, obra citada, señala que "Esta concepción puede ser válida para la fiducia sucesoria secreta Navarra (en la cual el causante comunica al fiduciario cómo quiere que sea su sucesión, para que posteriormente lo comunique), ya que en ella el fiduciario sí que dota de certeza a un elemento del negocio mortis causa realizado por el causante. Sin embargo no puede ser aplicada a la fiducia sucesoria aragonesa ni a las fiducias testamentarias similares que existen en los ordenamientos civiles españoles, porque cuando el fiduciario realiza la elección de heredero no remueve ninguna incertidumbre, sino que es desde su elección cuando se producen los efectos jurídicos de la disposición del causante, dotándola de contenido. Para lo que se pretendía afirmar con la teoría del «accertamento», resulta más válido sostener el negocio per relationem que examinaremos más tarde".

[111]) Cita de Guillermo Alonso: Es la postura afirmada por Merino y Hernández, partiendo de una sentencia de la Audiencia Territorial de Zaragoza de 6 de abril de 1954. Esta sentencia trataba de una fiducia

f) Fiduciario como heredero

Ser heredero supone suceder al causante en las relaciones jurídicas de éste, asumiendo derechos y obligaciones que muchas veces carecen de carácter patrimonial. Sin embargo, el fiduciario sólo sucedería al testador en cuanto a la titularidad de la facultad de disposición de la herencia. Por esto, la doctrina que considera al fiduciario como heredero, lo adjetivó de «aparente», «formal» o «externo» ([112]), dado que no es sino un intermediario que no goza de su titularidad en beneficio propio, sino en beneficio de los que acabe designando herederos. En esta dirección hay que ver cómo, mientras no acabe el fiduciario su encargo, los bienes pendientes de asignación se regirán por las normas de la comunidad hereditaria, en vez de que éste fiduciario tenga libre disposición de ellos. A su vez, si el nombramiento queda ineficaz, o caduca la institución por inactividad del fiduciario, los bienes no quedan en manos de éste como heredero, sino que se transmiten a quienes resulten ser herederos abintestato del causante. ([113])

Y otro argumento en contra de la naturaleza de heredero, es que el elegido heredero entre los designados por el causante recibe la herencia directamente de éste, adquiere la condición de heredero con efectos retroactivos desde el momento mismo de la apertura de la sucesión ([114]), «con lo que la titularidad en consideración de heredero en el ínterin del fiduciario se demuestra *fumus iuris*» ([115]).

g) Fiduciario como «minister»: intermediario y ejecutor

Una de las explicaciones más antiguas (aunque ahora se manifieste insuficiente) de la posición jurídica del fiduciario consiste en concebirlo como un minister, expresando este término su carácter de encargado del testador, depositario, ejecutor de sus instrucciones o puro intermediario en la transmisión de los bienes. Conviene distinguir

---

colectiva aragonesa, en virtud de la cual varios parientes eran llamados por unos cónyuges para ordenar su sucesión hereditaria; en un momento determinado, la sentencia dice que el supuesto «se trata de unos fiduciarios comisarios que se subrogan en la personalidad de los mandantes para hacer la institución de heredero y distribución de herencia, conforme a las amplias facultades que les concedieron».

[112]) Cámara Lapuente, op cit. P. 521, citando a Lavandera, Vallet de Giovtisolo, Puig Ferriol y Roca Sastre, etc.

[113]) Guillermo Alegre Alonso, obra citada: Ya hemos dicho con anterioridad cómo los canonistas consideraban heredero-ejecutor al comisario de los precedentes medievales de la fiducia. Más recientemente, ese carácter de heredero es afirmado por varias sentencias del Tribunal Supremo en referencia a la fiducia sucesoria secreta No obstante no es posible sostener lo mismo de la fiducia aragonesa.

[114]) Gete-Alonso y Calera C. Comentarios a los artículos 118 y 121 Código de Comercio, Edersa, Madrid 1982 XXVIII 1 P.319.

[115]Cámara Lapuente Op cit. P 522

entre sus dos acepciones más importantes: Intermediario en la transmisión ([116]) y Ejecutor Testamentario ([117])

h) Fiducia sucesoria como negocio «per relationem

Esta tesis de la fiducia sucesoria como negocio "per relacionen",([118]) en opinión de **Guillermo Alegre Alonso** al comentar la figura de la Fiducia Sucesoria Aragonesa se fundamenta en que "Esta construcción aplicada al fenómeno sucesorio hace que la disposición *mortis causa per relationem* se entienda como aquella en la cual el causante no expresa completamente su voluntad sucesoria, sino que hace reenvío o remisión para la determinación del contenido a una fuente distinta, como puede ser, en el caso de la fiducia testamentaria, la declaración de un tercero. Este tercero será, como denomina **Zubiri Salinas**, ([119]) un «arbitrador en negocio ajeno». Este arbitrador ([120]) será aquel que tiene posibilidad jurídica de determinar al heredero o legatario, de entre un grupo o género de personas nombradas por el testador, pudiendo también determinar el objeto de un legado ([121]). Será este arbitrador, facultado por la *relatio*, el que elegirá a herederos y legatarios en su propio nombre, pues no actúa como representante del causante. Tiene una posición jurídica autónoma que le confiere la facultad de ordenar la sucesión del

---

[116]) Esta teoría clásica ha gozado de atención en parte de la doctrina moderna, pero tiene el problema de que, sirviendo para ver que el fiduciario no es heredero, no sirve para explicar lo que realmente es, sus funciones, características, la capacidad de disposición en patrimonio ajeno de la que disfruta, ni sus límites. Ciertamente el fiduciario es un intermediario en la transmisión, pero esa afirmación no es suficiente.

[117]) Cita de Guillermo Alegre Alonso La naturaleza Jurídica de la Fiducia testamentaria: El artículo 113 de la Compilación aragonesa establece que «mientras el fiduciario no haya cumplimentado totalmente el encargo recibido, la administración y disposición de los bienes pendientes de asignación se regirá por las normas de la comunidad hereditaria». ¿Cómo se ha de entender este artículo? Tal como explica Zubiri Salinas en situación de pendencia, si nos encontramos con la fiducia del cónyuge viudo, éste tendrá encomendada la administración de la herencia, pero no por su condición de fiduciario, sino por los efectos del usufructo de viudedad establecido en los artículos 79 y ss. de la Compilación. El artículo 113, en la fiducia del cónyuge, implica que las facultades que la ley atribuye a los herederos nudo propietarios en relación con el usufructo de viudedad serán ejercitados por los posibles llamados a la herencia.

[118]) Es preciso explicar qué se entiende por negocio jurídico per relationem: «negocio perfecto e incompleto, en el que la determinación de su contenido o de algunos de sus elementos esenciales se realiza mediante la remisión a elementos extraños» Se puede distinguir una relatio o remisión formal y una relatio sustancial‹: la relatio formal es una remisión a un hecho o circunstancia que suponga un simple acaecimiento, sin introducir ningún nuevo elemento volitivo; en la relatio sustancial el reenvío no es a hechos, sino a la voluntad de un sujeto extraño, con lo cual se introduce una actividad de volición ajena a la del actor principal.

[119])Zubiri Salinas op cit p 370

[120]) En el Derecho Romano se distinguió entre el «arbitrium merum» y el «arbitrium boni viri». El primero es aquel no sometido a criterio revisor, ya que se trata de un «libre arbitrio», decisión adoptada al propio y soberano criterio del arbitrador; el segundo ha de ser el arbitrio ejercitado como conviene a un buen varón, al ser ésta una exigencia de la buena fe. Al estar este «arbitrium boni viri» calificado cualitativamente, es revisable si se aparta de los elementos valorativos, aunque resulte formalmente correcto.

[121])Diez-Picazo L El arbitro de un tercero en los negocios jurídicos Barcelona 1957 P. 46 y ss.

causante (^{122})   En conclusión, la naturaleza jurídica de la fiducia sucesoria aragonesa es la de un negocio jurídico per *relationem*, por el que el causante remite la ordenación de su sucesión al arbitrio del fiduciario, arbitrio que ha de ser ejercitado de buena fe de acuerdo a los criterios determinados por el causante, y por ello revisable judicialmente

---

^{122}) Guillermo Alegre Alonso, obra citada: Esto es lo que diferencia la teoría del negocio jurídico per relationem de la teoría de la voluntad integradora defendida en Cataluña por Puig Ferrio al comentar el antiguo art. 115 de la Compilación catalana, reproducido hoy en el art. 149 del Código de Sucesiones de Cataluña. Puig Ferriol dice que las instituciones fiduciarias «presuponen la intervención de un tercero en el proceso sucesorio con el fin de integrar la voluntad testamentaria que deliberadamente se expresó de una forma incompleta». Para ver la diferencia con el negocio per relationem, hay que decir que para Puig Ferriol el verdadero negocio sucesorio es el que realiza el comitente, no siendo el fiduciario más que un mero auxiliar, encargado de integrar con su voluntad, la expresada de forma incompleta por aquél. Así permiten pensarlo los artículos 148 y 149 del Código de Sucesiones de Cataluña, al afirmar que «el cónyuge podrá instituir heredero al descendiente que su consorte sobreviviente elija». Mientras, sobre la fiducia sucesoria aragonesa (que afirmo que es un negocio jurídico per relationem), el artículo 110 de nuestra Compilación dice que será el cónyuge fiduciario el que «ordene la sucesión de aquél (el causante) entre descendientes y parientes consanguíneos hasta el cuarto grado».

13. REFLEXIONES SOBRE LAS TEORÍAS QUE SUSTENTAN LA NATURALEZA JURÍDICA DEL FIDEICOMISO.-

Las diferentes teorías que tratan la naturaleza jurídica del fideicomiso, fiducia o trust, han contribuido a profundizar y aclarar algunos conceptos e ideas sobre esta antigua institución del derecho, que se ha venido adaptando a las variantes de cada época; no obstante, que todavía persiste confusión sobre su naturaleza jurídica; lo cual se ha debido en parte, a inadecuadas redacciones de leyes, como los ejemplos que se citan en la obra, que van desde confundir la conjugación del verbo constituir, hasta equiparar como igual la manifestación de voluntad de constituir el fideicomiso, con la figura misma; sin descartar aquellos que lo relacionan con otras figuras jurídicas, que a su vez, le sirven para poder cumplir sus fines; sin entender su institucionalidad y el uso que hace de la personalidad del fiduciario para poder titularizar los bienes o derechos que constituyen su objeto.

Lo que destaca como fundamentación de la naturaleza jurídica del fideicomiso, fiducia o trust como lo vemos en la exposición, es la institucionalidad de la figura, que es la misma, y la múltiple titularidad, en la persona del fiduciario o *trustee*, que la Ley le consagra en la figura, de manera separada e independiente, a cada uno de los fideicomisos que suscriba; con lo cual puede éste tutelar, como propietario singular, varias masas patrimoniales, con finalidades diferentes. Ubicar la naturaleza jurídica del fideicomiso en una tesis ecléctica, no es sólo producto de las tantas controversias que ha habido sobre el tema, sino que en esta figura destacan aspectos como su institucionalidad (lo cual corrobora la personería jurídica que le estatuye la legislación de Ecuador), la manifestación del fideicomitente, con la aceptación del fiduciario y la tradición de la masa patrimonial objeto del fideicomiso.

El hecho que el fideicomiso se pueda manifestar y expresar, como un acto originario, antes de la aceptación del fiduciario, como cuando se deja en un testamento o lo determina una ley, no quiere decir que su constitución no esté condicionada a que se tenga que cumplir formalidades legales, tanto por la aceptación como fiduciario, como por la tradición de la masa patrimonial asignada al fideicomiso, la cual tiene que ser traspasada al fiduciario o al mismo fideicomiso, caso Ecuatoriano ([123]). Este acto es lo que viene a darle formalidad (legal y funcional), dentro de los fines del constituyente del fideicomiso. Sin el fiduciario no habrá fideicomiso, aunque este manifestada su creación, en un testamento ([124]) u otro acto o disposición jurídica, debe tener personalización, que sólo se lo da el fiduciario, sujeto activo en la figura del fideicomiso, el cual inclusive en el caso Ecuatoriano, el fiduciario es el representante legal en la figura.

---

[123]) Artículo 109 de la Ley del Mercado de capitales de Ecuador, citado

[124]) Artículo 4 de la Ley de Fideicomiso Venezolana señala "El fideicomiso podrá constituirse también por testamento para que tenga efecto después de la muerte del fideicomitente. En este caso, el fiduciario manifestará su aceptación o excusa ante el Juez del fideicomiso. El fiduciario que hubiere aceptado la transferencia testamentaria de bienes a título universal, sólo responderá de las deudas hereditarias con dichos bienes y los que los sustituyan cuando al aceptar el fideicomiso, hubiere presentado un inventario de los bienes transferidos"

EL FIDEICOMISO, FIDUCIA O TRUST EN AMÉRICA
CAPITULO II
EL RÉGIMEN JURÍDICO DEL FIDEICOMISO

"Ignorantia legis non excusat"

Contenido: EL RÉGIMEN JURÍDICO DEL FIDEICOMISO. 1. Ámbito jurídico del fideicomiso. 1.1. Constitución del Fideicomiso. 1.2. La propiedad Fiduciaria. 1.2.1. Principales características de la propiedad fiduciaria. 1.2.2. Principales diferencias entre la Fiducia Mercantil y la propiedad fiduciaria. 1.3. El Encargo Fiduciario. 2. Régimen Legal del fideicomiso en América Latina. 2.1. Legislaciones donde distintas personas pueden actuar como fiduciarios. 2.2. Legislaciones donde entes especializados Pueden actuar como fiduciarios. 2.3. Legislaciones donde los particulares pueden actuar como fiduciarios 3. Las operaciones fiduciarias en la administración de capitales. 3.1. Las operaciones propias del ente que actúa como fiduciario. 3.2. Operaciones en Representación de terceros (tercerización). 3.3. Las operaciones en el fideicomiso 4. El Contrato de Fideicomiso 4.1. Principales Cláusulas 4.2. Modelos de contratos de Fideicomiso

1.- ÁMBITO JURÍDICO DEL FIDEICOMISO.-

Los regímenes jurídicos de los países de América, que tratan la materia fiduciaria, establecen que para que pueda constituirse un fideicomiso, debe dejarse expresada la voluntad del constituyente en un contrato o en un testamento, con las formalidades que estas leyes establecen; las cuales prescriben la normativa por la cual éste debe regirse, aspecto que lo conceptualiza o lo hace una figura típica del derecho positivo, con características propias e independiente de las otras figuras jurídicas que concurren para lograr los fines propios de su constitución. El hecho que para cumplir los fines previstos en el contrato de fideicomiso, coexistan diferentes figuras o actos que ellos en sí mismos tienen determinada tipicidad jurídica, no hace que el fideicomiso quede subsumido en alguna de esas figuras o actos; dado que el fideicomiso es una institución del derecho propia e independiente, que como figura típica la Ley le confiere regulación especial, que protege las actuaciones que de la misma figura derivan, a los fines que pueda desarrollar o ejecutar el tipo de negocio propio de su actuación, dentro del marco regulatorio que los acoge. Estas consideraciones, hacen de esta figura jurídica una institución (o instituto como dicen los del cono sur) del derecho, que permite por imperio de la Ley que el fiduciario pueda disponer de su personalidad, para poder tutelar varias masas patrimoniales, debiendo ejercitar los actos que sean necesarios para lograr el propósito del constituyente de cada uno de los fideicomiso que tutele, amparándose en figuras típicas del derecho, en condiciones similares, como si manejara su patrimonio personalísimo.

1.1.- ACTO DE CONSTITUCIÓN DEL FIDEICOMISO: En la constitución del fideicomiso, en el mismo acto o en acto posterior, se debe producir la tradición de los bienes que constituyen el objeto del fideicomiso (propiedad fiduciaria) del fideicomitente al fiduciario, aparejado a un pacto de fiducia, que acepta ejecutar el fiduciario para cumplir el encargo encomendado. Como puede apreciarse, para materializar el contrato o documento suscrito o para aceptar el fideicomiso, en caso de acto inter vivos o testamentario, con las solemnidades del caso (125). En la constitución del fideicomiso se ejecutan actos concurrentes a la figura, a los fines de lograr sus propósitos, como son: La tradición de los bienes o derechos objeto del fideicomiso, que exigen el cumplimiento de las formalidades de traspaso de estos bienes o derechos, ya sean muebles, inmuebles o valores (registros, cesión simple o endoso), para que el fiduciario pueda titularizar sobre ese patrimonio separado los derechos que concurren con la constitución del fideicomiso. Asimismo, deben ejecutarse una serie de actos para el cumplimiento del pacto de confianza, que constituye la base de los fines que se pretenden con la constitución del fideicomiso; así como transferir o restituir los bienes o derechos a quien corresponda (beneficiarios o herederos) al cesar o extinguirse el fideicomiso. En la

---

125) Artículo 796 del Código Civil de Colombia: "Los fideicomisos no pueden constituirse sino por acto entre vivos otorgado en instrumento público, o por acto testamentario".

figura del fideicomiso, existe una conjunción de figuras, actos, eventos o contratos interrelacionados, lo que demuestra que es una figura distinta, de las que con ella concurren para sus propósitos, con institucionalidad propia en el campo del derecho; tal como lo señala **Pollock** ([126]), quien al estudiar el trust sostenía "... que no es cualquier especie de contrato, sino de los contratos considerados como un género distinto..." Asimismo, **Vegas Rolando** nos señala supra que tratar de asociar o asimilar la figura del fideicomiso a otras figuras del derecho, lleva a errores que pueden crear confusión sobre sus verdaderos fines.

Al analizar la figura jurídica del fideicomiso, observamos, como lo señalamos antes, que para su constitución o formalización debe ser manifestada la voluntad del fideicomitente, y el fiduciario debe prestar (u ofertar) su nombre o personalidad, para poder constituir o formalizar la figura, con la aceptación del encargo en el propio acto constitutivo, o en acto separado ([127]), donde se le consagra el carácter de propietario fiduciario, pasando a adquirir la titularidad de los bienes o derechos objetos del fideicomiso, que le son traspasados en el acto constitutivo o en actos posteriores, según la naturaleza del bien objeto del fideicomiso. Inclusive, en el caso Ecuatoriano, antes mencionado, debe el fiduciario manifestar aceptar la representación del fideicomiso, para realizar las actuaciones que procedan para tratar de lograr los fines de su constitución, aunque aquí actúa sólo como representante legal.

En el acto de constitución del fideicomiso, se da como requisito fundamental el acto de transmisión de propiedad al fiduciario, que hace el fideicomitente o fiduciante, dentro de las formalidades de ley; pero esta propiedad en cabeza del fiduciario, está condicionada a sus fines y a favor del beneficiario; dado que el fiduciario, como propietario singular no puede disponer libremente de estos bienes o derechos. Para el fiduciario, esta propiedad está limitada en sus atributos; por lo cual no podrá usar, gozar y disponer libremente de ellos, ya que están afectados al fin que se le destina y a favor de la

---

[126]) Pollock, citado por Rodolfo Batiza, el Fideicomiso, página 66, obra citada.
[127]) Artículo 3 de la Ley de Fideicomiso Venezolana señala que "Artículo 3º.- El fideicomiso que se constituya por acto entre vivos, debe constar de documento auténtico. La aceptación del fiduciario debe otorgarse también en forma auténtica, en el propio acto constitutivo del fideicomiso, o en acto separado"

persona que se designa beneficiario o fideicomisario en el acto constitutivo del fideicomiso; lo cual ubica estos bienes o derechos fuera de su propio patrimonio.

Estas dos particularidades, de propiedad y fines, es lo que fundamenta jurídicamente a esta figura del derecho en su constitución, permitiendo la materialización de sus postulados, a través de la persona del fiduciario, a quien la Ley le permite titularizar varias masas patrimoniales, de manera independiente, sin constituir una persona jurídica diferente ([128]), a favor o provecho del beneficiario, de acuerdo a las directrices trazadas por su constituyente (fideicomitente).

En el fideicomiso la tradición de los bienes o derechos al fiduciario, lo hace el fideicomitente o constituyente del fideicomiso en el acto de constitución de la figura o en acto posterior, cumpliendo con sus formalidades de ley; lo cual permite o habilita la transmisión de la propiedad sobre los bienes o derechos objeto del fideicomiso, pero cumpliendo éstos,   con las formalidades legales de transmisión, además de las formalidades de constitución del fideicomiso o registro de su contrato ([129]).

1.2.- LA PROPIEDAD FIDUCIARIA

Propiedad fiduciaria es el derecho patrimonial y temporal que detenta una persona (fiduciario) sobre un bien o una masa de bienes, a favor de una persona, que puede ser el mismo constituyente o un tercero y sujeta a una condición, hecho o término para pasar la propiedad a otra persona. Este concepto, abarca tanto la propiedad fiduciaria en el fideicomiso o fiducia mercantil y la propiedad fiduciaria, como figura jurídica o fideicomiso civil.

En el Código Civil de Colombia encontramos el concepto de dominio ([130]) "El dominio que se llama también propiedad es el derecho real en una cosa corporal, para gozar y disponer de ella, no siendo contra ley o contra derecho ajeno

---

[128]) La ley crea personalidades especiales, fuera de las personas naturales, como sucede con las compañías anónimas, donde se aportan patrimonios para los fines de sus constituyentes (accionistas), pero que son el objeto de la persona jurídica creada.

[129]) Alfaro, citado por Batiza, señala que "Todo fideicomiso tiene que recaer forzosamente sobre un bien. La cosa fideicometida es el objeto del fideicomiso. Si la cosa se destruye queda un contrato sin objeto. El contrato en semejantes condiciones no puede existir por faltarle uno de sus elementos esenciales y por tanto el fideicomiso se extingue". El Fideicomiso, Rodolfo Batiza, página 135. Obra citada.

[130]) Artículo 669 del Código Civil de Colombia

La propiedad separada del goce de la cosa se llama mera o nuda propiedad" ([131])

El dominio fiduciario es el derecho de dominio imperfecto de la persona, que detenta la propiedad fiduciaria (fiduciario), sobre las cosas fideicometidas. El Código Civil Argentino señala sobre el dominio que ([132]) "El dominio imperfecto es el derecho real revocable o fiduciario de una persona sobre una cosa propia, mueble o inmueble, o el reservado por el dueño perfecto de una cosa que enajena solamente su dominio útil" y "Dominio revocable es el que ha sido transmitido en virtud de un título revocable a voluntad del que lo ha transmitido; o cuando el actual propietario puede ser privado de la propiedad por una causa proveniente de su título"

La propiedad fiduciaria la encontramos en el código civil o mercantil o en leyes especiales, relacionadas con figuras jurídicas diferentes pero parecidas en los propósitos que pretenden, como es el caso del fideicomiso o fiducia, que tiene su régimen jurídico aparte, y la figura jurídica denominada propiedad fiduciaria, que es un homónimo con el tema tratado, que se rige por el código civil. A fines explicativos, comentamos las dos figuras:

a) **LA FIGURA JURÍDICA DEL FIDEICOMISO:** El fideicomiso o fiducia mercantil, a fines explicativos lo simplificamos, y decimos que es un encargo de una cosa (bien objeto del fideicomiso) que hace una persona (fideicomitente o fiduciante) a otra persona (fiduciario), a favor de sí mismo (fideicomitente) o de un tercero (beneficiario o fideicomisario), el cual puede estar sujeto a un término o una condición. Esta figura se rige, indistintamente, por el código civil, mercantil o por ley especial. Cada país lo trata en diferentes instrumentos jurídicos o en combinaciones de ellos, por las reformas que han venido introduciendo en sus legislaciones sobre la materia fiduciaria. Esta figura es el tema de la obra y sus definiciones abundan; no así la otra figura llamada propiedad fiduciaria o fideicomiso civil, que lo encontramos en la legislación de países como Colombia, Chile, Ecuador, entre otros.

---

[131]) Nuda Propiedad es aquel derecho de una persona sobre una cosa en la que su relación con ella es de ser solamente y únicamente propietario. Como propietario, tiene el dominio sobre la cosa, pero no ostenta la posesión por haber sido cedida ésta a través de un derecho real, denominado usufructo.
[132]) Artículo 2661 y 2663 del Código Civil de Argentina

El Código de Comercio de Colombia señala que ([133]) "La fiducia mercantil es un negocio jurídico en virtud del cual una persona, llamada fiduciante o fideicomitente, transfiere uno o más bienes especificados a otra, llamada fiduciario, quien se obliga a administrarlos o enajenarlos para cumplir una finalidad determinada por el constituyente, en provecho de éste o de un tercero llamado beneficiario o fideicomisario Una persona puede ser al mismo tiempo fiduciante y beneficiario.

Solo los establecimientos de crédito y las sociedades fiduciarias, especialmente autorizados por la Superintendencia Bancaria, podrán tener la calidad de fiduciarios"

En varias legislaciones del continente encontramos la propiedad fiduciaria, por ejemplo en el Código Civil y Comercial de Argentina ([134])

b) **LA FIGURA JURÍDICA DENOMINADA PROPIEDAD FIDUCIARIA:** Encontramos también la mención de propiedad fiduciaria, en una figura civil del mismo nombre (homónimo) en la legislación del continente, como es el caso de la legislación de Chile y Colombia, entre otros, donde también coexiste la fiducia mercantil o fideicomiso, señalado supra, la cual es diferente y se rige por el Código de Comercio.   El Código Civil de Chile ([135]) y el de Colombia señalan que ([136]) "Se llama propiedad fiduciaria la que está sujeta al gravamen de pasar a otra persona por el hecho de verificarse una condición.

La constitución de la propiedad fiduciaria se llama fideicomiso. Este nombre se da también a la cosa constituida en propiedad fiduciaria. La traslación de la propiedad a la persona en cuyo favor se ha constituido el fideicomiso, se llama restitución"   El Código Civil de Colombia señala que ([137]) "el dominio puede ser limitado por haber de pasar a otra persona en virtud de una condición".

---

[133]) Artículo 1.226 del Código de Comercio de Colombia señala que "La fiducia mercantil es un negocio jurídico en virtud del cual una persona, llamada fiduciante o fideicomitente, transfiere uno o más bienes especificados a otra, llamada fiduciario, quien se obliga a administrarlos o enajenarlos para cumplir una finalidad determinada por el constituyente, en provecho de éste o de un tercero llamado beneficiario o fideicomisario"

[134]) Artículo 1666 del Código Civil y Comercial de Argentina

[135]) Artículo 733 del Código Civil de Chile señala que "Se llama propiedad fiduciaria la que está sujeta al gravamen de pasar a otra persona, por el hecho de verificarse una condición.
La constitución de la propiedad fiduciaria se llama fideicomiso.
Este nombre se da también a la cosa constituida en propiedad fiduciaria.
La translación de la propiedad a la persona en cuyo favor se ha constituido el fideicomiso, se llama restitución"

[136]) Artículo 794 del Código Civil de Colombia.

[137]) Artículo 793 del Código Civil de Colombia señala textualmente que "Modo de Limitación: El dominio puede ser limitado de varios modos:

El Artículo 1941 del Código Civil y Comercial de Argentina señala "El dominio perfecto es el derecho real que otorga todas las facultades de usar, gozar y disponer material y jurídicamente de una cosa, dentro de los límites previstos por la ley. El dominio se presume perfecto hasta que se pruebe lo contrario"

Esta figura de la "Propiedad Fiduciaria" prevista en el Código Civil de Colombia se constituye ([138]) sólo por documento público o por testamento y con las formalidades registrales de Ley, sea su objeto un bien mueble o inmueble ([139]), por cualquier persona, natural o jurídica (constituyente), el cual puede designar uno o más fiduciarios ([140]), a quien se le traspasa la propiedad en fideicomiso ([141]), sujeta a una condición que debe cumplirse ([142]), para que la propiedad se restituya a mano de otra u otras personas designadas fideicomisarios. Sobre esta figura veamos lo expuesto en el dictamen del Impuesto sobre la Renta de Colombia ([143]) al pronunciarse sobre una Interpretación jurídica del Fideicomiso Civil en ese País, el cual señala que "De acuerdo con los artículos 793 al 822 del Código Civil el fideicomiso civil está consagrado como una de las formas de limitación de la titularidad del derecho de dominio, en consideración a que el dominio puede pasar a otra persona en virtud de una condición, y la propiedad fiduciaria como aquella que está sujeta de pasar al gravamen de otra persona por el hecho de verificarse una condición...

1o.) Por haber de pasar a otra persona en virtud de una condición.

2o.) Por el gravamen de un usufructo, uso o habitación a que una persona tenga derecho en las cosas que pertenecen a otra.

3o.) Por las servidumbres.

[138]) Artículo 796 del Código Civil de Colombia., señala textualmente que "Constitución del Fideicomiso: Los fideicomisos no pueden constituirse sino por acto entre vivos otorgado en instrumento público, o por acto testamentario.

La constitución de todo fideicomiso que comprenda o afecte un inmueble, deberá inscribirse en el competente registro".

[139]) Artículo 795 del Código Civil de Colombia señala textualmente: "Objeto del Fideicomiso: No puede constituirse fideicomiso sino sobre la totalidad de una herencia o sobre una cuota determinada de ella, o sobre uno o más cuerpos ciertos"

[140]) Artículo 811 del Código Civil de Colombia señala textualmente: Administración de la Propiedad Fiduciaria: Cuando el constituyente haya dado la propiedad fiduciaria a dos o más personas, según el artículo 802, o cuando los derechos de fiduciario se transfieran a dos o más personas, según el artículo precedente, podrá el juez, a petición de cualquiera de ellas, confiar la administración a aquella que diere mejores seguridades de conservación

[141]) Artículo 802 del Código Civil de Colombia., señala textualmente: "Nombramiento de Varios Fiduciarios y Fideicomisarios: El que constituye un fideicomiso, puede nombrar no sólo uno sino dos o más fiduciarios, y dos o más fideicomisarios.

[142]) Artículo 799 del Código Civil de Colombia., señala textualmente: Condiciones del Fideicomiso: El fideicomiso supone siempre la condición expresa o tácita de existir el fideicomisario o su sustituto, a la época de la restitución.

A esta condición de existencia, pueden agregarse otras copulativa o disyuntivamente.

[143]) Jurisprudencia Tributaria: CONSULTA RADICADA BAJO EL Nº 90282 DEL 7 DE DICIEMBRE DEL 2001. Bogotá

El fiduciario puede disponer de los bienes en una forma abierta y general, con la única limitación de conservarlos en su integridad para restituirlos tan pronto se cumpla la condición establecida. El fiduciario ostenta el derecho pleno de propiedad y de usufructo mientras dure el   fideicomiso.
El Código Civil Colombiano, a diferencia de la ley bancaria y del Código de Comercio, no exige calidades especiales al fiduciario.

Por tanto, es criterio general y que este despacho comparte, que mientras no se verifique la condición de la cual depende la restitución, el fiduciario es propietario de los bienes que integran el fideicomiso, los frutos que producen tales bienes constituyen un ingreso para éste, salvo que excepcionalmente se disponga que son del fideicomisario. En este último caso, quien administra los bienes es un simple tenedor fiduciario, que únicamente tiene las facultades de los curadores de bienes (art. 808 del C. C.). Presentándose esta circunstancia exceptiva, civilmente no se entiende que ha habido transferencia de titularidad del derecho de propiedad al fiduciario..."

1.2.1. Principales Característica de la Propiedad Fiduciaria:

1) Es una limitación de dominio
2) La restitución depende sólo de la condición ([144])
3) Solo hay el derecho de propiedad del Fiduciario ([145])
4) Es una especie de gravamen
5) Es formal en su constitución
6) No está sujeta a término ([146]), salvo que sea una condición
7) Si la condición no se cumple, la propiedad la consolida el fiduciario
8) Puede haber transferencia de la propiedad por causa de muerte ([147])

---

[144]) Artículo 800 del Código Civil de Colombia señala textualmente: Término de las Condiciones: Toda condición de que penda la restitución de un fideicomiso, y que tarde más de treinta años en cumplirse, se tendrá por fallida, a menos que la muerte del fiduciario sea el evento de que penda la restitución.
[145]) Artículo 819 del Código Civil de Colombia señala textualmente: Derechos del Fiduciario: Si por la constitución del fideicomiso se concede expresamente al fiduciario el derecho de gozar de la propiedad a su arbitrio, no será responsable de ningún deterioro.
Si se le concede, además, la libre disposición de la propiedad, el fideicomisario tendrá sólo el derecho de reclamar lo que exista al tiempo de la restitución.
[146]) Artículo 801 del Código Civil de Colombia., señala textualmente: "Disposiciones a Día: Las disposiciones a día que no equivalgan a condición, según las reglas del título de las asignaciones testamentarias, capítulo 3o, no constituyen fideicomiso"
[147]) Artículo 810 del Código Civil de Colombia., señala textualmente: Enajenación y Transmisión de la Propiedad Fiduciaria: La propiedad fiduciaria puede enajenarse entre vivos, y transmitirse por causa de

1.2.2. LAS PRINCIPALES DIFERENCIAS ENTRE LA FIDUCIA MERCANTIL Y LA PROPIEDAD FIDUCIARIA:

Señalemos de manera muy general las principales diferencias entre estas dos figuras, en la legislación colombiana, que hemos tomado como referencia, aunque ellas aparecen en otras legislaciones, como en Chile, Ecuador:

1. La fiducia mercantil se rige particularmente por el código de comercio, Código Civil o Ley especial en los países donde su régimen jurídico así lo establezca, pero la propiedad fiduciaria civil que tratan algunos códigos Civiles es una figura jurídica, que por su propia naturaleza es un fondo (activo) con destinación especial y como tal se rige por el código civil.

2. La fiducia mercantil es un encargo a favor del mismo constituyente o de un tercero y la fiducia civil es un traspaso de propiedad, solo sujeta a restituirla de darse la condición

3. En la fiducia mercantil los bienes objeto del fideicomiso al terminarse éste por no cumplirse su finalidad vuelven al constituyente o sus herederos, de no existir, y en la figura de la propiedad fiduciaria civil de no cumplirse la condición, quedan en cabeza del fiduciario

4. La fiducia mercantil está sujeta a término o condición y la propiedad fiduciaria está sujeta solo a condición, salvo que el término sea una condición.

5. En la fiducia mercantil el constituyente y el beneficiario o fideicomisario tienen los derechos de ley y los que se hayan reservado en el documento constitutivo y en la propiedad fiduciaria civil, sólo tienen derecho a la restitución de darse la condición prevista en su constitución.

6. Son dos figuras jurídicas homónimas diferentes, la mercantil es un fideicomiso, con todas sus formalidades de ley, y la civil es un fondo especial, que actúa con sujeción a la condición prevista.

---

muerte, pero en uno y otro caso con el cargo de mantenerla indivisa, y sujeta al gravamen de restitución, bajo las mismas condiciones que antes.
No será, sin embargo, transmisible por testamento o abintestato, cuando el día fijado para la restitución es el de la muerte del fiduciario; y en este caso, si el fiduciario la enajena en vida, será siempre su muerte la que determine el día de la restitución.

1.3. EL ENCARGO FIDUCIARIO.

A fines de definir el encargo fiduciario (especie), definamos primero el negocio fiduciario (genero) que es (¹⁴⁸) el acto de confianza en virtud del cual una persona entrega a otra uno o más bienes determinados con el propósito de que ésta cumpla con ellos una finalidad específica, bien sea en beneficio del fideicomitente o de un tercero. Si hay transferencia de la propiedad de los bienes el fideicomiso se denominará mercantil, particularidad que no se presenta en los encargos fiduciarios, también instrumentados con apoyo en las normas relativas al mandato, en los que sólo existe la mera entrega de los bienes.

La Ley de Mercado de Capitales de Ecuador señala que (¹⁴⁹) "Llámase encargo fiduciario al contrato escrito y expreso por el cual una persona llamada constituyente instruye a otra llamada fiduciario, para que de manera irrevocable, con carácter temporal y por cuenta de aquél, cumpla diversas finalidades, tales como de gestión, inversión, tenencia o guarda, enajenación, disposición en favor del propio constituyente o de un tercero llamado beneficiario.

En este contrato se presentan los elementos subjetivos del contrato de fideicomiso mercantil, pero a diferencia de éste no existe

---

[148] Artículo 112. de la Ley de Mercado de Capitales de Ecuador, señala que "De los negocios fiduciarios.- Negocios fiduciarios son aquéllos actos de confianza en virtud de los cuales una persona entrega a otra uno o más bienes determinados, transfiriéndole o no la propiedad de los mismos para que ésta cumpla con ellos una finalidad específica, bien sea en beneficio del constituyente o de un tercero. Si hay transferencia de la propiedad de los bienes el fideicomiso se denominará mercantil, particular que no se presenta en los encargos fiduciarios, también instrumentados con apoyo en las normas relativas al mandato, en los que sólo existe la mera entrega de los bienes"

[149] Artículo 114 de la Ley de Mercado de Capitales de Ecuador señala que "Encargo fiduciario.- Llámase encargo fiduciario al contrato escrito y expreso por el cual una persona llamada constituyente instruye a otra llamada fiduciario, para que de manera irrevocable, con carácter temporal y por cuenta de aquél, cumpla diversas finalidades, tales como de gestión, inversión, tenencia o guarda, enajenación, disposición en favor del propio constituyente o de un tercero llamado beneficiario.

En este contrato se presentan los elementos subjetivos del contrato de fideicomiso mercantil, pero a diferencia de éste no existe transferencia de bienes de parte del constituyente que conserva la propiedad de los mismos y únicamente los destina al cumplimiento de finalidades instituidas de manera irrevocable. Consecuentemente, en los encargos fiduciarios, no se configura persona jurídica alguna.

Cuando por un encargo fiduciario se hayan entregado bienes al fiduciario, éste se obliga a mantenerlos separados de sus bienes propios así como de los fideicomisos mercantiles o de los encargos fiduciarios que mantenga por su actividad, aplicando los criterios relativos a la tenencia y administración diligente de bienes de terceros.

Son aplicables a los encargos fiduciarios el artículo 1464 del Código Civil y los artículos 2035, 2045, 2046, 2047, 2048, 2050, 2052, 2054, 2064, 2066, 2067, numerales 1, 2, 5, 6 y 7, 2072, 2073, 2074 del Título XXVII del Código Civil referentes al mandato y las normas de la Comisión Mercantil previstas en el Código de Comercio y, en cuanto unas y otras sean compatibles con la naturaleza propia de estos negocios y no se opongan a las reglas especiales previstas en la presente Ley.

Quedan prohibidos los encargos fiduciarios y fideicomisos mercantiles secretos, esto es aquellos que no tengan prueba escrita y expresa respecto de la finalidad pretendida por el constituyente en virtud del contrato, sin perjuicio de la obligación de reserva del fiduciario en atención a características puntuales de determinadas finalidades así como a los negocios finales de estos contratos"

transferencia de bienes de parte del constituyente que conserva la propiedad de los mismos y únicamente los destina al cumplimiento de finalidades instituidas de manera irrevocable. Consecuentemente, en los encargos fiduciarios, no se configura persona jurídica alguna.

Cuando por un encargo fiduciario se hayan entregado bienes al fiduciario, éste se obliga a mantenerlos separados de sus bienes propios así como de los fideicomisos mercantiles o de los encargos fiduciarios que mantenga por su actividad, aplicando los criterios relativos a la tenencia y administración diligente de bienes de terceros.   Son aplicables a los encargos fiduciarios el artículo 1491 del Código Civil y los artículos 2062, 2072, 2073, 2074, 2075, 2077, 2079, 2081, 2091, 2093, 2094 numerales 1, 2, 5, 6 y 7, 2099, 2100, 2101 del título XXVII del Código Civil referentes al mandato y las normas de la Comisión Mercantil previstas en el Código de Comercio y, en cuanto unas y otras sean compatibles con la naturaleza propia de estos negocios y no se opongan a las reglas especiales previstas en la presente Ley.

Quedan prohibidos los encargos fiduciarios y fideicomisos mercantiles secretos, esto es aquellos que no tengan prueba escrita y expresa respecto de la finalidad pretendida por el constituyente en virtud del contrato, sin perjuicio de la obligación de reserva del fiduciario en atención a características puntuales de determinadas finalidades así como a los negocios finales de estos contratos."

El encargo de fiduciario, como negocio de confianza está concebido jurídica y operativa como los otros negocios fiduciarios, no obstante no haber traspaso del derecho de dominio o propiedad sobre los bienes del encargo al fiduciario, como sucede con el fideicomiso o la propiedad fiduciaria, quedando los bienes objeto del encargo a disposición del fiduciario, como simple tenedor, para que cumpla la finalidad o encargo establecido y terminado éste debe restituir o retornar al fideicomitente o a quien éste haya indicado en el acto constitutivo los bienes o sus frutos que pudieran quedar después de cumplido el encargo y haber cobrado sus honorarios por el servicio prestado.

2.- RÉGIMEN LEGAL DEL FIDEICOMISO EN AMÉRICA LATINA.-

En nuestro continente los regímenes jurídicos que rigen las operaciones de fideicomiso y otros encargos de confianza, están recogidos en leyes de bancos y otras entidades financieras, códigos de comercio y civil; así como en leyes especiales de fideicomiso y en leyes que rigen algunos entes especializados, particularmente instituciones financieras ([150]). A fines de ilustrar esta exposición, comentemos el régimen jurídico ([151]) que impera en algunos países del continente y sus particularidades más resaltantes:

2.1. LEGISLACIONES DONDE DISTINTAS PERSONAS PUEDEN ACTUAR COMO FIDUCIARIOS.-

La legislación en América Latina, señala que los bancos, entidades de ahorro y préstamos, empresas de seguros y otras instituciones del medio financiero, pueden actuar como fiduciarios, así como también los particulares. Estas operaciones de fideicomisos y otros encargos de confianza están recogidas en las leyes de bancos o financieras, en sus códigos de comercios o códigos civiles y en leyes especiales. En países como Argentina, Perú, Venezuela ([152]), Brasil, Bolivia, Chile, Cuba ([153]), y México, estas operaciones se realizan a través de la banca. En México, al igual que en Colombia ([154]) y Perú, las operaciones de fideicomiso se realizan también a través de empresas bancarias especializadas. En nuestro

---

[150]) Los países latinoamericanos, cuyas leyes están inspiradas en el Derecho Romano, han venido usando las operaciones de confianza y dentro de ellas el fideicomiso, el cual ha sido recogido en sus códigos civiles, unos por tenerlos incorporados con anterioridad a los años veinte (1920) después de la visita de la misión Kemmerer, como es el caso de Chile, Argentina, Ecuador, Colombia, Venezuela y otros que incorporan en sus legislaciones bancarias los negocios fiduciarios por recomendaciones de esta misión Estadounidense, que quería que los bancos prestaran los servicios propios del trust. Asimismo, destacan los trabajos del Dr. Alfaro en Panamá, Rodríguez Rodríguez y el Profesor Batiza, en México, el Dr. Rodríguez Azuero, en Colombia, y de otros destacados investigadores, como el Dr. Roberto Goldsmitch, redactor de la Ley de Fideicomisos venezolana. Cita la Organización Fiduciaria Obra del Autor.

[151]) El profesor Jesús Bogarín Díaz, en su obra "De nuevo sobre el concepto etimológico de Derecho" nos señala que... debe tenerse en cuenta que el lenguaje jurídico (entiéndase del Derecho objetivo) no es descriptivo, enunciativo u óntico, sino prescriptivo, imperativo o deóntico... Con todo, en el presente artículo renunciaremos a esta particularidad del lenguaje legal y nos ocuparemos del lenguaje jurispericial, que es enunciativo en cuanto no ordena (salvo cuando hace propuestas de iure condendo) sino que describe el sistema jurídico.

[152]) Artículo73 de la Ley del Sector Bancario en Venezuela, en sus últimas reformas ha dejado estas operaciones de confianza solo a la Banca Universal, ya que fueron eliminadas las instituciones especializadas.

[153]) Código Civil, Decreto Ley 173 del 28-05-1995 del Estado de Gobierno de Cuba, señala " Las instituciones financieras pueden, dentro de los límites de la legislación vigente y de sus licencias, llevar a cabo operaciones con respecto a: cambio extranjero, metales, piedras preciosas, y cualesquiera otros valores de fácil liquidación, inversiones, suscripciones, compra-venta, administración, custodia y comercio de valores, consultas bancarias, servicios, garantías, fideicomisos, así como cualquier otra actividad llevada a cabo por cuenta propia, de otras instituciones financieras o por cuenta de sus clientes. □... □ "Institución financiera no bancaria, toda entidad jurídica constituida con arreglo a las leyes cubanas o extranjeras que realicen actividades de intermediación financiera (con excepción de captación de depósitos), tales como: compañías o casas financieras, de operaciones de fideicomiso (en trust))."

[154]) En Colombia, las operaciones de fideicomiso se realizan a través de instituciones especializadas en estos negocios, denominadas Sociedades Fiduciarias.

continente, México es pionero, no sólo en operaciones bancarias, sino también en operaciones de fideicomiso ([155]). Su Código de Comercio ha sido fuente de inspiración para los demás países latinoamericanos y caribeños de habla hispana. Este país también incorporó en su Código de Comercio las participaciones, las cuales con ligeras variantes han sido recogidas por nuestros países, en sus códigos de comercio o en disposiciones especiales, tanto para darle cabida a los fondos del mercado monetario como para las llamadas titularizaciones en los fideicomisos financieros ([156]).

Asimismo, vemos como los particulares pueden actuar como fiduciarios, en países como Venezuela ([157]), Costa Rica ([158]) y Panamá ([159]), por citar algunos.

2.2.- LEGISLACIONES DONDE ENTES ESPECIALIZADOS PUEDEN ACTUAR COMO FIDUCIARIOS.-

En Colombia, su régimen jurídico establece que solo pueden actuar como fiduciario los establecimientos de créditos y las instituciones financieras especializadas, denominadas "Sociedades Fiduciarias" ([160]), las cuales

---

[155]) Operaciones previstas en su Código de Comercio del año 1932.

[156]) Estos conceptos que introdujo, México, elaborados parcialmente por otras disposiciones de América Latina, ha llevado, a otros que parecen novedosos, como las titularizaciones, que no es más que parte de la figura de las participaciones aprobadas por los mexicanos en el año 1946, al reformar su Código de Comercio. En esto también se inspiraron, los promotores de la figura, de lo que es hoy los fondos financieros o fiduciarios creados en Venezuela, para ceder participaciones a la vista y a plazo.

[157]) Ley de Derecho de Autor y de Derechos de Familia, pero en condiciones muy especiales y de manera excepcional, que han venido quedando como letra muerta. En todos los demás casos, estas operaciones de fideicomisos en Venezuela se realizan a través de las instituciones bancarias y las empresas de seguro. Estas operaciones están reguladas por las disposiciones de la Ley de Fideicomiso del año 1956, parcialmente derogada por la Ley de Instituciones del Sector Bancario del año 2001, donde se recoge buena parte de las disposiciones rigen estas operaciones, las cuales son realizadas a través de las instituciones bancarias; así como, en la Ley de la Actividad Aseguradora, la ley de Banco Central de , en materia de control y regulación de operaciones en divisas; la Ley de Mercado de Capitales, en lo que corresponde a la emisión de obligaciones, a través de la titularización de activos o manejo de instituciones que hagan oferta pública de sus instrumentos y operen amparados en los fideicomisos, caso las Sociedades de inversión colectivas

[158]) El artículo 637 del Código de Comercio de Costa Rica señala que "Puede ser fiduciario cualquier persona física o jurídica, capaz de adquirir derechos y contraer obligaciones. En el caso de personas jurídicas, su escritura constitutiva debe expresamente capacitarlas para recibir por contrato o por testamento la propiedad fiduciaria"

[159]) Artículo 12 Ley Reformada abril de 2017 (Ley 1 de 1984) de Panamá señala que Podrán ser fiduciarios las personas naturales o jurídicas… Las personas de derecho público podrán transferir o retener bienes en fideicomiso, mediante declaración hecha con las formalidades de esta Ley

[160]) El artículo 1226 del Código de Comercio de Colombia señala que "La fiducia mercantil es un negocio jurídico en virtud del cual una persona, llamada fiduciante o fideicomitente, transfiere uno o más bienes especificados a otra, llamada fiduciario, quien se obliga a administrarlos o enajenarlos para cumplir una

son sociedades anónimas y su control, vigilancia e inspección corresponde a la Superintendencia Bancaria. Estas instituciones fueron incorporadas en la reforma del año 1990, antes las actividades fiduciarias venían siendo atendidas por los bancos. En México varias instituciones pueden actuar como fiduciarias, además de los Bancos, que son de vieja data. En Cuba, pueden además de los Bancos, instituciones no bancarias actuar como fiduciarios ([161]).

En Colombia la normativa que rige a las "Sociedades Fiduciarias", dispone que estas podrán en el desarrollo de su objeto social, previa autorización de la Superintendencia, realizar las siguientes actividades u operaciones: ([162])

"a) Tener calidad de fiduciario, según lo dispuesto en el artículo 1226 del Código de Comercio, obrar como fideicomisario, albaceas, administradores, registradores de acciones y bonos, curadores de herencia, mandatarios, depositarios, curadores de bienes de dementes, menores, sordomudos, ausentes y personas por nacer, o para ejercer cualesquier otras funciones fiduciarias determinadas en el artículo siguiente;

"b) Obrar como agente fiscal, o de transferencia de cualquier corporación, y en tal carácter recibir, y entregar dinero, traspasar, registrar y refrendar títulos y acciones, bonos u otras constancia de deuda, y obrar como apoderado o agente oficioso de cualquier persona o corporación nacional o extranjera, para cualesquiera objetos legales;
"c) Obrar como fideicomisario en virtud de cualquiera hipoteca o bonos emitidos por cualquier corporación

---

finalidad determinada por el constituyente, en provecho de éste o de un tercero llamado beneficiario o fideicomisario.
Una persona puede ser al mismo tiempo fiduciante y beneficiario.
Solo los establecimientos de crédito y las sociedades fiduciarias, especialmente autorizados por la Superintendencia Bancaria, podrán tener la calidad de fiduciarios. "
[161]) Código Civil, Decreto Ley 173 del 28-05-1995 , Capitulo I, punto No. 8 "Institución financiera no bancaria, toda entidad jurídica constituida con arreglo a las leyes cubanas o extranjeras que realicen actividades de intermediación financiera (con excepción de captación de depósitos), tales como: compañías o casas financieras, de operaciones de fideicomiso (en trust)) ..."
[162]) Cita de la obra de Francisco Morales Casas, Fundamentos de la actividad y los negocios Bancarios, Segunda edición, páginas 350 y 351.

nacional o extranjera y aceptar y ejecutar cualquier otro fideicomiso no prohibido por la Ley;

"d) Aceptar y ejecutar fideicomisos para administrar bienes por cualquier causa, y servir de agente para el manejo de tales propiedades o para ejecutar cualesquier negocios en relación con ellas;

"e) Obrar por orden de cualquier autoridad judicial competente o de las personas que tengan facultad legal para designarlo con tal objeto como síndico o fideicomisario o curador de bienes de cualquier menor o como depositario de sumas depositadas en cualquier juzgado, ya en beneficio de tal menor o de otra persona, corporación o entidad, ya en cualquier otro fiduciario

"f) Para ser nombrado y actuar, por orden o designación de autoridad judicial competente, o de individuos que puedan hacerlo según la ley, como fideicomisarios, curador depositario o encargado de los bienes de un demente, sordomudo, dilapidador o ausente, o como síndico o encargado de las propiedades de cualquier persona insolvente o concursada;

"g) Para ser nombrado y aceptar el nombramiento de albacea o fideicomisario constituido por testamento o administrador de cualquier herencia o legado;

"h) Para recibir, aceptar y ejecutar todos aquellos encargos legales, deberes y facultades, relativos a la tendencia, manejo y disposición de cualquier propiedad raíz o mueble, donde quiera que esté situada, y las rentas y utilidades de ella o de su venta, en la forma en que se le nombre por cualquier autoridad judicial competente, persona, corporación u otra autoridad, y será responsable, respecto de todas las partes interesadas, por el fiel cumplimiento de tal encargo o facultad que acepte, e

"i) Recibir, aceptar o ejecutar cualesquiera encargos o facultades que se le confieran o encomienden por cualquier persona o personas, corporación nacional o extranjera u otra autoridad, por concesión nombramiento, traspaso, legado o de otra manera, o que se le haya confiado o traspasado por orden de cualquier autoridad judicial competente, y recibir, tomar, manejar, conservar y disponer de acuerdo con los términos del poder o fideicomiso, de cualquier propiedad raíz o mueble que pueda ser objeto de tal poder o fideicomiso."

La normativa de las Sociedades Fiduciarias en Colombia, permite apreciar las facultades conferidas en la Ley a estas Instituciones, donde no sólo pueden actuar como fiduciarios, sino que pueden obrar también como: albaceas, administradores, registradores de bonos y acciones, curadores, mandatarios, depositarios, agente fiscal, síndicos y representantes de negocios lícitos ([163]). Este esquema constituye un buen ensayo a evaluar, que pudiera permitir dar más transparencia a depósitos o custodias que realizan algunos entes u órganos públicos...

2.3.- LEGISLACIONES DONDE LOS PARTICULARES PUEDEN ACTUAR COMO FIDUCIARIOS.-

En Costa Rica los Bancos y los particulares pueden actuar como fiduciarios, a tenor de lo que establece el código de comercio de este país. En el caso venezolano, también, pueden los particulares actuar como fiduciario, a tenor de lo previsto en la Ley de Derecho de Autor ([164]) y Derecho de Familia, pero estos fideicomisos son pocos requeridos, o no tienen publicidad, como lo comentamos antes.

En Panamá también pueden las personas naturales y jurídicas prestar los servicios fiduciarios ([165]).

El servicio fiduciario ha venido siendo prestado, casi en su totalidad por la banca y empresas de seguros, tanto

---

[163]) Descripción publicada en la obra del profesor Morales Casas, obra citada

[164]) Artículo 30 de la Ley de Derecho de Autor venezolana del año 1993, el cual señala que "El autor puede constituir por acto de última voluntad un fideicomiso sobre el derecho de autor por todo el período de duración del mismo o por parte de él. Este fideicomiso se regirá, en cuanto corresponda, por la ley de la materia, sin perjuicio de las disposiciones siguientes: Pueden ser nombrados fiduciarios las personas jurídicas y las personas capaces de contratar. Procede la remoción del fiduciario por incapacidad sobreviniente. Puede constituirse el fideicomiso sobre la legítima o parte de ella en favor de los herederos forzosos aun cuando no se reúnan las condiciones del artículo 10 de la Ley de Fideicomiso. Pero, los herederos forzosos tendrán siempre derecho a recibir las rentas correspondientes, por lo menos semestralmente, y en todo caso, si el fideicomiso constituido sobre la legítima o parte de ella termina antes de la extinción del derecho de autor fideicometido, éste deberá ser transferido a los herederos forzosos del autor o a los herederos de éstos. El artículo 31 de la Ley de Fideicomiso se aplicará también a los fiduciarios que sean personas naturales y a los administradores de personas jurídicas que no sean bancos comerciales o compañías de seguros.

[165]) Artículo 12 de la Ley reformada 2017 (Ley 1 de 1984)de Panamá Citada

en Latinoamérica como en los países Europeos. En los países anglosajones, el trust lo pueden ejecutar instituciones del mercado de capitales, por la separación bien marcada de este sistema del de la banca. En Latinoamérica, México también permite a instituciones del mercado de capitales, operar como fiduciarios.

3.- LAS OPERACIONES FIDUCIARIAS EN LA ADMINISTRACIÓN DE CAPITALES.-

Los ordenamientos jurídicos por los cuales se rigen las Instituciones financieras bancarias, de seguros o del mercado de capitales ([166]) establecen que estas instituciones pueden además de realizar sus propias operaciones de intermediación en los pagos, en los cobros y en el crédito, prestar servicios a terceros de administración de capitales, entre las cuales destacan los servicios fiduciarios.

Las operaciones que realizan o llevan a cabo los entes que prestan los servicios fiduciarios, se pueden clasificar o separar, así:

3.1. LAS OPERACIONES PROPIAS DEL ENTE QUE ACTÚA COMO FIDUCIARIO

Las operaciones que pueden realizar las instituciones financieras dentro de su objeto social, están determinadas por el tipo de Institución; si es especializada o universal, y dentro de estas las derivadas de su especialización. Además, de estas actividades propias, pueden dentro de su objeto, realizar operaciones de administración y custodia de capitales, para terceros y en fideicomiso.

3.2. OPERACIONES EN REPRESENTACIÓN DE TERCEROS (TERCERIZACIÓN)

Las Instituciones financieras, especialmente la banca, pueden realizar para terceros operaciones de custodia, cobranza y representación, que es lo que en el medio bancario y financiero se ha venido llamando operaciones accesorias y conexas con las bancarias. Dentro de esta clasificación también

---

[166]) Obra del autor la Organización Fiduciaria, páginas 103 a 106, obra citada

incluyen las operaciones de fideicomiso, las cuales tienen un rol muy diferente por el carácter de propietario que tiene el fiduciario, el cual debe actuar dentro de los fines del fideicomiso.

Las operaciones de tercerización o de *outsourcing* ([167]) en la banca pueden ser activas (prestación de servicios) o pasivas (contratación de servicios) o lo que es lo mismo, pueden ser ofertadas por los bancos al público o pueden éstos contratar estos servicios a terceros, para apoyar su gestión de negocios.

Entre las principales ventajas que se derivan de contratar el servicio de *outsourcing*, está reducción de costos y aumento de la calidad del producto o servicio prestado, al poder dedicarse de manera directa a su elaboración o la prestación; lo cual permite ser más competitivo, sin descartar la evaluación de estos procesos y sus incidencia en los resultados de la organización.

3.3. LAS OPERACIONES EN EL FIDEICOMISO

Dentro de las operaciones de administración de capitales que puede realizar la banca, empresas de seguros y del mercado de capitales, destacan las operaciones de fideicomiso; las cuales no obstante ser ejecutadas por cuenta y orden de terceros (fideicomitente) y para terceros (beneficiario), son realizadas por el fiduciario, actuando en su propio nombre y representación, en su carácter de propietario fiduciario de dichos fondos, con las limitaciones impuestas por la Ley y las instrucciones previstas en el contrato de fideicomiso que se suscriba al efecto.

4. EL CONTRATO DE FIDEICOMISO

El contrato de fideicomiso, es el documento donde se expresa el fideicomiso como figura jurídica y debe reunir las mismas condiciones

---

[167]) El Outsourcing o es una respuesta a mejorar la gestión de negocios de una empresa, dado que no existe una empresa que sea efectivamente eficiente en todas sus actividades y los negocios de ahora, tienen muchos campos que atender, por lo cual es muy difícil alcanzar altos desempeños por sí mismas, en tan diversos procesos, que no son su especialización. Cita de Mercadeo de IBM Caracas

o características de los contratos (¹⁶⁸) en general. El contrato del fideicomiso, por su formalidad es escrito y debe estar recogido en documento público o documento privado, dependiendo del régimen jurídico de cada país. En aquellos países donde se estipule que puede ser en documento privado, caso Panamá por ejemplo, debe recogerse las firmas de las partes en documento notariado, lo cual autentica el acto, y en otros países se debe actuar dentro de su formalidad.

4.1. PRINCIPALES CLÁUSULAS DEL CONTRATO DE FIDEICOMISO:

A título de ejemplo señalemos abajo las principales cláusulas, que como mínimo, que debe contener un contrato de fideicomiso o trust que se suscriba, de acuerdo a la legislación de cada país, particularmente los que hemos comentado su régimen jurídico:

Principales Partes del Contrato de Fideicomiso:

1. IDENTIFICACIÓN DE LAS PARTES: Como es natural en todo documento escrito y formal, deben identificarse las partes que lo suscriben y a quién beneficia o deba respondérsele. En el fideicomiso, fiducia o trust, las partes o lo que ha dado en llamarse el elemento personal, lo conforman:

a) El **fideicomitente o fiduciante (*settlor*)**, debe ser identificado con todos sus datos personales, incluyendo domicilio, a los fines no solo del cumplimiento de Ley, sino también de la licitud del acto y de sus actuaciones, el cual debe acompañar la documentación que lo identifica, a los fines de la elaboración del expediente que debe abrirse de cada fideicomiso que se suscriba, lo cual incluye datos y documentación de quien pudiera actuar en su representación, de ser el caso.

b) El **fiduciario (*trustee*)**, debe ser identificado con sus datos particulares y de quien lo representa, por las responsabilidades que asume en el cumplimiento de los fines de la figura y ante el beneficiario y fideicomitente;

---

¹⁶⁸) Código Civil Venezolano: Artículo 1.133° El contrato es una convención entre dos o más personas para constituir, reglar, transmitir, modificar o extinguir entre ellas un vínculo jurídico; Artículo 1.140°Todos los contratos, tengan o no denominación especial, están sometidos a las reglas generales establecidas en este Título, sin perjuicio de las que se establezcan especialmente en los Títulos respectivos para algunos de ellos en particular, en el Código de Comercio sobre las transacciones mercantiles y en las demás leyes especiales y Artículo 1.141°Las condiciones requeridas para la existencia del contrato son: 1°. Consentimiento de las partes; 2°. Objeto que pueda ser materia de contrato; y 3°. Causa lícita

así como antes las autoridades competentes en materia fiduciaria.

c) El **beneficiario** (*cestui que trust*), la personas o personas que sean designadas beneficiarios, deben ser identificadas de manera directa, en caso de existir o indirecta si está sujeta a una eventualidad, pero en todo caso debe identificarse la persona o con quien o que se relaciona, lo cual debe estar ajustado a lo que dispongan las leyes de cada país, a los fines de poder acometer efectivamente el encargo encomendado.

4. **PRINCIPALES CLÁUSULAS DEL CONTRATO:** Identificadas las partes, el contrato debe recoger en sus cláusulas toda aquella información que permita y facilite el cumplimiento del encargo de la manera más meridiana posible, sin necesidad de llenarlo de las expresas disposiciones de Ley, lo cual es tautológico. Como es un documento de ejecución, si debe señalarse, en lo posible, la manera, forma, como, cuando, a quien y con quien acometer el encargo; así como que actuación seguir en caso de presentarse eventualidades que puedan ser señaladas en el documento y con aquellas de fuerza mayor o sobrevenidas, incluyendo en el mismo las prioridades que señale la Ley. A manera de ejemplo, no por ser las únicas, sino las que permiten recoger las formalidades de Ley, se señalan las principales cláusulas del documento que debiera recoger un documento de fideicomiso o trust:

    4.1. **CLÁUSULA DE DEFINICIONES**.- A los fines de una mejor interpretación de las cláusulas y contenido de las normas que rigen el contrato de fideicomiso o trust se deben establecer definiciones aproximadas de aquellos conceptos, eventos actos que exigen ser clarificados, a los fines de evitar interpretaciones distorsionadas de lo que efectivamente pretende el fideicomitente y que por Ley debe ejecutarse ([169]). En estas

---

[169])Normas que regulan las Operaciones de Fideicomiso en Venezuela. Resolución N° 083.12 del 31/05/2012 SUDEBAN, publicada en Gaceta Oficial N° 39.941 del 11/06/2012, Artículo 6: Los contratos de fideicomiso no deben presentar vacíos que impidan su adecuado manejo o perfeccionamiento, ni ser objeto de interpretaciones subjetivas.

definiciones deben o puede señalarse aspectos que aunque parezcan tautológicos debieran señalarse, como que es el fideicomiso, que es el fondo fiduciario, cuando realizar el cierre de ejercicio del fondo, cuando y como ejecutar las decisiones del encargo; así como todos aquellos aspectos que sean necesarios para darle transparencia a los actos del fiduciario y faciliten las cosas con la contraparte y las autoridades.

4.2. **CLÁUSULA DEL OBJETO DEL FIDEICOMISO**.- Indicar los bienes presentes que constituyen el objeto del fideicomiso o trust, con una clara identificación de los mismos y su localización y recepción (tradición); así como la forma en que serán aportados los que en el futuro que se puedan aportar al fondo fiduciario y por quien. Este aspecto es clave, porque sin los bienes objeto del fideicomiso, en poder del fiduciario, éste no podría cumplir el encargo encomendado

4.3. **CLÁUSULA DE LA FINALIDAD DEL FIDEICOMISO.-** Indicar lo que pretende el fideicomitente (*settlor*) con la constitución del fideicomiso o trust y la forma en que espera sea llevado a cabo. Este aspecto es el fundamento de la constitución del fideicomiso por lo cual debe ser bien expresado en el documento, que no quepa duda de lo que se pretende. En la redacción de esta cláusula no debe haber margen para dudas o equívocos o inadecuadas interpretaciones, porque de lo contrario debe entrar en acción la figura señalada en la Ley del Juez del fideicomiso u otra autoridad que la Ley establezca.

4.4. **CLÁUSULA DE DESCRIPCIÓN DE LO QUE SE DEBE EJECUTAR PARA EL CUMPLIMIENTO DE LA FINALIDAD.-** Describir los bienes a utilizar o actos que deban ejecutarse para cumplir la finalidad prevista en el contrato de fideicomiso, así como la forma, frecuencia y a quien ha de respondérsele en aras del cumplimiento de la finalidad

4.5. **CLÁUSULA DE DESCRIPCIÓN DE LOS COMPROMISOS A RESPONDER.**- Indicar cuales son los compromisos que se asumen y velar porque se les dé cumplimiento a los mismos, dado que pudieran derivarse reclamos por incumplimiento. Es importante que en el documento se recojan autorizaciones para inversiones conjuntas o consolidación de las mismas, así como mecanismos masivos de aportes o cobranzas conjuntas o colectivas a través del propio ente o a través de terceros u otros eventos que pudieran comprometer la actuación del fiduciario (*trustee*).

4.6. **CLÁUSULA DE OBLIGACIONES DEL FIDUCIARIO.** A fines de evitarse malos entendidos o actuaciones indebidas, debe indicarse las obligaciones de Ley que asume el fiduciario en la ejecución del fideicomiso; así como aquellas que expresamente les está prohibidas por Ley o por la naturaleza del tipo de contrato de fideicomiso que suscriba y que pudieran comprometer directamente su patrimonio, lo cual pudiera motivar actuaciones de sus acreedores o de terceros interesados. Debe indicar siempre que actúa como fiduciario ([170])

4.7. **CLÁUSULA DE RESPONSABILIDADES QUE ASUME EL FIDEICOMITENTE.**- Fijar en esta cláusula lo que se compromete el fideicomitente a cumplir y lo que el fiduciario desea que realice, de acuerdo al tipo de fideicomiso y lo que se pretende con la constitución del fideicomiso el mismo fideicomitente. Aquí también debe evitarse,

---

[170]) ARTÍCULO 781 del Código de Comercio de Guatemala señala que "FIDUCIARIO DEBE IDENTIFICARSE. El fiduciario debe declarar que actúa en esa calidad, en todo acto o contrato que otorgue en ejecución del fideicomiso"

que por no expresar bien algo, queden dudas de a quién o quien debe responder por algo o a quien debe imputársele.

4.8. **CLÁUSULA DE LOS DERECHO DE LOS BENEFICIARIOS.**- Indicar lo previsto en la Ley y aquellas cosas lícitas que pudiera ejercitar a su favor el beneficiario o aquellas que puede pretender dependiendo del tipo de fideicomiso u otras que quisiera exponer el fideicomitente. Aquí debe deslindarse lo que es margen de gestión del negocio, con intereses de terceros, aunque sean beneficiarios.

4.9. **CLÁUSULA DE EXENCIÓN DE RESPONSABILIDADES DEL FIDUCIARIO.**- El fiduciario debe indicar lo que le es permisible y de lo que no le es permisible realizar y excepcionarse de aquellas actuaciones que no debe realizar, por disposiciones de la misma normativa que rige la actuación del fiduciario ([171]), pero que deben ser de conocimiento del fideicomitente o beneficiario, de ser el caso. En esta cláusula caben las menciones de las normas prudenciales, que particularmente imponen las autoridades de control en los diferentes países o aquellas de las cuales no está comprometido a cumplir por régimen bajo el cual está operando.

4.10. **CLÁUSULA DE OBLIGATORIEDAD EN EL RENDIMIENTO DE CUENTAS.**- Señalar la información que legal y financieramente es viable consignar a favor del fideicomitente, beneficiario o de cualquier persona que expresamente se señale en el contrato; así como la que debe informar a las autoridades de ser el caso. En esta cláusula o en otra especial, debe indicarse aquellos eventos o actuaciones que terceros pudieran realizar en la gestión fiduciaria, porque así lo quiere

---

[171]) Normas que Regulan las Operaciones de Fideicomiso en Venezuela, citadas supra

disponer el fideicomitente, como participación de delegados en comités u otras instancias.

4.11. **CLÁUSULA DE COBRO DE HONORARIOS DEL FIDUCIARIO.-** En esta cláusula se debe fijar los honorarios por el servicio prestado, señalando su monto o porcentaje y la base sobre la cual se realiza el cobro, su forma y frecuencia del mismo. De haber más de una comisión por este servicio deben identificarse cada una por separado, indicando cual es flat (de una sola vez) o cual es periódica y sobre qué base se calcula y cobra la misma.

4.12. **CLÁUSULA DE NOTIFICACIONES.-** Indicar dónde deben notificarse las partes, las cuales deben estar no sólo plenamente identificadas, sino también localizadas o localizables.

4.13. **CLÁUSULA DÉ RESOLUCIÓN Y FINIQUITO DE CONTRATO.-** Indicar claramente las causas de resolución y la extensión del finiquito del contrato de fideicomiso; así como la posibilidad de hacer o no modificaciones al documento del fideicomiso.

4.14. **CLÁUSULA DE TERMINACIÓN DEL FIDEICOMISO.-** Indicar las causas legales o condiciones por las cuales termina el fideicomiso y las actuaciones que debe seguir el fiduciario.

4.15. **CLÁUSULA DONDE SE INDIQUE LA JURISDICCIÓN, DOMICILIO Y EJEMPLARES DEL DOCUMENTO.-** Indicar estos datos, observando cualquier fuero especial que puedan tener las partes que suscriban el contrato.

4.16. **INCLUIR OTRAS CLÁUSULAS.-** Para una mejor redacción y cumplimiento del encargo, pueden incluirse otras cláusulas en los contratos, particularmente aquellas que tengan que ver con la naturaleza del tipo de contrato que se pretenda ejecutar; así como aquellas que las autoridades exigen que se indiquen en los contratos, como las relacionadas con lo que le está expresamente prohibido realizar al fiduciario con los recursos del fideicomiso, las relativas a los acuerdos internacionales sobre prevención en la legitimación de capitales y las cláusulas donde se mencionen los riesgos de mercado, de créditos, cambio, tasas, de liquidez, legales, operativos o de contraparte, entre otros aspectos, como los atinentes a causas de fuerza mayor, como intervenciones del fiduciario o quiebras de los entes emisoras de las obligaciones que forman los activos del fondo fiduciario.

4.2. MODELOS DE CONTRATOS DE FIDEICOMISO:

Es importante, que dado las particularidades del fideicomiso, que los modelos de contratos que se elaboren, por tipos de fideicomiso, sean revisados y evaluados por un grupo multidisciplinario del ente fiduciario relacionado con el negocio fiduciario. En este grupo deben estar presentes, por obligados, los abogados de la consultoría jurídica; así como los ejecutivos de negocios y finanzas; personal del área de fideicomiso y personal de las áreas relacionadas con el tipo o naturaleza del fideicomiso que se trate en cada modelo, siempre bajo la coordinación de los abogados para que el modelo que se elabore, éste lo más ajustado a la técnica jurídica. Estos aspectos, no excluyen que en la elaboración de los contratos definitivos o en otros que reúnan particularidades especiales puedan o deban participar cualquier componente de la organización del fiduciario, inclusive, puede participar la parte del fideicomitente, de así creerlo, en función de sus propios intereses. Aquí debe cuidarse de esos injertos medio particulares, que muchas veces tratan de imponer los entes públicos y más aún, si es un fideicomiso del Estado, donde por decreto ley se señalan las características y condiciones que debe cumplir el mismo.

El contrato es parte de las herramientas de trabajo de los operadores fiduciarios, es la guía a seguir, porque allí deben estar plasmadas las instrucciones o directrices que traza el fideicomitente o lo que desea que ejecute el fiduciario, por lo tanto el conocimiento e interpretación adecuada que se tenga del contenido del contrato de fideicomiso, facilitará las actuaciones y buenas relaciones entre las partes y los integrantes del ente fiduciario.

De crearse por cualquier circunstancia, los llamados Contratos Macros, debe llevarse controles separados de cada proyecto, a los fines del control de su ejecución y de la situación que presenten de manera individualizada estos proyectos, debiéndose llevar la contabilidad del contrato macro de manera global, ya que es un solo fideicomiso con varios proyectos asignados, los cuales deben ser controlados en la medida que se vayan ejecutando valuaciones, cuya liquidación representa la ejecución o avance del proyecto. Muchas instituciones fiduciarias, cuyos software fiduciarios no les permiten gerenciar eficientemente este tipo de contratos, apelan a controlar cada proyecto como que fueran fideicomisos suscritos, contraviniendo con ello la normativa prudencial establecida para estas operaciones y generando multiplicidad de contabilidades que no tienen los contratos que los soporten y estados de cuentas por proyectos, cuando esa gestión de negocios de proyectos de esta naturaleza los manejan rutinariamente y bajo la forma aquí indicada los bancos hipotecarios y las entidades de ahorro y préstamos, los cuales debieran asesorar a estas unidades en la gestión y control de estos proyectos sujetos a un determinado contrato de fideicomiso.

EL FIDEICOMISO, FIDUCIA O TRUST EN AMÉRICA
CAPITULO III
ASPECTO CONCEPTUAL DE LAS OPERACIONES
DE CONFIANZA

Nuc nove suc sole. **Los romanos**

Contenido: ASPECTO CONCEPTUAL DE LAS OPERACIONES DE CONFIANZA. 1. Concepto de fideicomiso. 1.1. Conceptos de Fideicomiso en las Disposiciones Legales de América. 1.1.1. Normativa Mexicana. 1.1.2. Normativa Venezolana. 1.1.3. Normativa Peruana. 1.1.4. Normativa Argentina. 1.1.5. Normativa Uruguaya. 1.1.6. Normativa Panameña. 1.1.7. Normativa de El Salvador. 1.1.8. Normativa Colombiana. 1.1.9. Normativa de Costa Rica. 1.1.10. Normativa de Bolivia. 1.1.11. Normativa Chilena. 1.1.12. Normativa de Puerto Rico. 1.1.13. Normativa de Québec (Canadá). 1.1.14. Normativa Brasileña. 1.1.15. Normativa Paraguaya. 1.1.16. Normativa de Guatemala. 1.1.17. Normativa Ecuatoriana. 1.1.18. Normativa Cuba. 1.1.9. Normativa de Nicaragua. 1.1.20. Normativa de Honduras. 1.1.21. Normativa de Republica Dominicana. 1.1.22. Normativa en Estados Unidos y Otros Países que se Rigen por el Common Law en América. 1.2. **Conceptos de fideicomiso (fiducia) en las disposiciones del Derecho Continental Europeo. 1.2.1.** Normativa Francesa. 1.2.2. Normativa Española. 1.2.3. Normativa Italiana. 1.2.4. Normativa Alemana. 1.3. **El Trust en el Common Law. 1.4.** Comentarios sobre la normativa que rige el fideicomiso. 1.5. Conceptos de Fideicomiso en la Doctrina. 1.6. Términos usados en el Fideicomiso y el Trust. 2. **Conceptos relacionados con el fideicomiso** 2.1. Concepto de Negocio Fiduciario. 2.1.1. Concepto de Negocio Jurídico. 2.1.2. Concepto de Relación Jurídica. 2.1.3. Concepto de Acto Jurídico. 2.1.4. Concepto de Negocio Indirecto. 2.1.5. Concepto de Contrato. 2.1.6. Concepto de Fondo. 2.1.7. Concepto de Propiedad fiduciaria. 2.1.8. Concepto de Nuda Propiedad. 2.1.9. Concepto de Usufructo. 3. **Otras Operaciones de Confianza. 3.1. El Mandato. 3.2.** La Comisión. 3.3. La Representación. 3.4. El Trust. 3.5. La Tercerización. 3.6. Las Fundaciones

En los ordenamientos jurídicos que tutelan las operaciones de las instituciones financieras bancarias, de seguros o del mercado de capitales, se puede apreciar que el elemento confianza es su razón de ser, tanto para sus operaciones propias como las que prestan a terceros.   En estas últimas operaciones, se ubican las llamadas "otras operaciones de confianza", las cuales en sí mismas presentan particularidades que las distinguen unas de otras y dentro de ellas, merecen mención especial las operaciones de fideicomiso, las cuales presentan diversidad de finalidades, que puede acometer un mismo fiduciario. Esto es lo que constituye, los diferentes tipos de contratos de fideicomiso que se suscriben, dado que cada fideicomiso es un negocio separado uno de otro.

En este capítulo comentamos sobre el fideicomiso y también los conceptos de otras figuras jurídicas, con las cuales se relaciona o se aprecia semejanza o tiene muchos aspectos coincidentes o ellos forman parte de sus elementos, como es el negocio fiduciario, negocio jurídico, la relación jurídica, el mandato y el negocio indirecto, entre otras.

Los países del continente que abordamos en la obra han modificado en las últimas reformas de sus leyes el concepto de fideicomiso; así como la normativa que lo soporta, tratando de darle mayor adaptabilidad, transparencia, seguridad jurídica y funcionalidad a los actos derivados del fideicomiso, lo cual ha sido producto de reflexiones que han realizado sobre esta figura del derecho; cuyos procesos no se agotan por estos cambios, porque siempre estará presente la dinámica de los negocios y la evolución del pensamiento; así como el pragmatismo de sus impulsores.   Sobre estos cambios y contra cambios en periodos tan cercanos y sin grandes eventos que lo impulsen; observa el profesor Beraudo, que tantas variantes es producto de tener unos sistemas jurídicos sumarios...

1.- CONCEPTO DE FIDEICOMISO.-

El concepto de fideicomiso que está recogido en los distintos regímenes jurídicos de los países de América Latina y el mundo, en su esencia, es el mismo que ha manejado la doctrina, con las variantes propias de cada época, y se remonta con esta figura a los albores del

Imperio Romano ([172]) y al desarrollo y evolución del Sistema Germánico ([173]) e Inglés ([174]) , con las adaptaciones o adecuaciones del trust angloamericano, acogiendo cada régimen jurídico, las variantes de cada época o de sus circunstancias. Aquí cabe la expresión latina "Nov nuve sub sole", no hay nada nuevo bajo el sol. Esta institución ha estado en vigencia, durante siglos, en los cuales ha tenido esplendor y decadencia y en las últimas décadas, ha sido una de las figuras más emblemáticas de los sistemas jurídicos que rigen la banca en el ámbito continental y mundial. El concepto de la figura jurídica e histórica del fideicomiso, es similar en su inspiración y propósitos en los distintos países, ya sea que sus ordenamientos jurídicos estén inspirados en el Derecho Romano, en el Código Napoleónico o Germánico o en el Derecho Anglosajón; sus variantes estriban en el análisis y profundización de su naturaleza jurídica y al pragmatismo o adaptación que tomen los países, de manera particular, dependiendo hacia donde giran sus intereses, propósitos e inclinaciones.

El vocablo *"Fideicommissum"*, quiere decir encomendado a la fe o lealtad de alguien; es una palabra

---

[172]) En el Derecho Romano se conocieron dos tipos de Fiducia:
1.   Fiducia Cum Creditore: Tenía como finalidad proporcionar al acreedor una garantía real para asegurar la deuda. El deudor para garantizar una deuda, transmitía la propiedad de determinados bienes a su acreedor, que los recibía con tal fin y a su vez éste se obligaba en virtud del pactum fiduciae, a reintegrarlo al deudor cuando hubiese pagado su deuda. En caso de que el deudor no cumpliese con su obligación, el acreedor tenía el derecho implícito en el pacto de retener la garantía para sí, o de enajenarla.
2.   Fiducia Cum Amico: Tenía como finalidad hacer una operación de depósito y se empleaba para que aquella persona que recibía el bien transmitido pudiese usarlo y disfrutarlo gratuitamente y en su propio provecho. Una vez realizados estos fines, quien había recibido los bienes transmitidos, como consecuencia del pactum fiduciae, los retransmitía al otorgante. Esta figura jurídica es la misma llamada comodato, que consiste en un préstamo gratuito de uso.
Características de la Fiducia: En el contrato de Fiducia existían dos elementos que lo caracterizaban: por un lado el elemento real o material que se identifica con la transmisión de la propiedad y por el otro lado el elemento coercitivo, que era la obligatoriedad y que llamaban pactum fiduciae. Estos elementos están recogidos en la actualidad en los contratos de fideicomiso, donde se incorpora un tercero que actúa como el fiduciario, sin interés particular por lo cual debe ejecutar el encargo, que es la gran diferencia entre la Fiducia antigua y el fideicomiso, que hoy conocemos, además de la normativa que rige que establece controles y penas a los administradores. Cita la Organización Fiduciaria, obra del autor. Caracas, 1983.
[173]) La Fiducia Germánica   La Fiducia Germánica tiene el mismo concepto de la Fiducia Romana, prácticamente constituye la misma figura, contiene los mismos elementos. El fiduciario recibe el bien del fiduciante a fin de hacer un determinado uso y luego reintegrarlo, pero la principal diferencia entre la Fiducia Romana y la Fiducia Germánica, reside en la esencia y los límites del poder jurídico que confiere al fiduciario una y otra institución. El límite del poder jurídico otorgado al fiduciario en el Derecho Germánico era más limitado, que el poder de abuso que tenía el fiduciario en el Derecho Romano. Cita la Organización Fiduciaria, obra del autor. Caracas, 1983
[174]) El uso inglés   El uso Inglés consistía en una relación, mediante la cual una persona era revestida de poder jurídico, de cuyo ejercicio resultaba un beneficio económico a favor de otra persona.   De esta figura deviene el trust anglosajón, que contiene básicamente los mismos postulados que el fideicomiso, con las particularidades de cada régimen jurídico.

compuesta que deriva de las raíces latinas *"Fides"*, que significa fidelidad, fe, lealtad, y *"Commissum"*, que significa comisión, encargo, secreto o confidencial. Como puede apreciarse de la composición de la palabra fideicomiso, deriva lo que fundamenta a esta figura jurídica, como es la confianza, base también de las distintas operaciones monetarias, financieras, crediticias y conexas de los distintos ordenamientos jurídicos financieros, soporte de la banca central, de la banca en general y del mercado de capitales.

La palabra Fiducia es derivada de las operaciones de confianza y corresponde, no sólo, a los que suscriben contratos de fideicomiso, sino también a los que emiten papeles monetarios (Bancos Centrales) u obligaciones financieras, cuyos títulos o valores no tienen garantía específica, sino la confianza en el sujeto que emite esas obligaciones y que el público recibe e intercambia en sus transacciones. Es tal la significación de la palabra confianza, en las diversas operaciones que acometemos, que cada día toma más cuerpo, en la medida que la tecnología envuelve las transacciones, donde casi todo, es despersonalizado y de manera electrónica o electromagnética.

En América Latina estas operaciones de confianza están reservadas a las instituciones financieras bancarias, de capitales o de seguros; no obstante, en algunos países, como Panamá, Costa Rica y Venezuela, los particulares, de manera excepcional, pueden actuar como fiduciarios.

El fideicomiso es una figura jurídica muy versátil, a través de ella se le brindan innumerables servicios a la sociedad, especie de institución *"passe partout"*, cuya utilización efectiva no surge exclusivamente de las virtudes intrínsecas de este instituto, sino que depende, principalmente, del contexto jurídico y económico dentro del cual se aplique esta figura jurídica e institucional.

1.1. CONCEPTOS DE FIDEICOMISO EN LAS DISPOSICIONES LEGALES DE AMÉRICA.-

A fines didácticos, vamos a señalar y comentar algunas definiciones de fideicomiso, recogidas en los ordenamientos jurídicos de América Latina y otros expuestos en la doctrina. Así vemos, que tenemos definiciones recogidas en las distintas disposiciones, como en los códigos de comercios, códigos civiles, leyes de bancos y de seguros y leyes de otras instituciones financieras de la banca y del mercado de capitales. Veamos los conceptos de fideicomiso recogido en la normativa de los siguientes países:

1.1.1. Normativa Mexicana:

a) Exposición:

La Ley General de Títulos y Operaciones de Crédito de México, en su reforma del año 2003, señala sobre el fideicomiso que "En virtud del fideicomiso, el fideicomitente transmite a una institución fiduciaria la propiedad o la titularidad de uno o más bienes o derechos, según sea el caso, para ser destinados a fines lícitos y determinados, encomendando la realización de dichos fines a la propia Institución Fiduciaria".([175]) En la exposición de motivos de la reforma de esta Ley, se comenta que con el fin de propiciar que el fideicomiso pueda tener el máximo provecho en beneficio de las partes, se le permite a la institución fiduciaria disponer plenamente de los bienes y derechos objeto del mismo, estableciendo que en virtud del fideicomiso se le transmite la propiedad o la titularidad de uno o más bienes o derechos, según el caso, para ser destinados a fines lícitos y determinados, encomendando la realización de dichos fines a la propia institución fiduciaria.

En México, de acuerdo a lo que dispone su ordenamiento jurídico, pueden ser fiduciarios las instituciones de créditos, las de seguros, las de fianzas, las casas de bolsas, el Banco del Ahorro Nacional y Servicios Financieros (BANSEFI), las sociedades financieras de objeto limitado y los almacenes generales de depósitos ([176]). Estas dos últimas instituciones, sólo pueden actuar en fideicomisos de garantía.

---

[175]) Artículo 381, Capítulo V de la Ley General de Títulos y Operaciones de Crédito Mexicana, reforma de fecha 13/06/2003, señala que "En virtud del fideicomiso, el fideicomitente transmite a una institución fiduciaria la propiedad o la titularidad de uno o más bienes o derechos, según sea el caso, para ser destinados a fines lícitos y determinados, encomendando la realización de dichos fines a la propia institución fiduciaria"

[176]) Ley de Instituciones de Créditos, Artículos 46, fracción xv, 79 al 85; Ley de Mercados de Valores, las Casas de Bolsas, artículo 22, fracción iv, inciso d); Ley Orgánica del Banco del Ahorro Nacional y Servicios Financieros artículo 7, fracción vii; Ley General de Instituciones de Seguros y Sociedades

En los países latinoamericanos, no se permite que el Fiduciario de un fideicomiso, pueda ser beneficiario o fideicomisario, salvo la Ley Mexicana ([177]), la de Uruguay ([178]) y la de Argentina, pero solo en aquellos casos en los cuales, el Fideicomiso sirva de instrumento de pago de obligaciones incumplidas por parte del Fideicomitente a favor del fiduciario. En este supuesto, las partes deberán convenir los términos y condiciones para dirimir posibles conflictos de intereses, como lo establece la Ley. En panamá, la ley establece que los entes públicos pueden constituir fideicomisos con sus propios bienes, lo cual es la creación de un fondo (activo separado en el propio patrimonio), que puede tener todos los privilegios que se desee, sin necesidad de abusar de la figura del fideicomiso.

b) Comentarios a la Normativa Mexicana:

Sobre lo comentado en la exposición de motivos de la reforma de la Ley Mexicana, es bueno señalar, que esa es la naturaleza de la figura del fideicomiso, la cual se expone de manera expedita en esta nueva normativa. La Ley reformada de este País, no establecía con claridad la actuación del fiduciario, ya que señalaba textualmente

Mutualistas de Seguros, artículo 34, fracción iv; Ley Federal de Instituciones de Fianza, artículo 16, fracción xv, y Ley General de Títulos y Operaciones de Crédito, las Sociedades Financieras de Objeto Limitado y los Almacenes Generales de Depósitos, artículo 399, Capítulo V. Legislación Mexicana en la web.

[177]) Artículo 396 de la Ley de Títulos y Operaciones de Créditos de México, señala que "Las instituciones y sociedades mencionadas en el artículo anterior, podrán reunir la calidad de fiduciarias y fideicomisarias, tratándose de fideicomisos cuyo fin sea garantizar obligaciones a su favor. En este supuesto, las partes deberán convenir los términos y condiciones para dirimir posibles conflictos de intereses, y artículo 382 que señala que "Pueden ser fideicomisarios las personas que tengan la capacidad necesaria para recibir el provecho que el fideicomiso implica. El fideicomisario podrá ser designado por el fideicomitente en el acto constitutivo del fideicomiso o en un acto posterior. El fideicomiso será válido aunque se constituya sin señalar fideicomisario, siempre que su fin sea lícito y determinado, y conste la aceptación del encargo por parte del fiduciario. Las instituciones mencionadas en el artículo 385 de esta Ley podrán reunir la calidad de fiduciarias y fideicomisarias únicamente tratándose de fideicomisos que tengan por fin servir como instrumentos de pago a su favor. En este supuesto, las partes deberán convenir los términos y condiciones para dirimir posibles conflictos de intereses, para lo cual podrán nombrar a un ejecutor o instructor, que podrá ser una institución fiduciaria o cualquier tercero, a fin de que determine el cumplimiento o incumplimiento del contrato para el solo efecto de iniciar el procedimiento de ejecución y para que cumpla los fines del fideicomiso en lo que respecta a la aplicación de los bienes afectos al fideicomiso como fuente de pago de obligaciones derivadas de créditos otorgados por la propia institución. En todo caso, el ejecutor o instructor ejercitará sus funciones en nombre y representación del fiduciario, pero sin sujetarse a sus instrucciones, obrando en todo momento de conformidad con lo pactado en el contrato y la legislación aplicable y actuando con independencia e imparcialidad respecto de los intereses del fideicomitente y fideicomisario. Para efectos del párrafo anterior, se presume independencia e imparcialidad en el cumplimiento del contrato, cuando los títulos representativos del capital social, así como las compras e ingresos del último ejercicio fiscal o del que esté en curso del ejecutor o instructor, no estén vinculados con alguna de las partes del fideicomiso en más de un diez por ciento. "

[178]) Ley 1703 Artículo 9°. (Prohibiciones) de la Ley de Fideicomiso de Uruguay, señala que "Quedan prohibidos, siendo absolutamente nulos: a) Los fideicomisos testamentarios en los que se designen diversos beneficiarios en forma sucesiva, procediendo la sustitución a la muerte del beneficiario anterior. b) El fideicomiso en el cual se designe beneficiario al fiduciario, salvo en los casos de fideicomiso en garantía constituidos a favor de una entidad de intermediación financiera.

que ([179]) "En virtud del fideicomiso, el fideicomitente destina ciertos bienes a un fin lícito determinado, encomendado a la realización de ese fin a una institución fiduciaria".

Es justo resaltar que las disposiciones de la Ley Mexicana fueron difundidas por ellos y recogidas por otros países de la región, sirviendo de inspiración y reformulación de sus ordenamientos jurídicos bancarios y financieros ([180]), y por la reforma que introducen, se aprecia que también se han inspirado en legislaciones y doctrinas de la región. En la Ley de este país destacan también otras figuras como las participaciones, para emitir Certificados de Participación, concebidos desde el año 1933, en la crisis de esa época ([181]). Esta figura ha sido también fuente de inspiración para la figura de los fondos del mercado monetario y para titularizar, sicuritizar o bursatilizar determinados activos, expresiones utilizadas indistintamente en nuestro continente.

La ley mexicana reformada señala que "En virtud del fideicomiso, el fideicomitente transmite a una institución fiduciaria la propiedad o la titularidad de uno o más bienes o derechos,...". En esta definición, se señala que el traspaso al fiduciario de los bienes o derechos objeto del fideicomiso, se hacen virtud del fideicomiso. Sobre este particular, debo señalar que la institución del fideicomiso lo que hace es colocar al fiduciario en los derechos de los bienes objeto del fideicomiso, pero la tradición de estos bienes del fideicomitente al fiduciario, dependerán de la naturaleza del bien o del derecho, del tipo de bien, de sus formalidades de traspaso, por cesión, endoso, documentación privada, publica, notarial o

---

[179]) Artículo 346, Capítulo V del Código de Comercio de México del año 1932, Editorial Porrua, S.A. trigesimosexta edición, 1979.

[180]) Francisco, Estrada Magallon, en su obra El Fideicomiso en México, señala, citando: ACOSTA ROMERO, MIGUEL/ALMAZÁN ALANÍZ, PABLO ROBERTO. Tratado Teórico Práctico de Fideicomiso, México 1997, P. 17.) que "Aunque la mayoría de los autores ubican el origen del fideicomiso en las instituciones del derecho romano de hace más de 2000 años, principalmente en aquellas encargadas de regir cuestiones crediticias, la herencia y las relaciones que se entablan entre las personas que necesitaban transmitir un bien y no podían hacerlo a través de otras figuras jurídicas que prevalecían en dicha época, el fideicomiso moderno y concretamente hablando, el fideicomiso mexicano, encuentra sus antecedentes más directos en el "use germánico" y el "trust anglosajón".(

[181]) Artículo 228 de la Ley mexicana, citada supra del año 1932.

registral; así como de lo que dispongan la Ley ([182]).   Esta recepción de los bienes o derechos, lo que realmente hace es convalidar la relación fiduciaria prevista en la Ley y que se recoge en el documento o contrato de fideicomiso.

En cuanto que la Ley de Títulos y Operaciones de Crédito ([183]), donde se admite la posibilidad de que el fideicomiso se establezca en favor de la propia institución fiduciaria,… Esta disposición es contraria a las del continente, con excepción de Uruguay, entre los que la adversan está: Juan SUAYFETA OZAETA, que señala que la reforma del 2000 de esta Ley, constituye uno de los más graves desatinos, que se traduce en un nuevo y funesto atentado contra la institución jurídica del fideicomiso y viene a ser el remate de la no menos infortunada reforma al artículo 348 (ahora 383) del propio ordenamiento…". En cuanto a Leyes la Ley Orgánica para EL Fortalecimiento y Optimización del Sector Societario y Bursátil de Ecuador ([184]), que reforma el Artículo 105 de Ley de Mercado de Capitales, señala expresamente que el Fiduciario, sus administradores, accionistas no podrá ser beneficiario, bajo ninguna circunstancia, lo cual no admite esta disposición.

1.1.2. **Normativa Venezolana:**

a) Exposición:

---

[182]) El Artículo 400 de la Ley de Títulos y Operaciones de Créditos Mexicana, establece que "Las partes podrán convenir que la posesión de bienes en fideicomiso se tenga por terceros o por el fideicomitente. Cuando corresponda al fideicomitente o a un tercero la posesión material de los bienes fideicomitidos, la tendrá en calidad de depósito y estará obligado a conservarlos como si fueran propios, a no utilizarlos para objeto diverso de aquel que al efecto hubiere pactado y a responder de los daños que se causen a terceros al hacer uso de ellos. Tal responsabilidad no podrá ser exigida al fiduciario.
En este caso, serán por cuenta del fideicomitente los gastos necesarios para la debida conservación, reparación, administración y recolección de los bienes fideicomitidos.
Si los bienes fideicomitidos se pierden o se deterioran, el fideicomisario tiene derecho de exigir al fideicomitente, cuando éste sea el deudor de la obligación garantizada, la transmisión en fideicomiso de otros bienes o el pago de la deuda aun antes del plazo convenido."
[183]) El primer párrafo del artículo 400 adicionado a la Ley de Títulos y Operaciones de Crédito, por el que se admite la posibilidad de que el fideicomiso se establezca en favor de la propia institución fiduciaria, constituye uno de los más graves desatinos, que se traduce en un nuevo y funesto atentado contra la institución jurídica del fideicomiso y viene a ser el remate de la no menos infortunada reforma al artículo 348 (ahora 383) del propio ordenamiento, llevada a cabo en mayo de 1996,de la cual se sabe que la mayoría de las instituciones bancarias, con justificada razón, se han abstenido de aplicarla. Fue en esa reforma, la primera en 64 años, con la que se estableció la posibilidad de que un fideicomiso pudiera constituirse a favor de la propia institución fiduciaria, aunque lo limitaba exclusivamente a los fideicomisos que sirvieran como instrumento de pago.
[184]) Ley Orgánica para EL Fortalecimiento y Optimización del Sector Societario y Bursátil, de 20/03/2014, artículo 46, literal d y e señala: que se prohíbe:... c) " Constituir un fideicomiso mercantil en el que se designe como beneficiario principal o sustituto, directa o indirectamente; así como en virtud de una cesión de derechos y en general por ningún medio que lo ponga en dicha situación, a la propia fiduciaria, sus administradores, representantes legales, sus accionistas o de sus empresas vinculadas. e) Suscribir negocios fiduciarios que permitan o puedan devenir en contratos simulados, so pena del establecimiento de responsabilidades civiles, administrativas o penales a que hubiere lugar…"

En la ley de Fideicomiso venezolana ([185]), se define al Fideicomiso como "Una relación jurídica por medio de la cual una persona llamada fideicomitente transfiere uno o más bienes a otra persona llamada fiduciario, quien se obliga a utilizarlo a favor de aquel o de un tercero llamado beneficiario".

En Venezuela, las más recientes reformas en materia fiduciaria han sido recogidas en la Ley de Instituciones del Sector Bancario ([186]), derogando parte de la Ley de Fideicomiso de 1956, la cual fue inspiración del profesor Goldschmidt ([187]) y la Ley de la Actividad Aseguradora.

El artículo 71 y 63 de la Ley de Instituciones del Sector Bancario Venezolano ([188]), señala que la Superintendencia de Instituciones del Sector Bancario podrá autorizar a los Bancos Universales para desempeñarse como fiduciarios, mandatarios, comisionistas o realizar otras operaciones de confianza. Asimismo, este artículo señala que podrá autorizar a los Bancos de Desarrollo y a los Bancos Microfinancieros actuar como fiduciarios, mandatarios, comisionistas y otras operaciones de confianza, cuando sea necesario para el cumplimiento de sus operaciones

El profesor Alfredo Morlés Hernández nos señala que ([189]) fideicomiso de la legislación venezolana es un

---

[185]) Articulo 1 de la Ley de Fideicomiso, de fecha 23 de julio de 1956, parcialmente derogada en la Ley de Instituciones del Sector Bancario del año 2001 y siguientes de Venezuela. Ultima reforma Decreto N° 1.402 del 13/11/2014, publicado en Gaceta Oficial Extraordinaria N° 6.154 de la misma fecha.

[186]) Ultima reforma de la Ley de Instituciones del Sector Bancario Decreto N° 1.402 del 13/11/2014, publicado en Gaceta Oficial Extraordinaria N° 6.154 de la misma fecha

[187]) Cita de José Mélich Orsini* pág. 413, El Fideicomiso en Venezuela: "Resalta el profesor Goldschmidt que nuestro fideicomiso no se identifica, sin embargo, con el trust anglo-norteamericano, pues aparte de que tal institución se aplica a fines prácticos para los cuales en muchos ordenamientos de tipo latino no hay necesidad de recurrir al fideicomiso, es lo cierto que lo que se buscó con nuestra Ley de Fideicomisos –según palabras del propio Goldschmidt– fue la estructuración de una nueva figura jurídica cuyos principios rectores resultan de una combinación de los principios que rigen la mencionada institución anglo-americana, con otros principios del derecho civil" De esta manera, nuestro propio proyectista hace hincapié en que debe abandonarse toda idea de que nuestro fideicomiso confiera un derecho real al beneficiario, como se ha sostenido por algunos respecto del trust angloamericano y, consecuente con su idea de que nuestra ley se inspiraría en el negocio fiduciario del derecho romano, afirma que en nuestra ley el fiduciario es el único dueño de los bienes transferidos (esto es rechaza toda hipótesis de que una doble titularidad, una legal y otra de equidad al estilo del trust anglo-americano) y que el fiduciario sólo resulta vinculado con el beneficiario por relaciones puramente obligatorias, y no por gravámenes fundados en el derecho de cosas."

[188]) Ley de Instituciones del Sector Bancario, Decreto N° 1.402 del 13/11/2014, publicado en Gaceta Oficial Extraordinaria N° 6.154 de la misma fecha.

[189]) El Fideicomiso de Garantia en el Derecho Venezolano. Alfredo Morles Hernandez *Individuo de número y ex Presidente de la Academia de Ciencias Políticas y Sociales. Profesor de Derecho Mercantil y ex Decano de la Facultad de Derecho de la Universidad Católica Andrés Bello

negocio de causa genérica, un negocio cuya causa constante se individualiza en la transferencia de un bien o derecho para la creación de un patrimonio separado, esquema causal incompleto que se integra con una causa específica y variable, una destinación que permite coordinar la transmisión del bien o derecho con el principio de la causalidad de la destinación.

b) Comentarios a la Normativa Venezolana:

La ley de fideicomiso venezolana señala que el fideicomiso es "Una relación jurídica por medio de la cual una persona llamada fideicomitente transfiere uno o más bienes a otra persona llamada fiduciario,..." En esta definición se señala que el traspaso al fiduciario de los bienes o derechos objeto del fideicomiso, se hace por la relación jurídica. Sobre este particular debo señalar que no obstante que producto de esa relación jurídica, es que se hace el traspaso de los bienes o derechos objeto del fideicomiso, el traspaso de los bienes o derechos del fideicomitente al fiduciario debe cumplir con otras formalidades.

Esta institución del fideicomiso lo que hace es colocar al fiduciario en los derechos de los bienes objeto del mismo, pero el traspaso de estos bienes del fideicomitente al fiduciario, dependerán de la naturaleza del bien o del derecho, del tipo de bien, de sus formalidades de traspaso, por cesión, endoso, documentación privada, publica, notarial o registral o cualquier otra que dispongan las leyes.

El traspaso de los bienes o derechos al fiduciario, se hace por la relación jurídica que deriva de la constitución y aceptación del fideicomiso, que es donde se le confieren los derechos sobre la masa fiduciaria, la cual es identificada en el contrato de fideicomiso, pero el traspaso de estos bienes se hace en el mismo acto o en un acto externo, como se comenta supra, que depende del tipo de bien o de su naturaleza.

En cuanto a la Ley de Instituciones del Sector Bancario, queremos comentar que esta ley hace una derogación parcial de la Ley de Fideicomiso del año 1956, sin precisar cuáles artículos (o temas) están derogados: La Ley de

Fideicomiso que se deroga parcialmente, afecta también la normativa vigente de las empresas de la actividad aseguradora, a las cuales también le es aplicable esta disposición. Esto es parte, de lo que señala **Beraudo** ([190]), que tenemos un régimen jurídico sumario; a lo cual agregamos, que en parte formado sin el rigor técnico jurídico que exigen las leyes, que se evidencia en las tantas reformas, en lapsos tan breves y sin muchos fundamentos evolutivos, casi siempre son por posiciones políticas circunstanciales o justificaciones. En Resolución de la Superintendencia del Sector Bancario ([191]), se limita hasta cinco (5) el patrimonio del Fiduciario, su capacidad para captar recursos fiduciarios.

La última reforma de la Ley de Instituciones del sector Bancario, ha eliminado las otras instituciones especializadas que operaban en el mercado, por fusiones y liquidaciones; quedando solo la banca universal haciendo todas las operaciones, esto era lo que hacia la banca comercial en los inicios de la banca, como la conocemos hoy, en este país ([192]). Queda en el mercado también los bancos Microfinancieros y la banca de desarrollo, este último ente con carácter público, aunque pueda haber participación privada, no mayoritaria.

La normativa establecida para el manejo y control de las operaciones fiduciaria, no promueve este servicio. Es necesario hacer diferenciaciones por tipos de fideicomisos y darle a la banca elementos que estimulen la promoción del servicio fiduciario.

1.1.3. **Normativa Peruana:**

a) Exposición:

La Ley de Bancos y Otras Empresas Financieras de Perú, ([193]) señala que "El fideicomiso es una relación

---

[190]) Jean Paúl Beraudo, Estudio Comparado del Fideicomiso y el trusa Inglés, elaborado por el profesor de la Universidad de París y Asesor de la Corte de Casación de la Haya.

[191]) Artículo 22 y 23 de la Resolución N° 083-12 de fecha 31-05-2012 de la Superintendencia de Bancos de Venezuela, ratificado artículo 63 de la reforma de la Ley de Instituciones del Sector Bancario Decreto N° 1.402 del 13/11/2014, publicada en Gaceta Oficial Extraord. N° 6.154 de la misma fecha.

[192] Ley de bancos del año 1039 y subsiguientes hasta los años 70, donde se incorporan instituciones especializadas, copiadas de la Ley de Bancos Mexicanas, hoy desaparecidas, que incluyó también banca la multiple, llamada hoy banca universal (ver historia de la banca en Venezuela).

[193]) Ley 26702 año1996 (Bancos, Seguros y Superintendencia del Perú), Sección Segunda (Sistema Financiero), Título III, Sub capítulo II el Fideicomiso, Artículo 241, de la Ley de Bancos de Perú señala

jurídica por la cual el fideicomitente transfiere bienes en fideicomiso a otra persona, denominada fiduciario, para la constitución de un patrimonio fideicometido, sujeto al dominio fiduciario de este último y afecto al cumplimiento de un fin específico en favor del fideicomitente o un tercero denominada fideicomisario"

Conforme al Artículo 241° de la Ley N° 26702, el fideicomiso es una relación jurídica por la cual una persona, llamada fideicomitente, transfiere uno o más bienes a otra persona, llamada fiduciario, la que se obliga a utilizarlos a favor de aquél, o de un tercero, denominado fideicomisario, constituyéndose en patrimonio fideicometido.

El Reglamento de Fideicomiso y de las Empresas de Servicios Fiduciarios- Resolución S.B.S. N° 1010-99 del 11 de Noviembre de 1999, en su Artículo 2 señala que el fideicomiso: Es una relación jurídica por la cual una persona, denominada fideicomitente, transfiere bienes a otra persona, denominada fiduciario, para la constitución de un patrimonio fideicometido, sujeto al dominio fiduciario de este último y afecto al cumplimiento de un fin o fines específicos a favor de un tercero o del propio fideicomitente, a quienes se denomina fideicomisarios.

El dominio fiduciario ([194]) es el derecho de carácter temporal que otorga al fiduciario las facultades necesarias sobre el patrimonio fideicometido, para el cumplimiento del fin o fines del fideicomiso, con las limitaciones establecidas en el acto constitutivo, según lo señalado en el Artículo 252 de la Ley General. El dominio fiduciario se ejerce desde la transferencia de los bienes objeto del fideicomiso, salvo disposición contraria establecida en el acto constitutivo, hasta el término del fideicomiso.

"Concepto de Fideicomiso. El fideicomiso es una relación jurídica por la cual el fideicomitente transfiere bienes en fideicomiso a otra persona, denominada fiduciario, para la constitución de un patrimonio fideicometido, sujeto al dominio fiduciario de este último y afecto al cumplimiento de un fin específico en favor del fideicomitente o un tercero denominado fideicomisario.

El patrimonio fideicometido es distinto al patrimonio del fiduciario, del fideicomitente, o del fideicomisario y en su caso, del destinatario de los bienes remanentes.

Los activos que conforman el patrimonio autónomo fideicometido no generan cargos al patrimonio efectivo correspondiente de la empresa fiduciaria, salvo el caso que por resolución jurisdiccional se le hubiera asignado responsabilidad por mala administración, y por el importe de los correspondientes daños y perjuicios.

La parte líquida de los fondos que integran el fideicomiso no está afecta a encaje.

La Superintendencia dicta normas generales sobre los diversos tipos de negocios fiduciarios"

[194]) Artículo 4 Ley 26702 año1996 Ley de Bancos, Seguros y Superintendencia del Perú

b) Comentarios a la Normativa Peruana:

Esta definición al igual que la venezolana señala que el traspaso de los bienes o derechos objeto del fideicomiso se hace por la relación jurídica; por lo cual, aquí cabe para esta definición, los mismos comentarios que se hace para la normativa venezolana. Sobre este particular conviene señalar, que es producto de esa relación jurídica que se hace la tradición de los bienes o derechos objeto del fideicomiso, en el mismo acto o en otro acto distinto de la firma del contrato de fideicomiso. Esta institución del fideicomiso, lo que hace es colocar al fiduciario en los derechos de los bienes objeto del mismo, pero el traspaso de estos bienes del fideicomitente al fiduciario, se produce por otro u otros actos que dependerán de la naturaleza del bien o del derecho, del tipo de bien, de sus formalidades de traspaso, por cesión, endoso, documentación privada, publica, notarial o registral o cualquier otra que dispongan las leyes, como se ha comentado supra. Esta norma también señala que la constitución del patrimonio está sujeta al dominio fiduciario ([195]) del fiduciario.

El artículo 241 de la Ley de Bancos del Perú señala que..."Los activos que conforman el **patrimonio autónomo** fideicometido no generan cargos al patrimonio, con lo cual caen en el mismo error de semántica de confundir "autonomía" con "separación".

La legislación de Perú señala que para la constitución del fideicomiso testamentario no se requiere aceptación, lo cual sucede desde el momento de la apertura de la sucesión ([196]), pero señala en esa misma norma que si ninguna otra empresa aceptare el encargo, el fideicomiso se extingue, lo cual es evidente por falta de fiduciario. Este último aspecto, deja muy mal parado al acto unilateral del fideicomiso testamentario, por ineficaz. Además, que también toca a los sostenedores que el fideicomiso es un contrato, ya que eso no es

---

[195])El artículo 1702 del Código Civil y Comercial de Argentina, normas aplicables: "Son aplicables al dominio fiduciario las normas que rigen los derechos reales en general y, en particular, el dominio previsto en los títulos I y III del libro cuarto de este código"

[196]) Artículo 247 de la Ley de Bancos de Perú, señala que "El Fideicomiso Testamentario No Requiere Aceptación. No es requisito para la validez del fideicomiso testamentario la aceptación de la empresa fiduciaria designada ni la de los fideicomisarios. Si aquella declinare la designación, debe proponer a quien la reemplace y si ninguna otra empresa aceptare el encargo, el fideicomiso se extingue.
Los fideicomisos a que se refiere este artículo se entienden constituidos desde la apertura de la sucesión

suficiente, se requiere que el ente sea capaz de generar o activar los derechos y obligaciones que exige la figura y eso, solo lo hace el fiduciario, bien con el carácter de propietario singular o representante, caso legislación de Ecuador.

En cuanto al registro contable establecieron unas las ([197]) Normas para el Tratamiento Contable del Fideicomiso y de las Comisiones de Confianza.

1.1.4. Normativa Argentina:

a) Exposición:

El Código Civil y Comercial de Argentina ([198]), que entró en vigencia el 1/8/2015, establece ([199]) que "Hay contrato de fideicomiso cuando una parte, llamada fiduciante, transmite o se compromete a transmitir la propiedad de bienes a otra persona denominada fiduciario, quien se obliga a ejercerla en beneficio de otra llamada beneficiario, que se designa en el contrato, y a transmitirla al cumplimiento de un plazo o condición al fideicomisario. El Código modifica el concepto de fideicomiso que establecía la Ley 24.441 ([200]).

El nuevo Código señala quien es **beneficiario** en el fideicomiso: ([201]) "el beneficiario puede ser una persona humana o jurídica, que puede existir o no al tiempo del otorgamiento del contrato; en este último caso deben constar los datos que permitan su individualización futura. Pueden ser beneficiarios el fiduciante, el fiduciario o el fideicomisario". Asimismo, señala el código, quien es **fideicomisario**: ([202]) "la persona a quien se transmite la propiedad al concluir el fideicomiso. Puede ser

---

[197]) RESOLUCION SBS N° 0084-2000 Lima, 9 de febrero del 2000 EL SUPERINTENDENTE DE BANCA Y SEGUROS

[198]) La ley 26994 sancionada el 01/10/2014, publicada el 08/10/2014 y entra en vigencia el 01/08/2015 el Código Civil Y Comercial de Argentina.
[199]) Artículo 1666 Código Civil y Comercial de Argentina: "Hay contrato de fideicomiso cuando una parte, llamada fiduciante, transmite o se compromete a transmitir la propiedad de bienes a otra persona denominada fiduciario, quien se obliga a ejercerla en beneficio de otra llamada beneficiario, que se designa en el contrato, y a transmitirla al cumplimiento de un plazo o condición al fideicomisario"
[200]) Derogado Artículo 1 de la Ley 24.441 de Argentina de fecha 09-01-1995, citado que señalaba: que "Habrá Fideicomiso cuando una persona (fiduciante) transmite o se obligue a transmitir la propiedad fiduciaria de bienes determinados o determinables a otra (fiduciario), quien se obliga a ejercerla en beneficio de quien se designe en el contrato (beneficiario), y a transmitirlo al cumplimiento de un plazo o condición al fiduciante, al beneficiario o al fideicomisario."
[201]) Artículo 1671 del Código Civil y Comercial de Argentina
[202]) Artículo 1672 del Código Civil y Comercial de Argentina

el fiduciante, el beneficiario, o una persona distinta de ellos. No puede ser fideicomisario el fiduciario".

El código define al fideicomiso financiero ([203]), señalando que "es el contrato de fideicomiso sujeto a las reglas precedentes, en el cual el fiduciario es una entidad financiera o una sociedad especialmente autorizada por el organismo de contralor de los mercados de valores para actuar como fiduciario financiero, y beneficiario son los titulares de los títulos valores garantizados con los bienes transmitidos"

El código indica las reglas aplicables a los fideicomisos constituidos por testamento ([204]): que "El fideicomiso también puede constituirse por testamento, el cual debe contener, al menos, las enunciaciones requeridas por el artículo1667. Se aplican los artículos 2448 (heredero con discapacidad) y 2493 (Toda la herencia, una parte o un bien determinado) y las normas de este capítulo; las referidas al contrato de fideicomiso debe entenderse relativas al testamento. El plazo máximo previsto en el artículo1668 se computa a partir de la muerte del fiduciante" ([205])

El Código Civil y Comercial de Argentina señala en su artículo 1667 lo que debe contener el contrato de fideicomiso: "Contenido El contrato debe contener: a) la individualización de los bienes objeto del contrato. En caso de no resultar posible tal individualización a la fecha de la celebración del fideicomiso, debe constar la descripción de los requisitos y características que deben reunir los bienes; b) la determinación del modo en que otros bienes pueden ser incorporados al fideicomiso, en su caso; c) el plazo o condición a que se sujeta la propiedad fiduciaria; d) la identificación del beneficiario, o la manera de determinarlo conforme con el artículo 1671; e) el destino de los bienes a la finalización del fideicomiso, con indicación del fideicomisario a quien deben transmitirse o la manera de determinarlo conforme con el artículo 1672; f) los derechos y obligaciones del fiduciario y el modo de sustituirlo, si cesa"

El Código Civil y Comercial de Argentina dispone en su artículo 1669 que el contrato debe inscribirse en el Registro Público que corresponda, puede celebrarse por instrumento público o privado, excepto cuando se refiere a bienes cuya transmisión debe ser celebrada por instrumento público.

[203]) Artículo 1690 del Código Civil y Comercial de Argentina.
[204]) Artículo1699 del Código Civil y Comercial de Argentina
[205]) (paréntesis nuestro).

Sobre las reformas que introduce este nuevo Código Civil y Comercial de Argentina, nos comenta Julián Martín (²⁰⁶) que "En virtud de ello, vemos que el ejercicio de la propiedad fiduciaria se realiza en beneficio de los beneficiarios y la transmisión de la propiedad se realiza a los fideicomisarios. Por lo cual, se diferencia claramente quién dispondrá de los frutos y de los bienes; por lo que de disponerse ambos beneficios, deberá aclararse en el contrato. Tengamos presente que el beneficiario dispone de los frutos, en cambio, el fideicomisario es el beneficiario residual de los bienes".

El Código Civil y Comercial de Argentina que: "dominio fiduciario (²⁰⁷) es el que se adquiere con razón de un fideicomiso constituido por contrato o por testamento, y está sometido a durar solamente hasta la extensión del fideicomiso para efecto de entregar la cosa a quien corresponda según el contrato, el testamento o la ley"

MARTORELL (²⁰⁸) sostiene al comentar esta normativa que "*El dominio fiduciario es, sin duda, una modalidad del dominio, y no un derecho real distinto, no sólo por su ubicación en la codificación bajo el título de* 'dominio imperfecto', *sino porque lo contrario contravendría el*

---

²⁰⁶) Julián Martin: El Fideicomiso en el Nuevo Código Civil y Comercial de la Nación. Argentina,
²⁰⁷) Artículo 1701 Código Civil y Comercial de Argentina
²⁰⁸) Martorell. op. cit., p. 823.

numerus clausus (*²⁰⁹*)…" *Sobre este tema señala* **Velez** *que* (*²¹⁰*) "los derechos reales sólo pueden ser creados por la ley", y agrega luego que si se pretendiese por contrato o disposición de última voluntad constituir otros derechos reales, o modificar el contenido que a ellos les asigna el Código, ese acto "valdrá sólo como constitución de derechos personales, si como tal pudiese valer".

b) Comentarios a la Normativa Argentina:

El Código Civil y Comercial de Argentina señala expresamente que el fideicomiso es un contrato; lo cual se ve reafirmado en la normativa que lo desarrolla; donde se cubren aquellos aspectos que pudieran observar que la figura no es un contrato (²¹¹); al establecer el nuevo código que hay fideicomiso, si fiduciante y fiduciario lo convienen y si hay transmisión de propiedad de los bienes objeto del fideicomiso; así como reduce las designaciones de beneficiarios y fideicomisarios, de no llegar aceptar, lo

---

[209]) Cita de Antonio José Quesada Sánchez. Noticias Jurídicas. Artículos Doctrinales de Derecho Civil. (Bosch On line) Noviembre 2001: La doctrina del numerus apertus defiende que el número de derechos reales que existen en nuestro ordenamiento no es cerrado, y los particulares podrán, dentro de ciertos límites, constituir derechos reales atípicos. Y el ordenamiento, señalan, no establece impedimento alguno para el resultado satisfactorio de esta postura. De entrada, no existe prohibición alguna en ningún precepto del CC para crear nuevos derechos reales. Para más inri, no existe ni un listado de derechos reales existentes en nuestro ordenamiento. Lo más cercano son dos artículos que sirven para justificar esta doctrina: en primer lugar, el artículo 2 de la Ley Hipotecaria, que señala que en el Registro de la Propiedad se inscribirán los títulos en que se constituyan, reconozcan, transmitan, modifiquen o extingan "derechos de usufructo, uso habitación, enfiteusis, hipoteca, censos y otros cualesquiera reales", alusión ésta que deja abierta la lista para incluir cualquier otro derecho real que pudiese crearse. El artículo 7 del Reglamento Hipotecario incide en dicha regulación, y alude a ciertos derechos reales, así como a "cualesquiera otros relativos a derechos de la misma naturaleza". La enumeración no parece exhaustiva, por lo tanto. Y que no exista un artículo equivalente al 1255 CC en el ámbito de los derechos reales no debe conllevar que se estime que lo no expresamente permitido está prohibido, sin más
La doctrina del numerus clausus, sin embargo, señala que no existen más derechos reales que los regulados en nuestras leyes, debido a que la creación de los mismos afecta al orden público, debido a que puede frenar la libre circulación de bienes y provocar que terceros deban soportar cargas a cuyo nacimiento fueron ajenos. Y esa imposibilidad se puede fundamentar en la falta, en el ámbito de los derechos reales, de un artículo que cumpliese la labor del 1255 CC en el caso de lo contractual. Por otra parte, se comenta que el citado texto del artículo 2 LH alude a derechos existentes ya no enumerados en la relación que se realiza, aunque esto conlleva una reducción de su tenor literal que no parece compatible con el texto legal. Estas ideas, de origen romano, se asentaron en bastantes países de nuestro entorno (Alemania, Suiza, Austria, Suecia, Finlandia, Holanda o Portugal) Cabe señalar que estas ideas sintonizan muy bien con el espíritu codificador que temía la creación de nuevos derechos reales, ya que aquello a lo que se había cerrado la puerta del código por considerarlo reliquia del anterior régimen, puede "colarse" por la ventana de la autonomía de la voluntad (recordemos los comentarios de VITUCCI al respecto, citados en si momento).
[210]) Cita de Luis Moisset de Espanés. Las Reformas en Materia de Derechos Reales. Argentina.
[211]) Cita página 93 primera edición 2018 de esta obra, sobre las consideraciones que señala el tratadista Rodríguez Rodríguez… "que las aceptaciones del fiduciario y del fideicomisario no existen manifestaciones de voluntades, esenciales para la celebración del fideicomiso; no puede en ningún caso, ser contrato porque le falta la autonomía plena de la voluntad de las partes, y que por el contrario es un negocio fiduciario que se celebra con "asentimiento" y no sólo por consentimiento y está sujeto además a la "conditio iuris".

que le reserva el fideicomiso, a recaer en el propio fiduciante, si renunciaran a la propuesta prevista en el documento constitutivo; a lo cual se une la irrevocabilidad que establece el código de la figura.   El nuevo Código, deja el evento de la constitución del fideicomiso a la transmisión de los bienes en propiedad al fiduciario ([212]), para que pueda tenerse como constituido el fideicomiso. En la figura del fideicomiso, debe darse la transmisión de los bienes o derechos al fiduciario para que pueda haber fideicomiso, porque de lo contrario no habría objeto del fideicomiso y al no haber objeto, también se extingue la relación contractual por falta de objeto. Esta es una condición juris et juris, aunque el fideicomiso se haya dejado en testamento o lo señale la Ley, no pasaría de ser, solo una manifestación de voluntad.

No obstante lo acertado de las apreciaciones, que recoge la nueva legislación argentina sobre el fideicomiso, queremos señalar sobre lo que establece el código en su artículo 1666, que el fideicomisos es un contrato. Sobre esta consideración es bueno aclarar que una cosa es el documento (contrato) donde se recogen y acuerdan las condiciones del fideicomiso y otra cosa es éste como figura jurídica. La tesis, que he venido sosteniendo que el fideicomiso es una institución del derecho que desborda el acuerdo de voluntades o relación contractual que recoge el código y algunas disposiciones legales del continente; dado que "el fideicomiso se instituye en la persona del fiduciario o a través de la persona de éste, en un ente jurídico (institución) capaz de generar derechos y obligaciones, con autonomía de negocios o contractual y patrimonio propio, aspectos solo manifestados por las personas jurídicas naturales o humanas y jurídicas, propiamente dichas; institución o instituto como lo señalan en este país, que desborda las limitaciones contractuales de ley, como se desprende de su propia naturaleza jurídica. En este nuevo código en es su contenido, se puede apreciar el esfuerzo de redactores por cubrir aquellas consideraciones de orden jurídico que venían haciendo algunos tratadistas sobre la figura del fideicomiso, entre los más lejanos tenemos profesor

---

[212]) Cita Julián Martin: El Fideicomiso en el Nuevo Código Civil y Comercial de la Nación. Argentina: "En virtud de esta definición, y considerando que el texto del artículo 1666 corrige la desprolijidad normativa de la definición de fideicomiso según ley 24441 (derogada), ahora queda claro que el instrumento de fideicomisos versa sobre bienes y no sobre cosas, y asimismo se utiliza la palabra propiedad en lugar de la palabra dominio, aspectos estos que fueron oportunamente analizados…"

Batiza, Alfaro y Rodríguez Rodríguez, impulsores en América de la figura del fideicomiso y el trust; a los cuales se suman tratadistas más recientes, como Rodríguez Azuero y Morlés Hernández, y los otros citados en la obra.

1.1.5. **Normativa Uruguaya:**

a) Exposición:

La Ley de Fideicomiso N° 17.703 ([213]) del Uruguay, en su artículo 1° define al fideicomiso señalando que "El fideicomiso es el negocio jurídico por medio del cual se constituye la propiedad fiduciaria de un conjunto de derechos de propiedad u otros derechos reales o personales que son transmitidos por el fideicomitente al fiduciario para que los administre o ejerza de conformidad con las instrucciones contenidas en el fideicomiso, en beneficio de una persona (beneficiario), que es designada en el mismo, y la restituya al cumplimiento del plazo o condición al fideicomitente o la transmita al beneficiario.   Podrá haber pluralidad de fideicomitentes y de beneficiarios"

Esta misma ley señala que ([214]) el fideicomiso por actos entre vivos es un contrato innominado, título hábil para producir la transferencia de la propiedad o de la titularidad de los derechos reales o personales que constituyen el objeto del fideicomiso, con las formalidades de Ley.

El fideicomiso testamentario confiere al fiduciario derecho personal a reclamar de los herederos la entrega de los bienes y derechos que constituyen su objeto, excepto de recaer sobre una especie cierta. En tal caso, el fiduciario adquiere la propiedad de la misma desde la

---

[213]) Artículo 1 de la Ley de Fideicomiso N° 17.703 de fecha 04-11-2003 República Oriental del Uruguay
[214]) Artículo 2°. De la Ley de Fideicomiso N° 17.703 de Uruguay señala que "(Constitución).- El fideicomiso puede ser constituido por acto entre vivos o por testamento.
El fideicomiso por acto entre vivos es un contrato innominado que deberá otorgarse por escrito so pena de nulidad, cualquiera sea el objeto sobre el que recaiga, requiriéndose la escritura pública en los casos en que dicha solemnidad es exigida por la ley. La publicidad frente a terceros se regirá por lo dispuesto en la ley de Registros Públicos.
El fideicomiso por acto entre vivos es título hábil para producir la transferencia de la propiedad o de la titularidad de los derechos reales o personales que constituyen su objeto.
El fideicomiso testamentario podrá constituirse por testamento abierto o cerrado. En el certificado sucesorio se hará constar la constitución de la propiedad fiduciaria, debiendo inscribirse en los casos que así lo disponga la ley de Registros Públicos.
El fideicomiso testamentario confiere al fiduciario derecho personal a reclamar de los herederos la entrega de los bienes y derechos que constituyan su objeto, excepto en caso de recaer sobre una especie cierta. En tal caso, el fiduciario adquiere la propiedad de la misma desde la muerte del causante, conforme a los artículos 937 y 938 del Código Civil. El fiduciario heredero sucede conforme a los principios generales"

muerte del causante (²¹⁵) sucediendo conforme a los principios generales del derecho.

La Ley de fideicomiso establece (²¹⁶) que el Fiduciario no podrá ser beneficiario en esta figura, salvo en los casos de fideicomiso de garantía constituidos a favor de una entidad de intermediación financiera

El artículo 1 del Reglamento señala que "Los instrumentos en que se constituyan los fideicomisos, sus modificaciones y cancelaciones, se inscribirán a los efectos dispuestos por el artículo 17° de la Ley que se reglamenta, en el Registro de Actos Personales Sección Universalidades del Ministerio de Educación y Cultura.
La registración se efectuará sobre la base de la indización del fideicomitente y del fiduciario, salvo en los fideicomisos financieros en los que únicamente se indizará sobre la base del fiduciario.
Se requerirá escritura pública en los instrumentos en que se constituyan, modifiquen o cancelen fideicomisos que refieran a derechos reales que recaigan sobre bienes inmuebles"

b) Comentarios a la Normativa Uruguaya:

En esta definición se señala que el fideicomiso es el negocio jurídico por medio del cual "se constituye la propiedad fiduciaria" de un conjunto de derechos de propiedad u otros derechos reales o personales que son transmitidos por el fideicomitente al fiduciario para que los administre o ejerza de conformidad con las instrucciones contenidas en el fideicomiso. Esta consideración que se hace en esta norma de la expresión "se constituye la propiedad fiduciaria", es la nota resaltante de la definición, ya que el dominio no se constituye, se puede transferir, extinguir o modificar. La transferencia de la propiedad, es parte del fondo de lo que constituye el fideicomiso. Veamos lo que señala el Código Civil Chileno sobre la propiedad fiduciaria, que "es la transmisión de bienes o derechos en fideicomiso a favor de quien se ha constituido". La propiedad fiduciaria es un conjunto de derechos de propiedad, u otros derechos reales o personales, a favor de quien sea constituido el fideicomiso.

---

²¹⁵) Artículos 937 y 938 del Código Civil y parte in fine artículo 2° de la Ley de fideicomiso N° 17.703 de Uruguay
²¹⁶) El inc.b Artículo 9 Ley 17.703 Ley de Fideicomiso de Uruguay.

La Ley de fideicomiso (^{217}) señala que "Los bienes y derechos fideicometidos constituyen un patrimonio de afectación, separado e independiente de los patrimonios del fideicomitente, fiduciario y del beneficiario".

Otro aspecto resaltante de la normativa uruguaya es que señala que el fideicomiso por "actos entre vivos" es un contrato innominado (^{218}), que es título hábil para producir la transferencia de la propiedad o de la titularidad de los derechos reales o personales que constituyen el objeto del fideicomiso, con las formalidades de Ley. En cuanto a lo que señala la Ley 17.703 que el fideicomiso es un contrato innominado...; en la actualidad está demasiado normado o reglamentado para ser considerado un contrato innominado, esto pudo ser en un principio, cuando no estaba regulado el fideicomiso ni tenía Ley especial y había demasiada confusión sobre la figura, por querer encuadrarla en las figuras típicas que existían; pero en estos tiempos con toda la reglamentación que ha tendido esta figura a nivel internacional; véanse las distintas leyes en cada uno de los países, que van adecuando sus instrumentos legales. En cuanto, a que es un contrato..., además de lo expresado antes, proceden, en lo que respecta a este supuesto, los mismos comentarios de la tesis de la teoría contractual del fideicomiso, que el presupuesto necesario de la manifestación de voluntad que se requiere para haya contrato, no está cubierto en esta figura, donde el Fideicomitente da su consentimiento, expresando su voluntad de manera unilateral, caso de fideicomisos testamentarios; pero las otras partes que participan en la figura, caso el fiduciario, tiene la potestad de aceptar o excusarse (fideicomisos testamentarios) y el fideicomisario y/o beneficiario, tienen la potestad de asentimiento o de renuncia. Estos presupuestos, no configuran los fundamentos de los actos contractuales, donde se expresa la manifestación inequívoca de voluntad de las partes (^{219}). Ese aspecto del contrato, que señalaba

---

[217]) Artículo 6 Ley 17.703 de Fideicomiso de Uruguay.

[218]) Los contratos innominados son aquella categoría de contrato atípico donde las partes no acuden a forma o tipo contractual previamente establecido por la Ley; sino, en uso de su plena autonomía, a los pactos, cláusulas o condiciones que tengan por conveniente, siempre, claro está, que no sean contrarios a la Ley, la moral o al orden público.

[219]) Rodríguez Rodríguez, señala que la naturaleza jurídica del fideicomiso no puede estar fundamentada en contrato, porque las aceptaciones del fiduciario y del fideicomisario les falta manifestación de voluntad,

Rodríguez y Rodríguez, entre otros, fue cubierto en la nueva reforma del Código Civil y Comercial de Argentina del año 2015, al constreñir la aceptación de la figura, en última instancia al fiduciante ([220]) y fiduciario.

En lo relativo a que el fideicomiso es título hábil para producir la transferencia, esto salvo lo señalado en la definición que dice que se constituye la propiedad fiduciaria de un conjunto de derechos de propiedad u otros derechos reales o personales que son transmitidos por el fideicomitente al fiduciario. El acto de transmisión de lo que constituye el objeto del fideicomiso, puede darse en el mismo acto en el acto posterior, con el rigor de Ley.

El fideicomiso es una institución del derecho, que se materializa utilizando la persona del fiduciario, para darle protección y accionar legal a estos patrimonios de afectación...

Las entidades de intermediación financiera y las sociedades administradoras de fondos de inversión serán las únicas instituciones que podrán realizar actividad como fiduciarias en fideicomisos financieros ([221]). A tales efectos, aquellas instituciones de las referidas en el presente artículo que se propongan desarrollar el giro indicado deberán solicitar su inscripción en el Registro de Fiduciarios. Junto a dicha solicitud deberán adjuntar la información prevista en los artículos 7° a 9° del presente Decreto, indicando además expresamente si ofrecerán públicamente participaciones o derechos de crédito en los fideicomisos que administren. El Decreto Presidencial 11/12/03 Registro de Fideicomisos y Fiduciarios del 27/10/2003, señala en su El Artículo que "Los instrumentos en que se constituyan los fideicomisos, sus modificaciones y cancelaciones, se inscribirán a los efectos dispuestos por el artículo 17° de la Ley que se reglamenta, en el Registro de Actos Personales Sección Universalidades del Ministerio de Educación y Cultura. La registración se efectuará sobre la base de la indización del fideicomitente y del fiduciario, salvo en los fideicomisos financieros en los que únicamente se indizará sobre la base del fiduciario. Se requerirá escritura pública en los instrumentos en que se constituyan,

---

dado que el negocio fiduciario se celebra con asentimiento y no solo por consentimiento, además que está sujeto a la conditio iuris. Cita teoría contractual del fideicomiso.

[220])Artículos 1672, 1668 Código Civil y Comercial de Argentina
[221]) Artículo 11 del 516/003 del 12/11/2003 de Uruguay.

modifiquen o cancelen fideicomisos que refieran a derechos reales que recaigan sobre bienes inmuebles ([222]).

En Uruguay el régimen jurídico permite a las empresas extranjeras que se instalen en territorio de zona franca, ventajas fiscales, como exoneración de impuestos, con lo cual acompañan en esto a otros países de la región. Los Fideicomisos serán agentes de retención al impuesto al patrimonio ([223])

1.1.6. Normativa Panameña:

a) Exposición:

La Ley de Fideicomiso de Panamá, reformada, señala que ([224]) "El fideicomiso es un acto jurídico en virtud del cual una persona llamada fideicomitente transfiere bienes o derechos a una persona llamada fiduciario, quien se obliga a administrarlo o disponer de ellos para cumplir una finalidad determinada por el fideicomitente. Esta finalidad podrá ser a favor de un beneficiario, que puede ser el propio fideicomitente o a favor del cumplimiento de un propósito determinado por el fideicomitente.

Los fideicomisos pueden sujetarse a una ley extranjera si así lo dispone el instrumento de fideicomiso, pero deben responder en sus controles a la normativa Panameña.

A diferencia de otros país ([225]), que establecen topes de crecimiento en base a capital, la ley Panameña exige además de profesionalismo, una tarifa de 15.000 balboas anual, con sumas variables hasta un tope máximo de 30.000 balboas para aporte a la Superintendencia de Bancos. La normativa fiduciaria exige al fiduciario un

---

[222]) NORMAS TRIBUTARIAS: ARTÍCULO 23º.- A los solos efectos del otorgamiento de las exoneraciones previstas en el artículo 39 de la Ley No.17.703, de 27 de octubre de 2003, relativas a los fideicomisos financieros, se considerará que existe oferta pública cuando los certificados de participación en el dominio fiduciario, de deuda o títulos mixtos se ofrezcan en mecanismos de subasta, remate o licitatorios con la intervención de intermediarios registrados; o a través de Bolsas de Valores. En ambos casos, se publicará un extracto de la oferta en dos diarios de circulación nacional con una antelación mínima de 5 días hábiles y máxima de 10 días hábiles de la fecha de los procedimientos. Los mismos deberán ser abiertos a cualquier interesado. Uruguay.
[223]) Artículo 24 del Decreto 516/003 del 11/12/2003 de Uruguay. La retención se determinará aplicando la alícuota del 1,5% (uno con cincuenta por ciento) a su patrimonio neto fiscal al 31 de diciembre de cada año, valuado de acuerdo a lo dispuesto en el artículo 15º del Título 14 del Texto Ordenado 1996
[224]) Artículo 98, modifica el artículo1 de la Ley 1 de 1984, que señalaba: queda redacta: Artículo 1 Reforma del año 2016.
[225]) Topes de crecimiento de 5 veces el patrimonio del fiduciario, con discrecionalidad de modificación de la Sudeban.

capital mínimo de 150.000 balboas y como garantía 250.000 balboas.

Cuando un tercero distinto del fideicomitente se adhiere y acepta las disposiciones previstas en un contrato de fideicomiso, se le denomina fideicomitente adherente. Solo es posible la adhesión cuando esté expresamente prevista en el contrato

El fideicomiso entre vivos, puede ser constituido en documento público o privado.

El fideicomiso que haya de producir efecto después de la muerte del fideicomitente, debe ser constituido por medio de un testamento. Podrá también constituirse por medio de instrumento privado, sin formalidades del testamento, si el fiduciario es una persona con licencia otorgada por Superintendencia o por la Ley...

Esta misma Ley señala que "Las entidades de Derecho Público podrán retener bienes propios en fideicomiso y actuar como fiduciarios de los mismos para el desarrollo de sus fines, mediante declaración hecha con las formalidades de esta Ley.

b) Comentarios a la Normativa Panameña:

La reciente reforma de la normativa fiduciaria que introduce la República de Panamá, en su Proyecto Ley N° 412 Aprobada abril 2017 ([226]), están enmarcadas en el giro de acogerse a la normativa internacional, con un mercado globalizado en sus procesos, no solo económicos y tecnológicos, sino también con adecuaciones en sus regímenes sociales y jurídicos; con lo cual buscan normar el desarrollo y crecimiento del negocio fiduciario, adecuando su régimen de control y supervisión a estándares internacionales; evitando la legitimación de capitales, blanqueo de dinero y financiamiento al terrorismo; reforzando la gestión propia de la naturaleza de esta institución fiduciaria. Estos cambios recientes lo vemos en la región, caso Argentina, Puerto Rico y México, entre otros; no obstante estos cambios, todavía se

---

[226])Aprobada abril 2017 y en proceso de publicación para entrar en vigencia al día siguiente (artículo 132), que modifica y adiciona artículos a la Ley 1 de 5 enero 1984 de Panamá, código Fiscal, Ley, Ley 23/04/2015; Deroga Decreto Ejecutivo N° 16 de 1984 y artículo 36 ley 1 de 1984, modifica artículo 18 ley 69 de 2007.

percibe, en las reformas el apego a tradición romanística, las operaciones bancarias y a las figuras jurídicas tradicionales.

Un hecho relevante en la Ley de Fideicomiso de Panamá, es que "Las entidades de derecho público podrán retener bienes propios en fideicomiso y actuar como fiduciarios de los mismos para el desarrollo de sus fines, mediante declaración hecha con las formalidades de esta Ley". Esta norma, introduce una variante en la legislación de los fideicomisos de nuestras naciones, al no acoger los fundamentos de la figura, que es actuar para terceros, sino que el ente público actúa como fiduciario, con sus propios recursos, que separa para constituir el fideicomiso de que se trate, con lo cual están introduciendo los elementos de la figura llamada propiedad fiduciaria (fideicomiso civil) en la del fideicomiso mercantil, que son figuras diferentes, como lo señala la legislación colombiana ([227]), lo cual es producto del mismo proceso histórico y cultural que tienen estas naciones y las otras que también usan las figuras comentadas. La propiedad fiduciaria constituye una limitación a la propiedad de los bienes de una persona natural o jurídica, sujetas a una condición que debe cumplirse, con las ventajas de protección o separación legal de estos bienes de sus acreedores. Esta figura en esencia es un fondo, creado por disposición legal, lo cual la diferencia de la figura del fondo discrecional que puede crear cualquier persona para determinados fines, que podemos definir como "un activo separado por un sujeto dentro de los bienes que constituyen su patrimonio personalísimo, en su provecho o de sus acreedores". El fideicomiso, es patrimonio titularizado por el fiduciario a favor de terceros y que no forma parte de sus bienes, ya que estos le fueron entregados de manera separada por la propia ley. Como podemos apreciar, está norma trata de que se puedan crear fondos especiales con los activos de los entes públicos, cobijándose en la institucionalidad de la figura del fideicomiso.

Los Estados y sus entes, en nuestro continente, siempre se han apoyado en la banca para ejecutar estos encargos fiduciarios. Con esta norma, por ser contraria

---

[227]) Fundamentos de la actividad y los negocios bancarios, Francisco Morales Casas, Ediciones Jurídicas Radar, Segunda Edición 1994, Colombia, página 338.

a la naturaleza de la figura, se introduce otro elemento de significación, dentro de la figura mercantil del fideicomiso, que es que el mismo fideicomitente es fiduciario, que opera los fondos del fideicomiso separados; lo cual, como se indicó antes, lo que están creando es un fondo especial o propiedad fiduciaria que tiene los fueros de los patrimonios separados, sean fondos (activos) ([228]) o fideicomisos mercantiles. Un elemento que evidencia lo señalado, de que lo que se está constituyendo es un fondo, es que de quedar sin efecto el fideicomiso señalado, los bienes o derechos fiduciarios quedarían en el mismo sujeto que lo constituye y los posee, porque lo que es una separación en su propio patrimonio, para un destino especial.

Además de estos comentarios, la República de Panamá presta servicios fiduciarios extraterritoriales, al igual que otros pocos países del continente, ya que posee una jurisdicción especial en materia financiera y tributaria, integrado por lo que denominan Centro Financiero y Corporativo (Financial and Corporate Center u Offshore Center), y que se conocen en el mundo como paraísos fiscales o territorios de baja o ninguna tributación.

1.1.7. Normativa de El Salvador:

a) Exposición:

El Código de Comercio de El Salvador, señala que ([229]) "El fideicomiso se constituye mediante declaración de voluntad, por la cual el fideicomitente transmite sobre determinados bienes a favor del fideicomisario, el usufructo, uso o habitación, en todo o parte, o establece una renta o pensión determinada, confiando su cumplimiento al fiduciario, a quien se transmitirán los bienes o derechos en propiedad, pero sin facultad de disponer de ellos sino de conformidad a las instrucciones precisas dadas por el fideicomitente, en el instrumento de constitución"

La Ley de Bancos de El Salvador señala que ([230]) "Los bancos podrán practicar operaciones de fideicomiso, previa autorización de la Superintendencia de conformidad a lo prescrito en el Artículo

---

[228]Fondo es un activo especial separado en el patrimonio del mismo sujeto, que puede tener régimen especial o separación de orden legal o funcional. Cita del autor.
[229]) Artículo 1233 del Código de Comercio de El salvador
[230]) Artículo 67 de la Ley de Bancos de El Salvador

siguiente, recibiendo bienes para administrarlos, emplearlos o disponer de ellos en favor del fideicomisario actuado de acuerdo con las instrucciones dadas por el fideicomitente en el instrumento de constitución del fideicomiso. En ningún caso, un banco podrá efectuar con los fideicomisos que se le constituyan, operaciones que le son prohibidas a él o que excedan los límites que le son permitidos como banco, especialmente los contemplados en los Artículos 197, 202 y 203 de la presente Ley.

Los bancos están, además, facultados para ofrecer y prestar al público servicios de custodia y administración de bienes.

Los bancos actuarán por medio de profesional autorizado en los casos que así lo requiera la Ley.

Autorización para Administrar Fideicomisos"

b)   Comentarios a la Normativa de El Salvador:

Esta definición encierra el mismo contenido observado en las definiciones antes comentadas, con la particularidad que señala que es una declaración de voluntad y las demás definiciones aunque no lo señalen expresamente, contienen la manifestación de voluntad, como elemento determinante en todas las operaciones de confianza Estos comentarios caben, tanto para el acto constitutivo de la voluntad del fideicomitente, como para la aceptación del fiduciario y para el traspaso que debe hacerse de los bienes y derechos del fideicomiso, que deben ejecutarse en el mismo acto o acto posterior, con las formalidades de Ley, para que el fideicomiso pueda tener vida jurídica y real, que le permita poder materializar o llevar a cabo la finalidad que se persigue con su constitución.

Este país sigue la onda del continente de promulgar leyes especiales para crear fideicomisos, como la de previsiones para la seguridad social ([231]), pero esta ley

---

[231]) Artículo 1 del decreto Nº 98 de septiembre del año 2006 señala que "La presente Ley tiene por objeto que el Ministerio de Hacienda, el Instituto Nacional de Pensiones de los Empleados Públicos, y el Instituto Salvadoreño del Seguro Social, constituyan, por plazo indeterminado, un Fideicomiso de Obligaciones Previsionales, cuyo fiduciario será el Banco Multisectorial de Inversiones. Otras personas, naturales o jurídicas, de derecho público o privado, podrán realizar aportes al patrimonio del Fideicomiso de Obligaciones Previsionales.

deja bien definido las formalidades que deben cumplirse en el fideicomiso y el acto de constitución del mismo (²³²), cuando señala que "La constitución del fideicomiso será realizada por escritura pública que deberá inscribirse en el Registro de Comercio. De igual manera, toda modificación al Fideicomiso, para que surta efecto, deberá ser inscrita en dicho Registro... En el acto de constitución de estos Fideicomisos se determinará la comisión por administración del fiduciario, que estará a cargo del Ministerio de Hacienda". Esta última parte, deja claro que el acto de constitución (documento y registro) del fideicomiso, es muy diferente a la intención o disposición de crearlo (testamento o Ley), con lo cual quedan mal parados los que sostienen que los fideicomisos se crean, bien porque el testador manifieste su voluntad de crearlo en un testamento o porque así lo disponga una Ley, se tienen que generar los actos creadores de la figura, como institución generadora de derechos y obligaciones, ya que lo demás es una simple manifestación de voluntad.

1.1.8. Normativa Colombiana:

a) Exposición:

El Código de Comercio de Colombia (²³³), define al fideicomiso así: "La Fiducia Mercantil es un negocio jurídico (²³⁴) en virtud del cual una persona, llamada

---

Se autoriza al Ministerio de Hacienda, al Instituto Salvadoreño del Seguro Social y al Instituto Nacional de Pensiones de los Empleados Públicos, para actuar como Fideicomitentes del citado Fideicomiso. Asimismo, y de conformidad a la Ley de creación del Banco Multisectorial de Inversiones, quien tiene facultades para constituir y/o administrar Fideicomisos; en consecuencia, desígnase y facúltase expresamente a dicho Banco para desempeñarse como ente Fiduciario del Fideicomiso de Obligaciones Previsionales, con el fin de administrar tal fideicomiso con las necesarias y plenas facultades de gestión. También se entenderán atribuidas al Banco Multisectorial de Inversiones las facultades que sobre esta materia establece el Código de Comercio.
Los Fideicomisarios del Fideicomiso de Obligaciones Previsionales serán el Instituto Salvadoreño del Seguro Social y el Instituto Nacional de Pensiones de los Empleados Públicos"
²³²) Artículo 4 del Decreto N° 98 de septiembre de 2006 de El salvador, señala que "La constitución del fideicomiso será realizada por escritura pública que deberá inscribirse en el Registro de Comercio. De igual manera, toda modificación al Fideicomiso, para que surta efecto, deberá ser inscrita en dicho Registro...
En el acto de constitución del Fideicomiso se determinará la comisión por administración del fiduciario, que estará a cargo del Ministerio de Hacienda".

²³³) Código de Comercio de Colombia, artículo 1226 señala que "La fiducia mercantil es un negocio jurídico en virtud del cual una persona, llamada fiduciante o fideicomitente, transfiere uno o más bienes especificados a otra, llamada fiduciario, quien se obliga a administrarlos o enajenarlos para cumplir una finalidad determinada por el constituyente, en provecho de éste o de un tercero llamado beneficiario o fideicomisario.
Una persona puede ser al mismo tiempo fiduciante y beneficiario.
Solo los establecimientos de crédito y las sociedades fiduciarias, especialmente autorizados por la Superintendencia Bancaria, podrán tener la calidad de fiduciarios"
²³⁴) Cita Superintendencia de Colombia: La inversión en un negocio fiduciario se puede realizar a través de:

fiduciante, o fideicomitente, transfiere uno o más bienes especificados a otra, llamada fiduciario, quien se obliga a administrarlos o enajenarlos para cumplir una finalidad determinada por el constituyente (fiduciante), en provecho de éste o de un tercero llamado beneficiario o fideicomisario" En Colombia, encontramos en el Código Civil la "Propiedad Fiduciaria", y en el Código de Comercio la "Fiducia Mercantil" ([235]). Estas dos figuras son diferentes, la primera, llamada también fideicomiso civil, se rige por el Código Civil y el Código de Procedimiento Civil, la cual constituye una limitación a la propiedad de los bienes de una persona natural o jurídica, sujetas a una condición que debe cumplirse, con las ventajas de protección o separación legal de estos bienes de sus acreedores. Esta propiedad fiduciaria sigue la naturaleza o condición de los bienes en su constitución y puede constituirla cualquier persona natural o jurídica, sin necesidad de traspasarla otra persona, solo cuando se cumpla la condición que se establezca, ya que su separación patrimonial es de derecho. La segunda es la figura del fideicomiso, llamada fiducia mercantil, se rige por el Código de Comercio y es la figura donde se traspasa la propiedad de unos bienes, que constituyen el objeto del fideicomiso, del fideicomitente al fiduciario, para que éste último ejecute un encargo a favor de un tercero o de sí mismo, lo cual puede estar sujeta a término o una condición.

b) Comentarios a la Normativa Colombiana:

Esta definición es igual a las anteriores y cabe para ella los mismos comentarios u observaciones que se hacen para transmitir la propiedad en el fideicomiso, que puede hacerse en el mismo acto o acto posterior con la formalidades de Ley. En esta definición, como elemento particular, se introduce el concepto de la Fiducia Mercantil, cuyos contratos que suscriban deben ser inscritos en el registro mercantil y como contraposición

---

La constitución de un negocio de fiducia mercantil, el cual supone la transferencia de la propiedad de los bienes.

A través de un encargo fiduciario, para aquellos negocios en los que no se materialice la transferencia de la propiedad.

[235]) Fundamentos de la actividad y los negocios bancarios, Francisco Morales Casas, Ediciones Jurídicas Radar, Segunda Edición 1994, Colombia, página 338.

a esta figura, el Código Civil recoge la propiedad fiduciaria comentada, cuyos contratos deben ser inscritos en el registro civil. Son dos (2) figuras marcadamente diferentes, que para lograr sus propósitos, una (la fiducia mercantil) requiere a un tercero (el fiduciario), quien acometerá el encargo a favor del constituyente o de otra persona (beneficiario) y la otra (la propiedad fiduciaria) para lograr su propósito, lo puede hacer el mismo constituyente, designando a la persona que se beneficiará, cuando se dé la condición que haya establecido. Esta última figura, es en esencia un fondo especial (patrimonio separado en el activo) que separa o asigna su propietario para los propósitos que haya establecido.

1.1.9. Normativa de Costa Rica:

a) Exposición:

El Código de Comercio de Costa Rica señala sobre el fideicomiso lo siguiente: "Por medio del fideicomiso el fideicomitente transmite al fiduciario la propiedad de bienes o derechos; el fiduciario queda obligado a emplear para la realización de los fines lícitos y predeterminados en el acto constitutivo. ([236])

b) Comentarios a la Normativa de Costa Rica:

Para esta definición de la normativa de Costa Rica caben los mismos comentarios de las definiciones anteriores, sobre que a través de la firma del contrato de fideicomiso se traspasa la propiedad fiduciaria. Esta institución del fideicomiso lo que hace es colocar al fiduciario en los derechos de los bienes objeto del mismo, pero el traspaso de estos bienes del fideicomitente al fiduciario, dependerán de la naturaleza del bien o del derecho, del tipo de bien, de sus formalidades de traspaso, por cesión, endoso, documentación privada, publica, notarial o registral o cualquier otra que dispongan las leyes. La tradición de los bienes o derechos al fiduciario, se puede hacer en un acto externo a la firma del contrato de fideicomiso, como se comenta supra, que depende del tipo de bien o de su naturaleza.

---

[236]) El Artículo 633 del código de comercio de Costa Rica, señalado.

En la legislación de este país, se da un tratamiento especial a la figura del fideicomiso en los aspectos atinentes a exenciones por traspasos de los bienes que constituyen el patrimonio separado del fideicomiso de los fideicomisos de garantía entre instituciones inscritas en la Superintendencia, dando facilidades de utilización de la figura, para no hacerla tan onerosa en la tradición y restitución de estos bienes ([237]).

1.1.10. Normativa de Bolivia:

a) Exposición:

El Código de Comercio de Bolivia define el fideicomiso, señalando que "Por el fideicomiso una persona, llamada fideicomitente, transmite uno o más bienes a un Banco, llamado fiduciario, quien se obliga a administrarlos o enajenarlos para cumplir una finalidad determinada en provecho de aquél o de un tercero llamado beneficiario" ([238])

La Ley de Bancos y Entidades Financieras de Bolivia señala que son actividades de intermediación financiera y de servicios auxiliares del sistema financiero las siguientes: ... Efectuar fideicomisos y mandatos de intermediación financiera, administrar fondos de terceros, operar cámaras de compensación y prestar caución y

---

[237]) Ley de Fortalecimiento de la Gestión Tributaria, No. 9069 del 28/09/2012, que reformó el artículo 662 del Código de Comercio y varias normas de la Ley del Impuesto de Traspaso de Bienes Inmuebles: Cuando sea necesario inscribir en el Registro Público los bienes inmuebles fideicometidos, a favor de un fiduciario debidamente inscrito ante la Superintendencia General de Entidades Financieras (Sugef) y, en su calidad de tal, con un fideicomisario constituido como sociedad o empresa dedicada a prestar servicios financieros, la cual debe estar debidamente inscrita ante la Sugef, dichos inmuebles estarán exentos del impuesto sobre traspasos de bienes inmuebles y de todo pago por concepto de derechos de registro y demás impuestos que se pagan por tal inscripción, mientras los bienes permanezcan en el fideicomiso y constituyan una garantía, por una operación financiera o crediticia. Cuando el fiduciario traspase los bienes fideicometidos a un tercero diferente del fideicomitente original, se deberá cancelar la totalidad de los cargos por concepto de derechos de registro y demás impuestos que correspondan por esa segunda inscripción, incluido el impuesto sobre traspasos de bienes inmuebles. No podrá el fideicomitente formar parte conjunta o separada del fideicomisario ni el fideicomisario podrá formar parte conjunta o separada del fideicomitente.
Los bienes muebles e inmuebles fideicometidos a favor de un fiduciario, que permanezcan en un fideicomiso, debidamente inscrito en el Registro Público y constituido al amparo de la legislación que se reforma, cuando el fiduciario los traspase a un tercero diferente del fideicomitente original deberá cancelar la totalidad de los cargos por concepto de derechos de registro y demás impuestos que correspondan por esa segunda inscripción, incluido el impuesto sobre traspasos de bienes inmuebles y el impuesto sobre la transferencia de vehículos automotores, aeronaves y embarcaciones, cuando corresponda.

[238]) Código de Comercio de Bolivia, Sección III, Artículo 1.409.

fianza bancaria. ([239]) Asimismo, esta Ley señala que "Las entidades financieras bancarias están autorizadas a efectuar las siguientes operaciones activas, contingentes y de servicios, con las limitaciones de la presente Ley: ... Actuar como agente originador en procesos de titularización, sujeto a reglamentación de la Superintendencia" ([240])

b) Comentarios a la Normativa de Bolivia:

Para esta definición, cabe el mismo comentario de las definiciones anteriores en cuanto al traspaso de los bienes en el fideicomiso, dado que con la firma del contrato de fideicomiso no se hace la tradición de los bienes o derechos objeto del fideicomiso, lo cual se puede hacer en un acto externo a la firma del contrato de fideicomiso, como se comenta supra, que depende del tipo de bien o de su naturaleza.   Esta institución del fideicomiso, lo que hace es colocar al fiduciario en los derechos de los bienes objeto del mismo, pero el traspaso de estos bienes del fideicomitente al fiduciario, dependerán de la naturaleza del bien o del derecho, del tipo de bien, de sus formalidades de traspaso, por cesión, endoso, documentación privada, publica, notarial o registral o cualquier otra que dispongan las leyes.

En la legislación de Bolivia, en su Código de Comercio ([241]), usan la expresión "Patrimonio Autónomo", cuando se refieren al fideicomiso, con lo cual también se confunde "autonomía", facultad de un sujeto, con "separación", disgregación de sujetos u objetos, lo cual como lo señalamos en parte relativa a la diferencia entre estos dos conceptos, es un error de semántica.

1.1.11. Normativa Chilena:

a) Exposición:

---

[239]) Ley de Bancos y Entidades Financieras de Bolivia No.1488 de fecha 20 de diciembre de 2001, Capítulo I, artículo 3, numeral 6.

[240]) Ley de Bancos y Entidades Financieras de Bolivia No.2297 de fecha 20 de diciembre de 2001, Artículo 39 numeral 17, Capítulo IV.

[241]) Artículo 1410 del código de Comercio de Bolivia, señala que "(PATRIMONIO AUTONOMO). Los bienes objeto de fideicomiso constituyen un patrimonio autónomo; no forman parte de la garantía general con relación a los acreedores del fiduciario y sólo garantizan las obligaciones derivadas del fideicomiso o de su ejecución"

En el Código Civil Chileno encontramos la propiedad fiduciaria, que señala que ([242]) "Se llama propiedad fiduciaria la que está sujeta al gravamen de pasar a otra persona, por el hecho de verificarse una condición. La constitución de la propiedad fiduciaria se llama fideicomiso. Este nombre se da también a la cosa constituida en propiedad fiduciaria. La translación de la propiedad a la persona en cuyo favor se ha constituido el fideicomiso, se llama restitución" Este Código también señala que ([243]) "Toda condición de que penda la restitución de un fideicomiso, y que tarde más de cinco años en cumplirse, se tendrá por fallida, a menos que la muerte del fiduciario sea el evento de que penda   la   restitución. Estos cinco años se contarán desde la delación de la propiedad fiduciaria".

Esta normativa es recogida también en los códigos civiles de Colombia y Ecuador.

La Ley de Bancos de Chile señala que ([244]) "Los bancos podrán desempeñar las siguientes comisiones de confianza: Ser administradores de bienes constituidos en fideicomiso, cuando así se haya dispuesto en el acto constitutivo. Ni el propietario fiduciario ni el fideicomisario, ni ambos de consuno, podrán privar al banco de la administración.

Si no se determinaren los derechos, obligaciones y responsabilidades del banco, tendrá éste las del curador de bienes".

En Chile también encontramos el denominado "fideicomiso ciego", que es la figura a través de la cual una persona (fiduciante) transfiere la administración de sus bienes a un tercero (fiduciario), los cuales tienen prohibición de tener contactos o relaciones de negocios. Figura esta utilizada por las personas que ejercen cargos públicos, a los fines de evitar conflicto de intereses, con lo cual tratan de dar transparencia y probidad a sus actos

---

[242]) Código Civil Chileno, título VIII, Artículo 733 al 763

[243]) Código Civil Chileno, título VIII, Artículo 739 señala que "Toda condición de que penda la restitución de un fideicomiso, y que tarde más de cinco años en cumplirse, se tendrá por fallida, a menos que la muerte del fiduciario sea el evento de que penda la restitución. Estos cinco años se contarán desde la delación de la propiedad fiduciaria"

[244]) Artículo 86 numeral 8, título XII de la Ley General de Bancos de Chile

o gestión pública; así como trata de normar la transferencia de fondos entre el sector público y el privado.

b) Comentarios a la Normativa Chilena:

En el Código Civil Chileno no encontramos una definición precisa del Fideicomiso mercantil, pero este recoge la propiedad fiduciaria, la cual introdujo en Código Civil Don Andrés Bello, que es la transmisión de bienes o derechos en fideicomiso a favor de quien se ha constituido. En la legislación de Chile los particulares pueden acometer aquellos encargos que no les estén expresamente prohibidos. En el sector público, como contraposición solo se podrá realizar aquellas actuaciones para las cuales estén expresamente autorizados.

1.1.12. Normativa de Puerto Rico:

a) Exposición:

La Ley de Fideicomiso de Puerto Rico lo define ([245])"El fideicomiso es un patrimonio autónomo que resulta del acto por el cual el fideicomitente le transfiere bienes o derechos, y que será administrada por el fiduciario para beneficio del fideicomisario o para un fin específico, de acuerdo con las disposiciones del acto constitutivo y, en su defecto, conforme a las disposiciones de esta Ley.

La Ley de Fideicomiso de Puerto Rico señala ([246]) que "Los bienes o derechos fideicomitidos constituyen un patrimonio totalmente autónomo y separado de los patrimonios personales del fideicomitente, del fiduciario y del fideicomisario, que queda afectado al fin particular que se le confiera al momento de la constitución.

Mientras subsista el fideicomiso, este patrimonio queda exento de la acción singular o colectiva de los acreedores del fideicomitente, el fideicomisario y del fiduciario, salvo lo establecido en la Sección Sexta de esta Ley

---

[245]) Artículo 1 de la Ley de Ley Número 219-2012 del 31 de agosto de 2012 de Fideicomiso Artículo de Puerto Rico.
[246]) Artículo 2 Ley de fideicomiso de Puerto Rico 31/08/2012 Patrimonio Autónomo

La Ley establece Registro Especial de los fideicomisos y plazo hasta 75 años a partir de su constitución, salvo incapacitados hasta 90 años o la vida del fideicomisario.

b) Comentarios a la Normativa de Puerto Rico:

Esta definición que incorporaron en la Ley de Fideicomiso de Puerto Rico, no acogieron las observaciones que se han hecho sobre las definiciones de esta figura en el continente y caben los mismos comentarios anteriores sobre las definiciones recogidas en los países del continente. Una nota destacada también en esta Ley, es que consideran que los bienes del fideicomiso son un patrimonio autónomo. En principio, ningún patrimonio, puede por sí solo en el campo del derecho actuar; otra cosa es, que sobre ese patrimonio se ejerzan acciones legales, pero siempre las realizará un sujeto, cualquiera que sea las facultades que tenga para actuar. Como se desprende de lo comentado, no cabe usar la expresión patrimonio autónomo, dado que el patrimonio no puede tener autonomía, ni para la escuela Clásica (emanación de la personalidad) ni para la escuela Alemana (creados por Ley). El patrimonio es una cosa y la autonomía es una cualidad del sujeto que lo detenta, por lo tanto al usar la expresión autonomía se están refiriendo al sujeto propietario no a su patrimonio

1.1.13. Normativa de Québec (Canadá):

a) Exposición:

El Código Civil bilingüe (francés e inglés) de la Provincia Canadiense de Quebec señala en su artículo 1260 ([247]) que "la fiducia es el resultado de un acto por el cual una persona, el fideicomitente, transfiere la propiedad de su patrimonio a otro patrimonio constituido por lo que se apropia para un propósito en particular y que un fiduciario se compromete, por su aceptación, para celebrar y administrar". En el artículo 1262 señala que "Un fideicomiso se establece por contrato, ya sea por título oneroso o gratuito, por voluntad, o, en algunos casos, por efecto de la ley. Cuando

---

[247]) El Código Civil bilingüe de Quebec reformado entró en vigencia el 1 de enero de 1994, y la "fiducie" (texto francés) y el "trust" (texto inglés) figuran juntamente con la fundación, en el Título 6 del Libro 4 (De los bienes), entre los patrimonios de afectación. El capítulo segundo, sobre "fiducie" comienza a partir del artículo 1260.

autorizadas por la ley, también podrá ser establecido por la sentencia". En el artículo 1261 señala que el patrimonio fiduciario, constituido por los bienes transferidos en fideicomiso, constituye un patrimonio de crédito, autónomo y distinto del patrimonio del fideicomitente, fideicomisario o beneficiario y en la que ninguno de ellos tiene ningún derecho real. El artículo 1264 señala que "un fideicomiso se constituye a la aceptación de la fiduciaria o de uno de los síndicos, si hay varios. En el caso de un fideicomiso testamentario, los efectos de la aceptación por el fideicomisario son retroactivos a la fecha de la muerte".

b) Comentarios a la Normativa de Québec:

En la provincia Canadiense de Quebec, por la particularidad de su influencia francesa y anglosajona, se rigen en materia del derecho civil por el llamado derecho continental y en lo que se refiere al derecho penal se rigen por los principios del common law, por lo que en opinión de Lepaulle ([248]) "había diversos países que sin tener – feizmente- nada parecido a la distinción entre "common law" y la "equity", no han encontrado ninguna dificultad para aclimatar el trust entre ellos. Este es por ejemplo, el caso de la Provincia de Québec, que sigue piadosamente la "coutume" de París, de la Luisiana y de la República de Panamá que han hecho del Código Napoleón la espina dorsal de su derecho...".

En esta definición del Código Civil bilingüe de Quebec, vigente desde enero del año 1.994, a diferencia de las anteriores se aprecia la influencia del trust, se puede apreciar en la normativa la misma conceptualización de la figura que hemos comentado de los países del continente, por lo cual cabe para ella las misma apreciaciones en cuanto a la transferencia de los bienes, con la diferencia que precisa que el fiduciario con su aceptación se compromete a celebrar y administrar; lo cual refuerza la tesis de la titularidad del fiduciario ([249]).

---

[248]) El Fideicomiso; Rodolfo Batiza, Tercera Edición, página 80,.México
[249]) Código Civil (Bilingüe, francés e inglés) de Quebec (Provincia de Canadá), Artículo 1260. A trust results from an act whereby a person, the settlor, transfers property from his patrimony to another patrimony constituted by him which he appropriates to a particular purpose and which a trustee undertakes, by his acceptance, to hold and administer.

1.1.14. **Normativa Brasileña:**

a) Exposición:

En el nuevo Código Civil de Brasil ([250]) se recogen aspectos de la propiedad fiduciaria, donde se establecen previsiones sobre la enajenación fiduciaria en garantía ([251]), la cual venía siendo regulada por la Ley de Mercado de Capitales. La Ley 9514 del año 1997 sobre el Fideicomiso de Garantía, señala en su ([252]) artículo 22:"La enajenación fiduciaria regulada por esta Ley es el negocio jurídico, por el cual el vendedor o fiduciante con objeto de garantía contrata la transferencia al acreedor o fiduciario de la propiedad resoluble de la cosa inmueble."

La Ley 9514 del Brasil señala las instituciones que ([253]) "podrán operar el sistema de financiamiento inmobiliario las cajas económicas, los bancos comerciales, los bancos de inversiones, los bancos con cartera de crédito inmobiliario, las sociedades de crédito inmobiliario, las

---

250) Código Civil Brasil, Capitulo IX, Artículo 1.361. Considera-se fiduciária a propriedade resolúvel de coisa móvel infungível que o devedor, com escopo de garantia, transfere ao credor.   1o Constitui-se a propriedade fiduciária com o registro do contrato, celebrado por instrumento público ou particular, que lhe serve de título, no Registro de Títulos e Documentos do domicílio do devedor, ou, em se tratando de veículos, na repartição competente para o licenciamento, fazendo-se a anotação no certificado de registro. 2o Com a constituição da propriedade fiduciária, dá-se o desdobramento da posse, tornando-se o devedor possuidor direto da coisa.   3o A propriedade superveniente, adquirida pelo devedor, torna eficaz, desde o arquivamento, a transferência da propriedade fiduciária.

Artículo 1.362. O contrato, que serve de título à propriedade fiduciária, conterá: I - o total da dívida, ou sua estimativa;   II - o prazo, ou a época do pagamento;   III - a taxa de juros, se houver;   IV - a descrição da coisa objeto da transferência, com os elementos indispensáveis à sua identificação.

Artículo 1.363. Antes de vencida a dívida, o devedor, a suas expensas e risco, pode usar a coisa segundo sua destinação, sendo obrigado, como depositário: I - a empregar na guarda da coisa a diligência exigida por sua natureza;   II - a entregá-la ao credor, se a dívida não for paga no vencimento.

Artículo 1.364. Vencida a dívida, e não paga, fica o credor obrigado a vender, judicial ou extrajudicialmente, a coisa a terceiros, a aplicar o preço no pagamento de seu crédito e das despesas de cobrança, e a entregar o saldo, se houver, ao devedor.

Artículo 1.365. É nula a cláusula que autoriza o proprietário fiduciário a ficar com a coisa alienada em garantia, se a dívida não for paga no vencimento. Parágrafo único. O devedor pode, com a anuência do credor, dar seu direito eventual à coisa em pagamento da dívida, após o vencimento desta.

Artículo 1.366. Quando, vendida a coisa, o produto não bastar para o pagamento da dívida e das despesas de cobrança, continuará o devedor obrigado pelo restante.

Artículo 1.367. Aplica-se à propriedade fiduciária, no que couber, o disposto nos arts. 1.421, 1.425, 1.426, 1.427 e 1.436.

Artículo 1.368. O terceiro, interessado ou não, que pagar a dívida, se sub-rogará de pleno direito no crédito e na propriedade fiduciária.

Artículo 1.368-A. As demais espécies de propriedade fiduciária ou de titularidade fiduciária submetem-se à disciplina específica das respectivas leis especiais, somente se aplicando as disposições deste Código naquilo que não for incompatível com a legislação especial

[251]) Código Civil de Brasil, Capítulo IX Da Prioriedade Fiduciária artículos del 1.361 al 1.368

[252]) Cita web:German C Campi, Fideicomiso de Garantia, Universidad del CEMA del 30 de junio de 2009.

[253]) Artículo 2 Ley 9514 del 20 de noviembre de 1997, con la finalidad de promover el financiamiento de inmuebles en general y fortalecer la seguridad jurídica.

sociedades de ahorro y préstamo, las compañías hipotecarias y a criterio del Consejo Monetario Nacional otras entidades."

En la Ley N° 10.931 de Brasil ([254]) regularon la afectación de especies dadas en garantía. El Código Civil Brasileño considera nulo el negocio jurídico cuando ([255]) es realizado por incapaz, por actos ilícitos, cuando no reviste las formas de ley y cuando deriva de actos simulados.

En Brasil encontramos varios regímenes especiales de las operaciones de fideicomiso, los cuales son recogidos en leyes diversas sobre transferencias fiduciarias en garantía de muebles e inmuebles; así como de acciones y securitizacion ([256])

b) Comentarios a la Normativa Brasileña:

En la legislación de Brasil, la figura del fideicomiso o fiducia está recogida en disposiciones dispersas; no habiendo una normativa general sobre esta figura. El Código Civil de Brasil recoge la propiedad fiduciaria en virtud de esta figura jurídica, el deudor de un préstamo hipotecario (fiduciante) contrata la transferencia al acreedor (fiduciario) de la propiedad inmueble que sirve de garantía al préstamo en caso de incumplimiento en su pago.

---

[254]) Ley N° 10.931 del año 2004 de Brasil regula, lo previsto en el Código Civil Artículo 1.368-A. As demais espécies de propriedade fiduciária ou de titularidade fiduciária submetem-se à disciplina específica das respectivas leis especiais, somente se aplicando as disposições deste Código naquilo que não for incompatível com a legislação especial. Esta Ley MODIFICA EL DECRETO 911, DE 1 DE OCTUBRE DE 1969, LOS LEYES 4.591, DE 16 DE DICIEMBRE DE 1964, 4.728, DE 14 DE JULIO DE 1965, Y 10.406, DE 10 DE ENERO DE 2002, Y LOS OTROS QUE PROPORCIONAS.

255) Art. 166. É nulo o negócio jurídico quando:

I - celebrado por pessoa absolutamente incapaz;

II - for ilícito, impossível ou indeterminável o seu objeto;

III - o motivo determinante, comum a ambas as partes, for ilícito;

IV - não revestir a forma prescrita em lei;

V - for preterida alguma solenidade que a lei considere essencial para a sua validade;

VI - tiver por objetivo fraudar lei imperativa;

VII - a lei taxativamente o declarar nulo, ou proibir-lhe a prática, sem cominar sanção.

Art. 167. É nulo o negócio jurídico simulado, mas subsistirá o que se dissimulou, se válido for na substância e na forma.

1o Haverá simulação nos negócios jurídicos quando:

I - aparentarem conferir ou transmitir direitos a pessoas diversas daquelas às quais realmente se conferem, ou transmitem;

II - contiverem declaração, confissão, condição ou cláusula não verdadeira;

III - os instrumentos particulares forem antedatados, ou pós-datados.

2o Ressalvam-se os direitos de terceiros de boa-fé em face dos contraentes do negócio jurídico simulado

[256]) Leyes números: 4.728/65; 4.8864/65; 9.514/97; 6.404/76; 8.668/93 y 9.514/97 de Brasil.

La Enajenación de la Fiducia de Inmuebles en Brasil está relacionada con la transferencia de las garantías reales en la ejecución de los financiamientos hipotecarios de inmuebles. Este contrato se registra en el Registro de Inmuebles, y en caso de incumplimiento del deudor, la ejecución de las garantías se realiza directamente en dicho Registro sin la necesidad de intervención del poder judicial. Si vencido el plazo del crédito, se da un plazo (días) para deudor pague, sino se subasta el bien y su resultado se imputa a cancelar el saldo del crédito.

La propiedad fiduciaria que se entrega para garantizar deuda, tiene naturaleza de contrato no de garantía. Esta puede ser enajenación fiduciaria de bienes (móviles o inmóviles) y Cesión fiduciaria de derechos (bienes o valores)

Como aspecto destacado de la definición brasileña, es que se define la "Fiducia" como un contrato, para la cual caben los mismos comentarios u observaciones de las definiciones anteriores, en lo relativo a considerar el fideicomiso como un contrato; así como en lo atinente a la transmisión de los bienes.

1.1.15. **NORMATIVA PARAGUAYA:**

a) Exposición:

La Ley de Negocios Fiduciarios de Paraguay, señala ([257]): "Por el negocio fiduciario una persona llamada fiduciante, fideicomitente o constituyente, entrega a otra, llamada fiduciario, uno o más bienes especificados, transfiriéndole o no la propiedad de los mismos, con el propósito de que ésta los administre o enajene y cumpla con ellos una determinada finalidad, bien sea en provecho de aquélla misma o de un tercero llamado fideicomisario o beneficiario.

El negocio fiduciario que conlleve la transferencia de la propiedad de los bienes fideicomitidos se denominará fideicomiso; en caso contrario, se denominará encargo fiduciario.

---

[257]) Artículo 1 de la Ley 921 de Paraguay sobre los negocios fiduciarios, año 1996.

El negocio fiduciario por ningún motivo podrá servir de instrumento para realizar actos o contratos que no pueda celebrar directamente el fideicomitente de acuerdo con la Ley".

b) Comentarios a la Normativa Paraguaya:

Como aspecto resaltante de esta definición está, que abarca no solo el concepto de fideicomiso, cuando hay transferencia de los bienes objeto del mismo, sino que también introduce el concepto de lo que vendría a ser el encargo fiduciario, donde no se traspasa la propiedad al fiduciario. Esta definición cae en las mismas consideraciones de las definiciones antes citadas, en cuanto a la transmisión de los bienes, y establece que el negocio fiduciario, por ningún motivo podrá servir de instrumento para realizar actos o contratos que no pueda celebrar directamente el fideicomitente de acuerdo con la Ley. Esta previsión que establecer está norma, busca limitar al fideicomitente, como constituyente del fideicomiso, a que circunscriba la finalidad del mismo a las facultades que le establece la Ley.

1.1.16. Normativa de Guatemala:

a) Exposición:

El fideicomiso es recogido en Guatemala en el Título V de su Código de Comercio, de donde se extrae la siguiente definición: El Fideicomiso es un contrato en virtud del cual, una persona natural o jurídica llamada fideicomitente, transmite a otra persona jurídica (banco o financiera), llamada fiduciaria, ciertos y determinados bienes, destinados a un fin señalado en el propio contrato, que podrá ser de administración, de inversión o de garantía, en beneficio de un tercero denominado fideicomisario, que podría ser el propio fideicomitente.

El Artículo 768 del Código de Comercio de Guatemala señala que "Solo podrán ser fiduciarios los bancos establecidos en el país. Las instituciones de créditos podrán así mismo actuar como fiduciarios, después de haber sido autorizadas especialmente para ello por la junta monetaria" El artículo 791 del Código de Comercio de Guatemala establece que "El fiduciario de un fideicomiso de garantía debe ser persona distinta del acreedor", normas semejantes en otros países de la región, como Perú, Panamá, Venezuela, El Salvador y Honduras...

b) Comentarios a la Normativa de Guatemala:

Como aspecto destacado de esta definición de Guatemala, está que se define al fideicomiso como un contrato, para la cual caben los mismos comentarios u observaciones de las definiciones anteriores, en lo relativo a considerar el fideicomiso como tal.

1.1.17. Normativa Ecuatoriana:

a) Exposición

Ley de Mercado de Capitales de Ecuador al tratar el Contrato del Fideicomiso Mercantil señala que ([258]) "Por el contrato de fideicomiso mercantil una o más personas llamadas constituyentes o fideicomitentes transfieren, de manera temporal e irrevocable, la propiedad de bienes muebles o inmuebles corporales o incorporales, que existen o se espera que existan, a un patrimonio autónomo, dotado de personalidad jurídica para que la sociedad administradora de fondos y fideicomisos, que es su fiduciaria y en tal calidad su representante legal, cumpla con las finalidades específicas instituidas en el contrato de constitución, bien en favor del propio constituyente o de un tercero llamado beneficiario.

El patrimonio autónomo, esto es el conjunto de derechos y obligaciones afectados a una finalidad y que se constituye como efecto jurídico del contrato, también se denomina fideicomiso mercantil; así, cada fideicomiso mercantil tendrá una denominación peculiar señalada por el constituyente en el contrato a efectos de distinguirlo de otros que mantenga el fiduciario con ocasión de su actividad.

Cada patrimonio autónomo (fideicomiso mercantil), está dotado de personalidad jurídica, siendo el fiduciario su representante legal,

---

[258]) Artículo 109 de la Ley de Mercado de Capitales de Ecuador, citado.

quien ejercerá tales funciones de conformidad con las instrucciones señaladas por el constituyente en el correspondiente contrato.

El patrimonio autónomo (fideicomiso mercantil), no es, ni podrá ser considerado como una sociedad civil o mercantil, sino únicamente como una ficción jurídica capaz de ejercer derechos y contraer obligaciones a través del fiduciario, en atención a las instrucciones señaladas en el contrato".

El contrato de fideicomiso mercantil deberá otorgarse mediante escritura pública ([259])

La Ley Orgánica para el Fortalecimiento y Optimización del Sector Societario y bursátil de Ecuador, publicada el 20/03/2014, sustituye el artículo 121 de la Ley de Mercado de Capitales, incluyendo la inembargabilidad de los bienes del fideicomiso mercantil ([260])…, salvo pacto en contario previsto en el contrato.

Ecuador al igual que Colombia y Chile recoge en su Código Civil la figura de la propiedad fiduciaria ([261]), la cual llaman fideicomiso civil, para diferenciarlo del fideicomiso mercantil, figuras diferentes.

b) **Comentarios a la Normativa de Ecuador**:

En la Ley de Mercado de Capitales de Ecuador, la figura del fideicomiso presenta una marcada particularidad con las demás figuras fiduciarias, no solo del continente sino también de otras latitudes, al señalar que el fideicomiso es un patrimonio autónomo con personalidad Jurídica (una ficción jurídica capaz de adquirir derechos y contraer obligaciones). Esta misma Ley señala que es un contrato, pero como adquiere personalidad jurídica al constituirse,

---

[259]) Artículo 47 Ley Otgánica para el Fortalecimiento y Optimización del Sector Societario y bursátil.del 20/03/2014, que modifica e incluye "Pimer inciso del Artículo 110" Ley Mercado de Capitales.
[260]) Artículo 52 Ley Orgánica para el Fortalecimiento y Optimización del Sector Societario y bursátil.del 20/03/2014, sustituye artículo 121 de la Ley de Mercado de capitales, señalando que "Los bienes del fideicomiso mercantil no pueden ser embargados ni sujetos a ninguna medida precautelativa o preventiva por los acreedores del constituyente, ni por los del beneficiario; salvo pacto en contario previsto en el contrato…"
[261]) Artículo 767 del Código Civil de Ecuador, que recoge el mismo texto de los países señalados: "Se llama propiedad fiduciaria la que está sujeta al gravamen de pasar a otra persona, por el hecho de verificarse   una   condición. La   constitución   de   la   propiedad   fiduciaria   se   llama   fideicomiso. Este   nombre   se   da   también   a   la   cosa   constituida   en   propiedad   fiduciaria. La traslación de la propiedad a la persona en cuyo favor se ha constituido el fideicomiso, se llama restitución.

el fiduciario es su representante legal y a través de éste ejerce los actos del fideicomiso, como fiduciario (262).

Cabe para esta normativa, los mismos comentarios que hemos realizado de considerar el fideicomiso un contrato y más aún, de darle personalidad, ficción jurídica (siempre es ficción jurídica) capaz de capaz de ejercer derechos y contraer obligaciones a través del fiduciario, en atención a las instrucciones señaladas en el contrato, pero sin ser considerado como una sociedad civil o mercantil. Sobre este particular, véase teoría de la titularidad del fiduciario, así como aquellas que hacemos de considerar el fideicomiso un patrimonio autónomo, cuando es un bien separado contable y legalmente, como lo sostenemos en la obra.

1.1.18. Normativa Cubana

a) Exposición

El Código Civil de Cuba señala que las instituciones financieras pueden, dentro de los límites de la legislación vigente y de sus licencias, llevar a cabo operaciones con respecto a: cambio extranjero, metales, piedras preciosas, y cualesquiera otros valores de fácil liquidación, inversiones, suscripciones, compra-venta, administración, custodia y comercio de valores, consultas bancarias, servicios, garantías, fideicomisos, así como cualquier otra actividad llevada a cabo por cuenta propia, de otras instituciones financieras o por cuenta de sus clientes….

El Decreto- Ley Numero 173 Sobre los Bancos e Instituciones Financieras no Bancarias, señala en su artículo 8 que "Institución Financiera no Bancaria". Toda entidad jurídica constituida con arreglo a las leyes cubanas o extranjeras que cuente con corredores o agentes de negocios en dinero, que realicen actividades de intermediación financiera (con excepción de captación de depósitos), tales como: entidades de arrendamiento financiero (leasing) de bienes, muebles e inmuebles, de administración de carteras de cobro o factoraje, compañías o casas financieras, de operaciones de

---

262) Ley de Mercado de Capitales de Ecuador Artículo 119.- Titularidad legal del dominio.- El fideicomiso mercantil será el titular de los bienes que integran el patrimonio autónomo. El fiduciario ejercerá la personería jurídica y la representación legal del fideicomiso mercantil, por lo que podrá intervenir con todos los derechos y atribuciones que le correspondan al fideicomiso mercantil como sujeto procesal, bien sea de manera activa o pasiva, ante las autoridades competentes en toda clase de procesos, trámites y actuaciones administrativas o judiciales que deban realizarse para la protección de los bienes que lo integran, así como para exigir el pago de los créditos a favor del fideicomiso y para el logro de las finalidades pretendidas por el constituyente.

fideicomiso (en trust), de fondos mutuales de inversión y otras similares."

b) Comentarios a la normativa Cubana

Cuba recoge en su legislación ([263]) la figura del fideicomiso y las entidades financieras ofrecen el servicio, cuyo cumplimiento se sujeta a los términos del convenio suscrito, dentro del marco del régimen jurídico imperante en la isla, pero no tiene una normativa jurídica, que específicamente regule o trate la materia fiduciaria

1.1.19. NORMATIVA DE NICARAGUA

a) EXPOSICIÓN

La Ley Sobre el Contrato de Fideicomiso en Nicaragua señala que ([264]), el Fideicomiso es la "Operación en virtud de la cual el Fideicomitente transmite la titularidad sobre un bien o conjunto de bienes o derechos determinados al Fiduciario, quien se obliga a administrarlos a favor del Beneficiario y transmitirlos al Fideicomisario o Fideicomitente cuando se cumpla con un plazo, condición u otra causa de extinción de la obligación". Esta ley establece que podrá contratarse todo tipo de fideicomiso dentro del principio de la autonomía de voluntad, por testamento o por acto entre vivos, con las limitaciones de ley, señalando que los fideicomisos contractuales serán válidos aunque no señalen al fideicomisario. Podrán ser Fiduciarios las Instituciones Financieras y compañías de objeto exclusivo. El artículo 54 numeral 8 de la Ley 561 Ley General de Bancos, Instituciones Financieras y Grupos Financieros señala que los bancos podrán "Actuar como fiduciario de fideicomisos que se constituyeren en virtud de leyes especiales, siempre que en estas operaciones el banco no se comprometa a pagar

---

[263]) El Decreto- Ley Numero 173 Sobre los Bancos e Instituciones Financieras no Bancarias del 28/05/1997.
[264]) El artículo 2 de la Ley 741 Sobre el Contrato de Fideicomiso de Nicaragua de fecha 11 de enero de 2011 y publicado el 19/01/2011.; así como la Ley 561 Ley General de Bancos, Instituciones Financieras y Grupos Financieros y la Resolución de SUDEBS Nº CD SIBOIF- 677-2-MAY16-2011 de las Normas que regulan las operaciones de fideicomiso

rendimientos fijos o determinados ni a efectuar la devolución íntegra del capital fideicometido;

b) COMENTARIOS A LA NORMATIVA DE NICARAGUA.

Nicaragua incorpora recientemente en su legislación el marco jurídico para regulación de la figura del Fideicomiso ([265]), tanto público como privado, señalando que estos pueden constituirse por actos entre vivos o por testamento. En esta ley se recoge parte de las experiencias del continente sobre el manejo de esta figura, con sus mismas normas, autorizaciones, limitaciones y prohibiciones.

1.1.20. NORMATIVA DE HONDURAS.

a) Exposición:

La Legislación de Honduras establece, en su Código de Comercio que ([266]) "El fideicomiso es un negocio jurídico en virtud del cual se atribuye al banco autorizado para operar como fiduciario la titularidad dominical sobre ciertos bienes, con la limitación, de carácter obligatorio, de realizar sólo aquellos actos exigidos para cumplimiento del fin lícito y determinado al que se destina.

El artículo 1034 del Código de Comercio de Honduras señala que "El fideicomiso podrá constituirse por acto entre vivos o por testamento, según las circunstancias, y como acto unilateral, o como contrato entre dos o más personas"

b) Comentarios a la Normativa de Honduras

Honduras define al Fideicomiso como un negocio jurídico y señala que los bancos autorizados solo podrán realizar los actos para lo cual están autorizados y que podrá constituirse por actos entre vivos o por testamento. Destaca, como una variante respecto a la legislación del

---

[265]) Ley General de Bancos, Instituciones Financieras y Grupos Financieros Nº 561, donde establece que todos los bancos podrán actuar como Fiduciarios y la Resolución Nº CD SIBOIF-677-2- Mayo16-2011 sobre las Normas que regulan las Operaciones de Fideicomiso de Nicaragua.
[266]) Artículo 1033 del Código de Comercio de Honduras.

continente que (^{267}) "En el caso de que al constituirse el fideicomiso no se designe nominalmente la institución fiduciaria, se tendrá por designada la que elija el fideicomisario, o en su defecto el Juez de Letras de lo Civil del lugar en que estuvieron ubicados los bienes, o los más valiosos si estuvieren en varios lugares".

1.1.21. NORMATIVA EN REPUBLICA DOMINICANA

a) Exposición

La República Dominica en su Ley N° 189-11 del 16-07-2011, (^{268}) crea el marco legal para impulsar el desarrollo del mercado hipotecario y de valores, incorporando la figura del fideicomiso, a través de la cual complementa su legislación financiera. El artículo 3 de la citada Ley, define el fideicomiso señalando que "El fideicomiso es el acto mediante el cual una o varias personas, llamadas fideicomitentes, transfieren derechos de propiedad u otros derechos reales o personales, a una o varias personas jurídicas, llamadas fiduciarios, para la constitución de un patrimonio separado, llamado patrimonio fideicomitido, cuya administración o ejercicio de la fiducia será realizada por el o los fiduciarios según las instrucciones del o de los fideicomitentes, en favor de una o varias personas, llamadas fideicomisarios o beneficiarios, con la obligación de restituirlos a la extinción de dicho acto, a la persona designada en el mismo o de conformidad con la ley. El fideicomiso está basado en una relación de voluntad y confianza mutua entre el fideicomitente y el fiduciario, mediante la cual este último administra fielmente los bienes fideicomitidos, en estricto apego a las instrucciones y a los requerimientos formulados por el fideicomitente.

Párrafo.- El fideicomiso puede ser puro y simple o, sujeto a condición o plazo. Asimismo, puede establecerse sobre todo o parte del patrimonio del fideicomitente"

El Artículo 7 señala que "Naturaleza del patrimonio fideicomitido. Los bienes y derechos que integran el

---

^{267}) Artículo 1.041 del Código de Comercio de Honduras
^{268}) Artículo 1.- Ámbito de la ley. Mediante la presente ley, se crea un marco legal unificado para impulsar el desarrollo del mercado hipotecario y de valores de la República Dominicana; también se incorpora la figura del fideicomiso, en aras de complementar la legislación financiera dominicana.

fideicomiso constituyen un patrimonio autónomo e independiente, separado de los bienes personales del o de los fideicomitentes, del o de los fiduciarios y, del o de los fideicomisarios, así como de otros fideicomisos que mantenga el fiduciario"

b) Comentarios a la Normativa de Republica Dominicana

Las normas financieras en República Dominicana del año 2011 sobre el fideicomiso, recogen en buena medida las disposiciones del continente sobre el fideicomiso, destacando que el fideicomiso es un patrimonio autónomo e independiente, que puede establecerse sobre todo o parte del patrimonio del fideicomitente.

Suponemos que cuando se señala que el fideicomiso se constituirá sobre todo el patrimonio del fideicomitente, se estará señalando a los fideicomisos dejados en testamento, como masa universal, o los fideicomisos de quiebra.

En cuanto a lo que señala la Ley sobre los bienes o derechos del fideicomiso que son un patrimonio separado, está bien pero luego señala en el artículo 7 que es un patrimonio autónomo, aquí observamos que la autonomía, es propia de la voluntad, que está reservada a los sujetos (personas); no a los bienes, ni derechos, ni a ninguna cosa.

NORMATIVA EN ESTADOS UNIDOS, CANADÁ Y OTROS PAÍSES DE AMÉRICA QUE SE RIGEN POR EL COMMON LAW

Los Estados Unidos y Canadá, con la salvedad de algunas jurisdicciones de origen francés en su territorio, como el Estado de Luisiana, en el primero y la Provincia de Quebec (derecho civil), en el segundo; además algunas jurisdicciones especiales en el continente, como Belice, se rigen por el Common Law. En estos países operan el trust, dentro del régimen jurídico del derecho común.

En las jurisdicciones anglosajonas de América, como las citadas, así como en Holanda, existe la figura jurídica del "bare trust", la cual es plenamente reconocida y protegida por los tribunales,... en el cual el "trustee" adquiere bienes a su nombre —con dinero previamente recibido del "settlor"— y se compromete a gestionarlos según las instrucciones que reciba. También se podría explicar diciendo que es un contrato entre dos partes mediante la cual el "trustee" (o "legal owner") reconoce que determinados bienes que aparentemente figuran a su nombre en realidad no le pertenecen a él, sino al "settlor" (llamado también "beneficial owner").([269]).

El trust, como figura jurídica conlleva la ventaja de estar ajustado a los acuerdos de la Haya, lo cual determina la ley aplicable a éste y su reconocimiento ([270]), además de las flexibilidades ha permitido y permite la normativa de los países que han adoptado las variantes de esta figura, amparadas en el derecho anglosajón, el cual ha sido fuente de inspiración para algunos de nuestros países.

En cuanto a la naturaleza jurídica del trust y el concepto que se recoge en las leyes y la doctrina de los países que se rigen por el *Common Law*, encontramos las mismas observaciones que se le hace al fideicomiso, porque son la misma figura, bajo régimen jurídico diferente.

El trust en los Estados Unidos de América, es operado por compañías bancarias y compañías fiduciarias (*trust company*), siendo estas últimas instituciones altamente especializadas. El desarrollo industrial y financiero de este país ha estado en cierta medida emparentado con la evolución que ha experimentado el trust, lo cual constituye todo un negocio mercantil típico. Este desarrollo lo evidencia, el uso cotidiano del *express trust* ([271]), sea para cumplimiento de cualquier

---

[269] Cita de Santiago Puig i Viladomiu

[270]) Este Convenio, a diferencia de la mayoría de los restantes Convenios de La Haya, simplemente versa sobre la ley aplicable al "trust" y sobre su reconocimiento, no entrando a regular la figura jurídica del "trust" como tal. Para solucionar estos problemas existe el Convenio ha sido suscrito y ratificado por varios países, entre ellos Italia, Holanda y Luxemburgo, pero no por España.

[271]) Cita web de The K- Zone: "Where property is passed to a person but no gift is made, it is held for the owner, this is the Resulting trust; where property should for some reason of public policy or fairness or rule of Equity be held for someone other than the legal owner, this is either the Statutory trust or the Constructive trust; but where legal title to property is held by someone on trust, this is the Express trust. The express trust is the archetypal form of Trust, and the one most commonly meant when the term `trust' is used. An express trust is created intentionally by a person exercising his powers of ownership. The person who creates an express trust is usally referred to a the Settlor, even when the trust is not strictly a Settlement. Express trusts are usually creating in the form of a written document, the TrustInstrument. The settlor may make the trust gratuitously, or as part of some other arrangement. For example, a person who expresses in his Will his desire to create a trust for the benefit of his children is doing so freely and not (usually) as part of deal. On the other hand, occupational pension trusts are held by employers as trustees, as part of the agreement represented by a contract of employment.

encargo a favor de alguna persona, o sea que se usen los sofisticados y complejos trust corporativos, como investment trust ([272]), que son diversos y que actúan en el mercado de capitales ofertando y demando sus productos financieros, o holding trust, son compañías que controlan las actividades de otras mediante la propiedad de todas o de una parte significativa de sus acciones, término que también se usa para referirse al grupo, los cuales aprovechando ventajas fiscales al consolidarse. Este efecto puede ser todavía más importante, cuando la sede del *holding* se encuentra en un país con una legislación fiscal más laxa o con unos tipos impositivos más reducidos que aquél o aquéllos donde operan las compañías del grupo. Existen holdings que son una agrupación de empresas de capitales comunes o relacionados que buscan maximizar los recursos económicos de estas, utilizando las sinergias que se dan entre las empresas que la conforman simplemente por ser de todas de un mismo rubro o sector.

Estas empresas son impulsadas mayormente por bancos, empresas aseguradoras y compañías interesadas en apoyarse en estos mecanismos financieros.

En materia impositiva la Enmienda XVI. (1913) establece que El Congreso tendrá facultad para establecer y recaudar impuestos sobre los ingresos, cualquiera que sea la procedencia, sin reparto entre los diversos Estados y sin tener en cuenta el censo o la enumeración.

Uniform Trust Code

El Código de Confianza Uniforme es una ley modelo en los Estados Unidos, que aunque no es vinculante, es influyente en los estados y utilizada por muchos como una ley modelo. A partir de julio de 2012,

---

The settlor can, and often will, maintain a measure of control of the trust assets by means of the terms of the trust instrument. For example, he may reserve the right to replace the trustees, or to have a say in the allocation of benefits. In extreme cases, the settlor may include express terms allowing the trust to be revoked. These terms are effective because they for part of an agreement between the trustees and the settlor, not because the settlor retains any rights of ownership over the settled assets"

[272]) Cita web Wikipedia: Investment trusts are companies that invest in the shares of other companies for the purpose of acting as a collective investment.
Investors' money is pooled together from the sale of a fixed number of shares a trust issues when it launches. The board will typically delegate responsibility to a professional fund manager to invest in the stocks and shares of a wide range of companies (more than most people could practically invest in themselves). The investment trust often has no employees, only a board of directors comprising only non-executive directors. However in recent years this has started to change, especially with the emergence of both private equity groups and commercial property trusts both of which sometimes use investment trusts as a holding vehicle.
The investment trust sector, in particular split capital investment trusts, suffered somewhat from around 2000 to 2003 after which creation of a compensation scheme resolved some problems.
One of the key differences between an investment trust and a unit trust, is that an investment trust manager is legally allowed to borrow capital to purchase shares. This leverage may increase investment gains but also increases investor risk.

25 estados han adoptado alguna forma sustantiva de la UTC, con otros tres que lo han introducido en la legislatura para su adopción.

La Conferencia Nacional de Comisionados sobre Leyes Estatales Uniformes (NCCUSL), que ahora tiene 114 años, proporciona a los estados una legislación no partidista, bien concebida y bien redactada que brinda claridad y estabilidad a áreas críticas del derecho estatal. Los miembros de la conferencia deben ser abogados, calificados para ejercer la abogacía. Son abogados, jueces, legisladores y personal legislativo y profesores de derecho que han sido designados por los gobiernos estatales, así como el Distrito de Columbia, Puerto Rico y las Islas Vírgenes de los Estados Unidos para investigar, redactar y promover la promulgación de leyes estatales uniformes en áreas De la ley estatal donde la uniformidad es deseable y práctica.

Los Estados Unidos de América en *Uniform Trust Code* ([273]) "El *trust* (fideicomiso) se considera creado solamente, solo si la misma persona no es el único fiduciario y el único beneficiario.

Canadá su Código Civil establece ([274]) "Cualquier persona física con pleno ejercicio de sus derechos civiles y cualquier persona jurídica autorizada por la ley pueden actuar como fiduciarios." El artículo 1275 del Código Civil señala que "El constituyente o beneficiario puede ser fiduciario, pero debe actuar conjuntamente con un fiduciario que no es el constituyente ni beneficiario"

1.2.   CONCEPTOS DE FIDEICOMISO, FIDUCIA O TRUST EN LAS DISPOSICIONES DEL DERECHO CONTINENTAL EUROPEO.

En el continente Europeo, nos señala Santiago Puig Viladomiu que "por comparación analógica podemos decir que el contrato de fiducia es en el derecho civil continental el equivalente anglosajón de un "bare trust agreement". En otros derechos del continente Europeo, la figura jurídica de la fiducia sí que está legalmente recogida. Así, por ejemplo, en Italia existe desde 1.939 una ley especial que regula las empresas fiduciarias, y en Francia fue aprobada la ley 2007-211 del 19-02-2007 para introducir un Título XVI en el Libro Tercero del Código Civil francés con la denominación "De la fiducia".

---

[273]) Cita web German c Capi El Fideicomiso de Garantia: Uniform Trust Code Sección 402 EEUU.
[274]) Artículo 1274 del Código Civil de Canadá.

La unión económica y política alcanzada por los países europeos, aún con las variantes de haber países que se rigen el derecho común y otros por el derecho continental; no les ha impedido buscar acuñar una constitución, la cual hasta ahora, ha sido aprobada por la mayoría de sus integrantes. Veamos la normativa fiduciaria que rige algunos de estos países:

1.2.1. Normativa Francesa:

a) Exposición:

La Asamblea Francesa aprueba la Ley 2007-211 el 19-02-2007 ([275]) donde modifica el Código Civil, instituyendo en el mismo la figura de la Fiducia, adoptada del sistema del Trust Anglosajón, a los fines de aprovechar los logros alcanzados por esta figura en la Convención de la Haya del 1º de julio del año 1985, estableciendo que la fiducia puede nacer de la Ley o del contrato, pero en todo caso debe ser expresa. La reciente reforma del Código Civil Francés ([276]), instituye la figura de la fiducia, la cual es definida en el mismo como "La operación por la cual uno o varios constituyentes transfieren bienes, derechos o garantías, o un conjunto de bienes, de derechos o de garantías, presentes o futuras, a uno o varios fiduciarios que, teniéndolos separados de su patrimonio `propio, actúan con un fin determinado en beneficio de uno o varios beneficiarios".

La deslocalización de las inversiones y la huída hacia el Derecho anglosajón de las grandes operaciones económicas aconsejaban la inclusión de la fiducia en el Derecho francés. También estaba en juego el modelo que va a servir de base para unificación del Derecho privado de la Unión Europea. La reforma del Código civil francés incluyendo la fiducia, supone una modernización necesaria a efectos de que pueda mantener su posición destacada entre los sistemas codificados.

---

[275]) Loi Nº 2007-11 du 19 février 2007 instituant fiducie. Tras sucesivos intentos de regular la fiducia en Francia, en 1989, 1992 y 1994, por fin ha sido el proyecto del senador Philippe Marini, de 8 de febrero de 2005, el que ha logrado su aprobación. En los últimos años distintos países, desde China a Uruguay, pasando por Japón, han regulado por ley la fiducia.
[276]) Reforma del Código Civil Francés .(Ley Nº 2007-211) del 19 de febrero del año 2007, donde se incorpora el Título XIV "De la Fiducia" Libro III

A fines de conocer algunos aspectos del Convenio de La Haya sobre el Trust, se resume a continuación los aspectos más resaltantes de éste:

• La ley aplicable al "trust" será la elegida por el constituyente (o en ausencia de elección) la ley con la que esté más estrechamente vinculado.

• Dicha ley aplicable regirá la validez del "trust", su interpretación, efectos y administración, pero no los derechos de terceros, que se seguirán rigiendo por las normas de conflicto del foro.

• El "trust" queda reconocido como tal.

• El Convenio no afecta a la competencia de los estados en materia fiscal

b) Comentarios a la Normativa Francesa.

Esta definición que recoge la Ley Francesa, también presenta las mismas particularidades que presentan las definiciones anteriores en cuanto a la transferencia de los bienes o derechos en la fiducia, con la particularidad que se acoge a los preceptos que rigen al trust, que es parte de la integración hacia donde debe caminarse en los demás países.

1.2.2. Normativa Española:

a) Exposición:

En el Derecho Español la Fiducia no está admitida como tal en el Código Civil ([277]), pero la Jurisprudencia del Tribunal Supremo ha admitido plenamente la figura en base al principio general de autonomía de la contratación ([278]), donde se reconoce el negocio fiduciario, que es una figura propia del Derecho Romano ("Fiducia cum amico" y Fiducia cum creditore"). Nos señala **Puig i Viladomiu,** resumidamente que "la Jurisprudencia española interpreta el negocio fiduciario como un doble contrato: Primero un contrato de compraventa y después otro contrato de fiducia o garantía, constituyendo ambos en conjunto un contrato causal en el que la "causa fiducie" no consiste en la

---

[277]) Santiago Puig i Viladomiu, Artículos Doctrinales. Protección de bienes: Trus y Fundaciones. Derecho Civil Español. Noviembre 1999
[278]) Artículos 1.091 y 1.255 del Código Civil Español.

enajenación propiamente dicha, sino en la garantía o afianzamiento del débito a que la relación obligacional responde".

El Tribunal Económico- Administrativo Central de España nos da la siguiente definición de Negocio Fiduciario y de Fiducia, señalando que ([279]) "El negocio fiduciario se define como aquel negocio en virtud del cual una persona (fiduciante) transmite en plena propiedad un determinado bien o derecho a otra distinta (fiduciario). La esencia de la fiducia consiste en la atribución patrimonial que uno de los contratantes, el fiduciante, hace a favor del otro, el fiduciario, para que éste utilice la cosa o el derecho adquirido, mediante la referida asignación, para la finalidad que ambos pactaron, con la obligación de retransmitirlo al fiduciante o a un tercero cuando se hubiera cumplido la finalidad prevista"

b) Comentarios la Normativa Española

La jurisprudencia española interpreta que la naturaleza jurídica de la fiducia está en el negocio fiduciario, basándose en que se sustenta en el principio general de autonomía de la contratación, pero interpreta el negocio fiduciario como un doble contrato y sobre lo cual comentamos lo siguiente:

Primero, un contrato de compraventa: Sobre este aspecto queremos observar, que en la figura de la fiducia o fideicomiso, no se dan los presupuestos necesarios para considerar que hay una contratación de compraventa, ya que el fideicomitente, no recibe como prestación en el negocio nada, sólo suscribe el contrato y entrega los bienes o derechos, además que debe pagar él o de los recursos del fideicomiso que constituye los honorarios de la contraparte. En cuanto a éste, el fiduciario, si recibe los bienes o derechos en propiedad, pero esta propiedad no goza de sus atributos, como usar y disponer libremente, ya que está condicionada a su finalidad (*causa fiduciae*).

Segundo, que es un contrato de fiducia o garantía que junto al primero constituyen un contrato causal,

---

[279]) En la Villa de Madrid a 23 de noviembre de 2006. Tribunal Económico-Administrativo Central de España. Resolución Nº: 00/116/2005 Unidad resolutoria: Vocalía 1ª Fecha de resolución: 23/11/2006

la cual no consiste en la enajenación para responder a la finalidad, sino en la garantía o afianzamiento del débito a que la relación obligacional responde. Esta interpretación señala que la *causa fiducie*, no consiste en la enajenación para responder a la finalidad. Esto se debe al hecho de haber entendido, que primero hay un contrato de compraventa, que ahora tropieza con el hecho incontrovertible de la restitución que debe hacer el fiduciario de estos bienes o derechos que constituyen el objeto de la fiducia al beneficiario o fideicomisario. Que la *causa fiducie* consiste en la garantía o afianzamiento del débito a que la relación obligacional responde, esto envuelve la finalidad que se persigue con la constitución de la figura y está en su institucionalidad como figura jurídica, sin necesidad de hacer interpretaciones más allá de lo que permite la evolución histórica de esta institución del derecho.

En la interpretación que del negocio fiduciario y la fiducia hace El Tribunal Económico- Administrativo Central de España, que lo fundamenta en el traspaso del patrimonio y la restitución del mismo, lo cual es uno de los elementos que hemos observado ausente en otras definiciones.

1.2.3. **NORMATIVA ITALIANA.-**

a) Exposición:

Nos señala **Cristina Fuenteseca** ([280]) al comentar la Fiducia en Roma, que en la etapa del renacimiento jurídico italiano en la

---

[280]) Cita Cristina Fuenteseca: La fiducia en el Derecho Romano y su Interpretación por los Pandectistas, J.M Bosch Editor. El Negocio Jurídico en la Jurisprudencia del tribunal Supremo (1997). I. El Problema de las Fuentes de la Fiducia.- La fiducia ha presentado un especial problema en cuanto a las fuentes de investigación. Como es sabido, ni en el Digesto ni en el Código de Justiniano aparece mencionada la fiducia, porque para los compiladores de estas dos grandes fuentes se trataba de una institución obsoleta y, en los textos clásicos en que aparecía mencionada, sustituyeron el vocablo fiducia por pignus. Sin embargo, en fuentes jurídicas llegadas a nosotros al margen de la Compilación de Justiniano, aparecen referencias, aunque no extensas, a la fiducia. Hay que citar, en primer lugar, las Instituciones de Gayo (2,59-60) en donde, a propósito de la usureceptio ex fiducia, se nos informa de la existencia de dos modos de contraer la fiducia (fiduciam contrahere): fiducia cum amico y cum creditore. Esta es casi la única pero valiosa información gayana en materia de fiducia, que parece sugerir la probabilidad de un contractus fiduciae que, posteriormente el mismo Gayo, dejará sin confirmar al referirse a los contratos reales (Inst. cit. III, 89).   Ni en el elenco de contratos reales, en el que aparecen cuatro figuras (mutuo, depósito, comodato y prenda) en otra obra antes mencionada atribuida al mismo Gayo (Libri Rerum Cottidianarum) se hace mención de la fiducia como contrato. Hay referencias a la fiducia en las Pauli Sententiae (2,13,1-5). Y, asimismo, una breve referencia al iudicium fiduciae en la Collatio Legum Mosaicarum et Romanarum (10.2.2). También en la Consultatio veteris cuiusdam iurisconsulti (6,8) y en Fragmenta

Universidad de Bolonia las escuelas sucesivas de glosadores y postglosadores, cuyas enseñanzas se basaron en la lectura del Digesto de Justiniano, no tuvieron noticia de la fiducia entre los negocios de garantía romanos. La ciencia europea del Derecho Privado no se ocupó de la fiducia hasta la Escuela Pandectística alemana.

Esta concepción difundida desde fines del siglo pasado entre pandectistas y romanistas ([281]) partía de la concepción de la *mancipatio* como negocio transmisor de la propiedad, que el fiduciante transmitiría al fiduciario y que tendría efecto comisorio si el deudor fiduciante no pagaba (*pecunia non soluta*), pero si éste pagaba nacía para el *fiduciarius* la obligación de devolver, sancionada por la *actio fiduciae* que no sería (en su opinión) una *actio in rem* sino obligacional *in personam*. De este modo si el *creditor fiduciarius* había enajenado la cosa o se negaba a la devolución de la misma respondería por incumplimiento de la *obligatio* de devolver (*reddere rem*).

Estas fueron las líneas dogmáticas convencionales dentro de las cuales se enmarcó desde la Pandectística un concepto dogmático de la fiducia como contrato de garantía y prototipo del negocio fiduciario. De este modo se nos presentaba como un negocio de efecto real (transmisión de la propiedad de la cosa al *fiduciarius*) y también de efecto obligacional contrario, consistente éste en la obligación nacida del *pactum fiduciae* de devolución de la cosa dada en garantía, si el deudor fiduciante realizaba el pago del crédito garantizado. Este doble efecto real y obligacional de la fiducia provocó graves dificultades de interpretación a la civilística moderna en su afán de clarificar el concepto de negocio fiduciario y la medida de su eficacia y vigencia en la actualidad.

Vaticana (94) se hace mención de la fiducia. Todas las menciones de estas fuentes, consideradas postclásicas, prueban la presencia de la fiducia todavía existente en el pensamiento jurídico más allá de la época clásica. Y, sobre todo, la supervivencia en el lenguaje normativo del Codex Theodosianus, especialmente en dos Constituciones (C. Th. 15,14,9 y C. Th. 2,30,2). Esta es la última referencia a la fiducia en una fuente legislativa romana, puesto que, como hemos dicho, no aparece mencionada en la Compilación de Justiniano (1)   Las fuentes literarias nos proporcionan información de la fiducia en época republicana, en especial Cicerón. La literatura de la Baja latinidad nos transmitió al menos dos valiosas definiciones, como Boecio en sus Comentarios a los Tópica de Cicerón (In Ciceronis Tópica, 4,10,41) y San Isidoro de Sevilla en Originum sive etimologiarum libri (Orig. 5,25,23)(2).

[281]) A partir de el siglo XVIII los romanistas alemanes, llamados Pandectistas; Hugo, Savigny, Puchta, Ihering, Arndts, Brinz, Windscheid, Niebuhr, Stahl y otros, dieron origen a la Escuela Histórica que otorga importancia decisiva a la tradición jurídica y adaptaron el Derecho Romano a los nuevos tiempos completando los conceptos jurídicos y elaborando una teoría general del derecho en base a su abstracción y generalización de principios que solo en germen concibieron los romanos

La normativa italiana ha ratificado el convenio de la haya, al aceptar al trust, dentro de sus instituciones jurídicas.

b) Comentarios a la Normativa Italiana:

Siendo las compilaciones romanas la base de nuestro nuestra legislación, en su esplendor y decadencia, ellas marcan el origen del fideicomiso, que no es más que el mismo trust del derecho anglosajón o germánico, como hemos venido sosteniendo. Para la tesis italiana de la fiducia o fideicomiso en la actualidad caben las mismas consideraciones que se han hecho en los países antes mencionados sobre esta figura, dado que todos se ha fundamentado sobre lo mismo; no obstante las actualizaciones que se hayan podido hacer en fechas más recientes.

1.2.4. NORMATIVA ALEMANA

a) Exposición

El profesor **Windscheid** ([282]), comenta que el Código Civil de Alemania encierra el principio de la abstracción, que es un elemento particularmente importante y distintivo en el sistema del BGB ([283]), (en la terminología jurídica alemana *Abstraktionsprinzip*, aunque la palabra no aparece en ningún sitio de la ley), el cual domina todo el código y es vital para el entender cómo el BGB trata las instituciones jurídicas, tales como los contratos. Este principio, que en materia de propiedad se expresa en la distinción entre título y modo, es seguido por otros códigos civiles de inspiración romana, tales como el español y el chileno.

Guillermo Alegre Alonso ([284]) señala: "un ejemplo puede aclarar esto: en el sistema del BGB la propiedad, como en la antigua Roma,

---

[282]) Bernardo Windscheid, este ilustre catedrático es uno de sus grandes impulsadores

[283]) El BGB es la pieza central del sistema de derecho privado alemán. Las demás normas descansan en los principios de éste. De este modo en el Código de Comercio Alemán sólo se encuentran reglas especiales acerca de las sociedades comerciales y sociedades limitadas, pues las reglas generales sobre sociedades contenidas en el BGB les son aplicables. El sistema del BGB es típico de la pandectística del siglo XIX y ha encontrado críticas desde un comienzo por su falta de contenido "social". El legislador, junto a la aplicación histórica del código ha mejorado el sistema a lo largo de los años con el objeto de adaptar el BGB a este fin, con mayor o menor éxito. Recientemente la influencia del derecho comunitario de la Unión Europea ha sido bastante fuerte y varias modificaciones al BGB se deben a este hecho

[284]) Cita Guillermo Alegre Alonso, La naturaleza jurídica de la fiducia sucesoria, título v capítulo 1y 2, año 1998: También hallamos precedentes germánicos de la fiducia en el Salmann. Esta figura sufrió una transformación desde sus orígenes por influencia de la Iglesia y la aceptación del testamento por el Derecho Germánico. En un principio el testador podía elegir un heredero y adoptarlo para que hiciera por

no se transfiere por el contrato de compraventa, como ocurre en la mayoría de los sistemas que siguieron al Código Civil Francés. Por el contrario, el contrato de compraventa solamente obliga al vendedor a transferir la propiedad del objeto al comprador, mientras éste se obliga a pagar el precio pactado. El comprador no adquiere inmediatamente la propiedad en virtud del contrato así como el vendedor no adquiere el dinero. El parágrafo 433 del BGB explícitamente establece estas obligaciones de ambas partes. Entonces, el vendedor y el comprador han adquirido derechos (y acciones para exigirlos) recíprocos. La transferencia de propiedad se verifica por otro negocio jurídico, la tradición, que se regula en los parágrafos 929 y siguientes. Así, una sencilla venta de bienes muebles que se paga inmediatamente en efectivo, será para el Código Civil un conjunto de (al menos) tres negocios jurídicos distintos: el contrato de venta mismo que obligará al vendedor a transferir la propiedad al comprador, y a éste a pagar el precio; la tradición por la cual se transmite la propiedad al comprador y por la cual el vendedor cumple su obligación; y el pago que transfiere el dinero del comprador al vendedor y por el cual el comprador cumple con su obligación."

Aunque el principio de abstracción no es común en otros sistemas jurídicos y puede contradecir el sentido común del tráfico comercial, es indiscutido en el sistema jurídico alemán. La principal ventaja del principio de abstracción es su aptitud para proporcionar un sustento jurídico para casi cualquier transacción comercial sin importar cuán compleja sea. Un buen ejemplo es la venta con reserva de dominio (285).

La ciencia europea del Derecho Privado no se ocupó de la fiducia hasta la Escuela Pandectística alemana (286) la cual se interesó por el

---

él las ofrendas de difuntos y al que se entregaba el caudal relicto. Posteriormente, este originario heredero se convirtió en una suerte de depositario del caudal relicto, que le era transmitido por el causante mediante la festuca, con el objeto de que el Salmann lo entregase ante la asamblea pública tras la muerte del causante. Con la aceptación del testamento por el Derecho Germánico, el Salmann se convirtió en un ejecutor testamentario

[285]) Cita Guillermo Alegre Alonso: Si alguien compra un bien y paga el precio en cuotas, el sistema debe arbitrar dos intereses en conflicto: el comprador desea tener el bien comprado inmediatamente, mientras el vendedor quiere asegurar el pago íntegro de la compra. En virtud del principio de abstracción, el BGB otorga una respuesta simple: el contrato de compraventa obliga al comprador a pagar el precio íntegramente y exige al vendedor transferir el dominio de la cosa una vez recibida la última cuota del precio. Debido a que la constitución de las obligaciones y la transferencia efectiva del dominio operan en dos negocios jurídicos distintos resulta fácil asegurar los intereses de ambas partes. El vendedor mantiene el dominio de la cosa hasta que se haya pagado completamente el precio y el comprador obtiene la tenencia de la cosa comprada. Si falta a su obligación de pagar el precio el vendedor puede perseguir la cosa ejerciendo la acción de dominio.

[286]) La escuela histórica del Derecho es una corriente doctrinal surgida en el Alemania durante el .XIX, que afirma que el origen del Derecho ha de situarse en base a la evolución histórica de un determinado pueblo, cuyo espíritu se manifestaba originariamente en forma de costumbre y tradiciones. Surge como oposición al movimiento codificador, que pretendía unificar y sistematizar los cuerpos normativos. Tal

negocio fiduciario al elaborar la teoría general del negocio jurídico. Es conocido el papel del tratadista **Regelsberger** como difusor de una concepción presuntamente romana de la fiducia ([287]) que, incluso romanistas como **Sohm** aceptaron como válida.

b) Comentarios a la normativa Alemana

La República de Alemania, con eminentes hombres dedicados a la investigación en el campo del derecho y en otras disciplinas también, ha logrado emparentar la fiducia romana con el trust. Sobre estas investigaciones, nos señala el profesor alemán **Hans Wurdinger** ([288]) que el

---

corriente había sufrido una proyección aún mayor a raíz de la codificación francesa, con el posterior trasplante del Código Civil francés a países y regiones de tradición jurídica distinta. Entre sus partidarios más notables, figuraron juristas tales como Savigny, Puchta, Jacob y Wilhelm Grima, Eichhom, Niebuhr y Windscheid, cuyos trabajos fueron desarrollados a partir de la escuela pandectística, que se dedicaba al análisis del Derecho romano. La escuela histórica terminaría por establecer una "jurisprudencia de conceptos" (Begriffsjurisprudenz en alemán), a la que se opondría otro gran jurista de la época, Rudolf Von Ihering, quien defendía una vuelta a la realidad social en su denominada jurisprudencia de intereses.
[287]) Esta concepción difundida desde fines del siglo pasado entre pandectistas y romanistas partía de la concepción de la mancipatio como negocio transmisor de la propiedad, que el fiduciante transmitiría al fiduciario y que tendría efecto comisorio si el deudor fiduciante no pagaba (pecunia non soluta), pero si éste pagaba nacía para el fiduciarius la obligación de devolver, sancionada por la actio fiduciae que no sería (en su opinión) una actio in rem sino obligacional in personam. De este modo si el creditor fiduciarius había enajenado la cosa o se negaba a la devolución de la misma respondería por incumplimiento de la obligatio de devolver (reddere rem). Estas fueron las líneas dogmáticas convencionales dentro de las cuales se enmarcó desde la Pandectística un concepto dogmático de la fiducia como contrato de garantía y prototipo del negocio fiduciario. De este modo se nos presentaba como un negocio de efecto real (transmisión de la propiedad de la cosa al fiduciarius) y también de efecto obligacional contrario, consistente éste en la obligación nacida del pactum fiduciae de devolución de la cosa dada en garantía, si el deudor fiduciante realizaba el pago del crédito garantizado. Este doble efecto real y obligacional de la fiducia provocó graves dificultades de interpretación a la civilística moderna en su afán de clarificar el concepto de negocio fiduciario y la medida de su eficacia y vigencia en la actualidad, como expondremos más adelante. Sin embargo hay que decir que esta concepción pandectística no fue producto únicamente de la especulación dogmática abstracta (característica de esta escuela) puesto que tuvo un apoyo en las nuevas aportaciones de las fuentes recibidas al margen de la Compilación de Justiniano, antes mencionadas, como es el caso del descubrimiento de las Instituciones de Gayo, en el famoso palimpsesto

...
[288])THE GERMAN TRUST: The development of the trust in English law from Feoffee to uses to the modern "trust," one of the most important achievements of Equity, arouses marked interest and admiration among German lawyers. In the first place they regard the legal principies governing the English law of "trusts "—whether rightly or wrongly is not a matter for discussion here—as the deveiopment of legal ideas which also operated in Germany before the Reception of Roman law; and further they praise the freedom from juristic abstractions characteristic of Anglo-American legal culture, which thinks of legal rules in relation rather to their results than to their theoretical nature, and prefers a supple, elastic application of law to the logic of a closed legal system. There has therefore been no lack of attempts on the part of German jurists to take over English notions connected with the "trust" into the German legal system. Such attempts have however foundered on the legal premises which govern our legal thought. Since the Reception of Roman law German law has been dominated by the contrast amounting to a distinction between logical categories between obligations and real rights, i.e., between rights in personam and rights in rem. An obligation is a relation between creditor and debtor, entitling the former to demand a performance from the latter, such as the delivery of a thing, the payment of money, an act or an abstention (241 BGB). If the obligation is to deliver a thing, the obligation itself gives the creditor no real right to the thing; he acquires it only if the debtor in fulfilment of his obligation conveys the thing to the creditor (e.g., the buyer), and for this a separate real transaction is required (929 ff. BGB). Accordingly, if the debtor in breach of contract conveys the thing to a third party, the creditor cannot claim delivery of the thing from the third party, but acquires only a right to claim damages from the debtor for breach of

injerto que han logrado los anglosajones con la antigua institución romana en derecho civil ha pasado la fase de experimentación y representa un triunfo del espíritu más moderno y una rutina en el ámbito de la jurisprudencia ejemplos que han seguido en los negocios fiduciarios otros países de tradición Romano Germánica, como los de Latinoamérica ([289]), La provincia Canadiense de Quebec ([290]), Escocia, Liechtenstein, Luxemburgo ([291]), Sudáfrica, Etiopía, Israel, Japón, La República Popular de China ([292]), Rusia, han introducido un equivalente al trust bien porque la figura esté consagrada en la Jurisprudencia o por la Ley ([293])

Tenemos en América países que las operaciones de fideicomiso, no las tienen recogidas en Ley especial o en sus códigos, sino que estas operaciones las ejecutan, autorizados por decretos leyes que crean fideicomisos para determinados proyectos o que las leyes de creación de las instituciones financieras, señalan que podrán realizar estas operaciones o que amparándose en el principio de autonomía de la voluntad lo puedan realizar, como es el caso de República Dominicana ([294])

1.3. EL TRUST EN EL COMMON LAW

En **Inglaterra** encontramos la evolución de trust, el cual según **Scott Austin** se desarrolló en cuatro (4) fases: 1)

---

contract. A real right, on the other hand, such as ownership or that arising from a pledge, affords the person entitled to it a possibility of exercising control over the thing. It is not directed against a specific person, but subjects the thing to the unlimited or limited control of the person entitled, though this is protected against intrusions of third parties by a claim to an injunction and, ji the third party is at fault, by a claim for damages. Whercas a contract may give rise to rights and duties of every conceivable kind, German law admits only a limited number of real rights and transactions appertaining to the law of property. Accordingly only where enacted law expressly so provides can real rights be added to or modified by contract or by judicial interpretation. Thus §137 BGB makes it impossible for a trustee who hoids trust property to be applied for the beneftt of the settlor, to have the fuil power inherent in his ownership restricted by contract in such a way that the restriction may have real effect. On the contrary, the trustee has vested in him the unrestricted and exclusive ownership with its inherent illimitable power of disposition. Cita del professor HANS WÜRDINGER, The German Trust, Journal of Comparative Legislation and International Law, 3rd Ser., Vol. 33, No. 3/4 (1951), pp. 31-40. Hamburgo. Cita en la web: This journal is licensed to JSTOR by Cambridge University Press.

[289]) En Latinoamérica, casi todos los países han modificado sus leyes fiduciarias, siendo uno de los último Uruguay, que a finales de 2003, adoptó también una ley que tiene por objeto regular las relaciones fiduciarias

[290]) La Provincia Canadiense de Quebec adoptó un régimen general y completo de fiducia en la reforma de su código civil, que entró en vigor el 1 de enero de 1994

[291]) Ley publicada el 3 de septiembre de 2003

[292]) La República Popular de China, adoptó el 28 de abril de 2001 una ley relativa al trust que entró en vigor el 1 de octubre de 2001

[293]) DDC Directorio de Códigos Civiles. Código Civil .Net Actual Febrero 2006

[294]) El literal f del artículo 6 de la Ley Orgánica Sobre Bancos Hipotecarios de la Construcción N° 171 de fecha 07 de junio de 1971, señala que "Los bancos hipotecarios de la construcción estarán expresamente facultados para efectuar las siguientes operaciones: Actuar como fideicomiso de entidades nacionales, extranjeras e internacionales, ... En todos los casos las operaciones sobre las que verse el fideicomiso se referirán a los objetivos de fomento de la construcción" y el literal d del Artículo 4 de la Ley citada.

Desde la aparición del Use hasta principio del siglo XV.
2) De principio del siglo XV hasta la promulgación de la
Ley de Usos, en el siglo XVI, bajo la protección del
derecho de equidad. 3) De la Ley de Usos hasta finales
del siglo XVIII, Y 4) De finales del siglo XVIII a la época
contemporánea, donde esta institución se desarrolla
rápidamente. Aquí surge la Ley sobre la Organización
Judicial de 1873.

La compilación de la Jurisprudencia sobre el trust que
logra Inglaterra, publicada en la obra The Trust Acta del
año 1893, es la gran fuente de conocimiento de esta
figura.

El trust en la actualidad es la figura jurídica más empleada
en los países Anglosajones, ya que es utilizada para
formalizar desde una simple venta (trust for sale) hasta
para operaciones complejas (Holding Trust, Bissines
Trust).

Principales Tipos de Trust:

1) Express Trust, es aquel creado por la voluntad expresa
del settlor, afectando un bien a favor de otra persona con
la finalidad de asegurarle ventajas y provechos derivados
del bien objeto del trust.

2) Implied Trust, es aquel que se funda en la presunta
intención del creador, pero normalmente constituido por
un tribunal, donde el trustee designado no puede negarse
a aceptar el encargo.

3) Constructive Trust, es aquel que a diferencia de los
anteriores, nace de una interpretación de la Equity, es
creado judicialmente.

Dentro de una subclasificación del express trust,
encontramos los siguientes tipos de trust:

a) Investment trust; que constituye un fondo común, que
su manejo se confía a trust company

b) Voting trust; que constituye una representación de una
compañía fiduciaria para obtener mayoría en la
representación de la empresa

c) Holding trust, es aquel mediante el cual se reciben aportaciones de personas dedicadas a las mismas actividades que buscan un fin común, y

d) Guarantee trust, es aquel constituido con fines de garantía.

Veamos la normativa que se recoge del Common Law:

a) Exposición:

El trust, es una forma de disposición de bienes cuya flexibilidad extraordinaria permite que las obligaciones y facultades del trustee (fiduciario) sean las que el settlor (fideicomitente) determine, los derechos del cestui que trust (beneficiario) aquellos que desee concederle, subordinándolos, si así lo quiere, a la decisión discrecional del trustee ([295])

En los sistemas jurídicos de derecho común (common Law), el fideicomiso (trust) es un acuerdo por el cual los bienes (una parte o la totalidad) de una persona (Settlor), al cual también se le llama otorgante, donante o creador, es administrado por otra persona o personas u organizaciones (trustee), el cual pasa ser el propietario legal de la propiedad fiduciaria de los bienes del trust, en beneficio de otra u otras personas (cestui que trust), el cual adquiere la propiedad económica sobre el bien, en razón de su sistema jurídico.

b) Comentarios a la Normativa del Common Law:

Al analizar estos conceptos y otros que nos dan los tratadistas citados, llegamos a la conclusión que el trust es la misma figura del fideicomiso en otro régimen jurídico, por lo tanto parte de lo comentado sobre las observaciones a las definiciones del fideicomiso, caben también para las que se dan del trust, con la salvedad de la forma como cada régimen jurídico interpreta la propiedad fiduciaria, donde el derecho anglosajón o Common Law es utilizado. En casi todos los continentes encontramos al trust, en:

c) **Continente Europeo:** En su cuna Inglaterra, Gales, Irlanda

---

[295]) Según scout, citado por Batiza. Pág. 29, El Fideicomiso.

d) **Continente Oceánico:** En Nueva Zelanda y Australia y en otras antiguas colonias del Reino Unido.

e) **Continente Americano**: En Canadá (con la excepción de la Provincia de Quebec, la cual utiliza el sistema de derecho continental en el derecho civil y el derecho anglosajón en el derecho penal); los Estados Unidos de América (con excepción del Estado de Luisiana, el cual por su herencia francesa, utiliza un sistema de derecho continental y en las provincias británicas del continente, entre las cuales tenemos paraísos fiscales, como Belice, por citar uno.

f) **Continente Asiático:** En las antiguas posesiones británica, como: Hong Kong (La soberanía retornará a China), la India, Malasia y Singapur.

g) **Continente Africano**: Sudáfrica utiliza el sistema de derecho anglosajón.

Las principales características del sistema del common law, según algunos tratadistas son, entre otras, las siguientes:

- Es un sistema evolutivo y gradual
- Es histórico, con costumbres inmemoriales
- Es respetuoso de los derechos individuales
- Es un derecho eminentemente privado
- Es un derecho que busca poner límites al poder
- Es un derecho con limitados efectos sobre las personas
- Es un derecho que trata de ser apegado a la realidad

Semejantes atributos, son aspectos que deben considerarse para acogerse a los fundamentos de esta figura.

1.4. COMENTARIOS SOBRE LA NORMATIVA QUE RIGE EL FIDEICOMISO:

Como se desprende de las definiciones que recogen los ordenamientos jurídicos de los países citados y otros que no mencionamos del mundo islámico([296]), así como

---

[296]) Cita de Sélim Jahel, "Code civil et codification dans les pays du monde arabe", pp. 831-844, señala que "las dificultades y avances que ha encontrado el fenómeno codificador (civil) en los países del mundo árabe-musulmán, en muchos de los cuales el Imperio Otomano había preparado en gran medida el terreno

otros del mundo oriental ([297]), todos más o menos apuntan a la misma definición, en lo que consideran que es el fideicomiso o fiducia como figura jurídica, donde algunas sujetan la definición a que es un contrato o se puede dejar en un contrato y otras que señalan que es un negocio jurídico, negocio fiduciario o una relación jurídica que se puede dejar en un contrato o testamento, como lo expresa la mayoría de las definiciones de los países citados.

Las definiciones anteriores sobre el fideicomiso o fiducia en nuestro continente, están recogidas en los Códigos Civiles, los Códigos de Comercio y en Leyes especiales, con las variantes propias de cada uno de los países, pero con un tronco y destino común, en cuyo desenvolvimiento histórico, cultural, jurídico y económico

---

(a través de la llamada Medjellet-ahkâm-al-adliya, primera codificación del ámbito musulmán, que sobrevivió en muchos lugares a la caída del Imperio y ha servido de inspiración a varios códigos modernos de Derecho patrimonial) mientras que, en otros, lo hizo la colonización francesa. El A. distingue con exactitud el terreno del Derecho de obligaciones y los derechos reales –donde la idea de codificación al estilo occidental ha tenido amplia aceptación en casi todos los países considerados, con pocas "supervivencias" del Derecho islámico– del referido al estatuto personal (Derecho de familia y sucesiones), donde dominan normas muy tradicionales de contenido religioso procedentes de la Chari'a incluso en los países más avanzados, lo que ha impedido incorporar esas áreas a los Códigos civiles y se ha optado por hacer códigos especiales que sistematizan las reglas tradicionales (con excepción de Túnez, que en su código de 1957 se atrevió a derogar algunas normas de la ley islámica). Existe una línea de separación entre los códigos de países más modernizadores (Egipto, Líbano, Siria, países del Magreb), donde es notoria la influencia de la codificación francesa y los métodos occidentales, y los de los más tradicionales (Irak, Jordania, Emiratos Árabes Unidos, Kuwait), mucho más respetuosos con las prescripciones de la Chari'a y con unos modelos de código de carácter sintético, si bien se viene observando desde hace algunos años una creciente "islamización" del sistema incluso en los primeros. Los códigos civiles en dichos países, por tanto, no sirven, a juicio del A., para fundamentar ni unificar el Derecho privado, sino únicamente para clarificar el Derecho vigente y facilitar su aplicación. El trabajo, aunque sintético, resulta, con todo, algo confuso, ya que no siempre deja claras las fronteras entre las codificaciones del Derecho patrimonial y las de las normas referidas al estatuto de las personas y las relaciones familiares.

[297]) Eiichi Hocino, "L'influence du Code civil au Japon", pp. 871-895, relata de modo muy didáctico la historia de la penetración e influencia continua del Code civil y la doctrina francesa en los esfuerzos codificadores del Imperio japonés. El A. divide esta historia en tres fases o períodos: el primero (1867-1890), caracterizado por el dominio casi absoluto de las categorías francesas en la doctrina jurídica japonesa y en los primeros ensayos de codificación, que encuentran su cima en el proyecto de Gustav Boissonande (1890), que constituía, de hecho, una trasposición del Code civil al ámbito japonés, lo que, finalmente, acabó provocando la reacción de parte de la civilística japonesa (de formación alemana), que dio al traste con el proyecto. El segundo período (1890-1965) se caracterizaría por una influencia preponderante de la doctrina pandectista alemana y, en definitiva, del BGB, tanto en el Código japonés de 1898 como, sobre todo, en la doctrina, lo que vino en parte provocado no sólo por motivaciones técnicas, sino también políticas, ya que la clase dirigente japonesa veía en el Estado prusiano un buen modelo a seguir; la derrota en la Segunda Guerra Mundial no supuso un cambio significativo, dado que la doctrina civilista japonesa era en su mayoría de tendencia política liberal. Por fin, el tercer período (1967-) supone un gran cambio de orientación en la civilística japonesa, que se muestra mucho más relativista y ecléctica, con una mayor atención que en el pasado a los avances del Derecho comparado y una atención creciente, en relación con el período anterior, a las aportaciones de la doctrina y el Derecho de Francia. La conclusión del A. (repetida desde hace años en muchas publicaciones) es que, contrariamente al mito que sostiene el dominio aplastante de las categorías germánicas en el Código civil japonés y en su doctrina, la presencia del Derecho francés es indiscutible y no menor que la del BGB, por lo que dicho código debe calificarse más bien de obra ecléctica

han tenido mucho que ver los tratadistas de nuestra región y de otras latitudes sobre estos temas; así como instituciones dedicadas a la investigación, como FELABAN, nuestros legisladores y la jurisprudencia de los tribunales.

1.5. CONCEPTOS DE FIDEICOMISO EN LA DOCTRINA:

Veamos las definiciones de fideicomiso o fiducia que nos dan algunos autores, para que a la luz de estas apreciaciones y otras que recoge la doctrina, podamos tratar de dar una definición más acabada del fideicomiso, dentro de lo que entendemos que configura su naturaleza jurídica.

a) NICOLÁS VEGAS ROLANDO:

Nicolás Vegas Rolando comenta sobre el concepto del fideicomiso romano, en su obra El Fideicomiso en Venezuela, que ([298]) "En sentido amplio es todo lo que deja el testador de uno para que lo entregue a otro **(Escriche)**, viene de las expresiones Fideicommissum, compuesta de las palabras Fides, fe y Commissum, confiado". Como bien lo señala el autor, es un encargo de una persona para con otra, entregándole un conjunto de bienes para que ésta a su vez se lo entregara a otros. Algunos fideicomisos en Roma constituían simple sustituciones ([299]), que no era más que perpetuar ciertos bienes en el tiempo, sustituyendo sus beneficiarios que iban desapareciendo.

Vegas Rolando también, señala que la Fiducia que tuvo gran desarrollo en la Edad Media, "...venía a ser un pacto en virtud del cual, por un convenio de fidelidad, el adquiriente asumía la obligación de la restitución de la cosa una vez satisfecho el fin determinado para el cual se le había trasmitido"

b) JORGE BARRERA GRAF:

[298]) Nicolas Vegas Rolando, El fideicomiso en Venezuela, página 21, Ediciones y Distribuciones "Magón"
[299]) Nicolas Vegas Rolando, página 26, obra citada. " Las sustituciones fideicomisarias (o indirectas) perseguían, básicamente, proteger a los pródigos de su propio defecto; evitar la disolución de las grandes familias, dándoles como asiento un patrimonio inalienable..."

Jorge Barrera Graf en su obra Los Negocios Fiduciarios define el fideicomiso como: (300) "Aquel en virtud del cual una persona transmite plenamente a otra ciertos bienes o derechos, obligándose ésta a afectarlos a la realización de una finalidad lícita y determinada y, como consecuencia de dicha finalidad, obligándose a retransmitir dichos bienes o derechos a favor de un tercero o a revertirlos a favor del transmitente".

En esta definición también se describe la figura jurídica del fideicomiso y sus elementos personales y materiales; así como se identifica la finalidad lícita y determinada que se busca con su constitución. En cuanto a la transmisión de los bienes o derechos, señala que se transmiten plenamente y que se afectan a la realización del fin para el cual se constituye, pero al igual que las definiciones previstas en las leyes, no indica que se adquiere la propiedad fiduciaria de aquellos bienes o derechos transferidos al fiduciario, previo el cumplimiento de las formalidades de traspaso previstos en la Ley.

c) SERGIO RODRÍGUEZ AZUERO:

El profesor **Sergio Rodríguez Azuero** define al fideicomiso o la fiducia mercantil "como el negocio jurídico en virtud del cual se transfieren uno o más bienes a una persona, con el encargo de que los administre o enajene y que, con el producto de su actividad cumpla una finalidad establecida por el constituyente, en su favor o en beneficio de un tercero" (301)

Esta definición también se describe la figura jurídica del fideicomiso y sus elementos personales y materiales; así como se identifica la finalidad lícita y determinada que se busca con su constitución. En cuanto a la transmisión de los bienes o derechos, señala que se transfieren y que se afectan a la realización del fin para el cual se constituye, pero al igual que la definición anterior y las previstas en las leyes, no indica que se adquiere la propiedad fiduciaria de aquellos bienes o derechos transferidos al fiduciario, previo el cumplimiento de las formalidades de traspaso previstos

---

300) Citado por Jorge Porras Z, el Fideicomiso en Costa Rica. Pág. 21.
301) Rodrigue Azuero, Sergio, Contratos Bancarios, su significación en América Latina, pagina 617 primera edición, Biblioteca de FELABAN, Colombia 1977 y Negocios Fiduciarios, su significación en América Latina, pagina 182. primera edición, Bogota año 2005.

en las Leyes. Sobre esta observación el profesor **Jean Paúl Beraudo** observa que de la definición que nos da el profesor **Rodríguez Azuero** sobre el fideicomiso, que éste tiene una confusión y señala que "Es por causa de una síntesis muy rápida del autor de la definición o más bien la consecuencia de un sistema jurídico sumario, que el observador es sorprendido por una confusión entre la transferencia de los bienes y el acto creador del fideicomiso en una misma operación" ([302]).

d) JEAN PAÚL BERAUDO:

El profesor **Jean Paúl Beraudo** señala sobre   el fideicomiso ([303]) "que por lo general se trata de contratos a través de los cuales el constituyente (el constituendo o ficuciente o fideicomitente) transfiere bienes a un trustee (el fiduciario) en beneficio de un tercero (el beneficiario o el fideicomisario)". Este autor, cae también, en la misma confusión que observa al profesor **Rodríguez Azuero** y ubica la naturaleza jurídica del fideicomiso en el contrato, con lo cual le caben los mismos comentarios en cuanto al traspaso de los bienes y a que considera el fideicomiso como un contrato.

Las definiciones sobre el fideicomiso que nos da la doctrina, es fruto de las distintas teorías que sobre el fideicomiso o la fiducia y el trust se dan en las diferentes partes del mundo, ellas sucintamente se pueden separar entre los que señalan que el fideicomiso es negocio jurídico, negocio fiduciario, una relación fiduciaria y otros que definen el fideicomiso como un contrato, mediante el cual una persona física o moral, llamada fideicomitente transfiere la propiedad sobre parte de sus bienes y derechos a una institución fiduciaria, para que con ello realice un fin lícito, en provecho del propio fideicomitente o de otra persona, llamada beneficiario o fideicomisario, entre otras nociones que podrán apreciar en las teorías que sobre la naturaleza jurídica de esta figura se expone en la obra.

[302]) Jean Paúl Beraudo, Estudio Comparado del Fideicomiso y el trusa Inglés, elaborado por el profesor de la Universidad de París y Asesor de la Corte de Casación de la Haya.
[303]) Estudio Comparado del Fideicomiso y el trusa Inglés, elaborado por el profesor de la Universidad de París y Asesor de la Corte de Casación, Jean Paúl Beraudo.

Además de las definiciones anteriores, en las cuales podemos apreciar las distintas interpretaciones que en el derecho positivo y en la doctrina se tiene sobre esta figura jurídica, también encontramos algunas definiciones que se mencionan en páginas Web, como la que nos señala el Glosario Registro Público de la Propiedad y el Comercio de México sobre el Fideicomiso: "Operación mercantil mediante la que una persona física o moral llamada fideicomitente destina ciertos bienes a la realización de un fin lícito determinado encomendado éste a una institución fiduciaria"

Podemos concluir de las diversas definiciones del fideicomiso, que todas sostienen lo mismo en cuanto al propósito del fideicomiso, con las variantes propias de las disposiciones legales de cada país, y de lo que se interpreta que constituye su naturaleza jurídica; así como la adaptación o inspiración que los haya motivado a incorporar la figura del fideicomiso en su ordenamiento jurídico, unos porque lo tomaron de la corriente romanística y otros porque lo hayan tomado del Trust, ambos concurren a lo mismo de lograr ese propósito de acometer un encargo a favor de un tercero o de sí mismo, con la diferencia de la formalidad de los regímenes inspirados en el derecho romano y las variantes del derecho anglosajón, donde concurren el derecho formal y el de equidad . El fideicomiso y el trust, al ahondar en sus orígenes, debieron haber tenido la misma motivación e inspiración, sólo que han caminado por regímenes jurídicos diferentes en el devenir, lo cual los presenta como figuras diferentes, en su forma de implementación, pero con iguales propósitos, que es el fin último de lo que se pretende.

e) DEFINICIÓN DEL FIDEICOMISO:

Voy a tratar de lograr dar una definición lo más acabada posible del fideicomiso o fiducia, amparándome en lo que he comentado sobre esta figura, señalando que *"es una relación jurídica por medio del cual, una persona física o moral legalmente hábil, la cual es llamada fideicomitente o fiduciante o constituyente, manifiesta de manera unilateral constituir el fideicomiso, transmitiendo en este acto o en actos posteriores la titularidad de parte de sus bienes o derechos, los cuales constituyen el objeto de esta relación, cumpliendo con las formalidades de transmisión de estos bienes o derechos, a otra persona legalmente autorizada, llamada fiduciario; la cual debe manifestar su aceptación al nombramiento, para poder titularizar este patrimonio o aceptar su representación para cumplir la finalidad lícita, determinada y posible que se le ha encomendado, en provecho del mismo constituyente o de un tercero, llamado beneficiario o fideicomisario".*

En esta definición, como se puede apreciar hago una descripción de la figura jurídica del fideicomiso y sus elementos personales y materiales, así como se identifica la finalidad lícita, posible y determinada que se busca con su constitución y se aborda lo relativo a la transmisión de los bienes en el fideicomiso; aspecto este que representa la nota más destacada de esta definición, respecto a las citadas, incluyendo una propia de décadas anteriores ([304])

1.6. TÉRMINOS USADOS EN EL FIDEICOMISO, FIDUCIA O TRUST.-

El Fideicomiso, fiducia y el trust son figuras idénticas, tanto desde el punto de vista jurídico, propiamente dicho, como desde el punto de vista operativo o funcional, con ligeras variantes, en lo que constituye la inspiración del régimen jurídico que los soporta. Esta apreciación queda corroborada; no sólo en los términos o palabras que son usadas indistintamente en todos los países, tanto para el fideicomiso o fiducia como para el trust, sino también en el proceso de internacionalización de las finanzas que está emparentando las figuras en los ordenamientos jurídicos de los países, sean del *Common Law* o del *Civil Law* como referencia tenemos el fideicomiso llamado financiero, que aborda aspectos que lo asemejan al trust, quedando sólo las diferencias idiomáticas y de régimen jurídico, entre una y otra figura:

a. El término fideicomiso o fiducia, significa lo mismo, son usados indistintamente, y tienen su equivalente en el derecho inglés o anglosajón en el trust. La palabra Fiducia y su equivalente Trust, son extensivas a todas las operaciones de cualquier

---

[304]) Obra del autor "La Organización Fiduciaria", 1983 Editorial La Torre Venezuela, se introdujo la siguiente definición de fideicomiso: : "Un negocio jurídico por medio del cual una persona llamada fideicomitente, transmite la titularidad de bienes y/o derechos a otra persona llamada fiduciario, para que cumpla un fin lícito determinado, en provecho de sí mismo o de un tercero, llamado beneficiario"..

naturaleza, donde prive la confianza como fundamento.

b. El término fiduciario de la figura del fideicomiso o fiducia, es uso generalizado, y tiene su equivalente en el Trustee de la figura del trust

c. El término Fideicomitente, Fiduciante, Constituyente de la figura del fideicomiso o fiducia, tiene su equivalente en el Settlor de la figura del trust. Dependiendo del país y del tipo de fideicomiso o fiducia, se pueden y de hecho se usan indistintamente estos nombres u otros semejantes.

d. El término Beneficiario o fideicomisario, tiene su equivalente en el Cestui Que Trust de la figura del Trust. Este término acoge a los que reciben el producto o capital del fideicomiso, en sus diferentes fases, desde las primeras entregas de fondo fiduciario hasta la terminación del fideicomiso. En algunos de nuestros países, se refieren al fideicomisario, como la persona que recibe los bienes o derechos del fideicomiso al término de éste.

e. El término fideicometido o fideicomitido, es lo mismo, pero el primero está más generalizado, se usa indistintamente, aunque el segundo es más generalizado en los países del cono sur.

f. Los términos propiedad fiduciaria y dominio fiduciario, aunque distintos desde el punto de vista jurídico, tienen la misma significación para los que operan en fideicomiso.

g. El término titular y propietario, tiene la misma significación para los que operan el fideicomiso

Adicional a los términos antes señalados, se usan otros términos en fideicomiso o fiducia que se corresponden o relacionan con el tipo de fideicomiso o fiducia de que se trate y con la significación que tengan en cada país o región.

2.- CONCEPTOS RELACIONADOS CON EL FIDEICOMISO

Tratando de hacer más comprensible la exposición sobre esta figura, se comentan algunos conceptos, para que a luz de su interpretación, se pueda tratar de apreciar mejor el concepto de fideicomiso y los elementos que están inmersos en su naturaleza conceptual y jurídica; así como la institucionalidad de esta figura, la cual requiere apoyarse en diversas figuras e instituciones del derecho para lograr sus fines y propósitos.

2.1.-   Concepto de Negocio Fiduciario

La doctrina señala, que negocio fiduciario es aquel negocio, por medio del cual una persona transfiere a otros bienes con el objeto de cumplir una finalidad, dando al nuevo titular un poder que excedería la finalidad específica que se está buscando.   Además de esta definición, veamos las que nos dan los siguientes autores:

Regelsberger ([305]) nos da una definición del negocio fiduciario, señalando que es el: «negocio seriamente querido, cuya característica consiste en la incongruencia o heterogeneidad entre el fin contemplado por las partes y el medio jurídico empleado para lograrlo».

Grassetti ([306]) "Es una manifestación de voluntad con la cual se atribuye a otro una titularidad de derecho en nombre propio pero en interés, o también en interés del transferente o un tercero. La atribución al adquirente es plena, pero éste asume un vínculo obligatorio en orden al destino o empleo de los bienes de la Entidad Patrimonial".

El negocio fiduciario lo clasifica la doctrina, en puro e impuro. En el primero se encuentran dos relaciones, una real que viene dada por la transferencia del bien a otra persona, la cual se constituye en pleno propietario y un elemento personal u obligacional que consiste en el acuerdo, por medio del cual, esa relación real subordina forzosamente a la obligacional.   El negocio fiduciario impuro, se diferencia del negocio fiduciario puro, por las

---

[305]) Citado Por Guillermo Alegre Alonso, obra citada
[306]) Citado por Rodríguez Azuero. Contratos Bancarios. Pág. 605

regulaciones legales que este encierra. La característica fundamental del negocio fiduciario es que es un negocio único, unidad de negocio, e indirecto, por el procedimiento utilizado para cumplir el fin.

Cariota Ferrara ([307]) señala que "Los negocios fiduciarios de tipo romano son aquellos en los que una parte (fiduciante), para un fin reducido, da amplio poder jurídico a la otra (fiduciario) que asume la obligación (personal) de usar la posición jurídica real que se le ha creado, sólo dentro de los límites de aquel fin. El efecto real no está limitado sino medianamente por el obligatorio; el fiduciario puede disponer válidamente del bien que se le transfirió, incluso contra el deber que asumió, cuya violación da lugar a resarcimiento de daños..."

2.2.- Concepto de Negocio Jurídico

En la doctrina podemos recoger las definiciones de negocios jurídico, que comentamos a continuación, donde todos señalan la manifestación de voluntad, como elemento determinante, dentro de los efectos jurídicos que deben producir.

Para el profesor **Rodolfo Sacco** ([308]) "si el negocio es expresión de la autonomía, y si la autonomía es el poder de la voluntad, el negocio será voluntad, siempre que ésta sea declarada. Si la voluntad está ausente, no existirá el negocio". Para **Sacco,** "la idea de que la doctrina del negocio (es decir, el conjunto de las definiciones que tienen que ver con el negocio, en correlación con las reglas operativas concernientes a los negocios en general) constituye, en sí misma, el motor que impulsa la ampliación indefinida de la autonomía negocial es fruto de una imperdonable confusión. Dicha idea sería verdadera sólo si la doctrina del negocio consistiera en la afirmación de que la autonomía negocial no sufre límites". Según esta línea de pensamiento, el negocio jurídico no es un "acto de autonomía privada", ni tampoco un "acto de autorregulación de

---

[307]) El fideicomiso, Rodolfo Batiza, página 95, obra citada

[308]) La autonomía significa "ejercicio de poder normativo. No significa reglamentación de relaciones propias. [...]. Auto-nomía significa «poder normativo propio», y no «poder normativo sobre la esfera propia»". Quien afirma que "el negocio es el acto de autonomía indica una correlación entre un hecho y una cualidad de éste, pero no identifica el hecho del que está hablando. Por tal razón, una doctrina que ofrece hablar del negocio, pero se limita a señalar que el negocio es un acto de autonomía no es válida porque es tautológica". La autonomía está presente en los "actos" y en las "declaraciones". Los actos "autónomos" de estructura "declarativa" serán los negocios jurídicos ,; Cita de Leysser L. León* El negocio jurídico según Rodolfo Sacco Ideas de un maestro italiano

intereses", como sostuvieron, en su momento, **Betti y Renato Scognamiglio.**

Para **Castán** (^{309}) el negocio jurídico "es un acto integrado por una o varias declaraciones de voluntad privada, dirigidas a la producción de un determinado efecto jurídico y a las que el Derecho Objetivo reconoce como base del mismo, cumplidos los requisitos y dentro de los limites que el propio ordenamiento establece"

Por negocio jurídico se entiende la manifestación de voluntad, unilateral o bilateral, que por sí misma produce los efectos jurídicos deseados por quienes emitan dicha manifestación de voluntad (^{310})

El Diccionario Jurídico VENELEX, señala que "De una manera general, se entiende por negocio jurídico el acto en virtud del cual un sujeto de derecho regula sus intereses propios en las relaciones con otros, con sujeción a las normas que el ordenamiento jurídico positivo dispone para determinar sus efectos típicos."(^{311})

El negocio jurídico se clasifica en unilateral y bilateral.

a) La doctrina entiende por negocio jurídico unilateral aquel que resulta de una sola declaración de voluntad y produce efectos para quien lo emite, independientemente de la voluntad de otro sujeto de derecho, y aún en contra de esta última voluntad. No toda declaración unilateral de voluntad constituye necesariamente un negocio jurídico, porque existen situaciones en que la declaración unilateral de voluntad no produce por sí sola efecto jurídico, sino que para ello necesita de otra declaración de voluntad que unida a ella forme el negocio jurídico; tal es el caso de la oferta simple de contratar, que necesita de la aceptación de la otra persona. Los negocios jurídicos unilaterales se clasifican en recepticios y no recepticios.

- Es un negocio unilateral recepticio, aquel dirigido a un determinado destinatario y solo existe cuando se pone en conocimiento de ese destinatario; por ello son

---

^{309}) Citado por G. Cabanellas, Diccionario Derecho Usual. Pág. 21, Tomo III.
^{310}) La Enciclopedia Jurídica Opus, tomo I, página 193.
^{311}) Diccionario Jurídico VENELEX 2003, obra Venezolana editada por DMA Grupo Editorial, Primera Edición, tomo 2 página 11

considerados como revocables mientras no estén en conocimiento de dicho destinatario e irrevocables después de haber tal conocimiento.

- Es un negocio unilateral no recepticio aquel negocio jurídico que está caracterizado por no estar dirigido a persona determinada y produce efectos, independientemente de su comunicación o conocimiento por persona alguna. Por tal circunstancia es irrevocable, dadas las necesidades del interés y la seguridad jurídica que rodea a toda la comunidad organizada.

b) La doctrina entiende por negocio jurídico bilateral aquel que está compuesto o integrado por dos o más manifestaciones de voluntad que conjugadas producen efectos para todas las partes. Casos típicos de negocios jurídicos bilaterales son el acuerdo, la convención y el contrato.

2.3.- Concepto de Relación Jurídica

La relación jurídica es cualquier relación o situación social susceptible de ser contemplada jurídicamente - relación entre seres humanos que se encuentra regulada por el Derecho o que, sin estarlo, produce consecuencias jurídicas. Para **Cabanellas** ([312]), la Relación Jurídica "es todo vínculo de derecho entre dos o más personas, o entre una de ellas al menos y una cosa corporal o incorporal, con trascendencia en el ordenamiento vigente".

La relación jurídica obligatoria es aquella en la que el poder nace de ella y que detenta un sujeto, consiste en poder exigir de otro u otros, el hacer o no hacer algo. Al sujeto activo se le denomina **acreedor** y al titular del deber de le denomina **deudor**, por lo tanto el poder del acreedor va a recaer sobre la conducta de unas personas individualizadas y puede exigir de ellas una determinada prestación (objeto). De una relación jurídica nacen obligaciones. Una **obligación** es una facultad que la ley otorga al acreedor para exigir del deudor una determinada prestación y a la que el deudor responde con todos sus bienes presentes y futuros (responsabilidad universal).

Díez-Picazo y Gullón señalan que la relación jurídica puede

[312]) Guillermo Cabanellas. Diccionario Derecho Usual.

definirse como ([313]) "la situación en que se encuentran dos o más personas, que aparece regulada como una unidad en el ordenamiento jurídico, organizándola con arreglo a determinados principios, y que la considera, además, como un cauce idóneo para la realización de una función de tutela jurídica".

La relación jurídica se presenta como una parte de la vida social que el ordenamiento jurídico regula, con el fin de que los individuos puedan realizar funciones económicas sociales necesitadas de una especial tutela y protección. La relación jurídica la consideran como un proceso, que tiene naturaleza transitoria ya que se inscribe en el devenir histórico, constituyéndose para alcanzar un fin, debiéndose extinguir con la consecución de este fin, aunque una vez extinguida conserve, en el pensamiento jurídico, trascendencia como causa o fundamento de las modificaciones que en virtud de ella han sido realizadas.

La estructura ([314]) de la relación jurídica es la siguiente:
Los sujetos:

- Los derechos y deberes sólo pueden atribuirse a personas.
- El componente personal es básico
- vínculo entre personas:
- Sujeto activo, el que tiene derecho a algo.
- Sujeto pasivo, el que se encuentra obligado.
- La existencia de varios sujetos activos o pasivos da lugar a situaciones de cotitularidad.

El objeto. Es la realidad material o social subyacente en la relación entre los sujetos.
El contenido. Es el entramado de derechos y deberes que vinculan a los sujetos de la relación...

En el contenido básico de la relación jurídica, encontramos la siguiente clasificación:

- Relaciones obligatorias. Las que por responsabilidad contractual o extracontractual, una persona se encuentra en el deber de prestar una conducta determinada en beneficio de otra.

---

[313]) Diez-Picazo, Luis y Gullón, Antonio. Instituciones del Derecho Civil. Editorial Tecnos. Colección Biblioteca Universitas.
[314]) José Pérez Martínez, Apuntes de Derecho Civil. 1997. España.

- Relaciones jurídico-reales. Aquellas que en virtud de un derecho real, una persona goza de decisión sobre el uso y aprovechamiento de un bien que el ordenamiento le garantiza frente a los demás.
- Relaciones familiares. Las situaciones de especial conexión entre personas reguladas, para garantizar un marco normativo a la familia.
- Relaciones hereditarias. Las conectadas al fenómeno de la herencia: derechos y deberes de los entre sí y con los demás.

2.4.- Concepto de Acto Jurídico.-

Acto jurídico es la manifestación de voluntad dirigida de una manera consciente y reflexiva a la producción de efectos jurídicos, o sea a la consecución de alguna modificación en el ordenamiento jurídico. El acto reviste dos modalidades bien precisas: En primer término puede consistir en la manifestación de una sola voluntad, mediante la cual una persona determina la producción de efectos jurídicos a cargo o en provecho suyo y cuya principal representación está constituida por el testamento; en segundo término puede consistir en la manifestación o el acuerdo de dos o más voluntades que buscan la consecución de un mismo logro y que se califica como acto bilateral o plurilateral. Los dos ejemplos más destacados del acto jurídico bilateral son el contrato y la convención. ([315])

Los actos jurídicos "son todos los hechos jurídicos producidos con el concurso de la voluntad. Estos actos son una categoría dentro de los hechos jurídicos, y crean, modifican o extinguen relaciones y situaciones de derecho, debiendo coincidir además sus características con las de tipo normativo, pues solo la calificación jurídica que otorga la norma hace producir al acto consecuencia de derecho y lo transforma en jurídico..." ([316])

2.5.- Concepto de Negocio Indirecto.-

Para **Ascarelli**, hay negocio indirecto, "cuando las partes recurren en el caso concreto a un negocio determinado, para alcanzar consciente y consensualmente por su

---

[315]) Contratos bancarios, Rodríguez Azuero, Págs. 23 y 69. Obra citada
[316]) Leopoldo Márquez Añez, Estudios de Procedimiento Civil, Pág. 58.

medio, fines diversos de aquellos típicos de la estructura del negocio mismo" ([317])

2.6.- Concepto de Contrato.-

El contrato es una convención entre dos o más personas para constituir, reglar, transmitir, modificar o extinguir entre ellas un vínculo jurídico ([318]). Las condiciones exigidas para la existencia del contrato son: consentimiento de las partes, objeto del contrato y causa lícita. En la Enciclopedia Libre Wikipendia, encontramos las siguientes definiciones: "Un contrato, en términos generales, es definido como un acuerdo privado, oral o escrito, entre partes que se obligan sobre materia o cosa determinada, y a cuyo cumplimiento pueden ser compelidas. Es un acuerdo de voluntades que genera derechos y obligaciones para las partes...

Doctrinariamente, ha sido definido como un acto jurídico bilateral o multilateral, porque intervienen dos o más personas (a diferencia de los actos jurídicos unilaterales en que interviene una sola persona), y que tiene por finalidad crear derechos y obligaciones (a diferencia de otros actos jurídicos que están destinados a modificar o extinguir derechos y obligaciones, como las convenciones). También se denomina contrato el documento que recoge las condiciones de dicho acto jurídico...

En cada país puede existir un concepto de contrato diferente, y esa divergencia tiene que ver con la realidad socio-cultural y jurídica de cada uno de ellos (existen ordenamientos en que el contrato no se limita al campo

---

[317]) Cita de Juan Roca Guillamón, en su obra Contrato de factoring y su regulación por el derecho privado español, página 27.

[318318]) La mayoría de los Códigos civiles contienen una definición de "contrato". Muchos de ellos, siguen los lineamientos del Código Civil Francés, cuyo artículo 1101 expresa que "El contrato es la convención por la cual una o más personas se obligan, con otra u otras, a dar, hacer, o no hacer alguna cosa" El Código Civil Alemán prescribe que "para la formación de un negocio obligacional por actos jurídicos, como para toda modificación del contenido de un negocio obligacional se exige un contrato celebrado entre las partes, salvo que la ley disponga de otro modo". Mientras el Código Civil suizo señala que "hay contrato si las partes manifiestan de una manera concordante su voluntad recíproca; esta manifestación puede ser expresa o tácita". El Código Civil soviético solo expresaba que "Los actos jurídicos, esto es, los actos que tienden a establecer, modificar o extinguir relaciones de Derecho Civil, pueden ser unilaterales o bilaterales (contratos)" y Articulo 1.133 del Código Civil Venezolano señala que "El contrato es una convención entre dos o más personas para constituir, reglar, transmitir, modificar o extinguir entre ellas un vínculo jurídico"

de los derechos patrimoniales únicamente, sino que abarca también derechos de familia como, por ejemplo, los países en los que el matrimonio es considerado un contrato).".(319)

El primer principio que rige un contrato es la autonomía de la voluntad. Es decir, las partes pueden establecer los pactos que quieran siempre que no sean contrarios a la Ley, la moral y al orden público.

El documento que recoge las condiciones del fideicomiso es consensual y queda conformado desde el momento que las partes, por un lado el Fideicomitente manifiestan su disposición de constituirlo y por el otro, el fiduciario, manifestando su aceptación, con las formalidades de Ley, lo cual lo hace formal y bilateral; así como es también oneroso, traslativo y constitutivo de derechos reales, su constitución requiere forma escrita y de escritura pública, aún en aquellos países, donde se pueden clasificar en públicos y privados. El contrato se forma tan pronto como el autor de la oferta tiene conocimiento de la aceptación de la otra parte... La oferta, la aceptación o la revocación por una cualquiera de las partes, se presumen conocidas desde el instante en que ellas llegan a la dirección del destinatario, a menos que este pruebe haberse hallado, sin culpa, en la imposibilidad de conocerla... (320).

Los integrantes del documento o contrato de fideicomiso son por una parte, el Fideicomitente (fiduciante), que es la persona que en el acto de la firma del contrato o en acto posterior entrega los bienes o derechos a la otra parte básica de este contrato, como es el Fiduciario; salvo que el fideicomitente, lo deje por testamento o su entrega se establezca en el mismo contrato de fideicomiso que se

---

319) Página Web de Wikipedia, Enciclopedia Libre

320) Articulo 1.137 del Código Civil Venezolano señala que "El contrato se forma tan pronto como el autor de la oferta tiene conocimiento de la aceptación de la otra parte. La aceptación debe ser recibida por el autor de la oferta en el plazo fijado por ésta o en el plazo normal exigido por la naturaleza del negocio. El autor de la oferta puede tener por válida la aceptación tardía y considerar el contrato como perfecto siempre que él lo haga saber inmediatamente a la otra parte. El autor de la oferta puede revocarla mientras la aceptación no haya llegado a su conocimiento. La aceptación puede ser revocada entre tanto que ella no haya llegado a conocimiento del autor de la oferta. Si el autor de la oferta se ha obligado a mantenerla durante cierto plazo, o si esta obligación resulta de la naturaleza del negocio, la revocación antes de la expiración del plazo no es obstáculo para la formación del contrato La oferta, la aceptación o la revocación por una cualquiera de las partes, se presumen conocidas desde el instante en que ellas llegan a la dirección del destinatario, a menos que éste pruebe haberse hallado, sin su culpa en la imposibilidad de conocerla. Una aceptación que modifica la oferta, tendrá únicamente el valor de una nueva oferta."

materializará en fecha posterior a la firma del mismo, lo cual tendrá también sus consecuencias jurídicas. Estas personas, que le dan vida al contrato en su origen, ellas específicamente consideradas, no son estrictamente necesarias después de constituido el fideicomiso, como lo podemos apreciar a continuación:

a) En el caso del fideicomitente, si no se designó beneficiario, ni se reserva realizar aportes adicionales o controles especiales al movimiento del fondo, él no tendría ninguna actividad que ejecutar en relación a cumplir los fines del fideicomiso, salvo aquellas que la ley le reserve, aunque la Ley establece que en caso de renuncia de los beneficiarios los bienes o derechos del fideicomiso vuelven a éste, ([321]) y de no existir por cualquier circunstancia para ese momento, estos bienes irían a manos de sus herederos.

b) En el caso del fiduciario, éste puede ser sustituido y el fideicomiso, como tal sigue teniendo vigencia, en manos del fiduciario sustituto. La Ley establece que en caso de imposibilidad material de conseguir un fiduciario sustituto (bastante raro) el fideicomiso termina. ([322])   Al fiduciario no le está permitido renunciar; salvo que una disposición legal lo establezca o que materialmente este imposibilitado para cumplir su finalidad. No obstante lo anterior, algunos por previsión, colocan cláusulas en los contratos, que señalan que el fiduciario puede renunciar.

c) Adicional a estas personas que habilitan el fideicomiso con su firma o aceptación (fideicomitente y fiduciario), existe el beneficiario o fideicomisario, que es la persona o personas designadas como tal y que recibirán el capital y/o los frutos del fideicomiso de parte del fiduciario. Esta o estas personas pueden renunciar a ser beneficiarios, lo cual provocaría la terminación del fideicomiso, ([323]) dado que no se podría lograr la finalidad del fideicomiso, que

---

[321]) Artículo 27 de la Ley de Fideicomiso Venezolana señala que "Terminado el fideicomiso y satisfechas las obligaciones pendientes, el fiduciario queda obligado a transferir los bienes fideicometidos a la persona a quien corresponda conforme al acto constitutivo o a la Ley y a rendirle cuentas de su gestión.
Si el fiduciario no cumpliere con la obligación de transferir los bienes fideicometidos, la otra parte puede demandar la transferencia y reclamar los datos y perjuicios que la omisión del fiduciario le hubiere causado. La sentencia que declare con lugar la acción, tendrá efectos traslativos de propiedad"
[322]) Numeral 3 del Artículo 26 de la Ley de Fideicomiso Venezolana señala que " El fideicomiso terminará: ... 3. Por renuncia de todos los beneficiarios a sus derechos resultantes del fideicomiso;..."
[323]) Ver cita 31 Ley de Fideicomiso Venezolana

es traspasar los bienes o derechos que constituyen el patrimonio del fideicomiso en cabeza del beneficiario.

El contrato de fideicomiso encierra dos (2) aspectos que lo justifican de manera concreta, por una parte, la determinación de la función económica- social que el contrato cumple, y por la otra, el efecto general que el negocio constituyente determina, como creador de una situación jurídica interpartes, y frente a terceros, básicas para exigir el cumplimiento de condiciones e instrucciones establecidas en el mismo. "Es precisamente tal situación obligatoria la que, ejerciendo una función unificadora, justifica su fin y presta al negocio en su conjunto no sólo autonomía económica, sino también jurídica". ([324]) El contrato es el medio que se utiliza para acometer negocios, que constituyen la finalidad que se busca (causa jurídica) al constituir el fideicomiso, amparándose en su validez y eficacia jurídica.

2.7. Concepto de Fondo

En mi obra Los Fondos del Mercado Monetario, defino el fondo como: "Conjunto de Bienes de una persona o entidad cuando tiene finalidad y cuenta especial. Con el nombre de fondo, se señala, no solo a la parte del activo de una persona, natural o jurídica, que está separado de sus otros activos, para un fin específico, sino también se denomina, a todo el proceso o mecanismo que interviene en cumplir la finalidad que se busca con los derechos o bienes que lo integran, activos. Por ejemplo, el mismo fondo fiduciario, los fondos del mercado monetario, fondo de garantía, entre otros" ([325]). Este término, Fondo, lo confunden mucho con Reserva, que es una previsión. El Fondo es una segregación en los activos, son dos conceptos opuestos, que unirlos como lo hacen algunas disposiciones y diccionarios, es un craso error. Asimismo, observamos como en algunas leyes confunden la figura del "fondo" con la del "fideicomiso", aspecto que observamos cuando señalan que en esta última figura, **"que el fideicomitente y el fiduciario son la misma persona"**. Aquí lo que se está es hablando de un fondo

---

[324]) Juan Roca Guillamón, en su obra Contrato de factoring y su regulación por el derecho privado español, página 29.
[325]). Los Fondos del Mercado Monetario. Pág. 48. Obra citada del Autor (Atilio Rojas).

(activo), desde todo punto de vista, jurídico como económico o contable.

El concepto de fondo va ligado a los activos, bienes y derechos de una persona. En el caso del fideicomiso, cuando se usa la expresión fondo fiduciario, estamos hablando de los bienes o derechos que constituyen el patrimonio fiduciario, titularizado por el fiduciario (activos separados), el cual tienen finalidad especial, con actuaciones y gestiones propias o independientes de los otros bienes o derechos propios del fiduciario (activos de su patrimonio), como persona que es con derechos y obligaciones, que responden de manera general a sus acreedores, por lo cual no puede haber ningún tipo de confusión, entre el patrimonios del sujeto que actúa como fiduciario (bienes propios) y los que destina o pueda destinar para constituir un fondo especial por alguna razón que deba cumplir o requiera. Mucho menos, los puede confundir con los que titulariza éste en su carácter de fiduciario, que por ser diversos no se pueden confundir entre ellos, los cuales forman o constituyen los distintos fondos fiduciarios que titulariza el fiduciario. En el caso de fideicomisos múltiples o titularizaciones, cada uno de los bienes o derechos que constituyen estos fideicomisos, son recogidos en cada contrato de manera individual y ellos forman parte del fondo global de los fideicomisos que titulariza el fiduciario, pero están separados, salvo algunos manejos de fondos monetarios o financieros, por ventajas comparativas, que pudieran ofrecer a los beneficiarios y al fiduciario en su gestión.

Los recursos monetarios o financieros con los cuales el fideicomitente constituye el fideicomiso, quedan excluidos de la prenda común de los acreedores de éste y salen legal, económica y contablemente del patrimonio del fideicomitente, por lo cual no constituyen un fondo, ni pueden ser catalogados como tal, aun cuando el fideicomitente sea beneficiario o fideicomisario de estos bienes o derechos. De llegar a constituir un fideicomiso, para responder de manera particular a parte de sus acreedores, ni siquiera ese puede catalogarse de fondo, porque no estarían legalmente registrados en su contabilidad como activos, para responder genéricamente a sus acreedores, sino a una porción particular de ellos, que excluye a los otros acreedores.

2.8. Concepto de propiedad Fiduciaria.-

Propiedad fiduciaria es el derecho patrimonial y temporal que detenta una persona (fiduciario) sobre un bien o una masa de bienes, a favor de una persona, que puede ser el mismo constituyente o un tercero y sujeta a una condición, hecho o término para pasar la propiedad a otra persona.

2.9.- Concepto de Nuda Propiedad.-

Nuda Propiedad es aquel derecho de una persona sobre una cosa en la que su relación con ella es de ser solamente y únicamente propietario. Como propietario, tiene el dominio sobre la cosa, pero no ostenta la posesión por haber sido cedida ésta a través de un derecho real, denominado usufructo.

Nudo Propietario es la persona que sólo tiene la nuda propiedad de una cosa, el dominio de un bien sobre el cual pesa un derecho de usufructo, de uso o de habitación. Puede ejercer las facultades de propietario, siempre que no perjudiquen las acciones legítimas o convencionales del usufructuario o sujeto que lo detenta.

Las facultades del Nudo Propietario, dueño de la cosa, la importante limitación que existe un usufructo (derecho de poseer usar y disfrutar la cosa), es recuperar la cosa, en buen estado a la extinción del usufructo y disponer de la cosa, pudiendo vender su nuda propiedad; así como otros derechos accesorios a la cosa, como derechos políticos, en caso de acciones que pudieran existir.

Cabanellas, nos señala sobre la Nuda Propiedad que ([326]) "Cuando el dueño sólo tiene la disposición del bien y acción para reivindicarla de un extraño que la detenta, cuando pesa sobre la cosa el usufructo de otro, aquel primero sólo tiene la nuda propiedad; esto es, las atribuciones que hacen relación al dominio, pero no al goce de la cosa, y una expectativa: la de reunir en su mano el pleno dominio, una vez cumplido el plazo del usufructo o por sobrevivir al usufructuario, entre otras cosas. Igual situación se plantea con el uso y la habitación, pero no con el arrendamiento. El origen de la

---

[326]) G. Cabanellas, Diccionario de Derecho Usual, tomo III, pagina 48... Para los romanos, la plena propiedad comprendía un complejo de facultades: el jus utendi (el usar de la cosa), el jus fruendi (a todos sus frutos), el jus abutendi (la potestad de abusar, muy discutida en su sentido y alcance), el jus disponendi (la disposición sobre el bien) y el jus vindicando (el poder reivindicarla de un supuesto propietario o de un injusto poseedor.

nuda propiedad puede ser convencional, testamentario y legal. El primero, aunque raro, puede darse, sobre todo si el reducido a nudo propietario obtiene una remuneración única inicial (la periódica es arrendamiento) y queda sujeta la relación a un plazo, o al factor aleatorio de la supervivencia del usufructuario... La testamentaria es la más frecuente, cuando el testador quiere cumplir con deberes afectivos o de otra índole con personas determinadas, y no desea que los bienes vayan a parar en definitiva a los sucesores de ellas, ni que salgan de la familia. ... Por último, es la legal tratándose del cónyuge supérstite,... hace usufructuario a costa de los herederos....” La nuda propiedad se extingue por las mismas causas que el usufructo, y por la característica de enajenarla a favor del usufructuario”.

2.10. Concepto de Usufructo

Usufructo es el derecho real de usar y gozar temporalmente de las cosas cuya propiedad pertenece a otros, del mismo modo que lo haría el propietario. El usufructo creado por negocio jurídico, puede ser por tiempo fijo, no puede exceder de 30 años ([327]), Si se establece por tiempo indeterminado, se extenderá limitado a la vida del usufructuario.

En esta figura se establece un lapso, que no podrá exceder de treinta (30) años, que es semejante al que se establece para el fideicomiso para personas jurídicas, en casi todos los ordenamientos jurídicos de nuestros países: Argentina, Bolivia, Chile, Venezuela, Costa Rica, Colombia, entre otros, con excepción de México que establece 20 años después de constituido el fideicomiso ([328]) y la Provincia Canadiense de Quebec establece un plazo máximo de 100 años para personas jurídicas como beneficiarios; no obstante, establece que de ser privado o social puede ser a perpetuidad ([329])

---

[327]) Artículo 619 del Código Civil de Venezuela.
[328]) La Ley general de Títulos y Operaciones de Crédito Mexicana, última reforma publicada el 27-07-2006, Artículo 392.- El fideicomiso se extingue: ... III.- Por hacerse imposible el cumplimiento de la condición suspensiva de que dependa o no haberse verificado dentro del término señalado al constituirse el fideicomiso o, en su defecto, dentro del plazo de 20 años siguientes a su constitución;
[329]) El Código Civil de Quebec señala: Artículo 1272 que”... En ningún caso podrá ser una persona jurídica beneficiario por un período superior a 100 años, aunque a más largo plazo se ha fijado y el artículo 1273. Un privado o confianza social puede ser perpetuo”.

3. OTRAS OPERACIONES DE CONFIANZA

Las operaciones de confianza más destacadas, además del fideicomiso y el trust, son el mandato, la comisión y la representación, las cuales conjunto con la tercerización, forman parte de los servicios prestados a terceros. Estos encargos de confianza, como figuras jurídicas son recogidas en Códigos de Comercio, Códigos Civil, Leyes de Bancos, Leyes de Seguros y otras leyes especiales sobre la materia fiduciaria.

Cualquier institución financiera que desee realizar estos encargos de confianza de manera profesional, deberá realizar los mismos pasos que ejecuta para actuar como fiduciario, así como sus formalidades deberán ajustarse a los términos de ley y a la naturaleza del encargo que ejecuten. Estas autorizaciones para operar, normalmente las solicitan las instituciones financieras, por ante las superintendencias respectivas, en el mismo acto donde tramitan el permiso para operar como fiduciario.

La Ley de Instituciones del Sector Bancario Venezolana establece ([330]) que "Las instituciones autorizadas para actuar como fiduciarios, mandatarios, comisionistas o para realizar otros encargos de confianza deberán dar estricto cumplimiento a la normativa contenida en el presente Decreto Ley y en las normas de carácter prudencial que dicte al efecto la Superintendencia de Instituciones del sector Bancario, no pudiendo eludirlas basándose en el cumplimiento de las instrucciones del cliente" Esta norma limita la libertad contractual (autonomía de la voluntad) y sobrepone la actuación del fiduciario o mandatario por encima de las instrucciones del constituyente, sea fideicomitente o mandante.

En la Ley de la actividad Aseguradora ([331]) el fideicomiso relacionado con la materia de seguro; el cual es definido como la relación jurídica por la cual el fideicomitente transfiere uno o más bienes al fiduciario, quien se obliga

---

[330]) Capítulo III, Artículos 63, 71 y 72 de la Ley de Instituciones del Sector Bancario Venezolana señala que Las instituciones financieras autorizadas para actuar como fiduciario, mandatario, comisionista o para realizar otros encargos de confianza deberán dar estricto cumplimiento a la normativa contenida en el presente Decreto Ley y en las normas de carácter prudencial que dicte al efecto la Superintendencia de Bancos y Otras Instituciones Financieras, no pudiendo eludirlas basándose en el cumplimiento de las instrucciones dadas por el cliente.

[331]) Artículos 2, 4 numeral 10, 11 numeral 1, artículo 17 numeral 1 literal d y 35 del decreto N° 6.211 del 30/12/2015, reimpresa el 03/03/2016 la Ley de la Actividad Aseguradora

utilizarlo en favor de aquel o de un tercero beneficiario. Solo podrán ser fiduciarios según la Ley de la Actividad Aseguradora, las empresas de seguros constituidas en el país y que estén autorizadas por la Superintendencia de la actividad Aseguradora para actuar como fiduciario en las operaciones de fideicomiso relacionado con la materia fiduciaria.

La Ley de la Actividad Aseguradora ([332]), establece una contribución especial comprendida entre 1,5% y 2,5% del total de los ingresos obtenidos como remuneración por los contratos de fideicomiso relacionados con la materia de seguro. Esta misma ley ([333]) establece que se debe constituir garantía en el Banco Central de Venezuela a favor de la Nación, con una cifra equivalente a 12.000 unidades tributarias.

Esta garantía fue eliminada en las reformas de las leyes de bancos, por no tener ningún sentido y por ser contraria a la naturaleza de la figura del fideicomiso.

Veamos los diferentes conceptos de las operaciones de confianza, a que hemos hecho mención:

3.1.- **EL MANDATO.-**

El mandato es una operación de confianza, que mediante contrato una persona se obliga gratuitamente, o mediante salario, a ejecutar uno o más negocios por cuenta de otra, que la ha encargado de ello. Veamos el concepto que nos da **De Ruggeiro** ([334]), el cual lo define como: "Encargo conferido a una persona para que realice por cuenta nuestra y a nuestro nombre uno o varios negocios jurídicos, de modo que los efectos del negocio realizado se enlacen a nuestra persona como si nosotros mismos lo hubiésemos efectuado"

El objeto fundamental del contrato de mandato es realizar un negocio jurídico, lo cual excluye que su contenido sea la ejecución de obras materiales. Ellas se dejan al desarrollo de otros tipos de contratos, como la prestación de servicios o la relación laboral, entre otros; así limitado,

---

[332]) Articulo 11 numeral 1 de la Ley de la Actividad Aseguradora, citada.
[333]) Artículo17 numeral 1 literal de la Ley de la Actividad Aseguradora
[334]) Obra citada

el mandato tiende a que el mandatario exprese su voluntad en orden a conseguir un determinado efecto jurídico y que el mismo se radique directamente, en principio, en cabeza del mandante. Se trata, pues, de la realización de un negocio por interpuesta persona, la cual está facultada y obligada, al mismo tiempo, para llevarlo a cabo.

El mandato puede ser expreso o tácito y la aceptación puede ser tácita y resultar de la ejecución del mandato por el mandatario, e igualmente es gratuito, si no hay convención en contrario. El mandato se clasifica como especial y general, pudiendo ser el primero para un negocio o para ciertos negocios solamente, o general para todos los negocios del mandante, comprendiendo este caso, sólo los actos de administración.

Las clasificaciones anteriores se basan en la forma como se da el mandato y en las facultades conferidas al mandatario. El mandato tiene las limitaciones previstas en la Ley, para resguardar los derechos del mandante y protegerlos de los excesos en que pudiera incurrir el mandatario.

Para poder transigir, enajenar, hipotecar o ejecutar cualquier otro acto que exceda de la administración ordinaria, el mandato debe ser expreso. El poder para transigir no envuelve el de comprometer. Asimismo, el mandatario no puede exceder los límites fijados en el mandato. Cuando el mandatario obra en su propio nombre, el mandante no tiene acción contra aquellos con quienes ha contratado el mandatario, ni éstos contra el mandante. En tal caso, el mandatario queda obligado directamente hacia la persona con quien ha contratado, como sí el negocio fuera de él propio.   Si el mandato ha sido conferido a un incapaz, éste puede representar válidamente al mandante, pero no queda obligado para con él sino en los límites dentro de los cuales puede ser obligado como incapaz. ([335])

3.2.- **LA COMISIÓN**

La comisión es una operación de confianza, que mediante contrato una persona llamada comitente, encarga a otra llamada comisionista el ejercicio de actos

---

[335]) Artículos 1704 al 1712 y 1771 Código Civil Venezolano

de comercio en su propio nombre. Del latín comitere, encargar, encomendar a otros el desempeño de algún servicio o cosa (³³⁶)

El comisionista es la persona que ejerce actos de comercio en su propio nombre por cuenta de un comitente (³³⁷) y que no está obligado a declarar a la persona con quien contrata, el nombre de su comitente, pero queda obligado directa y personalmente hacia aquel, como si el negocio fuera de él propio (³³⁸)

En las definiciones anteriores, se observa semejanza de estos conceptos con la figura del fideicomiso, a que se hace referencia, tanto en la Ley de Fideicomiso, como en las definiciones que sobre esta institución nos dan los distintos tratadistas, citados en la obra, cuando se aborda la parte conceptual y la naturaleza jurídica del fideicomiso; no obstante, la diferencia más marcada es el carácter con que actúa, el sujeto a quien se le encomienda el encargo en el mandato o en la comisión (mandatario, el primero, y comisionista, el segundo), que es en nombre ajeno, y en el fideicomiso, es de titular (³³⁹), salvo lo previsto en la legislación de Ecuador (³⁴⁰), que actúa en representación.

El comisionista es remunerado por su actuación, pero el mandatario en el mandato civil se entiende que es sin remuneración a menos que se estipule la remuneración a percibir.

3.3.- **LA REPRESENTACIÓN**

"La actuación jurídica en nombre ajeno puede obedecer a voluntad del representado, a imposición o previsión de la ley o a nombramiento de un juez o tribunal, que integran la triple modalidad de la representación voluntaria, legal y judicial de la persona física.

Los actos cumplidos en los límites de sus poderes por el representante en nombre del representado, producen

---

³³⁶) Diccionario de Derecho Usual. (Pág. 425, Tomo I)
³³⁷) Artículo 2, numeral 4, Código de Comercio Venezolano y artículos 376 al 409
³³⁸) Artículo 70 y 853, Código de Comercio Venezolano.
³³⁹) Artículos 70, 853, y artículos 377,379al 381, 383 al 386, 391,392 al 394, 406, 407, Código de Comercio Venezolano
³⁴⁰) Artículo 109 de la Ley de Mercado de Capitales de Ecuador, citado

directamente sus efectos en provecho y en contra de este último. ([341])

En sentido estricto la representación, es la modalidad de nombrar o designar las personas físicas que constituyen los órganos y la actividad que algunos sujetos realizan para cumplir los objetivos o fines de otras personas físicas o morales. Veamos la representación de las personas jurídicas (propiamente dicho), por ser las que necesariamente lo requieren. Las corporaciones, sociedades, asociaciones o fundaciones, como persona jurídica, su representación es la legal o estatutaria, dado que estos entes, son capaces de tener derechos y contraer obligaciones, que requieren para el ejercicio de los unos y cumplimiento de los otros, por carecer de existencia visible y de cuerpo real, que alguien obre por ella, en su nombre, como parte de la misma, que es su representante.

Gierke sostiene que la persona jurídica es en realidad la que obra en derecho, por medio del director, gerente o administrador, simple órgano de la misma, en virtud del poder que por ley, estatuto o contrato le pertenece". ([342])

Los excesos en la representación, pueden acarrear sanciones pecuniarias y penales para los que actúan en representación de la persona jurídica.

3.4.- EL TRUST

El trust y el fideicomiso o fiducia son una misma institución jurídica, "como lo hemos comentado, que tienen, casi, un mismo origen, similares procesos históricos, una misma naturaleza jurídica y una misma finalidad; así como se amparan en mecanismos jurídicos similares, salvo la forma como concibe la propiedad cada régimen jurídico que los sustenta. Estas figuras, por el proceso de integración y globalización que existe, las veremos marchar unidas, en el concierto de nuestras naciones, más tarde que temprano de apegarnos al pragmatismo anglosajón, que como lo señala el profesor **HANS WÜRDINGER**, al comentar la fiducia germánica qué"

---

[341]) Artículo 1.169 del Código Civil Venezolano.
[342]) Diccionario de Derecho Usual, de G Cabanellas, tomo III, página 552

prefieren un sistema flexible de aplicación de la Ley, a la lógica de un sistema jurídico cerrado".

Al comparar el concepto de trust, con el de fideicomiso o fiducia que hemos expuesto en la obra, lo menos que podemos concluir, es la similitud de estas figuras, si es que no queremos decir que es la misma figura histórica, en diferentes regímenes jurídicos. Afectos de apreciación de lo comentado, veamos las siguientes definiciones de la figura del trust:

Señala **Scout,** que ([343]) "el trust", es una forma de disposición de bienes cuya flexibilidad extraordinaria permite que las obligaciones y facultades del trustee (fiduciario) sean las que el settlor (fideicomitente) determine, los derechos del cestui que trust (beneficiario) aquellos que desee concederle, subordinándolos, si así lo quiere, a la decisión discrecional del trustee.

El Trust anglosajón, consiste en la separación que hace una persona llamada fideicomitente (settlor) de un conjunto de bienes de cualquier tipo (muebles, inmuebles o créditos) de su fortuna para confiarlos a otra persona, llamada fiduciario (trustee), con la finalidad que ésta haga de ellas un uso prescrito en provecho de un tercero llamado beneficiario (cestui que trust). ([344])

Santiago Puig Viladomiu, señala que podemos decir que el trust es un contrato – o mejor dicho dos actos jurídicos unilaterales – mediante el cual una persona – llamada "settlor"– transfiere a otra – llamada "trustee"– la propiedad de ciertos bienes – si bien dichos bienes no se integran en el patrimonio del "trustee" manteniéndose de forma separada del resto de su patrimonio preexistente – pero con la finalidad de actuar en beneficio e interés de otras personas – llamadas "beneficiarios"– de acuerdo con las instrucciones dadas por el "settlor" al "trustee" en la escritura de constitución. Por supuesto, el "settlor" puede establecer que él sea el único "beneficiario" del "trust". ([345])

---

[343]) Citado por Batiza. Pág. 29, El Fideicomiso.
[344]) Cheshire, citado por Batiza, págs. 61 a 64, los clasifica en express trust (expreso), que se constituye por la voluntad expresa del settlor, y los implied trust (implícitos), que son los que deben su existencia a los tribunales de equidad
[345]) Santiago Puig i Viladomiu, Artículos Doctrinales. Protección de bienes: Trus y Fundaciones. Derecho Civil Español, año 1999.

La definición de trust, que da el **American Law Institute** es la siguiente: "El trust, según el término, se emplea en el Restatement de esta materia, cuando no está limitado por las palabras de beneficencia, resultante o interpretativo, es una relación fiduciaria con respecto a bienes que sujeta a la persona que tiene el título sobre los mismos a obligaciones de equidad para manejarlos en beneficio de otra, y que surge como resultado de una manifestación de voluntad para crearla." ([346])

En nuestro continente, en algunas excolonias inglesas (Belice, Nevis, las Bahamas), tienen unos tipos de fideicomisos (trust) irrevocables, basados evidentemente en la inspiración del derecho inglés (common law), llamados "Fideicomisos Offshore, que son formados bajo el derecho de la Ley Común de Contrato. Los principales atributos de estos fideicomisos (trust), son administración centralizada, continuidad, facilidad de entrega de los beneficios y limitada responsabilidad del fideicomisario, aspectos estos que garantizan larga gestión y no ser objeto del régimen impositivo ([347]). Además de los países antes mencionados, encontramos los llamados fideicomisos internacionales, en varios paraísos fiscales como Singapur, Hong Kong, Islas Cook, Nueva Zelanda, Samoa, los cuales reúnen las mismas condiciones. Tomemos como referencia el caso de La Ley de Fideicomisos Internacionales de Samoa, para ser más explícito en nuestra exposición ([348]). Esta Ley permite la inscripción de fideicomisos internacionales, donde los fideicomisarios y los beneficiarios de dichos fideicomisos están exentos de cualquier tipo de impuestos, obligaciones o controles cambiarios en ese lugar (Samoa). Para reunir los requisitos de un fideicomiso internacional, este no debe tener beneficiarios residentes en el lugar (Samoa) y, por lo menos uno de los fideicomisarios debe ser una compañía fiduciaria inscrita en el lugar (Samoa), o una compañía internacional o compañía extranjera inscrita bajo la Ley de Compañías

---

[346]) Cita de Batiza, pagina 51-52 El Fideicomiso, obra citada
[347]) Fideicomiso contractual, llamados también fideicomisos de Ley Común, puros, verdadero, entre otros que se rigen por leyes de paraísos fiscales, con la Ley Común Inglesa.
[348]) The Samoa International Trusts Act 1987 FIDEICOMISOS INTERNACIONALES (The Samoa International Trusts Act 1987) permite la inscripción de fideicomisos internacionales en Samoa. Asimismo, permite que los fideicomisarios y los beneficiarios de dichos fideicomisos estén exentos de cualquier tipo de impuestos, obligaciones o controles cambiarios. Toda información relacionada con un fideicomiso internacional, incluyendo el contrato fiduciario y la identidad de las partes conectadas con el fideicomiso, es confidencial y está sujeta a las cláusulas relativas al secreto bancario

Internacionales de 1987.   No es necesario presentar
el contrato fiduciario ante el Secretario del Registro.
Toda   información   relacionada   con   un   fideicomiso
internacional, incluyendo el contrato fiduciario y la
identidad de las partes conectadas con el fideicomiso, es
confidencial y está sujeta a las cláusulas relativas al
secreto bancario.

Los países buscan las maneras de lograr ser apetecibles
a la colectividad, en el manejo de determinados
negocios, siempre actuando dentro del marco de la
legalidad, que les faciliten flujos de capitales e ingresos
por estos conceptos.

Batiza ([349]), recoge la siguiente clasificación del Trust,
señalando que se clasifica en "Trust Voluntario y por
ministerio de la Ley.- Señalan los autores la existencia de
diversos sistemas de clasificación del trust. Un primer
grupo es del criterio, considerado como básico, consiste
en clasificarlo según la forma en que nace, esto es, si es
resultado de la voluntad deliberada de su creador; o si,
por el contrario, surge como consecuencia del orden
jurídico.   Desde este punto vista, y siguiendo la
exposición de **Chesire**, fundada en principios que pueden
remontarse a Lord Nottingham en el siglo XVIII, los trusts
se clasifican de la manera siguiente: 1. Trusts que nacen
por acto de las partes, subdivididos en "trust expresos"
(express trusts) y "trusts implícitos" (implied trusts); los
trusts expresos, a su vez, se subdividen en "trusts
ejecutados" (executed trusts) y "trusts por ejecutarse"
(executory trusts).   Un segundo grupo, señala que el
Trusts que nacen por ministerio de la Ley, subdivididos en
"trusts interpretativos" (constructive trusts) y "trusts
resultantes" (resulting trusts)..." Además de esta
clasificación el profesor **Batiza,** nos cita otras de trusts
simple y especial, público y privado y, menciona citando
a **Keeton**, lícito e ilícito."

Algunos autores han sostenido, entre ellos **Arrechea
Álvarez, Rodríguez Rodríguez** que los antecedentes del
fideicomiso en México derivan del trust anglosajón, con
ligeras variantes y adaptaciones a su ordenamiento
jurídico. El hecho de inspirarse a su vez, buena parte de
las disposiciones fiduciarias del resto de América Latina

---

[349]) El Fideicomiso, página 60 a 65, tercera edición, México 1976, Editorial Porrúa

del derecho mexicano, es justo reconocer, que no solo los antecedentes jurídicos del fideicomiso o por lo menos su impulso en nuestro continente, derivan del trust anglosajón, sino también su instrumentación operativa y funcional, con las adecuaciones propias de cada uno de nuestros ordenamientos jurídicos. La incorporación reciente que ha hecho Francia de la Fiducia (350), con las adaptaciones propias de la figura del trust, nos pone en sus antecedentes y en la consecuente integración de estas figuras. Estos comentarios quedan confirmados, al comparar los conceptos que recoge la doctrina del trust y los que se dan del fideicomiso o fiducia, donde se aprecian las mismas observaciones, que hacemos a las definiciones sobre la transferencia de los bienes o derechos que constituyen el objeto del fideicomiso o del trust y las particularidades que encierran cada uno de ellos. Veamos lo que recoge la doctrina sobre el trust, especialmente **Santiago Puig i Viladomiu** (351) y lo que comparativamente agregamos sobre el fideicomiso, para marcar su similitud que apreciamos en estas dos figuras:

"El trust es una especie de contrato (de hecho son dos actos jurídicos unilaterales)". Esta misma particularidad presenta el fideicomiso, prueba de ello son las distintas tesis sobre su naturaleza jurídica, que comentamos en profusión en esta obra. En cuanto a que son dos actos jurídicos, así lo aprecia la jurisprudencia española.

"El trust ni crea ni tiene personalidad jurídica". Igual sucede con el fideicomiso, salvo lo previsto en la Ley de Mercado de Capitales de Ecuador. Véase lo que comentamos sobre la titularidad del fiduciario, donde este presta su nombre en la figura.

"Existe una verdadera transferencia de bienes (aunque dichos bienes no se integren en el resto del patrimonio del "trustee")". Esto mismo sucede en el fideicomiso

---

[350]) Ley 2007-211 del 19-02-2007 que modifica el Código Civil Francés.
[351]) Santiago Puig i Viladomiu, Artículos Doctrinales. Protección de bienes: Trus y Fundaciones. Derecho Civil Español. Noviembre 1999

"El principal derecho del beneficiario frente al "trustee" es de carácter personal – y no real –". Idéntica situación con el fideicomiso

"El beneficiario no tiene derecho alguno sobre los bienes del "trust" (si bien tiene "intereses" sobre dichos bienes y derechos frente al "trustee")". Es igual en el fideicomiso

"El "settlor" –constituyente del "trust"– no tiene ningún derecho frente al "trustee" (por supuesto, salvo que dicho "settlor" se designe como beneficiario a sí mismo)". Similar situación se presenta con el fideicomiso o que sobrevengan situaciones de renuncia de los beneficiarios.

En las comparaciones anteriores se puede apreciar, que estamos ante figuras semejantes que se rigen, como es evidente, por regímenes jurídicos diferentes pero que tienen iguales fines y propósitos y se apoyan en medios semejantes.

Estos comentarios sobre el trust y sus comparaciones con el fideicomiso o fiducia, permiten apreciar sus similitudes; no obstante, las variantes de los regímenes jurídicos que los sustentan, sin descartar, lo determinante de nuestros procesos históricos y culturales. Veamos lo que nos muestra cada régimen jurídico:

-   En el trust anglosajón, el trustee posee un derecho de propiedad ajustado a la Ley formal (Common Law) y otro con sustento en el derecho de equidad (equity), lo que representa dos (2) dueño, uno legal y otro en equidad.

-   En el fideicomiso o fiducia, el fiduciario o fiduciante es un sólo dueño en término de la Ley, inclusive en la legislación de Ecuador ([352]), el fideicomiso por esa ficción jurídica, es el dueño del patrimonio, siendo el fiduciario su representante legal. Pero, en el fideicomiso, a semejante del trust, en lo que respecta al derecho de equidad, el beneficiario o fideicomisario tiene

---

[352]) Artículo 109 de la Ley de Mercado de Capitales de Ecuador, citado

un derecho tácito o en suspenso sobre el patrimonio del fideicomiso, que no sólo podrá ejecutar cuando concluya el fideicomiso, sino que podrá hacer valer ese derecho en caso de observar perturbación sobre el mismo.

Podemos concluir, estas figuras son la misma institución, en diferentes regímenes jurídicos.

3.5.- LA TERCERIZACIÓN.-

Los procesos de globalización han tenido fuerte incidencia en el desarrollo de la administración y la tecnología. En general, estos procesos han generado una fuerte competitividad, dado que se debe atender un mercado más extenso, lo cual ha incidido en que se desarrollen más rápidamente herramientas tecnológicas de soporte a la organización, que permiten poder permanecer en un mercado de alta competitividad ([353]). En este servicio, también se puede apreciar, que se pone la confianza en un tercero, que sabemos conoce mejor su trabajo y nos puede hacer más efectivo el logro del propósito que pretendemos al contratarlo. Esto mismo, hacemos cuando vamos a la banca en busca de soluciones prácticas y sencillas, que aunque complejas para el público en general, son parte de las rutinas de los negocios de estas instituciones, que nos ayudan a resolver las nuestras, en las dimensiones de lo que pretendemos resolver.

Apreciemos algunos conceptos de tercerización, que se recogen en el mercado:

La tercerización, es el proceso mediante el cual, una persona llamada contratante, contrata con otra llamada contratada, aquellos aspectos de su negocio, que podría ser desempeñados más eficientemente por la persona contratada; a los fines, que la contratante pueda enfocarse mejor en la parte central de su negocio y así poder ser más competitiva en el mercado.

---

[353]) El Outsourcing, podemos decir que fue impulsado, a mayor escala en la década de los 80 por IBM, tratando de ser competitiva y como una forma de ofrecer soluciones a su clientela, en un mercado que estaba en recesión y que requería reducir costos, para poder subsistir.

Otro concepto de tercerización, sería que es aquella contratación que realiza una persona, que requiere la prestación de un servicio, con otra especializada en estas actividades; a los fines que la apoye, en aquellos procesos o áreas que requiere se soporte más eficientemente de su negocio, dentro del marco de lo acordado. Este tipo de acuerdo, lo ha popularizado el servicio de *Outsourcing*, tan en boga en la actualidad.

3.6. LA FUNDACIÓN.-

La Fundación se constituye por la creación, por parte del fundador, de una persona jurídica –al amparo de una Ley específica que la regula – a la cual se le transfieren bienes, ya sea por parte del fundador o de terceros, que quedarán afectos al destino estipulado en la Carta Fundacional.

Paralelamente, mediante un documento privado al margen de los estatutos –que no acceden al Registro Público específico – se establecen los "reglamentos" de la fundación ([354]), en los cuales se designan a los beneficiarios.

Cada país de manera particular, introduce pequeñas variantes en el régimen jurídico que rige a estas instituciones y las ventajas de que pudieran gozar.

Apreciemos la diferencia fundamental, dentro de esta figura y el fideicomiso. En la constitución de la Fundación, se crea una persona jurídica. Con la constitución del fideicomiso, no se crea una persona jurídica, porque se usa o se toma prestada la persona del Fiduciario, salvo el caso de Ecuador, pero a través de ambas instituciones pueden lograrse propósitos semejantes. El fideicomiso tiene beneficiarios determinados, como la profesionalización del servicio y la implementación de mecanismos alternos de financiamientos, como participar en las titularizaciones, y la fundación, aunque se especifique a un grupo de personas, no se señala de manera determinada, siempre es genérica, pero individualizada en su constitución como ente, en el logro del propósito que pretende.

---

[354]) Los reglamentos pueden asimismo establecer la figura del "protector", el cual podrá velar por el cumplimiento de lo establecido por el fundador en la Carta Fundacional y en los Estatutos

EL FIDEICOMISO, FIDUCIA O TRUST EN AMÉRICA
CAPITULO IV
ELEMENTOS PERSONALES DEL FIDEICOMISO

"Las actuaciones deben estar ajustadas a la Ley y las decisiones guardar armonía con los valores que inspiran el ordenamiento jurídico…" (Principio de la legalidad).

Contenido: ELEMENTOS PERSONALES DEL FIDEICOMISO 1. **El fiduciario en el fideicomiso** 1.1. Quienes pueden ser Fiduciarios. 1.1.1. Instituciones financieras que pueden actuar como fiduciario. a) Bancos Universales como Fiduciario, b) Bancos Comerciales como Fiduciario. c) Bancos Hipotecarios como Fiduciario. d) Bancos de Inversión como Fiduciario. e) Bancos de Desarrollo Como Fiduciario. f) Bancos de Segundo Piso Como Fiduciario. g) Entidades de Ahorro y préstamo como fiduciario. h) Empresas de Seguros como Fiduciario. 1.1.2. Otras instituciones que pueden actuar como fiduciario. 1.1.3. Personas naturales que pueden actuar como fiduciario. 1.1.4. Instituciones financieras no autorizadas para actuar como fiduciarios. 1,2, Obligaciones del fiduciario. 1.3. Derechos del fiduciario. 2. **El fideicomitente en el fideicomiso. 2.1.** Quienes pueden ser fideicomitentes. 2.1.1. Los Entes Público como fideicomitentes 2.1.2. Instituciones Bancarias y de seguros como fideicomitente. 2.1.3. Otros Entes Que Pueden Actuar como Fideicomitente. 2.2.- Quienes no pueden ser fideicomitente. 2.3. Derechos del fideicomitente. 2.3.1. Determinar la finalidad del fideicomiso. 2.3.2. Designar beneficiario y fiduciario. 2.3.4. Determinar la materia u objeto del fideicomiso. 2.3.5. Fijar el lapso de Duración o Condición del fideicomiso. 2.3.6. Decidir sobre la administración del fondo. 2.3.7. Exigir el Cumplimiento del contrato. 2.4. Obligaciones del fideicomitente 3.**El beneficiario en el fideicomiso** 3.1. Quienes pueden ser beneficiarios 3.2. Quienes no pueden ser beneficiarios. 3.3. Derechos del beneficiario

En la figura jurídica del fideicomiso participan tres (3) personas de manera fundamental; lo cual no excluye que su constituyente, pueda asignar roles a otros sujetos, a fines de dirección, control o supervisión u otras actividades, como sucede con los conocidos "delegados" o "comités Fiduciarios" que se pueden crear, siempre que no vayan en detrimento de la profesionalización de la institución que presta el servicio como fiduciario. Veamos en el siguiente diagrama los integrantes de la figura:

Diagrama de Procesos

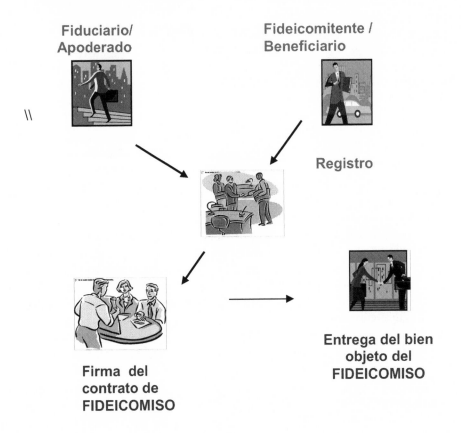

Fiduciario/ Apoderado

Fideicomitente / Beneficiario

Registro

Firma del contrato de FIDEICOMISO

Entrega del bien objeto del FIDEICOMISO

Las personas, como sujetos activos o pasivos, que participan en la figura del fideicomiso, son las siguientes: 1) El fideicomitente o fiduciante o constituyente, que es el sujeto pasivo de la relación, que surge en el acto constitutivo del fideicomiso. La actuación de este sujeto se limita, a la constitución del fideicomiso, después de allí, su participación es inexistente, salvo que se haya reservado alguna actuación en el documento del fideicomiso o que este se anule o renuncien los beneficiarios al fideicomiso.   2) El fiduciario, que es el sujeto activo en la relación, después de constituido el fideicomiso, es el que realiza todas actividades relacionadas con el fideicomiso, y 3) El beneficiario o fideicomisario, que es un sujeto también pasivo en la relación, antes y después de constituido el fideicomiso. Este sujeto, tiene que esperar que se den las condiciones previstas en el fideicomiso, para que pueda tener participación o que concluya este, con la entrega de los bienes a los beneficiarios. En esta figura, el fideicomitente es la piedra angular del fideicomiso, dado que él es quien dispone y puede designarse asimismo beneficiario, tanto del capital como de los frutos de los bienes o derechos del fideicomiso, fijando limites y condiciones, solo limitados por la Ley. Como muy bien lo señalan los que sostienen la tesis del acto unilateral del fideicomiso, es el fideicomitente quien marca y traza la pauta en la constitución del fideicomiso, pero después de constituido éste, es el fiduciario, el sujeto sobre el cual recaen todos los derechos y responsabilidades inherentes al cumplimiento de los fines de esta figura; así como en el cumplimiento de su finalidad. Este planteamiento lo destaca, lo expresado en las leyes sobre la materia, donde es a éste a quien se le responsabiliza y compromete en lo que se establezca en el contrato de fideicomiso, reforzando con este planteamiento, la tesis del negocio bancario del fideicomiso, cuyos expositores señalan como negocio legal típico de la banca o empresas de seguros, tesis que refutamos supra en esta obra.

Como lo señalamos en la parte inicial de este párrafo, se pueden designar otros sujetos o entidades en el acto de constitución del fideicomiso, para ejecutar actividades particulares, que el fideicomitente desea que otro sujeto o comité distinto al fiduciario las acometa, sin que esto perturbe el ejercicio de la relación fiduciaria.

Los elementos personales del fideicomiso son el fideicomitente, el fiduciario y el beneficiario, pero lo vamos a describir en orden a lo que determina el ejercicio de la actividad fiduciaria, como se muestra en el siguiente cuadro del fideicomiso:

DIAGRAMA DE PROCESO

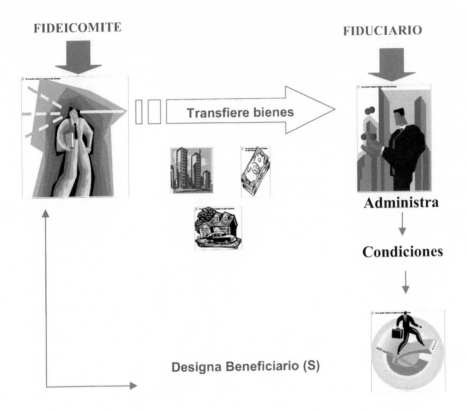

FIDEICOMITE

FIDUCIARIO

Transfiere bienes

Administra

Condiciones

Designa Beneficiario (S)

1.- El FIDUCIARIO EN EL FIDEICOMISO.-

El fiduciario es el sujeto activo en la relación fiduciaria; es la persona que recibe los bienes y/o derechos del fideicomitente adquiriendo la titularidad de los mismos, salvo lo previsto en la legislación de Ecuador ([355]), y encargándose de conservarlos, manejarlos y administrarlos, todo de acuerdo a los términos y condiciones establecidas en el documento constitutivo del fideicomiso y en la Ley.

Desde el punto de vista formal y funcional, este sujeto es la clave para el logro de los fines o propósitos del fideicomiso, porque a través de su personalidad se ejecutan los postulados que pretende el fideicomitente para sí o para terceras personas, que tienen el carácter de beneficiario en el fideicomiso. Es la persona del fiduciario, al aceptar el encargo, la que materializa los actos en el fideicomiso; sin su concurso no habría, evidentemente la materialización de la figura ni actuación especial en la ejecución del encargo que se pretende. Vamos a comentar lo que señalan algunos tratadistas sobre la aceptación del fiduciario al fideicomiso, lo cual también se recoge en algunas disposiciones del continente ([356]): El profesor **Batiza**, citando a **Alfaro**, señala que éste en su proyecto "reconocía que la existencia legal del fideicomiso comienza cuando el fiduciario acepta el encargo,... señalando que mientras ésta no tenga lugar, el convenio carece de vida jurídica" ([357]). Asimismo, citando a **Rodríguez Rodríguez**, señala que "Dentro de un sentido genérico se ha sostenido que el fideicomiso es un negocio fiduciario. En sentido más limitado, se ha hecho la aseveración de que el fideicomiso se presenta normalmente como un acto unilateral cuando el fideicomitente establece su voluntad en un acto ínter vivos, caso en que su declaración es de inmediato obligatoria para él, ya que no puede revocarla si no se reserva expresamente tal facultad, ni puede modificarla sin el consentimiento del fideicomisario. Estas consecuencias – se dice - son independientes de las aceptaciones del fiduciario y del fideicomisario que, por tanto, no son manifestaciones de voluntad esenciales

---

[355]) Artículo 109 de la Ley de Mercado de Capitales de Ecuador, citado
[356]) Artículo 1260 del Código Civil de la Provincia canadiense de Quebec (citado en Normativa de Quebec)
[357]) Batiza, obra citada, página 183

para la integración del negocio jurídico. La adhesión del fiduciario a las normas establecidas por el acto constitutivo y la aceptación del cargo - conclúyese – son condiciones jurídicas para la ejecución del fideicomiso, pero no para su perfección jurídica" ([358])

En nuestra tesis sobre la titularidad del fiduciario, fundamentamos la aceptación y actuación de éste, como sujeto activo en la formalidad, constitución, operatividad y terminación del fideicomiso.

1.1.- QUIENES PUEDEN SER FIDUCIARIOS

En la mayoría de los países de América Latina sus leyes establecen que sólo pueden ser fiduciarios los Bancos y empresas financieras especializadas bancarias, de seguros o del mercado de capitales, que actúan profesionalmente ofreciendo este servicio. No obstante, en algunos países se establece que pueden también los particulares y los entes públicos actuar como fiduciarios.

La Ley de fideicomiso de Panamá reformada año 2017 señala como empresas fiduciarias a los bancos, compañías de seguros, abogados y cualquier persona natural o jurídica que se dedique profesional y habitualmente, al ejercicio del negocio del fideicomiso, previa autorización de la Superintendencia de Bancos ([359])

De acuerdo a lo previsto en la Ley de Fideicomiso Venezolana, ([360]) solamente podrán ser fiduciarios las Instituciones Bancarias y las Empresas de Seguros constituidas en el país. Las Instituciones que se rigen por la Ley de Instituciones del Sector Bancario Venezolanas se les concede esta autorización para actuar como fiduciario, en función de lo previsto en esta Ley ([361]), donde se señala expresamente a los Bancos Universales;

---

[358]) Batiza, obra citada, páginas 131 y 132

[359]) Artículo 3 Ley de fideicomiso Reformada de 2017 Panamá.(Ley 1 de 1984)

[360]) Artículo 12 de la Ley de Fideicomisos Venezolana señala que "Sólo podrán ser fiduciarios las instituciones bancarias y las empresas de seguros constituidas en el país, a las cuales conceda autorización para ello el Ejecutivo Nacional, por Resolución del Ministerio de Hacienda o de Fomento, respectivamente"

[361]) Artículo 73 de la Ley de Instituciones del Sector Bancario Venezolanas señala que "Los bancos universales, requerirán autorización de la Superintendencia de Bancos y Otras Instituciones Financieras para actuar como fiduciarios, mandatarios, comisionistas o para realizar otros encargos de confianza.

Los bancos de inversión podrán ser autorizados para actuar como fiduciarios y efectuar mandatos, comisiones y otros encargos de confianza, cuando sea necesario para el cumplimiento de sus operaciones" así como para ejecutar mandatos, comisiones y otros encargos de confianza, y a las empresas que se rigen por la Ley de la Actividad Aseguradora, se les concede esta autorización en función de lo previsto en la Ley que lo rige ([362]).

1.1.1.- Instituciones Financieras que Pueden Actuar como Fiduciario.-

En América, el servicio fiduciario está reservado, casi en exclusividad a la banca y algunas otras instituciones financieras, como empresas de seguros, casas de bolsa, y excepcionalmente en algunos países su régimen jurídico permite que los particulares puedan actuar como fiduciarios, como es el caso, por citar algunos, de Venezuela, Costa Rica y Panamá.

Con la finalidad, de ser un poco más didáctico en la explicación, tomemos como referencia las instituciones bancarias y financieras venezolanas, que son semejantes a las del continente, a los fines de explicar sus actuaciones como fiduciarios:

a) Los Bancos Universales como Fiduciario.-

Los Bancos Universales son aquellos institutos de créditos que pueden realizar todas las operaciones que, de conformidad con lo establecido en la ley, pueden efectuar los bancos e instituciones especializadas ([363]). La Ley establece que estas Instituciones tendrán por objeto realizar operaciones de intermediación financiera y las demás

---

[362]) Decreto N° 6.211 del 30/12/2015 y modificado según Decreto N° 6.220 del 20/03/2016 en los Artículos 35 y 4 numeral 10 de la Ley de Actividad Aseguradora señala que podrán realizar fideicomisos en materias relacionadas con la actividad aseguradora, y que las empresas de seguros requerirán autorización previa de la Superintendencia de la Actividad Aseguradora para realizar operaciones de fideicomiso.
El Reglamento establecerá las condiciones y requisitos que deberán cumplir las empresas de seguros que deseen operar como fiduciarias.
Las operaciones de fideicomiso que realicen las empresas de seguros autorizadas por la Superintendencia de Seguros se sujetarán a lo dispuesto en este Decreto Ley, y de manera supletoria, a lo contemplado por la ley que regule la materia de fideicomiso"

[363]) Los artículos 11 (señalado de seguido) y el artículo 73 de la Ley de Instituciones del Sector Bancario de Venezuela señalan que "Los bancos universales son aquellos que pueden realizar todas las operaciones que, de conformidad con lo establecido en el presente Decreto Ley, efectúan los bancos e instituciones financieras especializadas, excepto las de los bancos de segundo piso"

operaciones y servicios financieros que sean compatibles con su naturaleza, con las limitaciones previstas en la misma.

La ley de Bancos Venezolana señala que (364) los Bancos Universales, podrán dedicarse, conforme a las disposiciones que los rigen y los reglamentos que dicte el Ejecutivo Nacional y la normativa prudencial que dicte la Superintendencia de Bancos o de seguros, así como el Banco Central de Venezuela, en aquellas materias de su competencia, a realizar actividades conexas con las bancarias o crediticias, tales como ... **actuar como fiduciario y ejecutar mandatos, comisiones, y otros encargos de confianza.** (Subrayado nuestro)   Esta misma Ley establece (365)   que los bancos requerirán autorización de la Superintendencia de Bancos para actuar como Fiduciarios, mandatarios, comisionistas y para otros encargos de confianza.

La Ley de la Actividad Aseguradora Venezolana en su artículo 35 señala que las empresas de seguro podrán actuar como fiduciarios. Esta misma Ley establece en su artículo 17 numeral 1, literal d que "Las empresas de seguros autorizadas para actuar como fiduciarias deben constituir, adicionalmente, una garantía equivalente a doce mil unidades tributarias (12.000 U.T) ".

La garantía por Operaciones de Fideicomiso en Venezuela fue eliminada para la banca; por no tener sentido y ser una carga innecesaria para el fiduciario y a quien hay que proteger es al beneficiario.... La Nación nada tiene que ver ni se beneficia con esa garantía tampoco.

---

364) Artículo 11 de la Ley de Instituciones del Sector Bancario establece "los Bancos Universales, podrán dedicarse, conforme a las disposiciones que los rigen y los reglamentos que dicte el Ejecutivo Nacional y la normativa prudencial que dicte la Superintendencia de Bancos o de seguros, así como el Banco Central de Venezuela, en aquellas materias de su competencia, a realizar actividades conexas con las bancarias o crediticias, tales como transferir fondos dentro del país, aceptar la custodia de fondos, títulos y objetos de valor, prestar servicio de caja de seguridad, actuar como fiduciario y ejecutar mandatos, comisiones, y otros encargos de confianza. (subrayado nuestro)
365) Artículo 73 de la Ley de Instituciones del Sector Bancario señala que "Los bancos universales, bancos comerciales, requerirán autorización de la Superintendencia de Bancos y Otras Instituciones Financieras para actuar como fiduciarios, mandatarios, comisionistas o para realizar otros encargos de confianza.
Los bancos de inversión podrán ser autorizados para actuar como fiduciarios y efectuar mandatos, comisiones y otros encargos de confianza, cuando sea necesario para el cumplimiento de sus operaciones.

En la Ley de la Actividad Aseguradora en su artículo 11 se determina una contribución especial... que será el monto comprendido entre 1,5% y 2,5% del total...de ingresos obtenidos como remuneración por los contratos de fideicomiso relacionados con la materia de seguros...

En nuestro continente la banca para actuar como fiduciario debe solicitar permiso a las autoridades competentes de cada País. En el caso de los Bancos Universales deben tramitar el permiso correspondiente, bien sean bancos universales nuevos o que se le autorizará su promoción o aquellos que se forman por procesos de fusión y ninguno de los entes fusionantes tienen permiso para actuar como fiduciario. Estas instituciones deben tramitar su solicitud de permiso para realizar Operaciones de Fideicomiso y otros encargos de confianza ([366]), sea que vayan a operar en el ámbito nacional o regional, lo cual no tiene limitaciones por esta condición, solo las propias de cada institución.

Los Bancos Universales que no requieren permiso para operar como fiduciarios, son aquellos que surgen de un proceso de fusión o transformación, donde alguno de los entes especializados fusionante, que participen en la fusión o transformación realizaba ya o estaba autorizado para realizar operaciones de fideicomiso para esa fecha y las autoridades no tienen objeción en que continúen realizando operaciones de fideicomiso. De darse esa situación estos bancos universales no requieren permiso especial para continuar realizando estas operaciones, lo cual es diferente de los permisos y registros que requiere el proceso de fusión o transformación, como tal, el cual debe cumplir con las formalidades de Ley y acogerse a la normativa establecida por la Superintendencia de Bancos; así como las publicaciones de Ley que deben hacer en los Registros Públicos. Esto no excluye que la Superintendencia de Bancos pudiera dictar una medida administrativa que restrinja el servicio fiduciario que prestaban las instituciones a fusionarse o que vaya a prestar la nueva institución fusionada, en lo cual van a influir la situación financiera y legal del nuevo ente.

---

[366]) Las Superintendencias de Bancos son los entes que otorgan estas autorizaciones

En las notificaciones y en los balances de la fusión se debe apreciar las operaciones de fideicomiso que se están integrando o que se mantienen si es producto de una transformación de un ente especializado a un Banco Universal. En estos casos, es conveniente notificar a los fideicomitentes y a los beneficiarios del proceso de fusión, dado la incidencia que esto pudiera tener en las relaciones o cumplimiento de instrucciones, que afecten inversiones dirigidas o permanentes en alguno de los entes fusionantes y que pudieran requerir de alguna medida especial. De darse algún caso de estos, donde pueda haber confusión, y no hay la posibilidad de ubicar al fideicomitente o beneficiario, según sea el caso, se debe recurrir al juez de fideicomiso para tomar decisión, debiendo notificarse o solicitar opinión al ente de control (Superintendencias), a tenor de las facultades que sobre la materia le otorgue la Ley a estas instituciones ([367]), situación que debe tratarse de resolver antes de la fusión.

b) Bancos Comerciales como Fiduciario.-

Los Bancos Comerciales, en los países donde estén autorizados para operar, podrán realizar operaciones de fideicomiso, después de haber obtenido las respectivas autorizaciones de Ley. "Los Bancos Comerciales tienen por objeto realizar operaciones de intermediación financiera y las demás operaciones y servicios financieros que sean compatibles con su naturaleza, con las limitaciones de Ley".

Puede darse el caso que alguna otra institución especializada se fusione con un Banco Comercial, y la institución absorbida en la fusión haya estado autorizada para realizar operaciones de fideicomiso y tenga suscrito contratos de esta naturaleza, evidentemente que si el Banco Comercial que se fusionó no tenía permiso para realizar estas operaciones automáticamente pasaba a estar autorizado por el proceso de fusión, ya que esas operaciones de fideicomisos del ente fusionado, no

---

[367]) Ley del Sector Bancario venezolano, ley anterior, derogó parcialmente la Ley de Fideicomiso. Esta derogación parcial e indeterminada de una Ley, por otras, no tiene practicidad jurídica, en las modificaciones tiene prelación la Ley especial que modifica sobre la Ley modificada. Esta situación, tiene un problema, que la Ley modificada (Ley de Fideicomiso), no solo trata a las Instituciones y personas que se rigen por la Ley que modificadora (Ley de Instituciones del Sector Bancario), cuya Ley es la que hace la derogación parcial, sino que las empresas de seguros, que también realizan estas operaciones y a los particulares. Estimamos que podría aplicarse por analogía las disposiciones que recoge la Ley del Sector Bancario en Venezuela.

pueden quedar en suspenso; salvo que las traspasen a otra institución, con acuerdo de sus participantes, o que se liquide el fideicomiso. Esta autorización puede ser y de hecho es ratificada por el ente que autoriza la fusión.

En Argentina, los bancos comerciales realizan todas las operaciones bancarias, como lo hacen los bancos universales. Esto era así, en casi todo el continente, después vinieron las especializaciones, que es parte de lo que se sustenta hoy, no obstante la vuelta a la banca universal, que iniciaron los mexicanos en la década de los setenta. Todos los llegan lo que buscan es cambiar y no revisan la historia...sumarios.

c) Bancos Hipotecarios como Fiduciario.-

Los Bancos Hipotecarios tienen como objeto otorgar créditos con garantía hipotecaria y realizar operaciones y servicios financieros que sean compatibles con su naturaleza, con las limitaciones previstas en la misma ([368]). Las Leyes de sus respectivos países establecen que los Bancos Hipotecarios podrán realizar operaciones de fideicomiso, para lo cual deben realizar los trámites correspondientes para obtener la autorización respectiva.

d) Bancos de Inversión como Fiduciario.-

"Los Bancos de Inversión tienen como objeto intermediar en la colocación de capitales, participar en el financiamiento de operaciones en el mercado de capitales, financiar la producción, la construcción y proyectos de inversión y, en general, ejecutar otras operaciones compatibles con su naturaleza de banco de inversión, con las limitaciones previstas de Ley".

e) Bancos de Desarrollo Como Fiduciario.-

Los Bancos de Desarrollo, su objeto principal es fomentar, financiar y promover actividades económicas y sociales para sectores específicos de

---

[368]) Los bancos hipotecarios tiene como objeto otorgar créditos con garantía hipotecaria, dirigidos hacia el sector de la construcción, adquisición de viviendas y liberación de hipotecas, así como realizar las operaciones y servicios financieros compatibles con su naturaleza, con las limitaciones previstas en la Ley

sus Países, compatibles con su naturaleza, con las limitaciones de Ley. Dentro de estas instituciones, encontramos a los Bancos de Desarrollo de objeto amplio y los de objeto limitado; así como los llamados Bancos de Desarrollo Microfinancieros, a los cuales les conceda autorización para realizar operaciones de fideicomiso

f) Bancos de Segundo Piso Como Fiduciario.-

Los Bancos de Segundo Piso, su objeto principal es fomentar y financiar los proyectos de desarrollo industrial y social del País, así como las actividades micro empresarial, urbano y rural, con las limitaciones de Ley. Estas instituciones dentro de lo que dispongan las leyes podrán obtener permiso para realizar operaciones de fideicomiso.

g) Entidades de Ahorro y Préstamos como Fiduciario.-

Las Entidades de Ahorro y Préstamos son instituciones Financieras cuyo objeto es la captación de recursos destinados al otorgamiento, por cuenta propia, de créditos o financiamientos en los términos y condiciones establecidos en la Ley, así como prestar servicios accesorios y conexos con dichas operaciones. Estas instituciones pueden obtener permisos para actuar como fiduciarios, ejecutar mandatos, comisiones y otros encargos de confianza, si así lo disponen las leyes.

h) Empresas de Seguros como Fiduciario.-

Las empresas de seguros pueden ser autorizadas a realizar operaciones de fideicomiso, dentro de lo que disponga su ley, y de manera supletoria, a lo contemplado por la ley que regula la materia de fideicomiso. Las empresas de seguros y las bancarias autorizadas para actuar como fiduciarias, deberán tener un departamento de fideicomiso y todas sus operaciones se contabilizarán separadamente y se publicarán conjuntamente con los estados financieros, en rubro aparte, conforme a las instrucciones que dicte las autoridades de control (369).

---

369) Artículo 74 Ley del Sector Bancario Venezolana año 2010

Las empresas de seguros, al igual que las instituciones financieras, podrán invertir los recursos recibidos en fideicomiso fuera del país, sí así lo disponen sus leyes ([370]). Estas empresas al igual que los bancos en todos los países, tienen sus limitaciones y no podrán invertir estos fondos, en:

1. Sus propias acciones, obligaciones u otros bienes de su propiedad.

2. Acciones y obligaciones de empresas con las cuales deba realizar consolidación o combinación de estados financieros.

3. Obligaciones, acciones o bienes de empresas que no estén inscritas en el Registro Nacional de Valores.

4. Obligaciones, acciones o bienes de empresas con las cuales hayan acordado mecanismos de inversión recíproca.

Los Bancos Centrales conforme a la normativa que al efecto dicten, podrán prohibir o limitar la inversión de los recursos recibidos en virtud de fideicomisos, mandatos, comisiones u otros encargos de confianza en el exterior; igualmente podrán prohibir que dichas operaciones se realicen en el país en divisas o en títulos denominados en moneda extranjera.

Los recursos recibidos por las empresas de seguros con cargo a contratos de fideicomiso, no podrán computarse como parte de las reservas. El fiduciario, no puede crear ningún tipo de confusión o aprovechamiento de estos fondos a su favor, los cuales solo tendrán el destino que por ley y por contrato establece el fideicomitente en el mismo.

Las normas estipuladas en las empresas de seguros para los fideicomisos, serán aplicadas a los mandatos, comisiones y otros encargos de confianza en lo que proceda.

---

[370]) En Venezuela el Banco Central podrá autorizar estas inversiones, pero está establecido un control de cambio

Estas instituciones de seguros, operan de manera semejante en todo el continente.

1.1.2.- OTRAS INSTITUCIONES QUE PUEDEN ACTUAR COMO FIDUCIARIO.-

En México, las Casas de Bolsa pueden actuar como Fiduciarios para realizar operaciones de fideicomiso, asimismo las arrendadoras financieras.

En Panamá los Bancos Públicos ([371]) pueden ejercer el negocio fiduciario sin necesidad de tramitar licencias ni constituir garantías, que les son requeridas a las otras personas que puedan actuar como fiduciario. En este caso, véase el comentario sobre la normativa panameña supra, para que aprecien la confusión en dicha Ley, entre fondo y fideicomiso. Al momento de esta nueva publicación estaban en proceso de revisión de su normativa sobre esta materia.

1.1.3.- PERSONAS NATURALES QUE PUEDEN ACTUAR COMO FIDUCIARIO.-

La legislación que trata la materia fiduciaria de algunos países de América, permite a los particulares actuar como fiduciarios. Así vemos como, lo permite la legislación de los países que se citan:
En Venezuela, puede ser fiduciario para los casos que a continuación se mencionan, cualquier persona natural o jurídica distinta de los Bancos Universales ([372]) y Empresas de Seguros, para actuar en derechos de familia y derechos de autor ([373]). En el primer caso, corresponderá al Juez que esté conociendo esta situación, designar al fiduciario; en el segundo, el autor puede constituir por acto de última voluntad un fideicomiso sobre el Derecho de Autor, por todo el período de duración o parte del mismo. Es casi

---

[371]) Artículo 12 Ley Reformada del año 2017 Panamá (Ley 1 del año 1984 de Panamá) citado
[372]) Artículo 73 Ley del Sector Bancario
[373]) Artículo 12 de la Ley sobre Protección Familiar y Artículo 30 de la Ley de Derechos de Autor de Venezuela.

inexistente que haya fideicomisos, donde particulares actúen como fiduciarios en este país.

En Costa Rica, pueden las Instituciones Financieras y los particulares actuar como Fiduciarios, tal como lo establece su ordenamiento jurídico (374)

En Panamá, pueden las personas naturales y jurídicas; así como los entes de carácter público actuar como fiduciarios (375)

En estos países donde persisten estas disposiciones dispersas en estas leyes, debieran ser recogidas y agrupadas, por lo menos en el caso de derecho de familia, que estos fideicomisos que pudieran constituirse se hicieran en las instituciones financieras bancarias y de seguros, para mayor transparencia y seguridad para los menores, así designen los mismos jueces que lleven las causas al fiduciario, y que pudieran llevar control sobre estos fondos, que en esencia es lo que le corresponde, que se atiendan la situación de los menores. Este aspecto fue recogido en Colombia, en la normativa que Permite las actividades que pueden realizar las Sociedades Fiduciarias.

1.1.4.- INSTITUCIONES FINANCIERAS NO AUTORIZADAS PARA ACTUAR COMO FIDUCIARIO.-

La legislación del continente reserva, en forma casi exclusiva, a las instituciones bancarias y de seguros, actuar como fiduciarios; pero no obstante, algunas leyes señalan a instituciones financieras especializadas, que les está prohibido realizar estas operaciones. Asimismo, otras instituciones por su misma naturaleza y exclusividad de la actividad que le es permisible realizar, no pueden ser autorizadas para actuar como fiduciarios. Estas instituciones, que no pueden actuar como fiduciarios, podrían ser sin embargo fideicomitentes, para la ejecución de encargos, para terceros o para sí, siempre

---

[374] El artículo 637 del Código de Comercio de Costa Rica, señala que "Puede ser fiduciario cualquier persona física o jurídica, capaz de adquirir derechos y contraer obligaciones. En el caso de personas jurídicas, su escritura constitutiva debe expresamente capacitarlas para recibir por contrato o por testamento la propiedad fiduciaria"

[375] Artículo 12 Ley de fideicomiso Reformada 2017 (Ley 1de Panamá), citada

que estos encargos no constituyan la ejecución de las actividades para lo cual son autorizadas por ley. En México, las Arrendadoras pueden actuar como Fiduciarios, pero sólo para Fideicomisos de Garantía y las Casas de Cambio, que en Venezuela no pueden ser fiduciarios. Tampoco podrán actuar como fiduciarios, las Representaciones de Bancos Extranjeros, los Operadores Cambiarios Fronterizos, Corredores de Bolsa o de Seguros y Empresas de Corretaje de Seguros.

Con la incorporación de la figura de la Banca Universal en Venezuela y en los demás países, como consecuencia de los procesos de fusión de grupos económicos, donde se integraron instituciones especializadas, muchos de estas instituciones bancarias especializadas que realizaban operaciones como banco comerciales, hipotecarios, entidades de ahorro y préstamos, de arrendamiento financiero (leasing) o de cesiones o participaciones (fondos del mercado monetario), han quedado, sólo, como departamentos de estos bancos universales. En Venezuela el nuevo ordenamiento bancario, vigente desde 2014, deja a los bancos universales casi la exclusividad de las operaciones de fideicomiso en este sector de la banca ([376]). Este mismo señala que la Superintendencia podrá autorizar a los bancos de desarrollo y los Microfinancieros, cuando sea necesario para el cumplimiento de sus operaciones. Esto último, es particular, que tiene que ver los servicios a terceros, caso fideicomiso, las operaciones de estas instituciones.

1.2.- OBLIGACIONES DEL FIDUCIARIO.

El Fiduciario como sujeto activo en el fideicomiso, es la persona natural o jurídica que formaliza con su aceptación la constitución del fideicomiso y garantiza en el tiempo el cumplimiento del encargo que le establece el fideicomitente, en la constitución del fideicomiso. El fiduciario al suscribir el contrato, asume las responsabilidades que derivan del contrato de fideicomiso, las previstas en la Ley ([377]) y las propias de

---

[376]) Artículo 71 Ley de Instituciones del Sector Bancario
[377]) Decreto Unico N° 2555 del 15/06/2010 de la Presidencia de la República de Colombia del Libro 5" Normas Applicables a las Sociedades Fiduciarias", títulos I (solemnidades de los contratos fiduciarios) y II (Obligaciones y Derechos del Fiduciario).

su actuación como fiduciario. Estas obligaciones pueden resumirse, en términos generales, así:

a) Las previstas en el acto constitutivo o en la Ley.

El fideicomiso como institución del derecho está revestido de formalidad, por lo cual las actuaciones que debe ejecutar el fiduciario deben estar enmarcadas dentro de lo que establecen las leyes y disposiciones contractuales en el mismo documento de registro del fideicomiso, el cual a su vez debe adaptarse a las disposiciones de Ley, so pena de nulidad o invalidez de sus actos. En este mismo orden de ideas, las actuaciones del fiduciario, como institución bancaria o de seguro deben estar ajustadas a lo que disponen las leyes y reglamentos que los rigen, así como las disposiciones de carácter prudencial que pueden dictar los Órganos del Estado (Superintendencia de Bancos o de Seguros o la Comisión Nacional de Valores) que controlan y supervisan la actuación de estas instituciones y las providencias que pueden dictar las autoridades judiciales, dependiendo si los bienes que forman el fideicomiso, son de entes públicos o de menores de edad o algunos particulares de los mayores de edad, que la ley también le reserva protección o por evento, que lleven a las autoridades a actuar en protección de terceros.

b) Realizar todos los actos que sean necesarios para la consecución del fin del fideicomiso.

El fiduciario como sujeto activo en el fideicomiso, está obligado a realizar todos los actos que sean necesarios para lograr que se cumplan los fines previstos en el contrato de fideicomiso, en los mismos términos que lo realizaría un administrador diligente, con estricto apego no sólo a las disposiciones legales y contractuales sino a las directrices y normas que rigen una buena gestión, tomando las previsiones legales, prudenciales y de gestión que eviten poner en peligro los bienes o derechos objeto del fideicomiso. Esto último se refiere a que el fiduciario debe, dependiendo del tipo de bien o derecho que se le entregue en la constitución del fideicomiso o que lo obtenga con posterioridad, tomar las previsiones que procedan con respecto a la naturaleza o cualidad del bien o derecho que constituyen el fondo fiduciario, evitando que ocurran siniestros materiales, prescripciones de títulos o valores, obligaciones u actuaciones, embargos ([378]) u otros eventos que pongan en peligro esta masa patrimonial. Asimismo, deben resguardar o asegurar estos bienes, de existir peligro evidente y no fue asegurado por el fideicomitente. El resguardo y previsión de estos bienes, lo puede realizar, no sólo el fiduciario, sino también el fideicomitente y el mismo beneficiario, como partes interesadas, directamente o a instancias de partes, incluyendo las autoridades judiciales o de control de la Banca o empresas de seguro.

c) Mantener los bienes fideicometidos debidamente separados entre sí, así como también de sus bienes propios.

El fideicomiso es una institución del derecho, independiente y autónoma en sus actuaciones, la cual se institucionaliza a través de la persona del fiduciario, para cada uno de los contratos que suscriba, por lo cual los bienes o derechos que lo configuran, son patrimonios separados, legal y económicamente, por lo que su contabilización se hace en registros contables propios e independiente de los del fiduciario, el cual en esta figura presta su nombre y debe registrar o llevar control separado de cada uno de los fideicomisos que maneja. En el caso del beneficiario, éste lo que tiene es una potencialidad de derecho, que se materializará en los términos indicados en el contrato de fideicomiso o de acuerdo a la ley, en casos no previstos en el contrato. En el fideicomiso, el fideicomitente aporta de su patrimonio los bienes o derechos objetos del fideicomiso, éstos dejan de pertenecerle, desde que

---

[378]) Artículo 121 de la Ley de Mercado de valores de Ecuador, señala que "Inembargabilidad.- Los bienes del fideicomiso mercantil no pueden ser embargados ni sujetos a ninguna medida precautelatoria o preventiva por los acreedores del constituyente, ni por los del beneficiario, salvo pacto en contrario previsto en el contrato. En ningún caso dichos bienes podrán ser embargados ni objeto de medidas precautelatorias o preventivas por los acreedores del fiduciario. Los acreedores del beneficiario, podrán perseguir los derechos y beneficios que a éste le correspondan en atención a los efectos propios del contrato de fideicomiso mercantil"

constituye con ellos el fideicomiso, por lo cual desde ese momento dejan de estar registrados en su contabilidad como propios; salvo que se haya designado en el fideicomiso como beneficiario, donde dada la actuación suspensiva de estos bienes, por la cualidad de fideicomitente y beneficiario, puede hacerlos constar en su contabilidad como tal, bien en cuentas de orden o en cuentas cruzadas de activos y pasivos. Si estos bienes tienen destino específico y otros beneficiarios en prelación al propio fideicomitente y están sujetos a las condiciones suspensivas que estén establecidas en el contrato, el fideicomitente, sólo podría registrar la posibilidad o incidencia que pudiera sucederse, como es la posibilidad que los bienes o derechos vuelvan a él, en el orden de prelación o de proporción que como beneficiario consagró en el contrato de fideicomiso. Esto último sería un registro en cuentas de orden, cuando más podría reflejarlos en cuentas de activos y pasivos, como se señaló antes.

d) Rendir cuenta de su gestión.-

El fiduciario debe rendir cuenta de su gestión al beneficiario, en los lapsos establecidos por Ley o cuando lo establezca el fideicomitente en el acto constitutivo del fideicomiso, acto en el cual el mismo fideicomitente puede establecer lapsos para que se le rinda cuenta; sin descartar las previsiones que a su favor establecen las leyes. Estos periodos, en los cuales debe rendir cuenta de su gestión el fiduciario, son por lo menos una vez al año, para el beneficiario por disposición de Ley ([379]) y para el fideicomitente, se le debe rendir cuenta, cuando lo establezca en el contrato o cuando lo dispongan las leyes que rigen la materia, que puede ser trimestral o semestral o anual. Sobre este particular la Ley de Instituciones del Sector Bancario Venezolana establece que las Instituciones fiduciarias quedan obligadas a dar cuenta a los

---

[379]) Numeral 3 del artículo 14 de la Ley de Fideicomiso de Venezuela. (Ley derogada parcialmente) señala que "Son obligaciones del fiduciario, además de las previstas en el acto constitutivo o en la Ley, las siguientes:

3.   Rendir cuentas de su gestión al beneficiario, por lo menos, una vez al año."

fideicomitentes, mandantes o comisionantes, por lo
menos semestralmente, de los recursos invertidos.
Respecto a los fondos objeto del fideicomiso, se
aplicará lo dispuesto sobre el particular en la Ley de
Fideicomiso."; asimismo, la Ley de Empresas de
Seguros y Reaseguros señala la misma obligación.

e) Actuar como un administrador diligente.-

El fiduciario ejercerá su función con la diligencia y el
cuidado de un administrador diligente ([380]) y deberá
ajustarse estrictamente a las instrucciones recibidas,
y en caso especial apelar a los órganos
jurisdiccionales competentes. La Ley de Instituciones
del Sector Bancario de Venezuela también recoge esta
norma, pero usa la expresión de buen padre de familia,
lo cual no es muy acertado para un cuerpo moral, y la
Ley de Empresas de Seguros y Reaseguros sujeta la
actuación del fiduciario a lo establecido en la Ley que
lo rige, a lo que establezca el reglamento que se
dictará y de manera supletoria, a lo contemplado por
la ley que regule la materia de fideicomiso.

La Ley Uruguaya, establece como responsabilidad
interna del fiduciario, que ([381]) "deberá desarrollar sus
cometidos y cumplir las obligaciones impuestas por la
ley y el negocio de fideicomiso, con la prudencia y
diligencia del buen hombre de negocios que actúa
sobre la base de la confianza depositada en él. Si
faltare a sus obligaciones será responsable frente al
fideicomitente y al beneficiario, por los daños y
perjuicios que resultaren de su acción u omisión. En
ningún caso podrá exonerarse de responsabilidad al
fiduciario por los daños provocados por su dolo o culpa
grave, así como por aquellos causados por sus
dependientes"

---

[380]) Artículo 15 Ley de Fideicomiso Venezolana señala que "El Fiduciario cumplirá sus obligaciones con
el cuidado de un administrador diligente y podrá designar, bajo su responsabilidad los auxiliares y
apoderados que la ejecución del fideicomiso lo requiera. En ningún caso podrá delegar sus funciones"
[381]) Artículo 16 de la Ley N° 17.703 de Fideicomiso de Uruguay, publicada el 04-11-2003, señala que
". (Responsabilidad interna).- El fiduciario deberá desarrollar sus cometidos y cumplir las obligaciones
impuestas por la ley y el negocio de fideicomiso, con la prudencia y diligencia del buen hombre de
negocios que actúa sobre la base de la confianza depositada en él.
Si faltare a sus obligaciones será responsable frente al fideicomitente y al beneficiario, por los daños y
perjuicios que resultaren de su acción u omisión.
En ningún caso podrá exonerarse de responsabilidad al fiduciario por los daños provocados por su dolo o
culpa grave, así como por aquellos causados por el de sus dependientes"

f) Preservar la confidencialidad del encargo.-

El fideicomiso es una institución de derecho privado, pero de carácter público, por lo cual sus actos deben tener estricto apego a la normativa legal y a las formalidades regístrales de ley, pero no obstante esto, el fiduciario debe mantener la confidencialidad de los encargos y de los actos de las operaciones de fideicomiso, dentro de los principios básicos de confiabilidad, en lo que se ha venido conociendo como el secreto bancario ([382]), aunque no esté expresamente señalado en las leyes. El fideicomiso es la manifestación más acabada de lo que es una operación de confianza, razón más que suficiente para tal confidencialidad.

g) Representación de la masa patrimonial.-

El fiduciario, como propietario singular de esta masa de bienes o derechos debe actuar como propietario legal que es de este patrimonio y ejercer todas las actuaciones que procedan a favor del resguardo de estos bienes. De no actuar el fiduciario en protección de estos bienes o derechos, la Ley le reserva al fideicomitente y al beneficiario, que pueden actuar en su defensa o solicitarle al juez de fideicomiso y a la Superintendencia de Bancos o de Seguros (caso venezolano) que intercedan, en protección de sus intereses, que podrían ser afectados.

El fiduciario debe indicar en las operaciones o actuaciones que realice con los fondos fiduciarios que actúa en carácter de tal, con lo cual debe identificarse en sus actuaciones o contrataciones ([383]). Esta disposición del Código de Comercio de Guatemala, indicando al fiduciario que deslinde sus actos propios de que ejecuta cuando actúa como fiduciario, es por demás relevante; por lo cual, debieran incluirla los demás países su normativa fiduciaria, aunque de

---

[382] En Venezuela el 01/0372011 con el Decreto 8.079 se modifica el artículo 89 de la Ley de Instituciones del sector Bancario donde se levanta el secreto bancario

[383]) ARTÍCULO 781 del Código de Comercio de Guatemala señala que FIDUCIARIO DEBE IDENTIFICARSE. El fiduciario debe declarar que actúa en esa calidad, en todo acto o contrato que otorgue en ejecución del fideicomiso.

hecho hagan esa distinción, en los contratos y operaciones que realizan.

h) Incluir en los contratos las Normas Prudenciales que establezcan las autoridades.-

Las Normas Prudenciales que establezcan las autoridades de control de la banca ([384]), dentro de las facultades que la Ley les reserva, deben ser recogidas en los contratos de fideicomiso que suscriban las instituciones financieras que realicen operaciones de fideicomiso, ya que estas normas van en resguardo y protección de los patrimonios fideicometidos. En el continente se han establecido Normas Prudenciales de Carácter General para las operaciones de fideicomiso. Además de estas normas de carácter sublegal, pueden incluirse en los contratos disposiciones de similar naturaleza o que tengan el mismo propósito, que se acuerden en los órganos de intercambio regional o internacional, que formen parte de FELABAN ([385]), siempre que ellas no sean limitantes de la actividad comercial y de negocios o que vayan en contra de la normativa jurídica del país que las vaya a incorporar en sus contratos de fideicomiso, salvo acuerdo internacionales suscritos al efecto. Dentro de esta normativa se incluyen los acuerdos de Basilea.

1.3.- DERECHOS DEL FIDUCIARIO.-

El Fiduciario al suscribir el contrato de fideicomiso, tiene los derechos previstos en la Ley y los que derivan de su actuación. Estos derechos pueden resumirse, así:

a) Cobrar comisión por sus servicios y recuperar gastos.-

El fiduciario cobrará al fideicomitente, en el acto constitutivo del fideicomiso o deducirá del fondo fiduciario la comisión o comisiones que establezca en el contrato; lo cual viene a constituir los honorarios por los servicios prestados como fiduciario. El fideicomitente puede también pagar los honorarios por anticipado o

---

[384]) Normas que Regulan las Operaciones de Fideicomiso del año 2012, en Venezuela citadas supra
[385]) Ver en la web, link de FELABAN Ley Bancaria, que mantiene actualizado este cuerpo de normas de la banca del Continente Latinoamericano.

enterar el monto correspondiente a estos honorarios en el fondo fiduciario, para que sean cobrados en el lapso de vigencia del contrato, en la medida que se vayan causando o en la fecha en que corresponda realizar el cobro de acuerdo a lo estipulado.

En la suscripción del contrato se determinan las comisiones, que puede ser un monto fijo o un porcentaje (%) del capital o de los beneficios que se obtengan (producto) o una combinación de ellos o sobre la base de una escala, que va en proporción a los montos que se manejen en el fideicomiso. El porcentaje (%) que se determine como comisión puede ser anualizado, determinado por el transcurrir del tiempo o flat, de una sola vez.

La base para calcular el monto de estas comisiones, puede ser sobre el capital o los frutos (producto) o la suma de los dos, que es lo que se conoce como el patrimonio del fondo, o sobre el promedio mensual o período de liquidación, suma de los saldos de los días del período, o sobre el monto a liquidar (desembolsos).

Estas comisiones fiduciarias, dada la tecnología que aportan los sistemas de fideicomiso, se cobran de manera automática y las cuales los proveedores de los sistemas fiduciarios, cuidándose en salud, las parametrizan, para que cada usuario se ejercite por su propia cuenta y asuma la responsabilidad de su implementación, aunque se le soporte en el proceso de parametrizarlas. Los profesionales actuariales, estadísticos o de las ciencias económicas o administrativas tienen dominio de las matemáticas financieras, cuyas fórmulas se usan en estos cálculos.

El fiduciario debe recuperar todos aquellos gastos que haya cancelado con sus propios recursos, por cuenta del fondo fiduciario, los cuales cargará al fondo fiduciario en la primera oportunidad que tenga de aplicarlos. De no haber recursos disponibles por la naturaleza del tipo de fideicomiso, el fideicomitente debe proveer al fiduciario los recursos para atender los gastos inherentes al fideicomiso. Esto incluye los gastos de registro y los impositivos que procedan. El fiduciario podrá asumir algunos gastos relacionados con el fideicomiso, que luego aplicará al fondo o cobrará al fideicomitente o beneficiario, en ningún caso debiera ser por su cuenta, salvo aspectos de tipo promocional que se implementaran en función de la política que siga cada instituto fiduciario o los que puedan promover de manera institucional a través de los entes donde participen.

b) Preservar sus derechos y privilegios.-

El fiduciario no puede aceptar encargos que vayan en detrimento de la ejecución de sus propias actividades o lo que constituye su objeto social, o que puedan afectar su patrimonio o que pongan en riesgo su reputación. El fiduciario debe preservarse y reservarse todas las excepciones posibles en la ejecución de sus actividades como fiduciario, señalando que actúa en su carácter de fiduciario. Sobre esto apuntan las normas prudenciales, que establecen las autoridades contraloras en cada uno de nuestros países.

2. EL FIDEICOMITENTE EN EL FIDEICOMISO:

El fideicomitente es el sujeto pasivo en el fideicomiso, es la persona natural o jurídica que posee capacidad de ejercicio suficiente para transmitir bienes y/o derechos objeto del fideicomiso al fiduciario, quien se constituye desde el momento de la aceptación en propietario de los mismos, con la tradición de los bienes, como sujeto activo en la relación, pero que deberá cumplir los fines previstos en el contrato de fideicomiso, en provecho del beneficiario o del mismo fideicomitente, de designarse el mismo como beneficiario. Este sujeto aunque pasivo, en el cumplimiento de los fines del contrato de fideicomiso, es el sujeto clave en la relación jurídica del fideicomiso, tanto en su constitución, como en la firma del contrato, dado que de su voluntad depende la decisión de constituir el fideicomiso, seleccionar a los demás sujetos que en el fideicomiso participan y de proveer los bienes o derechos objeto del fideicomiso; así como determinar la finalidad que lo lleva a constituir el fideicomiso. Estos aspectos, son los que llevan a sostener que la naturaleza jurídica del fideicomiso está determinada por el acto unilateral del fideicomitente, pero éste sólo participa en la figura, en su fase de constitución, todas las demás actuaciones en el fideicomiso las ejecuta o se realizan a través del fiduciario, incluida su liquidación que debe ejecutar a favor del beneficiario o fideicomisario e incluido el propio fideicomitente, porque se haya designado beneficiario o por cualquier evento sobrevenido que obligue a retornar los bienes a éste.

2.1.- QUIENES PUEDEN SER FIDEICOMITENTES.-

Toda persona que sea capaz de disponer de sus bienes y/o derechos legales, es libre, si así lo desea, de darlos en fideicomiso para la realización de sus propios propósitos, con las únicas limitaciones que pudieran surgir de las leyes.

La capacidad en derecho es la medida de la aptitud de las personas en relación con los deberes y derechos jurídicos. En razón de esta capacidad de disponer de sus bienes o derechos, es que las personas naturales o jurídicas pueden en los contratos o dejar en testamento constituir fideicomisos, disponiendo de su patrimonio a favor de terceros.

Para que un contrato o cualquier documento que suscriban las partes, produzca sus efectos jurídicos, debe contener los elementos esenciales a la validez del mismo. La ausencia de uno de los elementos produce la invalidez del contrato, el cual si bien existe, puede ser anulado. Como requisito de validez, puede citarse la capacidad y la ausencia de vicios del consentimiento, si una de las partes es un incapaz o ha otorgado consentimiento viciado, puede pedir la nulidad del contrato celebrado.

Adicional a los requisitos de licitud que deben contener los contratos de fideicomiso, en su constitución se deben cumplir, a su vez las formalidades de ley ([386]), como se señala en el siguiente cuadro que se inserta abajo y ajustadas a la naturaleza jurídica de esta institución del derecho, y a las particularidades de cada tipo de contrato.

---

[386]) Cuadro de Momografia.Com Mexicana

Elementos de validez

Capacidad, es la aptitud reconocida por la ley en una persona para celebrar por sí misma un contrato

Libre Consentimiento

Vicios del consentimiento

La manifestación espontánea de la voluntad

Error de hecho o derecho. **Cuando recae sobre un motivo determinante de la voluntad, si este se declaró por alguna de las partes**

Existencia o esenciales

Dolo Es diferente a la mala fe. Se define como la conducta activa que induce a otro a error con el ánimo de obtener un beneficio indebido

Objeto posible y lícito

Mala fe. Es la conducta pasiva que mantiene a otro en el error con el ánimo obtener un beneficio indebido

- La cosa que el obligado debe dar
- El hecho que el obligado no debe realizar
- El hecho que el obligado debe permitir o tolerar

Dar, hacer, no hacer, permitir o tolerar

Violencia. Todo acto físico o moral que impide el uso de la razón o el libre ejercicio de la voluntad, con el ánimo de obtener un beneficio indebido

Debe ser posible, es decir existir en la naturaleza, que este dentro del comercio

Lesión. Se define como toda conducta que aprovecha la suma ignorancia, notoria inexperiencia o extrema miseria de otro con el ánimo de obtener un beneficio indebido.
No es alegable entre comerciantes, en razón a la definición de comerciantes que señala el CC en su artículos 3 y 75, en la palabra "reputan" establece que es un perito en la materia comercial, aconfe a definición de la Suprema Corte.

Debe ser lícito. (Art. 1910 CC). Es ilícito el hecho que es contrario a las leyes del orden público o contrario a las buenas costumbres

Forma, cuando la ley exige determinada forma. La falta de ésta implica nulidad relativa.

Fin o motivo, debe ser lícito. El primero tiene como contenido hechos o cosas, mientras que el segundo representa la razón para contratar.

Las leyes de cada país establecen las causas por las cuales los contratos en general y de manera particular los de fideicomiso, pueden ser anulados ([387]), lo cual puede ser:

1)   Por la incapacidad legal de las partes o de una de ellas; y

2)   Por vicios del consentimiento.

Asimismo estas leyes establecen quienes pueden ser sujetos capaces de asumir derechos y obligaciones:

---

[387]) Artículo 1142 del Código Civil Venezolano y el Artículo 315 del Código Civil Español, Libro I; Título XI, el cual señala que "La mayor edad empieza a los dieciocho años cumplidos.   Para el cómputo de los años de la mayoría de edad se incluirá completo el día del nacimiento".

a) Toda persona natural mayor de edad. Es mayor de edad quien haya cumplido la mayoría de edad establecida en la Ley, las cuales van, en la mayoría de los casos, desde dieciocho (18) años ([388]), en adelante. El mayor de edad es capaz para todos los actos de la vida civil, con las excepciones establecidas por disposiciones especiales.

b) Las personas jurídicas, capaces de derechos y obligaciones ([389])

1. La Nación y las entidades políticas que la componen.

2. Las iglesias, de cualquier credo que sean; las universidades y en general todos los seres y cuerpos morales de carácter público.

3. Las asociaciones, corporaciones y fundaciones lícitas de carácter privado.

Las autoridades pueden constituir fideicomisos especiales para tratar de conservar o administrar determinados bienes. En estos casos la voluntad del fideicomitente la suple una disposición judicial (en el caso de ser el Juez, el que disponga tal cosa), o legal (sí está prevista en la Ley).

2.1.1.- LOS ENTES PÚBLICO COMO FIDEICOMITENTES.-

Los entes públicos pueden actuar como fideicomitentes, dentro de las previsiones que establezcan las leyes, disposiciones o actos de creación o legitimación, pero siempre ajustados al ordenamiento jurídico que los rige, bien porque sean disposiciones legales que establezcan la constitución de los fideicomisos o bien por que sean actos o decisiones emanas de su fuero interno y dentro del desenvolvimiento de sus propias actividades o en resguardo de cualquier actuación, que requiera el concurso de esta figura

---

[388]) Artículo 18 del Código Civil Venezolano.
[389]) Artículo 19 del Código Civil Venezolano.

jurídica. Cada país establece el régimen por el cual pueden operar sus órganos administrativos y dependiendo de su configuración política administrativa podrá ejercer actos de disposición, como actuar en fideicomiso con sus recursos asignados u otros bienes que pueda disponer.

En Panamá, los entes públicos pueden actuar como fiduciarios y como fideicomitente a la vez, con sus propios bienes. Esto evidentemente, es un error conceptual del legislador, porque allí lo que se estaría constituyendo con estos recursos públicos es un fondo (activo), no importa cómo se le llame o como lo exprese cualquier disposición.

A fines de visualizar a los entes públicos, cuando actúan como fideicomitentes, tomemos como ejemplo la comparación, la estructura administrativa del Estado Venezolano, cuando sus órganos realizan estas operaciones:

La Nación, a través de sus poderes y órganos públicos que lo componen, como la Presidencia de la República, cabeza rectora del Estado y del Poder Ejecutivo Nacional, con sus diferentes Ministerios y entes de adscripción;

El Poder Legislativo, como órgano colegiado creador de leyes y contralor del Estado; así como administrador de su presupuesto;

El Poder Judicial, como gestión administrativa de su presupuesto, y órgano del Poder jurisdiccional, en los actos de terceros;

El Poder Moral, constituido por El Ministerio Público (la Fiscalía), la Contraloría General de la República, y la Defensoría del Pueblo, como administradores de su propio presupuesto, y
El Consejo Nacional Electoral, como administrador de su propio presupuesto, ente rector de los procesos electorales

Además de los entes públicos antes citados, en Venezuela, pueden ser fideicomitentes otros componentes del Estado, como los siguientes:

- Los Estados de la República, como administradores de su patrimonio

- Las Alcaldías de los Municipios, en la administración de sus patrimonios

- Los otros entes públicos de la administración centralizada y descentralizada

- Los Institutos autónomos y empresas del estado o sus entes.

Los entes públicos dentro de sus asignaciones presupuestarias, siempre deben actuar con apego a la disposición de fondos de sus respectivos presupuestos, aunque reciban ingresos propios, ([390]). En los actos derivados del desenvolvimiento de sus actividades, pueden designar a terceros beneficiarios, por ejemplo, pagar a contratistas en la ejecución de proyectos. Si son actuaciones propias del desenvolvimiento de sus operaciones o actividades, siempre deben actuar como fideicomitente y beneficiario, en el mismo acto, ejemplo, en la inversión de sus recursos de tesorería. Todo acto público que ejecuten los órganos del Estado para sí, debe cumplir las mismas formalidades, actúe bajo cualquier figura jurídica. El fideicomiso relacionado con los entes públicos, lo que facilita es quitarse de encima todo el aparataje burocrático del Estado y la seguridad de que se dispondrá de los fondos para acometer el proyecto que se pretende, sin inventarse otros destinos ya que siempre surgen las emergencias...

Es conveniente hacer notar, que el fideicomiso por sí no permite a ningún ente público ni particular, realizar o ejecutar por su intermedio lo que le está expresamente prohibido, porque sus actos deben ser siempre ajustados a la Ley, so pena de ser declarados nulos.

Los entes públicos no quedan liberados de sus responsabilidades, porque usen la figura del fideicomiso para acometer cualquier actividad que debieran llevar a cabo en el desempeño de sus deberes formales. En este sentido, es conveniente destacar que es su responsabilidad hacer que se ejecuten las actividades que tienen programadas y presupuestadas, estén los recursos asignados en fideicomiso o no. En la mayoría de los proyectos dados en fideicomiso en Venezuela, por no decir todos, al fiduciario solo se le encomienda la parte financiera para atender el encargo, limitándose el ente público a atender la parte no financiera del encargo objeto

---

[390]) La Constitución Nacional Venezolana y la Ley de Régimen Municipal de Venezuela

del fideicomiso. Esto se ha convertido en una rutina, producto de la desconfianza que generan los entes públicos (sus administradores) en el cumplimiento de sus responsabilidades, en los pagos oportunos.

2.1.2.- INSTITUCIONES BANCARIAS Y DE SEGUROS COMO FIDEICOMITENTES.-

Las instituciones bancarias y de seguros que no tengan impedimento legal para disponer de su patrimonio, dentro de los límites de ley, pueden disponer constituir un fideicomiso con sus recursos, para lo cual deben buscar un ente que actúe como fiduciario, ya que no podría designarse fiduciario el mismo, porque operaría con su propio patrimonio, independientemente de lo que establezca cualquier disposición, caso panameño, que hemos comentado supra. Esto no solo porque se generaría la figura de la confusión, sino que lo que estaría constituyendo es un fondo, lo cual es un activo que segrega el propietario en su patrimonio para una finalidad determinada. Que con esto se logre el mismo propósito, es otra cosa, pero podría ser atacado por terceros, que se vean burlados en sus derechos.

En la última reforma de la Ley de Bancos Venezolana y de seguros no prohíbe expresamente a estas Instituciones actuar como Fideicomitentes, pero se les establece una serie de limitaciones, cuando colocan parte de sus fondos. Estas consideraciones surgen, porque quien constituye un fideicomiso se desprende de parte de sus activos o masa patrimonial, dado que no puede constituirlos contrayendo pasivo, o lo que es lo mismo, debe desprenderse de parte de sus activos o de todo (en caso de testamento para personas naturales), y como contra partida reducir, a su vez su patrimonio, lo cual podría colocar a la institución de que se trate, en una situación, donde su porción de capital requerido, quede por debajo del límite que exige la Ley.

Si las instituciones financieras tienen estas limitaciones, es evidente que para actuar como fideicomitente, sólo podrán ser fideicomitentes, cuando ellas mismas sean beneficiarias del capital y sus frutos del fideicomiso que constituyan, o que el fin del fideicomiso no lleve implícito disposición de estos fondos, sino en custodia o garantía por transacciones que ellas realicen, donde terceros son beneficiarios o coparticipantes en los derechos o activos que se dan en fideicomiso (cesiones o participaciones o titularizaciones) y siempre para actividades que no estén expresamente prohibidas en las leyes que las rigen o que así lo dispongan expresas disposiciones legales.

De la suscripción de los contratos de fideicomiso, surge un traslado de la propiedad de los bienes o derechos objeto del fideicomiso, los cuales salen del patrimonio del fideicomitente, por lo tanto aquellas instituciones que tienen limitaciones en cuanto a su base patrimonial, que no debe ser inferior a un porcentaje del activo o que no pueden perder más de un tanto por ciento de su patrimonio como relación, deben mantenerse en estos márgenes legales, cuando realicen operaciones de fideicomiso, porque de lo contrario podrían estar incursas en las previsiones de la Ley de Bancos o de seguros, en cuanto a pérdida de sus patrimonios, si este criterio lo toma el Organismo de control.([391])

Quien suscribe un contrato de fideicomiso está afectando su estructura patrimonial, lo que en contabilidad se conoce como su capital, sus beneficios, reservas o superávit, al disponer de bienes o derechos que configuran sus activos, dado que la contrapartida de la entrega del activo en cuestión es un cargo a esa cuenta patrimonial, lo cual conjuntamente con su contrapartida en el activo, se verían disminuidos en la misma proporción del monto con que se constituye el fideicomiso o que se destina para su constitución, dado que pudieran influir los gastos de registro y documentación, sin descartar honorarios fiduciarios. Conviene recordar, que la cuenta capital en la contabilidad, no admite cargos directos, salvo por disminución de capital. Esta consideración en razón de las limitaciones de ley que se le establecen a algunas instituciones o empresas e inclusive a personas, como es el caso que no se puede constituir fideicomiso sobre la cuota parte de la legítima([392]) Hay casos especiales para las instituciones financieras y bancarias, donde las autoridades que contralan estas operaciones pudieran permitirles, cuando actúan como fideicomitentes, que le den tratamiento al

---

[391]) Ley del Sector Bancario y Código de Comercio venezolano
[392]) Artículo 883 del Código Civil Venezolano

registrar estos bienes o derechos que se constituyen en
fideicomiso, con contrapartida en cuentas de activos y
pasivos, sin afectar directamente las cuentas
patrimoniales, cuando el contrato de fideicomiso
expresamente disponga que su finalidad es inversión o
administración y el mismo fideicomitente es beneficiario o
representa una custodia, a favor del mismo
fideicomitente, o que sea una garantía, pero sólo en el
lapso de la garantía, que de ser ejecutada salen del
patrimonio, o que la naturaleza del fideicomiso así lo
determine. Estos bienes pueden ser de cualquier clase,
salvo los que la ley señala que no pueden ser objeto de
fideicomiso.

2.1.3.- OTROS ENTES QUE PUEDEN ACTUAR COMO FIDEICOMITENTE.-

En algunos países, encontramos algunos entes que
actúan para fideicomisos especiales, así vemos en México
que por Ley se creó un fideicomiso que administra "El
fondo para el fortalecimiento de Sociedades y
Cooperativas de Ahorro y Préstamo y de apoyo a sus
ahorradores", con la finalidad de fortalecer el esquema
financiero de estas instituciones y apoyar a los
ahorradores de estas instituciones que se encuentren en
estado de insolvencia comprobada. En nuestro
continente se han creado por Ley muchos fideicomisos
especiales, para distintas finalidades, como proyectos de
obras públicas, administración de recursos y servicios,
entre otros. Los recursos asignados para estos proyectos,
podrían ejecutarse también a través de la figura del fondo
(separación de activo en el patrimonio) o usando el
mandato, si requiere tener control directo sobre estos
proyectos.

2.2.- QUIENES NO PUEDEN SER FIDEICOMITENTE.-

Las personas que no tengan capacidad de ejercicio pleno,
no pueden constituir fideicomiso, porque a través de esta
figura sé dispone de los bienes o derechos de la persona
que lo constituye, el cual los traspasa en propiedad a otra
persona, el fiduciario, quien dispondrá de ellos de
acuerdo a las instrucciones señaladas en el contrato por

el fideicomitente dentro del marco de la Ley. La incapacidad de ejercicio está dada por la minoridad, interdicción e inhabilitación. Las personas que tengan limitada su capacidad de ejercicio, deberán cumplir con los requisitos exigidos en el derecho común o en la legislación especial, para poder realizar la constitución de Fideicomiso, como sería el caso del inhabilitado civil, que necesitaría la autorización de su curador, y en el caso de los entredichos, donde el tutor necesitaría autorización previa del Juez, con la anuencia del Consejo de Tutela.

Siendo el fideicomiso un acto de transmisión de propiedad de determinados bienes o derechos de la comunidad conyugal, que van a quedar afectados a un fin, en provecho de un beneficiario, es necesario, la manifestación de voluntad, de ambos cónyuges, cuando se trate de bienes gananciales de la comunidad conyugal, aunque en el fideicomiso uno de ellos o los dos se designen beneficiarios, sin que esto contravenga disposiciones legales ([393]).

2.3.- DERECHOS DEL FIDEICOMITENTE:

El fideicomitente, no obstante ser uno de los sujetos pasivos en el fideicomiso, él constituye la piedra angular de la figura, al ser el que decide la constitución del fideicomiso, define los distintos componentes del mismo, al aportar sus bienes o derechos en favor del beneficiario, a través de la transferencia que hace de estos bienes o la cesión de derechos al fiduciario, solicita los servicios de éste último, así como señala los fines que deben pretenderse con su constitución. Sin fideicomitente, evidentemente no puede haber fideicomiso, pero sin fiduciario, tampoco puede haber fideicomiso, cuando más una manifestación de voluntad si se deja en un testamento; inclusive tiene que haber asentimiento o consentimiento (expreso o tácito) del beneficiario, porque si renuncia no hay fideicomiso. Entre los principales derechos del fideicomitente, como constituyente del mismo, podemos señalar los siguientes:

---

[393]) Artículo 154 del Código Civil Venezolano señala que "Cada cónyuge tiene la libre administración y disposición de sus propios bienes; pero no podrá disponer de ellos a título gratuito, ni renunciar a herencias o legados, sin el consentimiento del otro"

2.3.1.- DETERMINAR LA FINALIDAD DEL FIDEICOMISO:

El fideicomitente determina la finalidad que se persiguen con la constitución del fideicomiso, la cual debe estar ajustada a las leyes y no ser contraria a las buenas costumbres y al orden público ([394]); así como debe hacerse constar en el documento constitutivo ([395]), ya que de no estar está definida ni que pueda desprenderse de la naturaleza del contrato, no podría lograrse el propósito de su constitución, lo cual lo dejaría sin efecto. Las finalidades en los contratos de fideicomiso pueden ser variadísimas, ya que podría querer el fideicomitente satisfacer los requerimientos de otras personas naturales o jurídicas, la protección o garantía de cualquier operación o transacción. Igualmente podría ser, que desee resguardar parte de sus bienes o derechos, y los pone en manos de gente conocedora de negocios. Podrían ser finalidades muy diferentes, pero todas implican transferencia de bienes o cesión de derechos al fiduciario.

El negocio jurídico debe encontrar justificación y fundamento no sólo en la existencia de elementos negóciales, sino que éste se celebre por razones que el ordenamiento jurídico considere admisibles y dignas de protección, las cuales sirvan de base al acto de autonomía privada.

2.3.2.- DESIGNAR BENEFICIARIO Y FIDUCIARIO:

El fideicomitente como punto inicial del proceso que constituye el fideicomiso, determina que persona, que en su carácter de fiduciario actuará como tal, no obstante que pudiera corresponder al Juez del fideicomiso actuar, en aquellos casos donde la Ley le reserva su intervención, o que sea una disposición legal que lo establezca, pero siempre es y será el fideicomitente el que dispone lo concerniente al fideicomiso que se constituya.

El fideicomitente determina también quién o quiénes serán los beneficiarios de los bienes o derechos que transfiere o cede al constituir el fideicomiso, dentro de las

---

[394]) Artículo 1.157 del Código Civil Venezolano señala sobre la causa en los contratos que "La obligación sin causa, o fundada en una causa falsa o ilícita, no tiene ningún efecto. La causa es ilícita cuando es contraria a la ley, a las buenas costumbres o al orden público..."
[395]) Artículo 1.1578 del Código Civil Venezolano señala sobre la causa en los contratos que "El contrato es válido aunque la causa no se exprese. La causa se presume existe mientras no se pruebe lo contrario"

formalidades de Ley, lo cual abarca nombrar los beneficiarios de los frutos generados por los bienes o derechos cedidos en fideicomiso, o de reservárselos en el acto constitutivo. Asimismo, podrá reservarse la restitución o devolución de los bienes o derechos del fideicomiso, si también los señala en el Contrato de Fideicomiso. En el supuesto de no haber ninguna indicación, de acuerdo a la finalidad del fideicomiso, se determina, si es para dar o entregar sólo los frutos de los bienes al beneficiario o el capital o todo el fondo. Esto no debe quedar sujeto a interpretación, se debe indicar de manera clara e indubitable.

2.3.3.- DETERMINAR LA MATERIA U OBJETO DEL FIDEICOMISO:

Como propietario de los bienes a ser transferidos y de los derechos a ser cedidos, el fideicomitente puede reservarse en el contrato todos los privilegios que desee, tanto en lo que concierne a la esencia del bien objeto del fideicomiso, como sus productos o frutos. Igual tratamiento podrá dar a los derechos que cede. El fideicomitente, determina de su patrimonio, formado por los activos que posee, cuáles de estos activos asigna para constituir el fideicomiso; los cuales a su vez, deben estar libre de gravamen y que puedan ser dispuestos a estos fines, sin restricciones legales de ninguna naturaleza; salvo que con dichos bienes se vaya constituir el fideicomiso para responder a compromisos que tenga relación directa con los bienes objeto del gravamen de que se trate, como para pagar obligaciones determinadas las cuales tengan constituida garantía para esas mismas obligaciones.

A fines de ser más didácticos, veamos el siguiente diagrama de constitución del fideicomiso, donde apreciamos las partes que constituyen el fideicomiso y donde el fideicomitente hace entrega de los bienes objeto del mismo al fiduciario:

Diagrama de Procesos

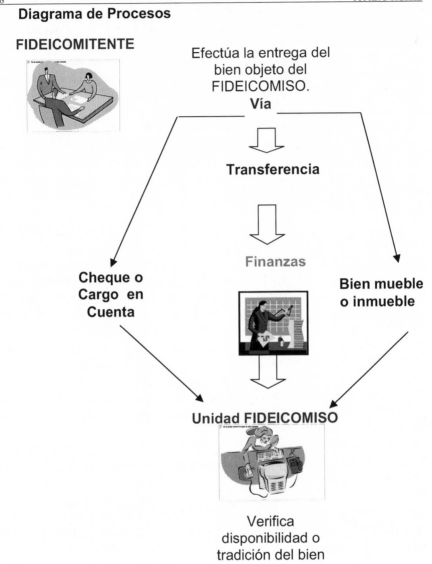

FIDEICOMITENTE

Efectúa la entrega del
bien objeto del
FIDEICOMISO.
Vía

Transferencia

Finanzas

**Cheque o
Cargo en
Cuenta**

**Bien mueble
o inmueble**

Unidad FIDEICOMISO

Verifica
disponibilidad o
tradición del bien

2.3.4.-FIJAR EL LAPSO DE DURACIÓN O CONDICIÓN DEL FIDEICOMISO.-

El fideicomitente determina el tiempo de permanencia de la relación fiduciaria o la condición a la cual pudiera estar supeditada, así como el derecho de rescindir el contrato en forma parcial o total, si así lo establece en el contrato. Los contratos que se suscriban deben recoger todas aquellas disposiciones o manifestaciones que expresen claramente la forma y la manera proceder en el fideicomiso, particularmente aquellas normas o expresiones que pudieran prestarse a inadecuadas interpretaciones y que confundan la actuación que debe seguirse en el fideicomiso. Esto no quiere decir, que rellenen los contratos con las disposiciones que sobre esta materia están en la Ley de Fideicomiso, de Bancos o de Seguros, el código civil o de comercio u otra disposición que se relacione con el tema, dado que el fideicomiso y la actuación del fiduciario y del fideicomitente, siempre, tiene que estar ajustada a derecho, esas son las disposiciones de Ley; por lo tanto, en el contrato lo que se debe indicar con precisión es, además de los datos de identificación de las partes, el lapso de duración o condición y el objeto, así como las instrucciones que quiere el fideicomitente ejecute el fiduciario. Esto también debe expresarse así, sea en un testamento, o si se deja la instrucción de constituir fideicomiso.

De acuerdo a lo que se desprende de la finalidad y excepto indicación expresa, el beneficiario del fideicomiso, es la persona que recibirá los bienes o derechos y sus frutos, ya que el fideicomitente, si se quiere reservar cualquier derecho, lo debe hacer constar en forma expresa; salvo que la finalidad o naturaleza del fideicomiso, denoten que solamente está cediendo los frutos o una condición determinada sobre los mismos. Para evitar estos inconvenientes, debe indicarse claramente que bienes o derechos se ceden, señalando si son los activos que conforman el capital o los frutos que estos generan o es todo lo que constituye el fondo fiduciario; no obstante, las previsiones que establecen las leyes ([396]), en cuanto a los derechos del fideicomitente, aunque no estén previstos en el contrato de fideicomiso.

---

[396]) Artículo 24 de la Ley de Fideicomiso Venezolana señala que "El beneficiario tendrá, además de los derechos que le conceden el acto constitutivo y la Ley, los siguientes:
1.   Exigir al fiduciario el fiel cumplimiento de sus obligaciones y hacer efectiva la responsabilidad por el incumplimiento de ellas;
2.   Impugnar los actos anulables realizados por el fiduciario, dentro de los cinco años contados desde el día en que el beneficiario hubiere tenido noticia del acto que da origen a la acción, y exigir la devolución de los bienes fideicometidos a quien corresponda. Este lapso no empezará a correr para los menores y entredichos, sino a partir de su mayoría o desde la fecha en que cese la interdicción.
3.   Oponerse a toda medida preventiva o de ejecución tomada contra los bienes fideicometidos por obligaciones que no los afectan, en caso de que el fiduciario no lo hiciere;
4.   Pedir, por causa justificada, la remoción del fiduciario y, como medida preventiva, a juicio del Juez del fideicomiso, el nombramiento de un administrador interino"

Las disposiciones e instrucciones que deja el fideicomitente en el documento de fideicomiso, para que las ejecute el fiduciario, deben ser claras y precisas, las cuales no deben prestarse a confusión.

En el supuesto de renuncia de todos los beneficiarios, los bienes que constituyen el fideicomiso volverán al fideicomitente, de acuerdo al tipo de fideicomiso, dado que los derechos de herencia y a favor de acreedores, dependerá si pueden ser renunciables ([397])

2.3.5.- DECIDIR SOBRE LA ADMINISTRACIÓN DEL FONDO.-

El fideicomitente puede fijar o reservarse en el contrato las actuaciones que desee, siempre que no perturben el desempeño de la labor del fiduciario, En la constitución del fideicomiso, el fideicomitente puede reservarse, designar alguna persona delegada para integrar el Comité de Fideicomiso; a los fines de participar más activamente en el logro de los propósitos del fideicomiso, como pueden ser: aprobar créditos, inversiones, así como participar en el manejo de los flujos de caja, además de mantener las relaciones con el mismo fiduciario, entre otras tantas que puede reservarse el fideicomitente, siempre que no perturbe la actuación del fiduciario. Los comités que creare el fiduciario para el manejo de estos recursos, es parte de su responsabilidad como administrador.

2.3.6.- EXIGIR EL CUMPLIMIENTO DEL CONTRATO:

El fideicomitente tiene el derecho de exigir al fiduciario el cumplimiento de las condiciones establecidas en el contrato, así como exigirle rendición o cuenta de la gestión realizada, y hacer cumplir las disposiciones de ley que estén reservadas a esta figura, así como todas las instrucciones que haya establecido expresamente en el contrato.

En caso de incumplimiento podrá exigir al fiduciario, el cumplimiento o rescisión del contrato de fideicomiso, con

---

[397]) Artículo 154 del Código Civil Venezolano señala que "Cada cónyuge tiene la libre administración y disposición de sus propios bienes; pero no podrá disponer de ellos a título gratuito, ni renunciar a herencias o legados, sin el consentimiento del otro"

el resarcimiento de los daños y perjuicios causados. En el caso de haberse reservado el derecho de pedir la sustitución del fiduciario, podrá exigir esta condición o cualquier otra que se haya reservado. En el supuesto que no se haya reservado la sustitución del fiduciario, podrá pedir al juez de fideicomiso, alegando sus razones, que sustituya al fiduciario y nombre un sustituto. El juez, antes de tomar esta medida de sustitución, deberá evaluar la situación planteada, consultar al fiduciario su opinión, escuchar lo que pudiera expresar el beneficiario de ser persona distinta del fideicomitente, así como puede consultar y requerir opinión a la Superintendencia de Bancos o de Seguros, para así sobre la base de una mayor información, decidir lo más conveniente a los intereses del beneficiario o del fideicomitente y preservar los recursos para pagar los servicios al fiduciario sustituido.

En Venezuela la Superintendencia de Bancos o de Seguros, aplicando el principio de "quien puede lo más, puede lo menos" tienen la facultad de exigir al Fiduciario el cumplimiento de los contratos de fideicomiso o que renuncien de no cumplir, cualquier Institución Financiera las recomendaciones de las Superintendencias, la Ley la faculta, para aplicar procedimientos administrativos y hasta intervención del ente que se salga del marco regulatorio que los rige o que ponga en riesgo los fondos que maneja o la estabilidad del sistema bancario.

El fideicomitente, en caso de verse constreñido en sus derechos, puede apelar a los órganos jurisdiccionales o instancias de control del Estado.

2.4. OBLIGACIONES DEL FIDEICOMITENTE.-

Las obligaciones del fideicomitentes son las que el mismo se fija en el documento que recoge las disposiciones del fideicomiso y las que surjan de las leyes o de la naturaleza del tipo de fideicomiso que constituye, las cuales deben estar relacionadas con pagar honorarios al fiduciario, los gastos de registro y todos los gastos inherentes a estas operaciones, respaldar los bienes que otorga en fideicomiso o apoyar al fiduciario en la protección y resguardo de los mismos; así como tomar previsión para responder, por los daños o perjuicios que de ellos pudieran derivarse y ejecutar todos aquellos actos en protección de estos bienes, en caso que no lo hiciere el fiduciario.

3.- EL BENEFICIARIO EN EL FIDEICOMISO:

El beneficiario es un sujeto pasivo en la relación del fideicomiso es designado por el fideicomitente y asiente su aceptación al no rechazarla o renunciar a la designación. La Ley establece que el fideicomiso concluye por falta de beneficiario, lo cual implica devolver los bienes al fideicomitente. El Beneficiario en el fideicomiso, es la persona que recibe los bienes o derechos objeto del fideicomiso o sus frutos, de acuerdo a lo que establezca el fideicomitente en la constitución del fideicomiso, o de no estar esto definido en el contrato lo que corresponde al beneficiario como tal, se determinará de acuerdo a lo que se desprenda de la naturaleza del tipo de fideicomiso de que se trate.

Los bienes o derechos que forman el fondo fiduciario, que deban ser entregados por el fiduciario al beneficiario, dentro de las previsiones establecidas en el contrato de fideicomiso, pueden derivarse de los recursos aportados por el fideicomitente, desembolsos de parte del capital del fideicomiso, de acuerdo a las instrucciones establecidas en el contrato o del resultado de la inversión de los recursos del fondo.   El fideicomitente en el acto constitutivo establece, si al beneficiario le corresponde el capital aportado, que puede estar constituido por dinero, valores bienes muebles e inmuebles, o los frutos de la inversión o administración de estos bienes; así como la periodicidad o condiciones en que debe hacérsele entrega del capital o del producto, de acuerdo a las instrucciones recibidas en el contrato de fideicomiso.

Los bienes o derechos a favor del beneficiario en el fideicomiso que están determinados en el contrato por el fideicomitente, bien porque los entere en el acto constitutivo o en acto posterior, para que sean entregados de acuerdo a las condiciones establecidas en el contrato al beneficiario, tanto el capital como sus frutos, o sólo uno de ellos, cuando termine el contrato o cuando se dé alguna condición que se establezca en el mismo.

3.1. QUIENES PUEDEN SER BENEFICIARIOS.-

Toda persona natural o jurídica legalmente capaz para recibir por testamento o donación, puede ser beneficiario en los fideicomisos ([398]). El fideicomiso puede ser constituido en favor de uno o más beneficiarios, pudiendo el fideicomitente constituirlo en favor de sí mismo ([399]) El fideicomiso puede constituirse en favor de varias personas, que sucesivamente deban sustituirse, por muerte de la primera o cualquier otra circunstancia, siempre y cuando los sustitutos existan cuando se abra el derecho del primer beneficiario: Para las sustituciones de beneficiarios en los Fideicomisos, las personas deben existir o estar vivas para el momento en que se abra el derecho del primer beneficiario ([400])

Las sustituciones, en el campo del derecho, son instituciones jurídicas de segundo orden, subordinadas a una condición de naturaleza especial, que tiene por finalidad designar otro u otros herederos (o beneficiarios) en lugar del primer instituido ([401]) Es posible nombrar beneficiario de un fideicomiso a un "no concebido" o por otros eventos futuros ([402]).

Puede ser beneficiario, cualquier persona natural o jurídica, incluyendo al incapaz por el tiempo que dure su incapacidad. No obstante, no puede constituirse fideicomiso que atribuya gratuitamente beneficios a

---

[398]) Artículo 1.436 del Código Civil venezolano señala que 'No pueden adquirir por donación, ni aún bajo el nombre de personas intrpuesta, los incapaces de recibir por testamento, en los casos y el modoestablecido en el Capítulo que trata de las sucesiones testamenetarias'.

[399]) Artículo 23 de la Ley de Fideicomisos venezolana seña que "El fideicomiso puede ser constituido en favor de uno o varios beneficiarios. El fideicomitente puede constituirlo en favor de sí mismo. El fiduciario no podrá ser beneficiario."

[400]) Artículo 8 de la Ley de Fideicomiso Venezolana señala que "El fideicomiso puede constituirse en beneficio de varias personas que sucesivamente deban sustituirse, sea por la muerte de la anterior, sea por otro evento, siempre que la sustitución se realice en favor de personas que existan cuando se abra el derecho del primer beneficiario.

[401])Las sustituciones en el derecho romano eran instituciones de segundo orden subordinadas a una condición de naturaleza especial, que tenían por finalidad designar otro u otros herederos en lugar del primer instituido, para el caso de que éste por cualquier circunstancia no pudiera aceptar la herencia o transmitirla por testamento. Las había de tres clases: la vulgar, el testador puede instituir otro heredero, la pupilar, el jefe de familia designa heredero al hijo impúbero, y la cuasi-pupilar, donde un descendiente, después de haber testado hacer el testamento a su ascendiente. Cita La Organización Fiduciaria, obra del autor

[402]) Artículo 1.443 del código Civil señala que "Los hijos por nacer de una persona vivía determinada pueden recibir donaciones, aunque todavía no se hayan concebido.

Para la aceptación, los hijos no concebidos serán representados por el padre o por la madre indicados por el donante, según el caso...

persona incapaz para recibir por testamento o para adquirir por donación([403]).

3.2.- QUIENES NO PUEDEN SER BENEFICIARIOS.-

En las operaciones de fideicomiso, no pueden ser beneficiarios el fiduciario, los incapaces y las personas que no se puedan identificar, así como los que se ignore su existencia para el momento de constituir el fideicomiso. Para una mejor compresión, comentamos resumidamente cada uno de estos casos:

a) El Fiduciario.-

La normativa jurídica que rige las operaciones de fideicomiso en los países de América Latina y Europa establecen expresamente que el fiduciario no puede ser beneficiario ([404]) Esta disposición se establece también para el Trust. No obstante, en la Ley de Fideicomiso de Uruguay ([405]) y en la Ley Mexicana ([406]), encontramos una excepción en la norma que establece que "Quedan prohibidos, siendo absolutamente nulos: ... b) El fideicomiso en el cual se designe beneficiario al fiduciario, salvo en los casos de fideicomiso en garantía constituidos a favor de una entidad de intermediación financiera." Esto evidentemente, es contrario a la naturaleza de la figura, dado que el fiduciario no puede ser beneficiario, y no debe ningún ente que actúa como fiduciario, aceptar o permitir una designación de esta naturaleza, la cual es contra los fundamentos del derecho, si le quieren hacer una donación o un pago a alguien que se lo hagan, sin tener que desvirtuar las figuras jurídicas. Esto es como que, yo mismo me pago o me garantizo...

---

[403]) Articulo 1.437 Código de Civil Venezolano señala que 'toda donación hecha a favor de una persona incapaz para recibirla, es nula, aunque se la presente bajo la forma de cualquier otro contrato'.
[404]) Ley de Fideicomiso y Ley del Sector Bancario
[405]) Ley de Fideicomiso de Uruguay, Artículo 9°. (Prohibiciones).- Quedan prohibidos, siendo absolutamente nulos: a) Los fideicomisos testamentarios en los que se designen diversos beneficiarios en forma sucesiva, procediendo la sustitución a la muerte del beneficiario anterior. b) El fideicomiso en el cual se designe beneficiario al fiduciario, salvo en los casos de fideicomiso en garantía constituidos a favor de una entidad de intermediación financiera.
[406]) Artículo 396 de la Ley de Títulos y Operaciones de Créditos de México, señala que "Las instituciones y sociedades mencionadas en el artículo anterior, podrán reunir la calidad de fiduciarias y fideicomisarias, tratándose de fideicomisos cuyo fin sea garantizar obligaciones a su favor. En este supuesto, las partes deberán convenir los términos y condiciones para dirimir posibles conflictos de intereses.

La naturaleza jurídica del fideicomiso, desvirtúa la posibilidad que en esta figura el fiduciario pueda ser beneficiario, porque operaría de pleno derecho la figura jurídica de la confusión, entre el patrimonio propio del fiduciario y el patrimonio del fideicomiso, lo cual vendría a convertir esta actuación del fideicomitente frente al propio fiduciario, en una simple donación o entrega, que le estarían haciendo, utilizando una figura jurídica inadecuada, que vendría a ser nula de toda nulidad, pero que materialmente podría lograr su propósito, que es donar o dar en pago los bienes o derechos a quien designó beneficiario, tal como se puede desprender de la normativa citada de Uruguay, pero sobre esta norma se podrían presentar las siguientes situaciones:

a) ser atacada de nulidad, por ser contrario a la naturaleza de la figura

b) Ser atacada de nulidad, porque no se puede constituir una garantía a favor del propietario del bien. Esto sería como que alguien compre o le donen un inmueble y él decida constituir una garantía a su favor, con el mismo bien. El propietario no puede garantizarse a sí mismo.

c) Puede ser atacado de nulidad por los acreedores del fideicomitente o por cualquier persona que pudiera verse afectada por este acto.

d) Puede ser forzada su ejecución a favor de acreedores del fiduciario, por formar parte el bien del patrimonio del fiduciario.

Los legisladores deben velar por conservar los fundamentos de las instituciones del derecho; así como las autoridades deben velar, porque en el registro de estos documentos, no haya contravención a los fundamentos del derecho, aunque estas disposiciones legales, sean a todo evento nulas. De sucederse una situación semejante, puede ser atacado este acto por violentar la naturaleza de la figura o normas jurídicas, que podrían afectar al Estado o a terceros, como se señaló antes. Estos criterios son recogidos en todas las disposiciones legales de nuestro continente y del mundo, no sólo para la institución del fideicomiso, sino también para el trust.

En los países de América se evidencia lo antes expresado, dado que el fiduciario no puede ser nombrado beneficiario en el fideicomiso ni el trust ([407])   El fundamento de esta prohibición legal, es porque se generaría la figura jurídica de la confusión ([408]), entre el patrimonio del fideicomiso y el patrimonio propio del fiduciario, que pasaría a ser uno sólo, por simular y materializar una donación al fiduciario, cuyos bienes o derechos responderán también a favor de los acreedores del fiduciario, y pudieran estar configurando una actuación en detrimento de los acreedores del fideicomitente o evadiendo normas impositivas.

b) Las Personas Incapaces.-

Las personas incapaces para recibir por testamento o donación ([409]), no pueden ser beneficiarios en los fideicomisos que se constituyan, tal como lo recoge la legislación de nuestro continente en esta materia. La Ley de Fideicomiso Venezolana señala sobre este particular, que ([410]) "No puede constituirse fideicomiso que atribuya gratuitamente beneficios a persona incapaz para recibir por testamento o para adquirir por donación", norma contenida en casi toda la legislación del continente.

El fideicomiso que se constituye por una decisión unilateral del fideicomitente o por acuerdos entre el fideicomitente y el beneficiario, pudiera verse incurso en alguno de estos supuestos: En el primer caso, los únicos que pudieran objetar la constitución del fideicomiso, son los herederos del fideicomitente, que pudieran verse burlados en sus derechos o el Estado que pudiera ver que se están evadiendo tributos, al constituir estos fideicomisos en cabeza de estas personas   como beneficiarios.

c) Los no Concebidos.-

Los no concebidos, en principio no podrían ser beneficiarios en los fideicomiso por no existir, dado que nuestras legislaciones establecen que toda donación

[407]) El artículo 23 de la Ley de fideicomiso Venezolana, prohíbe expresamente que el Fiduciario sea Beneficiario, citado.
[408]) Artículo 1.342 del Código Civil Venezolano señala que 'Cuando las cualidades de acreedor y de deudor se reúnen en la misma persona, la obligación se extingue por confusión'.
[409]) Artículo 1.436 Código Civil Venezolano, citado
[410]) Artículo 7 de la Ley de fideicomiso Venezolana señala que "No puede constituirse fideicomiso que atribuya gratuitamente beneficios a persona incapaz para recibir por testamento o para adquirir por donación"

hecha a favor de una persona incapaz para recibirla, es nula, aunque se presente bajo la forma de otro contrato ([411]). Tenemos algunas disposiciones en nuestro continente, que señalan que los no concebidos o personas futuras pueden ser beneficiarios en los fideicomisos; así tenemos que en Venezuela, el Código Civil establece que ([412]) "El feto se tendrá como nacido cuando se trate de su bien; y para que sea reputado como persona, basta que haya nacido vivo; en Uruguay ([413]) y Panamá sus leyes de fideicomisos establecen que se pueden designar beneficiarios a personas futuras que no existan al tiempo del otorgamiento del fideicomiso. En estos casos deberá establecerse con precisión las características que permitan la identificación de las personas designadas beneficiarias. El fideicomiso quedará sujeto a la condición suspensiva de existencia de la persona beneficiaria dentro del plazo establecido.

De estas disposiciones apreciamos que tenemos algunos casos, donde un no concebido o persona futura, pueden ser beneficiarios.

d) Personas que no se puedan Identificar.-

Las personas naturales o jurídicas que no puedan ser identificadas, no pueden ser designadas beneficiarios, porque no estaría plenamente identificada la persona, a quien se le entregarían los recursos que constituyen el patrimonio del fideicomiso.

Las personas naturales que se designen beneficiarios, deben ser identificadas plenamente. Si son personas mayores de edad, debe solicitársele su documentación legal.   De ser personas menores de edad, deben ser identificadas, con su documentación legal o través de sus padres, como puede ser el caso de los no nacidos o los menores concebidos, que no puedan identificarse por sí mismos, o a través de sus representante legal o

---

[411]) Artículo 1437 del Código Civil venezolano
[412]) Artículo 17 del Código Civil venezolano
[413]) Ley Nº 17.703 de Uruguay, Artículo 23. (Beneficiario).- El acto constitutivo del fideicomiso, deberá designar al beneficiario quien podrá ser una persona física o jurídica.   En caso de fideicomiso testamentario rigen los principios del Código Civil (artículos 1038, 835, 841).   El beneficiario puede ser una persona futura que no exista al tiempo del otorgamiento del fideicomiso contractual, en cuyo caso deberá establecerse con precisión las características que permitan su identificación futura. El fideicomiso contractual quedará en tal caso, sujeto a la condición suspensiva de existencia de la persona beneficiaria y quedará sin efecto de no verificarse la misma dentro del plazo del año a partir del otorgamiento.

cualquier autoridad competente, caso los jueces de familia.

Las personas jurídicas, deben tener la documentación que las identifique y domicilio conocido, cuyos representantes legales deben ser también identificados, acompañados del documento que demuestre de donde emana su poder de representación para esa persona jurídica.

e) Personas que se ignora su existencia

Las personas, sean naturales o jurídicas, que se ignore su existencia, no pueden ser designadas beneficiarios, porque a donde o a quien se le entregarían los fondos que constituyen el patrimonio del fideicomiso. ([414])

3.3.- DERECHOS DEL BENEFICIARIO:

El beneficiario tiene en el fideicomiso los derechos que le conceda el fideicomitente en el acto constitutivo y los que deriven de la Ley; así como cualquier derecho que pueda anteponer en protección o preservación de los bienes objeto del fideicomiso. El beneficiario, en caso de no estar de acuerdo con la designación que le hace el fideicomitente, deberá manifestarlo en la oportunidad que tenga información de su designación o en el acto de entrega del capital o el producto del fideicomiso por parte del fiduciario, de acuerdo a las instrucciones previstas en el contrato de fideicomiso. En el contrato de fideicomiso se puede establecer estipulaciones a favor de terceros. En cuanto a la estipulación del beneficiario, pueden sostenerse dos posiciones, sobre el alcance de la estipulación para otro:

1) Una posición, señala que el beneficiario sólo adquiere derechos cuando haya aceptado los beneficios que se le acuerdan. El beneficiario queda vinculado con el contrato de fideicomiso después de su aceptación y podrá requerir del fiduciario el cumplimiento de las obligaciones asumidas, y

---

[414]) Artículo 441 del Código Civil venezolano señala que 'No se admitirá la reclamación de ningún derecho en nombre de una persona cuya existencia se ignore, si no se prueba que dicha persona existía cuando el derecho tuvo nacimiento'.

2) La otra posición señala que el derecho a favor del beneficiario, nace del propio contrato (sin necesidad de aceptación del mismo) y que la aceptación sólo tiene por efecto la preclusión del derecho del estipulante a revocar los derechos conferidos.

Los derechos del beneficiario en el fideicomiso, son entre otros los siguientes:

1) Exigir al fiduciario el fiel cumplimiento de sus obligaciones y hacer efectiva la responsabilidad por el incumplimiento de ellas. El fiduciario debe actuar con estricto apego a la normativa que rige la materia fiduciaria. Las leyes de los países de América, obligan al fiduciario a actuar con la diligencia de "un buen padre de familia o gestor de negocios", pudiendo exigirle, responsabilidad, por su actuación ante los órganos competentes del Estado, como puede ser el juez del fideicomiso y/o la Superintendencia de Bancos o de Seguros. En el caso venezolano la Ley de Instituciones del Sector Bancario y la Ley de la Actividad Aseguradora les consagra a las Superintendencias facultades de control masivo de estos bienes o derechos en los fideicomisos suscritos en las instituciones financieras bancarias o de seguros, lo cual no excluye que específicamente atiendan a cualquier persona que exija se le respeten sus derechos, actuación que ejecutan como normal en el control de las actividades de las instituciones financieras, o que actúen por disposición o a requerimiento del Juez de Fideicomiso, quien puede actuar de Oficio de acuerdo a la Ley de Fideicomiso Venezolana.

2) Impugnar los actos anulables realizados por el fiduciario, dentro de los lapsos previstos en la Ley. El beneficiario en protección de sus intereses puede impugnar los actos anulables realizados por el fiduciario, dentro de los lapsos previstos en la Ley. En Venezuela la Ley de Fideicomiso establece que el Beneficiario podrá impugnar estos actos dentro de los cinco (5) años contados desde el día en que hubiere tenido noticia del acto que da origen a la acción, y exigir la devolución de los bienes fideicometidos a quien corresponda. Este lapso no

empezará a correr para los menores y entredichos, sino a partir de su mayoridad o desde la fecha en que cese su interdicción. ([415]). En este lapso deben realizarse las diligencias que procedan, dado el carácter de comerciante del fiduciario, que le establece la Ley de Instituciones del Sector Bancario, cuando los obliga registrar todos los contratos de fideicomiso, en el Registro Mercantil correspondiente. Dada la condición de comerciante del fiduciario, el lapso máximo que debe establecerse para estos reclamos debe ser el de diez (10) años, que es lo que establece el Código de Comercio para los comerciantes. El artículo 29 de la Ley de Fideicomiso Venezolana, parcialmente derogada por la Ley de Instituciones del Sector Bancario (de manera imprecisa e indeterminada), establece textualmente que "corresponde a la jurisdicción civil el conocimiento de todas las controversias concernientes a la constitución, funcionamiento y terminación del fideicomiso, salvo que la constitución del mismo sea un acto de comercio para el fideicomitente, en cuyo caso corresponderá a la jurisdicción mercantil" El hecho, que se registren los fideicomisos en el Registro Mercantil ([416]), por disposición de la Ley, no impide a los jueces de la jurisdicción civil o de otra jurisdicción, conocer lo concerniente a aquellos fideicomisos que su naturaleza sea evidentemente de la jurisdicción que le corresponda, siempre que tal actuación no vaya en contra de expresas disposiciones legales sobre la materia fiduciaria.

3)   Oponerse a toda medida preventiva o de ejecución tomada contra los bienes fideicometidos por obligaciones que no los afectan, en caso de que el fiduciario no lo hiciere.

Como quiera que los bienes o derechos fideicometidos constituyen legal y conceptualmente un "patrimonio separado" o "una masa de bienes o

---

[415]) Artículo 24 ordinal 2 de la Ley de Fideicomiso Venezolana
[416]) Ley del Sector Bancario venezolana señala que 'Todos los contratos de fideicmiso deben estar debidamente inscritos en el Registro Mercantil correspondiente. Adicionalmente, los contratos de fideicomiso mediante los cuales se transfiera al fondo fiduciario bienes inmuebles o derechos sobre éstos, así como las revocatorias o reformas de los mismos, deberán protocolizarse en la Oficina u Oficinas Subalternas de Registro respectivas'.

derechos" que sólo responden de las obligaciones que le son inherentes, el fiduciario debe oponerse a toda medida preventiva o de ejecución dictadas contra esos bienes o derechos, para responder de estas obligaciones. En caso que el fiduciario no lo hiciere, el beneficiario podrá hacerlo en resguardo de sus propios intereses y conminar al fiduciario, a que tome las previsiones que procedan o que hubiere lugar.

4) Pedir por causa justificada la remoción del fiduciario y, como medida preventiva, solicitar al Juez del Fideicomiso el nombramiento de un administrador interino. En vista de los controles que sobre las operaciones bancarias tienen las autoridades contraloras, estos actos, deben ser informados a estos entes para que tomen las medidas más convenientes en resguardo de estos patrimonios, siempre en beneficio de las partes involucradas en estas operaciones.

En el acto constitutivo del fideicomiso, el fideicomitente determina a quien nombra beneficiario y estipula los derechos que le otorgará al mismo, así como cuáles serán los beneficios y en qué circunstancias los recibirán.

En cuanto al nombramiento de un Administrador Interino, que puede hacer el Juez de Fideicomiso a petición del beneficiario, es conviene señalar que esto no altera la relación fiduciaria, dado que legalmente hasta que no haya remoción en firme y designación de un nuevo fiduciario, seguirá el actual fiduciario, actuando como propietario fiduciario que es de estos bienes, con la excepción de las responsabilidades por el manejo que pudiera hacer el Administrador Interino, designado por el Juez de la causa. Esta designación del Administrador Interino, en el caso de la Banca se presta a ciertas particularidades, dado que terceros no pueden participar en la administración de fondos de estas instituciones, si no es por designación de sus propias autoridades o por disposición de las autoridades, en actos administrativos que dispongan contra estas instituciones. Por lo tanto, estimamos que de haber esa designación, debe recaer sobre una institución bancaria. Esto es parte de la derogación parcial que se hizo de la Ley de Fideicomiso, que deja estas lagunas, para las instituciones bancarias y de seguros u otras personas que participen en esta relación fiduciaria.

5) Los beneficiarios tienen la facultad de renunciar al fideicomiso, con lo cual el fideicomiso se extingue y los bienes que constituyen el fideicomiso deben volver al fideicomitente. De no existir éste para la fecha de la renuncia, corresponderán a sus herederos.

Este acto de renuncia debe ser voluntario y sin coerción y donde debe tenerse presente la situación económica de los herederos del beneficiario y las salvedades que la Ley establece en protección de la familia.

EL FIDEICOMISO, FIDUCIA O TRUST EN AMÉRICA
CAPITULO V
LA FINALIDAD EN LA FIGURA DEL FIDEICOMISO

"El derecho busca organizar las relaciones sociales de los sujetos, porque de ellas surge su fundamento"

Contenido: LA FINALIDAD EN LA FIGURA DEL FIDEICOMISO. 1. Qué es la finalidad en el fideicomiso. **2.** Que fines pueden pretenderse en el fideicomiso. **3.** Qué fines no pueden pretenderse en el fideicomiso

1. QUE ES LA FINALIDAD EN EL FIDEICOMISO

En el fideicomiso, fiducia o trust, los fines vienen a constituir lo que quiere o pretende el fideicomitente, fiduciante o trustee, cuando constituye el fideicomiso (causa fiduciae), bien suscriba un contrato o deje la instrucción de constituir el fideicomiso en un testamento o que surja de una disposición judicial o legal, lo cual se materializa con la suscripción del contrato o documento de fideicomiso que debe aceptar el fiduciario, en cualquiera que sea la situación, bajo la cual se formalice.

En un contrato determinado, la finalidad es el fin con qué o por qué se suscribe o hace el contrato, la cual casi siempre en el fideicomiso, es una, que el fideicomitente debe fijar con precisión en el contrato o en el documento que la recoja, caso fideicomiso testamentario. En las diversas actuaciones de los fiduciarios, como profesionales de estas actividades, las finalidades en los contratos de fideicomiso que suscriben con sus clientes son tan variadas, que van desde pretender invertir, administrar o conservar una masa patrimonial (fondo), conformada por bienes o derechos, buscando ventajas de la actuación del fiduciario o seguridad para los beneficiarios, hasta pretender dar en garantía los bienes objeto del fideicomiso, apoyándose en la experiencia y logística del fiduciario; así como resolver problemas de herencia, entre otros tantos que solo limita la imaginación y la hermenéutica de la Ley.

Las relaciones del fiduciario en la ejecución de los fines del fideicomiso, son diversas pero estas finalidades, corresponden a cada contrato de manera específica y particular, las cuales casi siempre son una sola y claramente determinada, cumpliendo con la condición que debe ser ejecutable, dado que de ser imposible de cumplir, el contrato que se suscriba será nulo por imposibilidad material de cumplir o hacer cumplir su finalidad. El fin que busque el fideicomitente en la constitución del fideicomiso también puede ser, proteger al beneficiario de la inexperiencia, incapacidad, influencias perniciosas o interesadas, o cualesquiera otras causas que pudiera motivarlo a tomar decisiones en detrimento de esta masa patrimonial o que el mismo fideicomitente desee resguardarse de ciertas eventualidades o que busque participar en alguna negociación que requiera la figura del fideicomiso o que tenga que dar cumplimiento a cualquier disposición judicial o legal.

Cualquiera que sea la razón, que motive al fideicomitente a constituir el fideicomiso, a su favor o a favor de un tercero, su actuación y los bienes o derechos que estén involucrados en esta decisión, deben tener un carácter lícito, además que sea posible su ejecución y pueda determinarse sus bienes o derechos; dado que este encargo, debe ser ejecutado por el fiduciario, sin restricciones ni limitaciones de ninguna naturaleza, salvo las previstas en la Ley.

2.- QUE FINES PUEDEN PRETENDERSE EN EL FIDEICOMISO.-

Los fines del fideicomiso están determinados por los resultados que se persiguen con la constitución de éste. El fin que se busque con la constitución del fideicomiso, debe ser lícito, posible y determinado:

- Qué significa que el fin que se persiga, con la constitución del fideicomiso sea lícito.-
+

Esto lo que quiere decir es, que esté sujeto al ordenamiento jurídico y no sea contrario a las leyes ni a las buenas costumbres. El fiduciario no debiera aceptar ni suscribir ningún fideicomiso que sepa o entienda que es contrario a las leyes o a las buenas costumbres, aunque el fideicomitente exprese su licitud en el contrato. El cumplimiento de este precepto involucra a las unidades de control del ente fiduciario y también a los órganos del Estado, a los que le corresponde estas responsabilidades, especialmente las Superintendencias de Bancos o de Seguros, a través de sus unidades encargadas de estas actividades.

- Qué significa que el fin que se persiga con la constitución del fideicomiso sea posible.-

Esto significa que no se debe aceptar constituir un fideicomiso, cuyo fin sea incompatible con las normas jurídicas o una Ley de la naturaleza que lo haga irrealizable. El fiduciario debe velar también, por no suscribir fideicomisos que sabe o entiende que no puede ejecutar, por estar impedido legalmente o porque su ejecución es materialmente imposible de llevar a cabo.

- Qué significa que el fin que se persiga con la constitución del fideicomiso sea determinado.-

Esto significa que debe establecerse claramente el fin que se persigue con la constitución del fideicomiso, el cual debe estar claramente señalado, para poder llevarlo a cabo o ejecutarlo, ya que de tener una finalidad abstracta o indeterminada es imposible de ejecutar. En este caso, el fiduciario no tendrá lineamientos definidos, que podrían llevarlo a realizar actuaciones que impidan o perturben el manejo de los bienes objeto del fideicomiso. El fiduciario podría solicitar del Juez de Fideicomiso instrucciones al respecto, cuando tenga dificultad para lograr el propósito de la constitución del fideicomiso, bien sea que se haya suscrito bajo esas condiciones o por circunstancias sobrevenidas. De presentarse situaciones fuera de lo normal que, pudieran poner en peligro la masa patrimonial que conforma un fideicomiso determinado o si el conjunto de bienes o derechos que maneja una institución financiera bancaria o de seguro determinada, están sujetos a riesgos potenciales o reales que se escapen de la actuación que de manera particular pueda ejercer el fiduciario, debiera notificar a las autoridades de control o recurrir al Juez de Fideicomiso. Estas autoridades pueden actuar de tener información sobre

dificultades   que   pudiera   tener   un   fideicomiso
determinado.

La finalidad del fideicomiso la confunden, a veces, con el objeto del contrato que le sirve a esta institución del derecho. El objeto del fideicomiso lo determinan los bienes o derechos que lo constituyen, es la materia que lo conforma; el fin es lo que se busca hacer con esa masa patrimonial; por lo cual, el contrato en el fideicomiso no es más que el soporte o cascarón externo, donde el fideicomitente deja plasmadas sus instrucciones, de lo que desea ejecute el fiduciario, como sujeto activo en la relación.   Esto es similar, a lo que sucede con el mandato y el poder

El objeto del contrato o acuerdo de voluntades entre el fideicomitente y el fiduciario es documentar el fideicomiso el traspaso o cesión de los bienes o derechos, en el caso de haber sido dejado en un testamento o constituido por actos Inter-vivos, que es lo que se busca con su constitución.

En la doctrina   moderna encontramos posiciones que consideran la causa, como elemento esencial de los acuerdos de voluntad con contenido patrimonial, esto es, los contratos, y los que confunden la causa, con el propio contenido del negocio o con la misma voluntad negocial y también tenemos los anticausalistas.

La teoría clásica de **Dumat**, ([417]) "es la que distingue la causa de los motivos. La causa es el fin inmediato y los motivos la intención de los contratantes para lograr el fin inmediato. La causa es invariable, los motivos son fines mediatos y pueden ser de diversa índole"

Dentro la posición causalista, se podría distinguir la teoría subjetiva, la teoría objetiva y la sincrética; así como la teoría anticausalista, las cuales apuntan a lo siguiente:

a) **La teoría subjetiva:** Según esta teoría los contratos que producen recíprocas obligaciones entre las partes (por ejemplo en una compraventa) la causa de la obligación asumida por una de ellas se encuentra en la obligación de la contraparte. La causa se identifica con el fin directo o inmediato que persigue una persona cuando se obliga: que

---

[417]) Código civil Abouhamad Hobaica, obra citada, pág. 180

otra se obligue respecto a ella. Este fin es abstracto y típico, la causa es siempre la misma y se prescinde de los móviles que llevan a las partes a contratar. Las teorías subjetivas se encuentran con la dificultad de explicar la razón por la que el ordenamiento jurídico reputa nulo el negocio con causa ilícita o inmoral. Según sus postulados no sería concebible este caso. Si el comprador se obliga a pagar el precio, es porque el vendedor entregue la cosa, cuándo una compraventa puede tener causa ilícita o inmoral. Ante este obstáculo, cierto sector de la doctrina atribuye a la causa la misión de dar relevancia al propósito empírico de las partes. Será el fin perseguido, lícito o ilícito, el que determine si el negocio merece la protección del ordenamiento jurídico, pero con esto se da relevancia a los móviles

b) **La teoría objetiva:** La premisa básica de esta teoría es la consideración del negocio o contrato en sí y no exclusivamente de las obligaciones que produce. La concepción objetiva de la causa ha sido formulada como la función económico-social del negocio o como la función práctico-social reconocida por el Derecho, es decir la función que aquél tiene y que el ordenamiento sanciona y reconoce. Esta función es reconocida en general y preventivamente, fijando la ley determinados tipos negociales (compraventa, donación, arrendamiento, permuta...) con su correspondiente normativa.

Esta tesis objetiva, además de desplazar la causa a la función de un negocio, se encuentran con la dificultad de explicar la razón por la que se reprueban las causas ilícitas o inmorales. Si es el ordenamiento jurídico el que da su sanción a los fines objetivos perseguidos por las partes, es obvio que no pueden prever siquiera la posibilidad de fines objetivos ilícitos. Para poder seguir manteniendo la teoría y compatibilizarla al mismo tiempo con la causa ilícita o inmoral se dice que el querer de las partes debe dirigirse no tan sólo a acoger la función económico-social del negocio, sino que hay que ponerlo en contacto con el resultado específico perseguido con el negocio concreto. La teoría objetiva tiene que dar relevancia a los móviles ilícitos del actuar

La causa del negocio se identifica, objetivamente, con la función socioeconómica o con el fin típico que desempeña el tipo negocial: Ejemplo, el intercambio de cosa por precio en la compraventa, la disposición post mortem de los bienes en el testamento y la tradición y restitución de la cosa en el fideicomiso

La valoración jurídica del propósito (causa) perseguido por aquellas partes ha de realizarse según la ley, para saber si tienen causa y para detectar su licitud o ilicitud.

c) **Tesis sincrética:** Esta tesis,   combina las dos teorías anteriores. No se agota el tema de la causa del negocio con la determinación y descripción de su función, sino que es necesario, además, confrontar la voluntad concreta de los sujetos y los fines que se persiguen con la función jurídica del negocio, para ver si existe aquella coincidencia esencial que puede justipreciar el nacimiento y normal existencia del negocio.

La causa se presenta como la función social del negocio, razón suficiente de su tutela jurídica, pero esa causa debe hallarse también en el ánimo de las partes; junto a la causa objetiva se coloca la subjetiva

d) **Tesis anticausalista:** Esta tesis es sostenida por **De Page, Giorgi, Planiol**, entre otros, señalando este último ([418]) "que el concepto de causa es falso e inútil. Dice para rebatir el clasicismo, toda causa debe preceder a su efecto, o es causa o es efecto, pero no ambos a la vez como lo mantienen los clásicos en los contratos bilaterales, que por lo demás es falsa en esos contratos porque si una de las partes no cumple su obligación, aun así queda obligado, la obligación existe lo que sucede es que no se ha cumplido. … Como opuesta a esta tesis anticausalista, surge la tesis **neocausalista** de **Henry Capitant**, el cual sostiene "que la causa es un elemento intrínseco de la obligación y extrínseco al contrato. Dice, en los contratos bilaterales la causa de la obligación de una de las partes no es la obligación de la otra parte, como dicen los clásicos, sino el cumplimiento de la obligación de la otra parte y si el cumplimiento no se produce no hay causa".

Si la causa en los contratos es lo que cada una de las partes debe, respectivamente, a la otra, se confunde con su objeto. Si en los contratos a título gratuito la causa reside en la liberalidad del benefactor, tampoco es cierto que sea un elemento distinto de los demás. No puede separarse el sentimiento que anima al donante de la voluntad de donar que expresa. Se identifica, pues, la causa con el consentimiento.

---

[418]) Civil Abouhamad hobaica, obra citada, página 180

La causa, identificada como fin en las teorías subjetivas, no es aislable del consentimiento, forma un todo con él. El que se obliga prestando su consentimiento no lo hace de forma caprichosa, sino por un fin. El fin está incurso en el consentimiento y por ello no hay que atender nunca a la causa, sino a los motivos que llevan a las partes a celebrar el negocio, ellos dirán si merece o no la protección del Derecho.

La causa es objeto de controversia doctrinal, la cual es recogida en la legislación civil, como indispensable al tipo de contrato. El Código Civil Venezolano ([419]) señala que "La obligación sin causa, o fundada en una causa falsa o ilícita, no tiene ningún efecto. ... Este mismo código señala que "El contrato es válido aunque la causa no se exprese La causa se presume que existe mientras no se pruebe lo contrario".

3. QUE FINES NO PUEDEN PRETENDERSE EN EL FIDEICOMISO

Los fines que no pueden pretenderse en la constitución de los fideicomisos, fiducia o trust, son los de actuación ilícita, los indeterminados y los relacionados con bienes o derechos, que estén fuera del comercio o que sean del dominio público o los afectos a titularidad de terceros y los personales. Veamos, sucintamente, cada uno de estos casos:

a) ACTUACIÓN ILÍCITA.

El fideicomitente no debe ni debiera solicitar los servicios fiduciarios para proponer suscribir contratos, donde la actuación que deba ejecutarse esté reñida contra las leyes, la moral y las buenas costumbres y el fiduciario, está en la obligación de no aceptar este tipo de fideicomiso, de tener algunos elementos de convicción, porque podría tener corresponsabilidad en la ejecución de estos actos, dado la sujeción a las instrucciones previstas en el contrato que debe seguir el fiduciarios, por disposición legal, a lo cual se suma el control que el Estado tiene sobre estas operaciones. De aceptarse un contrato de fideicomiso en contravención a las disposiciones legales de un País, el responsable directo, en primera instancia es el fiduciario, salvo que sea burlado en su buena fe, y el fideicomitente, en lo que

---

[419]) Artículo 1157 y 1158 del Código Civil Venezolano

pueda serle imputable en la ejecución de las actividades que haya instruido o aceptado y se ejecuten a través del fideicomiso. El beneficiario sólo sería responsable, de estar en conocimiento de la situación y éste convalidando actos ilegales o reñidos contra la ley, la moral y las buenas costumbres.

El fideicomitente debe informar al fiduciario el origen de los fondos y éste en prevención de lo que establecen las normas sobre legitimación de capitales y la corrupción debe notificar a las autoridades, dentro de las informaciones que ellos recaban. Esta normativa es aplicable en casi todos los países, con algunas excepciones de paraísos fiscales y otros que no suscriben estos acuerdos.

b) BUSCAR FINES NO CONCRETOS E INDETERMINADOS

En el fideicomiso, el fideicomitente no puede pretender establecer en el contrato de fideicomiso fines no concretos e indeterminados, que hagan imposible cumplir sus fines. En este sentido, el fiduciario como especialista en la materia fiduciaria debe informar al fideicomitente las razones, por las cuales no se pueden establecer en el contrato fines que sean imposibles de alcanzar o alcances no específicos que puedan crear confusión al fiduciario, cuando trate de lograr los propósitos que se buscan con la constitución del fideicomiso. La normativa prudencial que establecen las autoridades de control ([420]), busca evitar estas situaciones.

c) NEGOCIAR CON BIENES O DERECHOS QUE ESTÉN FUERA DEL COMERCIO O COSAS DEL DOMINIO PÚBLICO.-

En la suscripción del contrato de fideicomiso no se puede establecer como fin, que se negociarán bienes o derechos que estén fuera del comercio, así como tampoco que se negociarán cosas del dominio público, porque ellas no son objeto de actividades mercantiles, y tienen por expresa disposición legal imposibilidad de realizarlos, ya que de hacerse, serían atacadas de nulidad, porque estarían

---

[420]) Norma que Regula las Operaciones de Fideicomiso impuesta por la Superintendencia de Bancos de Venezuela en el año 2012, citada.

contraviniendo normas legales o que son del dominio público.

De llegarse a suscribirse contratos que involucren este tipo de bienes, pudieran generar responsabilidad para los que en ellos participan, en contravención a la normativa legal.

d) BIENES O DERECHOS AFECTOS A LA TITULARIDAD DE TERCEROS.-

El fiduciario al solicitar al fideicomitente la documentación para elaborar el contrato de fideicomiso, dependiendo del tipo de bienes o derechos que se aportan, debe tratar de investigar la procedencia de estos bienes, a los fines de actuar ajustado a derecho, lo que podría incluir, no solo despistar que correspondan a terceros, sino también que existan, para lo cual puede mandar a investigar en el registro, de ser el caso, o a realizar un avalúo de los mismos o llevar a cabo cualquier actuación que estime procedente, tratando de ajustarse a las mismas formalidades que ejecuta cuando grava bienes a su favor, tanto porque la documentación esté en regla, como por que existan los bienes objeto del fideicomiso. Esta actuación no solo favorece a terceros que pudieran verse afectados, sino al propio fiduciario, porque todos los eventos que surjan con estos bienes, después que estén en fideicomiso corresponderán al fiduciario en primera instancia atenderlos y se verá envuelto en sus consecuencias o eventualidades.

e) EJECUTAR LAS ACTIVIDADES PROPIAS DE LAS INSTITUCIONES FIDUCIARIAS.-

El fiduciario no debiera aceptar ni las autoridades permitir que se constituyan fideicomisos para acometer los propios negocios o actividades para lo cual está autorizado por ley el fiduciario, dado que esto crearía, no solo conflictos de intereses, sino también confusión en el público y perturbación en los accionistas y acreedores de la institución. Además, que legalmente no podrían algunas personas, aunque sea usando las instituciones bancarias realizar o ejercitar las operaciones o actividades propias de algunos de estos tipos de instituciones bancarias o financieras. Dentro de las operaciones que no se podrían realizar a través de la figura del fideicomiso en las instituciones bancarias, tenemos, aquellas operaciones que vayan en abierta competencia, con las que constituyen el objeto social de la institución que ha de servir de fiduciario; ni mucho menos aquellas, que por imperio de la Ley están reservadas a instituciones exclusivas, como sería captar depósitos del público, a través de los productos propios de estas instituciones. Es bueno aclarar, que no estamos diciendo que no podrán realizar las operaciones que la banca ejecuta, sino que no debería utilizar el fiduciario su propia infraestructura de negocios, para aquellas operaciones fiduciarias, que vayan en abierta competencia con su gestión de negocios. El fiduciario debe colocar los recursos fiduciarios, siempre ajustado a los fine que se pretenden con la constitución del fideicomiso y dentro de ellos está, además de invertir en el mercado financiero, otorgar financiamiento a beneficiarios o terceros dentro de la previsiones de Ley.

EL FIDEICOMISO, FIDUCIA O TRUST EN AMÉRICA
CAPITULO VI
EL ELEMENTO MATERIAL EN EL FIDEICOMISO

"Administrar es ejecutar a través de otros,
con unidad de mando y control"
(Principio del Equilibrio)

Contenido: **EL ELEMENTO MATERIAL EN EL FIDEICOMIS0.** 1. Que es el objeto o materia en el fideicomiso 2. Que bienes o derechos pueden ser objeto de fideicomiso 3. Que bienes o derechos no pueden ser objeto de fideicomiso. 4. Documentación de los Bienes o Derechos Objetos del Fideicomiso. 5. Valor fijado a los bienes dados en fideicomiso

1. QUE ES EL OBJETO O MATERIA EN EL FIDEICOMISO.-

El elemento material en el fideicomiso lo representa, lo que constituye su objeto o materia, los bienes o derechos dados o cedidos en el acto constitutivo del fideicomiso o en acto posterior, dentro de las formalidades de Ley. La normativa que rige a estas operaciones, en nuestro continente, señalan que puede constituirse fideicomiso sobre toda clase de bienes o derechos, salvo aquellos que conforme a la Ley, sean estrictamente personales de su titular ([421]). Asimismo, estas disposiciones señalan que no podrá constituirse fideicomisos sobre bienes o derechos que estén fuera del comercio o sobre cosas del dominio público, así como sobre aquellos bienes o derechos cuya titularidad están afectados a derechos de terceros.

Doménico Barbero señala que ([422]), "el objeto de la relación jurídica es la entidad –material o inmaterial- sobre la cual recae el interés implicado en la relación y constituye el punto de incidencia de la tutela jurídica". El objeto resultaría, de este modo, tutelado en orden a un interés propio. Para **Miguel De Serpas López**, "Tal interés lo

---

[421]) El artículo 6 de la Ley de Fideicomiso Venezolana
[422]) Kummerow, obra citada Pág. 31

suscita una entidad distinta del mismo sujeto, la cual puede ser una cosa, el resultado de una idea o una persona o la utilidad proveniente de un servicio" A pesar de ser una entidad sustancial del objeto, en un conjunto de relaciones jurídicas el contenido puede resultar diverso. Ejemplo: Un fundo, donde el propietario, es nudo propietario, porque sobre el bien pesa un derecho de usufructo y el usufructuario, arrienda el fundo. Las tres figuras (propietario, usufructuario y arrendatario) divergen en orden al contenido""

Alfaro ([423]), señala que "Todo fideicomiso tiene que recaer forzosamente sobre un bien. La cosa fideicometida es el objeto del fideicomiso. Si la cosa se destruye, queda un contrato que carece de objeto. El contrato en semejantes condiciones no puede existir por faltarle uno de sus elementos esenciales y por lo tanto el fideicomiso se extingue". El profesor **Alfaro** ubica la naturaleza del fideicomiso en el contrato y en tal virtud, sostiene que lo que invalide el contrato, invalida forzosamente al fideicomiso como figura jurídica.

2.- QUE BIENES O DERECHOS PUEDEN SER OBJETO DE FIDEICOMISO.-

El fideicomiso puede tener por objeto cualquier clase de bienes, presentes o futuros, muebles, inmuebles o derechos, siempre y cuando estos bienes o derechos se encuentren dentro del comercio y su titularidad no esté afectada a derechos de terceros, ni que sean bienes personalísimos de su titular o del dominio público.

El fideicomitente, fiduciante o constituyente debe hacer la tradición de los bienes con que constituye el fideicomiso a la institución fiduciaria; a los fines que ésta pueda hacer la restitución o entrega de los bienes a los beneficiario o fideicomisarios; por lo cual este dominio no es pleno, ya que está sujeto a las condiciones estipuladas en el contrato o documento constitutivo. Este patrimonio está destinado a la obtención del fin para el cual fue constituido el fideicomiso y en base a ello será titularizado mientras subsista el fideicomiso; por lo cual los bienes que constituyen ese patrimonio deberán ser traspasados

---

[423]) Cita de Rodolfo Batiza, El Fideicomiso, teoría y práctica, tercera edición, Editorial Porrúa, México 1976, página 135.

o restituidos al beneficiario o fideicomisario, dentro de los términos previstos en el contrato o en la Ley.

Los bienes que se dan en fideicomiso, se consideran afectos al fin a que se destinan, y en consecuencia solo podrán ejercitarse respecto de ellos, los derechos y acciones que al mencionado fin se refieran; salvo los que expresamente se reserve el fideicomitente, los que para él deriven del fideicomiso mismo, o los adquiridos legalmente respecto de tales bienes, con anterioridad a la constitución del fideicomiso, por el fideicomitente o por terceros. Esto en razón de que los fideicomisos constituidos en fraude de terceros, pueden ser atacados de nulidad por los interesados.

Los bienes o derechos que se entregan en fideicomiso, pueden ser de cualquier categoría o naturaleza mueble o inmueble, material o inmaterial, pudiendo ser objeto de este negocio fiduciario, por ejemplo: dinero, valores, derechos de autor, obras, proyectos, entre otros; lo que se exige por disposición legal, es que se encuentren dentro del comercio y no estén afectados a derechos de terceros ni que tengan impedimento legal.

3.- QUE BIENES O DERECHOS NO PUEDEN SER OBJETO DE FIDEICOMISO.-

Sin pretender hacer un análisis negativo de los bienes o derechos que no pueden ser objeto de fideicomiso, en contraposición a lo expresado de los bienes que pueden ser objeto de fideicomiso, podemos decir que son aquellos que están fuera del comercio, que están afectos a derechos de terceros y los que expresamente la Ley prohíbe, los cuales podemos agruparlos de la siguiente manera:

a) BIENES FUERA DEL COMERCIO.- Aquellos bienes o derechos que no están dentro del comercio, no pueden ser objeto de fideicomiso, como los llamados bienes del dominio público: los ríos, las plazas, las carreteras, entre otros. En cuanto a las carreteras o autopistas, su administración puede ser dada a través de licitación para construcción o peajes, donde podría usarse la figura del fideicomiso, tomándose las previsiones de ley en cuanto a la figura y a la materia que constituye el fundamento del fideicomiso, como es que se den facilidades de tránsito, y que pudiera habilitarse vías alternas, que faciliten el libre tránsito para los ejemplos citados; a fines de evitar inconveniente, que pudieran perturbar la buena imagen del fiduciario.

b) BIENES QUE POR SU NATURALEZA NO PUEDEN SER POSEÍDOS.- Aquellos bienes que por su naturaleza no pueden ser poseídos, no pueden ser objeto de fideicomiso, como por ejemplo: la luz, el aire, entre otros. Conviene aclarar, que la transformación o uso de la energía o fuerza eléctrica, su desarrollo o su uso para servicio público o de otra naturaleza, si puede ser objeto de operaciones de fideicomiso.

c) BIENES INALIENABLES.- Aquellos bienes que por disposición de la Ley son inalienables, no pueden ser objeto de fideicomiso, por expresa disposición de ley, como los estrictamente personales del titular fideicomitente.

d) BIENES DE PROCEDENCIA DUDOSA.- Tampoco pueden ser objeto de fideicomiso aquellos bienes o derechos que el fideicomitente no pueda demostrar fehacientemente su procedencia, o aquellos que se tenga certeza o se sospeche procedencia ilícita; dado que no pueden constituirse fideicomisos con bienes de procedencia dudosa o ilegal, ni en fraude de terceros, porque pueden ser atacados de nulidad por los interesados o por el Estado, ni que contravengan normativas de la Ley Contra la Legitimación de Capitales u otras disposiciones similares o porque así lo disponga la Ley ([424]).

4.- DOCUMENTACIÓN DE LOS BIENES O DERECHOS OBJETO DEL FIDEICOMISO.-

El fiduciario debe solicitar a aquellas personas que vayan a constituir fideicomiso la documentación necesaria que le permita determinar, no sólo la procedencia de los bienes objeto del fideicomiso, sino también su plena identificación y validez de la documentación que los soporta; así como toda información que le permita al

---

[424]) Artículo 795 del Código Civil de Colombia: "No puede constituirse fideicomiso sino sobre la totalidad de una herencia o sobre una cuota determinada de ella, o sobre uno o más cuerpos ciertos"

fiduciario ajustarse a las normas prudenciales de legitimación de capitales. En materia de inmueble, deben las instituciones bancarias o financieras exigir los mismos recaudos que se requieren para negociarlos o gravarlos, dado las formalidades registrales, los cuales deben estar libres de gravamen; asimismo, para muebles debe exigirse también la documentación que pruebe la propiedad sobre los mismos.

5.- VALOR FIJADO A LOS BIENES DADOS EN FIDEICOMISO.-

El fideicomitente al constituir fideicomiso debe fijar un valor a los bienes o derechos objeto del fideicomiso; a los fines de registro de las operaciones del fiduciario y del pago de los impuestos de ley, si procedieran, independientemente del valor que estime el ente que haga el registro del bien, para fijar la tasa del servicio registral. De tratarse de bienes que no tengan un valor determinado o un precio de mercado, el fiduciario podría establecer un precio simbólico, pero que éste haga justicia del precio que podría tener el bien de ser objeto de cualquier transacción comercial o reivindicatoria.

Aquellos países que tengan limitaciones legales en cuanto al monto de las operaciones de fideicomiso, con respecto a su patrimonio, debe tenerse cuidado con los montos que asignen a los registros simbólicos en estas operaciones de fideicomiso. En los bienes dados en garantía, de no haber una cantidad fijada de antemano o producto de la operación que garantiza, debe haber cierta proporcionalidad entre el valor negociado con lo que se garantiza. En estos fideicomisos de garantía y otros similares, cuyos riesgos son difusos para el fiduciario, las autoridades deben tenerlos en cuenta para fijar los límites de riesgos o de negociación que algunas leyes disponen, como es el caso de Venezuela, donde se establece tope del monto del patrimonio del ente que actúa como fiduciario ([425]).

Los bienes fideicometidos no deben ser gravados, salvo autorización expresa del fideicomitente en el contrato de fideicomiso ([426]), no obstante, de sobrevenirse situaciones

---

[425]) Artículos 22 y 23 de la Resolución Nº 083.12 del 31-05-2012 de SUDEBAN, que establece… " un tope de 5 veces el patrimonio y podrá aumentarlo para Fideicomisos públicos…"

[426]) Artículo 652 del Código de Comercio de Costa Rica, señala que "Salvo autorización expresa del fideicomitente, los bienes fideicometidos no podrán ser gravados. No obstante la prohibición expresa del

que pongan en peligro los bienes y se requiera realizar cualquier actuación para protegerlos; el fiduciario debe solicitar permiso al Juez de Fideicomiso para gravar o negociar estos bienes; lo cual incluye proveerse recursos para cobrar sus honorarios, si los recursos no alcanzan o sus rendimientos son insuficientes o no fueron provistos por el fideicomitente o por los beneficiarios interesados.

---

fideicomitente, el Juez puede autorizar al fiduciario para gravar bienes, cuando se comprueben situaciones de emergencia que hagan indispensable la obtención de fondos. Para transigir o comprometer en árbitros también requerirá el fiduciario autorización judicial, siguiendo en ambos casos los trámites establecidos para los actos de jurisdicción voluntaria.

EL FIDEICOMISO, FIDUCIA O TRUST EN AMÉRICA
CAPITULO VII
EL PATRIMONIO EN EL FIDEICOMISO

"Petinere ad Aliquid. (Pertenece
a algo, no a alquien)"
Destinado a un fin

Contenido: EL PATRIMONIO EN EL FIDEICOMISO. 1. Teorías sobre el Patrimonio. 1.1. Teoría clásica sobre el patrimonio.1.2. Teoría objetiva o Económica sobre el patrimonio.1.3. Fundamentación Jurídica en la doctrina clásica y económica.**2. Características del patrimonio en el fideicomiso. 2.1. Bienes o derechos separados** (Patrimonio Separado). 2.2. Titularidad sobre los bienes o derechos (Patrimonio). 2.2.1. Por el carácter de la Persona que tiene el Poder Jurídico 2.2.2. Por la Cantidad del Poder Jurídico que Confiere. 2.2.3. Por el alcance de la Gestión sobre un Objeto Jurídico. 2.2.4. Por la Entidad del Objeto Jurídico Sobre el Cual Recae. 2.2.5. Por la Naturaleza de la Relación Jurídica. 2.2.6. Por la Persona a Quien Corresponde. 2.3. Afectación de los bienes o derechos de los fideicomisos. 2.4. Limitaciones Patrimoniales que tiene el Fideicomitente para Constituir el Fideicomiso. 2.5. Integración de los bienes o derechos (Patrimonio) del fideicomiso 2.6. Responsabilidad Patrimonial. 3. Diferencia entre patrimonio autónomo y patrimonio separado 4. Diferencia del fideicomiso con las otras operaciones de confianza. 4.1. Con el Mandato. 4.2. Con la Comisión. 4.3. Con la Representación. 4.4. Con el trust. 4.5. Otras Figura

1. TEORÍAS SOBRE EL PATRIMONIO

En el campo económico, jurídico y contable la expresión patrimonio no es más que la diferencia que marca lo que tiene una persona (activo) y lo que debe a sus acreedores (pasivo). Esta diferencia es lo que se conoce como patrimonio, a la cual algunos autores le dicen patrimonio neto, pero esa diferencia no es fácilmente apreciable física ni jurídicamente, sólo contablemente; dado que ella no es más que la porción de los bienes o derechos que puedan quedar, si se liquidaran los pasivos, en un tiempo y en un momento determinado; los cuales, a su vez, están afectados por factores de mercado, que impactan su valoración, si van a ser liquidados. Por lo tanto, la expresión que el patrimonio de una persona responde a sus acreedores en un momento determinado es simbólica, porque son sus activos (bienes o derechos que posea) ([427]), los que si van a responder por los compromisos que asuma esa persona. El concepto patrimonio, no es más que una expresión o artificialidad, o una potencialidad como lo sostiene la escuela clásica, que recae sobre bienes de una persona.

Planiol y Picard sostienen que el patrimonio es una universalidad que reposa sobre la común destinación de sus elementos constitutivos (...), que se encuentran inseparablemente afectados a un fin económico –jurídico y en tanto no se haga efectiva su liquidación no aparecerá en su valor activo neto. ([428])

En la constitución de los fideicomisos, el fideicomitente aporta los bienes o derechos objeto del fideicomiso a nombre del fiduciario, los cuales vienen a representar en la figura la expresión "patrimonio fiduciario". Antes de entrar a considerar lo que es el patrimonio, vamos a revisar lo que señala la doctrina, donde destacan dos (2) teorías principales sobre el patrimonio. La teoría clásica y la teoría económica, que vamos a comentar, brevemente, y a hacer algunas consideraciones, dado que este concepto es un elemento básico de la figura jurídica del fideicomiso. Tomemos prestado de la doctrina los conceptos de estas dos teorías, a los fines de nuestro análisis:

1.1.- Teoría Clásica Sobre el Patrimonio.-

Sobre esta teoría subjetiva o clásica nos comenta **Kummerow** ([429]) "que ve en el patrimonio un reflejo directo de la personalidad y que, estimándolo como noción abstracta, permite comprender en él tanto los

---

[427]) En Venezuela, en las quiebras bancarias se suspenden los intereses de las obligaciones que tiene el quebrado, pero si se revalúan sus activos, lo cual ha sucedido, no favorecen ni a los acreedores ni a los accionistas. Después de muchos años (situación inverosímil) el quebrado llega tener una posición superavitaria en el balance, y caso de Quiebra del Banco de los Trabajadores, el cual siempre estuvo superavitario, y otros.
[428]) Obra citada Compendio de Bienes y Derechos Reales, página 18
[429]) Kummerow, obra citada

derechos y las obligaciones de un sujeto, existentes en un momento dado, como la aptitud para adquirir los primeros o contraer las segundas. Se tiene entonces, como una universalidad jurídica directamente emanada de la personalidad cuyo contenido, más que real, es potencial. Esta teoría se fundamenta, en el sustrato personal, partiendo que toda persona tiene un patrimonio y solamente las personas pueden tenerlo. Nadie tiene más que un patrimonio y el mismo es inseparable e inalienable. Pueden contraerse nuevas obligaciones, adquirirse nuevos derechos o cederse unas y otros, pero el patrimonio como atributo potencial, continuará vinculado indefinidamente a la persona mientras subsista como tal. Para **Aubry y Rau**, sostenedores de esta teoría, el patrimonio es el conjunto de las relaciones jurídicas de una persona, valorables en dinero, consideradas como una universalidad jurídica y ligadas entre sí por estar sujetas a la voluntad de una misma persona"

1.2.- Teoría Objetiva o Económica sobre el Patrimonio.-

La teoría objetiva o económica le reconoce al patrimonio una individualidad jurídica propia y lo concibe como una afectación de una cierta cantidad de riqueza a un fin determinado, reconocida por la sociedad y jurídicamente protegida. Sobre la base de esta teoría es que se explican así, los llamados patrimonios autónomos y separados que tienen relevancia jurídica en sí mismos considerados, sin requerir por lo tanto del sustrato personal propio de la doctrina clásica. Esta teoría tiene importancia para explicar ciertas situaciones jurídicas, en las cuales la teoría clásica tienes dificultades para justificarlos.

Estas dos teorías, de acuerdo a lo que exponen sus sostenedores, parecen contrapuestas en sus fundamentos básicos, dado que en la primera el patrimonio es un reflejo de la personalidad y en la segunda el patrimonio es una individualidad jurídica, cuyos elementos están afectados a un fin determinado, tutelados por la sociedad. Estas dos posiciones sobre el patrimonio, vamos a considerarlas a la luz del derecho, así:

1.3. Fundamentación Jurídica del Patrimonio en la Doctrina Clásica y Económica.-

Analizando estas dos (2) teorías, llegamos a la conclusión que lo que las separa, tiene más de ejercicio doctrinal que de consideraciones filosóficas y jurídicas que se les hacen, dado que a nuestro entender, tanto en la doctrina clásica como en la objetiva o económica, siempre el sustrato personal está presente, porque en el campo del derecho ([430]), sólo las personas naturales o jurídicas pueden ser sujetos de derecho, y a aquellos patrimonios que la Ley permite actuaciones separadas de la de los sujetos que las tutelan, pueden actuar por el uso o préstamo que hacen de la personalidad, del sujeto que facilita la ejecución de la actuación; ejemplo los fideicomisos donde el fiduciario prestando su personalidad, titulariza los bienes o derecho de estos fideicomisos, inclusive en la legislación de Ecuador ([431]), donde el fiduciario es el representante legal de esta masa patrimonial. En el tema que nos toca evaluar, el fideicomiso, sus fines se cumplen a través de la personalidad que presta el fiduciario, en el caso de aquellos fideicomisos, que su patrimonio (bienes o derechos) pueden adquirirse, separarse y actuar o gerenciarse.

En el campo del derecho, sólo las personas pueden ser sujetos de derecho, por lo tanto conviene señalar, que una cosa es el patrimonio separado o los bienes o derechos que lo constituyen en poder o tutelado por la personalidad de un individuo o institución jurídica, y otra ese patrimonio

---

[430]) Teorías de la Personalidad: a) Teoría de la ficción, según Savigny: Persona es todo ente capaz de obligaciones y de derechos; solo los entes dotados de voluntad pueden tener derechos; en consecuencia, la subjetividad jurídica de las personas colectivas es el resultado de una ficción, pues tales entes carecen de albedrío. Los partidarios de la teoría de la ficción reconocen la existencia de dos tipos de personas jurídicas: las naturales y necesarias (las ciudades, las comunidades, el estado) y las artificiales o contingentes (fundaciones o asociaciones), las cuales no podrían subsistir sin la voluntad de uno o varios individuos.   b) Teoría de la realidad objetiva (teoría antropomórfica u orgánica) Concibe a la persona moral como un organismo natural al igual que el hombre, con una voluntad propia y un propio interés distintos de la voluntad e interés de las personas físicas de sus miembros. La subjetividad jurídica de tales entes deriva de su comportamiento en la realidad de manera semejante al hombre, y de ahí que el derecho no les concede propiamente la personalidad, sino que se limita a reconocerla.   c) Teoría de la realidad técnica (teoría formalista de Ferrara) Para esta teoría no existe ninguna imposibilidad en concebir derechos que pertenezcan a otros seres que no sean los individuos humanos. El hecho de ser sujetos de derecho, lejos de ser una ficción, es una realidad lógica y a veces necesaria. Mediante esta teoría se concilia en pensamiento que está en la base de la teoría de la ficción, con la idea de que ello no impide que sea técnicamente útil a los hombres y en su interés mismo, crear seres sobre los cuales harán descansar derechos destinados, a fin de cuentas, a beneficiar a los individuos.

[431]) Artículo 109 de la Ley de Mercado de Capitales de Ecuador, citado

o masa de bienes o derechos en sus actuaciones o relaciones propias e independientes de la persona o de la institución que la tutela, dado que su patrimonio responde sólo a sus acreedores, como lo establece las disposiciones jurídicas. Para profundizar más en este tema, véase supra la naturaleza jurídica del fideicomiso, en la tesis del autor, sobre teoría de la titularidad del fiduciario.

El Profesor **Kummerow** nos cita con respecto al patrimonio que "varios son, sin embargo los criterios manejados por la doctrina para penetrar en el concepto técnico del patrimonio. **Castán Tobeñas,** en su esquema adoptado por **Miguel María de Serpa López**, los distribuye del siguiente modo: ([432]):

a) Área de definiciones fundadas en la doctrina clásica. Radican todas ellas sobre la idea de universalidad. El patrimonio es concebido como un todo, como un complejo, diverso de sus distintos fragmentos. (Bienes materiales e inmateriales, derecho...).

b) Grupos de definiciones que, sin partir del carácter de universalidad atribuido al patrimonio conforme a los lineamientos precedentes, lo aceptan como conjunto de relaciones jurídicas con relevancia económica, dependientes y estrechamente vinculados con sus elementos integradores, cuyo titular es un sujeto.

c) Áreas de definiciones que conceptúan el patrimonio como una suma de derechos, excluidas las deudas (débitos)".

El patrimonio es el conjunto de deberes y derechos de contenido patrimonial de una persona, no los bienes en sí mismos, consecuencia es que el patrimonio no es objeto de derechos y debe tener como titular a una misma persona. En este mismo sentido Von Turh, Planiol y Ripert, entre otros, sostienen que si el patrimonio no es objeto de derechos no es traspasable, por cuanto no pueden hacerse sobre él negocios jurídicos ([433]).

---

[432]) Gert Kummerow en su obra Bienes y Derechos Reales, Pág. 2 y 3,
[433]) Cita de Egaña. Bienes y Derechos Reales. Págs. 14 y 15.

Una cosa es el patrimonio de una persona y otra los bienes o derechos que constituyen ese patrimonio, sobre los cuales se realizan innumerables operaciones, entre ellas las de fideicomiso.

Antes de entrar a considerar las características del patrimonio, veamos algunas consideraciones que se vienen haciendo sobre patrimonio autónomo y patrimonio separado. Así, el profesor **Rodríguez Azuero**, expresa en su obra Contratos Bancarios que "En especial y para referirnos al objeto de nuestro estudio, puede traerse como ejemplo interesante, desde ahora, el de la noción de patrimonio autónomo, acogida por algunas legislaciones latinoamericanas para calificar jurídicamente los bienes transferidos en fideicomiso que, si bien figuran en cabeza del fiduciario, suelen ser tenidos como parte integrante de un patrimonio separado para muchos efectos" ([434])

A fines de deslindar los conceptos de patrimonio autónomo y patrimonio separado en el fideicomiso, que ha venido sosteniendo la doctrina, conviene dejar sentado algunas consideraciones, que nos van servir en la exposición que estamos haciendo. Dentro de estas consideraciones, podemos apreciar en la noción de patrimonio autónomo, que este sólo se refiere a las sociedades de personas, de carácter civil o mercantil, como son por ejemplo las compañías anónimas; que no obstante tener autonomía de gestión, su patrimonio autónomo está ligado o forma parte, como unidad de capital, del patrimonio de sus titulares, propietarios o socios, en la porción que cada uno de ellos participa en el capital de estas sociedades, pudiendo ser atacados por sus acreedores; por lo tanto no pueden catalogarse de patrimonios separados. La expresión autonomía, de la cual se toma el nombre, se refiere a la gestión o actuación independiente. En el caso de los fideicomisos, si se puede estar hablando de patrimonio separado, dado que está separado legal y contablemente del patrimonio de todos y cada uno de los que participan en esta figura. Así vemos que este patrimonio o su masa de bienes o derechos

---

[434]) Sergio Rodríguez Azuero. Contratos Bancarios. Págs. 21 y 32

salen íntegramente del patrimonio del fideicomitente, quien lo constituye, así se nombre beneficiario y más aún si designa a un tercero beneficiario. Así como tampoco, forma parte del patrimonio de la persona designada beneficiario, porque de éste sólo será o formará parte de su patrimonio, cuando termine el fideicomiso o se cumplan las condiciones establecidas en el contrato de fideicomiso, a semejanza, a lo que pudiera pasar con los herederos. En cuanto, al fiduciario, éste sólo presta su nombre para actuar en la figura como propietario, pero estos bienes no ingresan a su patrimonio; no obstante que los tituariza, bajo el efecto jurídico del uso de su personalidad, pero que debe poner en manos de las personas designadas como beneficiarios en el fideicomiso, en la oportunidad que se establezca, sin tener posibilidad de quedarse con esos bienes bajo ninguna circunstancia. Hechas las aclaratorias anteriores, podemos utilizar la expresión patrimonio separado, cuando estemos hablando de fideicomiso.

2. CARACTERÍSTICAS DEL PATRIMONIO EN EL FIDEICOMISO.-

El patrimonio que conforma la base de sustentación del fideicomiso, está representado por bienes o derechos, que tienen determinadas características, entre ellas:

2. 1. BIENES O DERECHOS SEPARADOS (PATRIMONIO SEPARADO)

Es la existencia de bienes o derechos (una masa patrimonial) perteneciente a un sujeto o tutelada por éste, que ha sido segregado de su patrimonio general para un determinado fin, específicamente expresado por la Ley, lo que lo excluye de la garantía general de sus acreedores. Este concepto de bienes o derechos (patrimonio separado) es el mismo de fondo, con la diferencia que el fondo "es un bien o derecho (activo) de un sujeto, que lo destina a una finalidad específica, que puede ser voluntaria o legal" pero que queda registrado en su propio patrimonio, como uno de sus activos, lo que no sucede con los fondos separados en fideicomiso, que quedan excluidos del patrimonio de cada uno de las personas que participan en la figura. Esto es contundente para apreciar porque son llamados separados. Otra diferencia es que además, el patrimonio separado siempre es tutelado por el Estado, dado que este patrimonio tiene existencia propia. Un elemento importante en estos patrimonios, es que puede haber muchos patrimonios, con un solo sujeto tutelándolos, como es el caso de los fideicomisos, donde el fiduciario puede ser múltiple propietario o titular de cada uno de los bienes o derechos separados, que se constituyan como tal. Tesis del autor sobre la titularidad del fiduciario, ver supra.

Entre los principales patrimonios separados, tenemos aquellos que nos señala la doctrina:

- La herencia aceptada a beneficio de inventario ([435]).
- El hogar legalmente constituido ([436])
- El patrimonio del quebrado ([437])
- El patrimonio del menor no emancipado pero que vive independientemente ([438])

---

[435]) La herencia aceptada a beneficio de inventario: Para evitar la confusión de los patrimonios: el del causante y su heredero. Si se recibe la herencia en forma pura y simple, surgirá de inmediato la confusión patrimonial, de manera que el heredero deberá satisfacer a los acreedores del causante con su propio patrimonio (en caso de que el caudal del hereditario no bastare para cubrir las obligaciones del causante). Muy distinto si se recibe a beneficio de inventario, los patrimonios se mantienen separados, por eso el patrimonio, así aceptado, esta destinado a un fin exclusivo o cometido especial y que no pase a responder con los bienes personales de las obligaciones que gravan la masa hereditaria.

[436]) El hogar legalmente constituido: conforme al artículo 632 del código civil venezolano vigente, mediante el cual una persona puede constituir un hogar para sí y para su familia, excluido absolutamente de su patrimonio y de la prenda común de sus acreedores, el cual puede constituirse en favor de personas que exista en la época de su institución o constitución. Se entienda como hogar un conjunto de bienes destinados al uso disfrute exclusivo de la familia, excluido de la responsabilidad patrimonial del sujeto que lo ha constituido. El hogar es un caso característico de patrimonios separados en la legislación venezolana, donde tiene muchos intereses la forma de expresión del artículo 632 del código civil, que lo califica de manera expresa "como excluido absolutamente de su patrimonio y de la prenda común de sus acreedores", con lo cual señalan la existencia de una masa de bienes (hogar) excluidos del patrimonio.

[437]) El patrimonio del quebrado: El cual divide la regulación de los bienes en etapas definidas a partir de la declaración, por medio del cual ese patrimonio responde solo a los pasivos existentes al momento de la declaratoria, en tanto que los sobrevenidos a esa fecha no afectan el patrimonio declarado judicialmente.

[438]) El patrimonio del menor no emancipado pero que vive independientemente: En este caso existe el patrimonio del menor adquirido por herencia, legado o donación que administran los padres en ejercicio de la patria potestad y el patrimonio adquirido a fuerza del trabajo personal el cual puede personalmente administrar.

- Los bienes constituidos en fideicomiso, que es la base y fundamento de esta obra ([439]).

El profesor **Kummerow** ([440]) citando a **Messineo,** señala sobre los patrimonios separados que en el estado actual del ordenamiento jurídico venezolano, como en los sistemas recortados sobre el Código Civil Francés, el patrimonio es uno para cada sujeto. "Técnicamente considerado, el patrimonio comprende una diversidad de relaciones jurídicas, de contenido económico, apuntadas a un sujeto que les sirve de centro de gravitación". Los patrimonios separados se manifiestan, sin embargo, cuando dos o más masas singulares de bienes –o de derechos- pertenecientes a un solo sujeto tienen existencia propia. La utilidad y la función práctica de la creación de patrimonios separados son:

a)   La posibilidad de atribuir o de reservar ciertos bienes con un determinado destino exclusivo, de modo que queden desligados de cualquier otra finalidad;

b)   O bien, reservar a un determinado grupo de acreedores un conjunto de bienes sobre los cuales puedan satisfacerse, con exclusión de otros acreedores.

> "Pero la separación patrimonial y el correlativo aislamiento de las relaciones integrantes del patrimonio separado no eliminan el hecho de que éste pueda experimentar alteraciones más o menos sensibles por causas intrínsecas al mismo patrimonio. Tal sucede,..., con el conjunto de bienes transferidos en fideicomiso."

A la luz de lo comentado en la doctrina sobre el patrimonio y las teorías que lo sustentan, vamos a tratar de exponer algunas consideraciones relacionadas con este concepto de patrimonio y su incidencia en la figura

---

[439]) Los bienes constituidos en fideicomiso: Conforme a normas especiales contenidas en las leyes y en el documento constitutivo del fideicomiso, el patrimonio queda afectado al fin del fideicomiso y solo responde de las cargas impuestas por el fideicomitente y las que derivan del cumplimiento de los fines del fideicomiso y de la Ley

[440]) Compendio de bienes y derechos Reales Pág.19,obra citada,

del fideicomiso, como lo han venido considerando algunos tratadistas de una y otra corriente del pensamiento. Dadas las características expresadas en la doctrina sobre el patrimonio, hemos podido observar en algunas obras, expresiones donde hay confusión del término patrimonio con sus componentes; así vemos que cuando se usa la expresión patrimonio separado, lo que se está es hablando de bienes o derechos separados, expresamente señalados por la Ley, que se destinan a un fin específico; por lo cual, serán parte del patrimonio que se separa pero no éste, ya que estos bienes o derechos no responden de los demás compromisos del titular, que comprometen el patrimonio en sí del sujeto de que se trate. En el caso del fideicomiso, como patrimonio separado, quien lo titulariza lo que está es prestando su nombre (personalidad) para titularizar estos derecho. Otra expresión relacionada que se ha venido utilizando mucho es la de patrimonios autónomos, entiéndase como tal "aquel conjunto de derechos y obligaciones que no están imputadas a una persona jurídica determinada, es decir, un conjunto de elementos patrimoniales activos y pasivos con vida propia, no vinculadas a una misma persona jurídica" (⁴⁴¹), y de otros que la asimilan a patrimonio separado. En ambas concepciones hay contradicción, y es que los derechos y los objetos de derechos (bienes o derechos) no pueden por sí solos, en el campo del derecho, ejercer acción de orden jurídico, eso sólo lo pueden hacer personas (sujetos), por lo cual, no se debiera hablar de derechos y obligaciones no imputados a un sujeto, dado que es este sujeto es el que tiene el poder de decisión, capacidad de actuación o representación.

En el derecho positivo se aceptan o existen muchos casos de los llamados patrimonios separados, entre los cuales se cuentan además del fideicomiso, el hogar, las herencias aceptadas bajo beneficio de inventario, los señalados en la Ley de Reforma Agraria y los bienes del quebrado, para el momento de la declaratoria de la quiebra. Estos derechos que hemos citado, en su se-paración tienen una particularidad muy marcada con los bienes dados en fideicomiso y es que en el fideicomiso, una persona, el fideicomitente se desprende de derechos

---

⁴⁴¹) (61) La Organización Fiduciaria, página. 68, obra del autor, Bienes y Derechos Reales, Prof. Rodríguez Egaña.

o bienes de su patrimonio y los pone en cabeza del fiduciario, que será su nuevo titular para cumplir el fin que se le ha indicado y es aquí en poder del fiduciario, donde se le califica y tiene las particularidades de los bienes o derechos, llamados separados. Con los otros ejemplos, no hay cambio de titular en su constitución, sino que su mismo propietario sin desprenderse del bien o derecho y usando su propia personalidad, se acoge a esa disposición legal, caso el hogar, o cae en una eventualidad, como la quiebra, y así lo acepta la Ley; cosa muy distinta, es la actuación que realiza el fideicomitente en el fideicomiso mercantil.

Los bienes objeto del fideicomiso constituyen legalmente bienes y derechos separados en el patrimonio del fiduciario, el cual configura la cabeza gestora de los fines que desean se cumplan con estos bienes o derechos. Esa titularidad representa en esencia una ficción jurídica, con características especiales, donde el fideicomitente entrega parte de sus bienes o derechos al fiduciario, el cual presta su nombre o personalidad para titularizar estos bienes o derechos, a los fines de poder protegerlos, administrarlos o gerenciarlos durante la vigencia del fideicomiso y al terminar el fideicomiso traspasar estos bienes o derechos al beneficiario, en los términos establecidos en el acto constitutivo o en la Ley.

El lapso en el cual están los bienes o derechos en fideicomiso, en cabeza del fiduciario, es el momento o periodo donde pueden catalogarse estos bienes o derechos (patrimonio) separados, dado que allí es donde están en poder del fiduciario, con todas las prerrogativas que la Ley le otorga a esta figura. Cumplido este lapso, estos bienes o derechos dejan de ser separados y pasan a formar parte del patrimonio del beneficiario o del mismo fideicomitente, de estar previsto así en el contrato de fideicomiso o en la Ley.

En el fideicomiso, lo que traspasa o entrega el fideicomitente es parte de sus bienes o derechos o una pluralidad de derechos, que forman parte de su patrimonio, concepto este que lo forman los activos y pasivos del fideicomitente, lo cual es en esencia una expresión, para denotar una potencialidad o un patrimonio neto. El fideicomitente en el acto constitutivo del fideicomiso o en acto posterior, lo que hace es la tradición

de los bienes o derechos que cede al fiduciario en la
constitución del fideicomiso. Estos bienes o derechos al
ser traspasados al fiduciario (Propiedad Fiduciaria), no se
integran al patrimonio de éste, por las particularidades
propias del fideicomiso, ya que estos bienes o derechos
en fideicomiso forma un patrimonio separado tal como lo
conceptúa la Ley, en la persona que presta el fiduciario,
amparado en la titularidad que la Ley le permite en esta
figura jurídica o la representación del fiduciario en el caso
Ecuatoriano.   Esta es la razón por la cual, estos bienes
o derechos tienen registro contable aparte, porque ellos
no constituyen prenda común de los acreedores del
fiduciario. En la contabilidad del fiduciario, se registran
en cuentas de orden ([442]), para evitar confusión y para
registrar el compromiso con el servicio fiduciario o evitar
posibles eventualidades, que por actuaciones indebidas,
pudieran ser afectados los fondos fiduciarios y que el
fiduciario pudiera o deba responder con su propio
patrimonio, a los fideicomitentes o beneficiarios de los
fideicomisos afectados por tal actuación.   Además de
estos registros, por la gestión profesional del fiduciario,
tiene que tener separado contablemente cada uno de los
contratos de fideicomiso que suscribe, dado las
responsabilidades individualmente consideradas de cada
fideicomiso.

En los fideicomisos los bienes salen íntegramente del
patrimonio del fideicomitente (tradición de la cosa) y
reposan en cabeza del fiduciario, el cual al finalizar el
fideicomiso por cualquier razón o motivo, deberá ponerlos
a disposición del beneficiario o restituirlo al fideicomitente
o a quien corresponda por Ley.   El beneficiario por ser
otra persona, que puede que coincida con la del
fideicomitente, tendrá para esa recepción de los bienes
y/o derechos del fideicomiso, única y exclusivamente el
carácter de beneficiario o fideicomisario y esta recepción
de bienes y/o derechos configura solamente la entrega
formal que hará el fiduciario propietario, a una persona
que se le indicó llamada beneficiario, en otro tiempo y
bajo otras condiciones jurídicamente válidas, tal es así
que de morir o desaparecer el fideicomitente en nada se
altera el contenido del fideicomiso, salvo que tenga una
instrucción que tenga que ver con su fallecimiento

---

[442]) Normas que regulan las Operaciones de Fideicomiso Resolución No. 083.12 de fecha 31/05/2012 y
publicada en la Gaceta oficial N° 39.941 del 11/06/2012, citada supra.

(condición resolutoria) o que él sea el mismo beneficiario, donde entrarían a participar sus herederos.

2.2. TITULARIDAD SOBRE LOS BIENES O DERECHOS (PATRIMONIO):

La persona que ha de constituir el fideicomiso (fideicomitente o fiduciante) tiene sobre el patrimonio objeto del fideicomiso, la titularidad de los derechos en cuya virtud los ejerce, los cuales estarán determinados (amplitud y limitación) por la naturaleza de estos derechos. El titular de estos bienes o derechos hará la tradición de estos bienes en el acto constitutivo del fideicomiso o en acto posterior al fiduciario, en la proporción que lo desee y en función de la naturaleza que la titularidad tiene sobre el patrimonio o en su defecto por la naturaleza del fin a que se destine el patrimonio fideicometido.

El alcance de la titularidad del fiduciario sobre el patrimonio objeto del fideicomiso, fiducia o trust estará limitado por el fin, a cuya consecuencia tienda el fideicomiso y a la naturaleza de la titularidad, que tiene el fideicomitente sobre el bien objeto del fideicomiso (propietario).

Iriarte define la titularidad "como la cualidad jurídica que determina la entidad del poder de una persona sobre un derecho o una pluralidad de derechos dentro de una relación jurídica" ([443]) Distinguiendo diversas clases de titularidad:

2. 2. 1.   Por el carácter de la persona que tiene el poder jurídico

    a) En nombre propio.
    b) Por representación legal o voluntaria.
    c) Por persona jurídica.
    d) De la sociedad conyugal.
    e) De gestor.

2.2 2.   Por la cantidad del poder jurídico que confiere

---

[443]   Citado por Cabanellas. Diccionario de Derecho Usual. Titulo IV. Pág. 240.

a) En propiedad (sobre cosa singular, sobre un patrimonio, en el crédito, la potestad familiar y en las propiedades especiales).

b) Subordinada (usufructuario, usuario).

c) Compartidas (condominio, solidaridad).

d) De mera posesión.

e) Aparente (por título nulo o simulado).

f) Provisional (albacea, representante del ausente).

2.2.3. Por el alcance de la gestión sobre un objeto jurídico

a) De disposición.
b) De administración.
c) De conservación.

2.2.4. Por la entidad del objeto jurídico sobre el cual recae

a) De dominio o valor en uso.
b) De valor en cambio o en venta (derecho de hipoteca).

2.2.5. Por la naturaleza de la relación jurídica

a) Fundada en un material (propietario o acreedor).
b) Procesal (litigante que puede pedir acumulación).

2.2. 6. Por la persona a quien corresponde

a) Normal, aquel cuyo favor se constituye, sus herederos y cesionarios y causahabientes.

b)   Personalísima (derecho de uso y habitación).

c)   Subjetiva real, mientras sea dueño alguno de una cosa (servidumbre predial y retracto legal).

2. 3.   AFECTACIÓN DE LOS BIENES O DERECHOS DE LOS FIDEICOMISOS

Los bienes o derechos objeto del fideicomiso están destinados a cumplir las instrucciones indicadas por el fideicomitente en el acto constitutivo. El fiduciario sólo podrá realizar con los bienes o derechos del fideicomiso los fines previstos en el contrato o en la Ley y no podrá darle otro destino, salvo las excepciones previstas en la Ley, y las que se reserve el fideicomitente en el contrato de fideicomiso o en el testamento ([444]) donde deja manifestada su voluntad de constituirlo

El destino que un fideicomitente decide darle a los bienes o derechos que entrega o con los cuales constituye un fideicomiso, puede ser tan variado, que la Ley exige de manera general que estos fines, que se pretenden, sean lícitos, determinados y posibles. El fideicomitente cuando constituye el fideicomiso puede querer dar al beneficiario, toda la masa de bienes o sólo el producto que ella genera.

Los bienes o derechos con los cuales se constituye el fideicomiso, salen del patrimonio del fideicomitente y pasan a formar parte del patrimonio del fideicomiso, el cual es titularizado por el fiduciario, pero por ser un patrimonio separado no responde a sus acreedores, dado que está destinado a un fin específico, y al beneficiario o fideicomisario del fideicomiso, corresponderán estos bienes, cuando se cumplan las condiciones establecidas en el contrato de fideicomiso. En cuanto al beneficiario, lo único que podría atacar sus acreedores, serían los derechos que éste tendría en el fideicomiso, para cuando estos derechos se hagan efectivos y hayan salido del dominio del fiduciario, pero sin poder generar ninguna perturbación sobre los mismos, dado que su titular es el

---

[444]) Legado o manda es el acto a través del cual una persona, en su testamento decide repartir una parte muy concreta de su patrimonio, bienes individuales y no porciones del mismo, a otra persona determinada.

fiduciario y como tal cumplirá las instrucciones del fideicomitente previstas en el contrato y la Ley.

2.4. LIMITACIONES PATRIMONIALES QUE TIENE EL FIDEICOMITENTE PARA CONSTITUIR EL FIDEICOMISO.-

El fideicomitente que suscribe un contrato de fideicomiso, no lo puede constituir emitiendo obligaciones (contrayendo pasivo), sólo puede hacerlo con sus propios activos que posea para el momento de la suscripción del contrato o sobre una expectativa de derecho, pero este fideicomiso estará condicionado a que se suceda la expectativa de derecho a favor del mismo fideicomiso. Los bienes que lo constituyan pueden ser de cualquier naturaleza, salvo aquellos que expresamente la ley prohíbe. Estos bienes o derechos en fideicomiso, pueden ser disponibilidades, inversiones, efectos o cuentas por cobrar, activos fijos, asignaciones presupuestarias o proyecciones de fondos, públicos o privados que por Ley o por realización de la actividad con la cual están relacionadas determinan o proyectan el flujo de recursos (en titularizaciones), entre otros activos de libre disposición por el fideicomitente

2.5. INTEGRACIÓN DE LOS BIENES O DERECHOS (PATRIMONIO) DEL FIDEICOMISO

Los derechos patrimoniales del fideicomiso están conformados por los bienes y derechos que el fideicomitente traspasa al fiduciario para que cumpla los fines que él le ha indicado. Estos derechos representan un todo y pueden estar compuestos por una diversidad de bienes y derechos, con excepción de aquellos que la Ley no autoriza como son los estrictamente personales de su titular, los que se entreguen en fraude de terceros y los del dominio público, que tendría efecto de resolución de contrato. Los bienes que forman parte del patrimonio del fideicomiso pueden ser muebles e inmuebles, así como títulos valores y los derechos sobre bienes o sobre derechos. Ellos por sí solo, representan una unidad o masa con independencia funcional, operativa y legal, capaces de contraer derechos y asumir obligaciones, por la configuración que tiene como figura jurídica, con relevancia especial, que se materializa a través de la persona del fiduciario, inclusive en la legislación de Ecuador, donde el fideicomiso es una ficción jurídica, representada por el fiduciario. A esta figura constituida, se le ha dado en llamar fondo fiduciario.

Las responsabilidades del fiduciario, en su actuación profesional, son individualizadas por cada contrato de fideicomiso que suscriba, por lo cual debe cumplir las instrucciones previstas en cada uno de ellos. El fiduciario como profesional de estas actividades las realiza masivamente, por lo cual establece en los contratos una serie de condiciones similares, que le facilita acometer su gestión, consolidando fondos para realizar inversiones conjuntas, entre otras actuaciones que pudieran realizarse de esta manera, sin crear distorsiones en el manejo de estos recursos. Todos estos actos de gestión, deben estar perfectamente diferenciados, tanto administrativa, financiera y contablemente para que se puedan cumplir los fines previstos en cada contrato, sin dilaciones; salvo lo propio de la gestión que se emprendan con ellos.

2.6.   La Responsabilidad Patrimonial.-

Otro concepto que encontramos en la doctrina es el de la responsabilidad patrimonial, la cual está contenida en el patrimonio que se considera objetivo, sin calificación alguna, sin condición alguna o lo que es lo mismo no depende de una persona ni de la personalidad, sino más bien como un conjunto de bienes que persigue un fin jurídicamente tutelado.   Lo que existe en el patrimonio es un destino económico común, sin que nada importe la persona que lo tiene ni su personalidad. El patrimonio se define en razón del destino (patrimonio afectación), que es un conjunto de derechos, bienes y obligaciones que posee o tiene en relación a un fin jurídico, organizándose autónomamente. Gracias a este fin de la afectación existe un elemento que sirve de cohesión a los distintos elementos que conforman el patrimonio; al separar la noción de patrimonio, de la noción de personalidad, se tiene que el patrimonio estimado en forma objetiva, es un núcleo de bienes y débitos inseparablemente afectados a un fin económico-jurídico, no determinándose su valor activo neto mientras no se haga efectiva su liquidación.

Contrariamente a la consideración de un patrimonio afectación surge el patrimonio personalidad. De acuerdo con esta tesis, surge un nexo entre el activo y el pasivo del patrimonio, entendido como un conjunto de derechos y obligaciones del sujeto titular del patrimonio, con respecto a los derechos del sujeto, que posee una posición de poder jurídico (activo patrimonial); por el otro, las obligaciones, que teniendo allí un deber jurídico (pasivo patrimonial), esos derechos en virtud del nexo que entre ellos existe respecto a las obligaciones, derivando de allí, la garantía que los acreedores tienen sobre el activo del patrimonio ([445]).

El principio de las subrogación lo sostiene **Aubry y Rau** ([446]) al señalar que cuando el deudor sustituye parte de sus bienes (activo del patrimonio) por otros, esta nueva porción activa del patrimonio entra a responder de las obligaciones procedentemente constituidas; si el activo responde de manera general de las obligaciones, poco importa que el titular del patrimonio venda parte de sus bienes, dado que los nuevos derechos de que sea titular sustituirán a los vendidos, continuando así con las obligaciones del deudor, se opera una subrogación real de derechos que sustituye derechos entrando a garantizar las obligaciones que conforman el activo del patrimonio.

La responsabilidad patrimonial está condicionada al incumplimiento de un deber a cargo del deudor y como quiera que estos actos lesionan los intereses de los acreedores quirografarios, la legislación les concede ciertas acciones dirigidas contra el deudor, llamadas así:

---

[445]) El principio de las subrogación está contenido en el artículo 1864 del código civil venezolano
[446]) Gert Kummerow, obra citada

La acción Oblicua ([447]), La acción Pauliana ([448]) y la Acción de Simulación ([449]).

En el campo jurídico solo las personas   naturales o jurídicas son sujetos de derecho y como tal se les traspasan los bienes o derechos, como es el caso de los bienes que son objeto del fideicomiso. Como muy bien lo señala "**Gierke**" la persona jurídica, es la que en realidad obra en derecho, por medio del director, gerente o administrador, simple órgano de la misma, en virtud del poder que por ley, estatuto o contrato le pertenece". ([450])

En el fideicomiso donde el fideicomitente es el mismo beneficiario, se presenta la particularidad que éste al destinar los bienes o derechos en fideicomiso, en el tiempo que establezca en el contrato, volverán los bienes a su patrimonio al darse el vencimiento del lapso o que se cumpla la condición que se establezca, y sólo a la terminación del fideicomiso, podrán terceros ejercer

---

[447]) La Acción Oblicua, es denominada también acción subrogatoria por cuanto el acreedor se subroga la posición de su deudor y se dice que " el deudor de mi deudor es mi deudor". A través del ejercicio de esta acción, el acreedor no sustituye al deudor, sino que el acreedor solamente esta ejerciendo el derecho de su deudor, por esta razón es una acción indirecta y además es una acción conservatoria, ya que el acreedor no trata de pagarse su acreencia, sino conservar el patrimonio del deudor, y a su vez ejecutar la defensa de los derechos patrimoniales de carácter pecuniario, ejerciendo las acciones y resguardo de su deudor salvo las que le sean exclusivamente personal. Esta Acción Oblicua está consagrada en el Articulo 1278 del código civil Venezolano
Los efectos de la acción Oblicua se resumen en:
- El resultado de la acción aprovecha a todos los acreedores quirografarios, porque el patrimonio del deudor es la prenda común de sus acreedores.
- El acreedor no tiene el pago de su crédito, sólo obtiene que el pago ingrese al patrimonio del deudor, luego intentarán su acción ejecutiva.
[448]) La Acción Pauliana, su finalidad se consagra para que los acreedores protejan el patrimonio de su deudor solicitando la revocación de actos dolosos o fraudulentos que tiendan a desintegrar dicho patrimonio. Se dice que por su finalidad es una acción conservatoria. El artículo 1279 del código civil venezolano señala que "los acreedores pueden atacar en su propio nombre los actos que el deudor haya ejecutado en fraude de sus derechos".
Los efectos de la acción Pauliana son los siguientes:
- El acreedor obtiene la revocatoria del acto fraudulento. El acreedor tiene derecho a embargar al tercero el bien enajenado por su deudor, como si estuviese todavía en poder de este último, la salida de este bien del patrimonio que le servía de garantía, deja de ser para él un obstáculo.
- Esta revocación es parcial y se declara únicamente en su interés. El valor restituido no entra en el patrimonio del enajenante y por lo mismo no se vuelve a formar parte de la garantía común de sus acreedores, sólo puede distribuirse entre el acreedor demandante y los que se asociaron a él en sus gestiones.
- No se considera extinguido el acto fraudulento en las relaciones del tercero con el deudor, con respecto a este debe producir todos sus efectos.
[449]) La Acción de Simulación, se trata de un acuerdo entre partes sobre la apariencia del acto para plasmar documentalmente una acto distinto a la voluntad sentida y real de forma que instrumentan un mecanismo que produce una apariencia distinta a la verdad. El acto jurídico es estimulado cuando las partes declaran o confiesan falsamente lo que en realidad no ha pasado o que no se ha convenido entre ellas. El artículo 1281 del Código Civil Venezolano consagra la acción simulación.
[450]) Diccionario de Derecho Usual, de G Cabanellas, tomo III, página 552

acciones legales sobre estos bienes que estaban en ese fideicomiso. Durante ese lapso o condición en que estuvieron los bienes en fideicomiso, ellos pertenecen al fiduciario, quien los titulariza en su carácter de propietario singular que es de estos bienes, los cuales la ley protege y tutela, con sus formalidades.

En los fideicomisos llamados financieros, los beneficiarios son titulares de certificados de participación ([451]) en el dominio fiduciario, de títulos representativos de deuda garantizados con los bienes que integran el fideicomiso o de títulos mixtos que otorgan derechos de créditos y derechos de participación sobre el remanente. La Ley establece que podrá constituirse fideicomiso por acto unilateral, en el cual coincidan las personas del fideicomitente y del fiduciario ([452]). De coincidir en la constitución del fideicomiso el fideicomitente y el fiduciario, esto es un fondo financiero ([453]) sobre el cual se ceden derechos, aunque se traspase el dominio al adquirente beneficiario y se configure el mecanismo a través del contrato de fideicomiso. Esto es un aspecto muy forzado de la figura del fideicomiso mercantil, que por ella no garantiza más que la de un fondo previamente señalado por los constituyentes.

3.- DIFERENCIA ENTRE PATRIMONIO AUTÓNOMO Y PATRIMONIO SEPARADO

Antes de entrar a considerar este tema, empecemos por señalar, que nos parece contradictorio, por decir lo menos, que se confundan conceptos como autonomía ([454])

---

[451]) Ley Nº 17.703 de Fideicomiso de Uruguay, Artículo 27. (Títulos valores).- Los certificados de participación y títulos de deuda serán considerados títulos valores.

[452]) Ley Nº 17.703 de Fideicomiso de Uruguay, Artículo 25. (Concepto).- El fideicomiso financiero es aquel negocio de fideicomiso cuyos beneficiarios sean titulares de certificados de participación en el dominio fiduciario, de títulos representativos de deuda garantizados con los bienes que integran el fideicomiso, o de títulos mixtos que otorguen derechos de crédito y derechos de participación sobre el remanente. Los certificados de participación y títulos de deuda se regirán por el Decreto-Ley Nº 14.701, de 12 de setiembre de 1977, en lo pertinente.
El fideicomiso financiero podrá constituirse por acto unilateral, en el cual coincidan las personas del fideicomitente y del fiduciario, cuando se solicite autorización para ofrecer públicamente (artículo 28 de la presente ley) los certificados de participación, los títulos representativos de deudas o los títulos mixtos a los que refiere el inciso precedente.

[453]) Ver supra capítulo x, 2.7. Concepto de fondo: "Conjunto de Bienes de una persona o entidad cuando tiene finalidad y cuenta especial. Con el nombre de fondo, se señala, no solo a la parte del activo de una persona, natural o jurídica, que está separado de sus otros activos, para un fin específico, sino también se denomina, a todo el proceso o mecanismo que interviene en cumplir la finalidad que se busca con los derechos o bienes que lo integran, activos. Ejemplo: El mismo fondo fiduciario, los fondos del mercado monetario, fondo de garantía, entre otros". Este término, Fondo, lo confunden mucho con Reservas, que es una previsión, el fondo es una segregación en los activos, son dos conceptos opuestos, que unirlos como lo hacen algunas disposiciones y diccionarios, es un craso error.

[454]) La autonomía significa "ejercicio de poder normativo. No significa reglamentación de relaciones propias. [...]. Auto-nomía significa «poder normativo propio», y no «poder normativo sobre la esfera

y separación: El primero es una facultad, innata de un sujeto (persona) y el segundo, es una segregación de una cosa, llamase patrimonio o sus componentes. En razón de lo expuesto, luce muy forzado confundir o equiparar las expresiones de patrimonio autónomo y separado. En principio, ningún patrimonio, puede por sí solo en el campo del derecho actuar; otra cosa es, que sobre ese patrimonio se ejerzan acciones legales, pero siempre las realizará un sujeto, cualquiera que sea las facultades que tenga para actuar. Como se desprende de lo comentado, no cabe usar la expresión patrimonio autónomo, dado que el patrimonio no puede tener autonomía, ni para la escuela Clásica (emanación de la personalidad) ni para la escuela Alemana (creados por Ley). El patrimonio es un objeto o cosa y la autonomía es una cualidad del sujeto que lo detenta, por lo tanto al usar la expresión autonomía se estaría refiriendo al sujeto propietario no a su patrimonio.

Para entrar en el tema, podemos decir que los bienes o derechos dejados en un fideicomiso, ellos forman un patrimonio separado, con respecto al patrimonio del fiduciario, que los titulariza a los dos (2) tipos de patrimonio: El propio y el que por Ley, disgrega de su propio patrimonio (hogar y otros) o el que titulariza en La figura del fideicomiso, de manera excepcional y profesional (entes especializados en estas actividades).

No obstante lo comentado, veamos lo que señala la doctrina sobre las teorías del patrimonio: La escuela clásica apunta a la persona natural, como tal, y la teoría económica a los entes creados por ley, a los cuales el derecho les reputa también personalidad, para que puedan actuar como personas jurídicas, en sí mismas consideradas. En esta última teoría podríamos incluir aquellos otros actos o negocios jurídicos que amparadas en la personalidad de un sujeto, permiten asignar ciertos bienes o derechos para llevar a cabo determinados encargos, como es el caso del fideicomiso. En esta teoría económica u objetiva, no puede decirse expresamente que se excluye el sustrato personal, porque solo las personas, naturales o jurídicas, son sujetos de derecho y obligaciones y pueden en el campo del derecho,

---

propia»… La autonomía está presente en los "actos" y en las "declaraciones". Los actos "autónomos" de estructura "declarativa" serán los negocios jurídicos ,; Cita de Leysser L. León* El negocio jurídico según Rodolfo Sacco Ideas de un maestro italiano

realizar actos o negocios jurídicos, bien sea porque las represente un sujeto o porque tomen la personalidad de un sujeto para la realización de sus fines, como es el caso del fideicomiso. Empecemos por revisar, que significa para la doctrina los conceptos de patrimonio autónomo y separado:

a) **Patrimonio Autónomo:** Es aquel que tiene vida propia sin necesidad de estar vinculado a un sujeto de derecho; son un conjunto de derechos y obligaciones que no están imputadas a una persona determinada ([455]). Otro autores señalan que patrimonios autónomos, aquellos que se encuentran en tránsito de un titular aún causahabientes particular y para los últimos aplica la noción de patrimonio autónomo a las empresas en formación ([456])

La diferencia de entre este tipo de patrimonios, es que el primero está destinado a una finalidad, que aunque lo tutele un sujeto o se asuma que no lo tutela, esa finalidad lo excluye de la prenda común de sus acreedores, y el segundo, existe con finalidad propia, con su propio sujeto colectivo, en espera de un eventual reconocimiento y recayendo en el mismo derechos y obligaciones; ejemplo aquellos bienes que se depositan transitoriamente para una sociedad mercantil en formación, o una fundación.

b) **Patrimonio Separado:** Son aquellos que constituyen núcleos de obligaciones y derechos también pertenecientes al sujeto jurídico al cual corresponden las demás obligaciones y derechos que forman el patrimonio general, pero están segregados de este patrimonio general, y la separación existente por virtud de la responsabilidad que los afecta. Los bienes del patrimonio separado no van a responder a las obligaciones de las cargas, que tiene el patrimonio general.

---

[455]) Teoría de los derechos sin sujetos. En cuanto ha esta teoría de patrimonios impersonales o autónomos existen varias tesis de reconocidos autores, que la legislación venezolana no comparte ya que considera inadmisibles que se admita la existencia de derechos en sentido subjetivos y deberes jurídicos que no estén imputados a una misma persona jurídica, colectiva o física.

[456]) Para muchos esta figura no tiene posibilidad de existir en nuestro derecho pero para otros una muestra clara es el de la herencia yacente ejemplo del patrimonio autónomo, como se sabe la herencia yacente es aquel patrimonio hereditario en que se ignora quién es el heredero, no tiene herederos o los que existían han renunciado a dicha herencia, la cual aparece consagrarán artículo 1060 del Código Civil vigente Venezolano

Los patrimonios separados han sido creados, para que cumplan la función de:

1.- Atribuir o reservar ciertos bienes con un determinado destino exclusivo, de modo que queden desligados de cualquier otra finalidad.
Este grupo que señala la doctrina, lo vamos a dividirlas en dos (2), entre los cuales se cuenta: a) los que quedan directamente ligados a la tutela del sujeto a que pertenece el bien, sin que haya la tradición a un nuevo titular (el hogar), y b) los que salen de la tutela del sujeto que los titulariza, hacia otro sujeto que será su nuevo titular, donde debe hacerse la tradición de Ley. Estos últimos se pueden sub dividir en dos (2) también:
a) Los patrimonios de destino o afectación, de tipo excepcional, los cuales pueden tener un administrador interino, que está al servicio de este fin jurídico temporal. Esta provisionalidad dura hasta que reconozca o reconozca el titular de los derechos de este patrimonio, el cual puede ser de dos (2) especies: Destino propiamente dicho y de Liquidación. En primero, tenemos al "patrimonio del ausente" ([457]), la herencia yacente ([458]) y el patrimonio del nasciturus, sujeto no nacido todavía ([459]); y en segundo, tenemos el patrimonio del comerciante fallido, mientras espera ser repartido el patrimonio entre acreedores o socios de la persona jurídica

b) En el Patrimonio Colectivo, la titularidad de los mismos corresponden a más de una persona, ninguno de los titulares tiene un derecho específico, sino que todos unitariamente ejercen un derecho general sobre todos y cada uno de los elementos que constituyen el patrimonio ([460]) Estos derechos corresponden a cada sujeto en proporción a lo señalado en el contrato y de no haber especificaciones, será proporcional para cada uno de ellos.

---

[457]) Artículo 419 Código Civil de Venezuela, señala que " Mientras la ausencia es solamente presunta, el juez puede.... nombrar quien represente al ausente en juicio, en la formación de inventario o cuentas, o en las liquidaciones o particiones en que el ausente tenga interés; y dictar cuales quieras otras providencias necesarias a la conversación de su patrimonio".

[458]) El artículo 1060 del Código Civil de Venezuela, señala que " Cuando se ignora quién es el heredero o cuando han renunciado los herederos testamentarios o ab-intestato la herencia se reputa yacente y se preverá a la conservación y administración de los bienes hereditarios por medio de un curador".

[459]) Los artículos 922 y 925 del Código Civil Venezolano, señalan que "Si sea instituido el heredero bajo una condición suspensiva, se nombrará administrador a la herencia hasta que se cumpla la condición hubo hasta que haya certeza de que no puede cumplirse..."

[460]) El artículo 164 del Código Civil venezolano da un ejemplo, cuando señala que "Se presume que pertenece a la comunidad todos los bienes existentes mientras no se pruebe que son propios de algunos de los cónyuges".

2.- Reservar a un determinado grupo de acreedores un conjunto de bienes sobre los cuales puedan satisfacerse, con exclusión de otros acreedores.

Sobre este último grupo que señala la doctrina, queremos señalar que esto es lo que se conoce como "fondo", que no es más que un activo del patrimonio de un sujeto con una destinación especial, el cual es reputado así por el derecho, la economía y las normas contables, véase supra el fideicomiso financiero en Uruguay.   La diferencia de este último grupo, con los del literal a del grupo 1, es que los de este grupo 2, ya están direccionados a responder a parte de los acreedores del sujeto que los titulariza y los del literal a del grupo 1, no responden a acreedores del sujeto que los titulariza, porque están excluidos a efectos de tutela legal.

Como puede apreciarse en el comentario anterior, el patrimonio del fideicomiso no cabe en esa comparación, dado que son bienes o derechos asignados a un sujeto para una finalidad, por lo cual están titularizados de manera separada de los bienes o derechos de su propio patrimonio.   Una cosa es estar separado un bien o derecho (patrimonio) en la persona de un sujeto determinado (fiduciario), bienes o derechos que no responden a los acreedores de este sujeto, porque él sólo está prestando el nombre en la figura, dado que estos bienes o derechos los aporta un tercero de su patrimonio (fideicomitente) y otro cosa es, que un sujeto cualquiera destine parte de sus bienes o derechos, una porción de su propio patrimonio, para cualquier finalidad, como un fondo (activo en el   patrimonio del mismo sujeto) e inclusive para constituir un ente jurídico (compañía anónima, por ejemplo), al cual la Ley le confiere personalidad independiente, pero manteniendo el sujeto que traspasa el bien los derechos sobre los bienes o sobre las acciones o derechos del nuevo ente que se constituya, bienes o derechos que siguen respondiendo a la masa de acreedores del sujeto que lo constituye.

Siguiendo la exposición, veamos lo que establece la Legislación de América Latina, donde se encuentran equivalentes conceptos de patrimonio autónomo y separado y sobre los cuales cabe lo antes comentado, del uso particular de estos términos:

1. La Ley de Bancos y Entidades Financieras de Bolivia, señala que ([461]) " el fideicomiso señalado en el inciso d) del artículo 124 de la presente Ley... y se regirá por lo dispuesto en la sección tercera del capítulo séptimo del Código de Comercio, con las siguientes precisiones: a) El objeto del fideicomiso es la administración, en sus términos más amplios, del patrimonio autónomo constituidos por los activos excluidos del balance de la entidad intervenida para pagar las participaciones que emite dicho fideicomiso".

Vamos a analizar esta norma y veamos los detalles que presenta:

- Como lo comentamos supra, el patrimonio del fideicomiso no puede calificarse de ser autónomo, la autonomía es propia de las personas no de los bienes o derechos, por lo cual es un patrimonio separado, que tutela el fiduciario y la separación que se expresa es con respecto al propio patrimonio del fiduciario, el cual si responde a sus acreedores, más no el patrimonio fiduciario.

- Los únicos activos excluidos del balance de un sujeto, son los fondos especiales, que representan activos con destinación especial. Cualquier fideicomiso que se constituya, se separa del patrimonio fideicomitente, de donde sale, y pero no entra en el patrimonio del fiduciario. En el fideicomiso financiero, de recaer la personalidad de fideicomitente y fiduciario en la misma figura, eso es un fondo financiero, como hemos señalado que está cediendo o participando derechos a terceros, que lo hayan llamado fideicomiso o hayan utilizado la figura para constituirlo, es desconocer la naturaleza de la figura o ampararse en la figura para tratar de dar seguridad a los adquirentes de esos derechos o es un uso indebido del término.

---

[461] La Ley No. 1488 de Bancos y Entidades Financieras de Bolivia de fecha 20 de diciembre de 2001

2. La Ley de Bancos y Otras Empresas Financieras de Perú, señala que ([462]) "... Los activos que conforman el patrimonio autónomo fideicometido no generan cargos al patrimonio efectivo correspondiente a la empresa fiduciaria, salvo el caso que por resolución jurisdiccional"

Vamos a analizar esta norma y veamos los detalles que presenta:

- En cuanto a la utilización del concepto de patrimonio autónomo, cabe el mismo comentario anterior

- Al fiduciario no le corresponde asumir cargos por administrar fondos de terceros, sean fideicomisos u otras figuras, más bien cobran por el servicio, lo cual no excluye que hagan un desembolso que luego le sea reintegrado. La salvedad que hace este artículo, puede ser solo actuaciones indebidas.

4. DIFERENCIA DEL FIDEICOMISO CON LAS OTRAS OPERACIONES DE CONFIANZA.-

Podemos identificar muchas diferencias entre el fideicomiso y las otras operaciones de confianza, pero las principales son las relativas al carácter con que actúa cada uno de los sujetos que ejecuta el encargo en estas operaciones. Las principales diferencias del fideicomiso con las otras operaciones de confianza, como el mandato, la comisión y representación, son las siguientes:

4.1. CON EL MANDATO.-

La principal diferencia del fideicomiso con el mandato, estriba en el carácter con que actúa el fiduciario, que es de propietario en el fideicomiso, y en el mandato el mandatario, que vendría a ser, a fines comparativo, el equivalente al fiduciario, actúa en nombre del mandante.

---

[462]) Artículo 241 de la Ley de Bancos y Otras Empresas Financieras de Perú, citado

4.2. CON LA COMISIÓN.-

La principal diferencia del fideicomiso con la comisión está en el carácter con que actúa el fiduciario, en nombre propio, y en la comisión el comisionista, aunque puede actuar en nombre propio, sin identificar su mandante, siempre lo hace en nombre del comitente o mandante.

4.3. CON LA REPRESENTACIÓN.-

La principal diferencia del fideicomiso con la representación está en el carácter con que actúa el fiduciario, en nombre propio, y en la representación se actúa en nombre ajeno o de terceros.

Además, del carácter con que actúan los sujetos en estas operaciones de confianza, se pueden identificar otras diferencias, en cuanto al patrimonio objeto del encargo, su registro y tutela jurídica:

- En el fideicomiso el patrimonio o bienes objeto del encargo, se traspasan en propiedad al fiduciario; en los otros encargos de confianza, como el mandato, la comisión o la representación, el patrimonio o los bienes objeto del encargo quedan en cabeza del que encomienda el encargo, sin que haya traspaso de titularidad o propiedad.

- En el fideicomiso el registro del contrato y los bienes o derechos que constituyen su objeto, exigen formalidad especial, dado que el fiduciario actúa en su carácter de propietario, circunstancia que no sucede con las otras operaciones de confianza, donde se actúa en nombre de otro; con excepción de la comisión que puede actuar en su propio nombre, pero en representación. En algunos países, se exige formalidad registral para el documento (caso venezolano); en otros países pueden registrarse o notariarse los documentos, dependiendo si los bienes objeto del fideicomiso, sean muebles o inmuebles, y en otros países puede darse en documento privado, caso Perú, Panamá y Argentina. La tutela jurídica para el fideicomiso es mayor, por la protección y resguardo que la Ley da al patrimonio fiduciario, que la de las otras operaciones de confianza, dependiendo del tipo de actuación o sobre qué tipo de bien recae la actuación.

4.4. CON EL TRUST.

La principal diferencia del trust con el fideicomiso, está en lo que determina el régimen jurídico angloamericano del régimen jurídico inspirado en los postulados romanísticos: El primero (trust) permite la doble titularidad, la legal en el trustee (fiduciario) y la titularidad económica en cestui que trust (beneficiario), En el segundo (fideicomiso), hay una sola titularidad, que recae en el fiduciario.

Estas instituciones son las mismas, con las variantes de cada régimen jurídico, producto de los procesos culturales que inspiraron a cada región de la vieja Europa y pasados a América, en sus vertientes socio culturales romanística y anglosajonas, a los cuales se le suman los avances tecnológicos y los procesos de la globalización, que todo lo acerca.

4.5. CON OTRAS FIGURAS.

Las principales diferencias entre el fideicomiso y otras figuras jurídicas, entre las cuales vamos a escoger a fines comparativos a la compañía anónima, por las semejanzas que presentan, en cuanto a lo que constituye los fundamentos de estas instituciones del derecho, como son la personalidad que la ley les consagra, su formalidad y su disposición patrimonial; no obstante, que ellas sirven como medio para lograr propósitos similares. Comentemos las principales diferencias entre el fideicomiso y la compañía anónima, así:

4.5.1. Elemento Personal en las Figuras:

a)   El fideicomiso se apoya en la personalidad del fiduciario, dado que la Ley no le consagra personalidad jurídica, salvo la ficción jurídica que crea la legislación de Ecuador ([463]). Con esta designación y aceptación el fiduciario adquiere el carácter de propietario de los bienes objeto del fideicomiso, cumpliendo con las formalidades de Ley. La aceptación del fiduciario, es lo que formaliza la figura del fideicomiso como institución del derecho (tesis de la titularidad del fiduciario y de la institucionalidad);

b)   En la compañía anónima la Ley le confiere su propia personalidad (ficción jurídica), la cual es independiente de los sujetos que la forman y aportan su capital. Ella es propietaria de sus bienes constitutivos (activos patrimoniales o sociales).

4.5.2. Constitución Jurídica de las Figuras:

Estas instituciones requieren formalidad en su constitución, con excepción de algunas legislaciones donde se pueden constituir con documento privado, como es el caso del fideicomiso en: Perú y Panamá, por citar algunos.   En la constitución de la compañía anónima y el fideicomiso, encontramos una semejanza, que sirve para explicar un poco las tesis de la institucionalidad y de la titularidad del fiduciario, así:

a) La compañía anónima, requiere que haya el acto de la Asamblea Constitutiva, donde sus socios aprueban su constitución, determinan su patrimonio y su objeto social. El acta de Asamblea Constitutiva que firman los socios, por sí sola no formaliza la compañía, aunque ella con este simple acto tiene las particularidades de las empresas irregulares, pero requiere del registro del acta de asamblea en el Registro Mercantil y su publicación, para poder tener personalidad jurídica y poder así actuar y disponer su patrimonio dentro de su objeto social. Es el acto creador de la persona jurídica, con todos sus derechos y obligaciones y representaciones.

b) El fideicomiso, requiere la manifestación de voluntad del fideicomitente para su constitución, a semejanza del acto de asamblea en la compañía anónima, pero

---

[463]) Artículo 109 de la Ley de Mercado de Capitales de Ecuador, citado

requiere para su formalización y poder instituirlo la personalidad del fiduciario. La aceptación del fiduciario en acto público o privado; bien lo deje el fideicomitente en testamento, lo cual se asemeja con el acta no registrada de la compañía anónima, o lo haga en un solo acto, con la firma del documento de constitución del fideicomiso, donde firmen las partes que lo constituyen, dentro de las formalidades de Ley, fideicomitente y fiduciario, sin su concurso de éste último no tendría ninguna validez el fideicomiso. Este sujeto, representa a la figura en todas sus actuaciones y lo hace a nombre propio y a través también de sus órganos representativos (directores, empleados autorizados o apoderados)

4.5.3. Entrega de los Bienes Objeto de las Figuras:

a) En la compañía anónima y en el fideicomiso, hay que hacer la tradición de los bienes patrimoniales que se aportan, con la diferencia que en fideicomiso, salen del patrimonio del aportante (fideicomitente), quien queda legal y contablemente reducido en su patrimonio, en la misma proporción del aporte, aunque se designe el mismo fideicomitente, como beneficiario, ya que es un bien separado legal, contable y económicamente. Cosa muy diferente pasa en compañía anónima, los constituyentes (socios) aportan sus bienes y a cambio adquieren otros derechos (acciones) sobre el capital de la compañía anónima constituida, manteniendo una relación económica, legal y contable que responde a sus acreedores; lo cual también da otra gran diferencia entre estas instituciones del derecho.

b) En la compañía anónima, sus accionistas o propietarios de ser objeto de cualquier embargo u otro tipo de medida judicial, los derechos que poseen sobre las acciones les puede ser embargados o limitados, siendo ellos los que aportan los fondos que representan el capital (patrimonio) de esta institución. En el caso del fideicomiso, sobre los bienes o recursos que aporta el fideicomitente para constituir el fideicomiso, por actuaciones o embargos que recaiga sobre ese fideicomitente, en nada se ven afectados estos bienes, salvo que en su constitución haya habido actos ilegales o fraudulentos, pero esto es otra cosa y afectará a cualquier figura y así lo protege la Ley.

EL FIDEICOMISO, FIDUCIA O TRUST EN AMÉRICA
CAPITULO VIII
CARACTERÍSTICAS RESALTANTES DEL
FIDEICOMISO

"Duda mucho el que sabe poco"
Bacón.

Contenido: CARACTERÍSTICAS RESALTANTES DEL FIDEICOMISO

1. Características Propias de la Figura del Fideicomiso
1.1. Titularización de la figura en la persona del fiduciario
1.2. El propietario recibe retribución por cumplir el encargo
1.3. Afectación de los bienes objeto del fideicomiso
1.4. Protección legal
2. Características que se Derivan del Ejercicio como Fiduciario
2.1. La confianza o gestión profesional
2.2. Amplitud de la figura
2.3. Bienes o derechos (Patrimonio) Separados (no autónomo)
2.4. Uso múltiple de la personalidad
2.5. El Encaje Legal en la Banca y las Operaciones de Fideicomiso

Está presente en este servicio, el principio de la autonomía de la voluntad del fideicomitente, elemento determinante en las relaciones de los particulares, que permite a los que deseen llevar a cabo transacciones, poner en juego sus iniciativas y expectativas, donde esta figura tiene un radio de acción, sólo limitado por la voluntad de quienes la ejercitan y la Ley.

Las operaciones fiduciarias que surgen de la prestación del servicio fiduciario en las instituciones financieras, pueden exceder o no los montos de sus operaciones propias, límites de ley, así como pueden tener mayor diversidad de operaciones: no obstante, siempre dentro límites de los cuales se pueden mover legalmente las instituciones especializadas e inclusive las universales, por las proporciones que la misma ley que las autoriza les impone, bien en relación al patrimonio ([464]) o sus activos, donde se pone topes a estas proporcionalidades.

El fideicomiso, como figura jurídica, económica y financiera presenta unas características, relacionadas con lo que fundamenta a esta institución del derecho, en su diversidad y practicidad. Entre estas características, destacan las propias de la figura y las que derivan del ejercicio de actuar como fiduciario, así:

1. CARACTERÍSTICAS PROPIAS DE LA FIGURA DEL FIDEICOMISO.

1.1. TITULARIZACIÓN DE LA PERSONA DEL FIDUCIARIO.-

Para cumplir el fin que pretende con la constitución del fideicomiso, el constituyente (Fideicomitente), busca a otra persona (Fiduciario), la cual al aceptar el encargo (firma del contrato), el fideicomitente le debe hacer la tradición del bien objeto del fideicomiso, en este acto o en acto posterior; patrimonio éste que titulariza el fiduciario dentro de las previsiones de Ley y las que determine el fideicomitente en el contrato. De esta descripción, apreciamos semejanzas con el mandato, la comisión o la representación, como operaciones de confianza, y es con estas figuras con quien tiene más punto de contacto el fideicomiso, con la diferencia del carácter con que actúa el tercero designado en estas figuras. En el caso del fideicomiso, el fiduciario usando su personalidad, titulariza estos bienes o derechos, amparándose en los fueros y prerrogativas que la ley le da, al no incluirlos en la prenda común de sus acreedores y excluirlos de los acreedores del beneficiario, mientras estos bienes o derechos estén en fideicomiso. Del fideicomitente, los bienes están excluidos de los privilegios de sus acreedores desde su constitución y su tradición al fiduciario; salvo que se estén violentando normas legales con su constitución. La Ley crea la figura jurídica, valga la redundancia, que se sustenta en la

---

[464]) Ley de Instituciones del Sector Bancario de Venezuela.

personalidad del fiduciario, que cumple fines como si fuese una persona jurídica diferente. Caso parecido en su funcionamiento a las compañías anónimas u otras asociaciones similares, pero con la diferencia que el fideicomiso no tiene personalidad, por lo cual adquiere la personalidad prestada del fiduciario, salvo la ficción jurídica creada con esta figura en la legislación de Ecuador ([465]); además que el derecho resguarda su patrimonio de actuaciones diferentes a la de los fines buscados con su constitución. Esto no excluye, que este patrimonio se vea afectado por actuaciones derivadas de buscar el cumplimiento de la finalidad del fideicomiso, que pudieran generar situaciones que pongan en peligro el patrimonio fiduciario o lo involucre en situaciones o reclamos de carácter judicial o extrajudicial.

1.2. EL PROPIETARIO RECIBE RETRIBUCIÓN POR CUMPLIR EL ENCARGO.-

Otra característica es que el fiduciario, por la prestación de su persona para constituir el fideicomiso, recibe retribución para cumplir el fin que se le encomendó y es por esta razón que presta su nombre y ejecuta la gestión que se le encomienda; dado que estas actividades son parte de las facultades que la ley les consagra, bien como institución financiera bancaria o de seguros, que dentro de su objeto puede prestar estos servicios o como persona natural, que en algunos países puede actuar como fiduciario. Este cobro de honorarios, lo realiza bien que directamente el constituyente del fideicomiso, el fideicomitente, lo pague o que el fiduciario lo aplique de los bienes dados en fideicomiso, ya sea del capital o de los beneficios generados por éstos. Esta particularidad luce resaltante, si la comparamos con las transacciones que puede realizar un sujeto cualquiera con los bienes de su propiedad, dado que ningún propietario se puede cobrar a sí mismo, pero en el fideicomiso, como patrimonio separado, el fiduciario como múltiple propietario, de cada uno de los contratos suscritos, si cobra por cada fideicomiso sus honorarios, porque los bienes o derechos del fideicomiso, están separados y destinados al fin para el cual fueron cedidos al fiduciario y estos fines buscados son a favor del beneficiario, cumpliendo instrucciones del fideicomitente, como si

---

[465]) Artículo 109 de la Ley de Mercado de Capitales de Ecuador, citado

fueran propias, a través de la institucionalidad de esta figura del derecho.

1.3. AFECTACIÓN DE LOS BIENES OBJETO DEL FIDEICOMISO.-

Dentro de la figura del fideicomiso se verifica también una relación jurídica entre el individuo y el objeto o materia que se da para cumplir el fin, tesis de los objetos, pero los poderes que se le confieren al fiduciario, al instituirlo como propietario, evidentemente son superiores a los que se conceden mediante cualquier otra figura jurídica, que pretenda cumplir un encargo.

Los bienes objeto del fideicomiso están destinados para alcanzar un fin; los cuales tienen independencia patrimonial de los bienes de las personas que participan en el fideicomiso, tanto del fideicomitente como persona que aporta los bienes o derechos para su constitución, como del fiduciario, que aparece como el propietario, en cabeza de quien está el dominio sobre los bienes o derechos mientras permanezcan en fideicomiso, y del beneficiario, persona que tendrá o recibirá el capital o los frutos del fideicomiso de acuerdo a las instrucciones, que en tal sentido, haya establecido el fideicomitente en el fideicomiso.

1.4. PROTECCIÓN LEGAL

Destaca en la figura del fideicomiso la protección que la normativa jurídica le da, que es por demás relevante ya que lo que concentra en las derivaciones del fin mismo, sin poder ser atacado por actos externos, de los sujetos que participan en la figura. El fideicomiso es una institución del derecho, que tiene por si misma su propio régimen jurídico y que se apoya en otras figuras jurídicas para poder titularizar los bienes y acometer el encargo.

Otro aspecto de importancia, es la formalidad que reviste su constitución y formulación, en documentos auténticos y el apego que debe tenerse a las normas jurídicas; así como las formalidades del traspaso de la masa patrimonial ([466]) o de los finiquitos correspondientes, eventos éstos que exigen formalidad especial.

---

[466]) Registro de los contratos en la Ley de Instituciones del Sector Bancario de Venezuela

El fideicomiso, como institución del derecho tiene la particularidad que sirve para llevar a cabo cualquier encargo, amparándose en la personalidad del fiduciario, sea una persona natural o jurídica propiamente dicha, que profesionalmente presta sus servicios. En el caso venezolano la banca y las empresas de seguros sirven de fiduciarios en estas operaciones, a tenor de lo que establece la Ley de Fideicomiso, la Ley de Instituciones del Sector Bancario, la Ley de la Actividad Aseguradora y otras leyes especiales que rigen a otras instituciones bancarias o financieras. Asimismo, pueden los particulares actuar como fiduciarios, en los casos de derecho de autor y derecho de familia. Las particularidades del fideicomiso lo conceptúan como una forma de gestión, con lo cual se logra la realización de determinados actos, amparados en su institucionalidad jurídica, funcional y operativa.

2. CARACTERÍSTICAS QUE SE DERIVAN DEL EJERCICIO COMO FIDUCIARIO.-

2.1.- LA CONFIANZA O GESTIÓN PROFESIONAL

La característica más destacada del fideicomiso, evidentemente es la de la confianza, por la naturaleza del negocio mismo y de la actividad del fiduciario, que es de plena confianza en la institución financiera, al ejecutar sus operaciones para su clientela. El elemento intuito personae, siempre se halla presente en toda operación bancaria, particularmente en las operaciones de fideicomiso, donde se observan factores como su gestión comercial, respaldo económico, solvencia moral y seriedad. En los contratos en general se exige la buena fe y en los contratos de fideicomiso en particular, ésta debe ser mucho mayor (Ubérrima bona fides), aspecto éste que lo refuerza la gestión profesional del ente que presta el servicio fiduciario.

Valencia Zea nos señala que ([467]) "Buena fe es la confianza, seguridad y honorabilidad en la conclusión de nuestros actos y en el ejercicio de nuestros derechos".

---

[467]) Arturo Valencia Zea, Derecho Civil, tomo II, página 116, Editorial Tenis, Bogotá 1983,

2.2.- AMPLITUD DE LA FIGURA

La figura del fideicomiso, como forma de gestión permite acometer diversidad de negocios de carácter lícito a los fiduciarios, al abrir la posibilidad de ofrecer diversos tipos de fideicomisos al público, estando sólo limitados por la ley, la imaginación y la capacidad de prestar el servicio que tiene el fiduciario, dentro de cánones normales de gestión; ([468]) "solo limitado por la imaginación y la hermenéutica de la Ley "

Esta característica permite a los potenciales fideicomitentes poder acometer diversos encargos de confianza, a través de un determinado fiduciario, lo cual se puede apreciar en los diferentes tipos de contratos de fideicomisos que suscriben los fiduciarios en sus actuaciones. Las personas que pretendan llevar a cabo cualquier encargo a través de la figura del fideicomiso, sólo están limitadas por su capacidad de ejercicio y por las disposiciones de ley sobre su patrimonio y lo que pretende, que debe ser lícito, posible y determinado; así como que no perturbe la actividad propia del fiduciario.

2.3.- BIENES O DERECHOS (PATRIMONIO) SEPARADOS (NO AUTÓNOMO)

En la figura del fideicomiso, los bienes o derechos con que se constituyen éstos, representan un patrimonio totalmente separado de los elementos personales de quienes lo integran, inclusive del mismo fiduciario, que titulariza estos bienes o derechos al prestar su nombre o personalidad para darle cuerpo a la figura, pero los bienes quedan legalmente fuera de su patrimonio y por ende fuera del alcance de sus acreedores por sus compromisos propios.

Esta separación de los bienes que constituyen el objeto del fideicomiso en la persona del fiduciario, es posible por la tutela jurídica que la norma consagra, con todos los privilegios, prerrogativas y limitaciones que como propietario singular tiene, dado que su actuación es independiente de la masa patrimonial del fiduciario, cuya

---

[468]) La Organización Fiduciaria, obra del Autor

actuación con estos bienes o derechos, sólo estará comprometida por los actos inherentes al encargo encomendado y al desempeño o evolución propia de estos bienes en sí mismos considerados, todo de acuerdo a lo establecido en el contrato y en la Ley.

Los bienes o derechos que constituyen los fondos del fideicomiso no pueden ser atacados por actos externos, a su propia naturaleza y gestión, dado que ellos son un patrimonio separado de sus integrantes, pero jurídicamente titularizados por el fiduciario, el cual puede ejecutar los actos que le hayan encomendado en el contrato, dentro del marco de la Ley. Esta protección legal, deriva de la institución jurídica de la figura en nuestro estado de derecho.

2.4.- USO MÚLTIPLE DE LA PERSONALIDAD

El fiduciario, al ser autorizado a realizar operaciones de fideicomiso, puede suscribir múltiples contratos de fideicomiso, por lo cual con cada fideicomiso está prestando su personalidad para poder constituir y registrar los contratos de fideicomiso que suscriba con los distintos fideicomitentes, manteniendo una multititularidad patrimonial, que es parte de su gestión profesional.

Esta particularidad de poder prestar su personalidad para constituir la figura del fideicomiso, es lo que permite que a través de esta figura se puedan realizar muchas operaciones, que de otra forma crearían situaciones de orden legal, para los que participan en la figura, particularmente para el fiduciario, quien debe despersonalizarse en tantos fideicomisos que suscriba. Las técnicas de gestión y la tecnología, así como la uniformidad de actividades permite al fiduciario, no sólo atender sus propias operaciones, sino las de sus fideicomisos, para lo cual crea unidades especializadas que atiendan estas operaciones, apoyándose en su propia infraestructura organizacional y tecnológica, buscando economía de escala.

2.5. EL ENCAJE LEGAL DE LA BANCA Y LAS OPERACIONES DE FIDEICOMISO.

La banca, conceptualmente, presenta al gerencial sus operaciones tres (3) tipos de encaje: El legal, el funcional y el llamado encaje total, los cuales define J.F. García Moreno, así: ([469]) "Encaje Legal, es la cifra de liquidez que obligatoriamente se debe detentar para cumplir las disposiciones vigentes. El encaje funcional, es la cantidad de numerario que es preciso disponer para salvar los desajustes de caja y atender los eventuales reintegros y El encaje total, es el volumen de liquidez que hay que tener disponible para cumplir las disposiciones vigentes y atender las necesidades de caja".

La banca presenta en sus posiciones periódicas ante las autoridades monetarias, dos (2) tipos de encaje, el requerido y mantenido, los cuales resumen los tres tipos anteriores al establecérsele un lapso o periodicidad en que deben mostrarse. El encaje legal requerido a la banca, ha sido tradicionalmente imputado a sus operaciones pasivas; no obstante que pudieran las autoridades monetarias crear encajes especiales para algunas operaciones activas, como en más de una oportunidad se ha hecho en varios de nuestros países.

Para las operaciones clasificadas de accesorias o conexas de la banca, caso el fideicomiso, no debiera establecerse encaje sobre estas operaciones al fiduciario, dado que estos bienes o derechos no responden a la prenda común de los acreedores del fiduciario, ni pueden ser usados directamente en su provecho, por lo cual tampoco podrían afectar su patrimonio, con ningún costo ni carga; salvo que ese encaje pudiera imputarse directamente al fondo fiduciario, lo cual es otra cosa que limitaría el servicio. La Ley de Bancos y Otras Empresas Financieras de Perú establece que "La parte liquida de los fondos que integran el fideicomiso no están afectos a encaje" ([470]). En Venezuela el Código de Cuentas impuesto a la Banca incluyen en el encaje legal a todos los pasivos, inclusive el que refleja la porción liquida y disponible de las operaciones de fideicomiso que tiene la propia

---

[469]) Cita de Juan Francisco García Romero. El Nivel Óptimo de Encaje Bancario. Página 34. Editorial Index... 1975. Madrid.
[470]) Artículo 241 de la Ley de Bancos y Otras Empresas Financieras de Perú, citado

institución, producto del giro de estas operaciones en sus cuentas corrientes o de otro tipo, no obstante, que estas son cuentas de control. Es evidente que se está pechando, con encaje, un pasivo registrado en la contabilidad del Instituto, no a los fondos fiduciario en sí mismos, ya que al disponerlos lo libera al igual que lo haría un particular. No obstante esto, es menester, que el criterio utilizado en el Perú, sea establecido o evaluado, a efectos de implementarlo en todo el continente, particularmente en aquellos países, donde estas cuentas no generan intereses. De haber algún devengo de intereses por los montos que presentan estas cuentas, el tratamiento podría ser igual al resto de las cuentas del pasivo del ente fiduciario. En Venezuela, no eran objeto de encaje los montos procedentes de fuentes institucionales, actualmente se han integrado todos los conceptos, lo cual tiene que ver con la masa de recursos líquidos que generan los altos precios del petróleo

EL FIDEICOMISO, FIDUCIA O TRUST EN AMÉRICA
CAPITULO IX
FORMALIDADES Y ACTUACIONES EN EL
FIDEICOMISO

*"La solemnidad son los requisitos exigidos por
Ley para que determinados actos jurídicos,
Tengan validez o sean eficaces"*

Contenido: FORMALIDADES Y ACTUACIONES EN EL FIDEICOMISO

1. Formalidades en la constitución del fideicomiso y otras operaciones de confianza 2. Formalidad registral en los contratos de fideicomiso 2.1. Donde inscribir el contrato de fideicomiso 2.2. En qué Lugar Debe Registrarse el contrato de fideicomiso 3. Formalidad en las actuaciones del fideicomiso (Fiduciario) 3.1. En las propias de la figura 3.2. Las expresadas en el contrato. 3.3. Las que se desprenden de la naturaleza del Tipo de contrato de fideicomiso 3.4. Las Actuaciones legales o jurisdiccionales 3.5. Las Actuaciones prudenciales 3.6. Las Actuaciones circunstanciales o de fuerza mayor 4. Otras formalidades 5. Formalidades en la terminación del fideicomiso

Los requisitos exigidos en la constitución y terminación de los contratos de fideicomiso y las otras operaciones de confianza están determinados en la Ley ([471]), dependiendo del tipo de acto, de la forma de transmisión de los bienes o derechos, y de estos en sí mismos; así como de las finalidades perseguidas o de cualesquiera otras cir-cunstancias previstas en la Ley. Las mismas formalidades exigidas a los contratos en general, deben cumplirse para los contratos de fideicomiso, inclusive para los fideicomisos dejados por testamento, donde debe haber también la aceptación del fiduciario designado o escogido.

Los fideicomisos constituidos por acto entre vivos deben ser registrados ([472]) o notariados, o formalizado mediante instrumento privado ([473]), dentro de las formalidades del

---

[471]) Artículo 26 de la Ley de Fideicomiso Venezolana indica las causas por las cuales puede terminar el fideicomiso
[472]) Artículo 72 numeral 6 de la Ley de Instituciones del Sector Bancario del ano 2014, citado.
[473]) El artículo 246 de la Ley de Bancos y Otras Instituciones del Perú señala que (FORMALIDAD) la constitución del fideicomiso se efectúa y perfecciona por contrato entre el fideicomitente y la empresa fiduciaria, formalizado mediante instrumento privado o protocolizado notarialmente.

régimen jurídico de cada país, y dependiendo de los bienes o derechos o si el acto es de naturaleza civil o mercantil. En cambio, los *mortis causa*, deben ser en todo caso registrados, independientemente del tipo de bienes o derechos que se transfieran.

La Ley Peruana ([474]) establece que los fideicomisos se perfeccionan por contrato entre fideicomitente y fiduciario, formalizado mediante instrumento privado o protocolizado notarialmente. Esta misma norma establece que para oponer los fideicomisos a terceros, se requiere que la transmisión al fiduciario de los bienes y derechos inscribibles sea anotada en el Registro Público correspondiente y que la otra clase de bienes se perfeccione con la tradición, el endoso u otro requisito exigido por la Ley. La formalidad registral se da para actos con terceros y bienes que deben inscribirse en el Registro Público.

En Venezuela, en las recientes Reformas de la Ley de Instituciones del Sector Bancario se ha venido estableciendo que ([475]) los contratos de fideicomisos deben ser inscritos en el Registro Mercantil correspondiente y sujetos a otras formalidades registrales, como los inmuebles en materia civil. Esta formalidad registral, le resta flexibilidad o adaptabilidad a la figura del fideicomiso en su constitución, en un mercado donde cada día las operaciones ordinarias de la banca, requieren de menos formalidad en su apertura y procesos, dado que la tecnología permite motorizar estos cambios; a pesar de los rígidos controles por narcotráfico y terrorismo que se tiene sobre la movilización de capitales.

Los **costarricenses** han introducido en su ordenamiento jurídico unas normas ([476]), que permiten estimular el uso

---

Cuando el contrato comporta la transferencia fiduciaria de activos mobiliarios, debe ser inscrito en la Central de Riesgos de la Superintendencia, según lo considere el fideicomitente. Tiene también lugar por voluntad unilateral del fideicomitente, expresada en testamento.

Para oponer el fideicomiso a terceros se requiere que la transmisión al fiduciario de los bienes y derechos inscribibles sea anotada en el registro público correspondiente y que la otra clase de bienes y derechos se perfeccione con la tradición, el endoso u otro requisito exigido por la ley.

Para los casos de fideicomiso en garantía, la inscripción en el registro respectivo le otorga el mismo orden de prelación que corresponde, en razón al tiempo de su inscripción.

[474]) Articulo 246 de la Ley de Bancos y Otras Instituciones del Per', citado

[475]) Artículo 72 numeral 6 de la Ley de Instituciones del Sector Bancario Venezolana, 2014 citado

[476]) Artículo 662 del Código de Comercio de Costa Rica, reformado según Ley N° 3.284, señala que Cuando sea necesario inscribir en el Registro Público los bienes inmuebles fideicometidos, a favor de un

de la figura del fideicomiso de **garantía por una operación financiera o crediticia,** entre instituciones inscritas en la Superintendencia General de Instituciones Financieras; permitiendo que los gastos de registros de estos inmuebles, dados en fideicomiso, se cobren sólo cuando estos bienes o derechos salgan del fideicomiso hacia un tercero (incluido el beneficiario, no cuando éste se constituye ([477]) o sea devuelto al beneficiario original. Los **peruanos** han reducido las formalidades, en algunos tipos de fideicomisos ([478]). Estas consideraciones y otras de carácter impositivo, como las que establece el Código de Comercio de **Guatemala** que el documento constitutivo de fideicomiso y la traslación de bienes en fideicomiso, al fiduciario, estarán libres de todo impuesto. Igualmente queda exonerada de todo impuesto la devolución de los bienes fideicometidos al fideicomitente, a la terminación del fideicomiso ([479]); en Ecuador, se introduce exoneraciones a los beneficios de los fideicomisos ([480]);

---

fiduciario debidamente inscrito ante la Superintendencia General de Entidades Financieras (Sugef) y, en su calidad de tal, con un fideicomisario constituido como sociedad o empresa dedicada a prestar servicios financieros, la cual debe estar debidamente inscrita ante la Sugef, dichos inmuebles estarán exentos del impuesto sobre traspasos de bienes inmuebles y de todo pago por concepto de derechos de registro y demás impuestos que se pagan por tal inscripción, mientras los bienes permanezcan en el fideicomiso y constituyan una garantía, por una operación financiera o crediticia. Cuando el fiduciario traspase los bienes fideicometidos a un tercero diferente del fideicomitente original, se deberá cancelar la totalidad de los cargos por concepto de derechos de registro y demás impuestos que correspondan por esa segunda inscripción, incluido el impuesto sobre traspasos de bienes inmuebles. No podrá el fideicomitente formar parte conjunta o separada del fideicomisario ni el fideicomisario podrá formar parte conjunta o separada del fideicomitente. Los bienes muebles e inmuebles fideicometidos a favor de un fiduciario, que permanezcan en un fideicomiso, debidamente inscrito en el Registro Público y constituido al amparo de la legislación que se reforma, cuando el fiduciario los traspase a un tercero diferente del fideicomitente original deberá cancelar la totalidad de los cargos por concepto de derechos de registro y demás impuestos que correspondan por esa segunda inscripción, incluido el impuesto sobre traspasos de bienes inmuebles y el impuesto sobre la transferencia de vehículos automotores, aeronaves y embarcaciones, cuando corresponda." (Ver Ley de Reforma de la Gestión Tributaria de Costa Rica)

[477]) El artículo anterior reformado, señalaba que "Cuando sea necesario inscribir en el Registro Público los bienes fideicometidos en favor del fiduciario y en su calidad de tal, éstos estarán exentos de todo pago por concepto de derechos de registro y demás impuestos que se pagan por tal inscripción, mientras los bienes permanezcan en el fideicomiso. Cuando el fiduciario traspase los bienes fideicometidos a un tercero diferente del fideicomitente original, se deberá cancelar la totalidad de los cargos por concepto de derechos de registro y demás impuestos que correspondan por esa segunda inscripción.

[478]) Artículo 246 de la Ley de Bancos y Otras Instituciones Financieras del Perú, citado

[479]) El artículo 792, Título V del Código de Comercio de Guatemala, en materia impositiva señala que "El documento constitutivo de fideicomiso y la traslación de bienes en fideicomiso, al fiduciario, estarán libres de todo impuesto. Igualmente queda exonerada de todo impuesto la devolución de los bienes fideicometidos al fideicomitente, a la terminación del fideicomiso.   El contrato o acto por el cual el fiduciario traspase o enajene bienes inmuebles al fideicomisario o a terceros, quedará sujeto a todos los impuestos que estuvieren vigentes en la fecha del acto o contrato, pero en caso de fideicomisos testamentarios, en lo que se refiere a inmuebles, el impuesto se graduará según el parentesco del fideicomitente con el respectivo fideicomisario".

[480]) Ecuador: Artículo 9 numeral 15 Ley Orgánica de Régimen Tributario Interno, señala: "Los ingresos que obtengan los fideicomisos mercantiles, siempre que no desarrollen actividades empresariales u operen negocios en march a, conforme la definición que al respecto establece el Art. 42.1 de esta Ley. Así mismo, se encontrarán exentos los ingresos obtenidos por los fondos de inversión y fondos complementarios. Para que las sociedades antes mencionadas puedan beneficiarse de esta exoneración, es requisito indispensable que al momento de la distribución de los beneficios, rendimientos, ganancias o utilidades,

asimismo, Uruguay también crean exoneraciones para los fideicomisos (⁴⁸¹) pueden servir de estímulo a otros países para algunos fideicomisos especiales, como los de prestaciones laborales o de ahorros de los trabajadores y los de garantía, por mencionar algunos, donde se puede legislar en este sentido.

1.- FORMALIDADES EN LA CONSTITUCIÓN DEL FIDEICOMISO Y OTRAS OPERACIONES DE CONFIANZA

La formalidad en las operaciones de confianza está relacionada con el tipo de figura y el encargo que se encomienda ejecutar. Si es fideicomiso, los contratos deben ser registrados o notariados o en documento privado, dependiendo de las disposiciones jurídicas de cada país. De ser mandatos para actos o derechos inmobiliarios, deben ser registrados los documentos que contenga el mandato conferido, así como, para todos aquellos actos que requieran esta formalidad. En los

---

la fiduciaria o la administradora de fondos, haya efectuado la correspondiente retención en la fuente del impuesto a la renta -en los mismos porcentajes establecidos para el caso de distribución de dividendos y utilidades, conforme lo dispuesto en el Reglamento para la aplicación de esta Ley- al beneficiario, constituyente o partícipe de cada fideicomiso mercantil, fondo de inversión o fondo complementario, y, además, presente una declaración informativa al Servicio de Rentas Internas, en medio magnético, por cada fideicomiso mercantil, fondo de inversión y fondo complementario que administre, la misma que deberá ser presentada con la información y en la periodicidad que señale el Director General del SRI mediante Resolución de carácter general. De establecerse que estos fideicomisos mercantiles, fondos de inversión o fondos complementarios no cumplen con los requisitos arriba indicados, deberán tributar sin exoneración alguna".

⁴⁸¹) Uruguay Ley N° 18.127 publicada el 22/05/2007, artículo 1 señala "Artículo 1º.- Otórgase a los fideicomisos financieros que se estructuren de acuerdo al mecanismo previsto en el Reglamento del Programa de Crédito Global Multisectorial III, dictado por el Banco Central del Uruguay, con inversión de recursos de dicho Programa y cuyos certificados de participación en el dominio fiduciario o títulos de deuda se emitan mediante oferta pública, el siguiente tratamiento:

A) (Impuesto a los Activos de las Empresas Bancarias e Impuesto de Control del Sistema Financiero).- Los créditos que sean transferidos al fideicomiso tendrán el mismo tratamiento para los Impuestos a los Activos de las Empresas Bancarias y de Control del Sistema Financiero al que hubieran estado sujetos antes de la cesión.

Por su parte, los préstamos originales en el fideicomiso estarán exentos de los referidos impuestos.

B) (Impuesto al Valor Agregado).- Los intereses por préstamos otorgados por el fideicomiso estarán exentos del Impuesto al Valor Agregado.

C) (Impuesto al Patrimonio).- Las obligaciones contraídas con el fideicomiso serán admitidas como pasivo a los efectos de la liquidación del Impuesto al Patrimonio.

D) (Impuesto a las Rentas de Industria y Comercio e Impuesto al Patrimonio).- Los fideicomisos financieros a que hace referencia esta ley, estarán exonerados de los Impuestos a las Rentas de Industria y Comercio o del impuesto a la renta que lo sustituya, y al Patrimonio.

El tratamiento tributario definido en los literales anteriores podrá hacerse extensivo a fideicomisos financieros que se estructuren en el marco de programas análogos de financiamiento, previa autorización del Ministerio de Economía y Finanzas y del Banco Central del Uruguay cuando corresponda.

casos de mandatos, comisiones o representaciones, que no requieren formalidad registral, el documento contentivo del poder, comisión o representación puede ser notariado (o dejado en documento privado si la actuación no exige formalidad), con identificación plena del encargo y de quien confiere y a quien se le confiere el encargo, salvo que se trate de bienes o derechos que las leyes exigen formalidad registral.

El fideicomiso como figura jurídica puede ser constituido en documento autentico o dejado en testamento, para ser aceptado (o rechazado), después por el fiduciario designado. En cualesquiera de los casos, por actos Inter Vivos o por actos mortis causa el documento de fideicomiso debe cumplir con las formalidades de Ley.

2.-FORMALIDAD REGISTRAL EN LOS CONTRATOS DE FIDEICOMISO.-

Los contratos de fideicomiso requieren para su formalización el cumplimiento de los requisitos que establecen las distintas disposiciones previstas en el Código Mercantil, Código Civil y demás leyes que traten la materia fiduciaria de cada País, donde se realicen estas operaciones.

2.1. DONDE INSCRIBIR EL CONTRATO DE FIDEICOMISO:

Los fideicomisos que se constituyan deben inscribirse sus contratos en las oficinas de registros, notarias o en documentos privados, de acuerdo a lo que determine la Ley de cada país. Veamos, el diagrama siguiente del proceso de constitución y registro del fideicomiso y los siguientes ejemplos que se comentan:

Requisitos

 Unidad de FIDEICOMISO

Mercadeo y Negocio.

Revisa requisitos de acuerdo a Leyes y reglamentos

Prepara expediente y archiva

 Solicita elaboración del contrato de FIDEICOMISO

Consultoría Jurídica
Contrato de FIDEICOMISO

Unidad de FIDEICOMISO O Consultoría

 Notifica a las partes la firma del contrato

Firma del contrato y recepción del bien.

Coordina con **Notaria o registro** día y hora de la firma

- En Perú, la Ley de Bancos que rige el Fideicomiso señala que ([482]) "La constitución del fideicomiso se efectúa y perfecciona por contrato entre el fideicomitente y la empresa fiduciaria, formalizado mediante instrumento privado o protocolizado notarialmente. Cuando el contrato comporta la transferencia fiduciaria de activos mobiliarios, debe ser inscrito en la Central de Riesgos de la Superintendencia, según lo considere el fideicomitente. Tiene también lugar, por voluntad unilateral del fideicomitente expresado en el testamento. Para oponer el fideicomiso a terceros se requiere que la transmisión al fiduciario de los bienes y derechos inscribibles sea anotada en el registro público correspondiente y que la otra clase de bienes y derechos se perfeccione con la tradición, el endoso u otro requisito exigido por la ley. Para los casos de fideicomiso en garantía, la inscripción en el registro respectivo le otorga el mismo orden de prelación que corresponde, en razón del tiempo de su inscripción".

- En el caso venezolano la Ley de Instituciones del Sector Bancario establece que los contratos de fideicomiso deben estar debidamente inscritos en el Registro Mercantil correspondiente. Adicionalmente, los contratos de fideicomiso mediante los cuales se transfieran a los fondos fiduciarios, bienes inmuebles o derechos sobre éstos, así como las revocatorias o reformas de los mismos, deberán protocolizarse en la Oficina u Oficinas Subalternas de Registro Mercantil. ([483]) Esta formalidad registral, no obstante estar ajustada a la normativa imperante, es necesaria para los fideicomisos donde se traspasa la

---

[482]) La Ley 26702, título III capítulo II del Perú establece en el artículo 246º, citado y artículos de Ley General: 158, 221 (39), 241, 242, 243, 245, 247, 250, 274); Código Civil Artículos: 144, 686, 689, 690, 947, 949, 1351, 1352, 2010, 2012, 2013, 2014, 2016.y L. de T.V.Arts. 26, 27, 33.

Para oponer el fideicomiso a terceros se requiere que la transmisión al fiduciario de los bienes y derechos inscribibles sea anotada en el registro público correspondiente y que la otra clase de bienes y derechos se perfeccione con la tradición, el endoso u otro requisito exigido por la ley.
Para los casos de fideicomiso en garantía, la inscripción en el registro respectivo le otorga el mismo orden de prelación que corresponde, en razón al tiempo de su inscripción.

[483])Ley del Sector Bancario de Venezuela

propiedad de inmuebles o derechos inmobiliarios, pero presenta serios inconvenientes y trabas para los fideicomisos que no requieren para el traslado de la propiedad tanta formalidad, como sucede con los fideicomisos de prestaciones sociales, donde notariar estos contratos parece suficiente, por el apego que se tiene a la normativa presente en la Ley Orgánica del Trabajo.

- En Panamá, los documentos donde se formalizan los fideicomisos, pueden ser públicos o privados y en este último caso, deben ser autenticadas las firmas.

El cumplimiento de las instrucciones del fideicomitente al fiduciario en la ejecución del fideicomiso, dentro de las previsiones de ley, no está en su formalidad registral, costosa, sino en el logro de la finalidad del fideicomiso, que es la actuación que debe supervisarse. Lo expedito y transparente que se hagan los procesos relativos a las operaciones de fideicomiso en cada país, estimulará el uso de esta figura jurídica. Estas iniciativas, pueden ser impulsadas por los representantes de las instituciones fiduciarias, a través de sus respectivos parlamentos, a los fines de uniformar estas disposiciones, aprovechando las mejores experiencias de cada uno de los países. En casi todas las reformas de leyes, lo que se aprecia es control y más control. En esto son expertos, burócratas y políticos.

En materia de fideicomiso, en la mayoría de los países de América Latina se exige formalidad registral; no obstante, en algunos países el acto de constitución del fideicomiso se puede perfeccionar por instrumento privado o notariado (caso peruano, panameño). Asimismo, el traspaso de los bienes en fideicomiso del fideicomitente al fiduciario requiere pagos de derechos de traspaso e impuestos; con algunas salvedades como en Costa Rica, Guatemala y Panamá. En el primer país, el pago por el traspaso de la propiedad, sólo se dará cuando se traspase del fiduciario al beneficiario el bien objeto del fideicomiso, quedando exentos los pagos, si los bienes vuelven al fideicomitente o propietario original. El Código de Comercio de Costa

Rica, señala que *([484]) "Cuando sea necesario inscribir en el Registro Público los bienes fideicometidos dados en garantía de operaciones financieras o crediticias por institución financiera autorizada Superintendencia en favor del fiduciario y en su calidad de tal, éstos estarán exentos de todo pago por concepto de derechos de registro y demás impuestos que se pagan por tal inscripción, mientras los bienes permanezcan* en el fideicomiso. Cuando el fiduciario traspase los bienes fideicometidos a un tercero, diferente del fideicomitente original, se deberá cancelar la totalidad de cargos por concepto de registro y demás impuestos que correspondan por esa segunda inscripción".

Como se puede apreciar, en el caso de Costa Rica al igual que en Guatemala y Panamá, se potencia a esta figura, para darle mayor fluidez, seguridad y hacer más expeditas las operaciones; no así en los otros países que realizan operaciones de fideicomiso, donde sus autoridades o el Estado, como un todo es acaparador, lo que buscan es entrabar e imponer todo tipo de controles, registros e impuestos, que en nada contribuyen, con la actividad económica o la seguridad jurídica del país, cuando más, con el negocio registral o fiscal, del cual la comunidad recibe poco, si es que recibe.

En Panamá, su Ley señala que ([485])"Estarán exentos de todo impuesto, contribución, tasa, o gravamen, los actos de constitución, modificación o extinción del fideicomiso, así como los actos de transferencia, transmisión o gravamen de los bienes dados en fideicomiso y la renta proveniente de dichos bienes o cualquier otro acto sobre los mismos, siempre que el fideicomiso verse sobre:

1. Bienes situados en el extranjero
2. Dinero depositado por personas naturales o jurídicas cuya renta no sea de fuentes panameña o gravable en Panamá.
3. Acciones o valores de cualquier clase, emitidos por sociedades cuya renta no sea de fuente panameña, aun cuando tales dineros, acciones o valores estén depositados en la República de Panamá.

---

[484]) Artículo 662 Código de Comercio de Costa Rica, reformado según Ley 3284 que deroga la Ley 7558 del 3-11-1995.
[485]) Artículo 37 Ley Reformada 2017 Ley 1 del 5 de enero de 1984) Panamá., citada

Parágrafo 1°. Las exenciones anteriores no se aplicarán en los casos en que los bienes, dineros, acciones o valores mencionados en los numerales 1°, 2° y 3° anteriores fueron utilizados en operaciones no exentas de impuestos, contribuciones, tasas o gravámenes en la República de Panamá, excepto que sean invertidos en viviendas, proyectos de desarrollo habitacional de parques industriales o de desarrollo urbanístico, en la República de Panamá, en cuyo caso las utilidades de tales inversiones estarán exentas del impuesto sobre la renta."

En la República de Guatemala el documento constitutivo de fideicomiso y la traslación de bienes en fideicomiso, al fiduciario, estarán libres de todo impuesto. Igualmente queda exonerada de todo impuesto la devolución de los bienes fideicometidos al fideicomitente, a la terminación del fideicomiso ([486])

En las otras operaciones de confianza, los poderes que se otorgan para operar los mandatos y las comisiones, deben estar acordes a la finalidad perseguida y al tipo de acto que se va a realizar. Si las operaciones implican actuaciones en materias relacionadas con bienes o derechos, que requieren ser registrados, como es el caso de los inmuebles o derechos sobre éstos, los poderes que se confieren deben registrarse también, lo que no excluye que se registren para todos los actos.

El fideicomiso puede ser testamentario, constituido por acto de última voluntad o por acto entre vivos. Puede tener por objeto bienes muebles, inmuebles o derechos reales, y en todo caso, para su constitución se requiere la publicidad, la cual se obtiene mediante un documento autorizado por un funcionario público que tenga facultad para darle autenticidad, y que se cumplan los demás requisitos exigidos por las leyes; salvo en algunos países, como Panamá y Perú, que pueden constituirse en documento privado.

El fideicomiso testamentario como acto de última voluntad, es aquel que surtirá efectos después de la muerte del fideicomitente y está sujeto a todas las formalidades requeridas a los testamentos, como se establece en la legislación de nuestro continente. Exigen las Leyes de Fideicomiso de los países de América Latina,

---

[486]) Artículo 792 del Título V del Código de Comercio de Guatemala

que las personas que van a actuar como Fiduciario, en estos casos, manifiesten su aceptación o excusa (al fideicomiso) ante el Juez competente.   Sobre este particular, el Código Civil y Mercantil de Argentina señala (487) que "...En caso de que el fiduciario designado no acepte su designación se establece lo dispuesto en el artículo 1679", que dispone opciones   para designar sustituto.

2.2. EN QUE LUGAR DEBE REGISTRARSE EL CONTRATO DE FIDEICOMISO:

Los fideicomisos que se constituyan por actos entre vivos, deben registrarse en el domicilio del fideicomitente o en el lugar donde el fiduciario vaya a administrar los bienes o derechos objetos del fideicomiso; salvo lo previsto para los fideicomisos testamentarios, debiendo mantenerse los mismos criterios que se establecen para los jueces que deben conocer de estos fideicomisos.   En la Ley de Fideicomiso Venezolana (488), se entiende por Juez, a los efectos de la misma Ley, a los siguientes:

a) A los efectos del fideicomiso constituido por testamento, el Juez del lugar de la apertura de la sucesión, y si ésta se hubiere abierto fuera de la República, el Juez del lugar donde se encuentra la mayor parte de los bienes del fideicomitente que existen en el territorio nacional.

b) En caso de fideicomiso constituido por acto entre vivos, el Juez del domicilio del fideicomitente en el momento de la constitución, salvo que éste hubiere elegido otro lugar para la administración de los bienes fideicometidos, en cuyo caso será competente el Juez de ese lugar.

En el caso de las instituciones financieras, éstas pueden firmar cualquier documento de fideicomiso fuera del lugar, donde tienen su sede principal, dado que estás instituciones, además de estar facultadas por Ley para operar a nivel regional o nacional, pero pueden establecer domicilio especial para determinadas operaciones, dentro del ámbito de sus facultades para aquellas operaciones

---

487)Arículo 1699 Fideicomiso Testamentario de Código Civil y Comercial de Argentina
488) Artículo 30 de la Ley de Fideicomisos Venezolana

que tienen fuero especial, como son las operaciones de fideicomiso.

3.- FORMALIDAD EN LAS ACTUACIONES DEL FIDEICOMISO (FIDUCIARIO)

El fiduciario al llevar a cabo las operaciones de los fideicomisos, debe ajustarse a las disposiciones de Ley y a las previsiones establecidas en el contrato de fideicomiso, debiendo documentar y soportar cada una de las operaciones; a los fines de rendir cuenta de su gestión al fideicomitente y al beneficiario; así como a los órganos contralores del Estado y demás autoridades competentes, que la Ley reviste de facultades de control sobre estas operaciones. Dentro de estos postulados el fiduciario y las autoridades deben dar formalidad a las distintas operaciones que se lleven a cabo en el fideicomiso, de acuerdo al tipo de contrato y a las actividades que de ellas se desprendan. Por ejemplo, de haber operaciones inmobiliarias se deben cumplir estas formalidades, no sólo en el registro del documento de traspaso de los bienes del fideicomiso, sino también en los desembolsos, que debieran ser a través de valuaciones, las cuales deben reunir o cumplir con sus formalidades, así como otras operaciones que lo requieran, dependiendo de su naturaleza, sean préstamos, inversiones o pagos, siempre deben ser bien documentadas o soportadas.

El fideicomiso, como muy bien lo señala el profesor Batiza "Cuenta con un campo prácticamente inagotable de operaciones, goza de características propias, de gran flexibilidad y representa un enriquecimiento del caudal de medios y formas de trabajo de la economía como servicio e instrumento financiero", a lo cual le agregamos que como forma de gestión, facilita la ejecución de encargos a favor de terceros, amparada en su institucionalidad jurídica.

Las actuaciones de las personas que operan en el fideicomiso, quedan sujetas a las disposiciones de Ley y a las contractuales, las cuales podemos resumirlas, así:

3.1. En las Operaciones propias de la figura.-

La figura del fideicomiso, por si misma, conlleva a que se ejecuten en cumplimiento de su finalidad una serie de actuaciones u operaciones, que recaen en el fiduciario o en las personas que la Ley o el contrato les señalan las responsabilidades que deben cumplir, a favor de los beneficiarios en el fideicomiso o de quien se disponga.

3.2. Las actuaciones expresadas en el contrato.-

En el contrato de fideicomiso se instruyen actuaciones especiales o particulares que debe cumplir el fiduciario, independientemente de las operaciones propias de la figura en sí. Estas actuaciones pueden ser ejecutadas de manera continua o depender de alguna condición, de acuerdo a lo que se establezca en el contrato.

3.3. Las actuaciones que se desprenden de la naturaleza del tipo de contrato de fideicomiso.-

Además de las actuaciones propias de la figura y las que pueda instruir el fideicomitente, la naturaleza del tipo de fideicomiso, define las actuaciones a seguir o a ejecutar por el fiduciario, así por ejemplo, si el contrato de fideicomiso es de inversión o de garantía, el fiduciario debe saber de antemano, por el tipo de contrato y su finalidad, las actuaciones que deben seguir en cumplimiento de esa finalidad.

3.4. Las actuaciones legales o jurisdiccionales.-

La ley establece expresamente las actuaciones que debe seguir el fiduciario, dado que él debe actuar con estricto apego a estas disposiciones legales; asimismo, en casos especiales y dependiendo del tipo de fideicomiso debe ajustarse a las instrucciones que dispongan los jueces de determinadas jurisdicciones, por ejemplo los jueces de familia, en caso de patrimonios a favor de menores.

3.5. Las actuaciones prudenciales.-

En resguardo del patrimonio del fideicomiso, el fiduciario debe ajustarse a la normativa prudencial impuesta por las autoridades de control de estas operaciones, dentro del régimen de supervisión establecido para la banca, entes del mercado de capitales y empresas de seguro.

3.6. Las actuaciones circunstanciales o de fuerza mayor.-

El fiduciario debe ajustarse a las disposiciones de Ley y a las previstas en el contrato, pero por causa de fuerza mayor o circunstanciales, siempre en protección del patrimonio fiduciario, debe recurrir al Juez de Fideicomiso o las Superintendencias de Bancos o de Seguros, buscando apoyo y protección, o en su defecto debe realizar aquellas actuaciones que permitan proteger estos bienes, ya que de no hacerlo podría verse envuelto en imputaciones por omisión, incumplimiento, irresponsabilidad o negligencia o intención de causar daño a estos patrimonios.

Todas estas actuaciones en el fideicomiso son de Ley, pero ellas tienen circunstancias especiales o particulares, bajo las cuales deben cumplirse o ejecutarse de manera excepcional.

4. OTRAS FORMALIDADES:

Los organismos contralores de la banca, encargadas de autorizar a las instituciones financieras para realizar operaciones de fideicomiso exigen una serie de requisitos y recaudos a estos entes, antes de aprobarles que presten este servicio a su clientela. En Venezuela las instituciones financieras bancarias o de seguros deben realizar estos trámites y enviar los recaudos solicitados; así mismo deben cumplir algunas normas y condiciones para poder emitir títulos en masa, sobre los cuales se ceden derechos, los llamados contratos de fideicomiso de titularizaciones

La normativa registral, exige ciertas formalidades en materia fiduciaria, dado que la transferencia al fiduciario por acto entre vivos de bienes inmuebles o derechos inmobiliarios, solamente surtirá efectos contra terceros desde la fecha en que se haga la protocolización del documento constitutivo en la Oficina Subalterna de Registro respectiva. Igual tratamiento se dará, cuando se sustituya al fiduciario y a la terminación del fideicomiso. En

Venezuela, la normativa sobre la materia recoge lo siguiente:

4.1. La Ley de Fideicomiso señala que "cuando la constitución, modificación o terminación del fideicomiso fuera un acto de comercio para el fideicomitente o para el fiduciario, siempre que respecto de éste hubiere acto de comercio, sea cualquiera la naturaleza de los bienes dados en fideicomiso, se efectuará en todo caso su inscripción en el Registro Mercantil de la Jurisdicción, con las demás formalidades de publicidad que por el Código de Comercio se requiere" ([489]).

4.2. La Ley de Fideicomiso señala que le corresponde a la jurisdicción civil el conocimiento de todas las controversias concernientes a la constitución, funcionamiento y ter-minación del fideicomiso, salvo que la constitución del mismo sea un acto de comercio para el fideicomitente, en cuyo caso corresponderá a la jurisdicción mercantil ([490])

4.3. La Ley de Instituciones del Sector Bancario reformada señala que los contratos de fideicomiso deben estar debidamente inscritos en el Registro Mercantil correspondiente. Adicionalmente, los contratos de fideicomiso mediante los cuales se transfiera al fondo fiduciario bienes inmuebles o derechos sobre éstos, así como las revocatorias o reformas de los mismos, deberán protocolizarse en la oficina u oficinas subalternas de Registro respectivas. Esta Ley es la que señala que deroga parcialmente la ley de Fideicomiso antes citada, por lo

---

[489]) Artículo 5 de la ley de fideicomiso venezolana
[490]) Artículo 72 numeral 6 de la Ley de Fideicomiso Venezolana

cual esta norma es vinculante para todos los contratos de fideicomiso que suscriba la banca en Venezuela.

La validez del fideicomiso en Venezuela está supeditada al cumplimiento de todas las formalidades de Ley. La falta de otorgamiento en un documento auténtico, tanto para la constitución del fideicomiso como para la aceptación del fiduciario, conlleva su nulidad y el fideicomiso no producirá efectos legales.

5.- FORMALIDAD EN LA TERMINACIÓN DEL FIDEICOMISO

En los contratos de fideicomiso, deben recogerse las formalidades que establece la Ley en la terminación de los fideicomisos, indicando de manera expedita las condiciones por las cuales se rige éste, destacando entre ellas, las que puede establecer el fideicomitente, como es el plazo que durará el fideicomiso o indicar la condición o las causas por las cuales éste termina, las cuales están recogidas, casi uniformemente en las disposiciones de nuestro continente. A estos fines, señalemos lo que establece Ley de Fideicomiso Venezolana ([491]), de causas por las cuales terminan los fideicomisos, las cuales son semejante a la de los otros países ([492]) que mencionamos en la obra:

1) Por la realización del fin para el cual fue constituido o por hacerse éste imposible.

2) Por el vencimiento del término o cumplimiento de la condición resolutoria a que esté sujeto.

3) Por renuncia de todos los beneficiarios a sus derechos resultantes del fideicomiso.

---

[491]) Artículo 26 de la ley de fideicomiso venezolana

[492]) Artículo 1697 Código Civil y Comercial de Argentina, señala que "El fideicomiso se extinguirá por:
a) El cumplimiento del plazo o la condición a que se hubiere sometido o el vencimiento del plazo máximo legal;
b) La revocación del fiduciante si se hubiere reservado expresamente esa facultad; la revocación no tendrá efecto retroactivo; la revocación es ineficaz en los fideicomisos financieros, después de haberse iniciado la oferta pública de los certificados de participación o de los títulos de deuda.
c) Cualquier otra causal prevista en el contrato.

4) Por revocación hecha por el fideicomitente, cuando se hubiere reservado hacerla.

5)   Por falta del fiduciario, si existe imposibilidad de sustitución.

La duración del fideicomiso puede estar sujeta a un término o a una condición resolutoria, y su constitución puede depender de una condición suspensiva.

La condición en sentido general es un "hecho futuro e incierto a cuya realización subordinan las partes la efectividad del negocio jurídico". Según Bonfante ([493]) "Condiciones son aquellas declaraciones accesorias según las cuales el efecto del negocio jurídico se hace depender de un acontecimiento futuro e incierto". Esto es que la condición debe ser cierta, futura y posible.

Las condiciones que se establecen en los fideicomisos pueden ser resolutorias o suspensivas:

Las condiciones suspensivas, son aquellas que suspenden el nacimiento del derecho. La condición suspensiva es el acontecimiento futuro, incierto y posible del que se hace depender el nacimiento y existencia del derecho.

La constitución del fideicomiso puede estar sujeta a una condición suspensiva, como sucede con los fideicomisos con cláusulas testamentarias, donde la condición suspensiva, es la muerte del testador.

La condición resolutoria, es definida generalmente como el acontecimiento futuro, incierto y posible del cual se hace depender la extinción o resolución de los efectos del acto. Es la que una vez cumplida hace cesar los efectos del acto.

Las causas antes señaladas, por las cuales terminan los contratos de fideicomiso, algunas son propias de los contratos en general y otras inherentes a esta figura y a las de más operaciones de confianza. Veamos algunas de estas causas:

---

[493]) Gert Kummerow, obra citada

Cumplimiento del Fin.

- El cumplimiento del fin del fideicomiso o por hacerse imposible éste, hace cesar las obligaciones derivadas del contrato de fideicomiso. En el primer caso, al cumplir el encargo el fiduciario, debe hacer entrega al beneficiario o al fideicomitente de cualquier remanente que quede en el fondo fiduciario y solicitar la firma del finiquito correspondiente. En el segundo caso, de ser imposible el cumplimiento del fin, el fiduciario debe entregar los bienes que constituyen el fondo fiduciario al fideicomitente, tratando de obtener la firma del finiquito correspondiente, a fines de evitar reclamos posteriores.

Duración del Fideicomiso.

- La duración del fideicomiso, prevista en el contrato, puede estar sujeta a una condición resolutoria, como sucede con los fideicomisos para atender menores hasta que alcancen la mayoría de edad. La condición resolutoria es, que los beneficiarios alcancen la mayoría de edad. La duración del fideicomiso puede depender de un término, que es el acontecimiento futuro y cierto que fija el momento de la ejecución o extinción de la obligación. Donde el término, es el plazo o fecha determinada que se establece para que tenga vigencia el fideicomiso. Cumplido este lapso o alcanzada la condición resolutoria, el fiduciario debe ejecutar el encargo a favor del beneficiario y suscribir el finiquito correspondiente, con el beneficiario o el fideicomitente, según el caso.

Renuncia de Beneficiarios.

- De renunciar los beneficiarios, se extingue el fideicomiso, ya que no hay persona a favor de quien ejecutar el encargo del fideicomiso. De darse este caso, el fiduciario debe entregar los bienes al fideicomitente y de no existir éste, para el momento de la entrega, debe hacerle entrega a los herederos del fideicomitente.

Revocación de Contrato.

- De reservarse el fideicomitente revocar el fideicomiso, éste deberá notificar al fiduciario su decisión, pensamos que debe ser por escrito, para que proceda a tomar las previsiones con los bienes fideicometidos y a hacerle entrega del fondo fiduciario al fideicomitente, con la restitución de la cosa, extendiendo el finiquito correspondiente.

Falta de Fiduciario.

- De faltar el fiduciario, también se extinguirá el fideicomiso, si no hay posibilidad de sustituirlo, ya que el fiduciario es el propietario de los bienes fideicometidos y en razón de tal, es que ejecuta el encargo a favor del beneficiario. De darse esta situación el fiduciario, si existe, debe traspasar los bienes a favor del fideicomitente o a favor del beneficiario, si así está previsto en el contrato o de la naturaleza de éste se desprende que deben traspasarle los bienes en su condición de beneficiario.

Sustitución de Fiduciario.

- En caso de sustitución de fiduciario, éste debe traspasar los bienes al fiduciario sustituto y suscribir el finiquito por la entrega de los bienes.

En la terminación del fideicomiso, la Ley Mexicana, recoge lo que señala la disposición Venezolana antes comentada, pero además señala que el fideicomiso podrá extinguirse, "si el inicio de la vigencia del fideicomiso está sujeta a que se cumpla con alguna condición y ésta no se verifica en el término establecido para ese fin, o en su defecto dentro del plazo de 20 años siguientes a su constitución. Asimismo, esta Ley señala que el fideicomiso podrá extinguirse también por convenio escrito entre el fideicomisario, el fideicomitente y el fiduciario, o por haberse constituido en fraude de terceros.

Una vez terminado el fideicomiso el plazo o la condición prevista para la terminación del fideicomiso, se generan algunas variantes propias de la liquidación de cualquier relación jurídica y económica (⁴⁹⁴), donde procede satisfacer las obligaciones pendientes. El fiduciario queda obligado a transferir los bienes fideicometidos que formen el fondo fiduciario en ese momento, al beneficiario o al fideicomitente, a quien corresponda, conforme al acto constitutivo o a lo que disponga la Ley, y rendirle cuenta de su gestión. El fiduciario debe tratar de establecer claramente en el contrato, la duración del fideicomiso, y si es una condición, el momento preciso o la forma, tratando de no crear dudas sobre cómo o cuando debe suceder; así como, de corresponder fecha y oportunidad, fijarse inclusive la hora hasta cuando se podría esperar o aceptar la propuesta. Esto evitaría inconvenientes y permitiría cumplir el encargo adecuadamente, sin necesidad de tener que acogerse a los principios generales del derecho, por falta de previsión.

La Ley de Instituciones del Sector Bancario Venezolana señala que "La Superintendencia de Bancos podrá suspender aquellas operaciones que realice una Institución financiera mediante contrato de fideicomiso, mandato, comisión u otro encargo de confianza, no compatibles con la naturaleza jurídica de dichas figuras jurídicas, en cuyo caso, el fiduciario, mandatario o comisionista deberá informar de inmediato al fideicomitente o beneficiario, mandante o comisionante o en su defecto, lo debe hacer la autoridad designada. La Superintendencia de Bancos y Otras Instituciones Financieras, en caso de fideicomisos u otras operaciones de confianza que realicen las instituciones financieras de manera masiva, podrá informar al público en general en caso de negativa u omisión del fiduciario, mandatario o comisionista de realizarlo.

---

⁴⁹⁴) Rodrigo Uría. Derecho Mercantil. Decimosexta Edición, pág.181. Marcial Pons, Madrid 1989, señala "Aplicado a las sociedades, el término disolución es altamente equívoco. Digamos, ante todo, que la disolución no puede confundirse con la extinción. La disolución no es más que un presupuesto de la extinción. Por escasa actividad que haya tenido una sociedad, su desaparición implica toda una serie de operaciones, todo un proceso extintivo, que comienza precisamente por la disolución. Pero ésta, por sí, ni pone fin a la sociedad, que continúa subsistiendo como contrato y como persona jurídica, ni paraliza su actividad. Con la disolución se abre en la vida de la sociedad un nuevo período (el llamado período de liquidación), en el que la anterior actividad social lucrativa dirigida a la obtención de ganancias se transforma en una mera actividad liquidatoria dirigida al cobro de los créditos, al pago de las deudas, a la fijación del haber social remanente y a la división de éste, en su caso, entre los socios".

En caso de infracciones graves o recurrentes a las disposiciones contractuales o las normativas legales o prudenciales, la Ley faculta a las Superintendencias de Bancos ([495]) a aplicar medidas administrativas, que podrían llegar hasta en revocatoria de la autorización otorgada para realizar estas operaciones

---

[495]) Ley de Instituciones del Sector Bancario Venezuela

EL FIDEICOMISO, FIDUCIA O TRUST EN AMÉRICA
CAPITULO X
TRÁMITES Y REQUISITOS PARA ACTUAR COMO FIDUCIARIO

"Las cosas hay que hacerlas y no decirlas,
por què al Hacerlas se dicen solas"
Woody Allen

Contenido: TRÁMITES Y REQUISITOS PARA ACTUAR COMO FIDUCIARIO. 1. Requisitos formales para actuar como fiduciario. 2. Requisitos legales para actuar como fiduciario 3. Requisitos para realizar otras operaciones de confianza

En América Latina, los trámites y requisitos para promocionar instituciones financieras; así como para que éstas presten los servicios fiduciarios, tienen bastante similitud, dado que sus ordenamientos jurídicos en materia financiera, particularmente bancaria tienen una misma fuente de inspiración, lo cual se ve reforzado por la coordinación que mantienen las instituciones financieras que prestan estos servicios, a través de la Federación Latinoamericana de Bancos (FELABAN) y sus órganos auxiliares, como los Comités, entre otros que participan en esta cercanía y acoplamiento de nuestras leyes y organizaciones. A esto se suman los procesos de integración, que están acometiendo los países de la región.

A fines didácticos, vamos a hacer un resumen de los trámites y requisitos exigidos en el continente a las instituciones financieras para actuar como fiduciario. Tomemos el ejemplo de Venezuela, donde las instituciones financieras para realizar operaciones de fideicomiso, deben solicitar previamente permiso por ante la Superintendencia de Bancos o de Seguros, a cuyo efecto deben suministrar una serie de recaudos, tanto propios de la institución solicitante, como de la actividad fiduciaria a ejecutar. De la evaluación de la información y recaudos consignados, aunado a la buena actuación del ente solicitante, tanto en el desempeño de sus actividades y resultados de su gestión, como el cumplimiento de las disposiciones de Ley, está sujeta la autorización para realizar operaciones de fideicomiso y otros encargos de confianza. Los requisitos formales y legales que acompañan a la solicitud son los siguientes:

1. REQUISITOS FORMALES PARA ACTUAR COMO FIDUCIARIO.-

a) Manual de normas y procedimientos de las operaciones de fideicomiso, tanto para suscripción de contratos, inversión de fondos, otorgamiento de préstamos, distribución de beneficios, liquidación de fideicomisos y extensión de finiquitos.

b) Códigos y prácticas contables a ser aplicados en el área de fideicomiso. En esta parte se incluyen el Código de Cuentas y las prácticas contables a ser aplicadas en las operaciones de fideicomiso, siguiendo estrictamente las instrucciones impuestas por la Superintendencia de Bancos en el Catálogo de Cuentas de la Banca Venezolana ([496]).

c) La tecnología en que se apoyará el área de fideicomiso, que debe ser un sistema de los conocidos del mercado, el cual debe recoger la codificación contable y los mecanismos de control establecidos para las operaciones de Fideicomiso, incluyendo entre otros el Proyecto Roca. El software de fideicomiso que adquieran ([497]) debe permitir ejecutar automáticamente todos sus procesos y sus asientos contables. Deben acompañarse la documentación técnica de software y hardware de fideicomiso, describiendo las bondades, la tecnología que lo soporta, ambiente en que corre, conexiones vía Internet e intranet, y el hardware donde estará instalado el software, con sus características.

Estos software deben ser evaluados también por las autoridades de control, a los fines no solo de comprobar su eficacia y adaptación a las disposiciones legales y prudenciales, sino que deben justificarse los cambios buscando proteger y resguardar estos bienes.

---

[496]) Vigente desde el 1 de julio de 1996
[497]) El software "FIDUCIA 2000", es un sistema paramétrico de Fideicomiso, que el usuario estructura, para procesar automáticamente sus operaciones y controles; con sistema de seguridad eficaz, que se enlaza con cualquier tipo de software central que tenga el fiduciario. Esta información la suministró la empresa de software en fideicomiso **Corporación Trust Sistems 21, C.,A.** y su dirección de correo es: atiliorojas2000@gmail.com; corptrust21@outlook.com).

d) Descripción del recurso humano, que formará el Departamento de fideicomiso, con el currículo vitae de cada uno de principales responsables del área.

e) Organigrama tanto estructural como funcional del área de fideicomiso

f) Cuadros contentivos de las proyecciones semestrales de las captaciones por suscripción de contratos, colocaciones de los fondos fiduciarios, ingresos y egresos, por concepto de fideicomiso.

g) Plan de negocio del Instituto contentivo, entre otras cosas de las políticas a seguir, tipos de fideicomiso a instrumentar, estrategias de comercialización y ventajas para los clientes.

h) Prospectos de los modelos de contratos por tipo de fideicomiso, que deben recoger, no sólo las disposiciones propias de los contratos, sino que deben indicar la normativa prudencial que establece la Superintendencia de Bancos o de Seguros para estas operaciones, a fines que los fideicomitentes conozcan sus riesgos y responsabilidades; así como las limitaciones que tiene el fiduciario.

i) Espacio físico o área donde funcionará la unidad de Fideicomiso y su dirección.

2. REQUISITOS LEGALES PARA ACTUAR COMO FIDUCIARIO

Las personas que pueden solicitar autorización para actuar como fiduciario, en América Latina son las instituciones bancarias o de seguros y aquellas del mercado de capitales, que la Ley expresamente autoriza a realizar operaciones. Hagamos referencia, a estas instituciones: Los Bancos Universales ([498]), Bancos Comerciales, Bancos de Inversión, Bancos de Segundo Piso, Las Entidades de Ahorro y Préstamos y las Empresas de Seguros; así como los otros entes que algunos países autorizan a realizar estas operaciones, caso: Las Arrendadoras, Casas de Bolsa, ente del mercado de capitales que autoriza la Ley Mexicana, y los particulares, autorizados en Panamá, costa Rica,

---

[498] En Venezuela con la reciente reforma de la Ley de Bancos solo los Bancos Universales pueden actuar como fiduciario, ya que fueron eliminadas todas las Instituciones especializadas; salvo los Bancos de Desarrollo y Microfinanciero, si esto es necsario para sus operaciones, dice la Ley.

Venezuela, por citar algunos. Estas instituciones deben cumplir con los requisitos indicados en el punto 1 de este capítulo, exigidos por las Superintendencias de Bancos o de Seguros. Además, el fiduciario debe estar facultado por Ley y cumplir con las condiciones exigidas por los Órganos Contralores del Estado.

3.- REQUISITOS PARA REALIZAR OTRAS OPERACIONES DE CONFIANZA.-

Los mismos requisitos que se exigen para realizar operaciones de fideicomiso, se exigen para las otras operaciones de confianza, con las variantes propias de cada operación.

Todos estos trámites exigen acompañar una abundante información sobre el servicio a prestar, la documentación legal y organizacional que la soportará; así como la tecnología emplear, el recurso humano y el espacio físico, donde se prestará el servicio; además de las políticas y estrategias del negocio que piensan llevar a cabo, entre otras consideraciones dependiendo del tipo de institución que haga la solicitud.

Los Organismos de control proveen información a las personas representantes de las instituciones financieras que vayan a realizar operaciones de fideicomiso, fiducia o trust, cuyas solicitudes evalúan a los fines de otorgar o negar la autorización para prestar el servicio fiduciario.

EL FIDEICOMISO, FIDUCIA O TRUST EN AMÉRICA
CAPITULO XI.
EL SERVICIO FIDUCIARIO

"Pacta Sunt Servanda
(lo pactado obliga).
Principio

Contenido: EL SERVICIO FIDUCIARIO 1. **Manejo y Control del servicio Fiduciario. 1.1.** Requisitos para suscribir el contrato de fideicomiso 1.1. 1. Personas Naturales 1.1 2. Persona Jurídica 1.1.3. Entes Públicos 1.1.4. Entes Colectivos. 2.1. Registro del contrato de fideicomiso. 2.2. Recepción de los bienes o derechos objeto del fideicomiso. 2.3. Disponibilidades o títulos valores, Inmuebles u otros bienes. **2.4.** Acto de apertura y control sobre el Fideicomiso. 2.5. Cumplimiento de la finalidad del fideicomiso. **2.6.** Cobro de honorarios por el servicio fiduciario **2.7.** Retenciones y pago de impuestos **2.8.** Reportes e información a las partes. **2.9.** Reportes a las autoridades de control. **2.10.** Finiquito del contrato de Fideicomiso. 3. Apertura de cuentas especiales para el manejo y control del fondo fiduciario

Los ordenamientos jurídicos que rigen a las instituciones financieras de los países del continente, prevén además de sus operaciones propias, servicios financieros, entre los cuales destacan los servicios fiduciarios, dentro de las operaciones de confianza que estas mismas leyes establecen. En las actividades que regulan las Leyes relacionadas con estas Instituciones, destacan las actividades de intermediación en el crédito, la intermediación en los pagos, en los cobros, la administración de capitales, las operaciones típicamente bancarias y todas aquellas otras operaciones realizadas por los entes bancarios ajustados a sus ordenamientos jurídicos.

Los servicios de administración de capitales, presentan diversas modalidades, entre los cuales pueden citarse: depositarios de bienes monetarios; administrador de inmuebles para venta o alquiler; administrador de negocios; representante de obligacionistas y de instituciones bancarias o particulares; detentador de acciones de empresas, liquidador de empresas; manejador de cajas de ahorro, de inmuebles en propiedad horizontal, fondos especiales para trabajadores, particulares y empresas. Dentro de estas actividades, destacan los servicios fiduciarios que pueden prestar los bancos, entidades y empresas, de seguro autorizadas por Ley para realizar dichas operaciones, amparándose en su propia estructura organizativa y funcional.

Los entes autorizados a realizar operaciones fiduciarias, pueden ampararse en el contrato de confianza que más se ajuste al tipo de servicio que vayan a prestar, ya sea a través del contrato de fideicomiso, si corresponde preservarse de ciertas eventualidades, y para lo cual se requiere tener todos los derechos sobre los bienes que se administran o manejan, o de no requerirse tanta facultad para operar, puede realizarse a través de los contratos de mandato, comisión o representación especial, según el caso que corresponda, siempre que estén autorizadas para realizar estas operaciones.

1.   MANEJO Y CONTROL DEL SERVICIO FIDUCIARIO.-

1.1.   Requisitos para suscripción el contrato de fideicomiso.

Las Instituciones Financieras que ofertan servicios fiduciarios, presentan a sus potenciales clientes prospectos del servicio a prestar que comprende folletos y modelos de contratos; así como la relación de los requisitos y recaudos que deben suministrar para elaborar y suscribir el contrato de fideicomiso; salvo aquellos fideicomisos especiales o públicos que tienen particularidades determinadas que deben establecerse en el contrato por la naturaleza del tipo de contrato o por disposición legal de donde emane.

Los requisitos para suscribir un contrato o aceptar un fideicomiso, son inherentes a la identificación de los sujetos que participan en el mismo, dependen del solicitante, si es personal natural o jurídica o si se trata de un ente público o si se trata de un fideicomiso colectivo, y otros requisitos derivados de la normativa jurídica de cada país, bien previstas en las leyes o impuestas por la normativa prudencial, donde se integran también coordinaciones internacionales, por acuerdos suscritos por los países, relacionados con terrorismo, lavado de dinero o contra la corrupción. Deben los bancos internacionales aplicar los principios o lineamientos de Wolfsberg contra el lavado de dinero y la corrupción, que fueron anunciados el 30 de octubre del año 2000 ([499]). Los requerimientos que hace la banca, casi siempre son estándar, siendo los principales, dependiendo del sujeto que lo constituye, los siguientes:

1.1.1. **Persona Natural:** Cédula de Identidad o Pasaporte, Registro Fiscal, Datos del cónyuge, si es casado, datos y recaudos del bien objeto del fideicomiso; Identificación del beneficiario y firmas autorizadas, entre otros recaudos

1.1.2. **Persona Jurídica:** Acta Constitutiva y Publicación, Registro Fiscal, así como Cédula de Identidad o Pasaporte de las personas autorizadas y Documento que acredite a las autoridades o apoderados para la constitución del fideicomiso. Además, datos y recaudos del bien objeto del fideicomiso; con identificación del beneficiario, entre otros recaudos

1.1.3. **Ente Público:** Gaceta Oficial o Acta de Nombramiento de las Autoridades, Cédula de Identidad o Pasaporte de las personas autorizadas, identificación del beneficiario,

---

[499]) Los Principios Wolfsberg anunciados en forma conjunta por 11 de los mayores bancos del mundo y por Transparencia Internacional, (organización global contra la corrupción). En ellos se establece que cuando el cliente es un fideicomisario, el banquero privado deberá analizar la estructura del fideicomiso de manera tal que pueda determinar el proveedor de los fondos (por ejemplo el fideicomitente), aquellos que detentan el control sobre los fondos (por ejemplo los fideicomisarios) y toda otra persona o entidad que tenga facultades para remover a los fideicomisarios. El banquero privado deberá evaluar razonablemente si resultará necesario un estudio técnico más amplio. Los documentos identificatorios, deben estar vigentes al momento de la apertura.

Datos y recaudos del bien objeto del fideicomiso, entre otros recaudos

1.1.4. **Fideicomiso Colectivo:** Nómina de los miembros del ente colectivo, con sus respectivos datos de identificación y sus aportes, así como autorizaciones o poderes conferidos a las personas que los representen en acto de constitución del fideicomiso, con la respectiva documentación que lo acredita, Acta Constitutiva, Publicación y Registro Fiscal del ente colectivo, Cédula de Identidad o Pasaporte de las personas autorizadas del ente colectivo, datos y recaudos del bien objeto del fideicomiso; Identificación de los beneficiarios, de ser distintos de los fideicomitentes, entre otros recaudos

Los sujetos que participan en el fideicomiso deben ser plenamente identificados, determinar la fuente de sus ingresos (origen de fondo), observando los acuerdos sobre lavado de dinero y contra la corrupción; así como la finalidad y destino de los fondos del fideicomiso. Todas las personas de las unidades del ente financiero, principalmente los responsables directos deben acoger estos preceptos y hacer las notificaciones que procedan, dentro de los canales institucionales de la propia institución, a los fines de evitarse inconvenientes. Aquí procede aquella frase Conozca a su Cliente.

1.2. REGISTRO DEL CONTRATO DE FIDEICOMISO:

Conformados los recaudos y estando de acuerdo las partes en lo establecido en el contrato o documento de fideicomiso, deben realizar los trámites para firmarlo, tomando las previsiones si es privado o es de carácter público, debiendo introducir el documento en la notaria o registro respectivo, donde se les fijará fecha a las partes (fideicomitente y fiduciario) para la firma del documento, lo cual puede ser en la sede del fiduciario o del fideicomitente o en el registro respectivo. Identificados los firmantes y cubierto el acto de registro, las partes deben recibir una copia del documento; así como la entrega del bien objeto del fideicomiso o el traspaso del mismo en acto o acto posterior, dependiendo del tipo de bien objeto del fideicomiso. El fiduciario, debe velar que en la recepción de estos bienes o derechos, se cumpla la normativa interna y prudencial, así como las disposiciones legales y acuerdos internacionales, de ser el caso

1.3. RECEPCIÓN DE LOS BIENES O DERECHOS OBJETO DEL FIDEICOMISO

La constitución del fideicomiso, por actos entre vivos, o la aceptación del nombramiento como fiduciario, por actos mortis causa (testamento), requiere por parte del fiduciario, no sólo adquirir la titularidad de los bienes que constituyen el objeto del fideicomiso, sino también tomar posesión material de éstos, dependiendo de la naturaleza de los bienes objeto del fideicomiso. Así tenemos, que dependiendo del tipo de bien, la actuación sería, así:

1.3.1. Disponibilidades o títulos valores

Los fondos aportados al fideicomiso por el fideicomitente y que recibe el fiduciario, pueden ser en efectivo, cheques depósitos en cuenta o títulos valores, los cuales dependiendo de sus características, deben ser entregados o traspasados al fiduciario, cumpliendo con sus formalidades de entrega, endoso o traspaso en libros (danutatio)

1.3.2. Bienes Muebles, Inmuebles u otros derechos inmobiliarios

De ser los bienes objeto fideicomiso inmueble o derecho inmobiliarios, éstos deben ser traspasados al fiduciario cumpliendo las formalidades registrales de este tipo de bienes o de los derechos sobre los mismos.   De ser los bienes objeto fideicomiso muebles, éstos deben ser traspasados al fiduciario de acuerdo a su naturaleza y cumpliendo las formalidades de ley para este tipo de bienes.

1.4. ACTO DE APERTURA Y CONTROL INTERNO SOBRE EL FIDEICOMISO

El fiduciario al suscribir los contratos de fideicomiso debe, no solo lograr el traspaso legal de los bienes, sino también la acción material, lo que viene a representar tomar posesión de ellos, procediendo desde ese momento a instrumentar los mecanismos de control interno, para manejo, resguardo y protección de estos bienes fideicometidos, apoyándose en la infraestructura organizacional, informática y de control que posea, a los fines de llevar o tener un control adecuado de estas operaciones, para cada contratación que haya realizado de manera individual (fideicomiso) y de manera general (consolidado) para manejos globales y control interno; así como para reportes a los interesados y a las autoridades.

Dentro de estas medidas que debe instrumentar el fiduciario, están:

- Preparar expediente del fideicomiso, el cual debe contener, además de copia del documento, información y datos de las partes, así como lo concerniente al bien objeto del fideicomiso.

- Incorporar los datos del fideicomiso y del bien objeto del mismo en el sistema automatizado; lo cual puede incluir registro del tipo de fideicomiso, si llevan la contabilidad en línea

- El manejo y control interno del fideicomiso, se inicia con actuación apegada a la normativa prudencial y las disposiciones e instrucciones establecidas en el Código de Cuentas, que fije la autoridad de control.

- Colocar los fondos fiduciarios de acuerdo a las instrucciones previstas en el contrato de fideicomiso y a la normativa interna, en cuanto márgenes de riesgo; recuperación del capital y los intereses de los fondos invertidos

- Distribución proporcional de los beneficios de los portafolios por fideicomiso, entre los que aporten recursos, de acuerdo al tiempo que estén contribuyendo a redituar estos fondos.

- Cobro de los honorarios profesionales de manera automática, sean pagos periódicos o flat, de una sola vez, por desembolsos u otras modalidades que se implementen.

- Distribución de los intereses netos de cada uno de los fideicomisos; así como sus depósitos en cuenta.

- Llevar un control de firmas autorizadas

- Velar que se cumplan las normas previstas en los contratos y que los desembolsos que se hagan por cualquier concepto, procedan las retenciones impositivas o de otra naturaleza.

- Transferir al Instituto los montos de las comisiones retenidas; así como depositar los impuestos retenidos a los entes correspondientes

- El fiduciario debe cuadrar diariamente sus operaciones, ya que de no hacerlo estaría incurriendo en graves daños a estos patrimonios, dado que son muy dinámicos y volátiles.

- Es responsabilidad de los órganos de control del ente fiduciario, exigir los cuadres de cada una de las cuentas de los fideicomisos, con sus respectivos inventarios, cuyos reportes deben dirigir periódicamente a la dirección

- Suministrar a los clientes y autoridades la información que soliciten

1.5. CUMPLIMIENTO DE LA FINALIDAD DEL FIDEICOMISO

El fiduciario tiene como responsabilidad principal en el fideicomiso, hacer que se cumpla la finalidad prevista en el mismo, la cual puede ser:

1.5.1. Inversión de los fondos

1.5.2. Administrar el bien objeto del fideicomiso

1.5.3. Mantener en custodia para garantía el bien objeto del fideicomiso

1.5.4. Realizar entregas o distribución de los fondos

1.5.5. Otras finalidades, que disponga el fideicomitente.

Lo que se establezca como finalidad en el contrato, debe ser interpretada de manera meridiana por el fiduciario, a los fines de cumplir o ejecutar el encargo encomendado en el fideicomiso. El operador no debe manejar estos recursos en base a supuestos y creencias o pareceres, debe apegarse a la normativa y es esta la responsabilidad de las unidades de control, velar porque se acojan las políticas y estrategias que haya trazado la organización.

1.6. COBRO DE HONORARIOS POR EL SERVICIO FIDUCIARIO

El fiduciario debe velar porque se fije en los contratos de fideicomiso que suscriba, los honorarios que debe cobrar por éste; así como la forma y frecuencia en que deben ser cobrados y de donde o a quien ha de cobrársele. Estas comisiones por servicios, pueden ser sobre:

- Un monto determinado, que se fije en el contrato, que puede ser de una sola vez o cobrado de manera periódica.
- Un porcentaje (%) del capital o de los beneficios obtenidos del manejo del fondo, que puede ser también de una sola vez o cobrado de manera periódica.

Pueden establecerse combinaciones de montos y porcentajes; así como puede establecerse escalas para el cobro de estos honorarios, en base a lo siguiente:

- Cobrar las comisiones sobre el monto promedios del fondo

- Cobrar las comisiones en base a una escala

- Cobrar la comisión flat, de una sola vez, sobre el monto de los desembolsos que haga el fiduciario u otra condición, que se fije en el contrato.

- Realizar una combinación de las anteriores opciones, entre otras variantes que pueden presentarse.

La frecuencia del cobro debe establecerse y de donde aplicarlo o a quien cobrárselo. Debe asegurarse su cobro dentro de los recursos que se manejan, para evitar inconveniente.

1.7. RETENCIONES Y PAGOS DE IMPUESTOS

El fiduciario tiene la responsabilidad de realizar las retenciones de impuesto que por ley le corresponden y enterarlas al Fisco (Nacional, Estadal o Municipal); debiendo hacer entrega a las personas que les haga retenciones, de los reportes de dichas retenciones, a los fines de que puedan justificar el pago del impuesto correspondiente.

De tenerse duda, sobre a quién le corresponde la retención y pago de algún impuesto en estas operaciones, se debe realizar la consulta a las autoridades y deben hacer las retenciones, hasta que se defina a quien corresponde el pago. Estas actividades deben realizarlas las unidades del instituto especializadas en estos temas, dado que la organización es una sola y no debe haber actividades repetidas, que denotan desorganización e improvisación.

1.8. REPORTES E INFORMACIÓN A LAS PARTES

Como se ha indicado antes, el fiduciario está obligado a rendir cuenta al fideicomitente, al beneficiario; así como a los entes de control interno y a las autoridades del Estado, que le están asignadas estas responsabilidades. Esta información puede ser suministrada periódicamente por cualquier vía o puesta en la web, a disposición del cliente de manera individualizada. Reportes especiales para fideicomitente, Beneficiario o fideicomisario y para los entes relacionados con el fideicomiso, caso los patronos. Debe tenerse cuidado que esta información a los clientes, es sólo individualizada y de carácter informativo, por lo cual su uso debe ser bien limitado y solo a quien le corresponda.

1.9. REPORTES A LAS AUTORIDADES DE CONTROL

Las autoridades tienen todos los mecanismos para solicitar y obtener, cualquier tipo de información que requieran al fiduciario sobre estas operaciones, así como de cualquiera de las otras personas que participan en la figura. Estos reportes incluyen información electrónica en línea, que pueden requerir las autoridades de cada país.

1.10. FINIQUITO DEL CONTRATO DE FIDEICOMISO

Veamos en el diagrama el proceso de finiquito del contrato de fideicomiso, a fines de tener una mejor visión de este proceso:

DIAGRAMA DE PROCESO:

FIDEICOMITENTE   **Unidad de**   Consultoría
                       FIDEICOMISO   Jurídica
                       Administrativa

Revisa carta de
solicitud de finiquito.

Elabora
documento.

Carta solicitando   Solicita
el finiquito   elaboración del
                           documento de
                           finiquito.   Consultoría
                                                     FIDEICOMISO

Solicita firma de   Coordina con
las partes   notaría registro y
                           firma

                                                     Apoderado de
                                                     FIDEICOMISO

                           Procesa finiquito en
                           sistema. Emite cheque
                           de gerencia, abono en
Firma del contrato de   cta. o transferencia del
finiquito y entrega del   fondo o entrega del
bien.   bien objeto del
                           finiquito

Para finiquitar la contratación de estos servicios, el fiduciario debe preparar la información correspondiente para el finiquito, la cual debe ser acorde al tipo de fideicomiso y a la naturaleza de los bienes objeto del fideicomiso. De tratarse de fideicomisos individuales la información a preparar debe contener, por lo menos, lo siguiente:

- Informe Sobre situación del fideicomiso
- Balances del Fondo
- Elaborar documento de finiquito
- Inventario de los bienes a entregar en la firma
- Formalizar el documento de finiquito
- Hacer entrega de los bienes, de ser el caso
- Registrar el finiquito y desactivar el fideicomiso
- Archivar expediente

De tratarse de fideicomisos colectivos, la información a prepararse para los finiquitos, dependerá de si el finiquito es parcial o total; así:

- En el caso de liquidación total de un fideicomiso colectivo, el fiduciario debe preparar la información anterior, más información sobre la situación colectiva del fondo, la cual debe corresponderse con las cifras del balance, tanto en lo que respecta disponibilidades, pasivos pendientes por liquidar, monto del patrimonio y beneficios a distribuir. Debiendo proceder a cobrar sus honorarios profesionales y deducir los gastos del finiquito, antes de liquidar el fideicomiso y hacer entrega de los fondos, de quedar algún remanente, como consecuencias de finiquitos parciales que haya realizado.

- En el caso de finiquitos parciales de integrantes de un fideicomiso colectivo, el fiduciario debe suministrar a cada uno de los beneficiarios que se liquide, de acuerdo a la notificación de cese de la relación del beneficiario con el ente colectivo, sean estas relaciones laborales, asociativas, comunitarias o de cualquier índole, la siguiente información:

- Situación individual del beneficiario a la fecha de liquidación, que incluya: Aportes, Beneficios acumulados, de haberlos, intereses estimados del periodo que se liquida, comisión del fiduciario y los gastos que procedan.
- Comprobante de Finiquito, que incluya los datos anteriores, acompañado de nota de crédito para abono en cuenta y/o emisión de cheque de gerencia.
- Estado de cuenta del Beneficiario, cuyos fondos disponibles deben coincidir con los fondos que se liquidan o entregan el finiquito.

Concluido este acto, previa verificación del operador de fideicomiso y de los que firman la documentación objeto del finiquito, se procede realizar la desactivación del beneficiario o del fideicomiso del sistema, así como archivar copia del finiquito con la documentación que o acompaña en el expediente de la institución. Este finiquito, dado que deja el balance en cero, sólo se conserva en la información histórica que maneja el fiduciario, para verificaciones o reclamos que puedan sucederse.

Es importante que el instituto, en resguardo de su data no permita acceso a esta información a ningún empleado, salvo los de control del Instituto, preservando las claves que permitan o puedan facilitar realizar modificaciones en la información procesada.

2.- APERTURA DE CUENTAS ESPECIALES PARA EL MANEJO Y CONTROL DEL FONDO FIDUCIARIO

Los contratos de fideicomisos que se suscriban, implican para el fiduciario realizar una serie de actuaciones, de acuerdo a la naturaleza del contrato de fideicomiso de que se trate, en los cuales están implícitos los fines que se persiguen en el fideicomiso, con los bienes objeto del mismo, dentro de las relaciones jurídicas que se derivan de sus actuaciones, así como a las previsiones que se haya podido reservar el fideicomitente.

El Fiduciario por disposición legal y contractual en todos nuestros países (⁵⁰⁰) y por la naturaleza misma del fideicomiso, como institución jurídica debe separar las operaciones de los contratos de fideicomisos de las propias, derivadas del manejo y disposición de su patrimonio personal, que es la prenda común de sus acreedores. Asimismo, debe separar las operaciones de cada uno de los contratos de fideicomisos entre sí, inclusive los de un mismo tipo; así como, separar la información de los diferentes integrantes de un mismo fideicomiso masivo, a los cuales se les deba responder individualmente a cada uno de sus integrantes. La tecnología de la información permite dar un servicio más eficiente a la clientela.

En razón de lo antes señalado, el fiduciario al recibir fondos líquidos en fideicomiso por estas operaciones, debe abrir cuentas especiales para el manejo de estos recursos monetarios en la misma institución, si ésta maneja cuentas corrientes, caso Bancos Universales, Bancos Comerciales y Entidades de Ahorro y Préstamos. De no operar cuentas corrientes el fiduciario, debe abrir cuenta en otra institución, que si permita movilizar estos fondos con cheques o transferencias. La apertura de cuentas corrientes, en el propio instituto, permite además de habilitar un medio de pago, identificar el instituto con sus cheques, cuando responda por el fondo; dado que la movilización en sí de muchos de estos recursos, se hacen por transferencias, usando los mismos mecanismos de la banca para sus operaciones propias.

La Legislación sobre fideicomiso en nuestro continente establece que cuando en las operaciones de fideicomiso queden fondos líquidos, el fiduciario deberá depositarlo en cuenta especial en la misma Institución u otra de no manejar cuentas de libre movilización de fondos, las cuales de ser en el mismo ente fiduciario, pueden ser remuneradas o no. En cuanto a depositar los fondos en cuenta especial remunerada, se refiere a que el fiduciario podrá abrir cuentas de control en la propia institución para tener a su alcance un mecanismo de movilización y control

---

⁵⁰⁰) En Venezuela el artículo 14, numeral 2 de la Ley de Fideicomisos, en concordancia con la Ley de Instituciones del Sector Bancario y la Ley de la Actividad Aseguradora establecen que los bienes dados en fideicomiso deben separarse entre sí. Asimismo señalan que todas las operaciones deben contabilizarse separadamente de los bienes propios del Banco o institución financiera, esto en función de que cada fideicomiso constituye un "patrimonio separado e independiente".

de los fondos, recursos que se mantendrán provisionalmente en estas cuentas, hasta tanto sean colocados, de acuerdo a las instrucciones del contrato, con lo cual no se colide, con la prohibición de Ley, de no invertir en la misma institución, así como se evita confusión entre estos bienes y los del fiduciario. Lo que busca el Legislador al establecer esta normativa es que estos fondos devenguen intereses, a favor de la cuenta del fideicomiso de que se trate; con lo cual el Fiduciario, no puede mantener los fondos en su provecho, sin redituar interés a favor de estos bienes. En cada país se maneja discrecionalmente estas operaciones, particularmente en lo que se refiere al flujo de efectivo, por las particularidades que disponer de estos fondos encierra.

Las empresas de seguros podrán recibir en fideicomiso, además de dinero en efectivo, valores, bienes muebles e inmuebles y derechos, pero para poder manejar fondos los líquidos que resulten de las operaciones de fideicomiso y no se confundan con sus propios recursos, deben abrir cuentas especiales ([501]) (cuentas corrientes o de ahorro) en la banca o en las entidades de ahorro y préstamo, para cumplir los fines del fideicomiso. Esta actuación es un imperativo legal, que deben cumplir las empresas de seguros y que operativamente deben realizar, dado que ellas no manejan internamente cuentas corrientes o de ahorros. Esta consideración es igual para aquellas instituciones, que no manejan estas cuentas en sus operaciones.

Los entes fiduciarios pueden abrir cuentas de control en la propia Institución, de ser un Banco o Entidad, o en otras, si no manejan este tipo de cuentas o si así lo estiman conveniente, a fines del manejo y control de los fondos. Estas cuentas pueden ser una o dos, para el manejo de todos los recursos fiduciarios que manejen en la Institución, dependiendo del software que tengan, que les permita llevar estos controles; de lo contrario, pueden abrir cuentas para cada contrato de fideicomiso o por grupos, pero esto les generara un gran volumen de

---

[501]) La Ley de la Actividad Aseguradora Venezolana, citada, establece que "Las empresas de seguros podrán recibir en fideicomiso, además de dinero en efectivo, valores, bienes muebles e inmuebles y derechos, según el requerimiento del fideicomitente. Cuando conforme a las normas que rijan el fideicomiso, quede en poder de la institución fiduciaria fondos líquidos provenientes o resultantes de los bienes fideicometidos, la empresa de seguros deberá mantenerlos en una cuenta especial abierta en un banco o institución financiera".

trabajo innecesario, cuando hay tecnología que facilitan estos procesos con sus controles, que inclusive permiten realizar conciliaciones automáticas de cada una de las cuentas.

Con estos recursos monetarios, es que el fiduciario atiende las instrucciones que se le hayan dado en el contrato de fideicomiso, que pueden ser, entre otras: Pagos, entrega de fondos, adquirir bienes, otorgar préstamos, realizar inversiones. Estos fondos líquidos resultantes del fideicomiso no debieran ser objeto de encaje, de acuerdo a lo que se desprende de su naturaleza jurídica, tal como establece la Ley de Bancos y Otras Empresas Financieras de Perú ([502]), que señala que estos fondos no están afectos a encaje (Ver comentarios supra sobre el encaje en las operaciones de fideicomiso).

Las operaciones que pueden realizar los fiduciarios, para cumplir sus obligaciones derivadas de los contratos de fideicomiso, además de las de recepción de los bienes o derechos objeto de los mismos y las que se indican supra, las cuales sucintamente, diremos que son cumplir y hacer cumplir las directrices trazadas en el contrato, las cuales deben estar orientadas a alcanzar la finalidad del mismo, pero colateralmente debe el fiduciario dentro del proceso de cumplir la finalidad, invertir los fondos monetarios de que disponga, preservar y asegurar los bienes de otra naturaleza de que disponga, atender los aspectos inherentes al tipo de fideicomiso de que se trate, bien que sea individual o colectivo o si responde a fondos públicos o privados, cobrar sus honorarios y responder a los pagos relacionados con el fondo en cuestión: así como cobrar sus honorarios.

---

[502]) Artículo 241 de la Ley de Bancos y Otras Empresas Financieras de Perú, citado

EL FIDEICOMISO, FIDUCIA O TRUST EN AMÉRICA
CAPÍTULO XII
INVERSIÓN O APLICACIÓN DE LOS FONDOS
FIDUCIARIO

"Tomar previsiones al invertir"
El autor

Contenido: INVERSIÓN O APLICACIÓN DE LOS FONDOS FIDUCIARIOS 1. Inversión de los Fondos Fiduciarios 1.1 Colocaciones a la Vista 1.2. Colocaciones de Fondos en Inversiones a Término 1.3. Colocación de Fondos en Créditos 1.4. Colocación de Fondos a los Beneficiarios 1.5 Manejos en portafolios de inversión 1.6. Tipos de Instrumentos en que se invierten los fondos 2. Aplicación de los fondos en el fideicomiso a su finalidad 3. Administrador de los bienes o derechos del fideicomiso 4. Prohibiciones en la suscripción y manejo del fideicomiso 4.1. Prohibiciones para colocación de los fondos de los fideicomisos 4.1.1. Para las Instituciones Bancarias 4.1.2. Para las Empresas de Seguro 4.1.3. Para particulares 4.2. Lo que no se debe garantizar en la suscripción del contrato 5. Inversiones en moneda extranjera de los fideicomisos

1.- INVERSIÓN O APLICACIÓN DE LOS FONDOS FIDUCIARIOS.-

Los entes fiduciarios deben invertir los fondos líquidos resultantes de los fideicomisos, los cuales configuran el flujo de caja de estas operaciones, bien de manera consolidada, en portafolios de inversión, o de manera individualizada, en inversiones dirigidas de acuerdo a lo que establezca cada contrato. Estas colocaciones de fondos en la banca o en el mercado de capitales deben ser realizadas por el fiduciario, a través de sus unidades especializadas en estas operaciones o designando comités para estas inversiones, aunque pueden ser manejados estos fondos por la misma unidad de fideicomiso, si cuenta con la infraestructura adecuada, pero se podría estar repitiendo actividades y consumiendo tiempo, que puede ser dedicado a otros menesteres, lo cual siempre debe estar orientado a las políticas y estrategias de la organización.

En los fideicomisos de fondos monetarios o financieros o que su actuación lleva a ejecutar estas actividades, los fondos deben ser colocados de acuerdo a las instrucciones previstas en los contratos de fideicomiso suscritos al efecto, con apego a la normativa jurídica imperante, en entes públicos o privados o en inversiones públicas o privadas, a través de las instituciones que canalizan estas inversiones. Estos fondos son colocados en la banca o en el mercado de capitales, a nivel local o internacional, dependiendo del régimen jurídico de cada país, así como pueden ser colocados también a particulares, personas naturales o jurídicas, o colocados a sus beneficiarios o colocados en entes de carácter público o en inversiones públicas, con apego a la normativa que establezca cada País. Estas colocaciones pueden ser señaladas de manera concreta en los contratos, en las llamadas inversiones dirigidas o ser discrecional para que el fiduciario las realice, en inversiones o créditos, dependiendo de las particularidades de cada contrato.

Las colocaciones de los fondos fiduciarios pueden ser en inversiones a la vista (disponibles o call) o en inversiones a plazo, temporales o permanentes. Las inversiones de los recursos monetarios o financieros de los fideicomisos se puede ejecutar de manera profesional, a través del mismo fiduciario o apoyándose éste en empresas especializadas de su mismo grupo financiero, en colocaciones masivas, en lo que se conoce como portafolios de inversión, en sociedades de inversión colectiva (503) u otros entes del mercado de capitales, siempre que tal actuación no implique delegación, para lo cual no se esté autorizado. Estos portafolios que forman estas empresas especializadas, están constituidos por una mezcla de instrumentos de inversión (instrumentos bancarios, papeles comerciales, bonos u obligaciones, acciones) emitidas por entes públicos y privados, diversificados de tal manera, con vencimientos escalonados y cotizables en bolsa, diferentes emisores y diversas tasas de interés, con lo cual logran diversificar riesgo, que es el principio fundamental en estas operaciones también de confianza. Detrás de todas estas instituciones que manejan fondos de terceros en

---

[503]) El régimen legal está previsto, en las normas que conforman el sistema de mercado de capitales en Venezuela

colocaciones masivas y especializadas, que se rigen por el mercado de capitales, siempre están las grandes corporaciones financieras de los respectivos países o de los grandes centros financieros mundiales, por los grandes flujos de capitales que se movilizan, que requieren de entes como bancos, casas de bolsa o empresas de seguros de los respectivos países, por la facilidad de canalizar estos fondos monetarios y financieros, hacia las unidades productivas o especulativas y como parte del flujo y reflujo de estos fondos alrededor de los inversionistas.

Complementariamente, a las inversiones colectivas que realizan los fondos fiduciarios para sus clientes, hacen inversiones determinadas y distribuyen sus rendimientos, entre los fideicomisos que participan, o imputan específicamente determinados instrumentos a ciertos fideicomisos, dependiendo de sus dimensiones, por razones de costo y tiempo, o distribuyen los recursos de los fondos en inversiones que pudiera asignar a los distintos fideicomisos o grupos de fideicomisos de un solo ente o sector, distribuyendo proporcionalmente después sus resultados, entre los fideicomisos que participen en los portafolios, que forme el fiduciario de manera particular. Estas inversiones deben estar expresamente previstas en los contratos de fideicomiso y ajustadas a Ley y la normativa prudencial que establezcan las autoridades de control, bien porque lo establezcan los contratos de manera específica (inversiones en portafolios o dirigidas) o porque lo disponga el fiduciario como administrador de estos fondos (Comités de Inversiones)

Cualquiera de los esquemas expuestos en este punto pueden ser utilizados por parte de los entes fiduciarios, tratando de recoger en los contratos las discrecionalidades que crean puedan ejecutar exitosamente, por contar con la infraestructura suficiente que les permita atender estas inversiones, con los mínimos riesgos posibles, para los clientes y para la organización y así demostrar a los clientes sus inversiones y sus rendimientos y a las autoridades contraloras su uso adecuado y acorde a la normativa imperante sobre la materia. El esquema que se implemente, debe ser el más económico, seguro y rentable, acorde a las inversiones que se hagan y a los riesgos que se corren en cualquiera inversión, por insolvencia, atraso, o pérdida de valor, entre otras, incluyendo siempre estas actividades en los esquemas de la administración Integral de riesgo del ente fiduciario.

"El principio en todas las inversiones es mínimo riesgo, con el máximo rendimiento", salvo que se trate de fondos dados para especular o colocar en inversiones de alto riesgo, que casi siempre comportan significativos resultados. Esto si debe hacerse constar "en letras mayúsculas" en el contrato y excepcionarse el fiduciario de toda responsabilidad, tal como lo dispone la normativa prudencial de estas operaciones.

1.1- COLOCACIONES A LA VISTA.-

El Fiduciario, dependiendo de las instrucciones previstas en los contratos, la naturaleza y fines del mismo, así como las situaciones particulares que pudieran derivarse del cumplimiento de las instrucciones o manejo de los fondos, podrá realizar colocaciones de estos recursos monetarios en operaciones a la vista (call), remuneradas o que generen algún rendimiento, cuyas tasas deben estar acordes a la disponibilidad y plazo de estas inversiones, cuyos intereses engrosarán el fondo fiduciario, en provecho de los beneficiarios o del mismo fideicomitente, si se lo reservó en el contrato de fideicomiso o si así se desprende de la naturaleza del fideicomiso.

Estas colocaciones a la vista remuneradas, son independiente de las cuentas que puede abrir el Fiduciario, con la finalidad de actuar para movilizar fondos o hacer efectivo el cobro de cheques o cuando debe emitir cheques o hacer depósitos para sus inversiones o pagos, para lo cual abre cuentas de control en la propia institución fiduciaria o a la vista en otra Institución; salvo acuerdos particulares que pueda manejar.

Estos Fondos disponibles, pueden estar en cuentas corrientes, de ahorros, activos líquidos o combinación de ellos, inversiones a la vista, inclusive incluyendo plazos moderados, si se conjugan estos términos en cualquier producto que ofrezcan las instituciones financieras distintas del fiduciario, con exclusión de las cuentas de control, abiertas en la misma Institución Financiera, a estos fines, expresamente autorizadas por Ley (504); por lo cual la apertura de estas cuentas de control, no colide con la prohibición de colocar fondos de los fideicomisos en la misma institución fiduciaria.

1.2.- COLOCACIÓN DE FONDOS EN INVERSIONES A TÉRMINO.-

El fiduciario puede colocar los fondos, manejándose dentro de los términos previstos en las leyes y los contratos, en Inversiones temporales o permanentes, a través de instrumentos de renta fija o variable. Estos fondos pueden ser colocados de manera directa para cada fideicomiso, porque así esté establecido en contratos determinados, en inversiones dirigidas o porque les de participación en determinados instrumentos de manera específica o porque tengan participación en Portafolios que maneje la Institución o sus empresas relacionadas, en fondos mutuales o los llamados portafolios de inversión colectiva.

El fiduciario en el manejo de la cartera de inversiones del fondo fiduciario, representado por los recursos de los distintos contratos de fideicomiso que tiene suscrito, puede realizar colocaciones de fondos de manera independiente e individual para cada contrato o para cada grupo de fideicomisos pertenecientes a un mismo fideicomitente o por tipos de fideicomisos. El fiduciario, puede si así lo establecen los contratos de fideicomiso, realizar colocaciones globales o por grupo de fideicomisos, en portafolios (cartera de títulos valores) de las inversiones del fondo fiduciario, cuyo producto o beneficios son distribuidos proporcionalmente entre los distintos fideicomisos, de acuerdo a los fondos que aporten al portafolios.

El fiduciario puede, si así está previsto en el contrato o se desprende del tipo de fideicomiso, colocar los fondos de varios fideicomisos que reúnan condiciones similares de manera global o por grupos en cualquier ente u entes, siempre con las previsiones de riesgo que le establece una sana administración y la ley, donde estén marcadas

---

504) Artículo 52 de la Ley de Instituciones del Sector Bancario Venezolana

suficientemente en sus controles, el aporte de cada fideicomiso a la inversión y la garantía de que los beneficios serán distribuidos proporcionalmente a esa participación, tomando en cuenta no sólo el monto promedio sino también el lapso de la participación.

1.3.- COLOCACIÓN DE FONDOS EN CRÉDITOS.-

El fiduciario, dentro de sus facultades de invertir los recursos del fondo, podrá colocar los fondos a terceros distintos de los beneficiarios, en los términos previstos en las leyes y los contratos, en créditos a corto, mediano o largo plazo. Estos fondos pueden ser colocados de manera directa, porque estén establecidos e instruidos en los contratos de fideicomiso, para otorgar créditos dirigidos o condicionados o porque se establezca en los contratos orientar los fondos a créditos personales, prendarios, hipotecarios o de otro tipo. Las colocaciones en créditos, pueden documentarse a través de pagarés y letras de cambio, que son instrumentos de un solo efecto, o con la firma de documentos de crédito, para los financiamientos de créditos de entrega parcial o de adquisición. Estos últimos créditos, normalmente, se combinan, con subrogaciones de créditos de largo plazo para cubrir las deudas de los de corto plazo, en proyectos financiados por las instituciones de crédito a largo plazo, los cuales son conocidos en el medio como prestamos de adquisición o por cuotas. Dentro de los tipos de crédito, que también podría financiar el fiduciario, no escapan los créditos personales o rotativos, que pueden ser documentados también con documentos de créditos, que pudieran no requerir tanta formalidad registral.

Los entes públicos y los particulares que acometan proyectos de construcción de viviendas u otro tipo, que exijan financiamientos, pueden recurrir a la figura del fideicomiso, no sólo para liquidar los financiamientos a los constructores (créditos de entrega parcial), sino también para los financiamientos a largo plazo (préstamos por cuotas) a los adquirentes de estas viviendas, donde se controla la entrega de los fondos y ejecución de los proyectos, así como la documentación de los financiamientos otorgados y su recuperación en el largo plazo ([505]).

Los recursos de los fondos fiduciarios colocados en créditos deben estar ajustados a las instrucciones previstas en los contratos, ya que de ser colocados de acuerdo a la discrecionalidad del fiduciario, éste debe ajustarse a las limitaciones de ley ([506]) y a las políticas de créditos, que tenga establecida la institución fiduciaria para sus propias operaciones crediticias. Estas limitaciones son una previsión que toma el Legislador, buscando proteger y ajustar los fondos fiduciarios, cuando no van dirigidos a sus beneficiarios, en las mismas condiciones y normativas que están previstas para estos entes, cuando actúan colocando sus propios recursos. Cuando los contratos de fideicomiso establecen condiciones específicas que cumplir, ellas privan por disposición legal y por razones de cumplimiento del encargo, particularmente cuando se trata de montos y plazos en créditos. Lo que si no se puede es contravenir disposiciones legales, ni permitir realizar actuaciones más allá de las que podría realizar la persona o ente que constituye el fideicomiso. Estas disposiciones de Ley, van dirigidas a aquellos créditos, que el fiduciario coloca bajo sus propias políticas y riesgos; no así para las colocaciones que hagan bajo instrucciones expresas del fideicomitente en el documento constitutivo del fideicomiso.

La administración integral de riesgo, basada en los últimos principios aprobados en Basilea (Suiza), es parte de la base que manejan las autoridades supervisoras de la Banca para evaluar los riesgos de mercado y operativos en las instituciones financieras. El riesgo de mercado, de cambio y el operacional siempre han estado inmerso en todas las actividades que desplieguen las personas, en sus quehaceres diarios ([507]).

---

[505]) El Estado Venezolano, aprovechando las previsiones que establece la Ley de Política Habitacional, ha venido desarrollando una estrategia de construcción de Viviendas, instrumentadas a través de entes públicos regionales, quienes financian y asesoran a constructores particulares, que presentan proyectos de construcción de viviendas.

[506]) Ley de Instituciones del Sector Bancario Venezolana, establece limitaciones para la colocación de los fondos fiduciarios en créditos a personas distintas de los beneficiarios del fideicomiso, por lo cual deben las instituciones que realizan colocaciones en créditos, ajustarse a las disposiciones contenidas en la Ley.

[507]) Lo que toma Basilea y tratan de aplicar las autoridades de la Banca, es lo mismo que se ha venido aplicando en calidad total, seguridad industrial, controles internos, entre otras tendencias de control., que hoy son recogidas en la banca, para que tomen las previsiones del caso, que nunca están demás.

Las distintas empresas que operen con recursos fiduciarios y que deben colocar fondos en créditos en el mercado, deben por principio ajustarse a las disposiciones previstas en las leyes de sus respectivos países, ajustándose a los principios de una sana administración y previsión de riesgo, sean bancos, empresas de seguros, entidades o compañías fiduciarias e inclusive particulares.

1.4.- COLOCACIÓN DE FONDOS A LOS BENEFICIARIOS.-

En los fideicomisos masivos o de grupos de personas, como prestaciones sociales, cajas de ahorros, cooperativas, clubes u otros de este tipo, casi siempre se establece en los contratos instrucciones especiales, para que parte de los fondos sean colocados en préstamos a los mismos beneficiarios, con intereses o sin intereses, así como prestarles hasta un % del monto que individualmente cada uno tiene o hacerlo por montos superiores, con garantías especiales, a satisfacción del fiduciario o con garantía de otros fondos de los beneficiarios o de otros bienes sobre los cuales se recoja garantía prendaria o hipotecaria, siempre dentro de lo que se establezca en los contratos. Son innumerables, las formas que pueden utilizarse, pero éstas siempre deben estar contenidas en los contratos de fideicomiso o en los estatutos de sus asociaciones y en este caso deben señalarse esas instrucciones en los contratos de fideicomiso, bien que se rijan en el otorgamiento de estos créditos, por lo establecido en la Ley o los estatutos de la asociación de que se trate. Dentro de estas opciones destacan, los contratos suscritos con prestaciones de antigüedad o cesantía, cajas de ahorro o cooperativas, entre otros.

Los particulares podrán también llevar a cabo programas de interés social, utilizando para ello la figura del fideicomiso, donde otorguen financiamiento a través de documentos de créditos, pero las condiciones de estos financiamientos, no deben salirse de las que establece la Ley. Estas instrucciones deben estar expresamente indicadas por el fideicomitente en los contratos respectivos. En Venezuela, (^{508}) la Ley de Instituciones del Sector Bancario establece, a las instituciones que se rigen por esta Ley, que no se podrá otorgar créditos con fondos de los fideicomisos, que contravengan las disposiciones de esta ley; salvo que los créditos se otorguen a los beneficiarios o cuando se trate de aquellos fideicomisos con recursos provenientes del sector público o de interés social.   Las operaciones de créditos que sean para personas distintas de los beneficiarios de los fondos fideicometidos, deberán llevarse a cabo siguiendo las mismas políticas de análisis de créditos aplicadas por la institución autorizada   para actuar como fiduciario, dentro de la normativa legal y prudencial que rijan para ellas. Las mismas prohibiciones y limitaciones aplicables a la institución, como institución financiera, están previstas para las operaciones que lleve a cabo con los fondos fiduciarios

1.5. MANEJOS DE FONDOS EN PORTAFOLIOS DE INVERSIÓN

Los portafolios de inversión bursátiles son mecanismos financieros que combinan sus activos, de manera diversificada, en instrumentos de renta fija y variable o derivados, los cuales están fundamentados en principios de gestión de cartera, bajo parámetros de rentabilidad y riesgo, apoyados por esquemas de evaluación de riesgo en escenarios de incertidumbre (^{509}) para sus títulos valores (bonos, acciones, swaps y forwards) dado la creciente volatilidad de los precios de los activos en el mercado financiero.

Al mercado financiero concurren negociantes de deuda y brókers a tranzar sus operaciones de manera institucional a través de las bolsas de cada país. Este mercado donde se dan estas negociaciones tienen diversas denominaciones dependiendo quienes concurren a ellos, así tenemos los llamados mercados monetarios, de renta fija, de renta variable, interbancarios, emergentes, oficial, de divisas, de valores, entre otras menciones, como ciegos, atomizados.

. Las variables de rentabilidad y riesgo deben ser sopesadas por el inversor, en el conocimiento que pueda tener del mercado, o

---

^{508}) La Ley de Instituciones del Sector Bancario establecen que en las instituciones autorizadas para actuar como fiduciarios, no podrán otorgar créditos que contravengan las disposiciones de Ley
^{509}) Valor en Riesgo (Value At Risk, abreviado VaR), es una clase de modelo usado por instituciones financieras para medir los riesgos en situaciones de incertidumbre en carteras derivadas y complejas   El VAR puede ser calculado por cualquiera de estos métodos: lineales (delta-normal, delta-gamma), valuación paramétrica, Simulación histórica, simulación monte carlo y stress testing.

apoyándose en trabajos empíricos que desarrolle o en modelos matemáticos, como el de Markowitz ([510]), que sostiene que la rentabilidad de una cartera viene definida por la media ponderada de las rentabilidades esperadas de los n valores que la componen, mientras que el riesgo, está en función de la proporción o ponderación de cada valor en el portafolio, la varianza o la desviación estándar de la rentabilidad de cada valor y de la covarianza o coeficiente de correlación entre la rentabilidad de cada par de valores y desarrolla su modelo cuadrático paramétrico ([511]) sobre la base del comportamiento racional del inversor que desea rentabilidad, minimizando riesgo.

Calcular la rentabilidad total de las acciones en un portafolio de inversión, cuando el dividendo es cero o es pagado al final de la negociación.

$$Ra = \frac{Div}{P_0} + \frac{(P_1 - P_0)}{P_0}$$

Donde:
Precio al comprar (P_0): 100
Precio al vender (P_1): 150
Dividendos: 0

Entonces la rentabilidad sería:

$Ra = P_1 - P_0/P_0$

Substituyendo: $Ra = 150 - 100/100$ = 0.5, ó 0.5 x 100 = 50%

---

[510]) Economista estadounidense, profesor en la City University of New York, Premio Nobel de Economía en 1990, compartido con Merton M. Miller y William F. Sharpe por su trabajo pionero en la teoría de la economía financiera. Publicó en 1952 el artículo que se considera el origen de la teoría de selección de carteras y la consiguiente teoría de equilibrio en el mercado de capitales. Inicialmente se le presto escasa atención hasta que en 1959 aclaró con mayor detalle su formulación inicial. A raíz de un famoso trabajo publicado en 1958 por James Tobin, se vuelve a plantear el problema de la composición optima de una cartera de valores, si bien con una orientación y alcance totalmente nuevos. Fueron sin embargo W. F. Sharpe y J. Lintner quienes completaron el estudio despertando un enorme interés en los círculos académicos y profesionales
[511]) Cita en la web Alaitz Mendizábal Z, Luisa Miera Z y Marían Zubia Z. Universidad del País Vasco-Euskal Herriko Unibertsitateadel Módelo de Markowitz: donde xi es la proporción del presupuesto del inversor destinado al activo financiero i e incógnita del programa, s 2(Rp), la varianza de la cartera p, y sij, la covarianza entre los rendimientos de los valores i y j. E(Rp), es la rentabilidad o rendimiento esperado de la cartera p, de tal forma que al variar el parámetro V* obtendremos en cada caso, al resolver el programa, el conjunto de proporciones xi que minimizan el riesgo de la cartera, así como su valor correspondiente. El conjunto de pares [E(Rp), s 2(Rp)] o combinaciones rentabilidad- riesgo de todas las carteras eficientes es denominado «frontera eficiente». Una vez conocida ésta, el inversor, de acuerdo con sus preferencias, elegirá su cartera óptima. Fórmula del modelo cuadrático paramétrico (Markowitz):

De ser pagado el dividendo al principio de la negociación, la fórmula para determinar la rentabilidad sería:

$$Ra = \frac{(Div + UltDidv)}{P_0} + \frac{(P_1 - P_0)}{P_0}$$

Rentabilidad Promedio, es el promedio aritmético de las rentabilidades de un título valor en un periodo determinado, cuya fórmula sería:

$$\bar{R} = \frac{\sum_1^n R_i}{n}$$

Actualmente al contarse con software que manejan inversiones, se puede obtener la rentabilidad de la cartera de inversiones, en cualquier fecha y determinar su rentabilidad, distribuyendo la misma entre los diferentes componentes del portafolio ([512]), en razón de los montos aportados, fechas de permanencia de los fondos en el portafolio, los cuales se distribuyen en base a reparto proporcional para cada uno de sus componentes (fideicomisos), en función de los recursos monetarios aportados al portafolio.

Los fideicomisos masivos que participan en los portafolios, su rentabilidad es distribuida entre los integrantes (beneficiarios) de los fideicomisos en función de los aportes netos que hayan hecho al mismo y los periodos en los cuales en permanecen, distribuyendo en base al promedio ponderado que tengan de los fondos aportados, lo cual debe incluir los intereses que capitalicen.

Además de los portafolios bursátiles, de renta fija, variable, de divisas, entre otros que operan en el mercado, las instituciones bancarias o de seguros pueden crear ellas mismas con los recursos de los fideicomisos que manejan, portafolios de inversión con diferentes instrumentos financieros, producto de las colocaciones de los recursos monetarios de los fideicomisos que manejan, bajo los mismos principios de rentabilidad y riesgo, que representa un

---

[512]) El capital y los intereses de los instrumentos que forman el portafolio doméstico, bien de Renta Fija o Variable o derivados, en la medida que se vayan venciendo son cobrados y sus intereses son incorporados al Portafolio para ser distribuidos proporcionalmente y registrados entre los distintos fideicomisos que participan en el mismo. La porción de intereses causados no cobrados, se reflejan mensualmente y se registran en la cuenta de activo "Intereses y Comisiones Por Cobrar", la cual se ejecuta automáticamente, si no han sido registrados al momento de ser cobrados, en el lapso de corte y vencimiento del título.
La opción de Portafolio permite registrar diversos fideicomisos, donde se ejecutan automáticamente los registros contables, cálculos de intereses de todos los instrumentos y de cada uno de los fideicomisos que participen en estos portafolios (Software Fiducia 2000)

esquema aunque financiero es operativo, dado que le brinda facilidades al integrar fondos.

1.6. Tipos de instrumentos en que se invierten los fondos

Los recursos monetarios de los fondos fiduciarios son colocados en el mercado nacional o internacional, dependiendo de lo que disponga la legislación de cada país y lo que establezcan los documentos de fideicomisos suscritos. Los fiduciarios de acuerdo a las disposiciones de ley, a lo que establezcan los contratos y las políticas que definan sobre las inversiones de estos recursos, pueden canalizar estos fondos en inversiones dirigidas, porque así lo dispongan lo previsto en los contratos o a través de inversiones en portafolios, propios o bursátiles, siempre dentro de las directrices que trace la dirección del instituto.

Estos portafolios de inversión lo integra una combinación de instrumentos financieros de fácil convertibilidad, cotizables en instrumentos bancarios, como instrumentos de renta fija y opcionalmente disponibilidades a la vista, así como o papeles transables en el mercado de valores, como divisas, instrumentos bancarios, acciones de empresas, títulos de tesorería (letra, pagarés, notas), deudas públicas y privadas, metales y derivados como futuros, opciones o swaps.

El primer escenario a evaluar en cualquier inversión de estos fondos, siempre debe ser el local, salvo disposición expresa de los fideicomisos de que se trate., lo cual no excluye que las inversiones sean en divisas, si son títulos emitidos por entes nacionales, sean públicos o privados. El otro escenario que debe evaluarse es el internacional, que dado la globalización y los avances en tecnología y comunicación, se reduce todo a un mismo mercado universal, pero debe evaluarse la legislación de cada país donde se invierta, la naturaleza del mercado y los elementos propios de riesgo del ente emisor y los factores económicos y políticos presentes, sin dejar de sopesar el impacto de la inflación y riesgo de cambio en los recursos que se manejan y las medidas previsivas que pudieran tomarse, como refugiarse en determinadas divisas.

En estas colocaciones, es importante tomar en cuenta las calificadoras de riesgo, que dan información sobre el mercado y riesgo país; aspectos estos que sirven de orientación a los componentes del mercado, a lo cual se le suma las evaluaciones propias que se hagan o las cuales se tenga acceso.

Un aspecto, que no puede dejarse pasar por alto, es la parte fiscal, dado que debe tratar de colocarse en papeles exentos de impuestos, salvo que las tasas de los otros instrumentos compensen la exención. Es importante que se revisen aquellos instrumentos exentos de impuestos, si son ellos los que están exentos o sus rendimientos, dado que al negociarlos en el mercado podría la ganancia (precio de compra y venta) ser pechada, de no ser el instrumento el que éste exento, porque otra cosa es que este el rendimiento exento.

Hagamos una breve descripción de los distintos instrumentos de renta fija, variables y derivados que componen el mercado financiero:

a) INSTRUMENTOS DE RENTA FIJA:

Los instrumentos financieros de renta fija, son aquellos títulos valores que tienen determinada sus tasas de interés y plazos de retorno de los capitales, independientemente de la cotizaciones que puedan tener en el mercado, sea a la par (valor cartular), bajo la par (con descuento) o por encima de la par (con prima). Estos instrumentos de renta fija ofrecen condiciones de mayor estabilidad y aparentemente menor riesgo que los instrumentos de renta variable, que están sujetos a cambios más frecuentes en los niveles de cotización de los valores, lo cual impacta los flujos de cajas proyectados.

Los títulos valores de renta fija más conocidos en el mercado financiero, son los siguientes:

- Bonos u obligaciones de los entes públicos, los cuales representan una de las mejores alternativas de inversión por la seguridad de pago del ente emisor y las facilidades de negociación. Estos instrumentos pueden ser emitidos bajo varias alternativas, a los fines de hacerlos atractivos a los inversores, con tasas determinadas o sin tasas (cero cupón) y con tasas variables sujetas a las condiciones del mercado y con exenciones impositivas, lo cual los hace más atractivos.

- Los títulos valores emitidos por la banca, como los llamados certificados a plazo fijo, certificados de ahorro, aceptaciones, pagarés, bonos financieros, cédulas hipotecarias, participaciones, operaciones de mesa y cambio, entre otras alternativas de ahorro y manejo de fondos a la vista, que deben evaluarse en función de sus tasas, plazo y seguridad.

- Bonos corporativos son instrumentos de deuda que emiten las corporaciones privadas en sus respectivos países, buscando obtener liquidez, para lo cual ofrecen tasas atractivas a los inversores, además de la seguridad que representan.

- Papeles comerciales son instrumentos de deuda que emiten las empresas privadas, buscando obtener liquidez, para lo cual ofrecen tasas más atractivas que las que ofrezca la banca por sus operaciones pasivas, tratando de penetrar mercado.

- Bonos u obligaciones, titularizaciones de las empresas privadas, son títulos de deuda emitidos en masa que son colocados en el mercado, bajo determinadas condiciones de tasas, plazo y cotización.

El riesgo en los instrumentos está atado a las particularidades del ente emisor, sea empresa pública o privada o país, el cual debe responder por los compromisos derivados de estas obligaciones, aunado a los respaldos colaterales que puedan tener estos instrumentos financieros.

Las inversiones en instrumentos de renta fija, están afectados por factores, como rendimiento, duración, cotización, liquidez y riesgo, los cuales deben ser evaluados al momento de realizarse las inversiones, dependiendo de las particularidades de cada ente que realice las colocaciones.

b) INSTRUMENTOS DE RENTA VARIABLE

Los instrumentos financieros de renta variable están compuestos mayormente por las inversiones en acciones y portafolios o fondos mutuales de renta variable, los cuales comentamos a continuación:

Los fondos de inversión tanto de renta fija, compuesto por bonos y papales, como los fondos de renta variable, compuesto por acciones, así como los fondos mixtos, cuya cartera de inversión la forman títulos valores de renta fija, variable y divisas, estos fondos se manejan bajo criterios de diversificación de riesgo y rentabilidad para ser atractivos a los inversionistas. Las casas de bolsas y empresas de corretaje hacen uso de estos mecanismos financieros, ofertándolos a los inversionistas, dado las particularidades de este mercado.

Fondos mutuales, son Entidad de Inversión Colectiva, bajo la forma de compañía anónima cuyo objetivo es invertir los aportes de sus accionistas en una cartera de inversiones diversificada, con arreglo al principio de distribución de riesgos y con expectativas de óptimos rendimientos, los cuales son operados por las administradoras de fondos. Los fondos mutuales pueden ser capital abierto o cerrado

Los fondos de inversión antes mencionados, sus instrumentos son cotizables en el mercado, lo cual los diferencia de los mecanismos operativos que usan algunas instituciones para operar recursos de terceros, bien en fideicomisos u otras modalidades, ya que estos son solo mecanismos de administrar carteras propias o delegadas, como mecanismos operativos no negociables en el mercado sus instrumentos, ya que actúan como inversores de un colectivo, como fiduciarios.

Las acciones son instrumentos de renta variable, que están sujetos a la cotización que tengan en el mercado y a la rentabilidad que puedan declarar, como dividendos. No obstante, esta consideración hay acciones preferidas en cuanto a su rentabilidad y en lapsos determinados, pero siempre sujetas a las condiciones de precio del mercado, que lo determina la situación financiera, económica y política de la empresa o donde esté situada.

c) OTROS INSTRUMENTOS (DERIVADOS)

Dentro de la variedad de instrumentos financieros que se cotizan en el mercado y de las particularidades de los inversores, sean especuladores o colocadores tradicionales, tenemos además de los instrumentos antes mencionados los llamados Derivados ([513]), que son instrumentos financieros que entre otras cosas permiten a los

---

[513]) Ley N° 19.479 de Uruguay Publicada el 17/01/2017, ARTÍCULO 36 bis. (Instrumentos financieros derivados).- Se entiende por instrumentos financieros derivados a aquellas formas contractuales en las cuales las partes acuerdan transacciones a realizar en el futuro a partir de un activo subyacente, tales como los futuros, los forwards, los swaps, las opciones y contratos análogos, así como sus combinaciones, de acuerdo con las siguientes definiciones:

A) Futuro: Es un acuerdo cuyo importe, objeto y fecha de vencimiento tienen un patrón predeterminado, por el cual el comprador se obliga a adquirir un elemento subyacente y el vendedor a transferirlo por un precio pactado, en una fecha futura. Es negociado en un mecanismo centralizado y se encuentra sujeto a procedimientos bursátiles de compensación y liquidación diaria que garantizan el cumplimiento de las obligaciones de las partes contratantes.

B) Forward: Es un acuerdo que se estructura en función a los requerimientos específicos de las partes contratantes para comprar o vender un elemento subyacente en una fecha futura y a un precio previamente pactado.

C) Swap: Es un acuerdo de permuta financiera mediante el cual se efectúa el intercambio periódico de flujos de dinero calculados en función de la aplicación de una tasa o índice sobre un monto de referencia, así como de variaciones de valor de un activo subyacente.

D) Opción: Es un acuerdo mediante el cual su tenedor adquiere el derecho, de comprar o vender el elemento subyacente objeto del mismo en una fecha futura a un precio determinado mediante el ejercicio de una opción.

La Prima de Opción es aquel importe que el tenedor de una Opción paga al suscriptor con la finalidad de adquirir el derecho a comprar o vender un elemento subyacente al precio de ejercicio.

inversores anticiparse y cubrirse de riesgos o cambios que pueden ocurrir en ese futuro incierto, de manera de evitarse ser afectados por situaciones adversas, que pudieran presentarse. Entre estos instrumentos tenemos:

OPCIONES FINANCIERAS:

Estos instrumentos financieros son contratos que dan a su comprador el derecho, pero no la obligación, a comprar o vender bienes o valores (activo subyacente determinado) a un precio predeterminado (strike o precio de ejercicio), hasta una fecha concreta (vencimiento).

FUTUROS:

Los contratos de futuros son un acuerdo, negociado en una bolsa o mercado organizado, que obliga a las partes contratantes a comprar o vender un número de bienes o valores (activo subyacente determinados) en una fecha futura, pero con un precio establecido de antemano. El que compra contratos de futuros, adopta una posición "larga", por lo que tiene el derecho a recibir en la fecha de vencimiento del contrato el activo subyacente objeto de la negociación.

WARRANT:

Son títulos de crédito, mediante el cual el productor entrega la mercadería a una empresa autorizada (depósitos), y esta otorga simultáneamente dos documentos: un certificado de depósito y un warrant. Constituyen una garantía respaldada por mercadería almacenada en depósitos, que se endosa a favor de una entidad financiera obteniendo en forma inmediata el préstamo en dinero.

La utilización de este instrumento crediticio permite al productor retener su producción dándole la posibilidad de aprovechar mejores condiciones de mercado, ya que generalmente los precios son mayores a medida que pasa más tiempo desde la cosecha o negociación.

SWAPS.

Swap o permuta financiera, es un contrato por el cual las partes se comprometen a intercambiar una serie de cantidades de dinero en fechas futuras. Normalmente los intercambios de dinero futuros están referenciados a tipos de interés, (*Interest Rate Swap*) aunque de forma más genérica se puede considerar un swap cualquier intercambio futuro de bienes o servicios, siendo un instrumento derivado que puede ser de tipo de interés o de divisas o bursátiles, entre otros. Es utilizado para reducir el costo y el riesgo de financiación de una empresa o para superar las barreras de los mercados   financieros.

FORWARD:

Es un contrato de tipo de cambio a futuro, que firman las partes para comprar o vender un activo a precio fijado y en una fecha determinada. Como instrumento financiero derivado, es un contrato a largo plazo. Los más conocidos son los de moneda, metales e instrumentos de renta fija. Este contrato se resuelve por compensación o por entrega física. Los forward pueden ser sobre tasas de interés, divisas o tipo de cambio.

1.7.   ASPECTOS A EVALUAR DEL CLIENTE

Antes de realizar cualquier inversión, debe evaluarse al cliente, tipo de fideicomiso y el entorno, para lo cual se puede apelar a las tradicionales recomendaciones que dan los corredores de bolsa, tesoreros de las instituciones, operadores cambiarios y de mesas de dinero, así como los otros asesores de inversión, los cuales son expertos en estos menesteres. Posesionado de la información anterior y en base a las políticas y estrategias de la organización del ente fiduciario, se evalúan los niveles de inversión en función de la naturaleza de los recursos que se manejan, así:

Manejo de disponibilidades.

Este es el primer nivel de inversión, porque proporciona los medios para satisfacer las necesidades inmediatas e inesperadas. El dinero se invierte a una tasa que no tiene ningún riesgo y además, puede disponerse en cualquier momento (cuentas de cheques, cuentas de ahorro, principalmente). Sin embargo, el rendimiento que pagan estas inversiones es generalmente inferior a la inflación, lo que implica que si decide dejar el dinero todo el año, tendrá una pérdida del valor adquisitivo debido a la inflación.

Inversiones que generan ingreso.

En este nivel de inversión, lo que se busca es redituar el capital, realizando los mayores esfuerzos en la preservación y seguridad del capital invertido. Por lo regular, estas inversiones se realizan en instrumentos bancarios como Certificados de Depósito (CD o Certificates of Deposits), cuyo rendimiento es mayor que el del nivel anterior, pero menor al de los Bonos del Tesoro (Treasury Bonds o U.S. Savings Bonds) o instrumentos que se operan en las mesas de dinero de las Casas de Bolsa y Bancos.

- **Inversiones especulativas**

Son inversiones más agresivas, sujetas a las variantes del mercado, bajo mayores niveles de riego e incertidumbre, que puede generar grandes ganancias o pérdidas, en instrumentos que se cotizan en bolsa, bajo condiciones netamente especulativas.

En cualesquiera de estas situaciones, debe evaluarse que se busca con la inversión, seguridad, rentabilidad, especular o permanecer estables con inversiones de mayor seguridad, cual es el ente o la persona a la que se le hace la inversión y a donde se invierte. Siempre debe apelarse a la máxima financiera que dice que a mayor seguridad, menores ingresos.

2.- APLICACIÓN DE FONDOS EN EL FIDEICOMISOS A SU FINALIDAD.-

El fiduciario tiene la obligación de aplicar los fondos o bienes que constituyen el objeto del fideicomiso a las finalidades previstas en los contratos, las cuales pueden ser pagar o entregar de fondos, invertirlos, administrar los bienes u otra finalidad que se establezca:

Dentro de las finalidades previstas en los contratos de fideicomiso, además de las inversiones en títulos valores o colocaciones en créditos, están aquellas que establecen que los fondos que configuran el objeto del fideicomiso, deben ser destinados al pago o entrega de recursos monetarios a determinados beneficiarios o personas que cumplan las condiciones acordadas en el contrato o que ejecuten ciertas actividades o trabajos a favor del fideicomitente o de las personas que éste indique.

Estas entregas de fondos, bajo cualquier circunstancia, representan una disminución del patrimonio del fideicomiso y se diferencian de las colocaciones, préstamos o inversiones, que ellas representan una sustitución de un activo monetario (disponible) por uno financiero (títulos de crédito), estas últimas actividades son las que generan los beneficios (ingresos) del fondo fiduciario, ya que las primeras (desembolsos) pueden representar gastos (egresos) por el cobro de comisiones flat (honorarios) que debe cancelar el fondo fiduciario al instituto que actúa como fiduciario. Toda salida de recursos monetarios del fondo representa disminución del capital del fideicomiso, sean por pagos o anticipos, como los que se dan en los contratos de fideicomiso de prestaciones de antigüedad, caso venezolano, o cesantía, caso panameño, que se les otorga a los trabajadores que suscriben estos contratos. Estas entregas únicas o periódicas que establecen estos tipos de contratos, casi siempre incluyen que la porción de fondos disponibles, puedan ser colocados dentro de la programación estimada de inversiones de estos recursos (flujo de caja). Ejemplos, de fideicomisos con entrega de fondos e inversiones, los tenemos en todos nuestros países, particularmente los relacionados con los entes públicos, como son los casos de México, iniciador de estos fideicomisos, y últimamente Venezuela, donde el Estado suscribe estos contratos de fideicomisos, solo para liquidar fondos a través de la banca, tratando de dar una visión de pulcritud en el manejo de estos fondos públicos.

3. ADMINISTRADOR DE LOS BIENES O DERECHOS DEL FIDEICOMISO.-

Además de las operaciones antes citadas de inversiones, créditos y entrega de fondos, los fiduciarios realizan otras actividades, unas derivadas de las anteriores y otras propias de la ejecución de los fines de los mismos contratos de fideicomiso. En las operaciones derivadas de las actividades fiduciarias se cuentan, especialmente cobro y abono de producto, cobro de comisiones fiduciarias, retenciones de fondos por créditos u otros conceptos, retenciones y pagos de impuestos y otros gravámenes y cancelación de compromisos, entre otras. Entre las propias de los mismos contratos, no señaladas antes, están aquellos tipos de contratos, que normalmente no contemplan las operaciones antes citadas, sino los contratos relacionados con inmuebles para alquiler, venta, garantía, derechos, entre otra gama de contratos de fideicomisos muy especiales (Ver tipos de contratos por su finalidad)

4.- PROHIBICIONES Y LIMITACIONES EN LA SUSCRIPCIÓN Y MANEJO DEL FIDEICOMISO.-

Las disposiciones que rigen la actividad bancaria, de capitales y de seguros, establecen expresamente prohibiciones y limitaciones a las instituciones autorizadas para actuar como fiduciarios, cuando hagan colocación de los fondos recibidos por las operaciones de fideicomiso, mandatos o comisiones, así como por otros encargos de confianza, en sus propias operaciones, en negocios de instituciones relacionadas, así como en operaciones o actividades en el exterior, entre otras consideraciones, que no estén expresamente establecidas en los contratos de fideicomiso. Estas prohibiciones o limitaciones en la colocación de fondos fiduciarios las encontramos en las leyes ([514]) que rigen la materia fiduciaria, en todos los países, inclusive en los paraísos fiscales que establecen restricciones en su propio territorio.

4.1. Prohibiciones para colocación de los fondos de los fideicomisos

Las instituciones financieras, sean bancarias, de seguros o del mercado de capitales, tienen limitada la colocación de fondos fiduciarios, en sus propias operaciones, en las de sus administradores y en empresas relacionadas, con la propia institución fiduciaria o sus administradores. Estas prohibiciones o limitaciones están recogidas en toda la legislación de nuestro continente y en los otros países donde opera esta figura, sea bajo la mención del fideicomiso, fiducia o trust, en cualquiera de los regímenes jurídicos.

4.1.1.- PARA LAS INSTITUCIONES BANCARIAS.-

Las instituciones bancarias la Ley les establece limitaciones y prohibiciones para la colocación de fondos fiduciarios, en sus propias operaciones, en las de sus administradores y en empresas relacionadas. Estas prohibiciones están recogidas en toda la legislación del continente, de manera muy similar, las cuales señalan que las Instituciones autorizadas para actuar como fiduciarios,

---

[514]) Ley de Fideicomiso año 1956 (parcialmente derogada); por la Ley de Instituciones del Sector Bancario del año 2010; Ley del Banco Central y Ley de la Activcidad Aseguradora.

no podrán realizar las siguientes operaciones con los fondos recibidos en fideicomiso o mediante otros encargos de confianza, (⁵¹⁵) en las siguientes operaciones:

a) Invertir en sus propias acciones u obligaciones y otros bienes de su propiedad.

b) Adquirir acciones, obligaciones y bienes de bancos y demás instituciones financieras con los cuales se establezca consolidación o combinación de balances de acuerdo a la normativa de cada país.

c) Invertir en obligaciones, acciones o bienes de empresas que no estén inscritas en el Registro Nacional de Valores en los cuales tenga participación; o en las cuales sus directivos tengan intervención como socios, directivos o como asesores o consejeros.

---

⁵¹⁵) La Ley de Instituciones del Sector Bancario de Venezuela señala que "Las Instituciones autorizadas para actuar como fiduciarios, no podrán realizar las siguientes operaciones con los fondos recibidos en fideicomiso o mediante otros encargos de confianza:
1. Otorgar créditos, salvo que se otorguen a los beneficiarios, o cuando se trate de aquellos fideicomisos con recursos provenientes del sector público, siempre que no contravengan las limitaciones establecidas en el artículo 185 de este Decreto Ley.
2. Otorgar garantías, dar en prenda o establecer cualquier otro tipo de gravamen sobre el fondo fiduciario, sin la expresa autorización del fideicomitente, beneficiario, mandatario o afín.
3. Realizar operaciones de reporto, con los títulos emitidos por el fondo fiduciario, en un porcentaje mayor al establecido por la Superintendencia de Bancos y Otras Instituciones Financieras.
4. Realizar operaciones activas u otorgar créditos de cualquier tipo con la propia institución financiera, para la realización del objeto del fideicomiso; salvo lo dispuesto en leyes especiales.
5. Participar en proyectos, créditos, o cualquier otra operación activa o pasiva que lleven a cabo instituciones que formen parte del mismo grupo financiero, o aquellas empresas relacionadas o promovidas por la institución autorizada para actuar como fiduciario, salvo que la Superintendencia de Bancos y Otras Instituciones Financieras lo autorice.
6. Invertir en sus propias acciones, bienes de su propiedad, instrumentos remunerados y otras obligaciones emitidas por la institución autorizada para actuar como fiduciario; así como en los bancos y demás instituciones financieras con las cuales se establezca consolidación o combinación de balances, cuando según lo establecido en el artículo 199 de este Decreto Ley sean consideradas como relacionadas por parte de la Superintendencia de Bancos y Otras Instituciones Financieras.
7. Adquirir o invertir en obligaciones, acciones o bienes de empresas en las cuales tengan participación que no estén inscritas en el Registro Nacional de Valores; o en las cuales sus directivos intervengan o participen como socios, directivos o como asesores o consejeros, de la institución que actúa como fiduciario.
8. Adquirir o invertir en obligaciones, acciones o bienes de empresas que estén inscritas en el Registro Nacional de Valores, en las cuales tengan una participación superior al veinte por ciento (20%) del patrimonio, o cuando sus directivos tengan una participación en dichas empresas superior al veinte por ciento (20%) del patrimonio o cuando sus directivos participen en la administración de dichas empresas en una proporción de un cuarto (1/4) o más del total de los miembros de las juntas administradoras.
9. Adquirir o invertir en obligaciones, acciones o bienes de empresas con las cuales hayan acordado mecanismos de inversión recíproca.
10. Invertir o colocar en moneda o valores extranjeros una cantidad que exceda del límite que fije el Banco Central de Venezuela.

d) Adquirir obligaciones, acciones o bienes de empresas que estén inscritas en el registro nacional de Valores en las cuales tengan participación superior al % establecido en la normativa de cada país. o cuando sus directivos participan en la administración de dichas empresas en una proporción de prevista en la Ley o tengan control de la Junta Administradora

e) Invertir en obligaciones, acciones o bienes de empresas con las cuales hayan acordado mecanismos de inversión recíproca.

f) Otorgar créditos a terceros por encima del % establecido para sus propias operaciones

4.1.2.- PARA LAS EMPRESAS DE SEGURO Y OTROS ENTES.-

1. Al igual que para los bancos, la Ley también establece prohibiciones o limitaciones para las empresas de seguros y todos aquellos entes que presten los servicios fiduciarios, incluyendo empresas que operan en el mercado de capitales, bien como fiduciarios (caso mexicano) o titularizando activos (caso Argentino, Ecuador, Venezuela, entre otros).

2. Ley de la Actividad Aseguradora en Venezuela, faculta al Banco Central para que prohíba o limite la colocación de fondos en el exterior o en el país en moneda extranjera y para recibir las garantías de las empresas de seguros que realicen operaciones de fideicomiso.

Estas prohibiciones y limitaciones que recogen las disposiciones financieras en Venezuela, son similares a las que recoge el ordenamiento jurídico de los demás países, las cuales se fundamentan en los postulados de esta institución del derecho, salvo lo relativo al control de cambio que opera en Venezuela.

Las prohibiciones establecidas en la Ley para las Instituciones que actúan como fiduciarios, en la colocación de los fondos de los fideicomisos que manejan, se fundamenta en que siendo ellos los propietarios fiduciarios de estos bienes y sus representantes legales, mal podrían invertirlos consigo mismo, porque se generaría la figura jurídica conocida como confusión, entre la masa de bienes del fideicomiso y las propias del fiduciario, además del conflicto de intereses que se produciría. Estaría el mismo propietario vendiéndose y comprando u otorgándose crédito y cobrándose. Sobre la base de estas consideraciones, es que la ley establece la separación de los bienes fideicometidos unos de otros y éstos, de los bienes propios del fiduciario, lo cual lo corrobora al señalar que su contabilización se realizará separadamente, en rubro aparte. Esta misma argumentación, recogida en todo el continente, ha debido ser la que sostuvo el legislador patrio, cuando expresamente prohíbe en la Ley de Fideicomiso ([516]) que "El fiduciario no podrá ser beneficiario", en los contratos que se suscriban. En esta misma Ley ([517]) señala que "El Fiduciario cumplirá sus obligaciones con el cuidado de un administrador diligente y podrá designar, bajo su responsabilidad los auxiliares y apoderados que la ejecución del fideicomiso requiere. En ningún caso podrá delegar sus funciones"

En cuanto a lo que establece la Ley de Instituciones del Sector Bancario ([518]) que" cuando conforme a las normas que rija el fideicomiso queden en poder de la Institución fiduciaria fondos líquidos provenientes o resultantes del fideicomiso, dicha institución deberá mantenerlos en cuenta especial remunerada. Esta norma, en contraposición a las que establecen que no puede el fiduciario invertir estos fondos en sus propias acciones u obligaciones, busca crear una relación de atención y servicio, donde las personas que operen en fideicomiso con el fiduciario, se sientan directamente atendidas, y no tengan que estar recibiendo abonos en cuenta o cheques de otras instituciones, que la mayoría de las veces les crea situaciones particulares, en el lapso de disposición de estos fondos. Estas cuentas especiales, que señala esta disposición, pueden ser cuentas corrientes, que facilitan el manejo y control de los fondos en fideicomiso, dado el reporte del movimiento que se tiene en los

---

[516]) Artículo 23 de la Ley de Fideicomiso Venezolana
[517]) Artículo 15 de la Ley de Fideicomiso Venezolana
[518]) Ley de Instituciones del Sector Bancario Venezolana

estados de cuentas. Estas cuentas especiales remuneradas, no son más que "cuentas de control en el mismo ente fiduciario", que complementan a las que podría internamente manejar el Área de Fiduciaria del Instituto para un grupo o para cada uno de los contratos fideicomiso que suscriba.([519]), de creer procedente tal actuación. La tecnología actualmente permite llevar casi todo tipo de control, sin tener que complicarse los que administran estos bienes.

Para las empresas de seguros, que no manejan en sus propias operaciones cuentas corrientes, deben recurrir necesariamente a las instituciones bancarias o financieras, que habilitan mecanismo de movilización de fondos, y sobre el particular, la Ley de la Actividad Aseguradora Venezolana establece ([520]) que "... Cuando conforme a las normas que rijan al fideicomiso, queden en poder de la institución fiduciaria fondos líquidos provenientes o resultantes de los fondos fideicometidos, la empresa de seguros deberá mantenerlos en una cuenta especial abierta en un banco o institución financiera". Lo previsto para las empresas de seguros, debe aplicarlo los particulares que manejen fondos, derivados de estas operaciones de confianza, a los fines de verse resguardado de las responsabilidades que se derivan de manejar fondos de terceros.

4.2. Lo que no se debe garantizar en la suscripción del contrato

Hay algunos aspectos que el fiduciario puede garantizar, pero hay otros que no puede garantizarlos por expresa disposición legal o porque la naturaleza del tipo de contrato no lo permite. Entre estos aspectos tenemos:

4.2.1. GARANTIZAR DISPONIBILIDADES EN LOS CONTRATOS DE FIDEICOMISO.-

En los contratos de fideicomiso el fiduciario con sus fondos o recursos propios no debe garantizar disponibilidades, sino con los propios fondos del

---

[519]) El software FIDUCIA 2000, provee estos mecanismo de control impositivo de manera eficaz (Correo: corptrust21@outlook.com)

[520]) En la Gaceta Oficial Extraordinaria N° 6.220, de fecha 15 de marzo de 2016, fue republicado por "fallas en los originales" el Decreto N° 2.178 mediante la cual se dicta la Ley de La Actividad Aseguradora

fideicomiso de que se trate; no obstante, que siempre se señala en los contratos, la forma de garantizar y mantener disponibilidades para atender los fines del fideicomiso, bien e se establezca mantener fondos líquidos para atender los compromisos o que se establezca que las colocaciones deben ser de fácil convertibilidad o que se establezcan cronogramas de inversiones periódicamente, de tal manera que permitan atender los compromisos que deriven del contrato de fideicomiso o que se usen mecanismos revolventes, como los portafolios de inversión, que puede manejar bajo criterios de disponibilidad de fondos.

Estas disposiciones que garantizan disponibilidad, corresponden más a contratos de fideicomisos de administración, que tienen fines muy específicos que atender, con los recursos disponibles, estableciendo cronogramas de inversión, que los fideicomisos de inversión, que de requerir los fondos en un lapso determinado, lo establecen en el contrato o en su defecto, el fiduciario deben negociar los instrumentos en que están colocados los fondos en el mercado para proveer disponibilidades, con los consecuentes riesgos por la cotización de los papeles en el mercado, lo cual también hace para otros tipos de fideicomisos.

Los fiduciarios que colocan fondos globales o colectivamente, casi siempre garantizan disponibilidad de estos fondos, lo cual constituye parte del servicio estratégico al cliente, pero este manejo de disponibilidades se da casi siempre por el mecanismo del portafolio (doméstico o institucional) y por el enlace de estas Instituciones y los entes fiduciarios, dado que de otra manera tendrían, y lo pueden hacer y de hecho lo hacen, vender los títulos valores de acuerdo a su cotización de mercado para proveerse de disponibilidades, con los consecuentes riesgos de bajas o pérdidas en sus rendimientos o en sus capitales, dependiendo del impacto de la baja en la cotización o de la subida que pudieran tener. Quien maneje fondos siempre va a tratar de salir de los que le representen mayor riesgo e inestabilidad en el mercado y tratar de realizar ganancias en las oportunidades debidas.

El fiduciario debe planificar las inversiones de los fondos fiduciarios, a fines de atender oportuna y prontamente los compromisos derivados de las operaciones de fideicomiso, actúe bajo cualquier esquema financiero. En razón de estas consideraciones, es que se forman o se crean los llamados portafolios de inversión, para facilitar el manejo de las disponibilidades de los distintos fideicomisos; distribuyendo entre ellos no sólo la asistencia financiera de la liquidez, sino también diversificando para reducir los riesgos.

4.2.2. GARANTIZAR RENDIMIENTO EN LAS INVERSIONES.-

Las instituciones financieras que actúan como fiduciarios, la legislación de sus respectivos países les prohíben garantizar en los contratos de fideicomisos rendimientos en las inversiones de los fondos. Así lo vemos en la normativa establecida en los ordenamientos jurídicos de los siguientes países: Venezuela ([521]), Paraguay ([522]), Ecuador ([523]), Costa Rica ([524]) y Uruguay ([525]); así como otros países que no lo mencionan en su legislación. Sobre este particular es bueno señalar que la naturaleza misma de la figura no lo permite, dado que se podría hasta generar resultados controvertibles, con pérdidas o bajos rendimientos. La prohibición expresa de Ley de garantizar rendimiento, es consustancial con la figura del fideicomiso, por la naturaleza del mismo y el carácter de propietario que tiene el fiduciario al gerenciar estos bienes o derechos, bajo instrucciones de un tercero. Garantizar rendimiento en esta figura es desnaturalizarla, al introducir disposiciones en el contrato, cuyas cláusulas corresponden a otro tipo de figura jurídica y que se recogen en otros tipos de contratos, que tal vez pueda garantizar, el mismo sujeto, que actúa como fiduciario, pero bajo otro rol. En el fideicomiso, el fiduciario lo que hace es actuar bajo instrucciones, que recibe en los contratos de fideicomisos y para tal fin debe cumplir con las disposiciones que se establezcan en el contrato, debiendo actuar como un administrador diligente o buen padre de familia o gestor de negocios, pero no podrá responder por imponderables del mercado, en los cuales ellos, como fiduciarios no participan emitiendo sus

---

[521]) Ley de Instituciones del Sector Bancario Venezolana
[522]) Artículo 26 de la Ley de Negocios Fiduciarios Nº 92 de Paraguay
[523]) Artículo 105 y 125 de la Ley de Mercado de Valores Nº 107 de Ecuador
[524]) Artículo 647 del Código de Comercio de Costa Rica
[525]) Artículo 20 de la Ley de Fideicomiso Nº 17.703 de Uruguay

propias obligaciones, las cuales emiten otras instituciones distintas del fiduciario, cuyos resultados están sujetos a los vaivenes del mercado.

LA RESPONSABILIDAD:

La mayoría de los países del continente su régimen jurídico se inspira en el derecho romano o napoleónico, lo cual hace que en lo que respecta a la responsabilidad contractual o extracontractual sus principios sean comunes, con las variantes propias de cada región en el tratamiento particular a la figura del fideicomiso o fiducia, como se aprecia en las leyes y normativa prudencial de cada uno de estos países que hemos comentado; con la salvedad de los que manejan el trust, rigiéndose por los principios del *Common Law*.

La **responsabilidad civil** consiste en la obligación que recae sobre una persona de reparar el daño que ha causado a otro, normalmente mediante una indemnización. **Díez-Picazo** define la responsabilidad como ([526]) "la sujeción de una persona que vulnera un deber de conducta impuesto en interés de otro sujeto a la obligación de reparar el daño producido". La responsabilidad civil puede ser contractual o extracontractual.   En el primer caso, estamos hablando cuando la norma jurídica transgredida es una obligación establecida en una declaración de voluntad particular (contrato u oferta unilateral). En el segundo caso, se refiere cuando la norma jurídica violentada es una Ley (en sentido amplio). Responsabilidad puede ser delictual o penal (si el daño causado fue debido a una acción tipificada como delito), o cuasi-delictual o no dolosa (si el perjuicio se originó en una falta involuntaria).   La responsabilidad extra contractual, es definida como ([527]) "aquella que existe cuando una persona causa, ya por sí misma, ya por medio de otra de la que responde, ya por una cosa de su propiedad o de que se sirve, un daño a otra persona, respecto de la cual no estaba ligada por un vínculo obligatorio anterior relacionado con el daño producido".

CLASIFICACIÓN DE LAS OBLIGACIONES:

Las obligaciones se clasifican habitualmente como de medios y de resultados, y esto tiene una gran importancia a la hora de determinar la responsabilidad civil contractual. El incumplimiento, que es uno de los requisitos básicos para que la responsabilidad se produzca, dependerá de la clase de obligación que se asume:

---

[526]) Luis Díez-Picazo y Antonio Gullón: Sistema de derecho civil, volumen II, Tecnos, año 1989. página. 591. Obra citada.
[527]) Responsabilidad Civil. Wikipedia. La Enciclopedia Libre. web

a) OBLIGACIONES DE RESULTADO:

Cuando la norma o el contrato obligan a realizar una cosa determinada, sea ésta una acción o una abstención (hacer o no hacer algo), esta obligación es considerada de resultado. Tal es el caso de un transportista que se obliga a llevar determinada mercancía a un destino en particular. Aquí la responsabilidad es prácticamente automática, pues la víctima sólo debe probar que el resultado no ha sido alcanzado, no pudiendo entonces el demandado escapar a dicha responsabilidad, excepto si puede probar que el perjuicio proviene de una causa ajena (caso fortuito o de fuerza mayor)

b) OBLIGACIONES DE MEDIOS:

Cuando la norma o el contrato obligan al deudor o prestador del servicio a actuar con prudencia y diligencia, la obligación es considerada de medios, como es el caso de las operaciones de fideicomiso, donde el fiduciario actúa por instrucciones del fideicomitente en cumplimiento del encargo que pretende, el cual a su vez, debe sujetar su conducta a la normativa prudencial impuesta por las autoridades.

Paolo Emanuele Rozo Sordini, define lo que son obligaciones de medios y de resultados ([528]), así: "Las Obligaciones de Medios son las obligaciones en las cuales el deudor está obligado a cumplir una actividad, prescindiendo de la realización de una determinada finalidad y, viceversa, son de resultado las obligaciones en las cuales el deudor se obliga a realizar una cierta finalidad, prescindiendo de una específica actividad instrumental..."

El profesor parisino Demogue sostenía que ([529]) "la obligación del deudor no era siempre de la misma naturaleza, ya que podía ser una obligación de resultados o una obligación de medios. Sostenía que esta división no estaba ausente de analogía con aquella otra del derecho penal que clasificaba a los delitos en formales y materiales. Estos últimos se caracterizan por el resultado, en tanto que los primeros se caracterizan por el empleo de medios que ordinariamente conducen a producir un resultado"

---

[528]) Paolo Emanuele Rozo Sordini. "Las Obligaciones de Medios y de Resultados y la Responsabilidad de los Médicos y de los Abogados en el derecho Italiano"
[529]) Cita Felipe Osterling Parodi y Mario Castillo Freire. El Tema Fundamental de las Obligaciones de Medios y Resultados frente a la responsabilidad Civil. Página 475 y 476. Lima Septiembre 2000.

El profesor Argentino Ernesto Clemente Wayar, observa sobre esta tesis de Demogue que (530) "entre las obligaciones de medios y resultados no hay diferencias, siendo su distinción solo aparente, pues en aquellas que la tradición llama de medios es siempre posible encontrar un resultado, lo que se comienza a comprender, cuando se acepta que en toda obligación hay medios y que en toda obligación también se persigue resultados. Obligaciones de resultados y medios son elementos que están íntimamente ligados dentro de la estructura de toda relación obligacional, pués constituyen parte de su esencia"

El fiduciario, en el fideicomiso no garantiza con su actuación que los resultados y finalidades pretendidas por el fideicomitente o constituyente efectivamente se cumplan, por lo cual su gestión u obligación es de medios no de resultados (531), tal como lo establece la legislación de Ecuador.

La culpa según Francesco Carrara es la "Voluntaria omisión de diligencia en calcular las consecuencias posibles y previsibles del propio hecho". En el caso de la obligación de medios es más difícil probar la responsabilidad civil, dado que el incumplimiento no depende sólo de no haber logrado el resultado, sino que habría que demostrar que pudo ser posible haberlo logrado, si el obligado hubiese actuado correctamente. El objetivo principal de la responsabilidad civil es procurar la reparación, que consiste en restablecer el equilibrio que existía entre el patrimonio del autor del daño y el patrimonio de la víctima antes de sufrir el perjuicio. La responsabilidad civil posee un aspecto preventivo, que lleva a los ciudadanos a actuar con prudencia para evitar comprometer su responsabilidad; y un aspecto punitivo, de pena privada.

La responsabilidad del fiduciario aunque de medios, haciendo los mejores esfuerzos en la gestión de estos negocios, es que siempre debe tratar de buscar alcanzar los fines establecidos en el contrato. Si por alguna circunstancia imputable al fiduciario, este patrimonio se

530)Felipe Osterling Parodi y Mario Castillo Freire. Obra citada

531) Artículo 125 de la Ley de Mercado de Valores de Ecuador, señala que "De las obligaciones de medio y no de resultado.- No obstante las obligaciones señaladas precedentemente, así como las que se prevean en el contrato de fideicomiso mercantil y en el de encargo fiduciario, el fiduciario no garantiza con su actuación que los resultados y finalidades pretendidas por el constituyente efectivamente se cumplan.
El fiduciario responde hasta por culpa leve en el cumplimiento de su gestión, que es de medio y no de resultado; esto es, que su responsabilidad es actuar de manera diligente y profesional a fin de cumplir con las instrucciones determinadas por el constituyente con miras a tratar de que las finalidades pretendidas se cumplan"

viera afectado, el fiduciario deberá responder por el daño causado, si las causas son imputables a su acción u omisión. Que sea de medio, la gestión del fiduciario no excluye que algunos negocios fiduciarios, sean de resultados, como comprar un bien determinado, o que en la gestión que emprende el fiduciario hayan actividades accesorias a lo principal, que sean de resultado.

La Ley que regula el fideicomiso en México ([532]) señala que "Las instituciones fiduciarias indemnizarán a los fideicomitentes por los actos de mala fe o en exceso de las facultades que les corresponda para la ejecución del fideicomiso, por virtud del acto constitutivo o de la ley, que realicen en perjuicio de éstos".

Cualquier imputación a la conducta del fiduciario, debe ser valorada en los términos que actúa para terceros, con terceros y que su actuación no genere conflictos de intereses entre el patrimonio del fideicomiso y su propio patrimonio.

4.2.3 EL FIDUCIARIO NO DEBE DELEGAR RESPONSABILIDADES.-

Hay un principio en administración, que señala que la autoridad se puede delegar, pero no la responsabilidad. El fiduciario tiene la responsabilidad del manejo de los fondos fiduciarios que le son confiados, los cuales debe manejar con apego a la normativa legal y contractual. No obstante esto, los fondos de los fideicomisos pueden ser manejados o colocados por terceros, distinto del fiduciario, bien porque lo disponga el fideicomitente y lo acepte el fiduciario o porque surja de la discrecionalidad o relaciones de negocios que tenga el fiduciario con el tercero operador de estos fondos o porque así lo establezca alguna disposición legal o judicial.

Para que terceros administren o dispongan el manejo de los fondos fiduciarios de un ente autorizado como fiduciario, debe estar la autorización prevista en el contrato de fideicomiso y con entes que cumplan las mismas o tengan mayores condiciones de operatividad de los fondos objeto de la delegación. De darse esta particularidad, por disposición contractual debe el fiduciario tratar de deslindar las responsabilidades en el

---

[532]) Artículo 393 de la Ley de Títulos y Operaciones de Créditos de México

manejo de los fondos y cumplimiento de los fines de los fideicomisos de que se trate.

Los fiduciarios que terceros les administren sus fondos fiduciarios, total o parcialmente, bajo cualquier modalidad que implique o pueda implicar delegación, deben tratar de obtener las autorizaciones del caso, las cuales deben recoger en los contratos de fideicomiso, para evitar que pudieran darse delegaciones para las cuales no estuvieran autorizados y que pudieran acarrearles situaciones imprevistas.

Las inversiones dirigidas o masivas que haga el fiduciario en cualquiera de los entes del mercado financiero, bajo los supuestos de riesgo de estos fondos, no implican en ningún caso delegación, está pudiera darse, solo si se suscribe cualquier documento, donde se aprecie que el fiduciario está delegando sus facultades de administrador diligente.

Las inversiones de los fondos deben estar ajustadas a las instrucciones recibidas en el contrato de fideicomiso o a las que se desprendan de la naturaleza del mismo fideicomiso, salvo que se trate de situaciones de fuerza mayor, que deben ser notificadas a los afectados, incluyendo a las autoridades de control o judiciales, dependiendo de su impacto, pero siempre debe actuarse ajustado a lo que disponga la Ley.

5.- INVERSIONES EN MONEDA EXTRANJERA DE LOS FIDEICOMISOS.-

En la legislación fiduciaria y financiera de nuestro continente, encontramos disposiciones que restringen y otras que estimulan la colocación de los fondos fiduciarios fuera del país donde se constituyen los fideicomisos, bien porque así lo señale la normativa fiduciaria y las leyes ([533])

---

[533]) Artículo 77 de la Ley de Mercados de Capitales de Ecuador, señala que "De los fondos internacionales.- Estos fondos pueden ser de tres clases:1. Fondos administrados o colectivos constituidos en el Ecuador que recibirán únicamente inversiones de carácter extranjero para inversión en el mercado ecuatoriano. Estos fondos deberán inscribirse en el Registro del Mercado de Valores y se someterán a las normas establecidas para los fondos de inversión, exceptuando los requisitos de participación máxima, debiendo cumplir con los requisitos de registro que estén vigentes para la inversión extranjera en el país. Los rendimientos podrán ser reembolsados en todo momento atendiendo los plazos fijados en sus normas internas;   2. Fondos administrados o colectivos constituidos en el Ecuador, por nacionales o extranjeros, con el fin de que dichos recursos se destinen a ser invertidos en valores tanto en el mercado nacional como en el internacional. Estos fondos se sujetarán a las leyes y regulaciones del Ecuador. Corresponderá al

o lo establezcan los Estados, a través de sus entes (Bancos Centrales) o porque establezcan controles de cambio ([534]), con algunas excepciones que establecen estas disposiciones, cuando señalan que salvo que esté expresamente señalado en el contrato de fideicomiso la colocación de fondos en el exterior.

Dentro de las potestades de los Estados está regular y controlar el sistema financiero (Bancario, de capitales y de seguro) por razones de política monetaria y financiera, lo cual ejecutan a través del Banco Central u otros de sus Órganos autorizados, cuyas medidas van desde decisiones de fuerza a las propias instituciones financieras, hasta prohibir o limitar la inversión de fondos recibidos en fideicomiso o administrados por cuenta ajena en el exterior, así como las que realicen en el país en divisas, conforme a la normativa que dicten al efecto. Las políticas relacionadas con las inversiones en moneda extranjera, apuntan a evitar fugas de capitales o a estimular el ahorro en divisas, particularmente si hay alta inflación que consume el ahorro interno, para lo cual los Estados emiten deudas en divisas tratando de proveerse de fondos externos, para cubrir importaciones o pagar deudas, con lo cual bajan la presión interna al permitir a los nacionales, que puedan negociar estas obligaciones en divisas en el exterior y así hacerse de inversiones extranjeras o proveerse de fondos líquidos en divisas, en caso que las negocien.

Los países si no logran generar confianza, difícilmente logren atraer inversiones externas, ya que los capitales son huidizos y buscan seguridad jurídica y estabilidad

C.N.V., mediante norma de carácter general regular los requerimientos de liquidez, riesgo e información financiera de los mercados y valores en los que se invertirán los recursos del fondo; y,   3. Fondos constituidos en el exterior, por nacionales o extranjeros. Estos fondos podrán actuar en el mercado nacional y constituirse con dineros provenientes de ecuatorianos o extranjeros.   Las inversiones de los fondos de inversión constituidos con aportes de residentes en el país en moneda extranjera, se regirán por las normas de carácter general que para el efecto expida el Directorio del Banco Central del Ecuador.   En todo caso, los fondos que hayan sido constituidos en el exterior y que capten recursos de residentes en el Ecuador, deberán hacerlo por intermedio de una administradora de fondos constituida en el Ecuador, para lo cual deberán firmar el respectivo convenio de representación, con responsabilidad fiduciaria y sujetarse a los requisitos de información que requiera la Superintendencia de Compañías.   Las administradoras de fondos y fideicomisos constituidas en el Ecuador, serán las únicas instituciones autorizadas para manejar o representar fondos internacionales.

[534]) La Ley de Instituciones del Sector Bancario Venezolana señala que "La Superintendencia de Bancos, previa opinión del Banco Central de Venezuela, la cual será vinculante, podrá condicionar, restringir o limitar la inversión, de los fondos recibidos en fideicomiso o administrados por cuenta ajena, incluyendo mandatos, comisiones y otros encargos de confianza en el exterior, así como la que se realice en el país en divisas o en títulos denominados en moneda extranjera"

política; minimizando riesgo. El manejo económico no debe ser altisonante, se requiere prudencia y racionalidad, la cultura financiera se adquiere actuando, desprovisto de barras y sin demagogia, ese es otro mundo...

5.1. INVERSIONES   EN   MONEDA EXTRANJERA.

Los contrato de fideicomiso que se suscriban, dependiendo del tipo de moneda que se reciba como aporte de capital, deberá el Fiduciario, ajustar su actuación a las instrucciones previstas en el contrato de fideicomiso. Si las instrucciones son invertir o se desprende de la naturaleza del contrato; estos fondos deben ser invertidos, manteniendo el control de los mismos en dicha moneda. De ser los aportes en moneda nacional, se realizarán las inversiones respectivas y los asientos en dicha moneda, pero de ser los fondos recibidos en moneda extranjera, se debe realizar el registro de esos aportes en la moneda de origen, cualquiera que ella sea, para mantener el control que debe llevarse de estas operaciones en divisas, sea en moneda funcional (local) o moneda de presentación (transacción).

Las operaciones en divisas deben ser convertidas, dependiendo de la cotización que tenga en el mercado, a la moneda de transacción, que puede ser dólares, euros u otra moneda de relación, y de este tipo de divisa a la moneda contable (local), para el registro en estas dos monedas (contabilidad dual); manteniéndose el control de la moneda de origen (suscripción de contrato) y de las inversiones que se puedan realizar en esa divisa, para efectos de sus procesos y transacciones que deban realizarse, como cobro de intereses, cancelación de la operación, transferencias o finiquito de contrato.

En las inversiones que realiza el fiduciario de los diferentes fideicomisos que maneja, puede éste por conveniencia, si no hay prohibición expresa de ley, realizar inversiones conjuntas (portafolios) para algunos fideicomisos de entes, instituciones o empresas que sus contratos lo permitan o que se agrupen personas con actividades similares, dependerá de lo que establezcan las leyes de cada país y de las políticas de la Institución respecto a estos fondos, que siempre deben ajustarse a las disposiciones legales y contractuales.

5.2.   FONDOS EN MULTIMONEDA

Las operaciones de los fideicomisos que realiza un fiduciario de cualquier país, si no hay prohibición expresa de ley, pueden realizarlas en cualquier moneda, de acuerdo a las instrucciones contractuales o la discrecionalidad que las leyes le permitan en las colocaciones en divisas. El fiduciario siempre debe tomar previsiones en el manejo de estos fondos fiduciarios. Estas transacciones, en diversas monedas que realiza un fiduciario, es lo que vamos a denominar en esta obra, multimoneda.

Las instituciones fiduciarias que manejan varias monedas, requieren llevar controles especiales; tanto por sus propios controles internos, como los reportes que deben llevar, por los ajustes cambiarios que se hacen o se pueden hacer, cuando se realizan estas operaciones con varias monedas; lo cual implica que deba llevarse controles financieros y contables (control dual). Debe llevarse control en la moneda de transacción (divisa) que se tome como base del control financiero; aunado al control en moneda funcional o contable o legal (local) del país donde opera la institución objeto de estas operaciones, que es parte de la información que suministra el fiduciario a la autoridad local:

5.3.   DIFERENCIAL CAMBIARIO

Diferencial Cambiario es la diferencia de cambio que surge, al convertir un determinado número de unidades de una moneda a otra moneda, utilizando la tasa de cambio correlacionada con esas monedas para esa fecha.

Todas las transacciones que realice la institución en moneda extranjera, diferente a la moneda de transacción (divisa) o la oficial contable (funcional) en un fideicomiso, registrado en una divisa determinada, debe ajustarse al cambio de la moneda de transacción. De ser en moneda (local) la operación, debe hacerse la conversión para la moneda de transacción; a efectos de mantener el control dual, moneda funcional y de transacción. Debe llevarse control de cada una de las operaciones en moneda extranjera de transacción al día; porque estos saldos serán objeto de ajuste en la contabilidad de la moneda contable u oficial (ajuste cambiario); dado que los saldos de la moneda de transacción se mantendrán inalterables, porque ella es lavase o referencia de los cambios de cotización (C/T) de la moneda local

La apreciación (revaluación) o depreciación (devaluación) del tipo de cambio ([535]), puede derivar en incrementos o disminuciones del patrimonio –contabilizado en moneda nacional- de los operadores económicos sometidos al régimen cambiario.   La revaluación o devaluación del signo monetario local, mediante la variación de la tasa de cambio, producirá, potenciales incrementos o disminuciones patrimoniales respecto de quienes sean titulares de divisas o de bienes denominados en esa moneda extranjera. El incremento del cambio de la moneda local derivará en ganancias respecto del acreedor y de pérdidas respecto al deudor de obligaciones pactadas en divisas. Por el contrario, devaluaciones del cambio, supondrán potenciales pérdidas respecto de los deudores de obligaciones denominadas en divisas

Cualquier enriquecimiento o pérdida derivado de la variación del tipo de cambio local de un país, podrá tener efectos tributarios en ese país, cuando se consuma tal variación patrimonial, lo cual sucederá cuando se efectúe la "operación que materialice la transferencia monetaria del diferencial cambiario", o de variaciones patrimoniales derivadas de la tenencia de divisas o de títulos denominados en moneda extranjera, cuando se realice una operación de cambio, operación con la cual se causará el enriquecimiento o la pérdida.

La Norma Internacional de Contabilidad 21 ([536]) Efectos de las Variaciones en las Tasas de Cambio de la Moneda Extranjera, señala

---

[535]) Convenio cambiario N° 36 publicado en Gaceta Oficial de la República Bolivariana de Venezuela N° 40.881 de fecha 07 de abril de 2016, reformado según Gaceta Oficial N° 41.040 de fecha 28.11.2016, Los prestadores de servicios turísticos de alojamiento y los prestadores autorizados de servicios turísticos de transporte recibirán el pago de los servicios que ofrezcan a visitantes y turistas internacionales únicamente en divisas.
-Estos pagos deberán ser mediante el uso de tarjetas de débito y crédito giradas contra cuentas o líneas de crédito en moneda extranjera de sus clientes, o a través de transferencia a la cuenta en moneda extranjera abierta en el sistema financiero nacional…
-Tanto los prestadores de servicios como agencias de viajes y turismo, estarán autorizados a retener y administrar de las divisas recibidas hasta el 60% del monto acreditado, debiendo vender el remanente al Banco Central de Venezuela al tipo de cambio complementario flotante de mercado referencial vigente para la fecha, reducido a 0,25%...
-Los pagos de las mercancías nacionales y extranjeras adquiridas en las personas jurídicas constituidas como Almacenes Libres de Impuestos (Duty Free Shops), ubicadas en los puertos y aeropuertos internacionales, así como aquellas que funcionen a borde de vehículos pertenecientes a líneas aéreas y marítimas nacionales que cubran rutas internacionales, se harán conforme a lo siguiente: a. Las personas naturales residentes en Venezuela que ingresen o egresen al país, podrán hacerlo en bolívares o en las divisas aceptadas por el almacén, empleando como medio de pago dinero en efectivo, tarjetas de débito o crédito, o líneas de crédito en moneda extranjera de los compradores.   b. Las personas naturales no residentes, en tránsito en el país o que ingresen o egresen de Venezuela, deberán pagar únicamente en las divisas aceptadas por el almacén empleando los métodos establecidos en este convenio.

[536]) La Norma Internacional de Contabilidad 21 Efectos de las variaciones en las tasas de Cambio de la Moneda Extranjera (NIC 21) está contenida en los párrafos 1 al 49. Todos los párrafos tienen igual valor normativo, si bien la Norma conserva el formato IASC que tenía cuando fue adoptada por el IASB. La NIC 21 debe ser entendida en el contexto de su objetivo, del Prólogo a las Normas Internacionales de

que el "objetivo de esta Norma es prescribir cómo se incorporan, en los estados financieros de una entidad, las transacciones en moneda extranjera y los negocios en el extranjero, y cómo convertir los estados financieros a la moneda de presentación elegida...

Información Financiera y del Marco Conceptual para la Preparación y Presentación de los Estados Financieros. En los mismos se suministran las bases para seleccionar y aplicar las políticas contables que no cuenten con directrices específicas
Objetivo: La empresa puede llevar a cabo actividades en el extranjero de dos diferentes maneras. Puede realizar transacciones en moneda extranjera o bien puede tener operaciones en el extranjero. En estos casos, con el fin de incluir las transacciones en moneda extranjera y las cuentas de las operaciones en el extranjero, dentro de los estados financieros de la empresa, las operaciones correspondientes deben ser expresadas en la moneda habitualmente utilizada por la empresa para establecer sus cuentas, y los estados financieros de las operaciones en el extranjero deben ser convertidos a la moneda que corresponda a los estados financieros publicados por la empresa   Los principales problemas con los que se enfrenta la contabilidad, en el caso de las transacciones en moneda extranjera y de las operaciones en el extranjero, son los de decidir qué tasa de cambio utilizar para la conversión y cómo proceder al reconocimiento, en los estados financieros, de los efectos de las diferencias de cambio en moneda extranjera.

EL FIDEICOMISO, FIDUCIA O TRUST EN AMÉRICA
CAPÍTULO XIII
LA CONTABILIDAD DEL FIDEICOMISO

"Ignorar las utilidades no realizadas y
considerar eventuales pérdidas".
Principio de la Prudencia

Contenido: LA CONTABILIDAD DEL FIDEICOMISO, FIDUCIA O TRUST 1. La Contabilidad del Fiduciario 2. La Codificación Contable de las Operaciones de Fideicomiso 2.1. El Código de Cuenta de las Operaciones de Fideicomiso 2.2. Registro de las Operaciones de Fideicomiso 3. Principales Asientos Contables en las Operaciones de Fideicomiso 3.1. Constitución o Apertura del Fideicomiso 3.2. Inversión de los Recursos Monetarios del Fideicomiso 3.3. Colocaciones del Fondo Fiduciario en Préstamos 3.4. Desembolsos por Entrega de Fondos o Pagos de Facturas 3.5. Cierre de Cuentas de Resultado 3.6. Entrega de Producto al Beneficiario 3.7. Terminación o Finiquito del Fideicomiso 4. Parametrización de Asientos Contables

El fideicomiso, fiducia o trust, dado su carácter institucional es sujeto y objeto de derechos y obligaciones, lo cual lo consagra como un patrimonio separado, que obliga al fiduciario a llevar una contabilidad o registro separado de estas operaciones; no solo para que no se confundan con el patrimonio propio de éste, prenda común de sus acreedores, sino para que pueda llevar un registro de cada uno de los fideicomisos, a los fines de poder administrarlos y rendir cuenta de su gestión, a las partes interesadas y a las autoridades de control.

La Ley ([537]) exige a las instituciones o personas autorizadas para realizar operaciones de fideicomiso, fiducia o trust que deben llevar una contabilidad o controles separados de estos bienes (patrimonio) de los propios del ente fiduciario y de ellos entre sí. Para cada contrato de fideicomiso, debe llevársele un control separado de sus operaciones, a los fines de poder rendir cuenta de la gestión que con estos bienes realiza el fiduciario, a los otros componentes de la figura, como fideicomitente y beneficiario. Esta información

---

[537]) Artículo 14 de la Ley de Fideicomiso y la Ley de Instituciones del Sector Bancario Venezolana

individualizada es consolida, a fines de gestión y control de las actividades que ejecuta el fiduciario con estos recursos y los reportes que debe dar,   dentro de los términos de Ley, a las autoridades contraloras de estas operaciones dentro de la normativa de cada país, dado la profesionalización del servicio que presta el fiduciario.

1. LA CONTABILIDAD DEL FIDUCIARIO

La contabilidad es definida por el American Institute of certified Public Accountants, Comité on terminology ([538]) como " El arte de registrar, clasificar y sintetizar en forma significativa, expresándolas en dinero, los actos y las operaciones que tengan, aunque sea parcialmente, características financieras y de interpretar sus resultados".   En la Organización Fiduciaria ([539]) encontramos el siguiente comentario: "La contabilidad no es un fin en sí misma; es un instrumento valioso, para determinar o medir el grado o consecución de los objetivos de los entes que realizan ciertas actividades.   Es el lenguaje para comunicar las operaciones financieras de las instituciones a los usuarios de la información"

El fiduciario, a fines de control especial de la gestión que emprende con los fondos fiduciarios, debe reflejar en su contabilidad, en lo que se conoce como cuentas de orden o de memorando, información contable consolidada o general de los distintos fideicomisos que maneja; así como de las demás operaciones de confianza; lo cual le sirve también para excepcionarse con estos bienes ante terceros, que pretendan cualquier acción en contra de ellos, ya que así deslinda los propios de los de terceros, aunque en fideicomiso tenga la propiedad y tutela legal de estos bienes o derechos; salvo lo previsto en la legislación de Ecuador.([540]), donde se personaliza a la figura como institución propia y autónoma, en cuanto a la gestión.

El fiduciario tiene la responsabilidad de separar las operaciones propias de las de los terceros, particularmente las correspondientes a los fideicomisos que suscriba. La banca, empresas de seguros y otros entes financieros que pueden actuar como fiduciarios, tienen su normativa particular, tanto para sus propias operaciones como las que realizan para terceros.   La Ley

---

[538]) La Organización Fiduciaria, página 145. obra del Autor citada
[539]) Loa Organización Fiduciaria, Página 145. obra del autor citada
[540]) Artículo 109 de la Ley de Mercado de Capitales de Ecuador, citado

establece que deben llevarse registros separados de los bienes o derechos de los fideicomisos, fiducia o trust entre sí, y de éstos de los propios del fiduciario, fiduciante, trustee; lo cual configura o determina lo que se conoce como la "Contabilidad Individualizada" de cada fideicomiso, fiducia o trust de manera particular. La profesionalización y masificación del servicio que presta la banca o empresas de seguros a terceros, exige que se debe llevar registros separados en la contabilidad, los cuales consolida, no solo por imperativo legal, como lo establece toda la normativa del continente, sino por la gestión eficiente que debe demostrar el fiduciario, lo cual requiere de reglas y prácticas uniformes, dentro del contexto que han venido estableciendo las autoridades de control del sistema bancario o de seguros.

2. LA CODIFICACIÓN CONTABLE DE LAS OPERACIONES DE FIDEICOMISO

Para la contabilidad de las operaciones de fideicomiso el fiduciario debe acogerse a la Ley y la normativa que establezcan las autoridades de control del Estado, las cuales fijan una codificación contable especial a estas instituciones financieras para el registro de sus propias operaciones y dentro de ellas de manera separada registrados en Cuentas de Orden las operaciones de fideicomiso u otros encargos de confianza, pero esto es sólo a fines de identificación en sus balances; dado que el fiduciario por disposición legal y como exigencia del control interno que debe establecer de las operaciones que realiza para terceros debe llevar una contabilidad separada de estas operaciones, tal como lo establecen las autoridades de control de cada país.

En la contabilidad bancaria o de seguros se ha venido identificando a las operaciones de fideicomiso y otros encargos de confianza con una numeración especial, la cual tiene su correspondiente contrapartida, dentro de la codificación contable de sus propias operaciones, identificadas en el Código (Catálogo) de Cuentas de la Banca o empresas de Seguros, así:

CÓDIGO DE CUENTAS DE LA BANCA
GRUPO DE CUENTAS

1 CUENTAS DEL ACTIVO
2 CUENTAS DEL PASIVO
3 CUENTAS PATRIMONIALES
4 CUENTAS DE GASTOS
5 CUENTAS DE INGRESOS
6 OTRAS CUENTAS
7 CUENTAS DE FIDEICOMISO
8 OTRAS CUENTAS.

El número 7 es identificatorio del renglón relacionado con las operaciones de fideicomiso en el Código de Cuentas del Ente Fiduciario Bancario([541]) en Venezuela, el cual antecede los registros contables (asientos) de las operaciones de los fideicomisos en los entes fiduciarios, como podrán apreciar en el código contable que se menciona a continuación, que vamos a tomar como ejemplo, y cuyos registros dan la base de los controles de estas operaciones para el propio ente fiduciario en su contabilidad, y para las autoridades. La estructura contable de fideicomiso es la misma del fiduciario, con sus grupos de cuentas del activo, pasivo, capital, gastos e ingresos, pero diferenciadas por el número 7 que señalamos en la exposición y nuestros ejemplos.

2.1. EL CÓDIGO DE CUENTA DE LAS OPERACIONES DE FIDEICOMISO.-

La codificación contable para las operaciones de fideicomiso, es semejante en nuestros países, porque ellas se ajustan a los principios contables y los estándares utilizados por la banca e instituciones financieras o de seguros. A fines demostrativos y explicativos, tomemos como ejemplo el Código de Cuentas e Instrucciones que establece la Superintendencia de Bancos de Venezuela a las Instituciones bancarias ([542]), que realizan estas operaciones:

---

[541] En Venezuela el Código de la Banca para Operaciones de Fideicomiso y Otros Encargos de Confianza.
[542]) Código de cuentas de la Banca en Venezuela, que entró en vigencia el 01 de julio del año 2001.

CÓDIGO DE CUENTAS DE FIDEICOMISO

RUBRO   CÓDIGO   700.00

NOMBRE FIDEICOMISOS Y ENCARGOS DE CONFIANZA

"DESCRIPCIÓN. Se registran en este rubro aquellas operaciones en las cuales una persona llamada fideicomitente transfiere uno o más bienes al fiduciario (Institución Financiera) quien se obliga a utilizarlo a favor de aquél o de un tercero llamado beneficiario.

Si la institución financiera asume riesgos económicos y financieros, tal condición deberá estar explicita en el contrato y las operaciones deben registrarse como activos y pasivos directos de la misma ([543])

Comprende las cuentas representativas de los activos, pasivos, patrimonio, gastos e ingresos correspondientes a los fideicomisos, en los cuales la institución actúa como fiduciaria, así como los mandatos, comisiones y otros encargos de confianza, y las contracuentas correspondientes para estos últimos.

Se utilizan los códigos de grupos 710.00 y 740.00 para registrar los saldos deudores del activo y gastos, respectivamente, y los códigos 720.00, 730.00 y 750.00 para registrar los saldos acreedores del pasivo, patrimonio e ingresos de los fideicomisos. A través de la utilización de las cuentas de los grupos mencionados, debe elaborarse para cada fideicomiso un Balance General y Estado de Resultado con una estructura similar a la de los estados financieros que se establece para las instituciones financieras. Los saldos de las cuentas y subcuentas representan los importes a nivel consolidado de todos los fideicomisos administrados por la institución.

Los activos que conforman los estados financieros de los fideicomisos deben ser presentados y valuados con base a los mismos parámetros con que el instituto valora sus propios activos, excepto las inversiones en títulos valores

---

[543]) Nota del autor: Pretender contabilizar las operaciones de fideicomiso como activos y pasivos cruzados en la contabilidad propia del fiduciario, por que éste no tome previsiones o que estas operaciones se salgan de las actuaciones que debe seguirse con estos fondos, no es lo más saludable que debe hacerse, allí privan otras medidas de sanidad financiera y de control.

las cuales deben ser presentadas y valuadas al costo de adquisición, éste último debe guardar consonancia con el valor de mercado a la fecha de adquisición o compra, ajustadas por la amortización de las primas o de los descuentos. Si se evidencia un deterioro importante en el valor de las inversiones, tal deterioro debe ser registrado en los resultados del ejercicio en el cual ocurre.

La institución presentará a la superintendencia de Bancos y Otras Instituciones Financieras, un consolidado de los estados financieros de los fideicomisos; sin embargo, debe contar con información individual de cada uno de éstos, la que puede ser solicitada, en cualquier momento, por el organismo de Control

Los bienes fideicometidos constituyen un patrimonio autónomo ([544]) apartado para los propósitos del fideicomiso, razón por la que, todas sus operaciones deben registrarse en forma separada de las operaciones propias de la institución, además los bienes y documentos representativos de derechos y obligaciones del fideicomiso deben guardarse segregados claramente de los bienes propios de la institución.

Las cuentas de los grupos 760.00 y 770.00 corresponden a las cuentas deudoras y acreedoras de los otros encargos de confianza. Así como las cuentas de los grupos 780.00 y 790.00 corresponden a las cuentas deudoras y acreedoras por otros encargos de confianza de los recursos del Régimen Prestacional de Vivienda y Hábitat (Fondos de ahorro para la vivienda)..."

---

[544]) Nota del Autor: La autonomía es propia de la voluntad de los sujetos, no de los bienes, por lo tanto el bien es separado. Véase diferencias entre estos dos conceptos en la obra.

CÓDIGO DE CUENTAS

RUBRO: FIDEICOMISOS Y ENCARGOS DE CONFIANZA

GRUPO   CÓDIGO: 710.00

NOMBRE: ACTIVOS DE LOS FIDEICOMISOS

DESCRIPCIÓN   Comprende las cuentas y subcuentas que representan los activos del fideicomiso con las mismas características de los activos de las cuentas del rubro activo, grupos 110.00 al 180.00 precisados en el presente manual de cuentas. Las subcuentas serán aperturadas de acuerdo a la necesidad de las instituciones, respetando la misma apertura del código de cuentas principal, excepto las subcuentas de disponibilidades, que son las únicas que deben mantener los fideicomisos.

CUENTA   711.00   DISPONIBILIDADES

SUBCUENTAS   711.02   Depósitos en la institución

711.03   Otras Disponibilidades

CUENTAS   712.00   INVERSIONES EN TÍTULOS VALORES

713.00   CARTERA DE CRÉDITOS

SUBCUENTAS   713.01   Créditos vigentes
713.01.M.01   Préstamos por cobrar vigentes
713.01.M.02   Préstamos a beneficiarios por cobrar vigentes
713.02   Créditos reestructurados
713.02.M.01   Préstamos por cobrar reestructurados
713.02.M.02   Préstamos a beneficiarios por cobrar reestructurados
713.03   Créditos vencidos
713.03.M.01   Préstamos por cobrar vencidos

	713.03.M.02	Préstamos a beneficiarios por cobrar vencidos
	713.04	Créditos en litigio
	713.04.M.01	Préstamos por cobrar en litigio
	713.04.M.02	Préstamos a beneficiarios por cobrar en litigio
CUENTAS	714.00	INTERESES Y COMISIONES POR COBRAR
	716.00	BIENES REALIZABLES
	717.00	BIENES RECIBIDOS PARA SU ADMINISTRACIÓN
	718.00	OTROS ACTIVOS
SUBCUENTA	718.01	Fideicomisos de garantías

SUBSUBCUENTAS

	718.01.M.01	Garantías inmobiliarias
	718.01.M.02	Garantías mobiliarias
	718.01.M.03	Garantías de títulos valores
	718.01.M.04	Otros fideicomisos de garantía
SUBCUENTA	718.02	Diferencias del ajuste por redondeo en la reconversión monetaria

DESCRIPCIÓN   En esta subcuenta se registran las diferencias deudoras y acreedoras que se originen por el redondeo en las distintas partidas que conforman las cuentas de activos de los fideicomisos, producto de la reconversión monetaria.

La institución financiera deberá llevar un control de todos los registros contables efectuados en esta cuenta y mantendrá a disposición de la Superintendencia de Bancos y Otras Instituciones Financieras la identificación de forma clara de cada uno de los montos que lo conformen.

Estas partidas se mantendrán en el tiempo hasta tanto este Organismo indique su reclasificación y/o imputación a la cuenta de resultados que corresponda.

SUBSUBCUENTAS

718.02.M.01	Disponibilidades
718.02.M.01.01	Diferencias deudoras
718.02.M.01.02	(Diferencias acreedoras)
718.02.M.02	Inversiones en títulos valores
718.02.M.02.01	Diferencias deudoras
718.02.M.02.02	(Diferencias acreedoras)
718.02.M.03	Cartera de créditos
718.02.M.03.01	Diferencias deudoras
718.02.M.03.02	(Diferencias acreedoras)
718.02.M.04	Intereses y comisiones por cobrar
718.02.M.04.01	Diferencias deudoras
718.02.M.04.02	(Diferencias acreedoras)
718.02.M.05	Bienes realizables
718.02.M.05.01	Diferencias deudoras
718.02.M.05.02	(Diferencias acreedoras)
718.02.M.06	Bienes recibidos para su administración
718.02.M.06.01	Diferencias deudoras
718.02.M.06.02	(Diferencias acreedoras)
718.02.M.07	Otros activos
718.02.M.07.01	Diferencias deudoras
718.02.M.07.02	(Diferencias acreedoras)

SUBCUENTA	718.99	Otros

DINÁMICA   Similar al tratamiento de las cuentas del rubro activo, grupos 110.00 al 180.00 precisados en el presente manual de cuentas, en lo que sea aplicable. En la subcuenta 718.01 "Fideicomisos de garantías" se registran los activos subyacentes de los fideicomisos cuyo objeto sea garantizar obligaciones. En este sentido, los bienes muebles e inmuebles recibidos en fideicomiso de garantía, no serán objeto de valoración alguna por parte del fiduciario; por tanto su registro se efectuará por el valor asignado en el contrato de fideicomiso, manteniéndose dicho valor durante el tiempo establecido en el contrato.

SUBCUENTAS   Similar al código de cuentas, en lo que corresponda

GRUPO   **CODIGO: 720.00**

NOMBRE: PASIVOS DE LOS FIDEICOMISOS

DESCRIPCION   Comprende las cuentas y subcuentas que representan los pasivos de los fideicomisos con las mismas características de las cuentas del rubro pasivo, grupos del 220.00 al 260.00 y el 290.00 precisados en el presente manual de cuentas.

CUENTAS: 721.00   OBLIGACIONES FINANCIERAS
            722.00   OTRAS CUENTAS POR PAGAR
            723.00   PROVISIONES

DINAMICA   Similar al tratamiento de las cuentas de los grupos del 220.00 al 260.00 y el 290.00 del rubro pasivo, precisados en el presente manual de cuentas, en lo que sea aplicable.

SUBCUENTAS   Similar al código de cuentas, en lo que corresponda.
            724.00   OTROS PASIVOS
SUBCUENTAS   724.01   Otros pasivos
            724.02   Diferencias del ajuste por redondeo en la reconversión monetaria

DESCRIPCIÓN   En esta subcuenta se registran las diferencias deudoras y acreedoras que se originen del ajuste por redondeo en las distintas partidas que conforman los rubros pasivo y patrimonio de los fideicomisos, producto de la reconversión monetaria.

La institución financiera deberá llevar un control de todos los registros contables efectuados en esta cuenta y mantendrá a disposición de la Superintendencia de Bancos y Otras Instituciones Financieras la identificación de forma clara de cada uno de los montos que lo conformen.

Si de la revisión que efectúa este Organismo se determina que la institución financiera incluyó partidas u operaciones que no se corresponden con lo señalado en esta subcuenta, la Superintendencia Bancos y Otras Instituciones Financieras instruirá los ajustes a que hubiere lugar.

Estas partidas se mantendrán en el tiempo hasta tanto este Organismo indique su reclasificación y/o imputación a la cuenta de resultados que corresponda

SUBSUBCUENTAS

724.02.M.01	Obligaciones financieras
724.02.M.01.01	(Diferencias deudoras)
724.02.M.01.02	Diferencias acreedoras

SUBSUBCUENTAS

724.02.M.02	Otras cuentas por pagar
724.02.M.02.01	(Diferencias deudoras)
724.02.M.02.02	Diferencias acreedoras
724.02.M.03	Provisiones
724.02.M.03.01	(Diferencias deudoras)
724.02.M.03.02	Diferencias acreedoras
724.02.M.04	Otros pasivos
724.02.M.04.01	(Diferencias deudoras)
724.02.M.04.02	Diferencias acreedoras
724.02.M.05	Patrimonio asignado de los fideicomisos
724.02.M.05.01	(Diferencias deudoras)
724.02.M.05.02	Diferencias acreedoras
724.02.M.06	Reservas
724.02.M.06.01	(Diferencias deudoras)
724.02.M.06.02	Diferencias acreedoras
724.02.M.07	Ajustes al patrimonio
724.02.M.07.01	(Diferencias deudoras)
724.02.M.07.02	Diferencias acreedoras
724.02.M.08	Resultados Acumulados
724.02.M.08.01	(Diferencias deudoras)
724.02.M.08.02	Diferencias acreedoras

GRUPO   **CODIGO:**   **730.00**

NOMBRE: PATRIMONIO DE LOS FIDEICOMISOS

DESCRIPCION   Comprende las cuentas y subcuentas del patrimonio de los fideicomisos en las cuales la institución actúa como fiduciaria, así como los importes capitalizados provenientes de los resultados acumulados generados por los fideicomisos. Por lo tanto los saldos de las cuentas representan el monto del patrimonio autónomo de los fideicomisos.

CUENTA   **731.00**   **PATRIMONIO ASIGNADO DELOS FIDEICOMISOS**

SUBCUENTAS   731.01   Fideicomisos de inversión

731.02   Fideicomisos de administración

SUBSUBCUENTAS

731.02.M.01 Prestaciones sociales
731.02.M.02 Fondos o cajas de ahorros
731.02.M.03 Cooperativas y similares
731.02.M.04 Desarrollos inmobiliarios
731.02.M.05 Programas de financiamiento
731.02.M.06 Clubes y asociaciones similares
731.02.M.07 Sociales y asistenciales
731.02.M.08 Testamentarios
731.02.M.99 Otros de administración

SUBCUENTA   731.03   Fideicomisos de garantía

SUBSUBCUENTAS
731.03.M.01 Garantías inmobiliarias
731.03.M.02 Garantías mobiliarias

731.03.M.03 Garantías de títulos valores
731.03.M.04 Otros fideicomisos de garantías

SUBCUENTAS   731.04   Fideicomiso características mixtas

731.05   Otros fideicomisos

732.00   RESERVAS

733.00   AJUSTES AL PATRIMONIO

734.00   RESULTADOS ACUMULADOS

DINAMICA   Se debita:

1.   Por la reducción del monto de los fideicomisos.

2.   Por la entrega a los fideicomisarios de los resultados generados por el fideicomiso.

3.   Por la cancelación de los fideicomisos.

Se acredita:

1.   Por los importes aportados por los fideicomitentes.

2.   Por los importes de los resultados generados por las operaciones de los fideicomisos.

SUBCUENTAS   Similar al código de cuentas, en lo que corresponda" ([545])

2.2. REGISTRO DE LAS OPERACIONES DE FIDEICOMISO

El registro de las operaciones de fideicomiso en la contabilidad del ente fiduciario (cuentas de orden) y en la propia de los fondos fiduciarios, deben estar ajustadas a las instrucciones del Código de Cuentas que para estas operaciones debe llevar a cabo el fiduciario, dentro de las normas establecidas y de acuerdo a la naturaleza de esta institución del derecho, dado que sus bienes o derechos no

---

[545]) Código de cuentas de la SUDEBAN de Venezuela, con sus ultimas adecuaciones al año 2015; el cual utilizamos como ejemplo para los asientos contables

corresponden a la prenda común de los acreedores del fiduciario, ni a la de los otros participantes en la figura (fideicomitente y beneficiario o fideicomisario). El ente fiduciario para operar este servicio debe crear un departamento o unidad, dentro de su organización; a los fines de llevar un control separado de las operaciones de fideicomiso, para lo cual debe contratar también tecnología especializada en estas operaciones ([546]), que debe coordinar con sus propios recursos tecnológicos, llevando control por separado de cada uno de los contratos suscritos y de la integración de la información para su manejo, publicación y presentación a las autoridades de control; así como para la ejecución de operaciones consolidadas, como el manejo de los portafolios de inversión de los recursos de los fideicomisos, y las que pueda proveer en la web u otros medios para los clientes, que deben ser muy individualizadas (personalizados), por las particularidades de esta información, que su contenido masivo o consolidado solo atañe al fiduciario y a las autoridades de control.

2.3. REGISTROS CONTABLES EN MULTIMONEDA

Los fideicomiso que se suscriban en moneda extranjera se capturan sus datos en la moneda que se original la operación, de ser diferente esta moneda a la que se utiliza como de transacción, se indicar también este dato y su contravalor en esta moneda; ya que su registro se hará en la moneda de transacción y de ésta a la funcional (contable) u oficial del país. Este procedimiento puede ser primero en la funcional del país, aunque esto es indiferente, cual es primero. Cada fideicomiso es independiente uno de otro, por eso su registro en la moneda funcional (local o nacional) y en moneda extranjera (presentación o transacción) por el ajuste cambiario. La moneda de presentación es la que se usa como referencia, en las operaciones en monedas extranjeras diferentes; que requieren tener una moneda base de comparación.

---

[546]) Sistema de Fideicomiso "Fiducia 2000": email: fiducia2000@cantv.net y; fiducia2000@gmaail.com y corpotrust@gmail.comTfnos: 0212-6149236; 0416-8032975; 0412-2510758 (disponible para venta y representación internacional)

2.3.1. REGISTROS CONTABLES EN MULTIMONEDA

Las Operaciones de los fideicomisos en la moneda extranjera de transacción, se hace el registro contable en esa moneda. Este asiento que se hace en la contabilidad de transacción, que sirve para los controles en esta moneda; sirve, a su vez, para con sus datos generar la contabilidad funcional ajustado al cambio del día de la moneda oficial del país, en las Cuentas de Contables; generando de allí la contabilidad o balances en estos tipos de moneda, del fideicomiso que corresponda.

Para llevar la contabilidad ajustada a la cotización de la moneda oficial (funcional), se ajustan los saldos de la contabilidad de transacción (divisas) a la moneda contable (local), dividiendo el monto en divisa de cada operación por el factor de cambio (1/TC), para ajustar el diferencial cambiario (ganancia o pérdida); tanto de las cuentas de activos en divisas, como las cuentas de pasivos en divisas, procesos que se ejecutan diariamente (cambio del día), quedando ajustado los saldos en la moneda contable (local) al día.

2.3.2. BALANCES   MENSUALES   O   A REQUERIMIENTOS EN MULTIMONEDA:

En los cierres mensuales, deben contabilizarse los intereses causados y no cobrados, tanto de las colocaciones (inversiones y créditos) como de las cuentas financieras por pagar, si tienen estos intereses y los ajustan mensual también (política del Instituto). Como tenemos contabilidad dual, los balances mensuales que publiquen o envían a los entes oficiales o relacionados, solo deben ajustar los saldos del balance de transacción, si hay variación de tasa de cotización. De no haber variación, los Balances están ajustados por la adecuación que se hace, cada vez que hay cambio en las cuentas en moneda contables, asientos por diferencial cambiario, así se tiene la contabilidad dual al día. Estos procesos deben ejecutarlos también para los cierres de ejercicios semestrales o anuales, tanto de intereses devengados como de los ajustes por cotización cambiaria.

las transacciones que realice la institución en moneda diferente (divisas) a la moneda de transacción o la oficial contable (local) en un fideicomisos registrado en divisas, debe ajustarse al cambio de la moneda de transacción. De ser en moneda (local) la operación, debe hacerse la conversión para la moneda de transacción; a efectos de mantener la contabilidad dual. Debe tenerse el manejo y control de cada una de las operaciones en moneda de transacción al día; porque estos saldos serán objeto de ajuste en la contabilidad de la moneda contable u oficial (ajuste cambiario); dado que los saldos de la moneda de transacción se mantendrán inalterables a los cambios de cotización de la moneda local ([547]).

BALANCES CONSOLIDADOS: El Área de Fideicomiso debe emitir balances consolidados de todos y cada uno de los fideicomisos suscritos (contratos), tanto para efectos de manejo interno, como para reportes a las autoridades. Esto es solo estadístico y financiero, cada fideicomiso es independiente uno de otro legal y contablemente.

2.3.3. AJUSTES POR DIFERENCIAL CAMBIARIO

Los ajustes por diferencial cambiario sean ingresos o egresos, se realizan cada vez que haya cambio de la tasa de cotización, ajustes que pueden contabilizarse en las cuentas de resultados (ganancias y pérdidas) o contra la cuenta patrimonial de superávit, dependiendo de la política o directrices a las cuales deba ajustarse el fiduciario. De ser contra las cuentas de resultados, en cada ejercicio se irán eliminando y ajustadas a la cuenta patrimonial. En el superávit, se reflejará su saldo. Estas adecuaciones son asientos que se realizan como lo defina la institución y de acuerdo a lo que dispongan las autoridades de control; bien correspondan a ajustes de cuentas de activos y/o pasivos.

2.3.4. LOS CIERRES SEMESTRALES O ANUALES:

El cierre semestral o anual, si llevas la contabilidad diaria ajustada al cambio siempre que se suceda; no requiere hacer ajuste por este concepto; salvo que en ese día haya variación cambiaria, pero se hará como los procesos diarios, en cada fideicomiso. Los software facilitan estos procesos, para balance de moneda funcional y de presentación

3. PRINCIPALES ASIENTOS CONTABLES EN LAS OPERACIONES DE FIDEICOMISO, FIDUCIA O TRUST:

A fines explicativos, se exponen los asientos contables más frecuentes que se generan en la contabilización de las operaciones de fideicomiso, para lo cual vamos a utilizar el Código de Cuentas que utiliza la Banca Venezolana y que está indicado supra. Los asientos, son los mismos en todas

---

[547]) Cuando una entidad presente sus estados financieros en una moneda que sea diferente de su moneda funcional, señalará que sus estados financieros son conformes con las NIIF, solo si cumplen con todos los requerimientos de las NIIF, incluyendo las que se refieren al método de conversión establecido en los párrafos 39 y 42.

partes, lo que puede variar es la mención que se pueda hacer en unos países con respecto a otros, pero siempre activo es activo, pasivo es pasivo, gasto es gasto e ingreso es ingreso; no importa cómo se le menciona o se adjetivisa su correlación o derivación que los acompañe, como por ejemplo la mención de los ingresos efectivamente cobrados, que los señalan como: Ingresos devengados realizados, ingresos cobrados, ingresos causados y cobrados, entre otras menciones que les puedan poner...Desde que los italianos implementaron la Partida Doble en Contabilidad, todo se ha mantenido igual; la tecnología solo ha aportado velocidad e inmediatez en los procesos e información colateral:

3.1. CONSTITUCIÓN O APERTURA DEL FIDEICOMISO:

a) Aporte en Efectivo:

El fideicomiso se registra de acuerdo a las características del bien que aporta el fideicomitente para su constitución. De ser en efectivo, se realizará el siguiente asiento contable, sea en moneda nacional o moneda extranjera. La subcuenta de la moneda nacional y extranjera estará determinada en el Código de Cuentas de cada país:

ASIENTO CONTABLE			
CODIFICACIÓN	NOMBRE DE LA CUENTA	DEBE	HABER
711.00.01	DISPONIBILIDADES M/N	XX	
711.00.02	DISPONIBILIDADES M/E	XX	
731.00	CAPITAL DEL FIDEICOMISO MONEDA NACIONAL O EXTRANJERA		XXXX

El soporte de estos recursos en efectivo es el cheque depositado o la nota de crédito a favor de la cuenta del fideicomiso, en la moneda del aporte, bien en moneda nacional o moneda extranjera, con cargo a la cuenta del fideicomitente o por transferencias realizadas a las cuentas del ente fiduciario, en su cuenta corriente local o de ser el aporte en divisa en la cuenta corriente en moneda extranjera del fiduciario. Realizar aportes en dinero efectivo, es muy excepcional, pero de darse el caso, se debe manejarse dentro de la normativa de la institución fiduciaria y lo que dispongan las leyes.

El saldo que presente la cuenta 711 del balance consolidado del fideicomiso es la suma de las cuentas 711.00 de los distintos fideicomisos que maneje el fiduciario, la cual debe cuadrar con la cuentas o cuentas donde se reflejen las disponibilidades del fideicomiso, bien que las maneje en el propio instituto o en otra institución, en caso de moneda nacional o en cuenta en el exterior, en caso de moneda extranjera. La dirección del ente fiduciario, debe exigir estos cuadres diarios, a fines de control interno y de evitar distorsiones por errores que comenten los operadores, que al acumularlos se les hace más difícil adecuar o subsanar.

Los fondos disponibles que reciba el fiduciario pueden registrarlos en cuentas transitorias (fecha valor) hasta tanto estén disponibles estos fondos. Asimismo, pueden utilizar subcuentas en las disponibilidades para registrar recursos monetarios que deben inmovilizar por cualquier motivo, hasta tanto sean colocados o destinados a sus fines o incluidos en los fondos disponibles que utiliza en los portafolios, que tienen cuentas específicas para registrar estos fondos disponibles, aspectos éstos que deben regirse por la política que fije la institución.

En caso, que la institución fiduciaria opere con la misma moneda extranjera del aporte fiduciario, realizará sus asientos en dicha moneda y se ajustará a lo que disponga su régimen jurídico, respecto a su moneda nacional y a los controles que deba llevar. Los saldos disponibles en moneda extranjera deben ajustarse a las variaciones cambiarias, que estas tengan respecto a la moneda local, bien por devaluación o apreciación de la moneda por cambio monetario.

b) Aporte en Otro Tipo de Bienes o Derechos:

De ser el aporte en otro tipo de bien (muebles o inmuebles o derechos), distinto de efectivo, se registran con cargo a la respectiva cuenta o combinaciones de ellas, de acuerdo a la codificación que los identifique en el Código de Cuentas del ente fiduciario, tal como se muestra en el siguiente ejemplo, donde se señalan las diferentes cuentas del activo que serían objeto de cargo, de corresponder al tipo de bien con que se apertura el Fideicomiso a esa cuenta, con abono a la cuenta de capital, también identificando el tipo de fideicomiso de que se trate (Subcuentas). Estos aportes distintos de efectivo realizable, se registraran y se llevaran sus controles en la moneda que corresponda, bien sea moneda nacional o moneda extranjera:

CODIFICACIÓN	ASIENTO CONTABLE		
	NOMBRE DE LA CUENTA	DEBE	HABER
711.00.	DISPONIBILIDADES	XX	
712.00	INVERSIONES EN TÍTULOS VALORES	XX	
713.00	CARTERA DE CRÉDITOS	XX	
716.00	BIENES REALIZABLES	XX	
717.00	BIENES RECIB. ADMINISTRACIÓN	XX	
718.00	FIDEICOMISO DE GARANTÍA	XX	
731.00	CAPITAL DEL FIDEICOMISO		XX

El soporte de cualquiera de estas cuentas, será el bien entregado o la documentación donde se hace el traspaso, con las formalidades de Ley.

Los registros simbólicos o aquellos contratos que se suscriben y sus Fondos son entregados en fechas posteriores, debe tenerse presente que en caso de asignar una cantidad referencial (1 unidad u otro monto), ésta debe ser reversada o adecuada al monto del contrato, una vez se consignen los aportes en la moneda que corresponda.

3.2. INVERSIÓN DE LOS RECURSOS MONETARIOS DEL FIDEICOMISO

El fiduciario debe colocar los fondos monetarios del fideicomiso de acuerdo a las instrucciones establecidas en el contrato y la normativa legal, acorde a las políticas y estrategias trazadas por la Organización Fiduciaria, bien en moneda local o extranjera. Los fondos deben ser invertidos tomando las previsiones de ley, riesgo y en razón de las exigencias de disponibilidad y rentabilidad que se haya establecido en el contrato o que se desprenda de la naturaleza del tipo de fideicomiso suscrito.

Los recursos invertidos en títulos valores en moneda nacional o extranjera deben ser recuperados en la medida que vayan venciendo, procediendo a mantenerlos disponibles o reinvertirlos de acuerdo a lo que establezca el contrato con el cual están relacionados. Estos títulos valores, que conforman las inversiones del fondo fiduciario, también pueden ser negociados antes del vencimiento, dependiendo de las exigencias de disponibilidades o de las situaciones financieras que ellos presenten, pudiendo presentarse ganancias o pérdidas en la recuperación antes del vencimiento (títulos de renta fija) o ventas que se hagan de los mismos (títulos de renta variable). En cualquiera de las situaciones deben contabilizarse la ganancia o la pérdida en la negociación.

Las inversiones que se hagan en moneda extranjera deben registrarse y llevarse control administrativo, financiero y contable, por las variantes de cambio que pueda haber entre la cotización de la divisa de la inversión realizada y la moneda nacional (diferencial cambiario).

La metodología que se sigue en los entes fiduciarios y la banca en general, es que las inversiones se registran a su valor de compra o costo y que la prima o el descuento se amorticen en el lapso de la inversión ([548]). Esta metodología está establecida en el código de cuentas

---

[548]) Código de Cuentas de la Superintendencia de Bancos de Venezuela, señala que "Los activos que conforman los estados financieros de los fideicomisos deben ser presentados y valuados con base a los mismos parámetros con que el instituto valora sus propios activos, excepto las inversiones en títulos valores las cuales deben ser presentadas y valuadas al costo de adquisición, éste último debe guardar consonancia con el valor de mercado a la fecha de adquisición o compra, ajustadas por la amortización de las primas o de los descuentos. Si se evidencia un deterioro importante en el valor de las inversiones, tal deterioro debe ser registrado en los resultados del ejercicio en el cual ocurre".

impuesto por la Superintendencia de Bancos a las Instituciones Financieras Venezolanas, tanto para sus propias inversiones como las que realizan para terceros, como es el caso las inversiones con los fondos fiduciarios, sean en moneda nacional o moneda extranjera.

Cuando se adquieren inversiones entre fechas de pago de intereses, el precio normalmente incluye intereses acumulados, los cuales deben registrarse como intereses por cobrar y la diferencia del precio de compra debe cargarse a la cuenta de Inversión.

Cuando se adquieren inversiones con Prima o Descuento deben registrarse estas a su valor de costo o compra, por lo cual la "prima" o el "descuento" debe amortizarse en el lapsos de vigencia de los títulos valores, esto es en el lapso de compra y vencimiento o fecha de negociación de la obligación.

Para la amortización de Primas y Descuentos de las obligaciones adquiridas (inversiones) se realizan utilizando el método de la línea recta o el método de interés efectivo o en su defecto el de ajustes, los cuales se comentan a continuación:

a) La Amortización por el Método en Línea:
Este método consiste es amortizar la prima o el descuento durante el lapso de compra y vencimiento o negociación de la inversión, el cual es muy práctico.
El método de línea recta produce un ingreso constante por interés, pero también produce una tasa variable de rendimiento sobre el valor en libros de la inversión, lo cual representa la diferencia con el método del interés efectivo, que se comenta de seguido.

b) La Amortización por el Método de Interés Efectivo:
El método de interés efectivo da por resultado una cantidad variable que se registra como intereses recibidos de periodo a periodo, su virtud es que produce una tasa constante de rendimiento sobre el valor en libros de la inversión.

Se calcula la tasa de interés efectivo o rendimiento en la fecha de la inversión y se aplica al valor inicial en libros de la inversión por cada periodo de intereses. En cada periodo aumenta o disminuye el valor en libros de la inversión por la amortización del premio o del descuento.

c) Amortización por el Método de ajuste a la fecha de cierre o venta de la obligación

Este método como su nombre lo indica corresponde a realizar ajuste a las fechas de cierre o venta.

El método que debe aplicarse es el que establezca la normativa jurisprudencial y fiscal de cada país, el cual en la banca venezolana, que vamos a tomar como ejemplo, es el de línea recta y que las inversiones se registren a su valor de compra, con amortización de las primas o descuentos en los lapsos de vigencia de la inversión. Los asientos que vamos a utilizar y las cuentas que los integran serán los mismos, cualquiera que sea el método que se utilice, lo que cambia son los montos aplicados por la metodología que se usa para registrarlos.

Además de afectar los intereses con el monto de la amortización de la prima o el descuento, o que el monto de amortización de la prima o el descuento se lleven directamente a cuentas de ingresos por el descuento o a cuentas de gastos por la primas, según sea el caso, como lo exponemos más abajo en los ejemplos. Debe seguirse, siempre por imperativo legal, el criterio que establece el Código de Cuentas de la Banca o el tipo de Institución de que se trate (Empresas de Seguros o Casas de Bolsa), ajustados a la normativa de cada país.

La Norma Internacional de Contabilidad NIC 25 ([549]), establece además que los intereses, regalías, dividendos, y rentas recibidos con relación a las inversiones, se consideran generalmente como ingresos, pues son el rendimiento de la inversión. Además, en la disposición de una inversión, la diferencia entre los productos netos de la venta y el valor en libros debe cargarse o acreditarse a los resultados. Asimismo, la diferencia entre el costo de adquisición y el valor de redención de una inversión (el descuento o prima en la adquisición), generalmente es amortizado durante el periodo comprendido desde su fecha de adquisición hasta su fecha de

---

[549]) Esta Norma Internacional de Contabilidad reordenada sustituye a la aprobada originalmente por el Consejo del IASC en junio de 1979. Se presenta de acuerdo con la estructura de los párrafos adoptada en las Normas Internacionales de Contabilidad emitidas a partir de 1991. Aunque no se han efectuado cambios sustanciales sobre el texto original, se ha modificado en ciertos casos la terminología, con el fin de adaptarla a los usos actuales de la IASC, y se han puesto al día las referencias cruzadas con otras Normas.
La NIC 39, Instrumentos Financieros: Reconocimiento y Medición, deroga las partes de la NIC 25 que se refieren a la contabilización de las inversiones en títulos de deuda o de capital, así como a otros instrumentos financieros. La NIC 25 continua vigente para las propiedades de inversión, así como para otras inversiones no financieras que han quedado excluidas del alcance de la NIC 39. La NIC 39 es aplicable para los estados financieros que cubran periodos contables cuyo comienzo sea en o después del 1 de enero del 2001. Se permite la aplicación anticipada de las disposiciones de esa Norma desde el comienzo de los periodos contables que terminen después de la emisión de la NIC 39. La NIC 39 modificó también el párrafo 3 de la NIC 25, añadiendo un nuevo apartado (h) a la lista de exclusiones de la NIC 25.

vencimiento, por lo que se gana un rendimiento constante sobre la inversión, cargándose dicho descuento o prima amortizados a la utilidad como si fueran intereses, obteniéndose así un resultado de valor en libros que se considera como costo.

El costo de la inversión incluye los gastos de adquisición, tales como corretajes, honorarios, derechos y gastos bancarios Si la inversión se adquiere, total o parcialmente, mediante la emisión de acciones u otros títulos, el costo de adquisición está constituido por el valor razonable de los títulos emitidos, y no por su valor nominal. Si una inversión se adquiere total o parcialmente, mediante intercambio por otro activo, el costo de adquisición de la inversión se determina con referencia al valor razonable del activo entregado. Puede resultar apropiado considerar el valor razonable de la inversión adquirida si resulta más claramente evidente. En esto, siempre debe aplicarse las disposiciones que establezcan las autoridades de cada país.

Finney y Miller al comentar la **amortización de prima y descuento sobre obligaciones**, señala que ([550]) "Si se compra una obligación a un costo (incluyendo los costos incidentales, como el corretaje) superior al valor nominal, la compra se realiza "con prima". El valor de la obligación tiende a descender hasta su valor nominal a medida que se aproxima el vencimiento; por lo tanto, a los efectos de la presentación en el estado de situación, parece apropiado amortizar la prima durante la vigencia de la obligación, y reducir así gradualmente su valor en libros hasta alcanzar su valor nominal. Además, el ingreso obtenido de una obligación adquirida con prima, que se conserva hasta su vencimiento y se cobra a la par, es igual al total de los intereses menos la prima perdida; por lo tanto, parece apropiado cargar periódicamente una parte de la prima contra ingreso por intereses.

En forma semejante, el valor de la obligación de un deudor solvente comprada con descuento tiende a aumentar hasta su valor nominal a medida que se acerca a su vencimiento. Por lo tanto, a los efectos de la presentación en el estado de situación, parece apropiado amortizar el descuento durante la vigencia de la obligación, aumentándose así gradualmente su valor en libros hasta llegar a su valor nominal. Además, el ingreso ganado sobre una obligación adquirida con descuento, que se conserva hasta su vencimiento y se cobra a la par, es igual al total de los intereses percibidos más el descuento; por lo tanto, parece apropiado que periódicamente se considere como ganada una parte del descuento.

---

[550] Curso de Contabilidad Intermedia. Tomo I. Teoría y Material de Práctica. Harry A Finney (Ph, B., C.P.A.) y Herbert E. Miller (Ph.D., C.P.A.). Páginas 314 y 315.

Si las obligaciones se adquieren con prima o con descuento, se carga generalmente el costo a la cuenta de Inversión en Obligaciones; las amortizaciones (llamadas a veces acumulaciones) del descuento se cargan a esa cuenta y las amortizaciones de la prima se abonan también a ella. Algunos contadores prefieren cargar a la cuenta de Inversión en Obligaciones el valor nominal y abrir una cuenta para la prima o el descuento. El primer método es preferible". Pero si las obligaciones se emiten con prima o descuento (donde pasamos a ser deudor), es mejor que la compañía emisora acredite el valor nominal a la cuenta de Obligaciones por Pagar y abra una cuenta separada para la prima y el descuento en obligaciones..."

La metodología que se use para registrar las operaciones de fideicomiso debe estar orientada a la naturaleza de este tipo de servicio que se presta y a los reportes que deben darse, el cual es masivo, por lo que sus procesos y registros se ejecutan para todos los fideicomisos, lo cual tendrá impacto en tiempo de máquina, horas hombre y costo. Los procesos o registros que se ejecuten deben tener sentido utilitario, no llenarse de papel, lo cual no solo debe responder a lo antes expuesto, si no tratar de prestar un servicio lo más eficientemente posible, que satisfaga prioritariamente al cliente. Por lo tanto, las cuentas que pudieran usarse en fideicomiso (sean por primas u otros conceptos), deben ser las necesarias y ajustadas a la naturaleza del contrato de que se trate, porque no es conveniente estar dando explicaciones innecesarias, que supondría dárselas a los fideicomitentes o beneficiarios, ya que ellos esperan, por lo menos en materia de gastos, que los únicos que aparezcan en sus balances, sean los del servicio fiduciario y aquellos que ellos expresamente hayan autorizado. Aquí estamos tratando de decir, que dado la multiplicidad de fideicomisos y procesos, debe medirse su impacto o las ventajas que comporta o si es conveniente cualquier implementación que se haga, la cual debe soportarse en esquemas eminentemente pragmáticos.

A fines de visualizar la exposición, usemos el ejemplo que señala de seguido, para amortizar la prima y el descuento por el método de la línea recta y usando la metodología siguiente:

Ejemplo de la negociación:

- Valor Nominal $1.000,00
- Plazo 12 meses
- Interés Nominal es el 15%
- El monto del interés mensual es (1000,00x15/12)= $12,5

Compra con Prima:

- Precio de compra o costo $1.100,00
- Monto de la prima $100,00
- La Prima es del 10% del valor nominal
- El monto de amortización de la prima mensual es (100/12) = $8,33
- El Interés neto de la negociación con prima es (12,5-8,33) = $ 4,17

AMORTIZACIÓN DE LA PRIMA (Método de línea Recta):

N°	FECHA	CARGO CAJA	ABONO INTERÉS	ABONO A INVERSIÓN EN OBLIGACIONES	VALOR EN LIBROS
		TABLA DE AMORTIZACIÓN DE PRIMAS (*)			
0	01-01-2007				1.100,00
1	31/01/2007	12,5	4,17	8,33	1.091,67
2	28/02/2007	12,5	4,17	8,33	1.083,34
3	31/03/2007	12,5	4,17	8,33	1.075,01
4	30/04/2007	12,5	4,17	8,33	1.066,68
5	31/05/2007	12,5	4,17	8,33	1.058,35
6	30/06/2007	12,5	4,17	8,33	1.050,02
7	31/07/2007	12,5	4,17	8,33	1.041,69
8	31/08/2007	12,5	4,17	8,33	1.033,36
9	30/09/2007	12,5	4,16		1.025,02
10	31/10/2007	12,5	4,16		1.016,68
11	30/11/2007	12,5	4,16		1.008,34
12	31/12/2007	12,5	4,16		1.000,00
	TOTAL	150	50		

(*) Redondeo

La amortización de la prima se lleva gradualmente el valor en libro hasta el valor nominal, distribuyendo la prima durante la vigencia de la obligación, como una reducción del ingreso por interés.

Incorporamos en el cuadro siguiente una demostración del método del tipo efectivo de rendimiento, a fines de comparación con el método de línea recta

Nº	FECHA	CARGO CAJA	ABONO A INTERESES	ABONO A INVERSIÓN OBLIGACIONES	VALOR EN LIBROS
TABLA DE AMORTIZACIÓN DE PRIMAS (*) (Método de Tipo Efectivo de Rendimiento)					
0	01-ene				*1.100*
1	31/01/2007	12,5	4,00	8,50	1.092
2	28/02/2007	12,5	4,03	8,47	1.083
3	31/03/2007	12,5	4,07	8,43	1.075
4	30/04/2007	12,5	4,10	8,40	1.066
5	31/05/2007	12,5	4,14	8,36	1.058
6	30/06/2007	12,5	4,17	8,33	1.050
7	31/07/2007	12,5	4,21	8,29	1.041
8	31/08/2007	12,5	4,24	8,26	1.033
9	30/09/2007	12,5	4,28	8,22	1.025
10	31/10/2007	12,5	4,32	8,18	1.017
11	30/11/2007	12,5	4,35	8,15	1.008
12	31/12/2007	12,5	4,39	8,11	1.000
	TOTAL	150	50	100	

(*) Redondeo

Señalan Finney y Miller que ([551]) "El tipo efectivo es menor por dos razones:

1)   Se han invertido $1100,00

2)   El premio, $100,00, no será recobrado al vencimiento del bono; por lo tanto, el ingreso neto producido por el bono es el total de los intereses cobrados menos el premio que no se recobra"

- **Compra con descuento:**

- El precio de compra o costo es $900,00

- El monto del descuento es $100,00

- El descuento es del 10% del valor nominal

---

[551]) Finney y Miller, Curso Contabilidad Superior, tomo I, página 249, obra citada.

- El monto de amortización del descuento mensual es (100/12) = $8,33

- El Interés de la negociación con descuento es (12,5+8,33) = $ 20,83

AMORTIZACIÓN DEL DESCUENTO

TABLA DE AMORTIZACIÓN DE DESCUENTO (*)
Método de la Línea Recta

N°	FECHA	CARGO A CAJA	ABONO A INTERESES	CARGO A INVERSIÓN EN OBLIGACIONES	VALOR EN LIBROS
0	01-ene				900,00
1	31/01/2007	12,5	20,83	8,33	908,33
2	28/02/2007	12,5	20,83	8,33	916,66
3	31/03/2007	12,5	20,83	8,33	924,99
4	30/04/2007	12,5	20,83	8,33	933,32
5	31/05/2007	12,5	20,83	8,33	941,65
6	30/06/2007	12,5	20,83	8,33	949,98
7	31/07/2007	12,5	20,83	8,33	958,31
8	31/08/2007	12,5	20,83	8,33	966,64
9	30/09/2007	12,5	20,84	8,34	974,98
10	31/10/2007	12,5	20,84	8,34	983,32
11	30/11/2007	12,5	20,84	8,34	991,66
12	31/12/2007	12,5	20,84	8,34	1.000,00
	TOTAL	150	250	100	

(*) Redondeo

La amortización del descuento se lleva gradualmente el valor en libros de la obligación hasta el valor nominal, distribuyendo el descuento durante la vigencia de la obligación, como un aumento del interés nominal.

Incorporamos en el cuadro siguiente una demostración del método del tipo efectivo de rendimiento, a fines de comparación con el método de línea recta.

N°	FECHA	CARGO A CAJA	ABONO A INTERESES	ABONO A INVERSIÓN EN OBLIGACIONES	VALOR EN LIBROS
\multicolumn{6}{c}{TABLA DE AMORTIZACIÓN DE DESCUENTO (*) (Método de Tipo Efectivo de Rendimiento)}					
0	01-ene				900
1	31/01/2007	12,5	21,03	8,53	909
2	28/02/2007	12,5	20,99	8,49	917
3	31/03/2007	12,5	20,96	8,46	925
4	30/04/2007	12,5	20,92	8,42	934
5	31/05/2007	12,5	20,89	8,39	942
6	30/06/2007	12,5	20,85	8,35	951
7	31/07/2007	12,5	20,82	8,32	959
8	31/08/2007	12,5	20,78	8,28	967
9	30/09/2007	12,5	20,75	8,25	975
10	31/10/2007	12,5	20,71	8,21	984
11	30/11/2007	12,5	20,67	8,17	992
12	31/12/2007	12,5	20,63	8,13	1.000
	TOTAL	150	250,00	100,00	

(*)Redondeo

Finney y Miller señalan que ([552]) "El tipo de rendimiento es mayor que el nominal por dos razones:

1) Se invirtió una suma menor de $1,000

2) Como el bono será cobrado a la par con toda probabilidad, la utilidad neta incluirá los intereses cobrados más el descuento"

3.2.1. INVERSIÓN EN TÍTULOS ADQUIRIDOS A LA PAR:

Los títulos adquiridos a la par, en moneda nacional o moneda extranjera, se registran por su valor de compra ([553]), que es igual al valor nominal ($1000,00), que es su valor cartular, como se indica en el ejemplo:

a) Registro de la compra del título a su valor par, en moneda nacional, sin intereses causados.

---

[552]) Finney y Miller, Curso Contabilidad Superior, tomo I, página 249 y 250, obra citada.

[553]) Instrucción del Código de Cuentas de la Banca en Venezuela: Al momento de la compra las inversiones en títulos valores mantenidas hasta su vencimiento deben registrarse al costo de adquisición, el cual debe guardar consonancia con el valor de mercado a la fecha de adquisición o compra, ajustado posteriormente por la amortización de las primas o de los descuentos.

ASIENTO CONTABLE			
CODIFICACIÓN	**NOMBRE DE LA CUENTA**	**DEBE**	**HABER**
712.00.01	INVERSIONES EN TÍTULOS VALORES M/N	1000	
711.00	DISPONIBILIDADES		1000

b) Registro del título a su valor par, con los intereses causados hasta la fecha de compra (Compra entre fechas de pago de intereses)

ASIENTO CONTABLE			
CODIFICACIÓN	**NOMBRE DE LA CUENTA**	**DEBE**	**HABER**
712.00.01	INVERSIONES DEL FONDO MONEDA NACIONAL	1000	
714.00	INTERESES POR COBRAR	12,5	
711.00	DISPONIBILIDADES		1012,5

Las inversiones en moneda extranjera, distinta a la moneda transacción (divisa), se hace la conversión del día de esa moneda de transacción y se registran; así como se hace el registro en la moneda funcional o nacional a la conversión de la tasa (t/c) de esa moneda local para la fecha de la operación. A título de ejemplo usemos el este asiento b) pero en moneda extranjera:

ASIENTO CONTABLE			
CODIFICACIÓN	**NOMBRE DE LA CUENTA**	**DEBE**	**HABER**
712.00.02	INVERSIONES EN MONEDA EXTRANJERA	1000	
714.00	INTERESES POR COBRAR	12,5	
711.00	DISPONIBILIDADES		1012,5

3.2.2. ADQUISICIÓN DE TÍTULOS CON PRIMA:

Al comprar o adquirir títulos valores con prima, contablemente se presentan dos (2) situaciones: a) Una registrando los títulos valores por su valor de compra, en el cual la prima forma parte del costo de los títulos valores adquiridos, y b) otra registrando separadamente el valor nominal de los títulos valores y el costo de la prima, conceptos éstos que configuran el valor de compra. Veamos cada uno de estos asientos, los cuales deben ejecutarse dentro de la normativa legal y contable de cada país:

a) REGISTRO POR EL COSTO DE ADQUISICIÓN DE LOS TÍTULOS VALORES

Las inversiones en títulos valores adquiridos con prima pueden contabilizarse al costo de adquisición, cargando a la cuenta 712.00 Inversiones en Títulos Valores ($1100,00), el monto de la compra, representado por su valor nominal ($1000,00) más la prima ($100,00), con abono a la cuenta 711.00 Disponibilidades ($1100,00), como se muestra en el siguiente ejemplo:

ASIENTO CONTABLE			
CODIFICACIÓN	NOMBRE DE LA CUENTA	DEBE	HABER
712.00.	INVERSIONES EN TÍTULOS VALORES	1100	
711.00	DISPONIBILIDADES		1100

Este criterio es de práctica general en las instituciones financieras del continente y lo que recomiendan los distintos tratadistas sobre la materia. Es el criterio que recomienda la Superintendencia de Bancos de Venezuela en el Código de Cuentas de la Banca y otras Instituciones Financieras. Si la inversión es en moneda extranjera, se usa la cuenta correspondiente en el asiento y así para todas las operaciones en moneda extranjera.

b) REGISTRO SEPARADO DE LA PRIMA

Las inversiones en títulos valores adquiridos con prima se puede contabilizar también separadamente el monto que compone su valor de compra, el cual está representado por el valor nominal ($1000,00) y la prima ($100,00). Como muestra en el ejemplo, se carga a la cuenta 712.00 Inversiones en Títulos Valores ($1000,00) y a la cuenta (712.99) Prima en Inversiones ($100,00), con abono a la cuenta 711.00 Disponibilidades ($1100,00), como se muestra en el asiento, que es igual en moneda nacional o extranjera; salvo la subcuenta que identifica la moneda, como se indica en el comentario de este asiento:

ASIENTO CONTABLE			
CODIFICACIÓN	NOMBRE DE LA CUENTA	DEBE	HABER
712.00	INVERSIONES EN TÍTULOS VALORES	1.000	
712.99.	PRIMA EN INVERSIONES	100	
711.00	DISPONIBILIDADES		1100

Los criterios que se usen para los asientos en las operaciones de fideicomiso, por su impacto masivo, ya que no es un solo ente, son muchos que se consolidan para publicarse, debe siempre el fiduciario tratar de simplificarlos, tratando de ser lo más pragmático posible, por razones de tiempo y costo, así como para poder afinar los controles.

Si las inversiones son en moneda extranjera, distinta a la moneda transacción (divisa), se hace la conversión del día de esa moneda de transacción y se registran; así como se hace el registro en la moneda funcional o nacional a la conversión de la tasa (t/c) de esa moneda local para la fecha de la operación.

3.2.3. AMORTIZACIÓN DE PRIMA Y COBRO DE LOS INTERESES

El registro que se haga de las inversiones al ser adquiridas con prima, marcará los asientos que deban seguirse, tanto para amortizar la prima en el mismo periodo en que se cobran los intereses, los cuales pueden ser registrados en la medida que se causen en la cuenta 714.00 Intereses Causados por Cobrar. Veamos las tres (3) situaciones que presentan con nuestro ejemplo amortizando la prima y registrando los intereses, así:

a) REGISTRO DE LOS INTERESES CAUSADOS Y NO COBRADOS:

Los intereses se pueden registrar periódicamente al causarse, cargando
a la cuenta Intereses Causados por Cobrar (714.00), con abono a la cuenta Ingresos Financieros por Intereses en Títulos Valores (751.00), como se muestra en el asiento siguiente:

REGISTRO DE LOS INTERESES CAUSADOS Y NO COBRADOS

ASIENTO CONTABLE			
CODIFICACIÓN	NOMBRE DE LA CUENTA	DEBE	HABER
714.00.	INTERESES CAUSADOS POR COBRAR	12,5	
751.00	INGRESOS POR INTERESES		12,5

Cuando se trate de intereses de difícil recuperación, puede usarse cuentas cruzadas de activo y pasivo para el registro de estos intereses, hasta que pueda cobrarse efectivamente, siempre dependerá de las directrices trazadas y de las políticas que siga el instituto, las cuales deben estar ajustadas a lo que dispongan las autoridades de control. En estos conceptos pueden estar incluidos intereses moratorios o en litigios.

b) COBRO DE INTERESES Y AMORTIZACIÓN DE PRIMA CON GASTOS:

Para amortizar la prima de las inversiones en títulos valores al momento de cobrar los intereses o a la fecha en que se causan y registran éstos, los asientos que proceden son los siguientes:

b.1) Registro de intereses cobrados, los cuales fueron contabilizados al causarse en la cuenta intereses causados por cobrar (714.00) y amortización de la prima contabilizada en la cuenta de inversiones en títulos valores por su valor de compra (712.00), contra gastos (740.00)

IMPUTANDO A GASTOS LA AMORTIZACIÓN DE LA PRIMA

ASIENTO CONTABLE			
CODIFICACIÓN	NOMBRE DE LA CUENTA	DEBE	HABER
711.00	DISPONIBILIDADES	12,50	
740.00	GASTOS POR AMORTIZACIÓN PRIMA	8,33	
714.00	INTERESES CAUSADOS POR COBRAR		12,5
712.00	INVERSIONES EN TÍTULOS VALORES		8,33

b.2) Registro de intereses cobrados en la cuenta de ingresos directamente y amortización de la prima contabilizada en cuenta separada prima en inversiones, contra gastos.

IMPUTANDO A GASTOS LA AMORTIZACIÓN
DE LA PRIMA

ASIENTO CONTABLE			
CODIFICACIÓN	**NOMBRE DE LA CUENTA**	**DEBE**	**HABER**
711.00	DISPONIBILIDADES	12,50	
740.00	GASTOS POR AMORTIZACIÓN PRIMA	8,33	
751.00	INGRESOS POR INTERESES		12,5
712.99	PRIMA EN INVERSIONES		8,33

Estos asientos y el siguiente es lo mismo, a efectos prácticos, la diferencia es usar dos (2) cuentas adicionales, que en la actualidad dado la tecnología abundan los controles.

C) COBRO DE INTERESES APLICÁNDOLOS PARA AMORTIZAR EL COSTO DE LA PRIMA:

Otra forma de amortizar la prima, además de las antes señaladas, es que cuando se cobren los intereses (periódicamente), se carga a la cuenta Disponibilidades 711.000 ($12,5) el monto de los intereses, con abono a la cuenta Inversiones en Títulos Valores 712.00 ($8,33), para amortizar la porción mensual de la prima, llevando a la cuenta Ingresos Financieros por Intereses en Títulos Valores 751.00, la diferencia ($4,17), que es el saldo que queda de deducir de los intereses cobrados el monto de la prima que se amortiza ($12,5-$8,33). De esta manera, al concluir la amortización el título valor estará contabilizado a su valor nominal que es el monto que se va a cobrar efectivamente. Mensualmente, se imputan los intereses que corresponden efectivamente al monto invertido, que no es el valor nominal, si no el valor de compra (proporcionalidad), es el que se registra como se muestra en el siguiente asiento:

ASIENTO IMPUTANDO EL COSTO DE LA PRIMA A LOS INTERESES

ASIENTO CONTABLE			
CODIFICACIÓN	**NOMBRE DE LA CUENTA**	**DEBE**	**HABER**
711.00	DISPONIBILIDADES	12,50	
712.00	INVERSIONES EN TÍTULOS VALORES		8,33
751.00	INGRESOS FINANCIEROS		4,17

La diferencia entre el monto de los intereses cobrados y el monto de la prima que se amortiza, es el monto que efectivamente se devenga, criterio que se corresponde con la aplicación que damos a los descuentos en inversiones, cuando los llevamos a ingresos, tal como lo señala Finney y Miller ([554])

Si los intereses causados y cobrados de las inversiones en moneda extranjera, distinta a la moneda transacción (divisa), se hace la conversión del día de esa moneda de transacción y se registran; así como se hace el registro en la moneda funcional o nacional a la conversión de la tasa (t/c) de esa moneda local para la fecha de la operación.

3.2.4. ADQUISICIÓN DE TÍTULOS VALORES CON DESCUENTO

Al comprar o adquirir títulos valores con descuento contablemente se presentan dos (2) situaciones: A) Una registrando los títulos valores por su valor de compra, monto que al deducirse del valor nominal genera el monto del descuento en la compra de los títulos valores, y B) otra, al adquirir los títulos con descuento, se registran contabilizando los títulos valores por su valor nominal, monto al cual se le resta el valor de compra, cuya diferencia representa el descuento en la compra de los títulos valores, que se registra en cuenta separada. Veamos cada uno de estos asientos, los cuales deben ejecutarse dentro de la normativa legal y contable de cada país, así:

A) REGISTRO POR EL COSTO DE ADQUISICIÓN CON DESCUENTO

Las inversiones con títulos adquiridos con descuento se contabilizan al costo, que está representado por su valor nominal menos el descuento, lo que vendría a ser su valor de compra y de haber intereses causados, entre fechas del último pago y la negociación, al ser pagados deben registrarse, en un solo asiento a fines de simplificación. Sigamos utilizando el mismo ejemplo de la exposición:

REGISTRO POR EL VALOR DE COMPRA E INTERESES PAGADOS

ASIENTO CONTABLE			
CODIFICACIÓN	NOMBRE DE LA CUENTA	DEBE	HABER
712.00.	INVERSIONES EN TÍTULOS VALORES	900	
714.00	INTERESES CAUSADOS POR COBRAR	12,5	
711.00	DISPONIBILIDADES		912,5

[554]) Curso de Contabilidad Intermedia, Tomo I, página 314 y 315. Obra citada

B) REGISTRO SEPARADOS DEL TÍTULO Y EL DESCUENTO

Las inversiones en títulos valores adquiridos con descuento se pueden contabilizar a su valor nominal ($1000,00) y registrar a su vez separadamente el monto del descuento ($100,00), los cuales al restar el descuento del valor nominal da el valor de compra ($900,00). Como se muestra en el ejemplo, se carga a la cuenta 712.00 Inversiones en Títulos Valores ($1.000,00) y a la cuenta intereses causados por cobrar)$12,5), con abono la cuenta (crear una cuenta particular, llamada Descuento en Inversiones o en Obligaciones u otro nombre, con la codificación que definan; que en nuestro ejemplo, será la que sigue) 721.99 ($100,00), y a la cuenta 711.00 Disponibilidades ($912,50), que incluye el monto del título adquirido con descuento y el pago de los intereses causados, adquiridos en la negociación, así:

REGISTRO POR EL VALOR NOMINAL Y DESCUENTO SEPARADO

ASIENTO CONTABLE			
CODIFICACIÓN	NOMBRE DE LA CUENTA	DEBE	HABER
712.00	INVERSIONES EN TÍTULOS VALORES	1.000	
714.00	INTERESES CAUSADOS POR COBRAR	12,5	
721.99.	DESCUENTO EN INVERSIONES		100
711.00	DISPONIBILIDADES		912,5

Los asientos en las operaciones de fideicomiso, por su impacto masivo, debe siempre buscarse la forma de simplificarlos, siendo lo más pragmático posible

Las inversiones en moneda extranjera con descuento, distinta a la moneda transacción (divisa), se hace la conversión del día de esa moneda de transacción y se registran; así como se hace el registro en la moneda funcional o nacional a la conversión de la tasa (t/c) de esa moneda local para la fecha de la operación.

3.2.5. AMORTIZACIÓN DEL DESCUENTO Y COBRO DE INTERESES

El registro que se haga de las inversiones al ser adquiridas, marcará los asientos que se indican a continuación, en los cuales se amortizará el descuento en el mismo periodo en que se cobran los intereses, los cuales pueden ser registrados en la medida que se causen y llevados a la cuenta 714.00 Intereses Causados por

Cobrar. Veamos las dos (2) situaciones que presentan con nuestro ejemplo amortizando el descuento y registrando los intereses, dando por entendido que el asiento A del 3.2.2 de los Interese Causados y no Cobrados, se registran igual para cualquiera que sea la situación de la operación, sea la compra con prima o con descuento. Veamos el asiento cobrando los intereses amortizando el descuento, así:

A) COBRO DE LOS INTERESES CAUSADOS Y AMORTIZACIÓN DESCUENTO:

A.1) Registro de los intereses cobrados que se habían contabilizados en la cuenta intereses causados por cobrar al causarse en su periodo de pago y amortización del descuento registrado en cuenta separada, dado que la inversión fue contabilizada a su valor nominal

PROVISIONAR INTERESES Y AMORTIZAR DESCUENTO SEPARADO

ASIENTO CONTABLE			
CODIFICACIÓN	NOMBRE DE LA CUENTA	DEBE	HABER
711.00	DISPONIBILIDADES	12,50	
721.99	DESCUENTO EN OBLIGACIONES	8,33	
714.00	INTERESES CAUSADOS POR COBRAR		12,5
751.00	INGRESO FINANCIEROS POR DESCUENTO EN INVERSIONES		8,33

A.2) Registro de los intereses cobrados que se habían contabilizados en la cuenta intereses causados por cobrar al causarse en su periodo de pago y amortización del descuento registrado en la cuenta Inversiones en títulos valores, dado que la inversión fue contabilizada a su valor de compra.

COBRO DE INTERESES Y AMORTIZACIÓN EL DESCUENTO

ASIENTO CONTABLE			
CODIFICACIÓN	NOMBRE DE LA CUENTA	DEBE	HABER
711.00	DISPONIBILIDADES	12,50	
712.00	INVERSIONES EN TÍTULOS VALORES	8,33	
714.00	INTERESES CAUSADOS POR COBRAR		12,5
751.00	INGRESO POR DESCUENTO EN INVERSIONES		8,33

B) COBRO DE INTERESES Y AMORTIZACIÓN DEL DESCUENTO DIRECTAMENTE DE LOS INGRESOS:

B.1) Al cobrar los intereses de los títulos Valores registrados a su valor de compra, se procede según nuestro ejemplo a cargar a la cuenta Disponibilidades 711.000 el dinero recibido por los intereses ($12,5) y a la cuenta Inversiones en Títulos Valores 712.00 el monto ($8,33), para amortizar la porción mensual del descuento; con abono a la cuenta Ingresos por Intereses en Títulos Valores 751.00 ($20,83), el monto de los intereses cobrados ($12,5) más el monto del descuento que se amortiza ($8,33). De esta manera, al concluir la amortización del descuento del título valor estará contabilizado a su valor nominal que es el monto que se va a cobrar efectivamente y mensualmente los intereses que corresponden efectivamente al monto invertido, que no es el valor nominal, si no el valor de compra (proporcionalidad), como se muestra en el siguiente asiento:

ASIENTO LLEVANDO EL MONTO DEL DESCUENTO A INGRESOS

ASIENTO CONTABLE			
CODIFICACIÓN	NOMBRE DE LA CUENTA	DEBE	HABER
711.00	DISPONIBILIDADES	12,50	
712.00	INVERSIONES EN TÍTULOS VALORES	8,33	
751.00	INGRESOS POR INTERESES		20,83

B.2) Registro de los intereses cobrados y amortización del descuento registrado en cuenta separada, el cual se suma al monto de los intereses, dado que la inversión fue contabilizada a su valor nominal

ASIENTO LLEVANDO EL MONTO DEL DESCUENTO A INGRESOS

ASIENTO CONTABLE			
CODIFICACIÓN	NOMBRE DE LA CUENTA	DEBE	HABER
711.00	DISPONIBILIDADES	12,50	
721.99	DESCUENTO POR INVERSIONES	8,33	
751.00	INGRESOS POR INTERESES		20,83

Si los intereses causados y cobrados de las inversiones en moneda extranjera adquiridas con descuento, distinta a la moneda transacción (divisa), se hace la conversión del día de esa moneda de transacción y se registran; así como se hace el registro en la moneda funcional o nacional a la conversión de la tasa (t/c) de esa moneda local para la fecha de la operación.

3.2.6. CANCELACIÓN DE LAS INVERSIONES ADQUIRIDAS CON PRIMAS (ANTES DEL VENCIMIENTO)

a) VENTA POR EL MONTO CONTABLE DE TÍTULOS ADQUIRIDOS CON PRIMA:

En el ejemplo, la venta es por el valor en libro (Valor nominal $1000 y $50 de prima por amortizar)

a.1) Cuando la inversión se registra por su valor de compra (valor nominal más la prima) y se negocia por su valor en libro:

VENTA ADQUIRIDA CON PRIMA POR SU VALOR EN LIBRO

ASIENTO CONTABLE			
CODIFICACIÓN	NOMBRE DE LA CUENTA	DEBE	HABER
711.00.	DISPONIBILIDADES	1050	
712.00	INVERSIONES EN TÍTULOS VALORES		1050

a.2) Cuando la inversión se registra por su valor nominal y prima se amortiza por separado y se negocia por su valor en libro:

ASIENTO CONTABLE			
CODIFICACIÓN	NOMBRE DE LA CUENTA	DEBE	HABER
711.00.	DISPONIBILIDADES	1050	
712.99	PRIMA EN INVERSIONES		50
712.00	INVERSIONES EN TÍTULOS VALORES		1000

b) VENTA POR PRECIO SUPERIOR AL REGISTRADO CONTABLEMENTE DE TÍTULOS ADQUIRIDOS CON PRIMA

Ejemplo, venta de títulos adquiridos con prima (1.150) por precio superior al registrado contablemente (1.100), con una ganancia de 50.

b.1) Cuando la inversión se registra por su valor de compra (valor nominal más la prima) y se negocia por precio superior:

ASIENTO CONTABLE			
CODIFICACIÓN	NOMBRE DE LA CUENTA	DEBE	HABER
711.00	DISPONIBILIDADES	1150	
712.00	INVERSIONES EN TÍTULOS VALORES		1.100
751.00	INGRESOS FINANCIEROS		50

b.2) Cuando la inversión se registra por su valor nominal y la prima se registra separadamente y se negocia por precio superior:

ASIENTO CONTABLE			
CODIFICACIÓN	NOMBRE DE LA CUENTA	DEBE	HABER
711.00.	DISPONIBILIDADES	1150	
712.99	PRIMA EN INVERSIONES		100
951.00	INGRESOS FINANCIEROS		50
712.00	INVERSIONES EN TÍTULOS VALORES		1.000

c) VENTA CON PÉRDIDA EN TÍTULOS ADQUIRIDOS CON PRIMA

Venta de los títulos adquiridos con primas (1050) por precio inferior al registrado contablemente (950), con una pérdida de 100.

c.1) Cuando la inversión se registra por su valor de compra (valor nominal más la prima) y se negocia por precio inferior, que genera pérdida:

ASIENTO CONTABLE			
CODIFICACIÓN	NOMBRE DE LA CUENTA	DEBE	HABER
711.00	DISPONIBILIDADES	950	
748.00	PÉRDIDA EN VENTA DE TÍTULOS	100	
712.00	INVERSIONES EN TÍTULOS VALORES		1050

c.2) Cuando la inversión se registra por su valor nominal y la prima se registra separadamente y se negocia con pérdida

ASIENTO CONTABLE			
CODIFICACIÓN	NOMBRE DE LA CUENTA	DEBE	HABER
711.00	DISPONIBILIDADES	950	
748.00	PÉRDIDA EN VENTA DE TÍTULOS	100	
712.99	PRIMA EN INVERSIONES		50
712.00	INVERSIONES EN TÍTULO VALOR		1000

Las inversiones en moneda extranjera que se cancelen y que fueron adquiridas con prima, distinta a la moneda transacción (divisa), se hace la conversión del día de esa moneda de transacción y se registran; así como se hace el registro en la moneda funcional o nacional a la conversión de la tasa (t/c) de esa moneda local para la fecha de la operación.

3.2.7. CANCELACIÓN DE LAS INVERSIONES ADQUIRIDAS CON DESCUENTO

a) VENTA POR EL MONTO CONTABLE DE TÍTULOS ADQUIRIDOS CON DESCUENTO

En el ejemplo venta por el valor contable ($950) que incluye el descuento no amortizado ($50)

a.1) Cuando los títulos valores están registrados por su valor de compra (Valor nominal menos el descuento)

ASIENTO CONTABLE			
CODIFICACIÓN	NOMBRE DE LA CUENTA	DEBE	HABER
711.00.	DISPONIBILIDADES	950	
712.00	INVERSIONES EN TÍTULOS VALORES		950

a.2) Cuando los títulos valores están registrados a su valor nominal y separadamente el descuento

ASIENTO CONTABLE			
CODIFICACIÓN	NOMBRE DE LA CUENTA	DEBE	HABER
711.00.	DISPONIBILIDADES	950	
721.99	DESCUENTO DE INVERSIONES		50
712.00	INVERSIONES EN TÍTULOS VALORES		900

b) VENTA POR PRECIO SUPERIOR AL REGISTRADO CONTABLEMENTE DE TÍTULOS ADQUIRIDOS CON DESCUENTO

b.1) Cuando los títulos valores están registrados por su valor de compra (Valor nominal menos el descuento) y vendidos por precio superior

ASIENTO CONTABLE			
CODIFICACIÓN	NOMBRE DE LA CUENTA	DEBE	HABER
711.00	DISPONIBILIDADES	1100	
712.00	INVERSIONES EN TÍTULOS VALORES		950
751.00	INGRESOS POR INVERSIONES EN TÍTULOS VALORES		150

b.2) Cuando los títulos valores están registrados a su valor nominal y separadamente el descuento y vendidos por precio superior

ASIENTO CONTABLE			
CODIFICACIÓN	NOMBRE DE LA CUENTA	DEBE	HABER
711.00	DISPONIBILIDADES	1100	
721.99	DESCUENTO EN INVERSIONES	50	
712.00	INVERSIONES EN TÍTULOS VALORES		1000
751.00	INGRESOS POR INVERSIONES		150

c) VENTA CON PÉRDIDA DE TÍTULOS ADQUIRIDOS CON DESCUENTO

c.1) Cuando los títulos valores están registrados por su valor de compra (Valor nominal menos el descuento) y vendidos con pérdida

ASIENTO CONTABLE			
CODIFICACIÓN	NOMBRE DE LA CUENTA	DEBE	HABER
711.00	DISPONIBILIDADES	900	
748.00	PÉRDIDA EN VENTA DE TÍTULOS	50	
712.00	INVERSIONES EN TÍTULOS VALORES		950

c.2) Cuando los títulos valores están registrados a su valor nominal y separadamente el descuento y vendidos con pérdida

ASIENTO CONTABLE			
CODIFICACIÓN	NOMBRE DE LA CUENTA	DEBE	HABER
711.00	DISPONIBILIDADES	900	
748.00	PÉRDIDA EN VENTA DE TÍTULOS	50	
721.99	DESCUENTO EN INVERSIONES	50	
712.00	INVERSIONES EN TÍTULO VALOR		1.000

Si las inversiones en moneda extranjera que se cancelan, fueron adquiridas con descuento, distinta a la moneda transacción (divisa), se hace la conversión del día de esa moneda de transacción y se registran; así como se hace el registro en la moneda funcional o nacional a la conversión de la tasa (t/c) de esa moneda local para la fecha de la operación.

3.2.8. CANCELACIÓN DEL TÍTULO A SU VENCIMIENTO

El monto a recibir es $1000,00 que es el valor nominal del título. De haber intereses por cobrar a la fecha de vencimiento deben ser cobrados; así como la amortización de la prima o el descuento; así.

a.1) Cancelación del valor nominal del título:

ASIENTO CONTABLE			
CODIFICACIÓN	NOMBRE DE LA CUENTA	DEBE	HABER
711.00.	DISPONIBILIDADES	1000	
712.00	INVERSIONES EN TÍTULOS VALORES		1000

a.2) Cancelación del valor nominal más la prima y los intereses causados

ASIENTO CONTABLE			
CODIFICACIÓN	NOMBRE DE LA CUENTA	DEBE	HABER
711.00.	DISPONIBILIDADES	1100	
740.00	GASTOS POR AMORTIZACIÓN PRIMA	50	
712.99	PRIMA EN INVERSIONES		50
751.00	INGRESOS POR INTERESES		100
712.00	INVERSIONES EN TÍTULOS VALORES		1000

a.3) Cancelación del valor nominal más el descuento y los intereses causados

ASIENTO CONTABLE			
CODIFICACIÓN	NOMBRE DE LA CUENTA	DEBE	HABER
711.00.	DISPONIBILIDADES	1100	
721.99	DESCUENTO EN INVERSIONES	50	
751	INGRESOS POR INTERESES		150
712.00	INVERSIONES EN TÍTULOS VALORES		1000

Las inversiones en moneda extranjera que se cancelen, distinta a la moneda transacción (divisa), se hace la conversión del día de esa moneda de transacción y se registran; así como se hace el registro en la moneda funcional o nacional a la conversión de la tasa (t/c) de esa moneda local para la fecha de la operación.

3.2.9. COBRO DE INTERESES DE LAS INVERSIONES DEL FIDEICOMISO

El fiduciario debe cobrar periódicamente o cuando este establecido los intereses o dividendos de las inversiones realizadas y contabilizarlas como ingresos del fondo.

a) Intereses cobrados al causarse el periodo de pago de la inversión:

Los intereses cobrados correspondientes al valor nominal de los títulos valores que deben ser llevados directamente a ingresos, salvo que estos intereses sean contabilizados al causarse (Ver supra asiento 3.2.2 A)

ASIENTO CONTABLE			
CODIFICACIÓN	NOMBRE DE LA CUENTA	DEBE	HABER
711.00.	DISPONIBILIDADES	12,50	
751.00	INGRESOS FINANCIEROS		12,50

b) Intereses cobrados por anticipado:

De realizar colocaciones de fondos por inversiones u otros conceptos y los intereses de estas inversiones sean pagados por anticipado, deben contabilizarse en la cuenta de pasivo, con cargo a la cuenta de disponibilidades

ASIENTO CONTABLE			
CODIFICACIÓN	NOMBRE DE LA CUENTA	DEBE	HABER
711.00.	DISPONIBILIDADES	12,50	
721.00	INTERESES COBRADOS POR ANTICIPADO		12,50

En la medida que estos intereses cobrados por anticipado se vayan causando, deben ser llevados a ingresos (751.00 Ingresos Financieros) la porción causada

ASIENTO CONTABLE			
CODIFICACIÓN	NOMBRE DE LA CUENTA	DEBE	HABER
721.00.	INTERESES COBRADOS POR ANTICIPADO	12,50	
751.00	INGRESOS FINANCIEROS		12,50

c) Registro de Intereses Causados no Cobrados de las Inversiones:

Los intereses causados y no cobrados (714.00) deben ser registrados mensualmente, en la medida que se causen y no sean cobrados, llevando a ingresos financieros (751.00) la porción causada y cobrada. Debe seguirse la política que establezca la institución fiduciaria y la normativa que establezcan las autoridades de control (Ver asiento 3.2.2.A).

ASIENTO CONTABLE			
CODIFICACIÓN	NOMBRE DE LA CUENTA	DEBE	HABER
714.00.	INTERESES CAUSADOS NO COBRADOS	12,50	
751.00	INGRESOS FINANCIEROS		12,50

b) Cobro de los intereses causados y no cobrados de las inversiones

Los intereses que se registran mensualmente por haberse causados y no corresponder su fecha de pago, al realizarse su cobro debe ejecutarse este asiento para materializarlos al ser cobrados

ASIENTO CONTABLE			
CODIFICACIÓN	NOMBRE DE LA CUENTA	DEBE	HABER
711.00.	DISPONIBILIDADES	12,50	
714.00	INTERESES CAUSADOS NO COBRADOS		12,50

Los intereses causados y cobrados de las inversiones en moneda extranjera, distinta a la moneda transacción (divisa), se hace la conversión del día de esa moneda de transacción y se registran; así como se hace el registro en la moneda funcional o nacional a la conversión de la tasa (t/c) de esa moneda local para la fecha de la operación.

3.3. COLOCACIONES DEL FONDO FIDUCIARIO EN PRÉSTAMOS

El fiduciario de acuerdo a lo que establezcan los contratos de fideicomiso, puede colocar los recursos del fondo fiduciario en préstamos a los propios beneficiarios o a terceros, los cuales debe documentar. Estos préstamos pueden ser en moneda local o moneda extranjera.

ASIENTO CONTABLE			
CODIFICACIÓN	NOMBRE DE LA CUENTA	DEBE	HABER
713.00.	CARTERA DE CRÉDITOS	XX	
711.00	DISPONIBILIDADES		XX

Los créditos otorgados en moneda extranjera, distinta a la moneda transacción (divisa), se hace la conversión del día de esa moneda de transacción y se registran; así como se hace el registro en la moneda funcional o nacional a la conversión de la tasa (t/c) de esa moneda local para la fecha de la operación.

De caer en mora los créditos otorgados con recursos de fideicomiso, debe seguirse el mismo proceso que realiza la institución fiduciaria para sí, tanto en su contabilización como en la gestión de su recuperación.

Los intereses relacionados con la cartera de créditos que se encuentren en situación de mora o en litigio, deben ser tratados de la misma manera, tomándose las previsiones correspondientes.

Si los intereses causados y cobrados de los créditos en moneda extranjera, distinta a la moneda transacción (divisa), se hace la conversión del día de esa moneda de transacción y se registran; así como se hace el registro en la moneda funcional o nacional a la conversión de la tasa (t/c) de esa moneda local para la fecha de la operación.

La cartera de créditos generada por los recursos de los fideicomisos debe ser aprovisionada, dentro de las políticas y estrategia de riesgo que trace el ente fiduciario para estos fondos, el cual debe ajustarse a las normas prudenciales que establezcan las autoridades de control para estas operaciones de créditos. En Venezuela estas normas en la Banca prohíben créditos a terceros ([555]), solo a los beneficiarios de los fideicomisos. Esto no excluye que un fideicomiso de manera particular pueda establecer unos criterios propios de riesgo, si así lo llegara a establecer su constituyente o fideicomitente, dentro de la normativa de cada país

3.3.1. REGISTRO Y COBRO DE INTERESES POR CARTERA DE CRÉDITOS

a) Intereses cobrados al causarse el periodo de pago de la cuota o el vencimiento del título:

ASIENTO CONTABLE			
CODIFICACIÓN	NOMBRE DE LA CUENTA	DEBE	HABER
711.00.	DISPONIBILIDADES	XX	
751.00	INGRESOS FINANCIEROS POR CARTERA DE CRÉDITOS		XX

---

[555]) Capítulo VI prohibiciones del Fiduciario, artículo 21, literal d de las Normas que Regulan las Operaciones de Fideicomiso, año 2012 de Venezuela, que señalan la Prohibición de: "Otorgar créditos, salvo que se concedan a los beneficiarios o cuando procedan de recursos de fideicomisos del sector público".

b.1.) Registro de los Intereses causados y no Cobrados de los préstamos:

Los intereses causados y no cobrados al cierre de mes, de los instrumentos financieros correspondientes a la cartera de créditos pueden ser provisionados, cargando a la respectiva subcuenta de la cuenta 714.00 "intereses causados y no cobrados", con abono a la cuenta de Ingreso 751.00 ingresos por intereses de la cartera de créditos.

ASIENTO CONTABLE			
CODIFICACIÓN	NOMBRE DE LA CUENTA	DEBE	HABER
714.00.	INTERESES CAUSADOS NO COBRADOS	XX	
751.00	INGRESOS POR INTERESES CARTERA DE CRÉDITOS		XX

Estos intereses se contabilizarán de acuerdo a las políticas que trace la institución, dependiendo de lo que establezca las autoridades de control.

b.2) Cobro de los intereses causados y no cobrados de   la cartera de préstamo

ASIENTO CONTABLE			
CODIFICACIÓN	NOMBRE DE LA CUENTA	DEBE	HABER
711.00.	DISPONIBILIDADES	XX	
714.00	INTERESES CAUSADOS POR COBRAR DE LA CARTERA DE CRÉDITOS		XX

Los intereses causados y cobrados de los créditos en moneda extranjera, distinta a la moneda transacción (divisa), se hace la conversión del día de esa moneda de transacción y se registran; así como se hace el registro en la moneda funcional o nacional a la conversión de la tasa (t/c) de esa moneda local para la fecha de la operación.

3.3.2. COBRO DE LOS HONORARIOS DEL FIDUCIARIO:

Los honorarios del Fiduciario por los servicios prestados al fideicomiso, pueden ser cargados al fondo o ser cubierto por el fideicomitente, bien que los pague por anticipado o los entregue para que sean cobrados en la medida que se vayan causando:

a) **Honorarios Cargados al Fondo Fiduciario:**

ASIENTO CONTABLE			
CODIFICACIÓN	NOMBRE DE LA CUENTA	DEBE	HABER
740.00.	GASTOS ADMINISTRATIVOS	XX	
711.00	DISPONIBILIDADES		XX

b) **Honorarios Cubiertos por el Propio Fideicomitente:**

ASIENTO CONTABLE			
CODIFICACIÓN	NOMBRE DE LA CUENTA	DEBE	HABER
711.00.	DISPONIBILIDADES	XX	
720.00	HONORARIOS PAGADOS POR ANTICIPADO		XX

El cobro de los honorarios cubiertos directamente por el fideicomitente, si son pagados por anticipado, el fiduciario puede reflejarlos en una cuenta de pasivo hasta que se cause su cobro, como se muestra en este asiento. Hay contadores que reflejan estos montos en las cuentas patrimoniales (730), a los fines de presentación o reporte de la información al cliente, lo cual causaría el mismo efecto, que al ser cobrados sean imputados a estas cuentas. De ser montos determinados y separados en el contrato, deben reflejarse en las cuentas de pasivo, como en el asiento supra.

C) Aplicación de los Honorarios Pagados por el Fideicomitente:

Al ser cobrado los honorarios por el área de fideicomiso, debe proceder a enviar a Tesorería o a la unidad del Fiduciario encargada del cobro el monto correspondiente a éstos, para que sea contabilizado como ingreso en la contabilidad del ente Fiduciario, realizando en fideicomiso el siguiente asiento contable

De realizarse el cobro de los honorarios, el fiduciario puede aplicarlos directamente a sus ingresos, sin pasarlos por la contabilidad del fideicomiso.

ASIENTO CONTABLE			
CODIFICACIÓN	NOMBRE DE LA CUENTA	DEBE	HABER
720.00.	HONORARIOS PAGADOS POR ANTICIPADO	XX	
711.00	DISPONIBILIDADES		XX

El área de Fideicomiso puede usar en lugar de una cuenta de pasivo, una subcuenta patrimonial (730.00), la cual descargará igualmente para aplicar el cobro respectivo. Cualquiera de las cuentas que use logrará el mismo propósito.

De establecerse el cobro de los honorarios del fiduciario en moneda extranjera, al cobrarse debe fiduciario, darle el tratamiento debido, dependiendo si los cobro del fondo, allí cobrará de las cuentas del fondo en divisa correspondiente a esos fideicomisos y transferirá a la cuenta en moneda extranjera del fiduciario, realizando las conversiones y asientos en su propia contabilidad, distinta del fideicomiso.

3.4. DESEMBOLSOS POR ENTREGA DE FONDOS O PAGOS

Los desembolsos con cargo al fondo, a los fines de cumplir la finalidad prevista en el documento del fideicomiso, van disminuyendo el patrimonio (capital) aportado hasta la concurrencia de los fondos que disponga el fideicomiso, si no se ha cumplido la finalidad. Cubierta ésta, el remanente debe ser devuelto al fideicomitente de acuerdo a sus instrucciones.

ASIENTO CONTABLE			
CODIFICACIÓN	NOMBRE DE LA CUENTA	DEBE	HABER
731.00.	CAPITAL DEL FIDEICOMISO	XX	
711.00	DISPONIBILIDADES		XX

3.5. OTROS ASIENTOS CONTABLES POR REDONDEO POR RECONVERSIÓN MONETARIA CUENTAS DEL ACTIVO:

A) DIFERENCIAS DEUDORAS DEL ACTIVO

ASIENTO CONTABLE			
CODIFICACIÓN	NOMBRE DE LA CUENTA	DEBE	HABER
710.00.	Dif. Ajuste Redondeo Rec. Mont.	XX	
718.02	Dif. Ajuste Redondeo Rec. Mont.		XX

Las cuentas del Activo que corresponda.

B) DIFERENCIAS ACREEDORAS DEL ACTIVO

ASIENTO CONTABLE			
CODIFICACIÓN	NOMBRE DE LA CUENTA	DEBE	HABER
718.02.	Dif. Ajuste Redondeo Rec. Mont.	XX	
710.00	Dif. Ajuste Redondeo Rec. Mont.		XX

Las cuentas del Activo que corresponda.

En esta subcuenta se registran las diferencias deudoras y acreedoras que se originen por el redondeo en las distintas partidas que conforman las cuentas de activos de los fideicomisos, producto de la reconversión monetaria.

3.6. OTROS ASIENTOS CONTABLES POR REDONDEO POR RECONVERSION MONETARIA EN CUENTAS DEL PASIVO O DEL PATRIMONIO:

C) DIFERENCIAS ACREEDORAS PASIVO

ASIENTO CONTABLE			
CODIFICACIÓN	NOMBRE DE LA CUENTA	DEBE	HABER
720.00.	Cuenta del Pasivo	XX	
724.02	Dif. Ajuste Redondeo Rec. Mont.		XX

Las cuentas del Pasivo o Patrimonio que corresponda.

D) DIFERENCIAS DEUDORAS DEL PASIVO

ASIENTO CONTABLE			
CODIFICACIÓN	NOMBRE DE LA CUENTA	DEBE	HABER
724.02.	Dif. Ajuste Redondeo Rec. Mont.	XX	
720.00	Cuenta del Pasivo		XX

Las cuentas del Pasivo o Patrimonio que Corresponda.

En esta subcuenta se registran las diferencias deudoras y acreedoras que se originen del ajuste por redondeo en las distintas partidas que conforman los rubros pasivo y patrimonio de los fideicomisos, producto de la reconversión monetaria.

Las cuentas están detalladas en el Código (anexo), usar las que correspondan, inclusive las de patrimonio que no fueron usadas en el ejemplo anterior de los asientos.

3.7. CIERRE DE CUENTAS DE RESULTADO (GANANCIAS O PÉRDIDAS)

El Fiduciario debe realizar el cierre de las cuentas de resultado semestralmente y acumular los beneficios obtenidos, a los fines de aplicarlos o darles el destino que haya establecido el fideicomitente en el documento del fideicomiso.

Este cierre incluye todas las cuentas de gastos e ingresos, los cuales se resumen en el siguiente ejemplo

ASIENTO CONTABLE			
CODIFICACIÓN	NOMBRE DE LA CUENTA	DEBE	HABER
750.00	CUENTAS DE INGRESOS	XX	
740.00	CUENTAS DE GASTOS		XX
734.00	RESULTADOS ACUMULADOS		XX

Las instituciones fiduciarias dentro del giro normal de sus operaciones realizan otros cierres, diario o mensual, los cuales a diferencia de los cierres de las cuentas de resultado, donde quedan sin saldo las cuentas de ingresos y gastos, éstos son solo mecanismos de control interno para habilitar tomar previsiones e inventariar las cuentas del balance, así como impedir que para esas fechas se modifiquen los saldos de cuentas que han sido objeto de cierre, bien de manera intencional o por error involuntario. Los procesos contables son continuos para las cuentas reales y solo son objeto de cierres las cuentas nominales y en los periodos que se establezcan, semestral o anual.

3.8. CUENTAS EN MULTIMONEDA:

El fiduciario debe utilizar para el registro y presentación de las posiciones de las operaciones que mantenga en moneda extranjera, la moneda de transacción que haya seleccionado, sea dólares, euros u otra divisa, dependiendo del país donde opere el fiduciario; cuyas presentaciones convertirá a efectos de registro contable en su moneda funcional o nacional. Cada país, dependiendo del régimen legal y contable que tenga, ajustará sus operaciones fiduciarias, sean en moneda local o extranjera, a estas disposiciones ([556]). El fiduciario puede usar diversas cuentas para presentar la posición de varios tipos de monedas extranjeras. Además, de la cuenta funcional, que es la moneda local o legal del país, puede utilizar una cuenta de presentación en moneda extranjera, que casi siempre es el dólar estadounidense, u otra moneda como el euro, yen, entre otras monedas; siempre dependiendo los reportes que deba presentar el fiduciario, a las autoridades y al fideicomitente.

---

[556]) Utilización de una moneda de presentación distinta de la moneda funcional
Conversión a la moneda de presentación 38 La entidad puede presentar sus estados financieros en cualquier moneda (o monedas). Si la moneda de presentación difiere de la moneda funcional de la entidad, ésta deberá convertir sus resultados y situación financiera a la moneda de presentación elegida. Por ejemplo, cuando un grupo está formado por entidades individuales con monedas funcionales diferentes, habrá de expresar los resultados y la situación financiera de cada entidad en una moneda común, a fin de presentar estados financieros consolidados. 39 Los resultados y la situación financiera de una entidad, cuya moneda funcional no se corresponda con la moneda de una economía hiperinflacionaria, serán convertidos a la moneda de presentación, en caso de que ésta fuese diferente, utilizando los siguientes procedimientos: (a) los activos y pasivos de cada uno de los estados de situación financiera presentados (es decir, incluyendo las cifras comparativas), se convertirán a la tasa de cambio de cierre en la fecha del correspondiente estados de situación financiera; (b) los ingresos y gastos para cada estado del resultado integral o estado de resultados separado presentado (es decir, incluyendo las cifras comparativas), se convertirán a las tasas de cambio de la fecha de cada transacción; y (c) todas las diferencias de cambio resultantes se reconocerán en otro resultado integral.
NIC

Los Estados Financieros de una entidad, pueden ser presentados en una moneda diferente a la moneda funcional o local; lo cual no cambia la medición de las partidas señaladas (subyacentes) en los Estados Financieros; lo cual, solo expresa en una moneda diferente, los importes de dichas partidas, que se expresaron también en la moneda funcional o local, como lo disponen las normas jurídicas, contables y prudenciales de cada uno de los estado del continente.

Dependiendo de los mecanismos de manejo y control de la contabilidad que tenga la entidad, esta podrá llevar al día su posición financiera en moneda funcional como en la moneda de presentación; cualquiera que fueran las variantes de diferencial cambiario que presente el mercado en dicha moneda, las cuales afecten las cuentas de activo y pasivo; así como los gastos e ingresos, cuyas ganancias o pérdidas impactaran su estructura patrimonial por diferencial cambiario. De no disponer la entidad de estos mecanismos de gestión y control, podrá por razones prácticas utilizar una tasa de cambio, que se aproxime a las fechas de las transacciones para convertir las partidas de ingresos y gastos del periodo. De haber fluctuaciones de tasas muy marcadas, utilizar estas tasas promedio, no es conveniente.

A continuación comentamos, lo que representa exponer la posición financiera de la entidad, en moneda de presentación y en moneda funcional:

a) CUENTA FUNCIONAL

La moneda funcional es la moneda del legal del país. Esta moneda puede tener cambios de cotización; los cuales al generarse debe el fiduciario seguir las disposiciones de Ley. Asimismo, la moneda funcional puede tener diversas cotizaciones, con respecto a la moneda de transacción ([557]). En estos casos, debe sumar la moneda de presentación, con la cual se referencian; a los fines de mecanismo de control y referencia para el manejo de estos fondos.

---

[557]) Caso Venezolano al mes abril 2017, con 4 tipos de cotización desde Bs. 6, Bs.10 y 712 por dólar, hasta Bs.4400 por dólar en el mercado paralelo…

b) CUENTA DE TRANSACCIÓN (PRESENTACIÓN)

La moneda presentación es la moneda es la moneda extranjera, que sirve de comparación y control de las otras monedas extranjeras que maneja el fiduciario. La moneda de transacción, permite ajustar las otras monedas extranjeras respecto a cotización en el mercado; los cuales al consolidarse debe el fiduciario seguir las normas internacionales. La moneda de presentación sirve de mecanismo de control y referencia para el manejo de los fondos fiduciarios en moneda extranjera.

c) OTRAS CUENTAS

Además, de las moneda funcional y la de presentación, el fideicomiso puede manejar muchas cuentas en diversas monedas; las cuales al consolidarse a efectos de presentación se adecuación a la cotización de la moneda de presentación.

3.9. AJUSTES POR DIFERENCIAL CAMBIARIO:

El fiduciario debe ajustar las cuentas del activo y del pasivo; así como los ingresos y gastos en moneda extranjera por fluctuaciones cambiarias, sea que se genere ganancias o pérdidas; las cuales se aplicaran contra las cuentas de superávit, dependiendo de la política que siga o contra las cuentas de resultado. En nuestros ejemplos, seguimos el criterio de la Superintendencia de Bancos Venezolana, y las ajustamos contra las cuentas patrimoniales; tal como lo señala la dinámica que recomienda ese organismo y las Normas Internacionales de Contabilidad, que señala que "toda transacción en moneda extranjera se registrará, en el momento de su reconocimiento inicial, utilizando la moneda funcional, mediante la aplicación al importe en moneda extranjera, de la tasa de cambio de contado a la fecha de la transacción entre la moneda funcional y la moneda extranjera" ([558]):

---

[558]) Norma Internacional de Contabilidad 21 Efectos de las Variaciones en las Tasas de Cambio de la Moneda Extranjera Objetivo 1 Una entidad puede llevar a cabo actividades en el extranjero de dos maneras diferentes. Puede realizar transacciones en moneda extranjera o bien puede tener negocios en el extranjero. Además, la entidad puede presentar sus estados financieros en una moneda extranjera. El objetivo de esta Norma es prescribir cómo se incorporan, en los estados financieros de una entidad, las transacciones en moneda extranjera y los negocios en el extranjero, y cómo convertir los estados

GANANCIA O PÉRDIDA POR FLUCTUACIONES CAMBIARIAS EN ACTIVOS Y/O PASIVOS MONEDA EXTRANJERA

DESCRIPCIÓN En la cuenta 352.00 se registrarán las ganancias o pérdidas que se origen cuando se mantengan activos y/o pasivos en moneda extranjera y se modifique el tipo de cambio oficial establecido para su valoración y registro contable. En la cuenta (352.00) se registran las ganancias o las pérdidas que se origen por el efecto de la modificación del tipo de cambio oficial establecido para la valoración y registro de los activos y/o pasivos en moneda extranjera ([559]). Los saldos de esta cuenta serán utilizados de acuerdo con el destino que al efecto establezca este Organismo.

DINÁMICA:

Debitar:

1. Por las pérdidas que se origen por el efecto de la modificación del tipo de cambio oficial, establecido para la valoración y registro de los activos y/o pasivos en moneda extranjera.

2. Cuando se apliquen los saldos, según los destinos indicados por este Organismo.

Se acredita:

1. Por las ganancias que se origen por el efecto de la modificación del tipo de cambio oficial, establecido para la valoración y registro de los activos y/o pasivos en moneda extranjera..."

---

financieros a la moneda de presentación elegida. 2 Los principales problemas que se presentan son la tasa o tasas de cambio a utilizar, así como la manera de informar sobre los efectos de las variaciones en las tasas de cambio dentro de los estados financieros.

[559]) Código de Cuentas de la Superintendencia de Bancos de Venezuela...Convenio Cambiario Nro. 14 emitido por el Ministerio del Poder Popular para Economía y Finanzas en fecha 8 de enero de 2010 y en concordancia con la Resolución N° 10-01-02 emanada del Banco Central de Venezuela el 28 de enero de 2010, ambas publicadas en las Gacetas Oficiales de la República Bolivariana de Venezuela N° 39.342 y Nro. 39.656 en los mismos días, mes y año respectivamente.

Las cuentas del activo y del pasivo de los fideicomisos en moneda extranjera, se ajustaran a las fluctuaciones cambiarias de la moneda nacional (moneda referencial) con respecto a la moneda objeto de fluctuación (moneda de transacción). Cuando son divisas diferentes a la de transacción se ajustaran estas a la moneda de transacción; a fines de control y visualización de las posiciones en moneda extranjera que se maneje. A continuación se presentan los siguientes ejemplos, como reflejar las ganancias o pérdidas en las fluctuaciones cambiarias en las operaciones de fideicomiso:

3.8.1. PERDIDAS POR FLUCTUACIONES CAMBIARIAS:

3.8.1.1. Ganancia por fluctuaciones cambiarias en cuentas del activo:

ASIENTO CONTABLE			
CODIFICACIÓN	NOMBRE DE LA CUENTA	DEBE	HABER
711.00.	DISPONIBILIDADES	XXX	
712.00	INVERSIONES EN TÍTULOS VALORES	XXX	
713.00.	CARTERA DE CRÉDITOS	XXX	
719.00.	OTROS ACTIVOS	XXX	
735.2.01	GANANCIAS POR FLUCTUACIONES CAMBIARIAS		XXX

DESCRIPCIÓN En esta subcuenta (352.01) se registran las ganancias que se origen por el efecto de la modificación del tipo de cambio oficial establecido para la valoración y registro de los activos, sean cuentas corrientes, depósitos de ahorro o a plazo, Inversiones en títulos Valores, créditos y otros activos en moneda extranjera.

3.8.1.2. Ganancia por fluctuaciones cambiarias cuentas del pasivo:

721.00.	CUENTAS DE PASIVO	XXX	
729.00.	OTROS PASIVOS	XXX	
735.2.01	GANANCIAS POR FLUCTUACIONES CAMBIARIAS		XXX

DESCRIPCIÓN En esta subcuenta (352.01) se registran las ganancias que se origen por el efecto de la modificación del tipo de cambio oficial establecido para la valoración y registro de los pasivos, sean cuentas o gastos por pagar u otros activos en moneda extranjera.

3.9.2. Pérdida por fluctuaciones cambiarias:

3.9.2.1. Pérdida por fluctuaciones cambiarias en cuentas del activo:

ASIENTO CONTABLE			
CODIFICACIÓN	NOMBRE DE LA CUENTA	DEBE	HABER
735.2.02	PERDIDAS POR FLUCTUACIONES CAMBIARIAS	XXX	
711.00.	DISPONIBILIDADES		XXX
712.00.	INVERSIONES EN TITULOS VALORES		XXX
713.00.	CARTERA DE CREDITOS		XXX
719,00	OTROS ACTIVOS		XXX

DESCRIPCIÓN En esta subcuenta se registran las pérdidas que se origen por el efecto de la modificación del tipo de cambio oficial establecido para la valoración y registro de las cuentas del activo en moneda extranjera.

3.9.2.2. Pérdida por fluctuaciones cambiarias cuentas del pasivo:

CODIFICACIÓN	ASIENTO CONTABLE		
	NOMBRE DE LA CUENTA	DEBE	HABER
735.2.02.	PÉRDIDA POR FLUCTUACIONES CAMBIARIAS	XXX	
721.00	CUENTAS Y GASTOS POR PAGAR		XXXX
729.00	OTROS PASIVOS		XXX

DESCRIPCIÓN   En esta subcuenta se registran las pérdidas que se origen por el efecto de la modificación del tipo de cambio oficial establecido para la valoración y registro de las cuentas y gastos por pagar en moneda extranjera.

3.9.3. POSICIONES CONTABLES POR DIFERENCIAL CAMBIARIO:

En los cuadros que se muestran a continuación, podrán apreciar, a manera de ejemplo, la posición de las operaciones en moneda extranjera, que realiza la entidad (Banco de América); las cuales se presentan en moneda funcional (local) y en Moneda de presentación (transacción). En el ejemplo la moneda funcional es la moneda nacional y la moneda de presentación es la moneda extranjera

3.9.3.1. POSICIÓN EN DIVISAS OPERATIVAS.

	BANCO URUGUAYO									
	OPERACIONES DE FIDEICOMISO									
				POSICIÓN EN DIVISAS OPERATIVAS						
OPERACIÓN EN MONEDA EXTRANJERA				MONEDA LOCAL				MONEDA DE TRANSACCIÓN		
				PESOS/USD				CONVERSIÓN EN USD		
FECHA	TIPO DE OPERACIÓN	DIVISA	MONTO DIVISA	CAMBIO	INGRESO	EGRESO	SALDO	INGRESO	EGRESO	SALDO EN $
	SALDO ANTERIOR			BASE			0			0
21/12/2015	SUSCRIPCIÓN CONTRATO USD	USD	10.000.000,00	3,3918	33.918.000,00		33.918.000,00	10.000.000,00		10.000.000,00
22/12/2015	INVERSIÓN	USD	8.000.000,00	3,3918		27.134.400,00	6.783.600,00		8.000.000,00	2.000.000,00
23/12/2015	INGRESO AJUSTE CAMBIARIO	USD		3,4610	138.400,00		6.922.000,00		0,00	2.000.000,00
23/12/2015	APORTE CONTRATO Bs:	Bs./usd (650)	100.000.000,00	3,4610	532.461,54		7.454.461,54	153.846,15		2.153.846,15
26/12/2015	PERDIDA AJUSTE CAMBIARIO			3,4518	0,00	19.815,38	7.434.646,15		5.740,59	2.148.105,56
26/12/2015	APORTE CONTRATO PESOS	pesos	3.000.000,00	3,3818	10.145.400,00		17.580.046,15	3.000.000,00		5.148.105,56
26/12/2015	CREDITO	PESOS	100.000,00	3,3818		338.180,00	17.241.866,15		29.570,05	5.118.535,51
29/12/2015	INGRESOS AJUSTE CAMBIARIO			3,3913	48.435,07	0,00	17.290.301,23	14.282,16	0,00	5.132.817,66
29/12/2015	VENDIÓ	USD	10.000,00	3,3913	33.913,00		17.324.214,23		10.000,00	5.122.817,66
30/12/2015	PERDIDA AJUSTE CAMBIARIO			3,3818	0,00	48.530,07	17.275.684,15		14.350,37	5.108.467,30
30/12/2015	COBRO INTERESES	USD	4.000,00	3,3818	13.527,20		17.289.211,35	4.000,00		5.112.467,30
31/12/2015	PERDIDA AJUSTE CAMBIARIO			3,3718	0,00	51.124,29	17.238.087,07		15.162,31	5.097.304,98
31/12/2015	COMISIÓN FIDUCIARIA USD		2.000,00	3,3718		6.743,60	17.231.343,47		2.000,00	5.095.304,98
31/12/2015	CIERRE EJERCICIO	USD	0,00	3,3718	0,00	0,00	17.231.343,47	0,00		5.095.304,98

El cuadro precedente (posición en Divisas Operativas), se muestran las diversas operaciones en diferentes monedas que realiza la entidad (Banco de América), las cuales se muestran en moneda funcional o local (nacional) a la tasa de cambio (T/C) del día y en moneda de transacción o de presentación (en dólares); donde se ajustaron a la moneda (dólares) las monedas extranjeras de otros signos monetarios a la cotización de mercado de ese día.

3.9.3.2. ASIENTOS CONTABLES DIFERENCIAL CAMBIARIO

REGISTRO MONEDA EXTRANJERA (ALTERNA)					
FECHA	CODIGO	ASIENTO CONTABLE	DEBE	HABER	CONCEPTO
21/12/2015	711.03	CTA. CTE.USD	10.059.315,50		
	730.01	CAPITAL USD		10.059.315,50	
22/12/2015	712.00	INVERSIÓN M/E	8.047.452,40		INVERSIÓN M/E
		CTA. CTE.USD		8.047.452,40	
23/12/2015	711.03	CTA. CTE.USD	157.916,11		SUSCRIP CONTRATO Bs.
	730.01	CAPITAL PESOS		157.916,11	
23/12/2015	711.02	BANCO LOCAL	41.046,33		
	751.02	INGRESOS DIF. CAMBIARIO		41.046,33	
26/12/2015	713.01	CRÉDITO	100.296,58		CRÉDITO EN PESOS
	711.02	BANCO LOCAL		100.296,58	
26/12/2015	741.02	PERDIDA DIF. CAMBIARIO	5.876,80		
	711.02	BANCO LOCAL		5.876,80	
26/12/2015	711.02	BANCO LOCAL	3.008.897,32		
	730.01	CAPITAL		3.008.897,32	
29/12/2015	711.02	BANCO LOCAL	10.057,83		VENTA DOLARES
	711.03	CTA. CTE.USD		10.057,83	
29/12/2015	711.02	BANCO LOCAL	14.364,75		
	751.02	INGRESOS DIF. CAMBIARIO		14.364,75	
30/12/2015	741.02	PERDIDA DIF. CAMBIARIO	14.392,93		COBRO INTERES USD
	711.02	BANCO LOCAL		14.392,93	
30/12/2015	711.03	BANCO LOCAL	4.011,86		
	751.01	INGRESOS PESOS		4.011,86	
	741.02	PERDIDA DIF. CAMBIARIO	15.162,31		
31/12/2016	711.02	BANCO LOCAL		15.162,31	
31/12/2016	743.00	GASTOS COMISIÓN FIDUCIAF	2.000,00		
	711.03	CTA. CTE. USD		2.000,00	

Las operaciones reflejadas en cuadro anterior (Posición en Divisas operativas), han sido realizados lo asientos correspondientes a cada una de dichas operaciones; como se muestra en el cuadro precedente.

3.9.3.3. POSICIÓN EN MONEDA FUNCIONAL Y DE PRESENTACIÓN

POSICIÓN MONEDA LOCAL					POSICIÓN MONEDA DE TRANSACCIÓN (ALTERNA USD)			
FECHA	COTIZACIÓN	BANCO LOCAL		SALDO	FECHA	BANCO EXTERNO		
	USD	DEBE	HABER	PESOS		INGRESO	EGRESO	SALDO
				0,00				0
21/12/2015	3,3918	33.918.000,00		33.918.000,00	21/12/2015	10.000.000,00		10.000.000,00
22/12/2015	3,3918		27.134.400,00	6.783.600,00	22/12/2015		8.000.000,00	2.000.000,00
23/12/2015	3,8610	938400		7.722.000,00	23/12/2015		0	2.000.000,00
23/12/2015	3,8610	594000		8.316.000,00	23/12/2015	153.846,15		2.153.846,15
26/12/2015	3,3818	0,00	1.032.123,08	7.283.876,92	26/12/2015		305199,3249	1.848.646,83
26/12/2015	3,3818	10.145.400,00		17.429.276,92	26/12/2015	3.000.000,00		4.848.646,83
26/12/2015	3,3818		338.180,00	17.091.096,92	26/12/2015		29570,05145	4.819.076,78
29/12/2015	3,3913	48.011,54	0	17.139.108,46	29/12/2015	14157,26667	0	4.833.234,04
29/12/2015	3,3913	33.913,00		17.173.021,46	29/12/2015		10.000,00	4.823.234,04
30/12/2015	3,3818	0,00	48.106,54	17.124.914,92	30/12/2015		14225,12817	4.809.008,92
30/12/2015	3,3818	13.527,20		17.138.442,12	30/12/2015	4.000,00		4.813.008,92
31/12/2015	3,3718	0,00	50.678,46	17.087.763,66	31/12/2015		15030,09121	4.797.978,82
31/12/2015	3,3718		446574	16.641.189,66	31/12/2015		132443,7986	4.665.535,03
CIERRE		0	0	16.641.189,66	CIERRE	0		4.665.535,03

En los dos (2) cuadros precedentes se muestran la Posición en moneda funcional (Local) y en Moneda de transacción o de Presentación (Moneda Extranjera), las diversas operaciones realizadas en el ejemplo que hemos venido desarrollando en los procesos, que reflejan los cuadros precedentes

3.9.3.4. POSICIÓN EN MONEDA EXTRANJERA

POSICIÓN MONEDA EXTRANJERA USD AL 31/12/2015						
		POSICIÓN DEL MES USD			VARIACIÓN	
CONCEPTO	MES ANTERIOR	DEBE	HABER	SALDO USD	MONTO	%
MES ANTERIOR	0	0	0	0	0,00	0,00
DISPONIBLE M/E	0	4.665.535,03		4.665.535,03	0,00	0
DISPONIBLE MONEDA LOCAL		4.935.402,36		4.935.402,36		
INVERSIÓN USD	0,0000	8.000.000,00		8.000.000,0000	0,00	0,00
CREDITO PESOS	0,0000	29.570,05		29.570,0515	0,00	0,00
				0	0,00	0,00
			0,00		0,00	0,00
				0	0,00	0,00
					0,00	0,00
				0	0,00	0,00
					0,00	0,00
				0	0,00	0,00
					0,00	0,00
				0	0,00	0,00
TOTAL USD	0,0000			17.630.507,43	0,00	0,00
PESOS/CONTRAVALOR	0			59.446.544,96	0,00	0,00
CAMBIO PESOS/USD	3,3718					

El cuadro precedente (Posición Moneda Extranjera), se puede apreciar la posición del mes anterior (que está en 0); a la cual se le suma los débitos y se le resta los créditos del mes en proceso; a los fines de determinar el saldo de cada una de las cuentas en moneda de presentación ($USD). Las variaciones no muestran cifras, porque el mes anterior no presentaba saldo.

3.9.3.5. POSICIÓN EN CUENTAS T.

EJEMPLOS EN CUENTAS T

CTA CTE. USD		CAPITAL	INVERSIÓN USD		CREDITOS USD
33.918.000,00	27.134.400,00		33.918.000,00	27.134.400,00	338.180,00
532.461,54	33.913,00		532.461,54		
13.527,20	6.743,60		10.145.400,00		
7.288.932,14			44.595.861,54		

GASTOS SERVICIOS	INGRESOS POR INTERESS
6.743,60	13.527,20

INGRESOS DIF. CAMBIARIO	PERDIDA DIF. CAMBIARIO	INTERESES X INVERSIONES	BANCO LOCAL	
138.400,00	19.815,38		138.400,00	338.180,00
48.435,07	48.530,07		33.913,00	19.815,38
	51.124,29		48.435,07	48.530,07
	119.469,74			51.124,29
186.835,07				
			10.145.400,00	
			10.366.148,07	457.649,74
			9.908.498,33	

La posición precedente, muestras los diferentes asientos que se hicieron con las operaciones mostradas en los cuadros precedentes y que son mostradas en cuentas T, para determinar sus saldos que serán proyectados en los Estados Financieros que se mostraran a continuación

3.9.3.6. ESTADOS FINANCIEROS:

Los Estados Financieros se muestran en los cuadros siguientes en moneda funcional (local) y en moneda de presentación (moneda extranjera):

3.9.3.6.1. BALANCE EN MONEDA LOCAL

CUENTAS	BANCO URUGUAYO			
	BALANCE AL MONEDA LOCAL AL 31-12-2015			
710.00	ACTIVO			
711.00	DISPONIBILIDADES		17.197.430,47	
711.02	Depósitos en la Institución	9.908.498,33		
711.03	Otras Disponibilidades M/E (USD)	7.288.932		
712.00	INVERSIONES EN TITULOS VALORES		27.134.400	
712.01	Bonos y Obligaciones M/E	27.134.400		
713.00	CARTERA DE CRÉDITOS		338.180	
713.01	Préstamos a Beneficiarios por cobrar	338.180		
	OTROS ACTIVOS			
710.00	TOTAL ACTIVO			44.670.010
720.00	PASIVO			
720.01	Pasivo Corto Plazo			
720.00	TOTAL PASIVO			0
730.00	PATRIMONIO			44.670.010
730.01	Fideicomiso de Inversiones		44.595.862	
730.04	Resultados Acumulados		74.149	
	TOTAL PASIVO + PATROMONIO			44.670.010
	CUENTAS DE RESULTADOS			
740.00	GASTOS FINANCIEROS		126.213,34	
741.02	Gastos por Pérdida por Diferencial Cambiario	119.469,74		
743.03	Gastos por Comisión Fiduciaria	6.743,60		
750.00	INGRESOS FINANCIEROS		200.362,27	
751.02	Ingreso por Diferencial Cambiario	186.835		
751.01	Ingresos por intereses	13.527,20		
	GANANCIA O PERDIDA		74.149	

3.9.3.6.2.   BALANCE EN MONEDA EXTRANJERA

CUENTAS	BANCO URUGUAYO			
	BALANCE MONEDA DE TRANSACCIÓNAL 31-12-2015			
710.00	ACTIVO			
711.00	DISPONIBILIDADES		5.100.370,86	
711.02	Depósitos en la Institución	2.938.637,62		
711.03	Otras Disponibilidades M/E (USD)	2.161.733		
712.00	INVERSIONES EN TITULOS VALORES		8.047.452	
712.01	Bonos y Obligaciones M/E	8.047.452		
713.00	CARTERA DE CRÉDITOS		100.297	
713.01	Préstamos a Beneficiarios por cobrar	100.297		
	OTROS ACTIVOS			
710.00	TOTAL ACTIVO			13.248.120
720.00	PASIVO			
720.01	Pasivo Corto Plazo			
720.00	TOTAL PASIVO			0
730.00	PATRIMONIO			13.248.120
730.01	Fideicomiso de Inversiones		13.226.129	
730.04	Resultados Acumulados		21.991	
	TOTAL PASIVO + PATROMONIO			13.248.120
	CUENTAS DE RESULTADOS			
740.00	GASTOS FINANCIEROS		37.432,04	
741.02	Gastos por Pérdida por Diferencial Cambiario	35.432,04	0,00	
743.03	Gastos por Comisión Fiduciaria	2.000,00		
750.00	INGRESOS FINANCIEROS		59.422,94	
751.02	Ingreso por Diferencial Cambiario	55.411		
751.01	Ingresos por intereses	4.011,86		
	GANANCIA O PERDIDA		21.991	

En los Balances precedentes se puede apreciar la posición en moneda funcional (local o nacional) y la posición en moneda de presentación (transacción o moneda extranjera); las cuales presentan diferencias en los montos; dado que el balance en moneda funcional (local), las partidas en divisas están ajustadas a la cotización oficial del día (US$ convertidos en moneda local) y la presenta la moneda de presentación el balance está registrado al cambio de la moneda extranjera ($USD) como moneda de presentación.

3.10. ENTREGA DE PRODUCTO (UTILIDADES) AL BENEFICIARIO

El Fiduciario debe proceder a cumplir las instrucciones que le haya impartido el Fideicomitente, que puede ser que entregue al Beneficiario el Producto de las inversiones (Entrega de producto) o que le vaya haciendo entrega del capital (caso 3.4 desembolsos) o una combinación de estas dos opciones (Entrega de producto y capital)

a) **Entrega de Producto:**

ASIENTO CONTABLE			
CODIFICACIÓN	**NOMBRE DE LA CUENTA**	**DEBE**	**HABER**
734.00.	RESULTADOS ACUMULADOS	XX	
711.00	DISPONIBILIDADES		XX

b) **Entrega de Capital y Producto:**

ASIENTO CONTABLE			
CODIFICACIÓN	**NOMBRE DE LA CUENTA**	**DEBE**	**HABER**
734.00	RESULTADOS ACUMULADOS	XX	
731.00	CUENTAS DE CAPITAL	XX	
711.00	DISPONIBILIDADES		XX

3.11. TERMINACIÓN O FINIQUITO DEL FIDEICOMISO

Después de atender la finalidad prevista en el contrato de fideicomiso, el fiduciario debe proceder a liquidar el fideicomiso, realizando legal y contablemente el finiquito correspondiente.

ASIENTO CONTABLE			
CODIFICACIÓN	**NOMBRE DE LA CUENTA**	**DEBE**	**HABER**
731.00	CUENTAS DE CAPITAL	XX	
734.00	RESULTADOS ACUMULADOS	XX	
711.00	DISPONIBILIDADES		XX

Realizado el finiquito correspondiente, después de haber cumplido la finalidad prevista en el contrato o por hacerse esta imposible de cumplir, debe conservarse la documentación soporte del fideicomiso, a los fines de las previsiones de Ley.

De haber otros conceptos por entregar en la liquidación o finiquito del fideicomiso, proceder de acuerdo a lo previsto en el contrato, que puede ser negociar estos conceptos antes, para convertirlos en disponibilidad. Realizado lo anterior, proceder a cerrar las cuentas que tengan saldo, empezando por las de resultados y los otros conceptos, dado que no debe quedar ninguna cuenta con saldo, ya que esto es el finiquito. Esto no excluye que pueda quedar un saldo por entregar a uno de los beneficiarios o fideicomisarios, que debe colocarse en una cuenta transitoria en el Instituto, para ser entregado en la oportunidad que sea requerido o enviado, de acuerdo a las instrucciones que se hayan impartido al efecto.

Después del finiquito se cierra esa opción en la contabilidad mecanizada, por lo cual sólo cabe un reverso de haberse cometido algún error en su ejecución; pero esto debe quedar bloqueado.

El fiduciario antes de liquidar o finiquitar el fideicomiso o el pago a cualquier beneficiario debe cobrar o deducir sus honorarios profesionales y recuperar aquellos fondos propios que haya utilizado para atender el servicio fiduciario, que debió registrar en erogaciones recuperable. Asimismo, debe ajustar las cuentas en moneda extranjera que maneje a la cotización del día para liquidar o finiquitar el fideicomiso.

4.   ASIENTOS AUTOMÁTICOS (PARAMETRIZADOS):

La tecnología ha revolucionado los procesos en las organizaciones, particularmente en la parte administrativa, financiera y contable, donde los software en la actualidad facilitan parametrizar las operaciones, en las cuales la contabilidad es una resultante de la ejecución de éstas actividades, dando como resultado asientos automáticos producto del amarre a las operaciones con las cuales están relacionados. Estos procesos mecanizados, brindan ventajas al cliente y dan seguridad; así como reducen al máximo las posibilidades de error humano. Incorporar estos mecanismos, debe llevar parejo limitar el uso de asientos manuales, que a la larga terminan creando situaciones particulares, que después se le acuñan a los sistemas, como si estos hicieran asientos, esos los hacen los individuos y allí debe estar atenta la gerencia de control de la organización.

Cuando se parametrizan estas operaciones, los que participan, además de conocer del tema y de los cálculos financieros, deben ser personas de criterios para orientar al programador o instructor del sistema en lo que se pretende y estar claro que lo que se va implementar es un formato, no se van a hacer programaciones por nimiedades, que a la larga terminan saliendo caras al cliente y complicando las operaciones. Estas cosas son para la organización y sobre sus particulares es que se debe realizar cualquier instrumentación que se haga.

Los sistemas que operan en el mercado inician las opciones de parametrización por los tipos de fideicomisos, seguidos de las diferentes opciones de comisiones, fórmulas de tasas, asientos contables, fórmulas de interés, cobro de intereses, porcentaje de préstamos, periodos de gracia, fechas de cierres contables, cambios de tasas, entre otras opciones, que deben ser bien instrumentadas. Del sistema "Fiducia 2000", tomamos la plantilla de Editar Fórmulas:

Estos procesos de parametrización exigen que el instituto incorpore en el sistema de fideicomiso que maneje las cuentas que conforman el código de cuentas impuesto por las autoridades, a los fines de poder parametrizar los asientos contables, definiendo para ello el proceso a ejecutar de las operaciones del fideicomiso, por aporte, préstamo, inversión u otros conceptos, con la cantidad de cuentas que lo componen, referencias del proceso, si es nuevo o es una modificación,   indicando si se va a Editar el Proceso o se van a Asignar Cuentas, describiendo las referencias de las cuentas y su número en el código del ente contralor y su naturaleza, si es deudora o acreedora. De estar conforme cerrar, consultar o imprimir, para verificación. Del sistema "Fiducia 2000", tomamos la plantilla de Procesos Contables:

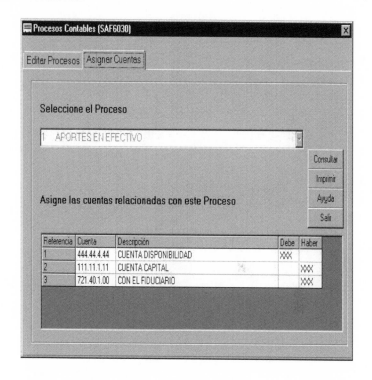

En estos procesos de parametrización se debe considerar programar plantillas de fideicomisos y otras de comisiones y retenciones en los fideicomisos. En estas plantillas se asignan los accesos a módulos y pantallas del sistema que comprenden las opciones disponibles para estas plantillas y se asignan las comisiones y retenciones; las cuales tienen fases de creación de fórmulas, que pueden combinarse entre sí, pantallas para definir fórmulas, funciones tipo booleanas, matemáticas, etc.; así como consultas a las tablas de la base de datos, para obtener datos específicos que se requieran.

5. LAS NORMAS INTERNACIONALES DE CONTABILIDAD:

Las Normas Internacionales de Contabilidad (NIC) o International Financial Reporting Standards (IFRS) son el conjunto de Normas establecidas por el International Accounting Standards Board (IASB), con la finalidad que la información que reflejen los estados financieros de las empresas o instituciones, sean bajo estos estándares.

Las Normas Internacionales de Información Financiera (NIIF), son las normas e interpretaciones emitidas por el consejo de normas internacionales de contabilidad "International Accounting Standards Board" (IASB); las cuales comprenden:

a) Normas Internacionales de Información Financiera (NIIF)
b) Las Normas Internacionales de Contabilidad
c) Interpretaciones CINIIF
d) Interpretaciones de SIC

El "International Accounting Standards Committee" (IASC) en su periodo de actividad (Lapso 1973-1999), emitió 41 normas NIC, de las cuales están vigentes 29. En el año 2000, fue reestructurado, pasando a ser llamado "International Accounting Standards Board (IASB), desde esa fecha hasta la actualidad (2015) ha emitido 13 normas NIIF, de las cuales están vigentes 9, junto con 27 interpretaciones (16 CINIIF Y 11 SIC)

Los principales reportes de las normas están relacionados con los estados financieros y de hecho es la primera norma internacional (NIC 1), los cuales se indican a continuación, junto con las políticas contables y notas explicativas:

1. Estado de Situación Financiera
2. Estado de Resultado Integral
3. Estado de Cambios en las Cuentas Patrimoniales
4. Estado de Flujo de Efectivo.

5.4. LAS NORMAS INTERNAS DE LOS PAÍSES Y LOS PROCESOS DE AJUSTE POR INFLACIÓN

Los países que se ven impactados por procesos inflacionarios, como consecuencia de sus políticas internas, deben tomar previsiones, tanto contables como fiscales, sincerar la información contable y financiera de las empresas e instituciones que operan en esos mercados, si es que aspiran operar en el mercado internacional.

Cada país, puede crear y de hecho han creado, normas internas de contabilidad ([560]), para ajustar sus estados financieros a los indicadores de inflación, en los cuales se ven envueltos; los cuales complementan con medidas fiscales, reformando las disposiciones de las leyes de impuesto sobre la renta. Estas medidas buscan medir la eficiencia de la gerencia de la empresa y el efecto en la renta gravable del contribuyente. Estas metodologías reconocen el impacto de la inflación y los costos históricos en los estados financieros. Dado que el dinero local pierde valor adquisitivo y las obligaciones se aprecian de valor; los otros bienes no monetarios se protegen del efecto de la inflación.

La inflación es el aumento generalizado y constante en el nivel general de precios, se genera cuando no hay equilibrio los bienes y servicios que produce un país, y el valor de compra de su signo monetario. Este fenómeno ha sido estudiado por diferentes corrientes del pensamiento económico, desde su naturaleza, consecuencias y soluciones para combatirla.

Las Normas contables para elaborar estados financieros ajustados por inflación, incluyen entre otros lo siguiente:

a) Incorporar asientos de ajuste por inflación, en los libros de contabilidad
b) Aplicar los asientos con carácter obligatorio
c) Mostar las cuentas de capital en un solo rubro
d) Cargar a la cuenta utilidad ajustada por inflación los apartados para reserva legal

Entre los métodos de cálculos tenemos, el de costo histórico reexpresado y el mixto.

Los países de acuerdo a sus conveniencias e intereses, así como a sus ideologías políticas y consideraciones económicas, se acogen a las normas internas o las sectorizan, caso Venezuela, donde el sector financiero, no ajusta su balance por inflación, no así las empresas privadas que si ajustan sus balances por inflación.

---

[560]) La Federación de Colegios de Contadores de Venezuela, promulgó la Declaración de Principios de Contabilidad número 10 (DPC-10); la cual establece la obligación de ajustar los Estados Financieros básicos por efecto dela inflación, empezó optativa (1.996) y después del año 1.997 , se incorpora la cuenta "Resultado Monetario del ejercicio Económico (REME), con efecto positivo o negativo.

5.5.   NORMAS   INTERNACIONALES   DE CONTABILIDAD (NIC) VIGENTES ([561]):

El procesos de globalización ha permitido que diferentes países, se hayan puesto de acuerdo para establecer normas internacionales de contabilidad, para regularizar las distorsiones producidas en los Estados financieros y en la determinación del enriquecimiento neto gravable, por los altos índices de inflación, con lo cual implementan los ajustes por inflación, bajo la metodología financiera y fiscal, permitiendo presentar información útil y razonable a las partes interesadas de las empresas e instituciones.

En el cuadro siguiente, se puede apreciar las NIC, en sus diferentes periodos:

1.	NIC 1. Presentar estados financieros
2.	NIC 2. Inventarios.
3.	NIC 7. Estado de flujos de efectivo.
4.	NIC 8. Políticas contables, cambios en las estimaciones contables y errores.
5.	NIC 10. Hechos posteriores a la fecha del balance.
6.	NIC 11. Contratos de construcción.
7.	NIC 12. Impuesto sobre las ganancias.
8.	NIC 14. Información Financiera por Segmentos.
9.	NIC 16. Inmovilizado material.
10.	NIC 17. Arrendamientos.
11.	NIC 18. Ingresos brutos.
12.	NIC 19. Retribuciones a los empleados
13.	NIC 20. Contabilización de las subvenciones oficiales e información a revelar sobre ayudas públicas.
14.	NIC 21. Efectos de las variaciones en los tipos de cambio de la moneda extranjera.
15.	NIC 23. Costes por intereses.
16.	NIC 24. Información a revelar sobre partes vinculadas.
17.	NIC 26. Contabilización e información financiera sobre planes de prestaciones por retiro.
18.	NIC 27. Estados financieros consolidados y separados.
19.	NIC 28. Inversiones en entidades asociadas.
20.	NIC 29. Información financiera en economías hiperinflacionarias.

21.	NIC 31. Participaciones en negocios conjuntos.
22.	NIC 32. Instrumentos financieros: Presentación.
23.	NIC 33. Ganancias por acción.
24.	NIC 34. Información financiera intermedia.
25.	NIC 36. Deterioro del valor de los activos.
26.	NIC 37. Provisiones, activos y pasivos contingentes.
27.	NIC 38. Activos intangibles.
28.	NIC 39. Instrumentos financieros: reconocimiento y valoración.
29.	NIC 40. Inversiones inmobiliarias;
30.	NIC 41. Agricultura

Las nuevas Normas Internacionales, así como otras declaraciones emitidas por el Consejo de Normas Internacionales de Contabilidad (IASB) que se aplican para los períodos que comiencen en 2013, y también cubre esos pronunciamientos adicionales emitidas por el IASB hasta julio de 2013, y que se aplican a partir de 2014 ([562]).

El "suite of five", emitido en mayo de 2011 y efectiva en 2013 - NIIF 10 Estados Financieros Consolidados, NIIF 11 Acuerdos conjuntos, NIIF 12 Desgloses sobre participaciones en otras entidades y las versiones revisadas de la NIC 27 Estados financieros separados y la NIC 28 Inversiones en Asociadas y Joint Ventures.

NIIF 13 Medición del Valor Razonable
La versión revisada de la NIC 19 Beneficios a los Empleados
Entidades de Inversión (Modificaciones a la NIIF 10, NIIF 12 y la NIC 27) emitida en octubre de 2012
Revelaciones importe recuperable de los activos no financieros (Modificaciones a la NIC 36) emitidos mayo 2013
CINIIF 21 Gravámenes emitidos mayo 2013

> ### 5.6. PAÍSES QUE HAN ACOGIDO LAS NORMAS INTERNACIONALES DE CONTABILIDAD (NIC).-

Las Normas Internacionales de Contabilidad han venido siendo acogidas por muchos países ([563]), de América, Europa, Asia, África y

---

[562]) Esta edición del año 2014 de IGAAP se ocupa de todas las nuevas Normas, así como otras declaraciones emitidas por el Consejo de Normas Internacionales de Contabilidad (IASB) que se aplican para los períodos que comiencen en 2013, y también cubre esos pronunciamientos adicionales emitidas por el IASB hasta julio de 2013, y que se aplican a partir de 2014
[563]) Países con Normas Internacionales de Contabilidad:

Oceanía, con la finalidad de mostrar reglas uniformes que den transparencia en la información contable y financiera de las empresas e instituciones que operan a nivel internacional. Las entidades (empresas e instituciones) que mantienen relaciones internacionales o que hacen ofertas públicas de sus acciones u obligaciones y participaciones o que gestionan financiamiento a nivel nacional e internacional, la información contable y financiera que presentan al público debe estar ajustada a estas normas internacionales, a fines de trasparencia y aceptación de sus estados financieros, independientemente que por exigencias públicas, deban ajustarse a formados impuestos por los Órganos Oficiales de sus respectivos países.

Las NIC en la Unión Europea son acogidas oficialmente, como sus normas contables, después de pasar por la revisión del EFRAG (564), por lo cual hay que comprobar su status en estos países.

En Estados Unidos las entidades cotizadas en bolsa, tendrán la posibilidad de elegir si presentan sus estados financieros bajo US GAAP (el estándar nacional) o bajo las NIC.

Estas normas internacionales tropiezan en buena parte de nuestros países, con la cultura burocrática de muchos de los empleados públicos, que creen que van a ceder cuotas de poder, o que desde afuera les imponen las cosas o que se resisten a los cambios y otros por otras particularidades muy observables, en América Latina. Los países de América que han acogido estas normas internacionales, son: Canadá, Estados Unidos de América, incluido Puerto Rico (Compañías Privadas), Brasil, México, Uruguay, Bahamas, Barbados, Islas Caymán, Costa Rica, Guyana, Jamaica, Nicaragua, Panamá, Ecuador, Trinidad y Tobago.

América: Brasil, Bahamas, Barbados, Canadá, Islas Caymán, Costa Rica, Guyana, Jamaica, México, Nicaragua, Panamá, Trinidad y Tobago, Uruguay, USA (compañías privadas), Puerto Rico (Compañías privadas), Ecuador.
Europa: Albania, Bélgica, Bulgaria, Croacia, Chipre, República Checa, Dinamarca, Estonia, Finlandia, Georgia, Grecia, Hungría, Islandia, Irlanda, Kosovo, Letonia, Lituania, Luxemburgo, Malta, Holanda, Noruega, Serbia, Eslovaquia, Eslovenia, Suecia, Suiza, Turquía, Reino Unido.
Asía/Pacífico: Australia, Bangladesh, China, Hong Kong, India, Japón, Kazakstán, Malasia, Mongolia, Nepal, Nueva Zelandia, Pakistán, Filipinas, Singapur, Corea del Sur, Sri Lanka.
África/ Medio Oriente: Botsuana, Kenia, Líbano, Lesoto, Malaui, Isla Mauricio, Namibia, Sur África, Tanzania, Uganda, Emirato Árabes (Abu Dabi, Dubái), Zambia, Zimbabwe

[564]) El European Financial Reporting Advisory Group (EFRAG) es un comité de carácter técnico que proporciona soporte y experiencia a la Comisión Europea en el procedimiento de adopción de las Normas Internacionales de Contabilidad. Su creación se basa en lo establecido en el artículo 3 del Reglamento 1606/2002.

5.7.   NORMAS INTERNACIONALES APLICABLES EN LOS FIDEICOMISOS

Las   Normas   Internacionales   de   Contabilidad   aplicables   a   los fideicomisos,   sean   de   inversión,   titularización,   administración, inmobiliarios o de garantías, pasan por las siguientes consideraciones (variables independientes):

5.7.1. Cumplimiento de las Disposiciones y Normas Gubernamentales del país.

5.7.2.   Presentar los Estados Financieros, en formato NIIF

5.7.3. Facilitar la interpretación o lectura uniforme de los estados financieros a nivel internacional

5.7.4. Tratamiento contable uniforme para todos los entes

5.7.5. Mantener criterios definidos

5.7.6. Presentar reportes oportunos

Los fideicomisos donde hay traspaso del patrimonio al fiduciario, éste debe presentar los estados financieros acorde a las Normas internacionales de información financiera, si así lo permite la normativa del país y acorde a la naturaleza del tipo de fideicomiso. Algunas   normas   internacionales   de   contabilidad   establecen particularidades con los fideicomisos, entre ellas:

La norma NIC 1, establece que las entidades que carecen de patrimonio, como son los fideicomisos de titularización, debido a la falta de transferencia de riesgo, ventajas y control (Definición NIC 32), donde los estados financieros deben tener la presentación, bajo la condición real y de acuerdo a la naturaleza establecida en los contratos.

La NIC 2, establece los lineamientos contables de medición y registro de los inventarios que deben ser considerados en los fideicomisos; como son:

1) Reconocer que el manejo de los inventarios trae ventajas
2) Reconocer el registro a valor de mercado o disponible para la venta (VNR).

5.8.   TIPOS DE FIDEICOMISOS QUE LE SON APLICABLES ESTAS NORMAS INTERNACIONALES

Analizando la figura de los fideicomisos, nos encontramos con variantes en los diferentes tipos de fideicomisos y la normativa que los rige en cada país. Así tenemos que dependiendo del tipo de fideicomiso, sean de inversión, titularización, administración o garantía, siempre que estén relacionados con procesos masivos, que incluyan a terceros en sus operaciones, son susceptibles de serles aplicable las normas internacionales de contabilidad, pero esto dependerá del régimen legal de cada país, si se acogen a estas normas o no.   En lo que respecta fideicomisos específicos o directos en su relación, donde el fiduciario cumple instrucciones a favor de beneficiarios exclusivos, como por ejemplo aceptar fondos para responder pagos a un beneficiario o que recibe bienes para cumplir una instrucción determinada o tenerla en garantía, estas normas serán imputables a lo que disponga la normativa interna de cada país, aunque ellas no tengan, en estos casos mucha importancia para terceros.

Aquellos países, con regímenes jurídicos de poca transparencia o no abiertos al arbitrio internacional de sus operaciones, no se acogen a estas normas, porque asumen que sus operaciones van a ser objeto de observancia internacional, los que no tienen nada que ocultar o no temen a estas evaluaciones de la presentación de las operaciones de sus entes fiduciarios o no, se acogen a esta Normas Internacional de Información Financiera (NIIF), como actualmente se le conoce a estas normas contables.

En Venezuela el 23 de enero de 2.014, mediante Decreto, publicado en la Gaceta Oficial N° 40.340, fue creada la Superintendencia Nacional para la Defensa de los derechos Socios Económicos (SUNDDE). "Por cuanto, el Decreto con Rango, Valor y Fuerza de Ley Orgánica de Precios Justos tiene por objeto asegurar el desarrollo armónico, justo, equitativo, productivo y soberano de la economía nacional y el establecimiento de precios justos, mediante el análisis de las estructuras de costos para la consolidación del orden económico socialista productivo. Esta Superintendencia promulga la Providencia Administrativa ([565]) N° 003/2014; mediante la cual se fijan los criterios contables para la Determinación de Precios Justos.

---

[565]) Providencia establece el marco técnico bajo el cual deben aplicarse los Principios de Contabilidad de Aceptación en Venezuela ("PCGA"). Como es ampliamente conocido, en Venezuela, los PCGA están constituidos por las Normas Internacionales de Información Financiera (NIIF), modificadas por los Boletines de Aplicación (BA) y se denominan VEN-NIIF para identificar un marco contable propio basado fundamentalmente en las NIIF.

Las Normas Internacionales de Información Financiera (NIIF) contienen normas específicas para medir, reconocer y revelar todo lo relacionado con los inventarios, los ingresos, costos y gastos de las entidades; las cuales se han aplicado desde el año 2008; reportando a sus accionistas, acreedores y a la autoridad tributaria declarando y pagando sus impuestos. La Ley de Precios Justos y la mencionada Providencia, no hacen mención a las Normas internacionales de Información Financiera, al parecer pretendiendo desconocer o ignorar el contenido y alcance de estas normas a nivel mundial. No respetar las normas y acuerdos suscritos por el país, por pretender aplicar cosas ideológicas, porque son capitalistas ([566]), es muy particular, que no merece comentario...

---

[566]) Capitalistas, son los que defienden el mercado y los que acumulan capital para su beneficio, sea empresa o cualquier estado. Este último, mantenido y sostenido (renta) por las empresas y todos los que trabajen y paguen impuestos. Esos conceptos de socialistas son prehistóricos, socialistas es la sociedad libremente, dándose lo que desee. Los Estados, se crearon para organizar la sociedad y que pudiera darse seguridad física y jurídica, así como bienestar colectivo (servcios básicos y estratégicos), no para ser sometidas por fanáticos y políticos...

EL FIDEICOMISO, FIDUCIA O TRUST EN AMÉRICA
CAPITULO XIV
EL MERCADEO DE LOS
PRODUCTOS FIDUCIARIOS

> *"El Mercadeo directo es estrategia efectiva,*
> *para captar negocios fiduciarios" (El autor)*

**Contenido: L MERCADEO DE LOS PRODUCTOS
FIDUCIARIOS.1.** El Mercadeo del servicio fiduciario **.2.**
Productos Fiduciarios.**3.** Clientela a la cual van dirigidos
los productos **4.** Como promocionar el servicio fiduciario en el
ente que lo opera.**5.** Impacto del costo del servicio fiduciario

1. EL MERCADEO DEL SERVICIO FIDUCIARIO.-

Las instituciones financieras autorizadas para
realizar operaciones fiduciarias, cundo promueven este
servicio deben ofertar al público productos fiduciarios
atractivos, no sólo por la variedad, sino por la calidad de
servicio que ofrezcan. Este servicio financiero deben
sustentarlo en condiciones ventajosas para el cliente,
apoyándose en una infraestructura organizativa, de
recursos humanos y tecnológicos, que respondan a las
exigencias tecnológicas y comunicacionales del momento.

La promoción del fideicomiso, fiducia o trust debe hacerlo
el fiduciario, a través de la publicidad institucional que
realiza para sus productos, pero dadas las
particularidades (Confianza y formalidad) que encierra
este servicio, que hace casi imprescindible, apoyarse en
el mercadeo directo, con una fuerza de venta bien
documentada, que explote las bondades del producto y
las ventajas competitivas y comparativas que ofrece la
institución, a los fines de materializar el esfuerzo
publicitario y de mercadeo que se realiza.

El ente fiduciario en plena actividad o aquel que quiera
incursionar en estas actividades, debe evaluar el mercado
nacional o regional, donde opera o piensa funcionar y
dependiendo de sus dimensiones o expectativas de
expansión y crecimiento sopesar el mercado internacional,

siempre dentro de las facultades legales con que cuente y de la infraestructura que lo soporte. A estos efectos, debe evaluar el posicionamiento de la institución en el mercado donde se desenvuelve institucionalmente y el mercado fiduciario donde funciona, tratando de alinear el negocio, en su relación de productos que ofrece, su rentabilidad y ponderando los riesgos inherentes al negocio, tratando diversificarlos, manteniéndolos dentro de las previsiones que establezca la normativa prudencial. Es importante evaluar constantemente el mercado, mirar la competencia y adiestrar el recurso, a los fines de poder trazar estrategias que puedan causar el impacto necesario en aquel estrato del mercado que se le quiera llegar. Los fideicomisos masivos, como los relacionados con las titularizaciones, presentan particularidades especiales que deben ser evaluadas en la oferta de estos productos. Veamos el siguiente diagrama de Proceso de la oferta del producto a la clientela potencial:

Las técnicas de mercadeo, no pueden ser las tradicionales de los otros productos que la banca vende, dado que estos productos exigen mayor formalidad y documentación, aunque su contratación pudiera ser masiva y de adhesión, siempre debe individualizarse, inclusive para aquellos productos que se ceden o se dan participaciones o que se titularizan sus activos. Aunque el ente financiero realice una campaña de promoción del servicio fiduciario, siempre debe apoyarse en el mercadeo directo para captar clientela, dado las formalidades de esta figura.

La documentación publicitaria que use la institución financiera en su promoción, debe estar acorde a las características de los productos que oferta. Asimismo, los recaudos que debe exigir a los clientes para documentar estas operaciones, deben estar acordes al producto que se vaya a documentar. Debe siempre exigirse la documentación e información indispensable, inclusive aquellos relacionados con legitimación de capitales, descartando lo que abunda y que no tiene mucho sentido...

Dentro del plan de promoción de estos servicios, no debe escapar una buena política para fijar las comisiones, la cual debe ir acompañada de una estrategia de prestación de servicios, acorde al tipo de fideicomiso que se vaya a ofertar; si es individual, masivo o se corresponde con proyectos que exigen dedicar mayor tiempo a su ejecución; así como a la localización de los clientes y el servicio a prestar. Es importante que la institución fiduciaria trate de insertar políticas y estrategias de captación de clientes de fideicomiso, dentro de las mismas de la organización, a los fines de lograr los objetivos trazados, con un esfuerzo mancomunado.

La divulgación que haga el fiduciario de las bondades de los productos y servicios, así como de las ventajas comparativas y competitivas que ofrece, dependerá en buena medida el éxito en los objetivos propuestos. Es importante que el fiduciario divulgue la infraestructura con que cuenta para prestar el servicio, el nivel de su recurso humano, su apego o lealtad a las previsiones contractuales, al manejo de la confidencialidad, la rendición oportuna de cuenta, así como demostración del dominio del tema y de las normas que regulan el negocio fiduciario. Este servicio exige profesionalización y una buena dosis cultural, no se puede gerenciar negocios complejos con recursos limitados, aquí está buena parte de la problemática que se genera en el quehacer diario de estas actividades. Las instituciones deben evaluar el recurso humano, porque siempre que se presenten situaciones adversas, bien por fallas en los controles o resultados no satisfactorios, ellos tienen que ver con la organización y su entorno, lo cual incluye la dirección y sus ejecutivos, de las áreas de producción, soporte y de control.

2. PRODUCTOS FIDUCIARIOS.-

Los productos fiduciarios que oferte la institución financiera, deben ser aquellos que están más acorde a la especialización de la actividad que ejecute el fiduciario y por la cual son reconocidos en el mercado, lo cual no excluye que la oferta del servicio fiduciario sea amplia y cubra una variedad de productos financieros. Entre los principales productos fiduciarios que se ofrecen atender en el mercado, están los fideicomisos de inversión, prestaciones laborales, inmobiliarios, garantía, testamentarios, titularización y una multiplicidad de administración, que van desde desarrollo de proyectos hasta educativos.

Cada uno de los productos fiduciarios debe tener el apoyo promocional necesario, aunado a los esfuerzos institucionales que deben hacerse, para penetrar mercado, dado la fuerte competencia que hay en la actualidad. Este apoyo puede ser, en publicidad en la prensa, la radio, la televisión, con los materiales que identifiquen los distintos productos que se ofertan. Además de la parte publicitaria, en el mercadeo de sus productos fiduciarios, la institución que presta el servicio fiduciario, debe apoyarse en una estrategia de mercadeo directo, tratando de acceder a la clientela, particularmente a la masa de sus clientes activos y potenciales.

3. CLIENTELA A LA CUAL VAN DIRIGIDOS LOS PRODUCTOS.-

Dependiendo de la especialización del servicio o de la demanda que tenga el mercado de productos, se preparan las ofertas de servicios, para aquellos sectores que están demandando determinados tipos de servicios fiduciario; los cuales, el ente fiduciario debe combinar con la promoción de sus propias actividades financieras. Es importante apoyarse en este servicio, para acceder a clientes especiales, como los entes públicos, o a clientes masivos, pertenecientes a ciertas corporaciones o a entes públicos, a través de sus asociaciones o relaciones patronales. El Estado y sus diferentes entes, son fuertes demandante de servicios fiduciarios, tanto para actividades sociales, de salud, culturales y viviendas.

Los entes multilaterales también participan a través de este mecanismo en programas de apoyo a determinados sectores de un país o región, conjuntamente con los Estados y sus instituciones financieras que pueden servir de fiduciarios, logrando estos entes los cometidos propuestos.

Los particulares, demandan también estos servicios para diversos fines, entre ellos mayormente inversiones, o para ejecutar proyectos inmobiliarios o algunos de seguridad social.

4. COMO PROMOCIONAR EL SERVICIO FIDUCIARIO

El Fiduciario debe promocionar este servicio que ofrece a sus clientes a través de la promoción institucional que hace de sus actividades, pero en vista de las formalidades que reviste debe tratar de apoyarse en la publicidad que hace de estos servicios y en el mercadeo directo a través de promotores de negocios, a los cuales debe proveerles las herramientas necesarias para ofertar el servicio, como documentación promocional, tipos de productos a ofrecer, costo del servicio, tecnológica con que cuenta y el recurso humano; así como la infraestructura física y organizacional con que cuenta.

5.   IMPACTO DEL COSTO DEL SERVICIO FIDUCIARIO.

El servicio fiduciario en su promoción y mercadeo se verá afectado por los costos imputables a los mismos, tanto los propios de la promoción del servicio, que de ser institucional los absorberá el propio fiduciario, pero de responder directamente a un fideicomiso determinado le serán imputados a éste, además de los costos correspondientes a los honorarios profesionales, gastos imputables al mismo y los que deriven del régimen impositivo que le sea aplicable por el tipo de producto fiduciario de que se trate, salvo que estén exentos de los mismos, caso Ecuador ([567]), Costa Rica y Uruguay ([568]), entre otros.

El ente fiduciario podrá utilizar como estrategia de mercadeo fijar políticas de tarifas por servicio fiduciario, bastante competitivas, que le permitan acceder a diversos segmentos del mercado; lo cual puede completar con su imagen institucional, derivada del servicio que presta en el mercado. A estos elementos, se le pueden sumar ofertar servicios en zonas, donde haya ventajas fiscales para la clientela, producto de la diferenciación del tratamiento tributario de una jurisdicción a otra.

El área de fideicomiso, fiducia o trust es un servicio prestado a terceros, pero forma parte de la organización, por lo cual debe estar inmerso en las estrategias trazadas en el plan de negocios de la institución.

---

[567]) Ley de Mercado de Capitales de Ecuador Artículo 113.- De la transferencia a título de fideicomiso mercantil.- La transferencia a título de fideicomiso mercantil no es onerosa ni gratuita ya que la misma no determina un provecho económico ni para el constituyente ni para el fiduciario y se da como medio necesario para que éste último pueda cumplir con las finalidades determinadas por el constituyente en el contrato. Consecuentemente, la transferencia a título de fideicomiso mercantil está exenta de todo tipo de impuestos, tasas y contribuciones ya que no constituye hecho generador para el nacimiento de obligaciones tributarias ni de impuestos indirectos previstos en las leyes que gravan las transferencias gratuitas y onerosas.
La transferencia de dominio de bienes inmuebles realizada en favor de un fideicomiso mercantil, está exenta del pago de los impuestos de alcabalas, registro e inscripción y de los correspondientes adicionales a tales impuestos, así como del impuesto a las utilidades en la compraventa de predios urbanos y plusvalía de los mismos. Las transferencias que haga el fiduciario restituyendo el dominio al mismo constituyente, sea que tal situación se deba a la falla de la condición prevista en el contrato, por cualquier situación de caso fortuito o fuerza mayor o por efectos contractuales que determinen que los bienes vuelvan en las mismas condiciones en las que fueron transferidos, gozarán también de las exenciones anteriormente establecidas. Estarán gravadas las transferencias gratuitas u onerosas que haga el fiduciario en favor de los beneficiarios en cumplimiento de las finalidades del contrato de fideicomiso mercantil, siempre que las disposiciones generales previstas en las leyes así lo determinen.
La transfer0encia de dominio de bienes muebles realizada a título de fideicomiso mercantil está exenta del pago del Impuesto al Valor Agregado y de otros impuestos indirectos. Igual exención se aplicará en el caso de restitución al constituyente de conformidad con el inciso precedente de este artículo.
[568]) Artículo 42 de la Ley Nª 17,703 de Fideicomiso de Uruguay: (Fideicomisos de garantía).- Exonérase del Impuesto a las Transmisiones Patrimoniales a las transmisiones de bienes gravadas realizadas en cumplimiento de un fideicomiso de garantía.

EL FIDEICOMISO, FIDUCIA O TRUST EN AMÉRICA
CAPITULO XV
CLASIFICACIÓN DE LOS FIDEICOMISOS

> *"Clasificar es el ordenar por clases o*
> *categorías, según las propiedades*
> *del objeto o concepto*
> *en cuestión"*

Contenido: CLASIFICACIÓN DE LOS FIDEICOMISOS 1. Clasificación tradicional del fideicomiso.1.1. Fideicomiso de inversión. 1.2. Fideicomiso de administración.1.3. Fideicomiso de garantía.1.4. Fideicomiso de características mixtas. 2. **Fideicomisos públicos y Privados. 2.1.** Fideicomiso Público. 2.2. Fideicomiso Privado. 3. **Fideicomisos individuales y colectivos.3.1.** Fideicomiso Individual. 3.2. Fideicomiso Colectivo 4. **Los fideicomisos de administración clasificados en función de su finalidad.** 4.1. Fideicomisos de aplicaciones de fondos públicos 4.2. Fideicomiso de planes de pensión y jubilación 4.3. Planes de ahorros en Fideicomiso 4.4. Las Cooperativas en Fideicomiso 4.5. Fideicomisos testamentarios 4.6. Fideicomisos de pólizas de seguro 4.7. Fideicomisos de Hospitalización. 4.8. Fideicomisos de Administración de Cartera de Créditos y Cobranzas 4.9. Fideicomisos de Operaciones inmobiliarias 4.10. Fideicomisos Voluntarios (Living Trust) 4.11. Otros Tipos de Fideicomiso

Cualquier clasificación ([569]) que se haga de las operaciones de fideicomiso, debe estar orientada a la finalidad, a que son destinados los bienes o derechos objeto del fideicomiso y no a la procedencia de ellos o a la forma o medida que utiliza el fideicomitente para constituir el fideicomiso, las cuales son difíciles de cuantificar y por ende clasificar.

El fideicomiso, dada su formalidad debe ser expreso y la aceptación del mismo debe resultar del contrato o

---

[569] La ciencia de la clasificación en general es la taxonomía (del griego taxis "ordenamiento", y nomos, "regla"), usada en la biología; además hay otras clasificaciones, siendo las más importantes: La Clasificación Decimal o de Dewey, usadas en bibliotecas; La Clasificación UNESCO, usada en la ciencia y la tecnología y La Clasificación Periódica o sistema periódico, es una tabla de los elementos químicos. La Clasificación es la acción o el efecto de ordenar o disponer por clases. Tomado de la web: Wikipedia, la biblioteca libre

documento de fideicomiso. Asimismo, es oneroso, si no hay convención en contrario, dado que es un servicio realizado a favor de terceros.

Veamos la siguiente clasificación del fideicomiso:

- El fideicomiso se clasifica como individual o colectivo, dependiendo si los beneficiarios son individuales o masivos, pudiendo ser suscrito por un individuo o por varios.

- El fideicomiso se pueden clasificar en público y privado

- El fideicomiso la clasificación tradicional es de fideicomisos de inversión, administración y de garantía. Esta clasificación tiene más sentido práctico, además de ser la clasificación usada por las Superintendencias de Bancos para que los fiduciarios registren las operaciones de fideicomisos que manejan (^{570}), la cual complementan con la de características mixtas y con la subclasificación que hacen de los distintos tipos de fideicomisos de administración, tan ampliamente conocidos.

A continuación se presentan los conceptos y las finalidades de cada uno de estos tipos de fideicomisos que hemos mencionado:

---

[570]) Superintendencia de Bancos de Venezuela y extraída de los Códigos Mexicano, e incorporada en el código de cuentas del año 1972. y en la recientes modificaciones en los códigos de cuentas de Venezuela.

1.- CLASIFICACIÓN TRADICIONAL DEL FIDEICOMISO.-

1.1. FIDEICOMISO DE INVERSIÓN.-

¿Qué es el fideicomiso de inversión?

Es aquel fideicomiso donde el fideicomitente entrega al fiduciario cierta cantidad de recursos monetarios o financieros, para que éste los invierta en valores, entre los cuales se pueden contar títulos de créditos y hasta divisas, que reúnan ciertas características de liquidez y rentabilidad, destinando el producto o los rendimientos de esta inversión a ser capitalizados o entregados al beneficiario, nombrado por el propio fideicomitente, de acuerdo a las instrucciones estipuladas en el contrato. En este tipo de fideicomiso, casi siempre el fideicomitente y el beneficiario son la misma persona.

Qué finalidad se busca.-

El fideicomitente al constituir este tipo de fideicomiso, está buscando que profesionales de las finanzas manejen sus fondos, colocándolos en el mercado de manera masiva en portafolios, o instituciones financieras o empresas del mercado de capitales especializadas en colocaciones de recursos colectivos, bajo principios de diversificación de riesgos y en sectores de la actividad económica nacional e internacional, dependiendo de lo que disponga el cliente y permita la legislación de cada país.

La finalidad que se persigue con el fideicomiso de inversión es lograr maximizar el rendimiento del fondo, además de la seguridad que da poner estos bienes en manos de personas expertas, conocedoras de estas actividades, donde su gestión profesional es garantía de resultados adecuados, más no garantizados por prohibición expresa de la Ley y de la naturaleza misma de la figura.

1.2. FIDEICOMISO   DE ADMINISTRACIÓN.-

Qué es el fideicomiso de administración.-

Es aquel fideicomiso donde el fideicomitente al suscribir el contrato y transferir al fiduciario los bienes o derechos objeto del mismo, busca que éste los administre, en los términos y condiciones estipuladas en el documento de fideicomiso. Estas instrucciones pueden ser especiales o generales, quedando en ambos casos el fiduciario obligado a cumplir con la diligencia de un padre de familia o gestor de negocios, que le establece la Ley. Veamos el siguiente diagrama: **DIAGRAMA DEL PROCESO**

Qué finalidad se busca.-

En este tipo de fideicomiso la finalidad que busca el fideicomitente es que se cumplan las instrucciones especiales o generales de administración fijadas en el contrato de fideicomiso, que casi siempre llevan aparejadas la opción de invertir los recursos disponibles, antes de ser aplicados al destino que se haya establecido, de ser el caso, a los fines, no solo de lograr el cumplimiento del objetivo principal del fideicomiso, trazado como finalidad, sino también lograr rentabilidad de estos recursos o en su defecto, de tratarse de bienes o derechos inmobiliarios, administrarlos dentro de los términos previstos en los contratos.

La finalidad de este fideicomiso está dada por la seguridad y protección que busca el fideicomitente, en provecho de sí mismo o en favor de un tercero como beneficiario.

1.3. FIDEICOMISO DE GARANTÍA

Qué es el fideicomiso de garantía:

Antes de abordar una definición del fideicomiso de garantía, debemos señalar que este tipo de fideicomiso tiene como presupuesto necesario, la existencia de una "deuda o compromiso" del fideicomitente o fiduciante o de otra persona a quien se le garantiza la deuda o el compromiso, con un tercero (acreedor), que será el beneficiario en el fideicomiso de garantía que se constituye, con los bienes o derechos que configuran el objeto del fideicomiso, los cuales se traspasan al fiduciario, a los fines de conservar la titularidad sobre la garantía y dentro de los términos del contrato, responder al pago de la acreencia con las rentas del bien o derecho o con el producto de su enajenación o con la dación en pago del bien o derecho, de no satisfacer el fideicomitente (deudor) la acreencia en el tiempo o condiciones establecidas. En este proceso, el fiduciario deberá cobrar sus honorarios profesionales en los términos acordados en el contrato.

Definiendo el fideicomiso de garantía, podemos decir que es aquel fideicomiso donde el fideicomitente transfiere al fiduciario el bien o derecho objeto del fideicomiso que constituye la garantía, para que éste conserve su titularidad, durante un tiempo estipulado o condición, con lo cual se garantiza la obligación o el compromiso que motiva la constitución del fideicomiso. Una vez vencido el plazo estipulado o acaecida la condición y honrada la obligación, el fiduciario devuelve la titularidad del bien o derecho al fideicomitente. De no cumplir el fideicomitente, con lo establecido en el contrato, pagando al acreedor la obligación, el fiduciario seguirá las instrucciones que se le haya pautado para liquidar la obligación garantizada, que pudiera ser pagarle al beneficiario, cediéndole el bien o derecho o negociar el bien objeto de la garantía y con el producto de la operación pagar al beneficiario (acreedor), en caso de quedar algún remanente, darlo al fideicomitente. Estas actuaciones deben expresarse claramente en el contrato de fideicomiso que se constituya.

Según KIPER – LISOPRAWSKY, fideicomiso de garantía ([571]) "es el contrato mediante el cual el fiduciante transfiere la propiedad (fiduciaria) de uno o más bienes a un fiduciario con la finalidad de garantizar con ello o con su producido, el cumplimiento de ciertas obligaciones a cargo de aquél o de un tercero, designando como beneficiario al acreedor o a un tercero en cuyo favor, en caso de incumplimiento, se pagará la obligación garantizada, según lo previsto en la convención fiduciaria"

Los contratos de fideicomiso de garantía deben ser inscritos en el registro de comercio ([572]), pero en otros aunque deben ser escritos ([573]) no requieren elevarse a escritura pública cuando se trate de bienes muebles, pero cuando la transferencia de la propiedad se halle sujeta a registro, el documento deberá registrarse, los que consten en documento privado ([574]) y que correspondan a bienes cuya transferencia esté sujeta a registro deberán inscribirse en el registro mercantil con jurisdicción en el domicilio del fideicomitente, sin perjuicio de la inscripción o registro que, de acuerdo con la clase de acto o con la naturaleza de los bienes, deba hacerse conforme a la ley.

---

[571]) Kiper Lisoprawski, Tratado de Fideicomiso, Depalma, Buenos Aires, 2003, p.463
[572]) La Ley de Instituciones del Sector Bancario Venezolana, citada0
[573]) En Colombia el documento de la Fiducia Mercantil deberá registrarse en la cámara de comercio con jurisdicción en el domicilio del fiduciante Numerales 2° y 3° del artículo 146 del Estatuto Orgánico del Sistema Financiero, artículo 1 del decreto 847 del 1993 y artículo 16 de la ley 35 de 1993
[574])Legislación de Perú y Panamá

Para promover los créditos bancarios cada día se crean nuevos instrumentos, limitando los riesgos propios de este tipo de operación, y buscando tornarlos más eficientes. En este contexto, encontramos el llamado **NETTING** [575], un tipo de garantía financiera que basándose en un proceso de compensación pretende proteger los derechos del acreedor

Qué finalidad se busca

La finalidad de este tipo de fideicomiso es asegurar el cumplimiento de obligaciones contraídas por quien lo constituye o por un tercero. Este fideicomiso se ha utilizado en algunos países, como instrumento sustituto de la prenda o hipoteca por las ventajas de funcionalidad y operatividad que representa respecto a estas figuras, caso Panamá, Colombia ([576]). Además de las facilidades de negociación que da, al servir como bien o derecho garante de compromisos que pueda contraer el fideicomitente, con terceros acreedores, sin necesidad de estar registrando garantías inmobiliarias, con la cesión de los derechos que tiene en el fideicomiso, si el fideicomiso señala que se constituye para responder acreencias del deudor (fideicomitente o fideicomisario) y la forma como deben ser honradas por el fiduciario.

En algunos países, entre ellos Ecuador y Costa Rica ([577]) se exceptúan algunas operaciones crediticias o

---

[575]) En el contexto del riesgo de crédito, hay por lo menos tres tipos específicos de la compensación: a) De clausura (Close-out netting): En el supuesto de quiebra, todas las transacciones o la totalidad de un tipo dado están compensadas en valor de mercado. La alternativa sería permitir que el liquidador de elegir que hacer cumplir los contratos y los que no (y por lo tanto potencialmente "de selección de la cereza"). Hay jurisdicciones internacionales en que la fuerza ejecutiva de la compensación en operaciones de la quiebra no ha sido legalmente probado. b) Compensación por novación (Netting by novation): Las obligaciones jurídicas de las partes para hacer los pagos requeridos en virtud de una o más series de transacciones relacionadas son cancelados y una nueva obligación de hacer los pagos netos sólo se crea. c) Arreglo o el pago de compensación (Settlement or payment netting): Por efectivo reiterada oficios, este puede ser aplicado ya sea bilateral o multilateral y en las transacciones o no. Netting disminuye la exposición de crédito, el aumento de negocios con las entidades de contrapartida, y reduce los riesgos operacionales y de liquidación y los gastos operacionales. Cita de la Enciclopedia Wikipedia
[576]) Fiducia en Garantía – Pacto Comisorio, Corte Suprema de Justicia Colombia. Sala de Casación Civil. M. P. Carlos Ignacio Jaramillo. Sentencia del 14 de febrero de 2006. Expediente 05001-3103-012-1999-1000-01: Así las cosas, de lo dicho precedentemente se colige que en el Derecho Colombiano, las estipulaciones contenidas en contratos de fiducia mercantil en garantía, en cuanto permiten al fiduciario, según el caso, vender o transferir en dación en pago al acreedor los bienes fideicomitidos, no constituyen una expresión del pacto comisorio, por lo que bien pueden las partes acordarlas, en un todo de acuerdo a lo consignado en esta providencia, desde luego que respetando los límites de la autonomía privada.
[577]) Cita Banco Improsa WWW improsa.com "El día 28 de setiembre de 2012, se publicó en el Diario Oficial La Gaceta la Ley de Fortalecimiento de la Gestión Tributaria, No. 9069, que reformó el artículo

financieras de garantía del pago de derechos regístrales e impuestos, como se indicó supra, cuando se encuentran bajo el régimen de la figura del fideicomiso de garantía.

La banca es la mayor interesada en promover estas iniciativas, para facilitar a los deudores de créditos, el uso recurrente de las garantías que otorguen vía fideicomiso para los financiamientos que logren de estas instituciones, así como para lograr la misma banca facilidades a la hora de ejecutar garantías por falta de pago, sin recurrir al expediente de   las demandas.   Adicional a estas consideraciones, hay razones de costo y transparencia que privan, para utilizar esta figura.

En el fideicomiso mercantil el fiduciario, no puede ser la persona garante y que aporte los bienes en este tipo de fideicomiso, porque sería deudor y garante de sí mismo, por detentar la propiedad de la garantía, lo cual es un absurdo jurídico, por lo que terceros podrían atacar este acto de nulidad.

La transmisión del *derecho real de dominio* -si bien "imperfecto"- propio del sistema románico, no ocurre cuando sólo se constituye un *patrimonio de afectación*, modalidad utilizada en algunas legislaciones que siguen el modelo germánico, en el que sólo se transmite la *legitimación*, como en la ya citada de Quebec.

El correcto funcionamiento del acuerdo requiere que se establezcan con precisión como mínimo las estipulaciones necesarias para evitar

---

662 del Código de Comercio y varias normas de la Ley del Impuesto de Traspaso de Bienes Inmuebles…"
"Artículo 662.- Cuando sea necesario inscribir en el Registro Público los bienes inmuebles fideicometidos, a favor de un fiduciario debidamente inscrito ante la Superintendencia General de Entidades Financieras (Sugef) y, en su calidad de tal, con un fideicomisario constituido como sociedad o empresa dedicada a prestar servicios financieros, la cual debe estar debidamente inscrita ante la Sugef, dichos inmuebles estarán exentos del impuesto sobre traspasos de bienes inmuebles y de todo pago por concepto de derechos de registro y demás impuestos que se pagan por tal inscripción, mientras los bienes permanezcan en el fideicomiso y constituyan una garantía, por una operación financiera o crediticia. Cuando el fiduciario traspase los bienes fideicometidos a un tercero diferente del fideicomitente original, se deberá cancelar la totalidad de los cargos por concepto de derechos de registro y demás impuestos que correspondan por esa segunda inscripción, incluido el impuesto sobre traspasos de bienes inmuebles. No podrá el fideicomitente formar parte conjunta o separada del fideicomisario ni el fideicomisario podrá formar parte conjunta o separada del fideicomitente.
Los bienes muebles e inmuebles fideicometidos a favor de un fiduciario, que permanezcan en un fideicomiso, debidamente inscrito en el Registro Público y constituido al amparo de la legislación que se reforma, cuando el fiduciario los traspase a un tercero diferente del fideicomitente original deberá cancelar la totalidad de los cargos por concepto de derechos de registro y demás impuestos que correspondan por esa segunda inscripción, incluido el impuesto sobre traspasos de bienes inmuebles y el impuesto sobre la transferencia de vehículos automotores, aeronaves y embarcaciones, cuando corresponda."
(el subrayado es nuestro)

confusiones y dificultades futuras acerca de las "tareas" (incumbencias y deberes) del fiduciario.

Según el artículo 1680 del Código Civil y Comercial de Argentina el fiduciario en el fideicomiso de garantía puede aplicar al pago de una deuda los recursos del fideicomiso, en cuyo caso no hay sólo función de *garantía* sino también de *cumplimiento*, y en lo demás rigen los principios

Características del Fideicomiso de Garantía:

- **Es un medio idóneo de Pago:** Garantiza al acreedor el cumplimiento de la obligación por falta de pago, sin necesidad de tener que recurrir al expediente de los tribunales judiciales; así como puede proveer los recursos para satisfacer la obligación garantizada

- **Afectación de los bienes prioritariamente a la finalidad de la garantía:** Los bienes no podrán enajenarse mientras existan obligaciones garantizadas con los mismos, salvo para honrar el cumplimiento de la obligación que se garantiza, con venta o dación en pago, de acuerdo a las estipulaciones contractuales. Esta prioridad, debe consagrar la irrevocabilidad del contrato mientras existan obligaciones garantizadas, con lo cual el fideicomitente no podrá alterar las condiciones del contrato, salvo para incorporar nuevos bienes que refuercen la garantía inicial, en caso de pérdida de valor, si se convino, con lo cual los bienes no le pueden ser restituidos hasta tanto no cancele las obligaciones pendientes. Puede establecerse liberaciones parciales, si así lo establecen las partes, dependiendo del tipo de bien.

- **Beneficiario (acreedor) garantizado:** Persona garantizada de acuerdo a lo convenido en el contrato, la cual puede ser indicada en el contrato o en acto posterior, a los fines de respaldar su acreencia, que al adherirse a las condiciones del contrato es sujeto de derechos y obligaciones de acuerdo a lo previsto en el mismo.

- **Garantía constituida:** La garantía que se constituya debe estar acorde a las disposiciones de Ley, por lo cual las obligaciones que se garanticen deben cumplir las mismas formalidades previstas en la Ley. El incumplimiento que siga a la obligación principal, es oponible también a la garantía como accesorio a la misma.

- **Múltiple garante:** el fideicomiso constituido puede garantizar varios tipos de créditos, siempre que su monto y valor de mercado cubra los montos de las obligaciones garantizadas, debiendo excepcionarse que la garantía es por el monto de la obligación, dado que concurren otros acreedores con iguales derechos sobre la masa fiduciaria objeto de la garantía

- **Emitir constancia de la garantía:** El fiduciario puede expedir constancia de garantía ([578]) a favor del acreedor y convenir su cesión siempre que se cumpla con las estipulaciones crediticias a favor del deudor obligado.
- **Formalidad de Ley:** Las obligaciones deben ser de carácter lícito y estar ajustadas a la ley y las buenas costumbres.

Nuestros países con regímenes jurídicos sumarios, con tantas reformas y contra las reformas en las leyes que conforman su ordenamiento jurídico; no escapa a estos cambios las leyes que tratan la materia fiduciaria. Las últimas modificaciones a las leyes, incluyen limitaciones patrimoniales al operador fiduciario, por manejo de las operaciones de fideicomiso o fiducia. Estas disposiciones limitativas, debieran ser selectivas y excluir de esas limitaciones los montos que correspondan algunos fideicomisos, que no involucran mucho riesgo, más bien previsión como los de garantía. Estas medidas, relacionadas con las garantías, podrían tener incidencia en lograr reducir los riesgos en las operaciones de crédito de la banca y de particulares, al impulsar el uso del fideicomiso como elementos de previsión, dado que es más eficaz, práctico, sencillo, de trato sucesivo y de más bajo costo, si es bien documentado; donde el fiduciario tome las previsiones legales con las obligaciones que se puedan garantizar, y que el deudor pueda apreciar las ventajas de honrar compromisos (créditos rotativos), con las liberaciones de los márgenes de su garantía (flotante).

En la Web, página de FIDEICOM ([579]) se recoge la siguiente descripción del fideicomiso de garantía y las ventajas como sistema contractual de garantía reporta:

---

[578]) En el certificado de garantía se indica el valor hasta el cual, el valor del fideicomiso ampara la obligación garantizada. Este certificado no es un título valor, ni un título de crédito, solamente cumple con la función de constancia al acreedor de la garantía que ha sido registrada a su favor. El certificado de garantía no es constitutivo de la o las obligaciones garantizadas. (Ver Laudo Arbitral Rafael Omar Jiménez y Carlos Hernán Jiménez vs. Fiduciaria Cafetera S.A. Diciembre 22 de 1998. Bogotá).
[579]) Cita de la Web: www.fideicom.com/fideicomiso6.htm

Fideicomiso de Garantía

Es una especie de género Contrato de Fideicomiso

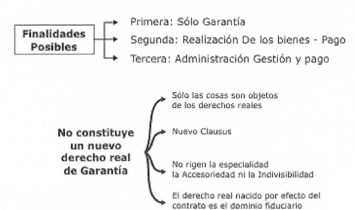

Finalidades Posibles	→ Primera: Sólo Garantía
	→ Segunda: Realización De los bienes - Pago
	→ Tercera: Administración Gestión y pago

No constituye un nuevo derecho real de Garantía

- Sólo las cosas son objetos de los derechos reales
- Nuevo Clausus
- No rigen la especialidad la Accesoriedad ni la Indivisibilidad
- El derecho real nacido por efecto del contrato es el dominio fiduciario

Constituye un sistema contractual de garantía caracterizado por:

-Caracteres de las garantías preferidas.
-Posibilidad de formular una garantía flotante.
-Posibilidad de Garantizar créditos rotativos.
-Negocio de Garantía Autónoma - No accesoria.
-Constituye una garantía auto liquidable.
- Maximiza la utilización de los bienes y potencia su valor."

Además de las ventajas mencionadas, son múltiples las formas y utilización que se le puede dar al fideicomiso, utilizándolo como mecanismo de garantía y protección o seguridad en cualquier negociación que se requiera dar algunos márgenes adicionales de protección a las operaciones crediticias que ejecuten las partes.

Todo lo que sea lícito, práctico, de bajo costo y de fácil ejecución debe ser instrumentado su uso en las organizaciones y deslastrarse de figuras engorrosas que limitan la libre rotación de las transacciones crediticias y financieras, que no se corresponden con las innumerables transacciones de los mercados financieros que están desprovistas de estas formalidades, donde la confianza en sus instituciones, es la mayor seguridad en este mercado.

1.4.- FIDEICOMISOS DE CARACTERÍSTICAS MIXTAS

Qué es el fideicomiso de características mixtas

Es aquel fideicomiso que asimila características predominantes de varios tipos de fideicomisos o lo que es lo mismo, es aquel que reúne parte de cada una de estas operaciones que se pretenden ejecutar con este fideicomiso, para poder cumplir con la finalidad para la cual se constituye. Este fideicomiso logra encerrar características predominantes de dos o más tipos de fideicomisos de los tradicionales, como podría ser una combinación de los de administración e inversión y/o garantía. Un ejemplo de este tipo de fideicomiso podría ser aquel, donde se destinan fondos para garantizar una operación y en dicho lapso, estos fondos son colocados para lograr rentabilidad.

2. FIDEICOMISOS PÚBLICOS Y PRIVADOS

La clasificación de los fideicomisos en públicos y privados está relacionada directamente con el sujeto que pretende la constitución del fideicomiso, el fideicomitente:

2.1. Fideicomiso Público.-

Es aquel fideicomiso constituido por un ente de carácter público, el cual transfiere al fiduciario ciertos bienes o derechos con la finalidad de que éste los administre o aplique a los destinos previstos en el contrato o en la Ley, cuyos términos y condiciones sé estipula en el documento de fideicomiso. Estos fideicomisos, casi siempre son de administración y sus postulados pueden venir en leyes especiales que son de obligatorio cumplimiento, tanto para el fiduciario como para los que participen en estos fideicomisos. Sobre este particular Villagordoa Lozano señala ([580]) que si bien el fideicomiso público se apoya en la estructura convencional que caracteriza el tipo contractual, esto es, la relación bilateral fiduciario-

---

[580]) José M. Villagordoa Lozano, Breve estudio sobre el fideicomiso, Pág., 289

fiduciante, hay, sin embargo, una diferencia esencial de naturaleza genética en el proceso de formación que lo diferencia del fideicomiso privado. En el fideicomiso público la celebración del contrato es una fase dentro de un proceso, toda vez que existe un procedimiento jurídico sui generis que se inicia en el acto jurídico que da viabilidad al fideicomiso (ley o decreto), fija sus objetivos y características, determina las condiciones y términos a que se sujetará la contratación correspondiente y regula, en fin, la constitución, incremento, modificación, organización, funcionamiento y extinción de los fideicomisos. El autor, Acosta Romero también señala ([581]) que el fideicomiso público es un contrato por medio del cual la administración, por intermedio de alguna de sus dependencias facultadas y en su carácter de fideicomitente, transmite la propiedad de bienes del dominio público o privado del Estado, o afecta fondos públicos, a un fiduciario (por lo general instituciones nacionales o provinciales de crédito), para realizar un fin lícito, de interés público

Qué finalidad se busca.-

En este fideicomiso la finalidad que se busca es darle el destino público previsto, el cual se recoge en el contrato, aprovechando las facilidades e infraestructura del fiduciario; el cual debe ajustarse estrictamente a las instrucciones especiales de administración fijadas por el ente público en el contrato de fideicomiso o en la ley, a los fines, no solo de lograr el cumplimiento del objetivo principal del fideicomiso, trazado como finalidad, sino también lograr rentabilidad de estos recursos antes de ser aplicados, si estas disposiciones están contenidas en el contrato o en la disposición legal que los crea. Adicional a las consideraciones de orden público de estos bienes, en el fondo lo que busca es dar seguridad al beneficiario que recibirá los fondos objeto del fideicomiso, a los fines que se cumpla el cometido que se encomienda al fiduciario.

---

[581]) Miguel Acosta Romero, Derecho Bancario, Porrúa, México, 1978, pág.340.

2.2.- Fideicomiso Privado.-

Es aquel fideicomiso constituido por personas naturales o jurídicas de derecho privado, las cuales transfieren al fiduciario ciertos bienes o derechos con la finalidad que éste los administre, en los términos y condiciones estipuladas en el documento de fideicomiso. Estas instrucciones pueden ser especiales o generales, quedando en ambos casos el fiduciario obligado a cumplir con la diligencia de un padre de familia, que le establece la Ley.

Qué finalidad se busca.-

En este fideicomiso la finalidad que busca el fideicomitente es que el fiduciario cumpla con el cometido encomendado, apoyándose en la infraestructura del fiduciario, el cual debe ajustarse estrictamente a las instrucciones establecidas en el contrato, a los fines, no solo de lograr el cumplimiento del objetivo principal del fideicomiso, trazado como finalidad, sino también lograr rentabilidad de estos recursos antes de ser aplicados.

3. FIDEICOMISOS INDIVIDUALES Y COLECTIVOS

Esta clasificación está orientada en función de los beneficiarios o fideicomitentes, si son individualidades o forman grupos:

3.1.- Fideicomiso Individual.-

Es aquel fideicomiso, donde el fideicomitente y el beneficiario, generalmente es una sola persona o institución, el cual transfiere al fiduciario ciertos bienes con la finalidad de que éste los administre y aplique en los términos y condiciones estipuladas en el documento de fideicomiso. Estas instrucciones pueden ser especiales o generales, quedando en ambos casos el fiduciario obligado a cumplir con la diligencia de un buen padre de familia, que le establece la Ley.

Qué finalidad se busca.-

En este fideicomiso la finalidad que busca el fideicomitente es que el fiduciario de cumplimiento a las instrucciones especiales de inversión, administración o garantía fijadas en el contrato de fideicomiso, a los fines de lograr el cumplimiento del objetivo principal del fideicomiso, que puede ir acompañado de otras alternativas como lograr rentabilidad de estos recursos antes de ser aplicados, de ser éste el caso.

3.2.- Fideicomiso Colectivo.-

Es aquel fideicomiso, donde fideicomitentes y/o beneficiarios son varias personas, que transfieren al fiduciario ciertos bienes con la finalidad que éste los administre, en los términos y condiciones estipuladas en el documento de fideicomiso. Estas instrucciones pueden ser especiales o generales, quedando en ambos casos el fiduciario obligado a cumplir con la diligencia de un buen padre de familia, que le establece la Ley. El fideicomitente puede ser cualquier sociedad, comunidad o asociación y beneficiarios sus integrantes, lo cual lo hace masivo. De ser el fideicomiso constituido directamente por la institución (ejemplo caja de ahorro), sin relación directa con sus miembros, sean socios o afiliados, a fines de inversión, administración o garantía de sus propias operaciones, este fideicomiso es considerado individual porque quien es beneficiario del fondo es la propia institución y su actuación se limita a actos individuales.

Qué finalidad se busca.-

En este fideicomiso la finalidad que se busca, casi siempre es lograr rentabilidad y seguridad, aprovechando las facilidades e infraestructura del fiduciario, el cual debe ajustarse estrictamente a las instrucciones especiales o generales de administración, a los fines, no solo de lograr el cumplimiento del objetivo principal del fideicomiso, trazado como finalidad, sino también lograr rentabilidad de estos recursos antes de ser aplicados, si estas disposiciones están contenidas en el contrato. Adicional a estas consideraciones, cabe el apoyo masivo que puede facilitar el fiduciario, como depósitos en cuentas u otras consideraciones semejantes.

4.- LOS FIDEICOMISOS DE ADMINISTRACIÓN CLASIFICADOS EN FUNCIÓN DE SU FINALIDAD:

Los fideicomisos pueden ser clasificados de acuerdo a la finalidad que pretenda el fideicomitente, dado que ese será el encargo que tendrá que ejecutar el fiduciario, que es el sujeto activo en esta figura, cuyas actuaciones deben marcar la visión que se tenga del tipo clasificatorio del fideicomiso en la gestión del fiduciario, que es el que los puede clasificar, ya que el profesionaliza esta actividad. A fines prácticos, amparándonos en la clasificación de los fideicomisos según su finalidad, vamos a destacar dentro de los fideicomisos tradicionales, los fideicomisos más comentados, del grupo de los de administración:

2.4. FIDEICOMISO DE FONDOS PÚBLICOS.

Los entes públicos pueden constituir fideicomisos para cumplir parte de sus fines sociales, siempre que la constitución de los mismos esté ajustada a derecho. Estos fideicomisos pueden tener por finalidad varios aspectos, que van desde atender pagos, cobros de servicios, hasta ejecutar proyectos, los cuales pueden complementarse con inversión de excedentes de fondos, siempre ajustados al destino público de que se trate.

El Estado por sus dimensiones y particularidades, siempre es el que más uso hace de esta figura, tratándose de salir de su entorno burocrático y normativo.

2.5. FIDEICOMISO DE PLANES DE PENSIÓN Y JUBILACIÓN.-

La finalidad principal de este tipo de fideicomiso es constituir un fondo de pensiones y jubilaciones o retiro de los afiliados o beneficiarios de algún ente o institución, con lo cual logran asegurar una mayor protección de los bienes fideicometidos durante la vigencia del contrato, ya que al entregar a un fiduciario cantidades de dinero para constituir un fideicomiso de pensión y jubilación, éste queda obligado por encargo del mismo tipo de fideicomiso a invertir dichos fondos, para acumular recursos que le permitan cumplir la finalidad principal del fideicomiso, que es otorgar las pensiones a los afiliados; con lo cual se cumple con lo establecido en el contrato y se garantiza una correcta, sana y segura administración de los fondos fideicometidos.

Este tipo de fideicomiso es de larga vigencia, por lo cual debe constituirse en instituciones, no solo consolidadas, sino también profesionalizadas, que encuadran perfectamente en las instituciones financieras bancarias y de seguros, que cuentan plataforma e infraestructura, capaz de atender las exigencias de seguridad social. Los bancos, las empresas de seguros y del mercado de capitales sirven de apoyo a las Administradoras de Fondos de Pensiones, como custodios de fondos y habilitadores de pagos y servicios o como agentes de retención o cobranza de los fondos de pensiones, dado que cuentan infraestructura organizacional y tecnológica, así como con recurso humano con experiencia y trayectoria.

4.3. PLANES DE AHORROS EN FIDEICOMISO.-

En la legislación venezolana encontramos el siguiente concepto de caja o fondo de ahorro ([582]), así: "A los efectos de este Decreto Ley, se entiende por caja de ahorro las asociaciones civiles sin fines de lucro, creadas y dirigidas por sus asociados, destinadas a fomentar el ahorro, recibiendo, administrando e invirtiendo, los aportes acordados. Asimismo, se les llama fondos de ahorro, a las asociaciones civiles sin fines de lucro, creadas por las empresas conjuntamente con los trabajadores, en beneficio exclusivo de éstos, recibiendo, administrando e invirtiendo los aportes acordados".

El fin fundamental de estas asociaciones es el ahorro, lo cual debe ser estimulado, y aunque esté la economía con alta inflación, que pulveriza el valor del ahorro, estos

---

[582]) Artículo 3 de la Ley de Cajas de Ahorro y Fondos de Ahorro Venezolana creada según Gaceta Oficial de la República de Bolivariana de Venezuela, ordinaria No. 37.333 de fecha 27-11-2001

fondos deben ser usados por los socios en carácter de préstamos con retorno, para atender aquellas necesidades básicas y estratégicas de su desenvolvimiento diario.

La administración y manejo de los recursos de estas asociaciones pueden implementarse a través de los contratos de fideicomiso lográndose plenamente los objetivos deseados por los asociados. Las cajas o fondos de ahorro pueden también crear su junta administradora o de acuerdo a sus estatutos delegar en las instituciones bancarias vía mandato o fideicomiso, el manejo de sus operaciones y contabilidad, tanto en los préstamos a sus asociados como las colocaciones en instituciones financieras, con lo cual se logran los mismos objetivos con menos gastos y mayor seguridad para los asociados.

Los socios de las Cajas de Ahorros o Fondos de Ahorro pueden lograr separar la parte direccional de la administrativa, constituyendo con los haberes de la Caja un fideicomiso, que les permita cumplir los mismos fines de ésta, además de resguardarse de los inconvenientes que siempre se presentan en el manejo de estas Instituciones. De constituirse el fideicomiso la Junta Directiva de la caja puede integrar el Comité del Fideicomiso para aprobar créditos y recomendar el destino de las inversiones, así como participar en el manejo de los flujos de caja, además de las relaciones con el patrono.

Este mecanismo debe ser analizado y ensayado por las instituciones del Estado, donde particularmente se presentan inconvenientes por las empresas y sus trabajadores que poseen cajas de ahorro e igualmente por los grupos profesionales, obreros, campesinos y los que prestan determinados servicios, para que tomen previsiones dados los inconvenientes que normalmente se presentan en la administración de estas asociaciones.

PARTES QUE INTERVIENEN EN EL FIDEICOMISO DE CAJAS O FONDOS DE AHORRO:

Fideicomitente: La Caja o Fondo de Ahorro

Fiduciario: El ente bancario.

Beneficiario: Caja o Fondo de Ahorro y/o los asociados.

Comité: La Dirección de la Caja o del Fondo

4.4. LAS COOPERATIVAS EN FIDEICOMISO:

Las cooperativas son asociaciones de trabajo o servicio encaminadas a la producción, distribución y consumo de bienes y servicios, que pueden ser de responsabilidad limitada o suplementada. Estas instituciones pueden ser manejadas vía fideicomiso, facilitándole a los directivos la administración y control de las operaciones y aportes de los miembros de la cooperativa, lográndose plenamente los objetivos deseados.   La falta de experiencia de los integrantes de estas asociaciones, casi siempre a la larga generan situaciones de orden financiera comprometida, que pueden ser evitadas usando la figura del fideicomiso y obligando a cumplir sus fines sociales, particularmente, si los fondos de trabajo no los aportan sus asociados, sino el Estado.

La junta administradora de la cooperativa de acuerdo a sus estatutos puede delegar en las instituciones el bancarias vía mandato o fideicomiso, el manejo y control de los aportes de sus asociados, de las operaciones y contabilidad de la cooperativa, tanto en manejo de las disponibilidades y el otorgamiento de préstamos a sus asociados, así como las colocaciones en instituciones financieras de los excedentes de recursos, cobro de facturas u otros instrumentos que se generen de las operaciones de la cooperativa, evitándose la distracción de recursos y esfuerzos de sus asociados, los cuales se dedicarían plenamente a la producción o prestación de servicios, teniendo mayores posibilidades de lograr a satisfacción los objetivos de la constitución de la cooperativa.

Partes que intervienen en la operación:

Fideicomitente: La Cooperativa.

Fiduciario: El ente bancario.

Beneficiario: Los   asociados   y/o   la
fideicomitente

De operar la Junta Administradora la Cooperativa, en el
mercado hay software de Cooperativas ([583]), que permiten
el manejo de los fondos de los afiliados, sus aportes,
préstamos, manejo de almacenes o inventarios,
distribución de dividendos y contabilidad en línea, nómina,
agenda, seguros, respaldos y conciliaciones, entre otras
ventajas.

4.5. FIDEICOMISOS TESTAMENTARIOS

Este tipo de fideicomiso de administración puede ser
por acto en vida, incluyendo cláusula testamentaria; o por
testamento, con cláusula que incluye la constitución de
fideicomiso, para que tengan efecto después de la muerte
del testador.   En el primer caso, opera como cualquier
fideicomiso de administración; después de la muerte del
fideicomitente, el fiduciario procederá de acuerdo a las
instrucciones establecidas en el acto constitutivo en
cuanto a administración, inversión y distribución del
fondo. En el segundo caso, se inicia con la apertura de la
sucesión y prosigue con la adjudicación de los bienes a
favor del fiduciario para que éste siga las instrucciones
dejadas en el testamento, en cuanto a la administración y
distribución del fondo.   El fiduciario debe aceptar el
fideicomiso previsto en el testamento, de lo contrario el
Juez de la localidad, donde se abrió el testamento debe
designar un fiduciario sustituto, que deberá cumplir con el
encargo dejado en el testamento.

En los fideicomisos testamentarios debe velarse, que se
le dé cumplimiento a lo establecido en las leyes sobre la
legítima en el derecho de familia.   La legítima es una

---

[583]) Software Cooperativa 2000, dirección de Correo: atiliorojas2000@gmail.com; atiliorojas2017@gmail.com

cuota de herencia que se debe en plena propiedad a los descendientes, a los ascendientes y al cónyuge sobreviviente que no esté separado de bienes, y está formada por la mitad de sus respectivos derechos en la sucesión intestada. El testador no puede someterla a ninguna carga ni condición ([584]); salvo   para personas insolventes, pródigas o incapaz ([585]).

En el fideicomiso testamentario, pudiera suceder que renuncien los beneficiarios, presentándose una situación particular, dado que la Ley de fideicomiso señala que en el   supuesto de renuncia de todos los beneficiarios, los bienes que constituyen el fideicomiso volverán al fideicomitente. De constituirse el fideicomiso, por acto en vida, con cláusula testamentaria, si no ha muerto el fideicomitente, en la fecha de la renuncia de los beneficiarios los bienes volverán al fideicomitente, si ha muerto para la fecha de la renuncia de los beneficiarios, estos bienes no podrán volver al fideicomitente o de cujus, por imposibilidad material, y se constituirán en una herencia yacente a ser reclamada por los herederos del de *cujus*.   Esta última situación será igual, si el testamento, incluye cláusula de constitución del fideicomiso y renuncian los beneficiarios.

4.6.   FIDEICOMISO DE PÓLIZAS DE SEGURO DE VIDA

Es aquel donde el fideicomitente afecta en fideicomiso sus pólizas de seguro de vida designando beneficiario de las mismas al fiduciario, con el objeto que cuando sobrevengan las circunstancias (siniestros) que habiliten o activen las pólizas, por las causas señaladas en el contrato de seguro, el fiduciario haga efectivo el importe de las mismas y lo integre al fondo fiduciario, administre dicho fondo de acuerdo a lo estipulado en el contrato de fideicomiso, entregue a los beneficiarios el producto que obtenga y reparta al final el capital que forma el fondo fiduciario, de la manera y en las oportunidades señaladas en el documento constitutivo del fideicomiso. Este fideicomiso tiene un mecanismo de operación, parecido al fideicomiso testamentario

---

[584]) Articulo 833 y siguientes del Código Civil Venezolano de 1982
[585]) Artículos 10 y 11 de la Ley de Fideicomiso Venezolana

FONDOS ADMINISTRADOS: En materia de seguro se manejan también los llamados fideicomisos de Fondos Administrados, formados por las cuotas de riesgo, suficiente para atender las obligaciones de pago de las indemnizaciones derivadas de los riesgos asumidos (HCM, Funerarios u otros) y los gastos operativos. Estos fondos pueden ser complementados, dependiendo de lo acordado.

4.7. FIDEICOMISOS DE HOSPITALIZACIÓN Y ASISTENCIA

Es aquel donde el fideicomitente constituye el fideicomiso aportando bienes, para que el fiduciario los administre e invierta, a los fines que destine el fondo fiduciario a atender pagos de gastos de manutención de la persona beneficiaria, su estancia en hospitales, sanatorios, intervenciones quirúrgicas y medicinas especiales, en cualquier parte del país o del mundo, inclusive puede llegar hasta cubrir gastos funerarios de estar esto previsto en el contrato de fideicomiso.

Este fideicomiso de administración tiene por finalidad proteger personas incapacitadas física o mentalmente que pueden tener trastornos de tipo transitorio o permanente, en clínicas, hospitales o ancianitos. Los mismos fideicomitentes de verse imposibilitados de atención y desearen tomarse sus previsiones, pueden apelar a esta figura.

4.8. FIDEICOMISO DE ADMINISTRACIÓN DE CARTERA DE CRÉDITOS Y COBRANZAS.-

Es aquel donde el fideicomitente constituye el fideicomiso aportando una cartera de créditos, para que el fiduciario la administre y proceda gestionar su cobranza, dentro de los términos previstos en el mismo, el cual puede incluir realizar hasta gestiones judiciales con aquellos créditos de difícil recuperación, y destinar los fondos recuperados a atender lo que disponga el fideicomitente en el contrato.

Las cobranzas que realice el fiduciario pueden derivarse de estos financiamientos otorgados con recursos del fondo fiduciario, o del manejo de carteras de créditos recibidas en fideicomiso para ser recuperadas, o cobro de servicios.   Estas gestiones de cobranza la puede realizar el fiduciario, apoyándose en su estructura organizativa o apoyándose en empresas especializadas en estas actividades, si así está previsto en el contrato.

4.9.   FIDEICOMISO DE OPERACIONES INMOBILIARIAS:

Es aquel donde el fideicomitente constituye el fideicomiso aportando un proyecto inmobiliario, para que el fiduciario lo administre o proceda supervisar y pagar las valuaciones que se vayan ejecutando del proyecto a los contratistas beneficiarios, lo cual puede vender las unidades que integren el proyecto, sean viviendas o parcelas, y otorgar financiamiento sobre los mismos, gestionando su recuperación.

La banca y las entidades de Ahorro y Préstamo pueden implementar a través del fideicomiso mecanismos financieros para contribuir en el desarrollo de proyectos inmobiliarios que desee acometer el Estado o los particulares; además que pueden utilizar la figura, para suplir las hipotecas y actuar con controles más eficaces en estos programas, coordinadamente con promotores, constructores y financistas.

Los particulares y las asociaciones de cualquier índole, pueden también implementar estos mecanismos y poner todo el proyecto inmobiliario, en manos de estas instituciones fiduciarias, con lo cual se evitan sus participantes los inconvenientes derivados de los aportes, rendimiento de cuenta, entre otros aspectos del proyecto. Los promotores y contratistas que pretendan ejecutar proyectos de viviendas, recibiendo fondos de los potenciales adquirentes de estas viviendas pueden constituir fideicomisos ([586]) para canalizar estos fondos y

---

[586]) Artículo 34 Ley de Propiedad Horizontal en Venezuela, señala que El contrato por el cual se enajena a título oneroso un apartamento es anulable a solicitud del adquirente cuando se establezca para éste la obligación de pagar todo o parte del precio antes de que se otorgue el correspondiente documento registrado de enajenación.

La misma sanción civil acarreará la estipulación de que el adquirente se obligue por letra de cambio u otro documento negociable antes de la protocolización del correspondiente título. Parágrafo Único: Sin embargo se podrá recibir todo o parte del precio o el adquirente se podrá obligar por letras de cambio u otros documentos negociables, antes de que se otorgue el correspondiente documento registrado de enajenación, y aun cuando el inmueble esté hipotecado, únicamente si se cumple cualquiera de los requisitos de los requisitos siguientes:

c) Que el propietario del inmueble, en los términos que establezca el documento, constituya garantía fiduciaria para responder de la devolución de cantidades recibidas y los daños y perjuicios que su incumplimiento pudiera ocasionar.

poder destinarlos a los proyectos que acometan, con la transparencia que estas operaciones exigen.

4.10. FIDEICOMISOS VOLUNTARIOS (LIVING TRUST).-

El fideicomiso, como figura surge de la manifestación unilateral de la voluntad de su constituyente, por lo cual esta clasificación de voluntario, es la regla, que porque cualquier otra decisión de constituir un fideicomiso es la excepción, por lo cual las condiciones que fije el constituyente, siempre que estén dentro del marco legal son permisibles A efectos, de la decisión que tome el fideicomitente en la constitución del fideicomiso y de acuerdo a lo que establezca la Ley, los fideicomisos pueden ser revocables o irrevocables. En el primer caso (revocable) puede ser revocado por el otorgante o constituyente del fideicomiso en cualquier momento, en su totalidad o en parte. Este tipo de fideicomiso puede arrojar algunas ventajas en caso de testamentos, incapacidad, siempre en proporción a las magnitudes que se manejen en el fideicomiso. En el segundo caso (irrevocable), después de constituido no podrá ser revocado por el constituyente o fideicomitente, el cual no podrá designarse beneficiario o fideicomisario, porque estaría destinando los bienes a sí mismo, lo cual sería un absurdo su irrevocabilidad. Este tipo de fideicomiso, permite el logro de situaciones particulares que desea su constituyente que se den a todo evento, a favor de quien designe beneficiario o fideicomisario.

Como contraposición a este tipo de fideicomiso surgen, los que derivan de la Ley o de una decisión judicial, que obliga poner estos bienes o derechos en fideicomiso, para los fines o propósitos que tal disposición o decisión señalen.

En los países anglosajones, especialmente Los Estados Unidos de América, hacen uso muy frecuente de estos fideicomisos, en buena parte por la seguridad en su Régimen Jurídico.

4.11. OTROS TIPOS DE FIDEICOMISO.-

Además de los tipos de fideicomisos mencionados en la clasificación anterior, se conocen otros tipos de fideicomisos, dentro de los cuales destacan algunos de carácter masivo como: los de prestaciones sociales y los de titularización, que tienen tratamiento aparte en la obra, en los capítulos subsiguientes, dada sus particularidades muy especiales. Las distintas clasificaciones o menciones de nombre que se le dan a los fideicomisos, dependen de muchas consideraciones del ente que los lideriza, particular mención merecen los de carácter público, donde casi siempre lo asocian a la finalidad que pretenden. Cada uno de estos decretos, por su carácter coercitivo, constituye disposiciones que a veces desnaturalizan la figura del fideicomiso y crean una serie de cargas y actuaciones desproporcionadas.

Además, dentro de los fideicomisos antes mencionados, tenemos los llamados fideicomisos corporativos, representados por muchos de los antes mencionados, como es el caso de los fideicomisos masivos que atienden aspectos como:

- Proyectos Inmobiliarios
- Planes Previsionales
- Planes Laborales
- Administración de Inmuebles
- Inversiones Colectivas
- De Garantía.

EL FIDEICOMISO, FIDUCIA O TRUST EN AMÉRICA
CAPITULO XVI
EL FIDEICOMISO DE TITULARIZACIONES:

"Máximo rendimiento, con mínimo riesgo"

Contenido: EL FIDEICOMISO DE TITULARIZACIONES: 1. Cuáles son los antecedentes de las titularizaciones.-.**2.** Que son las titularizaciones.-. **3.** Que son las Entidades de Inversión Colectiva 3.1. Qué forma adoptan las Entidades de Inversión Colectivas 3.2. Quienes invierten en este mecanismo 3.3 Que son las Unidades de Inversión 4. Que es el fideicomiso de titularizaciones 4.1. Partes que intervienen en el fideicomiso de titularización 4.2. Que bienes pueden ser titularizados 4.3. Clasificación o categorización de los títulos valores emitidos 5. Régimen legal para las titularizaciones de activos 6. Quienes participan en la figura de las titularizaciones 6.1. Quien lo constituye 6.2. Quien lo maneja 6.3. Quien emite las unidades de inversión 6.4. Quien garantiza el respaldo de los bienes subyacentes 6.5. Quien coloca las obligaciones que se emiten 6.6. Quien adquiere las unidades de inversión 6.7 Quien autoriza las emisiones de obligaciones 6.8. Quien controla 6.9. Quien evalúa 7. Bienes o derechos objeto de la titularización 8. Como fijar el valor a los bienes o derechos a titularizar 9. Tipos o modalidades de titularización 10. Los Fideicomisos Offshore o Internacionales

1. CUALES SON LOS ANTECEDENTES DE LAS TITULARIZACIONES.-

Los antecedentes de las titularizaciones de activos, lo podemos ubicar en nuestro continente, en México, desde el año 1936 ([587]), en Venezuela, desde los años 70, donde se emitieron participaciones sobre bienes o derechos dados en fideicomiso ([588]), y en otros países de América Latina, a finales de la década de los años 80. Este mecanismo ha sido implementado en los países latinoamericanos, a través del mercado de capitales, apoyándose en las sociedades de inversiones colectivas

---

[587]) En México, desde el año1936, con la reforma de su Código Civil del ano 1923, se incluyó las participaciones sobre bienes dados en fideicomiso
[588]) El mecanismo de los fondos del mercado monetario, fue tomado como inspiración de las participaciones mexicanas, en los años 70, lo que configura hoy, después de varias reformas en las leyes bancarias, la institución financiera, denominada Fondos del Mercado Monetarios.

y la banca como fiduciarios. Los países que han aplicado este mecanismo, además de los citados, son, entre otros: Brasil, Colombia, Costa Rica, Chile, Ecuador y Argentina. En este último país, han establecido todo una normativa para el manejo y control de lo que han denominado Fideicomisos Financieros.

Las titularizaciones de activos (*asset securitization*) surgen en el mercado de los Estados Unidos de América, a principio de la década de los años 90, permitiendo movilizar en el mercado secundario títulos hipotecarios, apoyando el desarrollo del mercado inmobiliario, a través del cual lograron colocar emisiones de obligaciones amparadas en estos activos en el mercado secundario. Esto es parte de la crisis reciente del sector financiero inmobiliaria en los Estados Unidos de América, la cual han venido superando.

2. QUE SON LAS TITULARIZACIONES.-

Las titularizaciones son un mecanismo financiero a través del cual, las personas naturales o jurídicas pueden acudir al mercado de capitales, para transformar activos de no fácil realización, en activos disponibles, mediante la emisión de títulos valores o participación sobre los mismos, los cuales son colocados en el mercado, con respaldo de estos activos subyacentes, para con el producto de la conversión de estos activos atender los fines de la titularización, de cuya ejecución se pueda obtener el retorno de capitales para honrar los compromisos asumidos con la emisión de los títulos valores o participaciones colocados en el mercado.

La Banca en el continente, dentro de sus facultades legales tiene la potestad de emitir títulos de créditos de manera directa, apalancándose en sus activos, bien con respaldo de las carteras de créditos y sus garantías colaterales, que muy bien vendrían a representar nuevos instrumentos de captación de fondos y reciclaje de los fondos colocados. Dentro de estos instrumentos, independientemente de la denominación que se le pueda dar a los títulos que se emitan, recordemos las llamadas cédulas hipotecarias, los bonos financieros, por citar algunos de no muy lejana data, con garantías hipotecarias y mobiliarias. Este mecanismo, propio de la banca, marca una diferencia con las titularizaciones, que se apoyan en terceros, aunque en esencia buscan el mismo propósito, captar fondos.

La titularización, según algunos tratadistas de nuestro continente, se puede definir, así:

1. Francisco Morales Casas "Es un producto financiero que tiene por finalidad transformar activos de lenta conversión líquida, en títulos valores que de inmediato se traducen a dinero en efectivo, pues estos títulos –previa inscripción en las bolsas de valores- son colocados masivamente entre los inversionistas."[589].

2. Jorge Porras Zamora, " Es un proceso mediante el cual se transforman activos fijos o de lenta rotación en efectivo, ello mediante la emisión de títulos valores contra dichos activos y su colocación en el mercado de valores"[590]

3. Osvaldo Soler, "La securitizacion es una transformación de activos ilíquidos en títulos valores negociables. Consiste en reunir y reagrupar un conjunto de activos crediticios, con el objeto de que sirvan de respaldo a la emisión de títulos valores o participaciones para ser colocadas entre inversores. Los créditos de estos activos quedan incorporados a los títulos que, a su vez, están garantizados por los activos subyacentes." ([591])

4. Gustavo Aristizabal Tobón "Es el proceso mediante el cual se transforma algo, generalmente cartera crediticia o activos financieros en títulos valores"([592])

---

[589]) Obra citada: Fundamentos de la actividad y los negocios Bancarios, Colombia, página 667.
[590]) El fideicomiso en Costa Rica, Nociones y Productos. Primera Edición, 1998, Página 97
[591]) Fideicomiso Financiero, Argentina, Pág. 22, Osvaldo H Soler y Asociados, recopilación en Internet.
[592]) Introducción a la Titularización de Activos, Medellín, Colombia, 1992. citado Morales Casas.

3. QUÉ SON LAS ENTIDADES DE INVERSIÓN COLECTIVA.-

Las Entidades de Inversión Colectiva son aquellas instituciones que canalizan los aportes de los inversionistas destinados a constituir un capital o patrimonio común, integrado por una cartera de títulos valores u otros activos.

3.1. Qué forma adoptan las Entidades de Inversión Colectivas.-

Las entidades de inversión colectiva en Venezuela, podrán adoptar la forma de cualquiera de las sociedades previstas en el Código de Comercio o constituir un patrimonio mediante un fideicomiso ([593]). En Argentina, los mecanismos usados para la securitizacion son el Fideicomiso Financiero y los Fondos Comunes de Inversión.

3.2. Quiénes invierten en este mecanismo.-

Las personas naturales o jurídicas, que como inversionistas adquieren la titularidad de las unidades de inversión emitidas por las entidades de inversión colectiva.

3.3. Qué son las Unidades de Inversión.-

Las Unidades de Inversión son los diferentes tipos de títulos valores que emiten las entidades de inversión colectiva, tales como acciones, cuotas, participaciones u otros instrumentos que confieren derechos a los inversionistas respecto de la titularidad y rendimientos del capital o patrimonio de la respectiva entidad en proporción a su inversión.

4. QUÉ ES EL FIDEICOMISO DE TITULARIZACIONES.-

El fideicomiso de titularizan de activos, es un mecanismo financiero a través del cual el fideicomitente, utilizando la versatilidad de la figura del fideicomiso, pone

---

[593]) Ley de Inversión Colectiva Venezolana

en el mercado la oferta pública de títulos valores, los cuales son emitidos por las Entidades de Inversión Colectiva, con respaldo de los activos o derechos que constituyen el objeto del fideicomiso, en poder del fiduciario, con el compromiso de readquisición por parte del emisor, como beneficiario, con la materialización de los proyectos o ejecución de los bienes que constituyen los activos del fideicomiso, cuyos bienes se titularizan, lo cual permite la liquidez del instrumento.

Lo que ha dado en llamarse Fideicomisos de Titularizaciones, es un mecanismo jurídico financiero que permite transformar activos fijos o de lenta convertibilidad en disponibles, mediante la emisión de títulos valores o participaciones sobre estos bienes, los cuales son colocados en el mercado financiero.

La Ley No. 1488 de Bancos y Entidades Financieras de Bolivia de fecha 20 de diciembre de 2001 señala que "el fideicomiso indicado en el inciso d) del artículo 124 de la presente ley emitirá participaciones que podrán ser de varias categorías,..." ([594]). Con los activos de las sociedades intervenidas, se van pagando las participaciones emitidas por este fideicomiso de acuerdo a lo establecido en el código de comercio de Bolivia.

4.1. Partes que intervienen en el fideicomiso de titularización:

a) El Fideicomitente.- Es la persona o Entidad Originadora que aporta los bienes o derechos objeto de la titularización. Este sujeto, casi siempre, es el propietario de los activos que se van a titularizar, en tal razón constituye el fideicomiso. El fideicomitente puede ser también emisor (issuer) de los títulos o certificados de participación.

b) Fiduciario.- Entidad financiera propietaria de los activos a ser titularizados y/o emisora de los títulos valores o participaciones sobre los activos o manteniendo la propiedad de los activos objeto de la titularización, a fines de garantía.

---

[594]) Artículo 129 de la Ley No. 1488 de Bancos y Entidades Financieras de Bolivia de fecha 20 de diciembre de 2001

c) El Beneficiario o Administrador.- Es la persona encargada de administrar los bienes objeto de la titularización y de preparar los recaudos para la emisión de la oferta pública de los títulos valores, quien a su vez se convertirá en intermediario entre el originador o fideicomitente y el intermediario o inversionista. El administrador puede ser el mismo originador y beneficiario de los activos titularizados. Es la Entidad de Inversión Colectiva propietaria de los activos del fideicomiso, cuando ésta participa en el mecanismo.

d) El Inversionista.- Es aquella persona que adquiere los títulos valores objeto de la titularización, quien también se convierte en beneficiario del fideicomiso.

e) Administrador.- Es quien administra el activo transmitido en el mecanismo de la securitizacion (titularización), efectuando su gestión de negocio, bien sea crédito (recuperación), inmueble (alquiler o venta) dependiendo del bien objeto de la titularización. El administrador puede ser el originador o un tercero, el cual debe informar constantemente al fiduciario, inversores y emisor, así como a las autoridades competentes.

f) Calificador de Riesgo.- Es la entidad autorizada por la Ley para que evalúe la capacidad de pago de la administradora en sus compromisos de repago con los inversionistas, dentro del flujo de caja proyectado que forma parte del proyecto de titularización.

4.2. Qué Bienes Pueden Ser Titularizados.-

Los bienes o derechos que pueden ser objeto de titularización son aquellos activos con capacidad de generar un flujo de caja predecible, capaz de responder a los inversionistas en el mecanismo de la titularización. Estos activos pueden ser créditos hipotecarios a largo plazo ([595]), cartera de créditos a corto o mediano plazo,

---

[595]) Circular –telefax 38/2002 del Banco de México dirigidas a las Instituciones de Banca Múltiple, que recoge el régimen de inversión prevista para los fideicomisos constituidos para bursatilizar créditos

documentadas con préstamos, descuentos, financiamiento de tarjetas de créditos, contratos de arrendamiento financiero (leasing), cartera de facturas (factoring), flujos proyectados de cajas, por licitaciones de proyectos públicos (licitaciones para peajes o construcción) que requieren fondos para su desarrollo, entre otros que generen flujo de caja.

4.3. Clasificación o categorización de los títulos valores emitidos.-

Los títulos valores emitidos en la securitizacion con respaldo de activos subyacentes, que son cedidos en fideicomisos o sobre los cuales se cedan participaciones, se conocen en el mercado como Pass Through, Asset Backed Bond y Pay Throughs Bonds y los fondos de inversión colectivas. Veamos cómo operan estos mecanismos financieros:

5.8.1. COMO OPERA EL PASS THROUGH.-

Es un mecanismo financiero que permite amparado en la figura del fideicomiso, que un originador, persona que constituye el fideicomiso, consiga proveerse de cierta liquidez, en la medida que el fiduciario o la persona autorizada para emitir participación sobre los activos objeto del fideicomiso, logra transformar éstos, emitiendo certificados de participación sobre los mismos; para lo cual debe administrar la recuperación de los activos subyacentes para responder a los tenedores de los certificados de participación y responder por los honorarios profesionales del operador (fiduciario o terceros).

En los fideicomisos financieros encontramos el Pass- Through con la emisión de certificados de participación. Apreciemos su operatividad:

a) Los bienes o derechos, que constituyen el objeto del fideicomiso, son transmitidos por el fideicomitente u originador al fiduciario, mediante el contrato de fideicomiso, para que

---

hipotecarios de vivienda, cuyos fiduciarios emitan certificados de participación ordinaria o certificados bursátiles.

éste o la persona autorizada emita certificados de participación sobre los activos (capital y producto) del fideicomiso que deben colocarse entre los inversores, los cuales se constituyen en beneficiarios de la cuota parte en que participan.

b)   Los títulos que se emiten son representativos de una participación en la propiedad de los activos y de su renta, a favor de sus beneficiarios.

c) La recuperación de los créditos, capital e intereses, se destina a pagar el servicio de deuda por la emisión de los certificados y gastos de administración.

d)   Los bienes que constituyen este patrimonio separado, salen del activo del originador (crédito) con cargo a su patrimonio, por lo cual ya no pueden responder a sus acreedores; no obstante, el acreedor original pueda mantener su administración.

5.8.2. COMO OPERA EL ASSET BACKED BONDS.-

El originador, destina activos específicos de su patrimonio, para que sirvan de garantía de títulos de deuda que emite, los cuales adquieren los inversores en las condiciones fijadas, cuyo servicio de deuda (pasivo) será respondido con los ingresos globales (fondos) del originador (emisor y deudor), sin una afectación especifica (permanecen en su patrimonio), quien mantiene la administración del mecanismo.

5.8.3. COMO OPERA EL PAY THROUGHS BONDS.-

Esta modalidad de Pay-Through es identificada con los títulos representativos de deuda. Este mecanismo es una combinación de los anteriores, donde el originador (fideicomitente) da en garantía activos (créditos u otros bienes) a un fiduciario, mediante contrato de fideicomiso, para responder de los certificados de deuda que emita y que sean adquiridos por los inversores, los fondos adquiridos ingresan a los activos del emisor, con contrapartida en su pasivo (contabilidad), pero el servicio de deuda (capital e intereses) es cubierto por los activos cedidos en garantía fiduciaria.

El servicio de deuda de los títulos que emite el originador (capital e intereses) son respondidos con la recuperación (capital e intereses) de los activos dados en garantía, lo cual realiza el fiduciario, y dentro de los cuales se incluyen los gastos de administración.

5. RÉGIMEN LEGAL PARA LAS TITULARIZACIONES DE ACTIVOS.-

El régimen legal que rige las titularizaciones en el nuestro continente es recogido mayormente en las leyes del Mercados de Capitales, como la conocida Ley de Entidades de Inversión Colectivas; aunque este mecanismo se apoye en parte en figuras que gerencia la banca, como el fideicomiso o el mandato. Veamos, sucintamente, la normativa relacionada con los fideicomisos financieros o titularizados en nuestros países:

5.1. Ley de Fideicomiso o instrumento que recoge su autorización del país que permite o autoriza la realización de las operaciones de fideicomiso u otros encargos de confianza, por ejemplo el caso Venezuela ([596]) y el de Argentino ([597])

5.2. Ley de Países que rige la materia de las titularizaciones, que por ser títulos o participaciones negociables que corresponden a oferta pública, la ley que específicamente los norma, es la Ley del mercado de Capitales, caso citados de Venezuela ([598]).

5.3. Norma de cotización dictados por las Bolsas de Valores, con sus procesos electrónicos y la reglamentación que rige los valores fiduciarios, normativa que deben recoger los emisores de los títulos o las participaciones (En los ejemplos normativa de la Bolsa de Valores de Caracas y la de Buenos Aires)

5.4. La normativa que rige o sigue a los títulos o valores que se ofertan, que constituyen los bienes fideicometidos, sean estos créditos u otros títulos valores emitidos bajo régimen especial (En los ejemplos normativa establecida por las autoridades de control y de Banco Central)

5.5. La normativa especial que rija al proyecto o fundamenta la oferta de los títulos valores, si es de carácter público o privado y las disposiciones que los autorizan.

Las Entidades de Inversión Colectiva y la oferta pública de sus unidades de inversión, están reguladas en las leyes financieras del continente, como en los casos citados de Venezuela, México, Brasil, Perú, Ecuador, Panamá, Uruguay, Chile y Argentina en su Código Civil y Comercial, entre otros, donde cada país, aunque estos son estándares internacionales, siempre buscan agregar cualquier particularidad para tratar de reflejar diferencias, aunque en el fondo no hay diferencias de fondo, salvo la normativa doméstica de cada país.

---

[596]Ley de fideicomiso y ley de Bancos o de Seguros de Venezuela
[597]) Ley 24.441 de Argentina
[598]) El artículo 1° de la Ley de Entidades de Inversión Colectiva de Venezuela: "Esta Ley regula las entidades de inversión colectiva y la oferta pública de sus unidades de inversión". Además de la normativa de la Comisión Nacional de Valores para la oferta Pública.

5.6. El régimen impositivo que rige para las titularizaciones ([599]) en el continente se sujeta a normas de exenciones de estas operaciones y sus intereses, así como pecharlas dependiendo si los inversores son nacionales o del exterior.

6. QUIENES PARTICIPAN EN LA FIGURA DE LAS TITULARIZACIONES:

2.6. QUIEN LO CONSTITUYE:

> La persona o entidad originadora, que actúa como fideicomitente en el mecanismo. Esta persona puede ser emisora de los títulos de deuda o de certificados que se emitan, así como deudor y pagador de las obligaciones contraídas, además de administrador del mecanismo

2.7. QUIEN LO MANEJA:

> La entidad de inversión colectiva, de ser este el mecanismo, o el fiduciario, que representan la administración del mecanismo; así como el mismo originador, de ser este el caso.

2.8. QUIEN EMITE LAS UNIDADES DE INVERSIÓN:

> Las Entidades de Inversión Colectiva, cuando operan a través de este

---

[599]) Código Civil y Comercial de Argentina señala que "Los títulos valores representativos de deuda y los certificados de participación emitidos por fiduciarios respecto de fideicomisos que se constituyan para la titulización de activos, serán objeto del siguiente tratamiento impositivo:
a) Quedan exentas del impuesto al valor agregado las operaciones financieras y prestaciones relativas a su emisión, suscripción, colocación, transferencia, amortización, intereses y cancelación, como así también las correspondientes a sus garantías;
b) Los resultados provenientes de su compraventa, cambio, permuta, conversión y disposición, como así también sus intereses, actualizaciones y ajustes de capital, quedan exentos del impuesto a las ganancias, excepto para los sujetos comprendidos en el Título VI de la Ley de Impuesto a las Ganancias (texto ordenado 1986) y sus modificaciones. Cuando se trate de beneficiarios del exterior comprendidos en el título V de la citada norma legal, no regirá lo dispuesto en su artículo 21 y en el artículo 104 de la Ley 11.683 (texto ordenado 1978) y sus modificaciones.
El tratamiento impositivo establecido en este artículo será de aplicación cuando los referidos títulos sean colocados por oferta pública"

esquema, o el propio originador o fiduciario, dependiendo como opere el mecanismo financiero.

2.9. QUIEN GARANTIZA EL RESPALDO DE LOS BIENES SUBYACENTES:

La institución que actúa como fiduciario, pero no garantiza las disponibilidades del fondo, cuando se opera bajo este esquema. Cuando el mismo originador es el emisor de los títulos de deuda o participaciones, debe responder a estas acreencias, con bienes específicos (fideicomiso) o con fondos de su patrimonio general ([600]).

2.10. QUIEN COLOCA LAS OBLIGACIONES QUE SE EMITEN:

La banca u otras instituciones, según el caso. En este mecanismo, pueden también colocar los títulos de deuda o cuotas de participación los mismos originadores o administradores, dependiendo como operen este mecanismo.

2.11. QUIEN ADQUIERE LAS UNIDADES DE INVERSIÓN:

Los inversionistas, bien adquieran las unidades de inversión de la misma banca o de sus originadores o administradores.

2.12. QUIEN AUTORIZA LAS EMISIONES DE OBLIGACIONES:

En el continente las emisiones de obligaciones relacionadas con las titularizaciones son llevadas a cabo por

---

[600]) En México los títulos bancarios estructurados (depósitos a plazo fijo, bonos bancarios y certificados bursátiles) son de dos tipos: los que no garantizan el 100% del capital invertido y los que puede haber pérdida del capital invertido. En estos últimos los clientes deben estar informados y las instituciones no pueden hacer propaganda para su colocación.

los entes del Mercado de Capitales, lo cual no excluye la cooperación en los controles que puedan asumir los otros entes de control del Estado.

2.13. QUIEN CONTROLA:

La Comisión Nacional de Valores, en lo que corresponde a sus atribuciones y la Superintendencia de Bancos al controlar los fondos fiduciarios, como parte de sus responsabilidades. En estos controles, deben actuar de manera coordinada los Entes Contralores del Estado a los que les correspondan estas funciones, buscando preservar siempre los supremos intereses de los inversores.

2.14. QUIEN EVALÚA:

Las empresas calificadoras de riesgos, son los entes que realizan las evaluaciones de las inversiones de este mecanismo financiero; sin descartar los controles que cada institución particularmente implemente.

7. BIENES O DERECHOS OBJETO DE LA TITULARIZACIÓN:

Los bienes o derechos objeto de titularización son diversos, los cuales pueden estar representados por carteras de créditos, portafolios de títulos valores, inmuebles o proyectos de carácter público o privado, que generen renta y retorno de los capitales invertidos, entre tantos otros que puedan ser objeto de titularización

8. COMO FIJAR EL VALOR A LOS BIENES O DERECHOS A TITULARIZAR:

El valor de los bienes o derechos a titularizarse se fija en razón de avalúo realizado a los mismos por expertos tasadores. De este valor se determina el monto a titularizar y se establecen las unidades de inversión que se ofertarán a los inversionistas en el mercado.

9. TIPOS O MODALIDADES DE TITULARIZACIÓN.-

Las modalidades de titularización dependen de los bienes o derechos a ser titularizados, dado que sus principales características estarán ajustadas a las de éstos, tanto en monto y plazo de recuperación, por la ejecución de los proyectos que se acometan a través de este mecanismo. Entre los principales tipos de titularizaciones que se conocen el mercado, tenemos las que se realizan a través de las Sociedades de Inversión Colectiva y/o fideicomisos, para titularizar activos inmobiliarios o carteras de títulos valores, y los que se realizan a través de las operaciones de la banca, en los fondos del mercado monetario (institución especializada o departamento de la banca universal), emitiendo participaciones sobre los fondos constituidos para activar el mecanismo, o por la emisión de obligaciones en masa (títulos de deudas, con garantía de activos específicos (hipotecarios u otros).

La calidad de los instrumentos (riesgo crediticio o financiero) utilizados en las titularizaciones, aunado a la seguridad jurídica del país donde se emiten las obligaciones son los elementos claves para responder a los inversionistas, esto lo hemos podido observar algunas crisis financieras ([601]), ya que los mecanismos financieros que se utilicen, como es el caso del fideicomiso, pueden brindar algunas ventajas, pero eso no garantiza pago ni repago, ni negociación de obligaciones de deudas, ya que estas por sí mismas es que pueden ser negociadas en cualquier mercado, inclusive en apoyo de la sanidad financiera que pudieran brindar los entes financieros del Estado de que se trate. Esto comentarios se hacen, en razón de algunas apreciaciones equivocadas y que confunden a los inversionistas, al hacerles comentarios de los medios que se usan (caso fideicomiso o fondos mutuales, entre otros) equiparándolos a los instrumentos financieros de cualquier naturaleza que forme parte de la cartera de inversión (títulos valores o deudas de cualquier tipo) directa o indirecta de los mencionados medios. Otro elemento que debe evaluarse al invertir, es la capacidad del originador de las obligaciones o administrador de los

---

[601]) El default de Argentina por la crisis del año 2001 y la situación surgida en el mercado de las hipotecas en los Estados Unidos de América, a lo cual sumó los altísimos precios de los combustibles, elementos que impactaron el mercado financiero de la región. Situación superada, salvo la crisis venezolana

medios que se empleen en el desempeño de sus actividades (estructura de deuda, sus controles, gestiones de cobranza y sistemas), y las calificaciones que brinden las calificadoras de riesgo.

10. LOS FIDEICOMISOS OFFSHORE O INTERNACIONALES.-

Los fideicomisos llamados internacionales o fideicomisos offshore, son instituciones propias de los llamados paraísos fiscales, que ofertan estos servicios en sus regímenes jurídicos para beneficiarios no residentes de los países donde se implemente el mecanismo, pero por lo menos uno de los fideicomitentes o fideicomisarios debe ser una compañía fiduciaria inscrita en el país o una compañía internacional o extranjera, inscrita bajo la Ley de compañías internacionales de 1987. Toda información relacionada con un fideicomiso internacional, incluyendo el contrato fiduciario y la identidad de las partes conectadas con el fideicomiso, es confidencial y está sujeta a las cláusulas relativas al secreto bancario; así como que no son objeto de controles cambiarios. Los principales paraísos fiscales que conocemos son: Singapur, Hong Kong, Islas Cook, Nueva Zelanda, Samoa. En nuestro continente, los vemos en algunas excolonias inglesas (Belice, Nevis, las Bahamas), que tienen unos tipos de fideicomisos (trust) irrevocables, basados evidentemente en la inspiración del derecho inglés (common law), llamados "Fideicomisos Offshore, que son formados bajo el derecho de la Ley Común de Contrato. Los principales atributos de estos fideicomisos (trust), son administración centralizada, continuidad, facilidad de entrega de los beneficios y limitada responsabilidad del fideicomisario, aspectos estos que garantizan larga gestión y no ser objeto del régimen impositivo ([602]). Panamá ha introducido reformas recientes en sus leyes financieras, caso fideicomiso.

El trust o fideicomiso (fiducia), como figuras similares han sido acogidas en casi todos los países, dado que aunque operen bajo régimen jurídicos diferentes sirven a los mismos propósitos.

---

[602]) Fideicomiso contractual, llamados también fideicomisos de Ley Común, puros, verdadero, entre otros que se rigen por leyes de paraísos fiscales, con Ley Común Inglesa.

EL FIDEICOMISO, FIDUCIA O TRUST EN AMÉRICA
CAPITULO XVII
EL FIDEICOMISO DE PRESTACIONES LABORALES

"Seguridad, más que rentabilidad"

Contenido: FIDEICOMISO DE PRESTACIONES LABORALES. 1. El fideicomiso de prestaciones laborales. 2. Las prestaciones laborales en fideicomiso.3. Que es el fideicomiso de prestaciones laborales. 4. Quienes intervienen en el fideicomiso de prestaciones laborales. 5. Constitución del fideicomiso de prestaciones laborales. 6. Inversión de los fondos del fideicomiso de prestaciones laborales 7. Prestaciones sociales no colocadas en fidecomiso 8. Créditos con garantía de las prestaciones de antigüedad o cesantía en fideicomiso 9. Préstamos con garantía de prestaciones sociales manejados por el patrono. 10. Ventajas del fideicomiso de prestaciones laborales. 11. Terminación del fideicomiso constituido con las prestaciones sociales

Las reivindicaciones laborales logradas por los trabajadores en los últimos años del siglo veinte y principios del veintiuno, han conseguido en el fideicomiso un instrumento o cauce que ha permitido la canalización de estas conquistas. Dada la importancia que han tenido las prestaciones laborales o sociales de los trabajadores en la promoción del fideicomiso, obliga dedicarles un capítulo de esta obra, a los fines de destacar sus características más resultantes y comentar la prestación de antigüedad y cesantía, dentro de parte de los pasivos laborales que acumulan los patronos con sus trabajadores, donde resaltan en nuestros países, por sus dimensiones, los correspondientes al sector público.

1. EL FIDEICOMISO DE PRESTACIONES LABORALES

Los fideicomisos de prestaciones laborales o de prestaciones sociales de los trabajadores, bajo cualquiera de las modalidades o menciones que se les ha dado en el nuestro continente; bien como fondos de cesantía, como se le señala en Panamá y Costa Rica ([603]); o fondos de antigüedad, como se le dice actualmente en Venezuela ([604]), son fondos constituidos con parte del pago de las acreencias que tienen los patronos con sus trabajadores, por concepto de indemnizaciones de antigüedad o de cesantía.

Veamos que entiende la doctrina por estos conceptos:

La antigüedad, es el tiempo acumulado por un trabajador durante la prestación de su servicio para un empleador.

La cesantía, es la indemnización a que está obligado a pagar el patrono a sus trabajadores, cuando éste de por terminada la relación laboral.

Estos son derechos irrenunciables del trabajador en las constituciones del continente americano.

A fines de hacer más explicativo este tema, vamos a utilizar información de la legislación de Panamá y de Venezuela, las cuales usan los conceptos antes mencionados:

- En la legislación de Panamá, encontramos los llamados Fondos de Cesantía ([605]), con la modificación en su operatividad que hacen en el año 1995 ([606]), donde se introduce el Fideicomiso de Cesantía, el cual es definido, bajo una posición de la teoría contractual, señalando textualmente que es: "El contrato de fideicomiso que contempla los derechos y las obligaciones de los empleadores, de

---

[603]) Código del Trabajo, Ley N° 2 del 26 de agosto de 1943 y Ley N° 7983 Protección al Trabajador de fecha 18 de febrero del año 2000.

[604]) En Venezuela con la reforma de la Ley del trabajo del año 1974, se incluye el fideicomiso para las indemnizaciones de antigüedad o cesantía. En la última reforma se eliminó la cesantía, quedando sólo la antigüedad (Artículo108 de la Ley Orgánica del Trabajo de Venezuela)

[605]) En el artículo 229 del Decreto del Gabinete 252 del año 1971

[606]) con el Decreto Ejecutivo de fecha 26 de diciembre del año 1995

los trabajadores, y del fiduciario y describe la política de inversiones del fondo, de acuerdo a la ley y a este decreto". Los aportes ([607]) al fondo de cesantía, son señalados en los numerales siguientes:

3. Aportes: La suma que obligatoriamente cotiza el empleador a un fondo de cesantía, equivalente a la cuota parte relativa de la prima de antigüedad del trabajador, más el 5% de la cuota parte mensual de la indemnización que correspondería al trabajador por despido injustificado o por renuncia justificada, en los contratos de trabajo por tiempo indefinido, de conformidad con el artículo 229B del Decreto del Gabinete 252 de 1971.

4. Aportación voluntaria: La suma proveniente del salario mensual del trabajador, que voluntariamente aporta éste a un Fondo de Cesantía de acuerdo con el artículo 229N del Decreto de Gabinete 252 de 1971.

El esquema que se maneja en Panamá para proteger las prestaciones sociales de los trabajadores que se constituyen a través de la figura del fideicomiso, es igual a la que se opera en Venezuela, con la salvedad de las expresiones de cesantía o antigüedad y que la Ley de panamá señala los aportes voluntarios que pueden hacer los trabajadores, pero que en Venezuela aunque no esté señalado expresamente en la Ley, los aportes voluntarios ([608]), sí lo podrían acordar los trabajadores en los contratos de fideicomisos que suscriban, e inclusive introducirles algunas particularidades, siempre que éstas no sean contrarías a la Ley y que podrían estar establecidas en los contratos colectivos, como una forma de estimular el ahorro, aunque contradictorio esto en época de alta inflación que confiscan estos fondos.

- En Venezuela el fideicomiso de prestaciones sociales de los trabajadores se introduce con la

---

[607] Recogidos en los numerales 3 y 4 del artículo 1° del Decreto 252 del año 1971
[608]) Los aportes voluntarios los vemos en Venezuela en algunas cajas de ahorros y fondos de pensiones privados

reforma de la Ley del Trabajo del año 1974, al incluir los derechos de antigüedad y cesantía como derechos adquiridos, lo cual fue modificado en el año 1997([609]), quedando en la reforma de la Ley Orgánica del Trabajo, sólo el concepto de antigüedad. Esta Ley establece que "la prestación de antigüedad, atendiendo a la voluntad del trabajador, requerida previamente por escrito, se depositará y liquidará mensualmente, en forma definitiva, en fideicomiso individual o en fondo de prestaciones de antigüedad o se acreditará mensualmente a su nombre, también en forma definitiva, en la contabilidad de la empresa. Lo depositado o acreditado mensualmente se pagará al término de la relación de trabajo y devengará intereses... ([610])"

Los intereses están exentos del impuesto sobre la renta ([611]), serán acreditados o depositados mensualmente y pagados al cumplir cada año de servicio, salvo que el trabajador, mediante manifestación escrita decidiere capitalizarlos.

La prestación de antigüedad, como derecho adquirido, será calculada con base al salario devengado en el mes que corresponda lo acreditado o depositado, incluyendo la cuota parte de lo percibido por concepto de

---

[609]) La Reforma de la Ley del Trabajo de 19 de junio de 1997, eleva a la categoría de Ley Orgánica , y en ella se elimina el concepto de cesantía, que junto con la antigüedad formaban parte de las prestaciones sociales de los trabajadores, quedando sólo este último concepto.

[610]) Artículo 108 de la Ley Orgánica del Trabajo Venezolana señala "Lo depositado o acreditado mensualmente se pagará al término de la relación de trabajo y devengará intereses según las siguientes opciones:

a) Al rendimiento que produzcan los fideicomisos o los fondos de prestaciones de antigüedad, según sea el caso y, en ausencia de éstos o hasta que los mismos se crearen, a la tasa del mercado si fuere en una entidad financiera;

b) A la tasa activa determinada por el Banco Central de Venezuela, tomando como referencia a los seis (6) principales bancos comerciales y universales del país; si el trabajador hubiese requerido que los depósitos se efectuasen en un fideicomiso individual o en un fondo de prestaciones de antigüedad o en una entidad financiera, y el patrono no cumpliera con lo solicitado; y

c) A la tasa promedio entre la activa y la pasiva, determinada por el Banco Central de Venezuela, tomando como referencia a los seis (6) principales bancos comerciales y universales del país, si fuere en la contabilidad de la empresa.

El patrono deberá informar anualmente al trabajador, en forma detallada, el monto que le acreditó en la contabilidad de la empresa, por concepto de prestación de antigüedad.

La entidad financiera o el fondo de prestaciones de antigüedad, según el caso, entregará anualmente al trabajador los intereses generados por su prestación de antigüedad acumulada. Asimismo, informará detalladamente al trabajador el monto de capital y los intereses.

[611]) Artículo 14 numeral 4, Están exentos del Impuesto Sobre la Renta Venezolana "Los trabajadores o sus beneficiarios, por las indemnizaciones que reciban con ocasión del trabajo, cuando les sean pagadas conforme a la Ley o a contratos de trabajo, por los intereses y el producto de los fideicomisos constituidos conforme a la Ley Orgánica del Trabajo y por los productos de los fondos de retiro y de pensión

participación en los beneficios o utilidades de la empresa, de conformidad en lo previsto en el artículo 146 de esta Ley y de la reglamentación que deberá dictarse al efecto, de acuerdo a lo dispone el artículo 108 de la Ley Orgánica del Trabajo Venezolana.

Para lo que establece la Ley Orgánica del Trabajo Venezolana sobre este tema, caben los siguientes comentarios:

1.1. En cuanto a los intereses del fideicomiso:

Los intereses que devengan los montos aportados por los trabajadores de sus prestaciones de antigüedad en fideicomiso, son los que generan las colocaciones de estos fondos en el mercado, a los cuales el fiduciario, debe deducir sus honorarios y el remanente deberá entregárselos o depositárselos en cuenta en la misma institución fiduciaria o capitalizarlos, si así lo dispone el propio trabajador. Este rendimiento que generan los fondos en fideicomiso, depende de las inversiones que hace el fiduciario, el cual puede o debe colocar parte de estos fondo en anticipos al trabajador, sin amortización de capital ni pago de intereses, o préstamo al mismo trabajador fideicomitente, con o sin intereses, lo cual debe establecerse en el contrato de fideicomiso, al igual que las inversiones que realice con parte del remanente de estos fondos.

En todo negocio u operación hay riesgos y el fideicomiso, evidentemente no escapa de esto, por lo cual se debe tratar de minimizar el riesgo, tomando las previsiones del caso, particularmente las establecidas en la normativa de la administración integral de riesgo que han establecido las autoridades.

1.2. Los intereses que paga el patrono:

Los intereses que devengan las acreencias que tienen los patronos con los trabajadores, por las prestaciones de antigüedad que le adeudan, sobre las cuales debe pagarle anualmente los intereses correspectivos, de acuerdo a las tasas de interés que fija mensualmente el Banco Central de Venezuela, tomando como referencia a los seis (6) principales bancos comerciales y universales del país, se fijan, así:

- A la tasa activa, si el trabajador hubiese requerido que los depósitos se efectuasen en un fideicomiso individual o en un fondo de prestaciones de antigüedad o en una entidad financiera, y el patrono no cumpliera con lo solicitado.

- A la tasa promedio entre la activa y la pasiva, si fuere en la contabilidad de la empresa.

En estos dos (2) supuestos siempre es en la contabilidad de la empresa, lo que diferencia un caso de otro, es que el trabajador haya requerido por escrito que se le deposite en fideicomiso, en fondo de prestación de antigüedad o en institución financiera, y el patrono por cualquier circunstancia no pudiera o no quisiera cumplir con lo solicitado por el trabajador.

Estos intereses que se generan de las deudas que tienen los patronos con los trabajadores, muchas personas, incluyendo los trabajadores, los han venido llamando indebidamente fideicomiso, por la asociación que hacen de la liquidación de los resultados de los fondos fiduciarios a los trabajadores, que tienen suscrito contrato de fideicomiso en las instituciones financieras.

En los fideicomisos de prestaciones sociales de antigüedad o cesantía, el fin que persigue el trabajador fideicomitente está dado por la obtención de un mayor rendimiento, seguridad y acceso al crédito, al colocar sus prestaciones sociales en instituciones financieras, que tienen un mayor conocimiento del mercado financiero.

Estos bienes que constituyen el fideicomiso de prestaciones sociales, están determinados por el aporte inicial que se entrega en la formalización del contrato de fideicomiso y por los aportes sucesivos que el patrono hace en nombre del trabajador-fideicomitente en la medida que se vayan causando las prestaciones sociales, de acuerdo a lo establecido en el contrato de fideicomiso de prestaciones sociales suscrito por los trabajadores, el patrono y el ente fiduciario.   Asimismo, se puede establecer en el contrato que el producto que se obtenga de la inversión del fondo sea capitalizado o entregado anualmente al trabajador, de acuerdo a lo que establece la Ley o que los trabajadores hagan aportes voluntarios.

2.- LAS PRESTACIONES LABORALES EN FIDEICOMISO

Los trabajadores autorizan individualmente a la empresa a negociar el contrato de fideicomiso, en el cual se deja abierta la posibilidad que otros trabajadores que ingresen a la empresa con posterioridad a la firma de dicho contrato, y que hayan cumplido el tiempo de servicio necesario para que les surja su derecho de antigüedad, se acojan al mismo, con la manifestación de voluntad por escrito al patrono y con las formalidades de Ley. Veamos el siguiente diagrama:

FIDEICOMITENTE

**Gerencia
FIDEICOMISO.
Gcia de Mercadeo
de FIDEICOMISO**

Revisa
documentación.
Prepara

Envía requisitos de
acuerdo a ley de
FIDEICOMISO y las
Leyes que lo rigen.

Solicita elaboración del
contrato de
FIDEICOMISO

Consultoría Jurídica

Contrato de
FIDEICOMISO
observando
disposiciones
legales.
Notifica a las partes.

**Firma del contrato y
recepción del bien
objeto del
FIDEICOMISO**

Banco

FIDEICOMITENTE

**Gcia de
Mercadeo de
FIDEICOMISO**

Revisa documento,
coordina con Registro día
y hora de la firma.

Los contratos de fideicomiso de prestaciones sociales, no obstante ser individuales, deben ser suscritos en forma colectiva por los trabajadores dependientes de un patrono determinado, por las facilidades y economía de escala, que provee, amparado en la igualdad de derechos y relaciones que se generan por parte del patrono y del fiduciario.

Es conveniente, que dado las formalidades del fideicomiso, las reformas a la Ley Orgánica del Trabajo o cualquier otra relacionada con el tema, introduzca una normativa, en la cual se exprese de manera clara y definitiva, que se podrá abrir o constituir fideicomisos colectivos de prestaciones sociales, donde los patronos, con autorización de sus nuevos trabajadores y sin otras formalidades, se puedan ir incorporando a los fideicomisos que tengan constituidos para su trabajadores. Esto en razón de los formalismos que se han introducido en la reciente reforma a la Ley de Instituciones del Sector Bancario de Venezuela, donde se señala a la banca que sus contratos de fideicomiso, sin excepción, sean registrados en el Registro de Comercio, lo cual parece una contradicción porque esta es una relación civil, que no tiene ningún carácter mercantil por expresa disposición de la Ley Orgánica del Trabajo y de la Constitución Nacional, cuando tutelan los derechos laborales de los trabajadores, independientemente que el fiduciario, institución financiera, sea un comerciante. La tutela jurídica que tiene esta figura laboral, se sobrepone a la del fiduciario

3. QUÉ ES EL FIDEICOMISO DE PRESTACIONES LABORALES

En Venezuela el fideicomiso de antigüedad se puede definir como la relación jurídica por la cual el trabajador-fideicomitente transfiere a la institución financiera llamada fiduciario, la porción causada de la prestación social de antigüedad que le ha sido liquidada por el patrono, el cual a su vez, se compromete en el contrato y por disposición de la ley, a ir abonando periódicamente, en la medida que se vayan causando, para que el fiduciario disponga de ellas, de acuerdo a los fines establecidos por el trabajador-fideicomitente en el contrato de fideicomiso de prestaciones sociales que suscribe, conforme a las leyes y en beneficio de sí mismo o de terceros (herederos). A esta definición, siguiendo dentro del ejemplo que estamos utilizando, sólo se le agregaría para la legislación de Panamá ([612]), el concepto

---

[612]) El Fondo de Cesantía es una obligación que fue creada mediante la Ley No.44 del 12 de agosto de 1995, por medio del cual se reforma el Código de Trabajo y cuyo propósito es el de garantizar las prestaciones de los trabajadores. El diseño y administración de estos fondos fueron reglamentados por medio del Decreto Ejecutivo No.106 del 26 de diciembre de 1995. El fondo de cesantía lo debe establecer toda empresa privada que cuente con más de cinco empleados que mantengan contratos indefinidos.

de cesantía y la porción de aportes voluntarios de los trabajadores.

4.-QUIENES INTERVIENEN EN EL FIDEICOMISO DE PRESTACIONES LABORALES.-

En el fideicomiso de prestaciones de antigüedad o cesantía como tradicionalmente se le ha llamado de "prestaciones sociales," como en todos los fideicomisos, intervienen:

El fideicomitente, el fiduciario y el beneficiario o fideicomisario, pero además se incorpora el Patrono, a quien se le imponen determinadas obligaciones por Ley y por contrato; y los Representantes tanto de los Trabajadores Fideicomitentes como de los Patronos, personas autorizadas a firmar, conjuntamente con el Representante del Fiduciario. Vamos a señalar brevemente, a cada una de estas personas que participan en el fideicomiso de prestaciones de antigüedad:

4.1. QUIEN ES EL FIDEICOMITENTE.-

Cada uno de los trabajadores, individualmente considerados, es fideicomitente, en virtud de la transferencia que hace el patrono al fiduciario, a requerimiento del trabajador de sus respectivas prestaciones sociales de antigüedad que el patrono les adeuda y les adelanta para constituir el fideicomiso. Por lo tanto, son fideicomitentes todos aquellos trabajadores que han solicitado al patrono y éste ha aceptado transferir al fiduciario el adelanto de sus prestaciones sociales de antigüedad, caso Venezuela ([613]), o cesantía, caso Panamá o Costa Rica, para colocarlas en fideicomiso.

4.2. QUIEN ES EL FIDUCIARIO.-

El Fiduciario es la institución financiera, escogida para administrar las prestaciones sociales de antigüedad o

---

Los fondos se deben constituir a través de fideicomisos en entidades privadas autorizadas por la Ley 10 de 1993 para la administración de fondos. Legislación Laboral de Panamá
[613]) Artículo 108 de la Ley Orgánica del Trabajo de Venezuela

cesantía por los trabajadores y patrono y con la cual se suscribe el contrato de fideicomiso.

4.3. QUIEN ES EL BENEFICIARIO.-

El mismo trabajador-fideicomitente, salvo que éste designe a otra persona, siempre que no contravenga disposiciones de la ley de familia o del trabajo. Los trabajadores son fideicomitentes beneficiarios ([614]) y en caso de fallecimiento de éstos sus herederos.

En caso de muerte del trabajador-fideicomitente, corresponderá a sus herederos recibir tanto el capital del fideicomiso como los beneficios generados de su inversión, conforme a lo establecido en el contrato de fideicomiso y la Ley u otras disposiciones sobre derechos de familia.

4.4. QUIEN ES EL PATRONO.-

La empresa o cualquier entidad que tenga personal en su giro de negocio y a solicitud de sus trabajadores adelante las prestaciones de antigüedad o cesantía para que constituyan el fideicomiso, comprometiéndose a liquidar la antigüedad en la medida que se vayan causando y enterarlas al fondo fiduciario.

4.5. QUIEN ES EL REPRESENTANTE.-

Las personas autorizadas por los trabajadores, la empresa y el ente fiduciario, para que los representen en la firma del Contrato de Fideicomiso de Prestaciones Sociales de antigüedad.

5. CONSTITUCIÓN DEL FIDEICOMISO DE PRESTACIONES LABORALES.-

Para constituir el fideicomiso de prestaciones sociales de antigüedad ([615]), o cesantía deben los trabajadores, a

---

[614]) Artículo 168 y Parágrafo Tercero del Artículo 108 de la Ley Orgánica del Trabajo Venezolana.
[615]) El artículo 108 de la Ley Orgánica del trabajo del año 1997, señala que" Después del tercer mes ininterrumpido de servicio, el trabajador tendrá derecho a una prestación de antigüedad equivalente a cinco (5) días de salario por cada mes.   A tenor de lo antes expresado, el patrono abonará al concluirle el cuarto (4) mes de trabajo, cinco (5) días de salario al trabajador, hasta cumplir el primer

quienes se les hayan causado estos derechos a su favor, requerir al patrono su constitución, a través de una Institución Financiera:

5.1. QUE SE DEBE HACER PARA LA CONSTITUCIÓN DE FIDEICOMISOS CON FONDOS DE PRESTACIONES DE ANTIGÜEDAD.-

5.1. REQUERIR POR ESCRITO LA CONSTITUCIÓN DEL FIDEICOMISO.-

Los trabajadores podrán manifestar al patrono por escrito, su voluntad de querer constituir un fondo de fideicomiso con el producto de sus prestaciones de antigüedad que se le adeuden, así como que se le depositen las que sucesivamente se vayan causando hasta la terminación de la relación laboral.

5.2. QUIENES SUSCRIBEN EL CONTRATO DE FIDEICOMISO.-

Los trabajadores podrán firmar directamente ellos o hacerse representar por sus delegados sindicales y en aquellos casos donde no exista sindicato, por un representante del patrono o por uno de los mismos trabajadores, quienes deberán acreditar la autorización, para poder firmar por los trabajadores. El patrono se compromete en contrato, a enterar los aportes y hacer las retenciones o abonos que procedan, para lo cual también debe firmar el contrato de fideicomiso.

5.3. QUE CONDICIONES CONTIENE EL CONTRATO DE FIDEICOMISO.-

El contrato de fideicomiso, es el documento que recoge las condiciones propias de las

---

año de servicio o fracción superior a seis (6) meses. Este último lapso, procede para el caso de retiro del trabajador.

Después del primer año de servicio, o fracción superior a seis (6) meses contados a partir de la fecha de entrada en vigencia de esta Ley, el patrono pagará al trabajador adicionalmente dos (2) días de salario, por cada año, por concepto de prestación de antigüedad, acumulativos hasta treinta (30) días de salario.

operaciones de fideicomisos, previstas en la Ley de Fideicomiso; Ley de Bancos o de Seguros, y aquellas especiales que establece la Ley Orgánica del Trabajo y el derecho de familia; así como la normativa prudencial establecida por Las autoridades y las que acuerden las partes.

5.4. QUE RESPONSABILIDADES ASUME EL PATRONO.-

Calcular las prestaciones de antigüedad a la fecha de corte de cuenta elegida para la constitución del fideicomiso. A tal efecto, deberá elaborar una posición de la indemnización de antigüedad de cada uno de los trabajadores, en listado o medio electrónico, donde se indique por lo menos lo siguiente:

a) Identificación del trabajador, con su nombre, cédula y número de trabajador, de ser necesario.

b) Fecha que se toma de base para el cálculo de prestaciones sociales, que debe corresponder al cierre del último mes, si están al día en sus cálculos.

c) La fecha de ingreso a la empresa de cada uno de los trabajadores

d) Saldo por antigüedad a la fecha de cada uno de los trabajadores que se acojan al plan de fideicomiso. De no ser el 100% de su monto, se debe indicar la cantidad y el porcentaje (%) que representa y que se liquida hasta la fecha, que debe indicarse, así como el saldo pendiente.

e) Datos de los beneficiarios del trabajador, nombre, cédula o datos de la partida de nacimiento, en caso de menores, o el número de pasaporte, en caso de ser extranjero el trabajador y/o beneficiarios, de acuerdo a lo que establece la Ley Orgánica del Trabajo Venezolana ([616]).

f) Si los trabajadores desean que anualmente les sean liquidados y depositados en cuenta los intereses del saldo de la antigüedad enterada en fideicomiso o que se capitalicen.

g) Fecha en que se elabora la posición.

h) Algún otro dato que se considere necesario.

5. 5.   Además, de los recaudos antes indicados y el aporte con el cual se debe constituir el fideicomiso, el patrono deberá suministrar para elaborar el documento de fideicomiso los siguientes recaudos:

a) Copia del acta constitutiva y estatutos del patrono y su publicación.

b) Carta Poder que concede el grupo de trabajadores a la persona que los representará

c) Poder que otorga el patrono a la persona que lo representará.

d) Nómina a la fecha, donde conste el aporte de cada trabajador al fideicomiso.

Con estos recaudos la Institución Financiera deberá elaborar expediente del fideicomiso, al cual agregará todos los eventos relacionados con sus operaciones o relaciones, a los fines de incluir en su sistema.

3. INVERSIÓN DE LOS FONDOS DEL FIDEICOMISO DE PRESTACIONES LABORALES.-

Para el fiduciario colocar los fondos de las prestaciones de antigüedad o cesantía es una rutina más, de las que realiza para colocar parte de los fondos de los otros

---

[616]) Artículos 568 y 108 Parágrafo tercero de la Ley Orgánica del Trabajo Venezolana

fideicomisos y de los excedentes de tesorería que diariamente coloca en el mercado. Veamos el siguiente diagrama:

Unidad de FIDEICOMISO

Banco Finanzas

Coordina con Gerente de FIDEICOMISO colocación de los fondos excedentarios.

a- Verifica los fondos monetario disponibles para ser colocados e indicando las condiciones a que están sujetos.

b- Actuar dentro de lo aprobado por el Comité de inversiones

c- Coordina con finanzas los fondos para prever compromisos.

d- En caso no existir compromisos, renovar la colocación de los fondos.

Comité de Inversiones

Evalúan fondos y consideran su inversión

Revisa y aprueba las inversiones de los fondos

Estos recursos deben ser colocados por el fiduciario en "Inversiones seguras, rentables y de fácil convertibilidad", o pueden ser destinadas a préstamos al mismo trabajador-beneficiario, con intereses o sin intereses, así como para otorgarles anticipos de prestaciones de antigüedad, dentro de lo previsto en los respectivos contratos de fideicomisos.

Inversiones del Fondo Fiduciario.-

Las instituciones fiduciarias pueden consolidar los fondos fiduciarios de los trabajadores de distintos contratos, así como también pueden consolidar otros fondos fiduciarios, con los de prestaciones sociales, con la finalidad de sacarles mayor rendimiento, hacerlos más manejables y redituar proporcionalmente a los beneficiarios que integran estos tipos de fideicomisos, en un sentido de mayor equidad, donde todos recibirían la misma tasa de interés, dado el reparto proporcional que se haría a cada uno de los fondos de los trabajadores, según su monto, fecha y si tiene préstamos con o sin intereses. Para integrar las inversiones de fideicomisos, debe establecerse en sus contratos cláusulas donde se autorice al fiduciario a hacer estas consolidaciones.

Los trabajadores-fideicomitentes pueden señalar el tipo de inversión que deseen, es lo que se conoce como inversiones dirigidas, pero en este caso, la responsabilidad será exclusivamente de ellos. Es evidente que las personas que operan en los bancos, tienen un mayor conocimiento del mercado financiero y pueden hacer colocaciones más rentables, planificar el uso de los fondos y con estricto apego a la normativa jurídica. Es responsabilidad de los fideicomitentes, los patronos y las autoridades contraloras, incluyendo al Ministerio del Trabajo, darle seguimiento a estas prestaciones.

El estímulo para colocar los fondos de antigüedad o cesantía en fideicomiso, son en parte atractivas tasas de interés que podría lograr el fiduciario en el mercado y las facilidades para optar al crédito. La rentabilidad que se logre con los fondos fiduciarios debiera ser superior a las tasas que pueda pagar el patrono por el pasivo contraído con los trabajadores, las cuales aunque las establezca el Estado ([617]), no son vinculante con la rentabilidad de los fondos en fideicomiso.

---

[617]) En Venezuela la tasa de interés de las prestaciones laborales las fija cada año el Banco central

7. PRESTACIONES SOCIALES NO COLOCADAS EN FIDECOMISO.-

Los patronos que mantengan registradas en su contabilidad o que adeuden a los trabajadores sus prestaciones de antigüedad, deberán pagar intereses por estos montos, a las tasas que se fijen en cada país. (^{618}).

8. CRÉDITOS CON GARANTÍA DE LAS PRESTACIONES DE ANTIGÜEDAD O CESANTÍA EN FIDEICOMISO.-

El trabajador podrá solicitar crédito o aval con garantía de sus prestaciones sociales colocadas en fideicomiso, con el propio ente fiduciario o con otras instituciones; así como obtener anticipos sobre estos fondos hasta los porcentajes que fije la Ley, para satisfacer obligaciones derivadas de vivienda, liberación de hipotecas sobre las mismas, pensiones escolares o gastos de salud (^{619}). Estos créditos otorgados a los trabajadores-beneficiarios con garantía de sus respectivos fondos fiduciarios, estarán sujetos a las condiciones, que a tal efecto se establezcan en el contrato de fideicomiso.

En el caso, que el fiduciario otorgará la garantía sobre el fondo fiduciario a la institución que concede el crédito al trabajador, éste reflejará en los asientos y controles internos del área de fideicomiso la garantía otorgada.

9. PRESTAMOS CON GARANTÍA DE PRESTACIONES SOCIALES MANEJADAS POR EL PATRONO

El patrono podrá otorgar créditos a sus trabajadores o en su defecto garantizar los créditos obtenidos por ellos de terceros, hasta por el monto del saldo a su favor que aparezca

---

[618]) En Venezuela la tasa de interés de las prestaciones laborales las fija cada año el Banco central.

[619]) El Parágrafo Segundo del artículo 108 de la Ley Orgánica del Trabajo Venezolana señala que "El trabajador tendrá derecho al anticipo hasta un setenta y cinco por ciento (75%) de lo acreditado o depositado, para satisfacer obligaciones derivadas de: La construcción, adquisición, mejora o reparación de vivienda para él y su familia; La liberación de hipoteca o de cualquier otro gravamen sobre la vivienda de su propiedad; Las pensiones escolares para él, su cónyuge, hijos o con quien haga vida marital; y Los gastos por atención médica y hospitalaria de las personas indicadas en el literal anterior.

en su cuenta por concepto de derechos adquiridos por antigüedad ([620]) o cesantía, para los fines previstos en la Ley, como vivienda, salud, educación   En los casos en que el patrono opte por otorgar la garantía en lugar del crédito, será a su cargo la diferencia de intereses que resulten en detrimento del trabajador.

Es conveniente destacar que de acuerdo a lo estipulado en los contratos colectivos pueden surgir otras modalidades de préstamos u otros acuerdos, siempre que no desmejoren las condiciones previstas en la Ley.

10. VENTAJAS DEL FIDEICOMISO DE PRESTACIONES LABORALES

La constitución de fideicomisos de prestaciones laborales o sociales, comporta para los trabajadores y los patronos algunas ventajas, las cuales comentamos, brevemente:

10. 1. Ventajas para el trabajador:

Los trabajadores que con sus fondos de prestaciones laborales constituyen fideicomisos, siempre buscan ventajas en la relación con la institución financiera que le sirve de fiduciario, además de las de seguridad, puede ser financiamientos o comodidades en el servicio. Estas ventajas concurren para el patrono también, por la relación de negocios que se genera, las cuales pueden ser:

a) Trámites oportunos de créditos
b) Mejores tasas de rentabilidad
c) Mayores márgenes de seguridad
d) Anticipos de Ley
e) Exentas de impuestos ([621])
f) Prestación de servicios colaterales

Las prestaciones sociales son inembargables y por extensión los fondos de prestaciones sociales manejados

---

[620]) El artículo 108 de la Ley Orgánica del Trabajo de Venezuela
[621]) Numeral 4 del artículo 14 de la Ley del Impuesto sobre la Renta y el artículo 108 de la Ley Orgánica del Trabajo Venezolana

526   ATILIO ROJAS

en fideicomiso, gozan de esa prerrogativa que establece la Ley, salvo los juicios por alimentación o familiares.

Las intervenciones o liquidaciones de los Entes que actúan como fiduciarios, debe provocar de inmediato el traspaso de la cartera fiduciaria a otros u otros entes financieros, que puedan atender estas operaciones (622), a tenor de lo que se desprende de

10.2.   Ventaja Para el Patrono:

Para el patrono surgen una serie de ventajas al estrechar relaciones con el fiduciario, tales como:

a) Deducciones impositivas (623).
b) Mejores relaciones de negocios
c) Mejores relaciones laborales
d) Simplificación del manejo de las prestaciones sociales

10.3.   Los patronos en el manejo de las prestaciones de antigüedad:

El patrono debe calcular al trabajador sus prestaciones sociales causadas, las cuales debe reflejar la empresa el pasivo correspondiente a las prestaciones sociales, deberán hacerlos mensualmente, en la medida en que se vayan causando estos derechos, los cuales deben irse acumulando en la contabilidad del patrono, hasta que sean liquidados al trabajador. Los intereses generados por estas acreencias, deben ser pagados a los trabajadores, salvo que el trabajador decida que estos intereses le sean capitalizados.

11.   TERMINACIÓN   DEL   FIDEICOMISO CONSTITUIDO CON LAS PRESTACIONES LABORALES

Al terminar la relación laboral, se produce una entrega de los bienes dados en fideicomiso, como aportes menos el monto de los anticipos que se hayan otorgados al trabajador;   así como las ganancias que haya podido

---

622) Artículo 21 de la Ley de Fideicomiso Venezolana, en concordancia con lo previsto en los artículos 13, 15, 17, 18, 22 y 28 de está misma Ley.
623) Los artículos 14, ordinal 4°, y 49 de la Ley del Impuesto Sobre la Renta Venezolana

generar, si éstas no fueron entregadas previamente. Para facilitar el manejo del fideicomiso, y en vista de la rotación de personal de las empresas y dado el costo de registro y autenticación de estos documentos, deben establecerse cláusulas en los contratos que permitan incorporar no sólo a los trabajadores presentes, sino a los que vayan ingresando, pero siempre preservando cumplir con las formalidades de Ley.

Debe establecerse en el contrato, que la relación fiduciaria termina sólo para el trabajador que egrese de la empresa, manteniendo el contenido del contrato en todo su vigor para el resto de los trabajadores fideicomitentes.

EL FIDEICOMISO, FIDUCIA O TRUST EN AMÉRICA
CAPITULO XVIII
RÉGIMEN TRIBUTARIO DE LAS OPERACIONES FIDUCIARIAS

"Sin Rentas no hay Estado".

Juan Bautista Alberdi

Contenido: RÉGIMEN TRIBUTARIO EN LAS OPERACIONES FIDUCIARIAS 1. **El impuesto sobre la renta** 1.1. Régimen Impositivo a los Entes Públicos 1.2. Régimen Impositivo a los Particulares 1.3. Régimen Impositivo a Beneficiarios Extranjeros 2. **El Impuestos sobre las Sucesiones, Donaciones y demás ramos conexos** 2.1. La base imponible de este impuesto 2.2. Cuando se causa este impuesto 2.3. Quienes están exentos o exonerados de este impuesto 3. **Impuestos al Débito Bancario y Otros Impuestos Similares** 3.1. Qué es el Impuesto al Débito Bancario 3.2. El impuesto al Débito Bancario en las operaciones de fideicomisos y otros encargos de confianza 3.3. Los Hechos Imponibles en la Ley de Impuesto al Débito Bancar 3.4. Operaciones a las cuales se les aplica el impuesto al Débito Bancario 3.5. Transacciones exentas del Impuesto al Débito Bancario 3.6. Contribuyentes a quienes se les aplica el Impuesto al Débito Bancario 3.7. Contribuyentes exentos del Impuesto al Débito Bancario 3.8. Como retener el Impuesto al Débito Bancario en las operaciones de fideicomiso 4. Impuestos Municipales 5. Otros impuestos y retenciones por operaciones de fideicomiso

El Régimen Tributario que rige para las operaciones de fideicomiso, es el mismo que rige para los tributos nacionales y obligaciones de las personas y sus actividades que sean sujeto u objeto de gravamen, exoneraciones o exenciones de acuerdo régimen jurídico imperante en el territorio de que se trate ([624]), cuyas

---

[624]) Artículo 36 de la Ley 17.703 de Fideicomiso de Uruguay, señala que (Sujeto Pasivo).- El fideicomiso será contribuyente de todos los tributos que gravan a las sociedades personales, en tanto se verifiquen a su respecto los restantes aspectos del hecho generador de los respectivos tributos.
El fideicomiso tendrá asimismo la calidad de responsable en iguales condiciones que las sociedades personales, siempre que se cumplan las hipótesis que dan origen a dicha responsabilidad".

obligaciones surgen a favor del Estado Nacional y demás divisiones políticas territoriales (Estados o Municipios) que tengan. **NITTI** señala que "No hay que olvidar que el impuesto es sobre todo un fenómeno político, que en sus manifestaciones responde a situaciones políticas".

El fideicomiso es un medio de gestión, que como figura jurídica es utilizada por determinadas personas (fideicomitentes o constituyentes) para acometer encargos, a favor de terceros o de sí mismos, en cabeza del fiduciario; el cual recibe en propiedad, salvo en la legislación de Ecuador, los bienes objeto de estos fideicomisos, cuyas rentas generadas por sus actividades, serán gravables o no, dependiendo de la cualidad de contribuyente o no, o de responsable de las retenciones (el fiduciario) que le establezca la ley; así como el tratamiento que tengan las actividades que ejecutan de ser gravables o no; por lo cual serán sujeto u objeto de gravamen, exenciones o exoneraciones, si las personas o sus operaciones están dentro de los supuestos previstos en la Ley.

Las disposiciones contenidas en la normativa tributaria son aplicables a los tributos nacionales de cada país y a las relaciones jurídicas derivadas de ellos, también son aplicables a las obligaciones legales de índole pecuniarias establecidas, a favor de personas de derecho público no estatales, siempre que no existan disposiciones especiales que establezcan un régimen particular. Las normas especiales de carácter tributario regirán igualmente a nivel nacional, con carácter supletorio y en cuanto sean aplicables, a los tributos de los Estados y Municipios u otras divisiones políticas del Estado ([625])

Es criterio en los regímenes tributarios que las normas se interpretarán con arreglo a los métodos admitidos en derecho, pudiéndose llegar a resultados restrictivos o extensivos de los términos contenidos en dichas normas. Estos criterios son aplicables también a las exenciones,

---

[625]) Articulo 4 del Código Orgánico Tributario Venezolano señala que "Sólo a la ley corresponde regular con sujeción a las normas generales de este Código, las siguientes materias:
- Crear, modificar o suprimir tributos; definir el hecho imponible, fijar la alícuota del tributo, la base de su cálculo e indicar los sujetos pasivos del mismo;
- Otorgar exenciones y rebajas de impuesto;
- Autorizar al Ejecutivo Nacional para conceder exoneraciones y otros beneficios o incentivos fiscales; y
- Las demás materias que les sean remitidas por este Código"

exoneraciones y otros beneficios, para los cuales la Ley determinará los requisitos o condiciones para su procedencia, tratando de evitar la discrecionalidad, siendo imputable a las operaciones tributarias los efectos retroactivos que favorezcan al infractor, sin que esto contraríe los fundamentos de la seguridad jurídica del país.

La obligación tributaria de los contribuyentes con el Estado, en las distintas expresiones del Poder Público, surgen en el periodo en que le es imputable, como sujetos pasivos, cuanto ocurra el presupuesto de hecho previsto en la ley. Esto es un vínculo de carácter personal, donde los convenios entre particulares referentes a las normas tributarias no son oponibles al Estado, salvo en los casos autorizados por la ley.

En materia impositiva los sujetos de las obligaciones tributarias, son:

a) El sujeto activo, es el ente público acreedor del tributo, sea éste un ente nacional, estadal o municipal u otra unidad política del estado.

b) El sujeto pasivo, es el obligado al cumplimiento de las prestaciones tributarias, sea en calidad de contribuyente o de responsable.

El carácter de contribuyentes o responsables, como sujetos pasivos de las obligaciones tributarias, se produce porque en ellas se verifica el hecho imponible. En la legislación encontramos a los sujetos sobre los cuales recae la condición de contribuyente o responsable:

1. En las personas físicas, prescindiendo de su capacidad según el derecho privado.
2. En las personas jurídicas y en los demás entes colectivos a los cuales otras ramas jurídicas atribuyen calidad de sujeto de derecho.
3. En las entidades o colectividades que constituyan una unidad económica, dispongan de patrimonio y tengan autonomía funcional.

El fideicomiso reúne todos los elementos expresados en este último numeral, dado que es una unidad económica que tiene autonomía funcional, por ser un patrimonio separado, titularizado por el fiduciario, en cabeza de quien se realizan los actos inherentes a su funcionalidad. Estas mismas consideraciones, caben inclusive para el caso Ecuatoriano, donde el fiduciario ejerce la representación legal del fideicomiso, aún con la ficción jurídica de la personalidad que le establece la Ley de mercado de capitales de dicho país.

El fideicomiso como figura jurídica puede ser "contribuyente o responsable", en materia impositiva ([626]), bien porque haga las retenciones y entere los impuestos que deriven de estas operaciones o porque las entregue a los sujetos que correspondan y ellos hagan sus declaraciones de impuestos, caso los beneficiarios. Cuando hablamos del fideicomiso, nos estamos refiriendo al fiduciario, cuando actúa en nombre o representación del mismo fideicomiso (fiducia o trust).

El fideicomiso como figura jurídica o medio de gestión, por sí solo, no exime ni exonera ninguna de las responsabilidades fiscales, las cuales serán aplicables o no dependiendo del sujeto sobre el cual recae el hecho imponible, si es gravable o no, o de las actividades que realice, si son gravables o no. Sobre este particular, conviene aclarar, que quien constituya un fideicomiso, si no se designa beneficiario, pasa la carga impositiva al fideicomiso, a través de las responsabilidades que asume el fiduciario y al beneficiario, en lo que le corresponda por la renta que obtenga.

Los elementos personales del fideicomiso, como sujetos pasivos en las obligaciones tributarias, son el fiduciario, el fideicomitente (fiduciante) y el beneficiario (o fideicomisario) o los sujetos a quienes se les entreguen los fondos o frutos del fideicomiso, que pudieran ser los mismos beneficiarios o terceros que ejecuten actos u actuaciones para éstos.

Veamos que representan los sujetos que actúan en el fideicomiso en materia tributaria:

---

[626]) Artículo 36 de la Ley 17.703 de Fideicomiso de Uruguay, citado

EL FIDEICOMITENTE.-

El fideicomitente sólo podrá ser en esta figura "contribuyente" en el acto de constitución del fideicomiso, si los bienes o derechos objeto del fideicomiso se traspasan en la figura a favor de un tercero, a título de entrega o cesión. Estimamos, que si el fideicomitente es el mismo beneficiario, no corresponden los gravámenes por los bienes con los cuales constituye el fideicomiso, sólo corresponderán los relativos a los beneficios que estos generen, pero éstos se pecharán en cabeza del beneficiario, independientemente que sea el mismo fideicomitente.

EL BENEFICIARIO.-

El beneficiario en esta figura tiene el carácter de contribuyente, por la recepción de los bienes o derechos objeto del fideicomiso y por sus frutos o beneficios, los cuales deberá declarar al Fisco Nacional en las oportunidades que corresponda. Estas actuaciones las deberá realizar, cuando efectivamente los bienes o los frutos del fideicomiso ingresen al patrimonio del beneficiario, porque de lo contrario, de estar los bienes o los frutos en el fideicomiso, sin ser entregados al beneficiario, corresponderá la materia impositiva por estos actos al fiduciario.

EL FIDUCIARIO.-

El fiduciario puede ser contribuyente en esta figura, si los impuestos recaen sobre la masa fiduciaria o sus frutos de manera directa, pero si recaen de manera indirecta, éste solo podrá ser responsable, dado que deberá entregar al beneficiario lo que determine o se genere del fideicomiso (capital o frutos), para que éste haga sus declaraciones y anteponga sus exoneraciones o exenciones, si proceden. El fiduciario realizará sus actuaciones impositivas en el fideicomiso, como la persona que maneja y representa esta masa patrimonial, las cuales retendrá, cuando procedan, y las enterará al

Fisco Nacional o entidad que corresponda, debiendo mantener los controles especiales que procedan, para responder al Fisco u otra entidad pública (Estado o Municipio) y a las personas que debe rendir cuenta en la figura (beneficiario y fideicomitente). Asimismo, debe entregar al beneficiario toda la información de los ingresos netos del fideicomiso para que el beneficiario haga sus declaraciones; así como a los terceros a los cuales se les ha hecho retención por desembolsos o pagos, debe entregarles sus comprobantes de retención de impuestos. (627)

Los contribuyentes están obligados al pago de los tributos previstos en la Ley y al cumplimiento de los deberes formales impuesto por el régimen tributario o por normas especiales que establezca estos gravámenes.

El régimen tributario les establece a los responsables, como sujetos pasivos, sin tener carácter de contribuyente, que deben por disposición expresa de la ley, cumplir las obligaciones atribuidas a ellos en la normativa tributaria. Las personas sobre las cuales recae el carácter de responsable en materia tributaria y que tienen a su vez responsabilidad solidaria por los tributos derivados de los bienes que administren o dispongan, son los siguientes:

1. Los padres, los tutores y los curadores de los incapaces;

2. Los directores, los gerentes o representantes de las personas jurídicas y demás entes colectivos con personalidad reconocida.

3. Los que dirijan, administren o tengan la disponibilidad de los bienes de los entes colectivos que carecen de personalidad jurídica;

<hr>

627) El software FIDUCIA 2000, provee estos mecanismo de control impositivo de manera eficaz (Correo: corptrust21@outlook.com)

4. Los mandatarios, respecto de los bienes que administren o dispongan; y

5. Los síndicos y liquidadores de las quiebras y los liquidadores de sociedades.

Esta responsabilidad será efectiva, cuando se hubiese actuado con dolo o culpa grave y se limitará al valor de los bienes que se administren o dispongan.

Como lo expresamos en la parte relativa a los responsables en las obligaciones tributarias, el fiduciario debe actuar como responsable en materia impositiva, dado que el fideicomiso no tiene personalidad jurídica propia, como lo señala el supuestos previsto en el numeral 3 antes citado, pero sus bienes o derechos son titularizados por el fiduciario, que es propietario fiduciario, inclusive en la legislación de Ecuador, que se crea una ficción jurídica le otorga personalidad, pero el fiduciario es designado su representante legal ([628])

Son responsables directos en calidad de agentes de retención o de percepción, las personas designadas por la ley o por la administración previa autorización legal, que por sus funciones públicas o por razón de sus actividades privadas, intervengan en actos u operaciones en los cuales deban efectuar la retención o percepción del tributo correspondiente. Estos últimos no tendrán carácter de funcionarios públicos.

El agente de retención es el único responsable ante el fisco, por el importe retenido o percibido. De no realizar la retención responderá solidariamente con el contribuyente, así como será responsable ante el contribuyente por las retenciones efectuadas sin normas legales o reglamentarias que las autoricen, las cuales puede tramitar reintegro ante la administración tributaria.

El fiduciario es agente de retención en el fideicomiso y tendrá las responsabilidades u obligaciones que la Ley establece.

___

[628]) Artículo 109 de la Ley de Mercado de Capitales de Ecuador, citado

El hecho imponible es el presupuesto establecido por la Ley para tipificar el tributo y cuya realización origina el nacimiento de la obligación. Se considera ocurrido el hecho imponible y existente sus resultados:

1. En las situaciones de hecho, desde el momento en que se hayan realizado las circunstancias materiales necesarias para que produzca los efectos que normalmente les corresponden.

2. En las situaciones jurídicas, desde el momento en que estén definitivamente constituidas de conformidad con el derecho aplicable.

Si el hecho imponible estuviere condicionado por la ley o fuere un acto jurídico condicionado, se le considera realizado:

1. En el momento de su acaecimiento o celebración, si la condición fuere resolutoria.

2. Al producirse la condición, si ésta fuere suspensiva. En caso de duda se entenderá que la condición es resolutoria.

Las obligaciones tributarias se extinguen por los siguientes medios comunes:

Por Pago
Por Compensación
Por Confusión
Por Remisión
Por Declaratoria de Incobrabilidad
Por Prescripción.

Las leyes especiales pueden establecer otros medios de extinción de la obligación tributaria que ellas regulen.

La Administración Tributaria y los sujetos pasivos, al cancelar las deudas tributarias por cualquiera de los medios de extinción de las obligaciones previstos en la Ley, deberán imputar el pago, en todos los casos, en el siguiente orden de preferencia:

1. A la deuda por cada uno de los tributos que fuere más antiguo y que no estuviere prescrita.

2. Al concepto de lo adeudado, según sus componentes, en el orden siguiente:
   2.1. Intereses moratorios
   2.2. Sanciones
   2.3. tributo del período correspondiente

La exención es la dispensa total o parcial del cumplimiento de la obligación tributaria, otorgada por la Ley

La exoneración es la dispensa total o parcial de la obligación tributaria, concedida por el Ejecutivo Nacional en los casos autorizados por la Ley.

En el Régimen Tributario de las Operaciones de Fideicomiso, dado que no tiene personalidad, inclusive en la legislación de Ecuador que se la particulariza ([629]), los actos en el fideicomiso se materializan a través de la persona del fiduciario. El fiduciario, debe cumplir la finalidad del fideicomiso y como tal deberá poner los bienes o derechos o sus frutos en manos de otro integrante de la figura, denominado el beneficiario, quien es la persona que de acuerdo al fin buscado recibirá el capital y/o el producto del fondo fiduciario en cuya cabeza la Ley consagra los gravámenes que procedan, salvo las excepciones de Ley, donde estos bienes o sus frutos de ser gravables se pecharán en cabeza del fideicomitente, o en su defecto directamente de los bienes o sus frutos a través del fiduciario que los detentará, en este supuesto.

En lo concerniente al fideicomitente, como persona que aporta los bienes o derechos en el fideicomiso, éste sólo

---

[629]) Artículo 109 de la Ley de Mercado de capitales de Ecuador, citado

podrá ser sujeto gravable de ser el caso, en el momento de la transferencia de los bienes o derechos en fideicomiso, en función de la naturaleza de ésta y en razón de los bienes o derechos que transmite, dado que después de constituido el fideicomiso, el sujeto gravable será el beneficiario, salvo renuncia de éste como lo prevé la Ley de Fideicomisos ([630]) en cuyo caso, si procedieran los gravámenes sería sobre la masa de bienes y en cabeza de quien la reciba, que para los efectos será el mismo fideicomitente, por falta de beneficiario y terminación del fideicomiso o en su defecto sus herederos, si éste no existiera para el momento de la renuncia. En esta última situación también procederían los derechos sucesorales sobre estos bienes o derechos. En el supuesto de no haber beneficiario o en su defecto fideicomitente y procediera algún gravamen, éste se aplicará sobre la masa de bienes, derechos o sus frutos, en cabeza de quien lo detente, que debe ser el fiduciario, salvo alguna medida excepcional, que pudiera tomar el juez de fideicomiso, en protección de estos bienes o derechos y de sus beneficiarios directos o indirectos.

En los fideicomisos donde el mismo fideicomitente es beneficiario, debe el fiduciario entregarle las rentas gravables objeto del fideicomiso, para que el mismo fideicomitente como sujeto gravable, declare, pague, lo exoneren o esté exento del pago del tributo, dependiendo de su condición, de si es sujeto gravable o no.

El fiduciario debe evaluar los tipos de negocios fiduciarios, a fines de fijar las políticas y estrategias en materia impositiva, que permitan identificar, a quien pechar, cuando y como debe ser retenido el impuesto y donde de ser enterado; bien sea al momento de la constitución del negocio fiduciario, en la celebración de sus actos u operaciones, en la transferencia o restitución de sus bienes o distribución de sus beneficios, siempre actuando dentro de la normativa de cada país.

Los impuestos son gravámenes que el Estado impone a las personas nacionales o extranjeras que realizan actividades en su territorio, dentro del marco de la ley nacional y los acuerdos internacionales que suscriban los Estados. Veamos la siguiente definición de **Francesco**

---

[630]) Artículo 26, numeral 3 de la Ley de Fideicomiso Venezolana

Inti: "El impuesto es una cuota, parte de su riqueza, que los ciudadanos dan obligatoriamente al Estado y a los entes locales de derecho administrativo para ponerlos en condiciones de proveer a la satisfacción de las necesidades colectivas, Su carácter es coactivo y su producto se destina a la realización de servicios de utilidad general y de naturaleza indivisible"... Cuando observamos el quehacer de los políticos..., apreciamos que orientan más el uso de estos fondos, a sostenerse en el poder...que buscar los loables propósitos del bienestar a la sociedad.

Los impuestos más comunes son los siguientes:

1.- EL IMPUESTO SOBRE LA RENTA.-

Es un tributo, cuyo objetivo es gravar la renta o el enriquecimiento percibido por los contribuyentes de un país, en la ejecución de diversas actividades dentro de los términos de Ley. Este impuesto tiene su origen en Inglaterra y se extendió por toda Europa y los países de América. Este impuesto ha sido objeto de innumerables cambios, cada país lo ajusta a sus intereses, pero siempre buscando evitar la elusión en el pago y mayor recaudación, a los fines de aplicarlo a una mayor justicia social, que debe verse en mejorar la calidad de vida de los ciudadanos, no en ejercicios políticos...

Veamos lo que nos señala La Ley de Impuesto sobre la Renta Venezolana, que aplica el principio de la territorialidad y que tiene suscrito contratos de doble tributación con muchos países: ([631]) "Los enriquecimientos anuales netos y disponibles obtenidos en dinero o en especie, causarán impuestos según las normas establecidas en esta Ley; salvo disposición en contrario de la presente ley, toda persona natural o jurídica, residente o domiciliada en Venezuela, pagará impuestos sobre sus rentas de cualquier origen, sea que la causa o la fuente de ingreso esté situada dentro del País o fuera de él. Las personas naturales o jurídicas no residentes o no domiciliadas en Venezuela estarán sujetas al impuesto establecido en esta Ley, siempre que la fuente o la causa de sus enriquecimientos esté u ocurra dentro del País, aun cuando no tenga establecimiento permanente o base fija en Venezuela. Las personas naturales o jurídicas domiciliadas o residenciadas en el extranjero que tengan un establecimiento permanente o una base fija en país, tributarán

---

[631]) Articulo 1 de la Ley de Impuesto sobre la Renta Venezolana de fecha 22 de octubre de 1999, publicada en la Gaceta Oficial Extraordinaria Número 5.390 de la misma fecha, modificada según Decreto No. 1544 de fecha 09-11-2001. Esta Ley entra en vigencia 01 de enero de 2002, por disposición del artículo 150 de la reforma de la citada Ley.

exclusivamente por los ingresos de fuente nacional o extranjera atribuibles a dicho establecimiento permanente o base fija". Asimismo, esta Ley ([632]) establece las personas que están sometidas al régimen impositivo previsto en la misma, son:

a) Las personas naturales, incluyendo las herencias yacentes ([633]);

b) Las compañías anónimas y las sociedades de responsabilidad limitada ([634]);

c) Las sociedades en nombre colectivo, en comandita simple, las comunidades, así como cualesquiera otras sociedades de personas, incluidas las irregulares o de hecho.

d) Los titulares de enriquecimientos provenientes de actividades de hidrocarburos y conexas, tales como la refinación y el transporte, sus regalistas y quienes obtengan enriquecimientos derivados de la exportación de minerales, de hidrocarburos o de sus derivados;

e) Las asociaciones, fundaciones, corporaciones y demás entidades jurídicas o económicas no citadas en los literales anteriores. Aquí se incluyen las cuentas en participación ([635])

f) Los establecimientos permanentes, centros o bases fijas situados en el territorio nacional ([636]).

---

[632]) Artículo 7 de la Ley de Impuesto Venezolana

[633]) Artículo 7 Parágrafo Primero Ley de Impuesto Sobre la Renta Venezolana: A los fines de esta Ley, las herencias yacentes se considerarán contribuyentes asimilados a las personas naturales;.."

[634]) Artículo 7 Parágrafo Primero Ley de Impuesto Sobre la Renta Venezolana: A los fines de esta Ley, … las sociedades de responsabilidad limitada, en comandita por acciones y las civiles e irregulares o de hecho que revistan la forma de compañía anónima, de sociedad de responsabilidad limitada o de sociedad en comandita por acciones, se considerarán contribuyentes asimilados a las compañías anónimas.

[635]) Artículo 7 Parágrafo Segundo Ley de Impuesto Sobre la Renta Venezolano. En los casos de contrato de cuentas en participación, el asociante y los asociados estarán sometidos al régimen establecido en el presente artículo; en consecuencia, a los efectos del gravamen, tales contribuyentes deberán computar dentro de sus respectivos ejercicios anuales la parte que les corresponda en los resultados periódicos de las operaciones de la cuenta.
Que es el contrato de cuentas en participación o asociación de cuentas en participación, es una modalidad del negocio jurídico a medio camino entre el contrato de préstamo parciario y la sociedad. En su virtud, una persona, llamada participante, partícipe, cuenta-partícipe o cuentapartista, aporta un capital, en dinero o bienes, a otra persona, denominada gestor o empresario, que lleva un determinado negocio o actividad mercantil, para que lo invierta en el mismo. El partícipe tiene derecho a los beneficios en la proporción pactada, y participará en las pérdidas en la medida convenida. En todo caso, el dueño del negocio es el gestor, que es el único que tiene facultades de administración.

[636]) Artículo 7 Parágrafo Tercero Ley de Impuesto Sobre la Renta Venezolano. A los fines de esta Ley, se entenderá que un sujeto pasivo realiza operaciones en Venezuela por medio de establecimiento

Las operaciones de fideicomiso, como entidad económica, quedan recogidas en lo que establece el numeral "e" del artículo 7 de esta Ley, cuyas operaciones serán gravadas en cabeza del beneficiario, el cual deberá declarar sus ingresos. El fideicomitente, en casos muy especiales, de reservarse parte de los ingresos del fideicomisos y el fiduciario, sólo en lo pudiera corresponder a las retenciones, de parte de estos impuestos, de acuerdo a lo que establece el artículo 9 de esta Ley, el cual señala que... "Las entidades jurídicas o económicas a que se refiere el literal e) del artículo 7º, pagarán el impuesto por todos sus enriquecimientos netos con base en lo dispuesto en el artículo 52 de esta Ley"

Para los enriquecimientos generados por las operaciones de fideicomiso, esta misma Ley establece: que ([637])"Los enriquecimientos provenientes de bienes dados en fideicomiso se gravarán en cabeza de los beneficiarios([638]) del respectivo fideicomiso, pero en caso de que la masa de bienes fideicometidos fuese constituida en entidad beneficiaria de tales enriquecimientos se estimará, a los fines de esta Ley al fideicomitente como titular de los mismos, sin perjuicio de que responda del pago de impuesto la masa de los bienes fideicometidos". El texto de este artículo ([639]) es el mismo texto de leyes anteriores que repite los mismos errores. Al analizar los supuestos previstos en este artículo 49 de la Ley de Impuestos Sobre la Renta Venezolana, se aprecia lo siguiente:

---

permanente, cuando directamente o por medio de apoderado, empleado o representante, posea en el territorio venezolano cualquier local o lugar fijo de negocios, o cualquier centro de actividad en donde se desarrolle, total o parcialmente, su actividad o cual posea en Venezuela una sede de dirección, sucursal, oficinas, fábricas, talleres, instalaciones, almacenes, tiendas u otros establecimientos; obras de construcción, instalación o montaje, cuando su duración o sea superior a seis meses, agencias o representaciones autorizadas para contratar en nombre o por cuenta del sujeto pasivo, o cuando realicen en el país actividades referentes a minas o hidrocarburos, explotaciones agrarias, agrícolas, forestales, pecuarias o cualquier otro lugar de extracción de recursos naturales o realice actividades profesionales artísticas o posea otros lugares de trabajo donde realice toda o parte de su actividad, bien sea por sí o por medio de sus empleados, apoderados, representantes o de otro personal contratado para ese fin. Queda excluido de esta definición aquel mandatario que actúe de manera independiente, salvo que tenga el poder de concluir contratos en nombre del mandante. También se considera establecimiento permanente a las instalaciones explotadas con carácter de permanencia por un empresario o profesional, a los centros de compras de bienes o de adquisición de servicios y a los bienes inmuebles explotados en arrendamiento o por cualquier título.
Tendrán el tratamiento de establecimiento permanente las bases fijas en el país de personas naturales residentes en el extranjero a través de las cuales se presten servicios personales independientes. Constituye base fije cualquier lugar en el que se presten servicios personales independientes de carácter científico, literario, artístico, educativo o pedagógico, entre otros, y las profesiones independientes

[637]) Artículo 49 de la Ley de Impuesto Sobre la Renta Venezolana
[638]) (subrayado nuestro)
[639]) Artículo 59 de la Ley se seguros derogada de Venezuela.

1. En la primera parte de este artículo se establece que "Los enriquecimientos provenientes de bienes (o derechos) dados en fideicomiso se gravarán en cabeza de los beneficiarios...". Esta disposición es evidente, dado que el beneficiario es quien percibirá los frutos del fideicomiso, si así lo establece el fideicomitente, lo que no excluye que el mismo fideicomitente, sea el beneficiario del fideicomiso que constituye, donde el Estado pechará el ingreso gravable al preceptor del mismo, en su condición de beneficiario del enriquecimiento, aunque sea el mismo fideicomitente.

2. La segunda parte de este artículo 49 establece... "pero en caso de que la masa de bienes fideicometidos fuese constituida en entidad beneficiaria de tales enriquecimientos se estimará, a los fines de esta Ley al fideicomitente como titular de los mismos..." El fideicomiso, no puede constituirse en entidad beneficiaria de los enriquecimientos que produzcan los bienes fideicometidos, porque expresamente está prohibido en el artículo 23 de la Ley de Fideicomiso y en la naturaleza misma de la figura de fideicomiso, ya que de producirse habrá confusión ([640]). Esta situación, no excluye que por cualquier circunstancia posterior a la constitución del fideicomiso, el fiduciario se convierta en beneficiario de los bienes y frutos del fideicomiso, pero aquí se generaría la figura de la confusión y por ende el fiduciario dejaría de ser tal y con el cumplimiento de las formalidades de ley pasaría a tomar posesión de esta masa patrimonial, pero esta es otra situación muy diferente que puede sucederle a cualquiera y que será objeto de gravamen, si estos proceden. En esta misma parte del artículo 49 de la Ley de Impuesto sobre la Renta Venezolana se establece, que de darse el supuesto expresado anteriormente, "se estimará a los fines de esta ley, al fideicomitente como titular de los mismos, sin perjuicio de que responda del pago de impuesto la masa de los bienes fideicometidos" Esta situación de constituir fideicomiso en entidad beneficiaria,

---

[640]) El artículo 1.342 Código Civil Venezolano establece que "Cuando las cualidades de acreedor y de deudor se reúnen en la misma persona, la obligación se extingue por confusión"

además de ser nulo el acto si llegaré a darse, generara la siguiente situación: a) El fideicomitente, es quien designa a los beneficiarios, de no designarlos, él es el beneficiario, salvo que de la naturaleza del fideicomiso se desprenda, que otra persona es el beneficiario; b) ..."Sin perjuicio que responda del pago del impuesto la masa de bienes fideicometidos". Aunque el beneficiario es el preceptor del ingreso y quien lo debe declarar, no se excluye que en ciertas y determinadas actividades por su misma condición o naturaleza, deba el fiduciario hacer la retención y pago del impuesto sobre la renta correspondiente, y cargarlo a la masa patrimonial, si corresponde pagarlo, por las propias operaciones que lo generan del fideicomiso ([641]). Esta misma situación se da cuando se carga el impuesto a las personas a quienes el fiduciario les hace determinados pagos, los cuales son objeto de retención de impuesto. Estas cantidades deben ser enteradas al Fisco Nacional, en las cuentas abiertas a estos fines y notificadas con sus correspondientes comprobantes

---

[641]) Jurisprudencia en Colombia sobre la imputación del impuesto sobre la renta en el fideicomiso civil: Por tanto, es criterio general y que este despacho comparte, que mientras no se verifique la condición de la cual depende la restitución, el fiduciario es propietario de los bienes que integran el fideicomiso, los frutos que producen tales bienes constituyen un ingreso para éste, salvo que excepcionalmente se disponga que son el fideicomisario. En este último caso, quien administra los bienes es un simple tenedor fiduciario, que únicamente tiene las facultades de los curadores de bienes (art. 808 del C. C) Presentándose esta circunstancia exceptiva, civilmente no se entiende que ha habido transferencia de titularidad del derecho de propiedad al fiduciario.

Por otra parte en la legislación impositiva contenida en el estatuto tributario, no es lo general que los bienes en sí mismo considerados estén previstos como sujetos pasivos del impuesto sobre la renta y complementarios, salvo aquellos que de manera taxativa se contemplan como tales.

Los artículos 261, 263 y 264 del estatuto tributario prevén, qué bienes integran el patrimonio de los contribuyentes por lo cual la obligación de declararlos recae en quien potencial o realmente les aprovecha económicamente en su beneficio. En la fiducia civil, es el fiduciario quien posee los bienes del fideicomiso susceptibles de ser utilizados en cualquier forma para su beneficio económico, y por ende, es quien los aprovecha económicamente en forma efectiva. Igual ocurre con los ingresos que de la explotación de los bienes objeto del fideicomiso civil perciba el fiduciario.

Por lo anterior, tratándose de la fiducia civil y teniendo en cuenta quien es el beneficiario de los ingresos que provienen de los bienes fideicomitidos, así como de quien detenta la propiedad y posesión de los mismos mientras se verifica la condición, en observancia de la legislación impositiva general en materia del impuesto de renta contenida en el estatuto tributario, la obligación de declarar los bienes y los ingresos que del fideicomiso civil deriven se encuentra en cabeza del fiduciario.

Debe señalarse igualmente, que ante la posibilidad de que el fideicomiso civil pueda constituirse en forma gratuita u onerosa, en el evento de que se haya constituido en forma gratuita, deben observarse por el fideicomisario las normas relativas a las ganancias ocasionales al momento del acaecimiento de la condición. (Artículos 794 a 822 del C. C. y Artículos 26, 261, 263 Y 264 del E.T de Colombia)

a los beneficiarios o a nombre de quien se hagan los pagos. (⁶⁴²)

En aquellos casos donde el sujeto beneficiario declare sus ingresos, debe el fiduciario entregarle la documentación e información que los soporta, y en función de su cuantía o tipo de persona (natural o jurídica) hacer las retenciones si procede e indicar y acompañar los recaudos correspondientes, para que observe la procedencia del ingreso (independientemente de que haga la retención o no) dado que él deberá señalar en su declaración de donde proviene su ingreso. Esto no excluye que debe el fiduciario entregar al Beneficiario cualquier información sobre las operaciones o actividades que ejecute y afecte la masa patrimonial del fideicomiso.

Los gravámenes, exenciones o exoneraciones del impuesto sobre la renta dependerán de las personas sobre las cuales recaen, de las finalidades que se persigan, del tipo de actividad realizada, de los títulos o instrumentos que la generen o por cualquier otra circunstancia prevista en la Ley (⁶⁴³).

1.1.- RÉGIMEN IMPOSITIVO A LOS ENTES PÚBLICOS.-

En principio, los entes públicos están exentos de pago de impuesto sobre la renta (⁶⁴⁴); no obstante, determinadas actividades llevadas a cabo por algunos entes del Estado, son gravadas con el impuesto sobre la renta, entre los cuales destacan las relacionadas con los hidrocarburos, juegos de azar y aquellas otras actividades que el Estado se reserve gravar. Estos mismos principios les serán

---

⁶⁴²) La Ley de Impuesto Sobre la Renta de Guatemala; Decreto 26-92 de fecha 05-07-1992, en su artículo 13 señala que "Para efectos de esta Ley los fideicomisos son considerados independiente de su fideicomitente y fiduciario. De las rentas que obtenga el fideicomiso, no son deducibles las distribuciones de beneficios a los fideicomisarios u otros beneficiarios del fideicomiso."

⁶⁴³) Código de Comercio de Guatemala. Capitulo V. El Fideicomiso: ARTÍCULO 792. IMPUESTO. El documento constitutivo de fideicomiso y la traslación de bienes en fideicomiso, al fiduciario, estarán libres de todo impuesto. Igualmente queda exonerada de todo impuesto la devolución de los bienes fideicometidos al fideicomitente, a la terminación del fideicomiso.   El contrato o acto por el cual el fiduciario traspase o enajene bienes inmuebles al fideicomisario o a terceros, quedará sujeto a todos los impuestos que estuvieren vigentes en la fecha del acto o contrato, pero en caso de fideicomisos testamentarios, en lo que se refiere a inmuebles, el impuesto se graduará según el parentesco del fideicomitente con el respectivo fideicomisario.

⁶⁴⁴) Ley de Impuesto Sobre la Renta, Artículo 14. Están exentos de impuesto: 1. Las entidades venezolanas de carácter público, el Banco central de Venezuela y Banco de Desarrollo Económico y Social de Venezuela, así como los demás Institutos Autónomos que determine la Ley;

aplicados a los entes públicos, independientemente operen directamente o utilicen la figura del fideicomiso para sus operaciones, en las cuales ellos sean beneficiarios, sin tomar en consideración la procedencia del ingreso, la finalidad perseguida o la actividad que la genere, si se ajusta a lo que la fundamenta o le da origen, para hacerlos sujetos no gravables (645).

1.2.- RÉGIMEN IMPOSITIVO A LOS PARTICULARES.-

En lo que respecta a los particulares se presenta una variedad de situaciones que van desde la determinación del sujeto gravable si es persona natural o jurídica, donde influye el monto del ingreso a percibir por ellos, hasta las situaciones derivadas del tipo de actividad que realizan, si es gravable o no, así como la naturaleza o destino de los recursos que generen el ingreso, el tipo de orientación que se le da a la inversión, en títulos o instrumentos exentos o exonerados del impuesto o no, e inclusive, la finalidad buscada con la constitución del fideicomiso. El principio general para los particulares es que están sujetos al impuesto previsto en esta Ley (646)

Los particulares que contraten con el Estado, directamente o a través de la figura del fideicomisos, les será aplicado el Impuesto Sobre la Renta, si los ingresos generados por estas actividades que ejecutan para el Estados, son objeto de gravamen.

Todas estas particularidades deben ser analizadas para hacer cualquier retención y pago de los impuestos

---

645) Ley de Impuesto Sobre la Renta, Artículo Artículo 101. Están sujetos al régimen previsto en este capítulo los contribuyentes que posean inversiones efectuadas de manera directa, indirecta o a través de interpuesta persona, en sucursales, personas jurídicas, bienes muebles o inmuebles, acciones, cuentas bancarias o de inversión, y cualquier forma de participación en entes con o sin personalidad jurídica, fideicomisos, asociaciones en participación, fondos de inversión, así como en cualquier otra figura jurídica similar, creada o constituida de acuerdo con el derecho extranjero, ubicadas en jurisdicciones de baja imposición fiscal...
     Parágrafo Segundo: Se excluyen del régimen establecido en este capítulo, las inversiones realizadas por la República, los Estados y los Municipios, en forma directa o a través de sus entes descentralizados o desconcertados.
646) Ley de Impuesto Sobre la Renta, Artículo de Venezuela Artículo 1. Los enriquecimientos anuales, netos y disponibles obtenidos en dinero o en especie, causarán impuestos según las normas establecidas en esta ley. Salvo disposición en contrario de la presente ley, toda persona natural o jurídica, residente o domiciliada en Venezuela, pagará impuestos sobre sus rentas de cualquier origen, sea que la causa o la fuente de ingresos esté situada dentro del país o fuera de él. Las personas naturales o jurídica no residentes o no domiciliadas en Venezuela estarán sujetas al impuesto establecido en esta Ley siempre que la fuente o la causa de sus enriquecimientos esté u ocurra dentro del país, aun cuando no tengan establecimiento permanente o base fija en Venezuela.

derivados de operaciones fiduciarias, tanto para los particulares como para los entes de carácter público.

En caso de proceder el gravamen, la Ley establece que será en cabeza del beneficiario como perceptor del ingreso, pero en vista de que el fiduciario es el que conoce la imputabilidad de éste, hay casos en que deberá hacer las retenciones y pagos del impuesto correspondiente. En tal situación, debe proporcionársele al beneficiario toda la información relacionada con el pago, dado que él es la persona que deberá declarar su ingreso y oponer las exenciones o exoneraciones que establece la Ley. De lo expuesto se desprende, que aquellas personas que sus actividades o beneficios que generen, no estén sujetos a impuesto, no les será imputado, así operen bajo la figura del fideicomiso, siempre y cuando ellos mismos sean los beneficiarios de los frutos que se consigan al ejecutar la actividad, dado que esta figura sólo es el vehículo que permite ejecutar una actividad cualquiera, en beneficio del perceptor del ingreso. Sobre el particular, la Ley de Impuesto sobre la Renta establece ([647]) las actividades e instituciones que estarán exentas y exoneradas del pago del Impuesto sobre la Renta, tales como: las entidades públicas, funcionarios diplomáticos, Instituciones benéficas, los trabajadores por las indemnizaciones que reciban con ocasión del trabajo y los pensionados, los afiliados a cajas de ahorros, cooperativas, previsión social, empresas estadales, los enriquecimientos por bonos u obligaciones públicas, fondos de pensiones, actividades religiosas, los estudiantes becados y las personas naturales por los enriquecimientos provenientes de obligaciones a plazo.

1.3.   RÉGIMEN IMPOSITIVO A BENEFICIARIOS EXTRANJEROS.-

El fiduciario deberá ajustarse al régimen impositivo imperante en su país para los beneficiarios extranjeros y de acuerdo a este régimen retener los impuestos que correspondan, cuando los beneficiarios de los resultados del fideicomiso sean personas extranjeras no residentes, si así lo establece su normativa. De ser el beneficiario extranjero pero residente, deberá aplicar las mismas consideraciones que se le aplican a los particulares

---

[647]) Artículo 14numeral 4 de la Ley de Impuesto Sobre la Renta Venezolana

nacionales, dependiendo si es pechable o no el ingreso que generan los fondos del fideicomiso ([648]).

Para las operaciones en moneda extranjera de obligaciones emitidas por la República u operaciones realizadas en el País por extranjeros o beneficios obtenidos por éstos, se aplicará el régimen establecido o que procede para las operaciones o sus beneficios, así como los acuerdos de doble tributación, que se haya suscrito la República con los Países donde se realicen estas operaciones ([649]); inclusive cualquier otra figura ubicadas en jurisdicciones de baja imposición fiscal ([650]).

Los países que tienen régimen impositivo, de los denominados paraísos fiscales, se ajustan a su normativa y deben actuar dentro de los acuerdos suscritos, cuando operen o se relacionen en sus actividades de manera directa con países que no gocen o dispongan de estas liberalidades. Las inversiones o manejos de los fondos fiduciarios, deben en todo caso ajustarse a la normativa jurídica del país donde están colocados los fondos.

1.4.   RÉGIMEN IMPOSITIVO POR DIFERENCIAL CAMBIARIO

El régimen impositivo de cada país establece la imputabilidad o no de las ganancias o las pérdidas

---

[648]) Artículo 37 de la Ley 17.703 de Fideicomiso de Uruguay señala que "(Igualdad de tratamiento).- Los fideicomisos del exterior, que no actúen en el país mediante sucursal, agencia o establecimiento, tendrán el mismo tratamiento tributario que el aplicable a los fideicomisos locales"

[649]) Artículo 101 de la Ley de Impuesto Venezolana establece que "Están sujetos al régimen previsto en este capítulo los contribuyentes que posean inversiones efectuadas de manera directa, indirecta o a través de interpuesta persona, en sucursales, personas jurídicas, bienes muebles o inmuebles, acciones, cuentas bancarias o de inversión, y cualquier forma de participación en entes con o sin personalidad jurídica, fideicomisos, asociaciones en participación, fondos de inversión, así como en cualquier otra figura jurídica similar, creada o constituida de acuerdo con el derecho extranjero, ubicadas en jurisdicciones de baja imposición fiscal

[650]) Ley de Impuesto Sobre la Renta Venezolana, artículo 103. Para efectos de lo dispuesto en este Capítulo, se considera que una inversión está ubicada en una jurisdicción de baja imposición fiscal, cuando ocurra cualquiera de los siguientes supuestos:

1. Cuando las cuentas o inversiones de cualquier clase se encuentren en instituciones situadas en dicha jurisdicción;

2. Cuando se cuente con un domicilio o apartado postal en esa jurisdicción;

3. Cuando la persona tenga su sede de dirección o establecimiento permanente en dicha jurisdicción;

4. Cuando se constituya en dicha jurisdicción;

5. Cuando tenga presencia física en esa jurisdicción;

6. Cuando se celebre, regule o perfeccionen cualquier tipo de negocio jurídico de conformidad con la legislación de tal jurisdicción.

derivadas de las variaciones cambiarias en su signo monetario, con respecto a los activos o pasivos que tengan en moneda extranjera los sujetos de impuesto. Este fenómeno que se genera con el régimen impositivo por el diferencial cambiario, es propio de economías como las de latinoamericanas, caso Venezuela ([651]), que mantiene un control de cambio. Este fenómeno del Diferencial Cambiario, derivado de un Control de Cambio, con cotizaciones de tasas de cambio (t/c) entre un digito y tres dígitos, desde hace casi dos décadas, que mantienen vigente todavía en Abril 2017, sin muestra de cambio de rumbo, aferrados al uso político que dan a los ingresos de la renta petrolera;   al cual suman endeudamiento desproporcionado...

En cuanto el tratamiento de ajuste por inflación de las ganancias o pérdidas por diferencial cambiario, en las inversiones, acreencias o deudas en moneda extranjera de nuestros países, se acumulan en las partidas reajuste por inflación. En el caso venezolano, esto quedó resuelto al establecer la Ley de impuesto sobre la Renta del año 2007, que las operaciones en moneda extranjera se consideran monetarias y, por lo tanto, no sujetas al régimen de ajuste por inflación.

El diferencial cambiario derivado de activos y pasivos en moneda extranjera se sujetaran en cada país, a lo que disponga la normativa

---

[651]) Cita web KPMG Venezuela Editorial: Boletín Jurídico Tributario correspondiente al mes de septiembre de 2012. artículo de opinión de Alejandro Gómez Gomes "Desde la primera Ley de Impuesto sobre la Renta (ISLR), publicada en 1942, hasta la Ley de ISLR reformada en 1991, no existió regulación expresa sobre las ganancias o pérdidas cambiarias, por lo que el tratamiento otorgado a estas partidas se basó fundamentalmente en los criterios de la jurisprudencia dictada para esos años... Ahora bien, en la reforma de 1991 se establece que el mayor o menor valor que resultara de actualizar las inversiones y acreencias o deudas y obligaciones en moneda extranjera existentes al cierre del ejercicio gravable, se acumularía en la partida de reajuste por inflación, tratamiento... que cambiaría en la reforma del 2001, cuando se estableció que las operaciones en moneda extranjera se consideran monetarias y, por lo tanto, no sujetas al régimen de ajuste por inflación.. . Este Artículo, se mantiene en la Ley de ISLR vigente (2007), añadiendo que las ganancias o pérdidas en cambio se considerarán realizadas en el ejercicio fiscal en el que las mismas sean exigibles, cobradas o pagadas, lo que suceda primero. Visto lo anterior, actualmente para que una ganancia por diferencial cambiario sea gravable, se requiere que la misma sea exigible o cobrada y, para el caso de la deducción de las pérdidas por este concepto, que éstas se encuentren exigibles o pagadas. Los requisitos de cobrado o pagado se explican por sí solos, se trataría de la liberación de la obligación a un tipo mayor que el existente para la fecha en que la deuda u obligación fue contraída; no obstante en cuanto el término exigible, es importante acotar que se ha interpretado que se refiere a una obligación de plazo vencido o a la vista. Sept. 2012 Sin embargo, bajo un régimen cambiario como el vigente en Venezuela, en el cual las variaciones en el tipo de cambio ocurren por una acción oficial, sería relevante que la norma que establece el régimen aplicable para las diferencias en cambio hubiera contemplado expresamente si los requisitos de cobrado, pagado o exigible son igualmente aplicables a esas variaciones, más aún a la luz de las controversias surgidas en la jurisprudencia a que hicimos referencia al inicio, ocurridas ante la falta de regulación expresa, y no dejar a la interpretación del contribuyente el tratamiento a aplicar"

impositiva; en la cual se considerará que para la ganancia o la pérdida cambiaria se concrete, es necesario que se efectúe la transferencia de una moneda a otra. Las ganancias o pérdidas en cambio se considerarán realizadas en el ejercicio fiscal en el que las mismas son exigibles, cobradas o pagadas, lo que suceda primero ([652]). Las ganancias por diferencial cambiario para ser gravable, se requiere que la misma sea exigible o cobrada y para las pérdidas (deducción) que éstas se encuentren exigibles o pagadas.

El diferencial cambiario es realizado contablemente, cuando se cambia una moneda por otra moneda; lo cual genera una ganancia o pérdida real; cuando se liquide la partida durante el ejercicio y si se valoriza el saldo de la partida al final del periodo.

Las ganancias o pérdidas derivadas de diferencial cambiario de obligaciones emitidas en moneda extranjera por los Estados, las cuales son emitidas exentas de impuesto, se prestan a dos interpretaciones. Si partimos de los supuesto, de los principios de contable y jurídico de la correlación, que todo lo accesorio sigue a lo principal; podemos deducir que las ganancias o pérdidas por diferencial cambiario de estas obligaciones no debieran ser objeto de gravamen impositivo ([653]). No obstante, las autoridades administrativas tributarias de los países, parece una cosa cultural, tienen en su mente la idea de imputar todo ingreso directo, si se les escapa por estar este exento; buscando imputar todo lo que derive del mismo, como es el caso del diferencial cambiario de títulos exentos. Este tratamiento, no parece muy lógico ni razonable, pero la discrecionalidad empodera... De considerar el diferencial cambiario como una ganancia de capital, nos lleva a considerar que solo podrá ser exigida, cuando sea realizada. Algunos sostienen que para ser gravable debe ser habitual.

Las normas impositivas de nuestros países señalan que se deben gravar los ingresos derivados del activo y deducir los gastos del pasivo; salvo cuando hay diferencial cambiario, que la situación puede suceder en sentido contrario. Las normas impositivas, se fundamentan en la base contable de determinar ganancias o pérdidas

---

[652]) Ley de impuesto Sobre la Renta de Venezuela vigente desde el año 2007

[653]) La Legislación impositiva de Costa Rica y las discusiones judiciales en relación al tramiento fiscal de las ganancias por diferencial cambiario de obligaciones exentas, se decantaron por la exención del diferencial en sede judicial (duró poco el tratamiento, por la derogatoria –en 2009– del párrafo 4 del inciso c 1 del artículo 23 de la LIR). La segunda también se zanjó por la no sujeción en el Tribunal Contencioso; pero sigue discutiéndose por insistencia de la Administración Tributaria. La apreciación del 2010 nos tomó normativamente desprevenidos. Las normas hablan de gravar ingreso del activo y de deducir gasto del pasivo; pero ocurrió lo contrario... El reciente fallo de la Sala Primera sobre el tema deja claro que el diferencial cambiario merece el tratamiento de una ganancia de capital.

en los ejercicios fiscales, por actividades productivas y determinadas por la capacidad contributivas de las personas y si corresponden al giro normal de las actividades del contribuyente ([654]); dejando a otra interpretación los eventos fortuitos o confiscatorios, si sus supuestos están previstos en la Ley, no a la discrecionalidad de la autoridad administrativa.

El diferencial cambiario por activos o pasivos en monedas extranjeras, puede afectar sensiblemente el giro de algunos proyectos fiduciarios, tanto en lo que respecta a su flujo de caja, que requiera refinanciarse ([655]), como su situación económico financiera, que lo pueda poner en condiciones de ser inviable financieramente.

En el caso venezolano ([656]), siguiendo la doctrina, cualquier enriquecimiento o pérdida derivado de la variación del tipo de cambio,

---

[654]) Cita de DIEGO SALTO del 01 NOV 2014, señala que "Una reciente sentencia de la Sala Primera de la Corte Suprema de Justicia (000728-F-S1-2014) ha confirmado que el diferencial cambiario solo resulta gravable cuando deriva del giro habitual del contribuyente.   Al ser el diferencial cambiario una ganancia de capital generada por elementos externos al contribuyente, no existe base legal para considerarlo gravable en los casos en los cuales se obtiene sin que forme parte de la actividad ordinaria del contribuyente.   La Sala Primera concluye que el artículo 8 del Reglamento establece que el diferencial obtenido en activos en moneda extranjera se considera parte de la renta bruta solo si es habitual. De lo contario, esta norma sería opuesta a la Ley del Impuesto sobre la Renta.

[655]) Los Fideicomisos de Titularización de los proyectos hidroeléctricos Peñas Blancas y Cariblanco tomaron líneas de crédito por $3 millones y $7 millones, respectivamente, para hacer frente al pago del impuesto sobre la renta de las ganancias cambiarias. El Banco Nacional, fiduciario de ambos fondos, comunicó el viernes los nuevos endeudamientos por medio de dos comunicados de "hecho relevante" ante la Superintendencia General de Valores (Sugeval). "El Fiduciario, con el debido visto bueno del fideicomitente, el Instituto Costarricense de Electricidad (ICE), ha definido esta estrategia con el fin de resguardar la liquidez de corto plazo del fideicomiso y reducir la exposición al riesgo de liquidez, que ocasionó la variación de la política cambiaria dispuesta por el Ente Emisor", señalan los comunicados. Las instituciones agregaron que los intereses de los inversionistas se encuentran resguardados al amparo del Contrato de Arrendamiento suscrito entre los fideicomisos y el ICE.

[656]) En la cita web Efectos Tributarios de la Variación del tipo de Cambio señala que "La devaluación del tipo de cambio oficial determinado en el Convenio Cambiario N° 1 puede derivar en incrementos o disminuciones del patrimonio –contabilizado en bolívares- de los operadores económicos sometidos al régimen cambiario. La devaluación del bolívar, mediante la fijación de una tasa superior a la existente, producirá, así, potenciales incrementos patrimoniales respecto de quienes sean titulares de divisas o de bienes denominados en esa moneda Asimismo, tal incremento derivará respecto del acreedor de obligaciones pactadas en divisas…
Para determinar cuando se causa el enriquecimiento deberá seguirse la regla del artículo 5. Así, respecto los enriquecimientos expresamente enumerados en la norma (cesión del uso o goce de bienes, muebles o inmuebles, incluidos los derivados de regalías y demás participaciones análogas y los dividendos, los producidos por el trabajo bajo relación de dependencia o por el libre ejercicio de profesiones no mercantiles, la enajenación de bienes inmuebles y las ganancias fortuitas), éstos se considerarán disponibles en el momento en que son pagados.
Se ha derivado, la anterior conclusión, del principio de disponibilidad de las deducciones, previsto en el artículo 32 de la vigente Ley de Impuesto sobre la Renta:
"…Sin perjuicio de lo dispuesto en los numerales 3, 11 y 20 y en los parágrafos duodécimo y decimotercero del artículo 27, las deducciones autorizadas en este Capítulo deberán corresponder a egresos causados durante el año gravable, cuando correspondan a ingresos disponibles para la oportunidad en que la operación se realice.   Cuando se trate de ingresos que se consideren disponibles en la oportunidad de su pago, conforme a lo dispuesto en el artículo 5 de esta ley, las respectivas deducciones deberán corresponder a egresos efectivamente pagados en el año gravable, sin perjuicio de que se rebajen las partidas previstas y aplicables autorizadas en los numerales 5 y 6 del artículo 27…"Más recientemente la Administración Tributaria ha reafirmado su parecer, en el sentido que los ingresos obtenidos de la

sólo tendrá efectos tributarios cuando se consuma tal variación patrimonial; lo cual sucederá cuando se efectúe "el pago u operación que materialice la transferencia monetaria a un diferencial cambiario mayor". En los ejemplos dados, cuando se pague la deuda contraída en divisas a un cambio mayor a aquél vigente al momento de contraerse la obligación; situación que podrá producir un enriquecimiento o empobrecimiento. Igualmente, las variaciones patrimoniales derivadas de la tenencia de divisas o de títulos denominados en moneda extranjera, sólo tendrá incidencia fiscal cuando se realice una operación de cambio en bolívares, operación con la cual se causará el enriquecimiento o la pérdida, según el caso. Recuérdese que, de conformidad con el Convenio Cambiario N° 1, en estos casos la "transferencia monetaria" exigirá la realización de una operación de cambio sometida, como tal, al régimen de control que ese instrumento ha establecido.

Los países de nuestra América deben tratar que sus regímenes impositivos mantengan normas uniformes, para lo cual el poder legislativo, debe establecer con claridad meridiana la imputabilidad de algunos eventos financieros, como es el caso del tratamiento fiscal del diferencial cambiario, muchas veces quedan a discreción de la autoridad administrativa o de la jurisdicción judicial ([657]), con los controvertidos contratiempos que estas situaciones acarrean.

---

variación del tipo de cambio sólo se considerarán disponibles cuando se hubiere "…efectuado la correspondiente operación de pago a un diferencial que arrojara las ganancias esperadas por la empresa. Siendo que los ingresos por este concepto sólo son disponibles al momento en que se materializa la operación, es forzoso concluir que los gastos derivados por dicho concepto serán disponibles al momento en que se produce su pago a un diferencial cambiario mayor al que estaba vigente al momento de contraer la obligación…". De esta manera, la "…pérdida por cambio de moneda extranjera no se produce hasta tanto se efectúe el pago u operación que materialice la transferencia monetaria a un diferencial cambiario mayor…" (consulta de 22.8.01, N° HGJT-1410).

[657]) Cita en la web Costa Rica señala que "La Ley del impuesto sobre la renta no regula de manera expresa el tratamiento fiscal del diferencial cambiario, lo cual únicamente se trata en los artículos 8 y 12 del reglamento.   En relación con el ingreso, se indica que únicamente será gravable el diferencial cambiario derivado de "activos en moneda extranjera, relacionados con operaciones del giro habitual de los contribuyentes". Destacan dos conceptos no aplicables al caso de análisis: habitualidad y activos. Por su parte, al regular el gasto, hace mención al diferencial generado por las deudas en moneda extranjera.   De esta manera, no existe una norma que expresamente determine el gravamen del diferencial cambiario derivado de pasivos. Por ello, ni conceptual ni normativamente habría base para gravar dicha ganancia. Debe indicarse que la jurisprudencia no es uniforme por cuanto los órganos administrativos y judiciales han resuelto en ambos sentidos.   La Administración Tributaria no ha emitido un criterio formal, lo cual debió realizar según la obligación que le impone el artículo 12 del reglamento, el cual indica que "la Dirección deberá dictar, mediante resolución, antes del cierre del ejercicio fiscal, las regulaciones pertinentes al respecto".   Si bien queda claro que ni normativa ni conceptualmente debe gravarse el diferencial cambiario derivado de pasivos, aún queda otro importante argumento que sustenta esta conclusión. El principio de capacidad contributiva, constitucionalmente tutelado y ampliamente desarrollado por la Sala Constitucional, es la base sobre las que se fundamenta tanto el sistema tributario en general como el impuesto sobre la renta en particular.   Su contenido es simple: cada quien contribuirá en proporción a su capacidad económica. La ganancia de capital generada en pasivos es una renta no realizada, es decir, existe una ganancia contable que no aumenta la capacidad económica del contribuyente hasta que el crédito se pague y la ganancia se realice. Obligar el pago de impuestos sobre una ganancia no recibida ni realizada sería ilegal e inconstitucional".

2. EL IMPUESTO SOBRE LAS SUCESIONES, DONACIONES Y DEMÁS RAMOS CONEXOS.-

El Impuesto sobre Sucesiones, Donaciones y demás ramos conexos es un tributo que deben pagar las personas al Estado por las   ([658]) transmisiones gratuitas de derechos por causa de muerte o por actos entre vivos y los beneficiarios de herencias y legados ([659])

Los gravámenes que establezcan los Estados sobre Sucesiones, Donaciones y demás ramos conexos para las transmisiones gratuitas de derechos por causa de muerte o por actos entre vivos, procederán igualmente para las transmisiones gratuitas que se hagan utilizando la figura del fideicomiso dentro del marco de la Ley. El fideicomiso, es sólo el medio para lograr el fin que se persigue con la transferencia. En el caso de actos inter vivos, sólo procederá el gravamen si el beneficiario es persona distinta del fideicomitente y hay traspaso de la propiedad a favor del beneficiario, sin retorno después que concluya o finalice el fideicomiso.

Los fideicomisos por actos ínter vivos serán gravados dependiendo del carácter con que se hace la transferencia, de la naturaleza del tipo de fideicomiso que se constituye y del tipo de bien o derecho que se transmite si son muebles e inmuebles o derechos sobre éstos, como por ejemplo, en el caso de ser inmuebles procederán los Derechos Regístrales establecidos ([660]) en la Ley de Registro Público, o de ser donaciones procederán los impuestos previstos para éstos ([661]) en dicha Ley o de su ejecución por fideicomisos de garantía.

---

[658]) Artículo 1 de la Ley de Impuesto sobre Sucesiones, Donaciones y demás ramos conexos Venezolana "Las transmisiones gratuitas de derechos por causa de muerte o por actos entre vivos serán gravadas con el impuesto a que se refiere la presente Ley en los términos y condiciones que en ella se establecen"

[659]) Artículo 2 de la Ley citada "Quedan obligados al pago del impuesto establecido en la presente Ley los beneficiarios de herencias y legados que comprendan bienes muebles o inmuebles, derechos o acciones situados en el Territorio Nacional"

[660]) Artículo 114 de la Ley de Registro Público Venezolana

[661]) Artículo 57 de la Ley de Sucesiones, Donaciones y demás Ramos conexos

Los fideicomisos denominados testamentarios por actos inter vivos, que incluyen cláusula testamentaria, para que se ejecuten después de la muerte del fideicomitente, serán gravados en los términos establecidos en la Ley, con los mismos requisitos de una transferencia que haga en vida cualquier sujeto. Estos son fideicomisos de administración que al hacerse en vida la transferencia de los bienes o derechos estarán sujetos a los gravámenes impositivos o de registros según el caso.

Los fideicomisos por actos mortis causa, denominados fideicomisos testamentarios propiamente dichos, cuyos testamentos incluyen cláusula que manifiesta la constitución del fideicomiso después de la muerte del testador, constituyen la excepción de la regla, puesto que casi todos los fideicomisos se dan por actos entre vivos, bajo las distintas variedades de fideicomisos que conocemos. En vista que el fideicomiso testamentario por actos mortis causa, surte efecto después de la muerte del testador, procede aplicar los impuestos sucesorales correspondientes a los herederos del De cujus, de acuerdo a los términos y condiciones establecidas en la Ley de Impuestos sobre Sucesiones, Donaciones y demás ramos conexos, los cuales deberán ser pagados con privilegio ([662])

Las personas que operen a través del fideicomiso gozarán de las exenciones y exoneraciones que las Leyes establecen, siempre y cuando actúen o se circunscriban a la finalidad que persigue la Ley al

---

[662]) Artículo 1.875 del Código Civil de Venezuela señala que "Artículo 1.875.- Son igualmente privilegiados los créditos fiscales por contribución territorial del año corriente y del precedente, sobre los inmuebles que sean objeto de ella, por los derechos de registro de los instrumentos que versen sobre tales bienes, y por los derechos de sucesión que deban satisfacerse por la herencia en que estén comprometidos los inmuebles.
Este privilegio no podrá perjudicar los derechos reales de cualquier género adquiridos sobre el inmueble por terceros, antes del acto que haya originado el crédito fiscal; tampoco, por lo que respecta al crédito por impuestos hereditarios, en perjuicio de los acreedores que oportunamente hubieren obtenido el beneficio de separación de patrimonios.
Es aplicable a este caso lo dispuesto en el número 6° del artículo 1.870, respecto de la persona directa o indirectamente encargada de recibir o de percibir tal contribución, para garantizar las resultas de estos actos".

hacerlos sujetos no gravables, asimismo, serán pechados en los términos previstos, en razón de la imputabilidad de la actividad que realicen o del ingreso que esta genere.

2.1 LA BASE IMPONIBLE DE ESTE IMPUESTO.-

La Base Imponible del Impuesto sobre Sucesiones, Donaciones y Demás Ramos Conexos ([663]) se determina sobre el patrimonio neto dejado por el causante, restando de la universalidad de bienes que forman el activo, la totalidad de las cargas que forman el pasivo, con las reglas y limitaciones establecidas en la Ley. En el patrimonio hereditario se excluirán los bienes exentos y desgravados.

Para los legatarios ([664]) la base imponible se calculará por el valor de los bienes que formen el legado, restándoles las exoneraciones que los beneficien.

2.2 DONDE Y CUANDO SE CAUSA ESTE IMPUESTO.-

Este impuesto se causa, ([665]) donde estén situados los bienes gravados y en el momento de la apertura de la sucesión. Si los bienes se encuentran en jurisdicciones distintas, el lugar se determina donde esté el asiento principal de los intereses del causante, o en su defecto en cualquiera de ellos.

2.3 QUIENES ESTÁN EXENTOS O EXONERADOS DE ESTE IMPUESTO.-

Estarán exentos de este impuesto ([666]) los Entes Públicos Territoriales y las Entidades Públicas No Territoriales que ejerzan actividades de asistencia y beneficencia; así como pequeñas cuotas hereditarias, que fijan los Estados.

---

[663]9 Artículos 15 de la Ley de Impuesto Sobre Sucesiones, Donaciones y Demás Ramos Conexos Venezolana, publicada en la Gaceta Oficial extraordinaria No. 5.391 de fecha 22 de octubre de 1999.
[664]) Artículos 17 de la Ley de Impuesto Sobre Sucesiones, Donaciones y Demás Ramos Conexos Venezolana, antes citada
[665]) Artículos 5 de la Ley de Impuesto Sobre Sucesiones, Donaciones y Demás Ramos Conexos Venezolana, antes citada
[666]) Artículos 8 de la Ley de Impuesto Sobre Sucesiones, Donaciones y Demás Ramos Conexos Venezolana, antes citada

Están exentos de pago de impuestos por donaciones ([667]) los entes públicos territoriales, las entidades públicas no territoriales, las donaciones pequeñas que determine la Ley, las rentas periódicas para derecho de familia, los fondos de ahorro de menores hasta un tope que fije la Ley y las primas de contratos de seguros, hasta un máximo que fije la Ley y los valores de rescate.

Asimismo, ([668]) el Estado podrá exonerar a entidades públicas de carácter científico, artístico o educativo; establecimientos privados sin fines de lucro; así como fundaciones testamentarias, depósitos de ahorro y los beneficios de herencias, que sea cuyo único activo.

La practicidad jurídica y financiera de la figura del fideicomiso permite el desenvolvimiento normal de algunas operaciones o actividades, que de otra forma se tornarían complicadas y costosas para las partes interesadas en ejecutarlas, particularmente para eventos que tengan que ver con herencias y otras consideraciones similares, que generan desgastes y desencuentros en los grupos familiares.

3. EL IMPUESTO AL DEBITO BANCARIO Y OTROS IMPUESTOS SIMILARES.-

El Impuesto al Débito Bancario y aquellos otros impuestos directos y confiscatorios, que gravan los débitos o retiros de las actividades que realicen las instituciones financieras, tanto las propias, como las que realicen prestando su nombre, en representación o en custodia de terceros, así como cualquier tenencia que materialicen las operaciones objeto de estos Impuesto. Las diferencia entre estos tipos de impuestos ([669]), casi siempre giran en

---

[667]) Artículos 66 de la Ley de Impuesto Sobre Sucesiones, Donaciones y Demás Ramos Conexos Venezolana, antes citada "los entes públicos territoriales, las entidades públicas no territoriales, las donaciones que no excedan de 75 unidades tributarias, las rentas periódicas para derecho de familia, los fondos de ahorro de menores hasta un máximo de 250 unidades tributarias y las primas de contratos de seguros, hasta un máximo de 375 unidades tributarias y los valores de rescate.

[668]) Artículos 9 de la Ley de Impuesto Sobre Sucesiones, Donaciones y Demás Ramos Conexos Venezolana, antes citada

[669]) Decreto con rango, valor y fuerza de Ley de impuesto a las transacciones financieras de las personas jurídicas y entidades económicas sin personalidad jurídica del año 2007 de la República de Venezuela, derogado en junio de 2008, por su impacto inflacionario

razón de ser genéricos o exclusivos, en cuanto a quien van dirigidos.

Las instituciones financieras participan activamente en estos tipos de impuestos bajo dos (2) modalidades, como agente de retención institucional del gravamen, como lo expresa su nombre "Impuesto al Débito Bancario y en su condición de sujeto pasivo directo e indirecto que le es imputable el gravamen en sus operaciones objeto o sujeto de este impuesto, los cuales deben retener y enterar al Tesoro Nacional.

En vista de estar nuestro tema, involucrado en este tipo de tributo y dadas sus repercusiones en esta masa patrimonial, vamos a comentar estos impuestos y las principales características que presentan; así como las formas de abordarlos, en lo que tiene que ver con las operaciones de fideicomiso. A estos efectos, tomemos como ejemplo de nuestra exposición el Impuesto al Débito Bancario:

3.1. QUE ES EL IMPUESTO AL DÉBITO BANCARIO.-

El Impuesto al Débito Bancario es un impuesto directo que establecen los Estados para gravar los débitos o retiros efectuados en las cuentas corrientes, cuentas de ahorro, depósitos en custodia, o en cualquier otra clase de depósitos a la vista, fondos del mercado monetario, en la modalidad de activos líquidos y en cualquier otros fondos del mercado monetario o en cualquier otro instrumento financiero, realizado en los bancos e instituciones financieras, sean del mercado de capitales o de seguros, a los fines de cubrir desbalances presupuestarios.

3.2 EL IMPUESTO AL DÉBITO BANCARIO EN LAS OPERACIONES DE FIDEICOMISOS Y OTROS ENCARGOS DE CONFIANZA.-

A las operaciones de fideicomiso, mandatos, comisiones y otras operaciones de confianza, así como las operaciones de custodia les es aplicable el Impuesto al Débito Bancario u otros similares, si están dentro de los presupuestos de ley como sujetos u operaciones gravables. Asimismo, las operaciones de fideicomisos, mandatos, comisiones u otros encargos de confianza

estarán exentas del impuesto al débito bancario, si los
sujetos beneficiarios del fideicomiso están exentos o las
operaciones o actividades que realizan están exoneradas
de este impuesto

En el caso del fideicomiso, el fiduciario es la persona
que ejecuta la operación objeto o sujeto del gravamen,
dado que este es un impuesto directo, que se perfecciona
en cabeza de quien realiza o ejecuta la transacción. En
el caso de las otras operaciones de confianza, se ejecuta
la operación en cabeza del mandante, comisionista o
representante, por la circunstancia que es un impuesto
directo y recae en las operaciones objeto o sujeto del
gravamen, independientemente que las ejecute su titular,
el fiduciario o cualquier apoderado, comisionista o
representante.

Las alícuotas del impuesto al débito bancario su escala la
fijan los Estados, de acuerdo a las dimensiones de las
situaciones de orden fiscal que se les presenten.

3.3 LOS HECHOS IMPONIBLES EN LA LEY DE IMPUESTO AL DÉBITO BANCARIO:

La base imponible estará constituida por el importe de
cada débito en cuenta u operación gravable, sin efectuar
deducciones por comisiones o gastos, cualquiera sea la
naturaleza. En los casos de cheques de gerencia la base
imponible estará constituida por el importe del cheque
más las comisiones o gastos relacionados con el mismo.

El Impuesto al Débito Bancario, normalmente se aplica a
personas naturales y jurídicas, con las excepciones de
Ley, que casi siempre son entes públicos. Entre las
modalidades de impuestos directos de esta naturaleza,
tenemos aquellos que se aplican sólo a las personas
jurídicas o naturales diferencias), con las excepciones de
Ley,

3.4 OPERACIONES A LAS CUALES SE LES APLICA EL IMPUESTO AL DÉBITO BANCARIO:

El Estado establece las operaciones que pechará con
este tipo de impuesto (hecho imponible), citamos las

operaciones que tradicionalmente son objeto de este impuesto por débitos o retiros efectuados:

3.4.1. Los retiros efectuados en cuentas corrientes, de ahorros, depósitos en custodia o en cualquier otra clase de depósitos a la vista, fondos de activos líquidos y en otros fondos del mercado monetario o en cualquier otro instrumento financiero, realizados en los bancos y otras instituciones financieras.

3.4.2. El pago en efectivo de cualquier letra de cambio, pagaré, carta de crédito u otro derecho o valor efectuado por los bancos y otras instituciones financieras, por cuenta y orden de terceros.

3.4.3. El rescate, liquidación, cesión y cancelación de inversiones financieras realizadas en efectivo, así como los préstamos concedidos por las instituciones financieras, no realizados en cheques o acreditados en cuenta del beneficiario.

3.4.4. Los endosos o cesiones de cheques o valores que se efectúen a partir de cierto número (del segundo) endosos o cesiones; así como las custodias en efectivo o adquisición de cheques de gerencia

3.4.5. Las operaciones efectuadas por los bancos y otras instituciones financieras que representen débitos o retiros en cuenta por concepto de inversiones, otorgamiento de préstamos, préstamos interbancarios, obligaciones de todo tipo; pago de cheques de gerencia emitidos para honrar obligaciones propias; gastos de todo tipo, Quedan excluidas los gastos por previsión, amortización y depreciación.

3.4.6. Los valores en custodia que se transfieran entre distintos titulares sin que exista un desembolso a través de una cuenta, estarán gravados en cabeza del custodio, siempre que los valores o los sujetos que los emitan no sean gravables con el impuesto al débito bancario.

En el Estado al fijar estos impuesto, establece una serie de condiciones para exonerar a algunas personas u operaciones.

3.5 TRANSACCIONES EXENTAS DEL IMPUESTO AL DÉBITO BANCARIO:

La Ley determina que operaciones están exenta de este impuesto, normalmente el Estado no pecha sus propias operaciones o actividades. Señalemos las que tradicionalmente deja de pechar:

1. La compra-venta y transferencia de la custodia en títulos valores emitidos o avalados por la República o el Banco Central del país.

2. Los movimientos en las cuentas corrientes de misiones diplomáticas o consulares, de representaciones de organismos internacionales y de sus funcionarios extranjeros acreditados en el país, por lo que respecta a la renta consular o propia de su actividad.

3. Los préstamos en el mercado interbancario (over night),

4. Las cuentas relacionadas con la intermediación financiera.

5. Las cuentas de las cámaras de compensación bancaria, cuentas de compensación de tarjetas de crédito, las cuentas de corresponsalía nacional y las cuentas operativas compensadoras de la banca.

6. Las cuentas asociadas a la adquisición o negociación en la Bolsa de Valores nacionales.

7. Los movimientos por pagos y enteramiento de tributo al Estado.

8. Los consumos efectuados con tarjetas de créditos

9. Los movimientos que se generan en las cuentas de los bancos e instituciones financieras en el Banco Central y el mercado interbancario.

10. Asimismo, casi siempre está exentos, los gastos por previsión, depreciación y amortización y otros que defina la Ley; las operaciones de transferencias de fondos que realice el titular entre sus cuentas (unipersonales); la adquisición de cheques de gerencia, las cuentas asociadas al comprador de productos y títulos de origen o destino agropecuario a través de las bolsas agrícolas o pago de viviendas

3.6. CONTRIBUYENTES A QUIENES SE LE APLICA EL IMPUESTO AL DÉBITO BANCARIO:

El Estado al establecer el impuesto, señala las personas que serán contribuyentes de éste, recayendo algunas veces sobre todas las personas naturales o jurídicas, comunidades, sociedades irregulares o de hecho y consorcios, o sobre algunos de ellos, en su condición de titulares de cuentas corrientes, de ahorros, depósitos, ordenadores de pago, por las operaciones que constituyen hecho imponible en los términos de la Ley que crea el Impuesto al Débito Bancario y a las instituciones financieras por sus propias operaciones sujetas a este impuesto, así como por sus gastos y por las actuaciones que realicen a nombre de terceros que sean objeto de este impuesto. En este último concepto, están incluidas las operaciones de fideicomiso, mandato u otros encargos de confianza.

3.7. CONTRIBUYENTES EXENTOS DEL IMPUESTO AL DÉBITO BANCARIO:

El Estado, así como determina a quien pecha con este impuesto también, establece quienes están exentos de su pago, los cuales normalmente son sus propios entes, entre ellos:

1. La República, que comprende sus distintos Órganos, como: La Presidencia, Vicepresidencia, los Ministerios y otros entes del Ejecutivo Nacional, la Asamblea Nacional, El Tribunal Supremo de Justicia, los Tribunales de la República y otros entes del Poder Judicial, el Consejo Nacional Electoral, la Procuraduría de la República, el Poder Moral, con sus Órganos: El Ministerio Público, la Contraloría General de la República y la Defensoría del Pueblo y otros que defina la Ley.

2. Los Estados, que comprende: Las Gobernaciones, Los Consejos Legislativos y Las Contralorías de los Estados.

3. Los Municipios, que comprende: Las Alcaldías, Los Concejos Municipales y Las Contralorías Municipales.

4. Otros Entes Públicos exentos del pago del Impuesto al Débito Bancario: Los Institutos Educacionales del sector público, El Banco Central y otros entes públicos que defina la Ley.

3.8. COMO RETENER EL DÉBITO BANCARIO EN LAS OPERACIONES DE FIDEICOMISO:

Las instituciones financieras que manejan fideicomisos, operan en cabeza del fiduciario, por lo cual la declaración de cualquier impuesto o retención impositiva, deberá atenderla, bajo el principio de la unidad de negocios, por lo cual no puede estar, creando otras estructuras distintas de la propia, ni mucho menos promocionando costos que no podrán ser atendidos. A estos efectos, el banco o institución financiera que actúa como fiduciario, debería abrir por lo menos dos (2) cuentas de control, sea que la institución financiera, maneja cuentas corriente de depósitos, o de no manejar cuentas corrientes, las debe abrir en otra institución financiera, principalmente del mismo grupo. De estas dos (2) cuentas, una (1) debe ser para personas u operaciones exentas o exoneradas, y la otra cuenta para personas u operaciones gravables, a través de las cuales se podrá pechar la movilización de estas cuentas de los fondos en fideicomiso.

Las cuentas de control exentas o exoneradas permiten que a través de ellas se movilicen las cuentas de los fondos de carácter público, así como de las personas u operaciones privadas que están exentas o exoneradas, ya que así se facilita la movilizan de estos fondos en fideicomiso sin que sean pechados o gravados con este Impuesto.

Las cuentas de control no exentas o que no están exoneradas permiten que a través de ellas se movilicen las cuentas de los fondos de carácter privado, así como de las personas u operaciones públicas sujeto u objeto de este gravamen; las mismas permiten gravar estos fondos en fideicomiso con el Impuesto al Débito Bancario o de las transacciones Financieras, en el momento en que son movilizados los mismos en la Institución Financiera en que se encuentran en fideicomiso y ser reportadas dentro de la globalidad de las demás transacciones.

Este mecanismo de control y enteramiento de los fondos de este Impuesto, a través de estas cuentas de control, proveen ventajas, tanto para El Estado como para el Ente Financiero, así como para las personas sujeto u objeto del Impuesto. De este mecanismo de control se suceden los siguientes eventos para las personas que participan directa e indirectamente en este gravamen:

- El Estado recibe del mismo ente financiero, donde está abierta la cuenta el aporte de estas retenciones, conjuntamente con su movimiento de enterar el Impuesto retenido en sus otras operaciones con sus clientes y las propias.

- El ente financiero suministra una sola información al Estado que incluye las operaciones de fideicomiso y está en capacidad de aportar el movimiento de las cuentas corrientes exentas o exoneradas de las operaciones de fideicomiso para su revisión por los estados de cuenta, tanto al Estado como a los sujetos objeto o sujetos de estos gravámenes.

- Los sujetos gravables pueden a través de los estados de cuenta y el movimiento de fideicomiso comprobar sus retenciones por este gravamen.

Las instituciones financieras que actúan como fiduciarios deben conservar en expediente aparte el movimiento de las retenciones del Impuesto al Débito Bancario por las operaciones de fideicomiso, a los fines de demostrar al personal del Estado, ([670]) las retenciones debidas, así como la aplicación correcta de este impuesto.

Esta información de las cuentas exentas y exoneradas es la que establece la Ley que crea el Impuesto al Débito Bancario, que deben ser notificadas a los entes de control y del ente recaudador. Esta forma de control, con estas cuentas, podría ser implementada por cualquier país, donde se establezca este impuesto directo, confiscatorio y de alto contenido inflacionario.

4. IMPUESTOS MUNICIPALES.-

Los municipios obtienen sus ingresos principalmente de dos fuentes, una derivada de las asignaciones presupuestarias (Situado Constitucional) y la segunda, producto de la recaudación de sus ingresos, obtenidos de la aplicación de las tasas impositivas por el uso de sus bienes o servicios; tasas administrativas por licencias o

---

[670]) SENIAT, sistema de recaudación de impuestos y tributos en Venezuela y sus similares de cada país

autorizaciones; los impuestos sobre actividades económicas de industria, comercio, servicios, o de índole similar; los impuestos sobre inmuebles urbanos, vehículos, espectáculos públicos, juegos y apuestas lícitas, propaganda y publicidad comercial. Estos tributos los fijan las Municipalidades o alcaldías dentro de las estrategias de tributación que tengan estimada en sus ejercicios fiscales.

En vista de ser el impuesto municipal, un impuesto territorial, las operaciones de fideicomiso que se realicen en los respectivos Municipios se les aplicarán las tasas impositivas Municipales que procedan. A tal efecto el fiduciario pechará las operaciones y deberá enterar a los Municipios los fondos retenidos. Las retenciones que realiza el fiduciario corresponderán al Municipio donde esté funcionando la oficina del fiduciario que realiza la operación objeto de la retención o en su defecto la jurisdicción municipal, donde fue registrado el contrato.

Los Municipios fijan tasas impositivas por cada tipo de actividad o servicio que pechan, las cuales difieren casi siempre de una jurisdicción a otra.

De realizarse las actividades en Municipio diferente de donde se liquida la actividad que le es imputable el gravamen impositivo, la retención que haga el fiduciario, deberá enterarlo en el Municipio donde se realizó la actividad, así no tenga oficina en la zona, dado que el impuesto corresponde a una actividad que se ejecuta en su jurisdicción. Estos impuestos o retenciones corresponden a patentes de industria y comercio, derechos de frente, vehículos, impuesto a los ingresos, obras o servicios u otras actividades pechables por los Municipios, que corresponden al tipo de actividad que realiza el fiduciario en esa jurisdicción.

Los impuestos municipales o de cualquier naturaleza deben ser enterados al momento de su liquidación por el cliente o el propio fiduciario, siempre dentro de las políticas de la institución y de las particularidades del impuesto de que se trate, en el entendido de la diversidad de tipos impositivos, así como de los sujetos pechables y receptores de los mismos. El tratamiento fiscal de las operaciones de fideicomiso, dependen mucho del tipo de negocio que se acomete y de la jurisdicción donde se procesa o ejecuta el negocio, si dada beneficios fiscales o es a costa de los mismos fondos fiduciarios, aunque sean retenciones a quien se le liquide la operación.

A fines de control en el enteramiento de estos impuestos, como sanidad en el manejo de los recursos públicos, siempre deben depositarse en las cuentas corrientes de las alcaldías respectivas estos fondos, evitando en lo posible no emitir cheques a nombre de estas entidades, aunque sea no endosable, dado que esto se presta a que puedan ser utilizados, por personas inescrupulosas. En caso de ser problemático, por cualquier causa la apertura de cuentas en el ente que hace la retención, deben habilitarse mecanismos de transferencias de estos fondos, entre el agente de retención y la institución bancaria, donde la alcaldía o municipalidad tenga cuenta. Prevenir es la regla.

5. OTROS IMPUESTOS Y RETENCIONES POR OPERACIONES DE FIDEICOMISO.-

A las operaciones de fideicomiso se les aplicarán todos los impuestos y retenciones que procedan, tanto por derechos laborales, seguros, impuesto sobre las ventas (IVA), garantías, honorarios profesionales y gastos inherentes a estas operaciones. El fiduciario debe realizar en su actuación, todas las retenciones impositivas que procedan y enterarlas al fisco en las oportunidades de Ley, ya que su responsabilidad tributaria se extiende hasta la percepción de la obligación, no siendo suficiente a estos fines la firma de finiquitos, ya que los acuerdos entre particulares no son oponibles al fisco.

Los gobiernos nacionales y locales, desde siempre se han financiado a través de los impuestos, a los fines de cubrir sus necesidades presupuestarias, lo cual es objetable, solo si los ciudadanos no reciben en contraprestación mejores servicios, que se perciba en un mejoramiento de la calidad de vida, lo cual no es muy alentador en nuestros países, si observamos los indicadores, aunque aquí cabe aquella frase del profesor Malavé Mata: "Qué no son los índices, sino la realidad incoercible que está detrás de ellos"

FIDEICOMISO FIDUCIA O TRUST EN AMÉRICA
CAPITULO XIX
OBLIGACIONES EN EL FIDEICOMISO

"Conocimiento, ponderación y diligencia
Deben acompañar al fiduciario"
El autor

OBLIGACIONES EN EL FIDEICOMISO
1 La responsabilidad
2 Las obligaciones
    2.1. Concepto
    2.2. Clasificación
3 Clasificación de las obligaciones
    3.1. Obligaciones de
        Resultados
    3.2. Obligaciones de Medios

OBLIGACIONES EN EL FIDEICOMISO

1. LA RESPONSABILIDAD:

Los en jurídico que tratan la materia fiduciaria y que se inspira en el derecho romano o napoleónico en América, sus principios son comunes en materia de responsabilidad contractual o extracontractual, con las variantes propias de cada región en el tratamiento particular a la figura del fideicomiso o fiducia, como se aprecia en las leyes y normativa prudencial de cada uno de nuestros países; con la salvedad de los que se manejan con el trust (principios del common law).

La doctrina diferencia categorías de responsabilidad civil, según sea su naturaleza o de donde provenga o no la culpa en la obligación de reparar del agente.

1. En cuanto a la naturaleza de la responsabilidad, la han venido clasificando en:

a) Responsabilidad civil contractual: la obligación de reparar un daño proveniente del incumplimiento culposo de una obligación derivada de un contrato.

b) Responsabilidad civil extracontractual: Es la obligación de reparar un daño proveniente del incumplimiento culposo de una conducta o deber jurídico preexistente,

c) Responsabilidad legal: Es la que deriva directamente de la Ley; Para algunos autores no existe sino una sola clase de responsabilidad civil, la legal, pues la reparación del daño siempre debe ser ordenada por el legislador.

2. Cuando la responsabilidad en la culpa provenga o no del agente, puede ser subjetiva u objetiva.

a) Responsabilidad Subjetiva: sólo deben ser reparados los daños que el agente cause por su propia culpa.

b) Responsabilidad objetiva: todo daño debe ser reparado, independientemente de que el agente actúe o no con culpa en el momento de causarlo.

La **responsabilidad civil** consiste en la obligación que recae sobre una persona de reparar el daño que ha causado a otro, normalmente mediante una indemnización. **Díez-Picazo** define la responsabilidad como ([671]) "la sujeción de una persona que vulnera un deber de conducta impuesto en interés de otro sujeto a la obligación de reparar el daño producido". La responsabilidad civil puede ser contractual o extracontractual. En el primer caso, estamos hablando cuando la norma jurídica transgredida es una obligación establecida en una declaración de voluntad particular (contrato u oferta unilateral). En el segundo caso, se refiere cuando la norma jurídica violentada es una Ley (en sentido amplio). Responsabilidad puede ser delictual o penal (si el daño causado fue debido a una acción tipificada como delito), o cuasi-delictual o no dolosa (si el perjuicio se originó en una falta involuntaria).   La responsabilidad extra contractual, es definida como ([672]) "aquella que existe cuando una persona causa, ya por sí misma, ya por medio de otra de la que responde, ya por una cosa de su propiedad o de que se sirve, un daño a otra persona, respecto de la cual no estaba ligada por un vínculo obligatorio anterior relacionado con el daño producido".

Causas que eximen de responsabilidades:

---

[671]) Luis Díez-Picazo y Antonio Gullón: Sistema de derecho civil, volumen II, Tecnos, año 1989. página. 591. Obra citada.
[672]) Responsabilidad Civil. Wikipedia. La Enciclopedia Libre. web

1) Causas que eliminan la culpa, pueden ser:

   a) No tener la culpa
   b) Conducta objetiva licita
   c) Legítima defensa

2) Causas que eliminan la relación de causalidad

Son aquellas situaciones en las cuales la conducta, culposa o no del agente, no fue la causa del daño, sino que éste se debió a una causa distinta, extraña a la propia conducta o hecho del agente; como: el caso fortuito, la fuerza mayor, la pérdida de la cosa debida, y el hecho del príncipe.

2. LAS OBLIGACIONES:

El origen de las obligaciones viene del *nexum* romano ([673]), que era una garantía personal del deudor para con el acreedor (*legis actiones manus iniectio*); el cual fue abolido por la *Lex poetilia papiria* que vincula las obligaciones al patrimonio.

Las obligaciones están sujetas a modalidad de término y condición. El término puede ser suspensivo o extintivo y la condición puede ser suspensiva o resolutoria.

Las obligaciones pueden tener pluralidad de objetos o tener pluralidad de sujetos.

2.1.   **Concepto de Obligación**: vínculo o relación jurídica en virtud de la cual una persona (acreedor) tiene la facultad de exigir de otra (deudor) un determinado comportamiento positivo o negativo (prestación), de cuyo cumplimiento responderá en última instancia el patrimonio del deudor.

Las obligaciones pueden ser conceptualizadas desde el punto de vista del derecho civil o mercantil, entre otros:

---

[673])El "nexum" (del latín "nectere", cuyo significado era atarse o ligarse) fue una antigua forma de constituir el vínculo obligacional en el Derecho Romano, que requería la pronunciación de palabras solemnes, mediante formalidades similares a las de la "mancipatio" (por el cobre y la balanza), por el cual el deudor se automancipaba, sometiéndose a la potestas de su acreedor
Lee todo en: Nexum | La guía de Derecho
http://derecho.laguia2000.com/derecho-romano/nexum#ixzz4gVgEXoSq

La **obligación civil** es aquella relación jurídica en virtud de la cual una parte (denominada deudora) debe observar una conducta (denominada prestación) que puede consistir en dar, hacer o no hacer, en interés de otra parte (denominada acreedora) y cuyo incumplimiento acarrea consecuencias.

La obligación mercantil es el vínculo jurídico establecido entre comerciantes o uno solo de ellos, en virtud del cual se compromete respecto del otro a realizar o no alguna cosa relacionada con el comercio, asumiendo cumplimiento de sus obligaciones legales y convencionales que dependen fundamentalmente de la naturaleza de las actividades cuando celebra contrato mercantil entre las partes.

2.2.   **Contenido de la Obligación:** La prestación consiste en un *dare, facere* y *presentare*:

a) El *dare* se dirige a la constitución o transmisión de un derecho real o la entrega de la posesión de una cosa

b) El *facere* a cualquier actividad que deba el deudor, puede consistir en un hacer o en un no hacer

c) El *prestare* a responder de algo o a garantizar.

    La prestación debe reunir los requisitos de posible, lícita, objetivamente determinada o determinable y tener carácter patrimonial (suponer ventaja económica al acreedor)

3. CLASIFICACIÓN DE LAS OBLIGACIONES:

Las obligaciones se clasifican habitualmente como de medios y de resultados, y esto tiene una gran importancia a la hora de determinar la responsabilidad civil contractual. El incumplimiento, que es uno de los requisitos básicos para que la responsabilidad se produzca, dependerá de la clase de obligación que se asume:

3.1.   OBLIGACIONES DE RESULTADO:

Cuando la norma o el contrato obligan a realizar una cosa determinada, sea ésta una acción o una abstención (hacer o no hacer algo), esta obligación es considerada de resultado. Tal es el caso de un transportista que se obliga a llevar determinada mercancía a un destino en particular. Aquí la responsabilidad es prácticamente automática, pues la víctima sólo debe probar que el resultado no ha sido alcanzado, no pudiendo entonces el demandado escapar a dicha responsabilidad, excepto si puede probar que el perjuicio proviene de una causa ajena (caso fortuito o de fuerza mayor)

3.2.   OBLIGACIONES DE MEDIOS:

Cuando la norma o el contrato obligan al deudor o prestador del servicio a actuar con prudencia y diligencia, la obligación es considerada de medios, como es el caso de las operaciones de fideicomiso, donde el fiduciario actúa por instrucciones del fideicomitente en cumplimiento del encargo que pretende, el cual a su vez, debe sujetar su conducta a la normativa prudencial impuesta por las autoridades.

Paolo Emanuele Rozo Sordini, define lo que son obligaciones de medios y de resultados ([674]), así: "Las Obligaciones de Medios son las obligaciones en las cuales el deudor está obligado a cumplir una actividad, prescindiendo de la realización de una determinada finalidad y, viceversa, son de resultado las obligaciones en las cuales el deudor se obliga a realizar una cierta finalidad, prescindiendo de una específica actividad instrumental..."

El profesor parisino Demogue sostenía que ([675]) "la obligación del deudor no era siempre de la misma naturaleza, ya que podía ser una obligación de resultados o una obligación de medios. Sostenía que esta división no estaba ausente de analogía con aquella otra del derecho penal que clasificaba a los delitos en formales y materiales. Estos últimos se caracterizan por el resultado, en tanto que los primeros se caracterizan por el empleo de medios que ordinariamente conducen a producir un resultado"

El profesor Argentino Ernesto Clemente Wayar, observa sobre esta tesis de Demogue que ([676]) "entre las obligaciones de medios y resultados no hay diferencias,

---

[674]) Paolo Emanuele Rozo Sordini. "Las Obligaciones de Medios y de Resultados y la Responsabilidad de los Médicos y de los Abogados en el derecho Italiano"
[675]) Cita Felipe Osterling Parodi y Mario Castillo Freire. El Tema Fundamental de las Obligaciones de Medios y Resultados frente a la responsabilidad Civil. Página 475 y 476. Lima Septiembre 2000.
[676]) Felipe Osterling Parodi y Mario Castillo Freire. Obra citada

siendo su distinción solo aparente, pues en aquellas que la tradición llama de medios es siempre posible encontrar un resultado, lo que se comienza a comprender, cuando se acepta que en toda obligación hay medios y que en toda obligación también se persigue resultados. Obligaciones de resultados y medios son elementos que están íntimamente ligados dentro de la estructura de toda relación obligacional, pues constituyen parte de su esencia"

El fiduciario, en el fideicomiso no garantiza con su actuación que los resultados y finalidades pretendidas por el fideicomitente o constituyente efectivamente se cumplan, por lo cual su gestión u obligación es de medios no de resultados ([677]), tal como lo establece la legislación de Ecuador.

La culpa según Francesco Carrara es la "Voluntaria omisión de diligencia en calcular las consecuencias posibles y previsibles del propio hecho". En el caso de la obligación de medios es más difícil probar la responsabilidad civil, dado que el incumplimiento no depende sólo de no haber logrado el resultado, sino que habría que demostrar que pudo ser posible haberlo logrado, si el obligado hubiese actuado correctamente. El objetivo principal de la responsabilidad civil es procurar la reparación, que consiste en restablecer el equilibrio que existía entre el patrimonio del autor del daño y el patrimonio de la víctima antes de sufrir el perjuicio. La responsabilidad civil posee un aspecto preventivo, que lleva a los ciudadanos a actuar con prudencia para evitar comprometer su responsabilidad; y un aspecto punitivo, de pena privada.

La responsabilidad del fiduciario aunque de medios, haciendo los mejores esfuerzos en la gestión de estos negocios, es que siempre debe tratar de buscar alcanzar los fines establecidos en el contrato. Si por alguna circunstancia imputable al fiduciario, este patrimonio se viera afectado, el fiduciario deberá responder por el daño causado, si las causas son imputables a su acción u omisión. Que sea de medios la gestión del fiduciario, no excluye que algunos negocios fiduciarios sean de

---

[677]) Artículo 125 de la Ley de Mercado de Valores de Ecuador, señala que "De las obligaciones de medio y no de resultado.- No obstante las obligaciones señaladas precedentemente, así como las que se prevean en el contrato de fideicomiso mercantil y en el de encargo fiduciario, el fiduciario no garantiza con su actuación que los resultados y finalidades pretendidas por el constituyente efectivamente se cumplan.
El fiduciario responde hasta por culpa leve en el cumplimiento de su gestión, que es de medio y no de resultado; esto es, que su responsabilidad es actuar de manera diligente y profesional a fin de cumplir con las instrucciones determinadas por el constituyente con miras a tratar de que las finalidades pretendidas se cumplan"

resultados, como comprar un bien determinado, o que en la gestión que emprende el fiduciario hayan actividades accesorias a lo principal, que sean de resultado.

La Ley que regula el fideicomiso en México ([678]) señala que "Las instituciones fiduciarias indemnizarán a los fideicomitentes por los actos de mala fe o en exceso de las facultades que les corresponda para la ejecución del fideicomiso, por virtud del acto constitutivo o de la ley, que realicen en perjuicio de éstos".

Cualquier imputación a la conducta del fiduciario, debe ser valorada en los términos que actúa para terceros, con terceros y que su actuación no genere conflictos de intereses entre el patrimonio del fideicomiso y su propio patrimonio.

---

[678]) Artículo 393 de la Ley de Títulos y Operaciones de Créditos de México

EL FIDEICOMISO, FIDUCIA O TRUST EN AMÉRICA
CAPITULO XX
RÉGIMEN SANCIONATORIO Y DE CONTROL EN EL FIDEICOMISO

"Nullum crimen nulla poena sine legem"

Contenido: RÉGIMEN SANCIONATORIO Y DE CONTROL EN EL FIDEICOMISO 1. Responsabilidades y Sanciones al Fiduciario 2. Normativa Para el Manejo y Control de las Operaciones Fiduciarias. 2.1. Normas Prudenciales que Regulan las Operaciones de Fideicomiso. 2.2. Normas Generales del Negocio Fiduciario. 2.3. Normativa Particular. 3. Control de Riesgo en las operaciones de Fideicomiso

La administración y control de los bienes y derechos que constituyen el objeto de los bienes y derechos de los fideicomisos; así como las responsabilidades asumidas, para hacer que se cumplan las finalidades que se pretenden con su constitución, recaen directamente en el Ente Fiduciario, dado su carácter de propietario singular de esta masa patrimonial o representante legal, caso Ecuatoriano, que le es transferida por el Fideicomitente de acuerdo a las disposiciones de Ley y a las previsiones que se haya reservado en el contrato de fideicomiso. En vista de las transferencias en propiedad de estas masas patrimoniales a los Fiduciarios, el Estado ha establecido un régimen sancionatorio, que sirve de prevención y coerción a la vez, para los administradores de los fondos de los fideicomisos en el cumplimiento de los deberes y responsabilidades que le establece la Ley.

1. RESPONSABILIDADES Y SANCIONES AL FIDUCIARIO

En los ordenamientos jurídicos del continente, disposiciones que establecen las responsabilidades y sanciones imputables al fiduciario en la administración y control de los bienes y derechos recibidos en fideicomiso. Estas normas, las encontramos en los códigos civiles, penales y de comercio; así como en las leyes bancarias y fiduciarias de los países objeto de estas operaciones.

En los códigos civiles, valga la redundancia, encontramos la responsabilidad civil, que es la obligación que tiene un sujeto de resarcir a otro, como consecuencia del daño provocado por un incumplimiento contractual (responsabilidad contractual) o de reparar el daño que ha causado a otro sujeto, con el que no existía un vínculo previo (responsabilidad extracontractual), que dependiendo de su naturaleza puede ser monetaria la indemnización de perjuicios. Esta responsabilidad directa, también puede conllevar a un tercero responsable, por lo que se conoce como responsabilidad en hechos ajenos ([679]).

1.1. RESPONSABILIDADES DEL FIDUCIARIO:

La responsabilidad civil, como se señala antes, puede ser contractual, si la norma incumplida es una obligación prevista en un contrato u otra manifestación unilateral, como declaración de voluntad particular. Si la norma transgredida es de orden legal, estamos ante una responsabilidad contractual, que pudiera ser delictual, si el daño causado es tipificado como delito, o no dolosa, si el perjuicio es involuntario.

En la legislación penal del continente encontramos, además de los tipos penales previstos en los códigos penales, tipos penales específicos por leyes especiales ([680]), lo cual podemos apreciar en las leyes bancarias, de fideicomiso, del mercado de capitales, de seguros y tributarias, entre otras; las cuales establecen los tipos penales, dado que la Ley tipifica las infracciones, así como establece graduación de las sanciones por tal conducta. Poner en un mismo instrumento la actividad a ejecutar y las conductas delictivas, busca disuadir a los sujetos, que pudieran verse tentados de asumir tales conductas.

Para los administradores de las instituciones que prestan servicios fiduciarios, se establece un régimen de responsabilidades y sanciones, tanto penales ([681]) como

---

[679])Díez-Picazo, obra citada define la responsabilidad como: "La sujeción de una persona que vulnera un deber de conducta impuesto en interés de otro sujeto a la obligación de reparar el daño producido"

[680]) Chiara Díaz Carlos Alberto, "El bien jurídico tutelado en la Ley Penal Tributaria y los delitos de evasión simple y agravada", Colección jurisprudencial, año 2003. "Fue una grata novedad que entre nosotros se crearan tipos penales específicos por ley especial y sin introducirnos directamente al Código Penal, para lo cual habría que decantar resultados y modalidades delictivas a fin de así decidirlo, lo que presupone mayor perdurabilidad en la decisión de política criminal. Se lo hizo con el objetivo preciso de aumentar las recaudaciones de impuestos y tributos (…) y de disuadir los comportamientos evasores (…)"

[681]) Artículo 173 del Código Penal de Argentina, señala que "Sin perjuicio de la disposición general del artículo precedente, se consideraran casos especiales de defraudación y sufrirán la pena que él establece:

1° el que defraudare a otro en la substancia, calidad o cantidad de las cosas que el entregue en virtud de contrato o de un título obligatorio;

administrativas, dependiendo del grado de la falta. En los ordenamientos jurídicos de los Países de América y por extensión en todos los países, las responsabilidades y sanciones recaen en el fiduciario, de no actuar sus administradores ([682]) ajustado a las disposiciones legales, contractuales o a la normativa impuestas por las autoridades contraloras del Estado (Superintendencias de Bancos o de Seguros, Banco Central, Comisión Nacional de Valores) en sus resoluciones y circulares; así como las demás disposiciones de los órganos competentes del Estado en esta materia.

En la regulación legal de la actividad económica, el Estado regula también la actividad financiera como un aspecto de aquél y lo hace mediante la sanción de normas legales, donde se establecen sus facultades y atribuciones, las cuales son ejercidas en lo que respecta a su control y sanciones administrativas y pecuniarias en las Superintendencias de Bancos y de Seguros, que se les confiere el poder de policías financieros, conjuntamente

---

2° el que con perjuicio de otro se negare a restituir o no restituyere a su debido tiempo, dinero, efectos o cualquier otra cosa mueble que se le haya dado en depósito, comisión, administración u otro título que produzca obligación de entregar o devolver;

3° el que defraudare, haciendo suscribir con engaño algún documento;

4° el que cometiere alguna defraudación abusando de firma en blanco, extendiendo con ella algún documento en perjuicio del mismo que la dio o de tercero;

5° el dueño de una cosa mueble que la sustrajere de quien la tenga legítimamente en su poder, con perjuicio del mismo o de tercero;

6° el que otorgare en perjuicio de otro, un contrato simulado o falsos recibos;

7° el que, por disposición de la ley, de la autoridad o por un acto jurídico, tuviera a su cargo el manejo, la administración o el cuidado de bienes o intereses pecuniarios ajenos, y con el fin de procurar para sí o para un tercero un lucro indebido o para causar daño, violando sus deberes perjudicare los intereses confiados u obligare abusivamente al titular de éstos;

8° el que cometiere defraudación, sustituyendo, ocultando o mutilando algún proceso, expediente, documento u otro papel importante;

9° el que vendiere o gravare como bienes libres, los que fueren litigiosos o estuvieren embargados o gravados; y el que vendiere, gravare o arrendare como propios, bienes ajenos;

10 el que defraudare, con pretexto de supuesta remuneración a los jueces u otros empleos públicos;

11 el que tornare imposible, incierto o litigioso el derecho sobre un bien o el cumplimiento, en las condiciones pactadas, de una obligación referente al mismo, sea mediante cualquier acto jurídico relativo al mismo bien, aunque no importe enajenación, sea removiéndolo, reteniéndolo, ocultándolo o dañándolo, siempre que el derecho o la obligación hubieran sido acordados a otro por un precio o como garantía;

12 el titular fiduciario, el administrador de fondos comunes de inversión o el dador de un contrato de leasing, que en beneficio propio o de un tercero dispusiere, gravare o perjudicare los bienes y de esta manera defraudare los derechos de los cocontratantes;

13 el que encontrándose autorizado para ejecutar extrajudicialmente un inmueble lo ejecutara en perjuicio del deudor, a sabiendas de que el mismo no se encuentra en mora, o maliciosamente omitiera cumplimentar los recaudos establecidos para la subasta mediante dicho procedimiento especial;

14 el tenedor de letras hipotecarias que en perjuicio del deudor o de terceros omitiera consignar en el título los pagos recibidos. (Nota: texto conforme Leyes: 11.221, 17.567, 20.509 y 24.441)

[682]) Directores; ejecutivos, apoderados y demás funcionarios que tengan poder de decisión sobre el manejo de estos fondos, incluyendo accionistas que tengan control sobre la gestión de la Institución.

con la Comisión Nacional de Valores en el ejercicio de su actividad financiera de regular el mercado de capitales, correspondiéndoles la potestad de reglamentar la actividad financiera, ejerciendo la vigilancia y aplicación de las sanciones a la trasgresión del régimen bancario ([683])

Para determinar la responsabilidad contractual que deriva del incumplimiento de la norma o contrato, debe precisarse si la obligación a cumplir por el sujeto responsable es de medios o de resultado. Cuando la obligación es de resultado, obliga al sujeto a una acción o una abstención (hacer o no hacer). Cuando la obligación es de medios, solo obligan al sujeto a actuar con prudencia y diligencia; sin excluirlo de responsabilidad por actuar con negligencia o imprudencia.

En el caso de las responsabilidades del fiduciario, sus obligaciones son de medios y por las cuales debe responder a los beneficiarios, fideicomitentes o terceros interesados y a las autoridades en lo que le competa.

1.2.   SANCIONES Y PENAS AL FIDUCIARIO:

Antes de entrar la materia tratada en este capítulo (y en el anterior) relativo al fiduciario, veamos, sucintamente, que es la responsabilidad civil, penal y moral:

a) La responsabilidad penal, tiene por finalidad designar a la persona que deberá responder por los daños o perjuicios causados a la sociedad en su totalidad, no a un individuo en

---

[683]) Corte Suprema de Justicia de Venezuela, JUEZ PONENTE: AYMARA GUILLERMINA VILCHEZ SEVILLA EXPEDIENTE N° AP42-N-2002-000727... Así, a juicio de la Corte una interpretación sistémica y teleológica de la Ley de Instituciones del Sector Bancario permite afirmar que las limitaciones establecidas en la realización de cualquier actividad permitida a los sujetos sometidos a la Ley de Instituciones del Sector Bancario, son el resultado de una ponderación realizada por el legislador a los fines de evitar que los entes sometidos a la supervisión puedan ver afectado su patrimonio y la estabilidad del sistema financiero por una excesiva participación en actividades, que en mayor o menor medida e incluso de forma eventual generan riesgos que deben ser ponderados por la Superintendencia -vgr. Culpa grave o dolo del fiduciario, en el ejercicio de "(…) las acciones o defensas judiciales a los fines de hacer valer sus derechos como propietario fiduciario del fondo fiduciario (…)". Cfr. Cláusulas 3.6, así como 6 y 7 del Contrato de Fideicomiso, en los cuales se evidencia un eventual riesgo en la condición de fiduciario del recurrente, que justifica la aplicación en los términos realizados por la Administración del artículo 51 de la Ley de Instituciones del Sector Bancario-.

particular, ya que estos daños o perjuicios tienen un carácter social, pues son considerados atentados contra el orden público, lo suficientemente graves como para ser fuertemente reprobados y ser erigidos en infracciones. Las sanciones penales tienen una función esencialmente punitiva y represiva, y sólo buscan la prevención de manera accesoria, con intimidación, disuasión o rehabilitación del culpable, de su reeducación o de su reinserción social.

b) La responsabilidad civil, intenta asegurar a las víctimas la reparación de los daños privados que le han sido causados, y busca de poner las cosas en el estado en que se encontraban antes del daño y restablecer el equilibrio que ha desaparecido entre los miembros del grupo. La sanción en la responsabilidad civil es indemnización.

c) Estas responsabilidades jurídicas se distinguen de la responsabilidad moral, ya que los responsables no responden de sus actos ante la sociedad, sino ante su conciencia.

García Máynez la define la sanción como la "consecuencia jurídica que el incumplimiento de un deber produce en relación con el obligado".

En el campo del derecho sanción es la consecuencia o efecto de una conducta, que constituye la infracción de una norma jurídica.

Las sanciones penales se reservan para los sujetos que violentan las disposiciones legales

Las sanciones administrativas, parecidas a las penales, pero menos severas y excluye hechos punibles.

La responsabilidad civil, a diferencia de las anteriores, lo que busca es indemnizar directamente a las personas que se les ha causado daño.

Muños Conde señala que " El concepto del delito responde a una doble perspectiva: por un lado, es un juicio de desvalor que se hace sobre el autor de ese hecho. Al primer juicio de desvalor se le llama injusto o antijuridicidad es pues, la desaprobación del acto;

culpabilidad la atribución de dicho acto a su autor para hacerle responsable del mismo"

La culpabilidad tiene dos formas: dolo y culpa, la primera es intención, la segunda negligencia, ambas tienen por fundamento la voluntad del agente. Sin intención o sin negligencia, es decir sin dolo o sin culpa, no hay culpabilidad y siendo ésta un elemento genérico del delito, sin culpabilidad no hay delito.   El dolo es la forma típica de la voluntad y en este sentido su verdadera forma. El hecho es la violación de un precepto jurídico, sólo cuando el agente ha querido el hecho prohibido, la desobediencia, la rebelión es plena y completa. Por tanto el delito es doloso, cuando el resultado dañoso o peligroso, que es el resultado de la acción u omisión de que la ley hace depender la existencia del delito, es previsto y querido por el sujeto como consecuencia de la propia acción u omisión.

En los países de América Latina, las responsabilidades y sanciones al fiduciario están previstas en las disposiciones de la ley de fideicomiso (684), la Ley de Bancos, Ley de la Actividad Aseguradora, Código Civil, Código Mercantil y demás disposiciones aplicables a la materia fiduciaria, cuya imputabilidad depende del grado de la infracción cometida y del régimen sancionatorio de cada país. Así vemos, como algunas responsabilidades se establecen en el contrato de fideicomiso que suscribe el fideicomitente con el fiduciario. Las sanciones previstas en las leyes, van desde multas hasta penas privativas de libertad, dependiendo del tipo de falta, que puede ser por actuación u omisión o por tipificación de un hecho delictual en perjuicio de estos patrimonios (685).

---

684) El Código de Comercio, Capítulo V El Fideicomiso en Guatemala. ARTICULO 780. ABUSO DE FIDUCIARIOS. Si el fiduciario enajena o grava los bienes en abuso de las facultades que le otorgue el contrato o el acto constitutivo, el fideicomitente o el fideicomisario, podrán exigirle que responda por los daños y perjuicios derivados de la negociación, así como promover su remoción y la imposición a fiduciario de las demás acciones que corresponden.

685) Artículo 406.- Artículo 406 de la Ley General de Títulos y Operaciones de Créditos de México, señala que "Al que teniendo la posesión material de los bienes objeto de garantías otorgadas mediante fideicomiso de garantía transmita, grave o afecte la propiedad o posesión de los mismos, en términos distintos a los previstos en la ley, sustraiga sus componentes o los desgaste fuera de su uso normal o por alguna razón disminuya intencionalmente el valor de los mismos, se le sancionará con prisión hasta de un año y multa de cien veces el salario mínimo general diario vigente en el Distrito Federal, cuando el monto de la garantía no exceda del equivalente a doscientas veces de dicho salario.
Si dicho monto excede de esta cantidad, pero no de diez mil, la prisión será de uno a seis años y la multa de cien a ciento ochenta veces el salario mínimo general diario vigente en el Distrito Federal. Si el monto es mayor de diez mil veces de dicho salario, la prisión será de seis a doce años y la multa de ciento veinte veces el salario mínimo general diario vigente en el Distrito Federal"

El fundamento del derecho sancionatorio está constituido en la necesidad de proteger los bienes y derechos de los beneficiarios y fideicomitentes, de los abusos y aprovechamientos indebidos que pudieran realizar en detrimento de éstos los administradores de los entes fiduciarios, dada las facultades conferidas en la figura del fideicomiso o de cualquiera de las otras operaciones de confianza, como el mandato, la comisión o la representación.

Las infracción a la norma puede ser por acción (realización de un acto) u omisión (no realización de la conducta esperada). La infracción puede derivarse por incumplimiento de una obligación formal (ejemplo no hacer la declaración de impuesto o no enterarlo) o por incumplimiento de una obligación sustantiva

La importancia de la responsabilidad establecida en la legislación, no solo deriva de su aplicación efectiva, sino por su acción preventiva, como lo señala Villegas, citando a **Halperin**, el cual expresa que "hará afinar el cuidado en el manejo de los negocios sociales y reflexionar ante la tentación de postergar los intereses sociales en beneficio de los propios" (686). Asimismo, **Touffait**, señala que "el principio rector de este derecho, es compensar los riesgos de la libertad por la garantía de la responsabilidad" (687)

El Régimen Penal Bancario y del Mercado de Capitales establece para los miembros de las juntas administradoras, directores, administradores y empleados del ente fiduciario u otros empleados u operadores responsabilidades y sanciones, que van desde multas (sanciones administrativas) (688) hasta penas privativas de

---

686) Carlos G Villegas, Régimen Legal de Bancos, página 327, Ediciones Depalma, Buenos Aires 1978
687) Cita de Alfredo Morlés Hernández, en su Obra Régimen Legal del Mercado de Capitales, pagina 254, Caracas, 1979.
688) Artículo 208 de la Ley de Mercado de Capitales de Ecuador, señala que "Sanciones administrativas.- La Superintendencia de Compañías impondrá las sanciones administrativas teniendo en cuenta la mayor o menor gravedad de la infracción administrativa, para lo cual se tomará en cuenta la magnitud del perjuicio causado de conformidad con las siguientes disposiciones: 1.- Las infracciones leves, que impliquen meros retrasos en el cumplimiento de obligaciones formales o incumplimiento de otras obligaciones que no lesionen intereses de partícipes en el mercado o de terceros o lo hiciere levemente, se sancionarán alternativa o simultáneamente con: a) Amonestación escrita; y, b) Multa de doscientos sesenta y dos 89/100 (262,89) a quinientos veinticinco 78/100 (525,78), dólares de los Estados Unidos de América. 2.- Las infracciones graves, que son aquellas que ponen en serio peligro o lesionan gravemente los intereses de los partícipes en el mercado o de terceros, se sancionarán alternativa o simultáneamente con: a) Multa de quinientos veinticinco 78/100 (525,78) a cinco mil doscientos cincuenta y siete 80/100 (5.257,80), dólares de los Estados Unidos de América; pero si la infracción estuviere relacionada con la

libertad, cuando realicen actos en perjuicio del fideicomitente o beneficiario que lesionen sus intereses, así como en detrimento del fisco nacional.

El incumplimiento de las responsabilidades contractuales, en materia fiduciaria, generan para el fiduciario, incluyendo todos los administradores, sanciones que pueden ser de carácter penal, administrativas o civiles.

Tomemos como ejemplo lo que establece la legislación Venezolana sobre el régimen sancionatorio a las personas que administran, manejan, operan o controlan las operaciones de fideicomiso:

- En Ley General de Bancos y Otras Instituciones Financieras encontramos las responsabilidades y sanciones para los administradores de los fondos fiduciarios, con lo cual se deroga lo que establece la Ley de Fideicomiso de 1956 sobre este tema ([689]), señalando estas normas lo siguiente:

---

realización de una transacción, a más de la comisión indebidamente percibida, la multa será del cien por ciento del valor de la transacción; b) Remoción del cargo o función; c) Inhabilitación temporal hasta por tres años para ejercer las facultades que esta Ley establece; para ser funcionario en el C.N.V., o en la Superintendencia de Compañías; o para ser director, administrador, auditor o funcionario de las entidades que participan en el mercado de valores; d) Suspensión temporal hasta por un año de la autorización para participar en el mercado de valores; y, e) Reversión de la operación. 3.- Las infracciones muy graves, que son aquellas que ponen en gravísimo peligro o lesionan enormemente los intereses de los partícipes en el mercado o de terceros atentando contra el objeto de ésta Ley definido en el artículo uno, se sancionarán alternativa o simultáneamente con: a) Multa de cinco mil doscientos cincuenta y siete 80/100 (5.257,80) a veinte y seis mil doscientos ochenta y nueve (26.289) dólares de los Estados Unidos de América; pero si la infracción estuviere relacionada con la realización de una transacción, a más de la comisión indebidamente percibida, la multa será del cien por ciento del valor de la transacción; b) Remoción del cargo o función; c) Inhabilitación definitiva para ejercer las funciones que esta Ley establece; o para ser funcionario en el C.N.V., o en la Superintendencia de Compañías; o para ser director, administrador, auditor o funcionario de las entidades que participan en el mercado de valores; d) Suspensión temporal en el ejercicio del derecho al voto de un accionista o de su capacidad de integrar los organismos e de administración y fiscalización de la compañía; o prohibición de enajenar las acciones;) Cancelación de la autorización para participar en el mercado de valores, lo cual implica la disolución automática de la compañía infractora; y, f) Reversión de la operación. Estas sanciones se aplicarán a las entidades y a las personas naturales según sea su participación en la infracción correspondiente. Si se tratare de decisiones adoptadas por organismos colegiados, las sanciones se aplicarán a los miembros del mismo que hubieren contribuido con su voto a la aprobación de tales decisiones.
[689]) Articulo 31 de la Ley de Fideicomiso Venezolana establece que "Los Administradores de los Bancos y Empresas de Seguros, que en detrimento de los beneficiarios y demás personas mencionadas en el artículo 28, realicen con intención actos violatorios de las obligaciones resultantes del fideicomiso, serán penados con prisión de uno a cinco años. El enjuiciamiento se seguirá de oficio". Esta norma, a nuestro entender, es una de las que quedó derogada, con la reforma de la Ley de Bancos del año 2001; ya que en esta reforma se acoge un nuevo régimen sancionatorio para los administradores de los bancos, con lo cual queda deroga la norma prevista en la Ley de fideicomiso del año 1.956.

1. "Los miembros de la Junta Administradora, directores, administradores o empleados del ente fiduciario que en perjuicio del fideicomitente o beneficiario, le dieren al fondo fiduciario a su cargo una aplicación diferente a la destinada, serán penados con prisión de ocho (8) a diez (10) años" ([690]). Esta misma Ley establece que "Los miembros de la Junta Administradora, directores, administradores o empleados de la Institución Financiera que incumplan con las disposiciones contenidas en el contrato de fideicomiso, mandato, comisión u otro encargo de confianza produciéndole al beneficiario o fideicomitente, mandante o comisionante un perjuicio o daño irreparable en su patrimonio serán castigados con pena de prisión de nueve (9) a once (11) años. Se aumentará la pena prevista en este artículo en un tercio (1/3), cuando la institución financiera utilice los fondos del fideicomiso, mandato, comisión u otro encargo de confianza, para fines contrarios a los previstos en las leyes, o a las instrucciones o medidas dictadas por la Superintendencia de Bancos y otras Instituciones Financieras, aun cuando las mismas estén autorizadas por el cliente o contenidas en el respectivo contrato.

2. "Los miembros de la Junta Administradora, directores, administradores, funcionarios o empleados del ente fiduciario que falsearen datos o efectúen declaraciones falsas sobre los beneficios del fondo fiduciario, sorprendiendo la buena fe de terceros, induciéndolos a suscribir el contrato de fideicomiso, serán penados con prisión

- La Ley de la Actividad Aseguradora Venezolana establece penas pecuniarias y sanciones penales a administradores, directores y empleados que incurran en actividades que contravengan las disposiciones de esta Ley. Aunque específicamente no establece penas para los que contravengan las disposiciones en

---

[690]) La Ley de Instituciones del Sector Bancario Venezolana

materia de fideicomiso, ella los remite a la normativa prevista en la Ley de Fideicomiso. La Ley de Fideicomiso establece las responsabilidades y sanciones para los administradores de los fondos fiduciarios, sean estas empresas de seguros o bancarias. A los administradores, operadores o contralores de estas empresas, estimamos que se les puede aplicar por analogía la normativa de fideicomiso recogida en la Ley de Instituciones del Sector Bancario, que no estén específicamente señaladas en otra disposición, dado la derogatoria de las previsiones sancionatorias de la Ley de Fideicomiso.

La Ley de la Actividad Aseguradora Venezolana, en materia de sanciones para los administradores, directores y demás empleados que contravengan la normativa fiduciaria en las empresas de seguros, se les debe aplicar lo previsto en la Ley de Fideicomiso y las disposiciones de la Ley de la Actividad Aseguradora. La regla ignorantia iuris non excusat, cede ante obscuridades de las normas jurídicas consistentes en error de hecho o en error de derecho.

- En la legislación tributaria encontramos diversos tipos de sanciones a los responsables de las infracciones, por un lado el contribuyente y por otro el responsable de la obligación tributaria, dentro de los cuales se cuenta al fiduciario. La autoridad competente para imponer sanciones o exonerarlas es la administración tributaria

En las legislaciones del continente encontramos el mismo régimen jurídico, que sanciona a los directores, administradores o empleados del ente fiduciario en sus actuaciones reñidas con la normativa legal y prudencial; así como por incumplimiento de las directrices trazadas por el fideicomitente en el contrato de fideicomiso.

2.- NORMATIVA PARA EL MANEJO Y CONTROL DE LAS OPERACIONES FIDUCIARIAS.-

Las operaciones de fideicomiso por su rigor jurídico y estricto apego a las normas legales y contractuales deben ser controladas, no sólo por las autoridades de control del Estado, las cuales han establecido lo que ha dado en llamarse la normativa prudencial, sino también por el fideicomitente o beneficiario y por el mismo ente fiduciario, dado que estos bienes o derechos son entregados por terceros, para que cumplan las finalidades previstas en el contrato. Para velar por el apego, no solo a la legalidad, sino también a la funcionalidad y eficiencia como deben manejarse estas operaciones, el propio fiduciario establece un cuerpo de normas de carácter general, que deben ser atendidas por el personal que maneja o atiende estas operaciones. Asimismo las Superintendencias de Bancos y de Seguros establecen normativas que refuerzan el apego que el fiduciario debe tener a esa legalidad y a la administración eficiente y fuera de riesgos directos, que deben evitar los fiduciarios en el manejo de estas operaciones y en los compromisos que asumen con los fideicomitentes al suscribir los contratos de fideicomiso. A fines ilustrativos, recogemos a manera de resumen la normativa prudencial impuesta por la Superintendencia de Bancos de Venezuela, las cuales comentamos y hacemos las observaciones que estimamos caben en su articulado.

Las normas que se acompañan, tanto prudenciales, como organizativas, refuerzan el régimen impositivo en materia fiduciaria, a la vez, que sirve de apoyo y orientación al personal de las instituciones financieras que desempeñan estas actividades, normativa que ha venido atendiendo FELABAN, a través de sus comités:

2.1.- NORMAS PRUDENCIALES QUE REGULAN LAS OPERACIONES DE FIDEICOMISO.

Esta normativa prudencial establecida por la Superintendencia de Bancos de Venezuela, resalta aquellos aspectos de Ley y por la naturaleza de la figura del fideicomiso debe ajustarse el fiduciario. Así vemos que el artículo 16 establece: Las institución Bancarias deberán contabilizar en sus libros, conforme a lo establecido en el manual de Contabilidad emitido por esta Superintendencia, como activo o pasivo directo, sin perjuicio del procedimiento administrativo a que hubiere lugar, aquellas operaciones que en cumplimiento de cualquiera de los contratos de fideicomiso involucre algunas de las siguientes acciones:

a) Asuma o representa riesgo económico y/o financieros en la operación
b) Las transacciones dan indicios de intermediación financiera
c) Garantizan rendimiento, independiente del mecanismo implementado.

2.2.- NORMAS GENERALES DEL NEGOCIO FIDUCIARIO:

A fines ilustrativos se muestran las más destacadas normas ([691]) que debiera implementar el fiduciario para el manejo y control de las operaciones de fideicomiso; las cuales debieran cumplir los que participan en las distintas fases de estas operaciones, tanto para el manejo del proceso que se deriva de las operaciones del fideicomiso, como por los derechos y las responsabilidades de los que participan en la figura, dado su rigor jurídico:

1. En la constitución del fideicomiso (firma del contrato) de acuerdo a la normativa jurídica de cada país y la naturaleza de los bienes o derechos objeto del fideicomiso, el fiduciario deberá recibir los bienes y/o derechos, que es la tradición de la propiedad del fideicomitente al fiduciario, en este acto u otro posterior.

2. Los fondos de cada uno de los fideicomisos deberán ser plenamente identificados individualmente y no se debe dejar, bajo ningún respecto, confundir estos bienes o derechos con los propios del fiduciario, ni entre ellos mismos, ni con otros fondos de terceros que maneje el fiduciario.

3. Las inversiones de los fondos que haga el fiduciario deberán estar ajustadas a las instrucciones recibidas en

---

[691]) El Resumen de las normas que he venido usando en mis trabajos a los entes fiduciarios venezolanos, desde el año 1980, inclusive mucho antes de publicar el libro la Organización Fiduciaria (1983) y desarrollara el software de fideicomiso "FIDUCIA 2000",

el contrato y a las normas prudenciales, con estricto apego a la Ley y dentro las normas de una sana administración y diversificación de riesgo. Los fondos disponibles del fideicomiso, deberán ser usados únicamente para cumplir con los fines establecidos en el contrato y atender los gastos inherentes a estas operaciones.

4. Los beneficios que se obtengan del manejo de la cartera de inversiones del fideicomiso, deberán ser aplicados a los fondos que correspondan y ser distribuidos de acuerdo a las instrucciones recibidas en los respectivos contratos.

5. Las instrucciones establecidas en los contratos, deben ser revisadas periódicamente y exigir a las personas que corresponda, el cumplimiento de las mismas.

6. En caso de fuerza mayor, que obligue necesariamente a apartase de las instrucciones dadas por el fideicomitente en el contrato, el fiduciario deberá pedir autorización al Juez de Fideicomiso, siempre tratando de resguardar estos bienes de las eventualidades que pudieran suscitarse e informar a las autoridades de control ([692])

7. El fiduciario debe mantener un expediente por cada Fideicomiso que contenga las informaciones derivadas de sus transacciones, el cual conservará por el periodo que establezca la Ley ([693])

8. Los fideicomisos deben ser remunerados y los montos para suscribirlos deben ser fijados por las autoridades del ente fiduciario; salvo los que corresponden a asociados de entes colectivos, que hacen aportes sucesivos, y los que correspondan a registros simbólicos de fideicomisos públicos.

9. El plazo mínimo para suscribir los contratos de fideicomiso se fijará también dentro de la política que

---

[692]) En la Ley de Instituciones del Sector Bancario venezolana y en las normas prudenciales, así como en la Ley de fideicomiso, cuando se presenten fuertes dudas o en casos de fuerza mayor, deberá el fiduciario informar al Juez de Fideicomiso y a la Superintendencia de Bancos, para acordar con estos lo que más convenga a los intereses del beneficiario o fideicomitente.
[693]) En Venezuela la Ley de Fideicomiso señala que el fiduciario conservará por cinco (5) años por lo menos, la información relativa a las operaciones de fideicomiso; no obstante lo que establece el Código de Comercio para los comerciantes (10 años).

establezca el fiduciario, la cual debe estar ajustada a la Ley y dependerá mucho de la naturaleza del tipo de bien que se da en fideicomiso y del encargo que se acometa. El plazo máximo en los contratos de fideicomiso en nuestros países es variable y va de 20 años en México hasta 80 años en Ecuador ([694])

10. Todos los gastos derivados del Fideicomiso, serán por cuenta y orden del fideicomitente o cargados de los propios fondos del Fideicomiso.

11. La Junta Directiva del ente fiduciario debe aprobar los modelos de contratos de fideicomiso, su suscripción, plazo y condiciones especiales; salvo delegación que haga al Presidente del Instituto, comité o apoderados o a quien se le asigne esta responsabilidad. Estos modelos, deben ser enviados al órgano de control y deben estar acordes a lo que disponga la Superintendencia sobre la materia que traten.

12. El Comité de Inversiones actuará de acuerdo a las políticas y directrices de la Junta Directiva, ajustadas a las disposiciones contractuales y dentro del marco de Ley.

13. En la terminación de los Contratos, se actuará con apego a lo que ellos mismos establecen y a lo previsto en la Ley. En este acto, se hará también entrega formal de los bienes del fondo fiduciario,

---

[694]) Artículo 110 de la Ley de Mercado de Capitales de Ecuador señala textualmente que "Naturaleza y vigencia del contrato.- El fideicomiso mercantil deberá constituirse mediante instrumento público abierto. Cuando al patrimonio del fideicomiso mercantil se aporten bienes inmuebles u otros para los cuales la Ley exija la solemnidad de escritura pública, se cumplirá con este requisito.

La transferencia de la propiedad a título de fideicomiso se efectuará conforme las disposiciones generales previstas en las leyes, atendiendo la naturaleza de los bienes.

El fideicomiso mercantil tendrá un plazo de vigencia o, podrá subsistir hasta el cumplimiento de la finalidad prevista o de una condición. La duración del fideicomiso mercantil no podrá ser superior a ochenta años, salvo los siguientes casos:

a) Si la condición resolutoria es la disolución de una persona jurídica; y,

b) Si los fideicomisos son constituidos con fines culturales o de investigación, altruistas o filantrópicos, tales como los que tengan por objeto el establecimiento de museos, bibliotecas, institutos de investigación científica o difusión de cultura, o de aliviar la situación de los interdictos, los huérfanos,

b) Si los fideicomisos son constituidos con fines culturales o de investigación, altruistas o filantrópicos, tales como los que tengan por objeto el establecimiento de museos, bibliotecas, institutos de investigación científica o difusión de cultura, o de aliviar la situación de los interdictos, los huérfanos, los ancianos, minusválidos y personas menesterosas, podrán subsistir hasta que sea factible cumplir el propósito para el que se hubieren constituido.

balances, estado de cuenta y se firma el finiquito correspondiente.

14. Los Documentos jurídicos, contables, administrativos y financieros relacionados con las operaciones de fideicomiso que hayan sido finiquitados, deberán ser archivados y conservados, para posibles reclamos que pudieran presentarse.

15. En aquellos casos, donde no se tenga certeza sobre el valor del bien objeto del fideicomiso, se tratará en lo posible de establecer un justiprecio, evitando así los registros simbólicos, que nada dicen de la importancia de la Operación ni las responsabilidades que se asumen.

16. En los países donde se establecen topes máximos por activos manejados en fideicomiso, respecto al patrimonio del ente fiduciario, debe tenerse cuidado de seleccionar figuras jurídicas para cumplir determinados fines, si a través de ellas se pudieran lograr los mismos objetivos([695])

17. Estas normas deben indicar que son de obligatoria observancia por los funcionarios del área de fideicomiso del Instituto y por todo el personal y autoridades del ente fiduciario, so pena de las responsabilidades del caso por su incumplimiento.

2.3.- NORMATIVA PARTICULAR:

Además de estas normas de carácter general, se deben establecer normas particulares para las responsabilidades y actuaciones que deben asumir, tanto el fideicomitente, como el fiduciario y el beneficiario, las cuales debieran ser informadas a los participantes en los fideicomisos:

Es responsabilidad del fiduciario ajustarse estrictamente a las normas y disposiciones establecidas en la Ley y el contrato, debiendo actuar con la diligencia de un buen padre de familia o administrador diligente como lo establece la Ley.   Cada institución que actúa como

---

[695]) Artículo 22 de las normas que regulan las operaciones de Fideicomiso de Venezuela del año 2012, citada supra

fiduciario, debe establecer el régimen de control que debe seguir en estas operaciones, el cual es casi uniforme, donde influye mucho el recurso humano y los recursos tecnológicos de que se dispone para el manejo y control de estas operaciones.

3. EL CONTROL DE RIESGO EN LAS OPERACIONES DE FIDEICOMISO:

Las instituciones financieras bancarias de acuerdo a lo acordado en Basilea (Suiza) han recogido lo que otros sectores han venido poniendo en actividad, desde hace cierto tiempo sobre control de riesgo. Sobre este particular quisiera señalar, que no es sólo crear una normativa para gerenciar los riesgos, sino que las personas o instituciones o autoridades que las implementen deben exigir que se vaya creando el ambiente, para que estos formen parte de la cultura organizacional de estos sujetos. El control más eficaz es aquel que deriva de la ejecución de las actividades que se emprenden o acometen, no es ejercicio de imposición o de rigidez en los procesos, es cabalgar el riesgo en sus propios elementos. El riesgo siempre existió y existirá, sean estos de mercado, cambio, operacionales, de tasas, liquidez, de crédito o contraparte, jurídico, reputacional, profesional o de cualquier naturaleza; otra cosa es, que sobre su evaluación las autoridades o la misma institución establezca esquemas para provisionarlos, que a la larga afecta los resultados del negocio y con ello a los que aportan o depositan capitales y requieren redituarlos (accionistas o inversionistas).

En la banca las provisiones tienen efecto contable particular, dado que es la confianza del público en estos entes, lo que determina su estabilidad, porque estas actúan y se soportan con recursos de terceros, que movilizan sus fondos donde aprecian seguridad, si la información disponible lo permite.

El criterio de previsión de riesgo que sigue el fiduciario para sus operaciones propias, debe seguirlo también para los fondos de los fideicomisos que no tengan inversiones o colocaciones dirigidas, por lo cual la metodología que emplee, debe apuntar a lo siguiente:

a) identificar los eventos de riesgo (personas, bienes y las operaciones o procesos);

b) clasificar los tipos de riesgos (jurídico, operacional, profesional, creditito, liquidez, mercado o reputacional);

c) Probabilidad de ocurrencia (Señalar responsabilidades en los contratos y las medidas precautelativas que deben tomarse);

d) Impacto de ocurrir el riesgo (logro del objetivo del negocio fiduciario, con los objetivos de la empresa, es un costo directo indirecto) y

e) Crear mapa de riesgo (calificar el riesgo por tipo de negocios, fijar las políticas para cada tipo de negocio que se acepte, monto, honorarios, control) y la supervisión del negocio, que debe ser proporcional a los riesgos implícitos.

A las autoridades les corresponde evaluar las actividades que ejecutan los fiduciarios, pero no sólo por los riesgos implícitos en las operaciones que acometen para cumplir el encargo fiduciario, sino a los fines que estas no vayan en perjuicio de sus propias actividades, pudiera generar conflictos de intereses; del apego a las disposiciones de Ley, por la exclusividad de las actividades de la gestión bancaria, y por la protección y resguardo que deben al público, que pone sus fondos a disposición de estas instituciones.

El negocio fiduciario, por ser propio y exclusivo de cada contratación, exige aplicar controles directos y a veces muy personalísimos sobre cada gestión que se emprende; lo cual no excluye la masificación que deba hacerse de muchas operaciones por razones de tiempo, costo, rentabilidad y racionalidad de procesos, aunque después los controles permitan las diferenciaciones correspondientes dentro de los términos de Ley. Esto es así, porque de lo contrario no serían rentables manejar estas operaciones, ya que tendrían demasiados recursos asignados, que encarecería el costo del servicio.

Las mismas técnicas de administración integral de riesgo que se aplican para las actividades propias que ejecuta el fiduciario, deben aplicarse a las operaciones de fideicomiso y otros encargos confianza, sean ellos riesgos de mercado, tasas de interés, legal o contractual, operativo, tecnológico o de contra parte. El recurso que se encarga de estas actividades en la institución que actúa como fiduciario, debe planificar y trazar estrategias de control sobre estas operaciones también, apoyándose en la infraestructura que se haya montado para ejecutar estos controles de la manera más eficaz posible.

Los riesgos que asuma la institución y que puedan materializarse en pérdidas, afectarán directamente su patrimonio, pero los que derivan de las operaciones de fideicomiso y otros encargos de confianza, pueden deberse a los riesgos propios del encargo que se gestiona, lo cual afectará en caso de materializarse al propio fondo fiduciario correspondiente a esa negociación en particular; salvo que sea una actuación masiva que pudiera afectar a varios fondos, que persigan esa misma finalidad, caso inversiones, por mencionar alguno. Pero adicional a estos riesgos propios de cada fondo de manera particular, el fiduciario asume los riesgos propios de su actuación, los cuales pueden derivarse de riesgos legales o contractuales, por no ajustarse a las disposiciones de Ley o a las instrucciones previstas en el contrato; a riesgos operativos, derivados de impericia en el cumplimiento de su gestión, que pudiera ocasionar perjuicios comprobables al fondo fiduciario, que también pueden afectar su patrimonio, por daños causados a terceros. Esto es independiente de la expresión de que estas operaciones no afectan al patrimonio del fiduciario, ya que este sólo responde a sus acreedores, ya que aquí lo que se está es resarciendo un daño ocasionado, por un servicio prestado donde se cobran unos honorarios, que fortalecen esa masa patrimonial. Los otros riesgos, como de mercado, tasas, cambio, tecnológicos u otros deben también evaluarse y tomarse las mismas previsiones que toma la institución, lo cual puede llevar a notificar al fideicomitente o beneficiarios y a las autoridades, si el caso lo amerita, siempre dentro de la más sana gestión de riesgo que proceda, que evite verse en lo más mínimo posible involucrado en responsabilidades de ninguna naturaleza.

El directorio del ente fiduciario debe evaluar periódicamente la gestión que se realiza en esta área, apoyándose en la información de la unidad de fideicomiso, en la que genera la unidad de riesgo, la de auditoría interna y externa y la que pueda reportar las unidades de apoyo, como finanzas, tecnología, contabilidad, consultoría y mercadeo, las cuales debe contrastar con las limitaciones que le establece la Ley que rige la materia ([696]). Esta relación del monto del patrimonio del fiduciario, con los fondos en fideicomiso es particular, si estos fondos no responden a la prenda común de los acreedores de las Instituciones que actúan como fiduciarios; por lo cual no pasa de ser una simple relación cuantitativa, que se integra para limitar las actuaciones de los fiduciarios o salvo que sea el supuesto de riesgo que estimaron los legisladores que está implícito en estas actuaciones o que se buscó poner una relación menor a la capacidad de endeudamiento directo de las instituciones bancarias. Otro aspecto a evaluar en las operaciones fiduciarias, es la aplicación de las Normas Internacionales de Contabilidad (NIC), siempre dentro de lo que dispongan las leyes y autoridades de cada país.

---

[696]) Ley del Sector Bancario de Venezuela, citada

EL FIDEICOMISO, FIDUCIA O TRUST EN AMÉRICA

BIBLIOGRAFÍA

1. Leyes de Fideicomiso de los Países de América y Europa
2. Leyes de Bancos y otras Instituciones Financieros de América
3. Leyes de Seguros y Reaseguros de América
4. Leyes de Trabajos y sus Reglamentos.
5. Códigos Civiles de América y Europa
6. Códigos de Comercios de América y Europa
7. Leyes de Mercado de Capitales en América
8. Códigos y Leyes Tributarias del continente
9. Leyes Bancos Centrales
10. Circulares y Disposiciones de la Banca
11. Códigos de Cuentas de la Banca Venezolana (Asientos)
12. Información Software Fiducia 2000
13. Fideicomiso, Rodolfo Batiza, Editorial Porrúa S.A. Tercera Edición.   México, 1976.
14. El Fideicomiso en Venezuela, Nicolás Vegas Rolando, Ediciones y   Distribuciones "Magon", Venezuela 1979.
15. Organización Fiduciaria, Atilio Rojas Autor de esta Obra) Primera Edición. Editorial Arte. Venezuela. 1983
16. Teoría y práctica del Fideicomiso, Kiper Claudio, año 2002, Argentina.
17. Código civil Abouhamad Hobaica,
18. Contratos Bancarios, su significación en América Latina, Sergio Rodríguez Azuero. Biblioteca Felaban, 1977
19. Harry A. Finney y Herbert E. Miller, Curso de contabilidad, Intermedia y Superior, Tomos I y II (Teoría y Material de práctica), Tercera Edición 1977.Michingan State University. E.U.A. Impreso en México 1977.
20. Derecho Civil Personas, José Luis Aguilar Gorrondona, Editorial Sucre, C.A. Tercera Edición, 1970
21. Principios Básicos del Fideicomiso y de la Administración Fiduciaria, Rodolfo Batiza. México.
22. Jorge GAMARRA, Tratado de Derecho Civil Uruguayo
23. Tratado de Fideicomiso, Kiper Claudio M año 204, Argentina

24. Régimen Legal del Mercado de Capitales, Alfredo Morales Hernández, Editorial Sucre, 1979.

25. Fideicomiso, Atilio Rojas (autor de este libro). Editorial 1981

26. Curso de Derecho Mercantil, Roberto Goldschmidt

27. Los Fondos del Mercado Monetario, Atilio Rojas (Autor de esta obra) Editorial Libre 1985.

28. Tratado de Fideicomiso. Claudio Marcelo Kiper y Silvio Lisoprawski; con la colaboración de Alejandro Hernández Maestroni, Juan María del Sel y Marcos Torassa. Buenos Aires. 2.012.

29. Obligaciones y Responsabilidad del Fiduciario, Kiper Claudio y Silvio Lisoprawski. Editorial depalma, S.A. Buenos Aires. 1999.

30. Curso de Obligaciones, Eloy Maduro Luyando. Venezuela

31. Aspectos Jurídicos y Contables de las Sociedades Mercantiles en Venezuela, Juan Laya Baquero, 1976

32. Asúa González. Designación del Sucesor a través de terceros
. Editorial Tecnos. Madrid 1992

33. Mirzia Bianca. El Principio de la Responsabilidad Patrimonial y sus
    Limitaciones

34. Legislación Laboral Práctica, Juan Garay.

35. Revista de Derecho Privado, Nueva Época, año II, Núm. 6.
    Septiembre- Diciembre 2003, México. Publicación La Institución
    Jurídica del Fideicomiso en caída Libre, Juan Suoyfeta Ozaeta

36. El Fideicomiso y la Organización Contable Fiduciaria, Raúl
    Rodríguez Ruiz. Ediciones Contables y Administrativas, S.A.
    Tercera Edición, México, 1975.

37. Diccionario Jurídico VENELEX, obra venezolana editada por DMA Grupo
    Editorial, Primera Edición. 2003

38. Jean Paúl Beraudo, Estudio Comparado del Fideicomiso y el Trust Inglés,
    París.

39. Diccionario de Derecho Usual, Guillermo Cabanellas.

40. Curso de Fiducia Sistems 2000 sobre Fideicomiso

41.   Derecho Romano, Eugene Petit. Traducción del Dr. Fernández
      González.   Editora   Nacional.   Novena   Edición, México, 1975
42.   Bienes y Derechos Reales. Gert Kummerow. Segunda Edición,
      U.C.V. Caracas, 1969.
43.   Derecho Civil Español. Elementos del acto jurídico. Declaración de voluntad. Negocio fiduciario. Documentos públicos y privados. Universidad de Murcia
44.   Diccionario de Ciencias Jurídicas, Políticas y Sociales, Manuel Osorio
45.   Gitrama González, M., Configuración Jurídica de los Servicios Médicos
46.   Bienes y Derechos Reales; Manuel Simón Egaña. Editorial Criterio, Caracas 1974.
47.   Enciclopedia Jurídica Opus. 1994. Editorial Libra Venezuela. El autor es coparticipante.
48.   Fundamentos de la Actividad y los negocios Bancarios. Francisco Morales Casas. Segunda Edición 1994 Colombia. Editorial Jurídica Radar Ediciones
49.   Introducción a la Titularización de Activos, Gustavo, Aristizabal Tobón, 1992, Colombia.
50.   Chiara Díaz Carlos Alberto, "El bien jurídico tutelado en la Ley Penal Tributaria y los delitos de evasión simple y agravada", Ed. Zeus Colección jurisprudencial, año 2003 Argentina.
51.   Guillermo Alegre Alonso, la naturaleza jurídica de la fiducia testamentaria
52.   El Fideicomiso en Costa Rica, Nociones y Productos, Jorge Porras Zamora, Primera Edición, Costa Rica, 1998.
53.   Cámara Lapuente. La fiducia sucesoria secreta. Dykinson. 1996
54.   Monografía sobre El Fideicomiso Financiero. La titularización y el fideicomiso financiero. María Quintero y Romina Fisbin. Universidad de Buenos Aires. Argentina 2004
55.   Lacruz Berdejo, derecho de sucesiones. 1988
56.   José M. Villagordoa Lozano, Breve estudio sobre el fideicomiso
57.   Miguel Acosta Romero, Derecho Bancario, Porrúa, México, 1978
58.   Garrido Grateron, Mary Sol: "Bienes y derechos reales" Derecho Civil III, Segunda Edición, Fondo Editorial USM, Caracas ,2000

59. El Fideicomiso, página 1, Osvaldo H soler y Asociados, Argentina, 2000, cita Web.

60. José Pérez Martínez, Apuntes de Derecho Civil. España. 1997

61. Negocios Fiduciarios, su significación en América Latina. primera edición, Bogotá año 2005.

62. Salas Jiménez, Simón: Guía de persona, Personalidad y Patrimonio, Caracas.

63. Paol Antonio, Martín E. Fondos comunes de inversión. Editorial Depalma. Buenos Aires. 1994.

64. *De la Fiducia y el Trust.* Pompeyo Claret Martí

65. NAVARRO MARTORELL, M., *La propiedad fiduciaria. La fiducia histórica. Los modernos negocios fiduciarios. La propiedad fiduciaria,* Bosch, Barcelona, 1950.

66. El Trust Angloamericano en el Derecho Español. Miguel Checa.

67. El Trust, Cristina González Beilfujss

68. Jorge Gamarra. Tratado de Derecho Civil Uruguayo. Título IX

69. Roca Sastre, *Estudios de Derecho privado. II. Sucesiones,* Madrid, 1948.

70. Roca Sastre l"heretament fiduciari al pallars sobira. Barcelona 1934.

71. Bueres Alberto J. La entrega de la cosa en los contratos reales. Ed. Abaco

72. Revista de derecho Privado, nueva época, año II, núm. 6. Dudas sobre la Reforma del 29-10-2002 a la Ley General de Títulos y Operaciones de Créditos. México. Juan Suoyfeta Ozaeta

73. MANRESA Y NAVARRO, J. M., *Comentarios al Código civil español,* T. V., Editorial Reus, 1972

74. Arturo Valencia Zea, Derecho Civil, tomo II, Editorial Tenis, Bogotá 1983,

75. Rafael Rojina Villegas, Derecho Civil Mexicano, III, Vol. I. México.

76. Julián Alberto, Martín. Securitizacion. Fideicomiso. Fondos de Inversión. Leasing. Tratamiento Impositivo. Price Waterhouse. Buenos Aires. Octubre 1996.

77. Gert Kummerow, *Bienes y Derechos Reales. Derecho Civil II), Venezuela 1980.*

78. José Mélich Orsini. El Fideicomiso en Venezuela

79. Diez-Picazo, Luis y Gullón, Antonio. Instituciones del Derecho Civil. Editorial Tecnos. Colección Biblioteca Universitas.

80. Objeto de la sociedad y objeto del contrato de sociedad Universidad de los Andes "Dr. Pedro Rincón Gutiérrez". 2006

81. Operaciones fiduciarias o trusts en Derecho español. Revista Crítica de derecho Inmobiliario – Número 654, septiembre- octubre

1999 Sergio Cámara Lapuente - Profesor Titular Interino de Derecho Civil Universidad de La Rioja. España.

82. De la Fiducia Gestión. Revista Critica de Derecho Inmobiliario - Núm. 704, Noviembre - Diciembre 2007. Iñigo Mateo y Villa. España

83. Diana, Mondito. La securitizacion y la calificación de riesgo. 1994.

84. **Santiago Puig i Viladomiu,** Artículos Doctrinales. Protección de bienes: Trust y   Fundaciones. Derecho Civil Español. **Noviembre 1999**

85. Emilio Margáin Barrasa. Ley de Impuesto Sobre la Renta en la Reforma Fiscal. México

86. Lisoprawski, Silvio V y Kiper, Claudio M. Fideicomiso. Dominio Fiduciario. Sicuritización. Editorial Declama. Buenos Aires. 1995

87. Antonio José Quesada Sánchez. Noticias Jurídicas. Artículos Doctrinales de Derecho Civil. (Bosch On line) Noviembre 2001. España

88. Carlos Casillas. Características del trustee en el Derecho Anglosajón

89. LATORRE MARTÍNEZ DE BAROJA, E., *Comentarios a los arts. 110 a 118 (fiducia sucesoria) de la Compilación. España*

90. Jurisprudencias de las Cortes Supremas Española sobre fideicomiso.

91. Juan Francisco García Romero. El Nivel Óptimo de Encaje Bancario. Editorial Index 1975. Madrid, España

92. Fideicomiso. Un solo instrumento y muchas zonas oscuras. Sebastián Vidal Aumaque, Junio de 2000, Argentina.

93. José Pedro Montero Traibel. Análisis al Valor Agregado (IVA). Editorial Vadel Hermanos. Año 2000. Venezuela

94. Código Civil y Comercial de Argentina año 2015.

95. Alfredo Morlés Hernández El Fideicomiso de Garantía en el Derecho Venezolano. UCAB Venezuela

96. Felipe Osterling Parodi y Mario Castillo Freire. El Tema Fundamental de las Obligaciones de Medios y Resultados frente a la responsabilidad Civil. Lima, Septiembre 2000.

97. Paolo Emanuele Rozo Sordini. "Las Obligaciones de Medios y de Resultados y la Responsabilidad de los Médicos y de los Abogados en el derecho Italiano"

98. Curso de obligaciones: derecho civil III (tomo I)/por Eloy Maduro Luyando y Emilio Pittier Sucre.

99. Francisco Carpintero. Norma y Principio en el "Jus Commune". Revista de Estudios Históricos- Jurídicos XXVII 2005. 283-308. Valparaíso Chile.

100. Publicaciones Bancarias...//////////

ÍNDICE